LES HOMONYMES ET LES HOMOGRAPHES

DE LA LANGUE FRANÇAISE.

PROPRIÉTÉ.

Toute contrefaçon ou traduction de cet ouvrage sera poursuivie selon la rigueur des lois françaises et des traités internationaux. Est réputé contrefait tout exemplaire non revêtu de la signature de l'Auteur.

Nancy, imprimerie de veuve Raybois et comp., rue Saint-Dizier, 125.

LES HOMONYMES

ET

LES HOMOGRAPHES

DE LA LANGUE FRANÇAISE,

ou

TRAITÉS ET DICTIONNAIRES

COMPLETS

DES MOTS QUI ONT UNE SEULE PRONONCIATION AVEC PLUSIEURS ORTHOGRAPHES, ET DES MOTS QUI ONT UNE SEULE ORTHOGRAPHE AVEC PLUSIEURS PRONONCIATIONS.

PAR F. DÉGARDIN,

Professeur, ancien Vice-Président de la Société d'Émulation de Lille,
et auteur de divers ouvrages pour l'enseignement des langues, etc.

> L'homonymie et l'homographie sont les fléaux de
> notre langue : combattons-les, nous ferons bien.

PARIS,

CHEZ Mme VEUVE MAIRE-NYON, LIBRAIRE,
Quai Conti, 13.

NANCY,	NEUFCHATEAU
GRIMBLOT, Vᵉ RAYBOIS ET COMP.,	(VOSGES),
IMPRIMEURS-LIBRAIRES,	CHEZ L'AUTEUR,
Place Stanislas, 7, et rue St-Dizier, 125.	Rue Neuve, 49.

1857.

LES HOMONYMES

ET

LES HOMOGRAPHES

DE LA LANGUE FRANÇAISE,

OU

TRAITÉS ET DICTIONNAIRES

COMPLETS

DES MOTS QUI ONT UNE SEULE PRONONCIATION AVEC PLUSIEURS ORTHOGRAPHES, ET DES MOTS QUI ONT UNE SEULE ORTHOGRAPHE AVEC PLUSIEURS PRONONCIATIONS.

PAR F. DÉGARDIN,

Professeur, ancien Vice-Président de la Société d'Émulation de Lille, et auteur de divers ouvrages pour l'enseignement des langues, etc.

L'homonymie et l'homographie sont les fléaux de notre langue : combattons-les, nous ferons bien.

PARIS,

CHEZ Mme VEUVE MAIRE-NYON, LIBRAIRE,
Quai Conti, 13.

NANCY,	NEUFCHATEAU
GRIMBLOT, V° RAYBOIS ET COMP.,	(VOSGES),
IMPRIMEURS-LIBRAIRES,	CHEZ L'AUTEUR,
Place Stanislas, 7, et rue St-Dizier, 125.	Rue Neuve, 49.

LILLE,

CHEZ L. LEFORT, IMPRIMEUR-LIBRAIRE, RUE ESQUERMOISE, 59.

1857.

PRÉFACE.

L'ouvrage que j'offre au public a deux objets qui, bien que diamétralement opposés, ont cependant, et par cela même, des rapports trop intimes pour qu'on puisse les séparer : c'est ici le lieu d'appliquer le proverbe, *les extrêmes se touchent.*

Les homonymes sont des mots qui ont (du moins ordinairement) une seule prononciation et plusieurs orthographes. Exemple :

JET, n. m. Action de jeter; jaillissement : un *jet* d'eau.

JAIS, n. m. Bitume fossile très noir et très brillant : un bracelet de *jais.*

GEAI, n. m. Oiseau du genre de la pie : le *geai* apprend à parler.

Les homographes, au contraire, sont des mots qui ont plusieurs prononciations et une seule orthographe. Exemple :

CONTENT (*con-tan*), adj. Satisfait : il est *content* de son sort.

CONTENT (*con-te*), v. conter, 3ᵉ pers. plur. Faire un récit, narrer : ces personnes *content* des histoires amusantes.

Ma matière se partage donc naturellement en deux livres : le 1ᵉʳ renferme les *homonymes*, le 2ᵉ, les *homographes*.

Chacun de ces livres se divise en deux parties : la 1ʳᵉ est un *Traité*, et la 2ᵉ, un *Dictionnaire*.

Cet ouvrage est de ma part une production véritablement *neuve*. Malgré le rôle si étendu et si déplorable que jouent en France l'homonymie et l'homographie, il n'existait encore, sur ce double fléau de notre langue, ni traités ni dictionnaires; du moins, je n'en ai trouvé de vestiges nulle part.

Il est vrai que plusieurs auteurs ont dressé des recueils d'homonymes. Mais ces listes sont mal digérées, très incomplètes et très sèches; elles ressemblent à une suite d'exemples ou d'exercices, plutôt qu'à une nomenclature véritable; elles sont bonnes à accuser leurs auteurs de ne s'être pas rendus maîtres de leur matière, et à prouver que l'homonymie et l'homographie n'ont été traitées jusqu'ici que bien superficiellement.

C'est dommage : car ces questions intéressent très vivement notre langue, et en particulier notre orthographe.

Soutenu par un courage patient et peutêtre téméraire, dépourvu de guide et dénué d'espérance, mais prodigue de mon temps et de ma santé, j'ai osé m'aventurer tout seul dans ces déserts arides, dans ces pays inexplorés et inconnus. Je les ai parcourus en tous sens, j'ai été saisir l'homonymie et l'homographie jusques dans leurs retraites les plus ténébreuses et les plus inaccessibles.

Mon travail est donc uniquement le fruit de mes recherches et de mes réflexions personnelles. Aussi, j'en accepte d'avance la responsabilité tout entière : s'il est bon, je ne dois de reconnaissance à personne; s'il est mauvais, j'en subirai le blâme, ou plutôt je mériterai l'indulgence; mais je ne crains pas le reproche qui flétrit les plagiaires.

D'autres auraient sans doute mieux réussi; mais ils n'auraient travaillé ni plus ardemment ni plus consciencieusement.

Malgré la grandeur et la persévérance de ces efforts, qui sont pour un auteur, sinon une garantie de succès, au moins une preuve de bonne volonté et un titre à l'indulgence, je n'ai pas la prétention vaniteuse d'avoir atteint aujourd'hui la perfection, mais je désire et j'espère y arriver, avec l'aide de ce public éclairé et juste, à qui seul est dévolu le droit d'apprécier un ouvrage. Je profiterai avec reconnaissance des observations que voudront bien m'adresser, non pas les zoïles ignorants et jaloux, mais les aristarques instruits et consciencieux.

Déjà des littérateurs et des professeurs très distingués ont bien voulu examiner mon manuscrit. Voici le jugement qu'ils en ont porté :

M. Dégardin a fait un ouvrage absolument neuf; et, nous ne craignons pas de le dire, il nous a appris beaucoup de choses que nous ne soupçonnions même pas.

Son travail nous paraît aussi complet que le comporte la matière, et l'Auteur a eu raison de dire qu'il a exploité en tous sens le champ de la langue. On ne peut rien souhaiter de plus clair que ses divisions, de mieux choisi que ses exemples, de plus simple et de plus lucide que son expression.

La réforme qu'il a introduite dans la classification des mots du Dictionnaire nous a particulièrement frappé.....

L'œuvre de M. Dégardin est conçue avec méthode, consciencieusement exécutée et parfaitement réussie. Elle sera utile aux enfants, utile aux maîtres, utile aux étrangers, utile à tous ceux qui étudient les questions de la langue et de l'orthographe françaises...

Des témoignages aussi flatteurs me dispensent d'entrer dans aucun détail qui pourrait ressembler à une justification.

Cependant, je dois avertir que j'ai écrit pour toutes les classes de lecteurs.

1. J'ai écrit pour les *commençants*, pour les élèves et les étrangers qui apprennent si péniblement l'orthographe française.

Pour eux j'ai consigné, dans le dictionnaire, quelques mots qui, rigoureusement, n'appartiennent pas à l'homonymie.

Pour eux, j'analyse et je définis exactement tous les mots que je cite. Cependant, lorsqu'un homonyme se répète dans plusieurs groupes consécutifs ou voisins, si sa définition est longue, je ne la donne qu'une fois, et j'y renvoie dans les autres cas où le même mot reparaît.

Pour eux j'ai, dans le dictionnaire des homonymes, sacrifié l'ordre des *lettres* à l'ordre des *sons*. Je parle à leur oreille avant de parler à leurs yeux. En effet, l'enfant ne cherche un mot dans mon dictionnaire que pour en apprendre l'orthographe, afin de ne pas l'écrire comme d'autres mots qui ont la même prononciation. S'il ne sait pas comment ce mot s'écrit, comment le trouvera-t-il ? en tâtonnant, en supposant au mot qu'il cherche toutes les formes d'orthographe initiale que notre langue admet. Heureux encore s'il finit par les deviner, ces formes ! Mais qu'il en oublie une, qui soit justement celle du mot qu'il cherche, fatigué, dépité d'avoir perdu son temps et sa peine, il se décourage, il laisse là son devoir... Et je n'invente rien. Qui de nous n'a autrefois senti le besoin d'un dictionnaire *des commençants* ?

Par là j'entends un dictionnaire où les mots seraient rangés par ordre de *sons élémentaires*, c'est-à-dire, les plus simples possible, ce qui permettrait aux ignorants de trouver infailliblement et du premier coup le mot qu'ils cherchent, pourvu qu'ils connussent les signes de ces sons élémentaires. Les dictionnaires par ordre *alphabétique* rigoureux ne peuvent servir qu'à ceux qui connaissent déjà l'orthographe du mot qu'ils veulent trouver ; les dictionnaires par ordre de *familles* sont peut-être bons pour les profonds étymologistes qui savent d'avance quel est le mot racine dont provient le dérivé qu'ils cherchent, pourvu encore que leur système de dérivation s'accorde avec celui du lexicographe ! Les personnes peu instruites (et c'est le très grand nombre), n'ont pas de dictionnaire *à leur portée !...*

J'ai tâché d'y mettre le mien. Pour cela, je suppose que le son *a, an, b, c* dur, *ch, d, e, é, è, f, g* dur, *i, in, iin, j, l, m, n, o, on, oi, oin, ou, oui, p, r, s, t, u, ui, un, uin, v, z*, s'écrit toujours de la manière la plus simple possible, c'est-à-dire, comme je viens de le faire, par *a, an, b, c, ch, d*, etc. — Néanmoins, devant *e, é, è, i, y, in*, je remplace *c* dur par *qu*, et *g* dur par *gu*.

Maintenant supposons que l'enfant ait à chercher le monosyllabe que son oreille a entendu prononcer *o*, dont il ignore l'orthographe, et qui signifie *élevé*. Il pourra chercher dans 4 lettres différentes (*o, a, h, e*), et, en tout, à 7 ou 8 endroits. Mais si l'idée ne lui vient pas de chercher par *h*, ensuite par *hau*, et enfin par *haut*, il jètera de dépit son dictionnaire *alphabétique* qu'il a feuilleté vainement pendant une demi-heure. Donnez-lui mon dictionnaire. Tout d'abord il cherchera *o*, puisqu'il a entendu *o* ; un rapide coup-d'œil sur les 9 mots de ce groupe lui fera trouver *haut*. Tout cela a duré une minute. Il a trouvé, il est content, il travaille, il profite.

On comprend que, d'après cette idée, j'ai dû classer les mots de chaque groupe par ordre de *simplicité orthographique*. C'est la méthode la plus rationnelle : l'esprit d'ordre et de régularité prescrivait cette marche. Chaque article commence par le mot dont l'orthographe est la plus conforme à la prononciation. Adopter une autre disposition, ce serait agir par caprice, ou prendre un cruel plaisir à dépister les gens. Quoi de plus simple que de ranger sous la lettre *o* les mots *ô, oh, ho, os, au, aux, aulx, eau, haut, Ault* ? et sous la lettre *s* les mots *sentimes* et *centime* ?

Le premier mot de chaque groupe occupe presque toujours le rang qu'exige la rigueur de l'ordre alphabétique : d'où il suit qu'il y a beaucoup moins de déplacements qu'on ne le croirait d'abord.

Au reste, je n'ai pas suivi exclusivement l'ordre des *sons* ; j'ai en même temps mentionné à leur ordre alphabétique les mots déplacés, en renvoyant aux groupes qui renferment ces mots : ce qui permet de chercher les homonymes selon celle des deux méthodes qu'on préfèrera.

C'est encore pour les personnes peu familiarisées avec les délicatesses de notre langue, que j'ai indiqué très exactement la prononciation de tous les mots que je mentionne dans mes dictionnaires. Voilà un genre de perfection qui relève de beaucoup le mérite de mon ouvrage, et auquel je m'étonne qu'aucun de mes devanciers n'ait songé. Présenter sous le titre d'homonymes 2, 3, 4... mots, n'est-ce pas dire : ces 2, 3, 4... mots n'ont qu'une seule et même prononciation, puisqu'ils sont *homonymes* ? Ainsi l'écrivain se rend coupable de prêcher l'erreur, surtout s'il n'a pas eu soin, comme cela ne s'est guère fait avant moi, d'avertir que les homonymes ont souvent entre eux des différences très sensibles de prononciation.

J'ai eu grand soin d'éviter cette faute. En groupant les mots qui se *ressemblent* plus ou moins, je devais dire en quoi ils se *différencient.*

Pour atteindre ce précieux résultat, j'indique, à la suite de chaque homonyme et de chaque homographe, la prononciation sous ses deux points de vue essentiels et constitutifs : la *prononciation* proprement dite et la *quantité* prosodique.

Dans la prononciation figurée, chaque syllabe est présentée isolément, ce qui permet de trouver le nombre de syllabes dont chaque mot se compose ; en outre, elle est revêtue du signe ˉ si elle est longue, et du signe ˘ si elle est brève, ce qui contribuera à relever la prosodie française du discrédit dans lequel elle est malheureusement tombée dans plusieurs de nos provinces.

II. J'écris aussi pour les savants, notamment pour les grammairiens, les lexicographes, les linguistes et les philologues qui ont à cœur le progrès et le perfectionnement de l'orthographe française.

Pour eux j'ai tâché de rendre mon travail le plus complet possible : dans les traités, j'ai approfondi la matière ; dans les dictionnaires, j'ai consigné *tous* les homonymes et *tous* les homographes.

Les recueils d'homonymes de mes devanciers ne contiennent que un à deux mille mots ; le mien en renferme 12 à 15 mille... L'*orthologie française* de M. B. Legoarant cite 8 à 10 homographes ; mon dictionnaire en mentionne 5 à 6 cents... En outre, j'ai indiqué, pour chaque mot variable, les diverses modifications orthographiques qu'il subit pour le genre, le nombre, la personne, le temps, le mode, etc., sans cesser d'être homonyme ou homographe. J'ai même inséré une foule de mots qui sortent du langage usuel et qu'on ne trouve pas dans le dictionnaire de l'Académie. La présence de ces mots est inutile pour les enfants ; ils peuvent très bien n'y pas faire attention : *Ce qui abonde ne vicie point ;* mais elle est nécessaire pour les savants qui s'occupent de réforme orthographique. Mon travail sur les *homographes* leur démontrera que cette réforme est *nécessaire ;* mon travail sur les *homonymes* leur prouvera qu'elle doit être *sage et modérée.* Ils y verront aussi quelle prononciation il convient de donner à un mot, quand l'usage n'en a pas décidé souverainement et sans appel.

Tous comprendront, en parcourant cet ouvrage, la nécessité de prononcer correctement les mots de notre langue, et en particulier les homonymes et les homographes, soit pour éviter de les multiplier, soit pour en restreindre le nombre.

Tous arriveront comme moi, j'en suis convaincu, à cette conclusion finale : *L'orthographe française peut et doit être corrigée ; mais à condition que cette réforme tendra à diminuer le nombre des homonymes et des homographes.* La prononciation d'un mot, quand elle n'est pas irrévocablement fixée, doit, tout en se rapprochant de l'orthographe, tendre pour sa part à raccourcir la longue, l'interminable liste des homonymes.

Et quand viendra le moment d'élaborer une nouvelle édition du Dictionnaire de l'Académie, peutêtre qu'un ouvrage comme le mien sera de quelque utilité pour les questions d'orthographe et de prononciation. Car il me semble, à moi que huit années de méditations et de recherches ont dû rendre quelque peu compétent dans ces matières, qu'il faut être versé dans l'homonymie et l'homographie pour s'occuper de réforme orthographique ; ce qui n'exclut pas d'autres connaissances également indispensables, telles que celles qui concernent les langues et les étymologies, les exigences de l'harmonie, de la clarté et de la dérivation, etc.

Orthographe et *Prononciation...* Ce sont deux sœurs, mais, hélas ! deux *sœurs ennemies,* en France... La discorde qui les tient acharnées l'une contre l'autre peut perdre beaucoup de son objet ; tout, jamais. L'avouerai-je ? J'ai longtemps rêvé la réconciliation de ces deux sœurs. Plus tard, j'ai relu les chefs-d'œuvre qu'enfanta le génie de nos poètes, et j'ai écrit le présent ouvrage sur les homonymes et les homographes. Alors mon rêve s'est évanoui ; mais il a laissé dans mon esprit cette vérité : *l'orthographe française doit être corrigée sagement et savamment.*

Si mon ouvrage contribue à éclairer le zèle des uns comme il a éclairé le mien, et à propager chez les autres le goût et l'usage de la prononciation la plus correcte et la plus rationnelle, j'aurai travaillé utilement, car j'aurai fait quelque chose pour la langue française, et je m'estimerai magnifiquement récompensé.

CONSEILS AUX MAITRES

SUR LA MANIÈRE D'UTILISER CET OUVRAGE.

De concert avec des personnes qui ont à cœur le perfectionnement de mon ouvrage, je crois utile de donner quelques indications sur l'usage que l'on peut en faire dans les classes.

I. *Si mon livre est mis entre les mains des enfants :*

1º Il sera *livre d'étude*, comme la grammaire. Je ne conseille pourtant pas de le faire apprendre par cœur ; mais on pourra donner chaque jour un ou plusieurs numéros soit du traité, soit du dictionnaire, à étudier, de manière que les élèves puissent rendre bien compte en classe de ce qui fesait la matière de leur leçon.

2º Le maître peut aussi leur dicter des questions en classe, avec ou sans renvoi aux numéros qui fournissent la réponse à ces questions, afin que les élèves y répondent par écrit.

3º Il peut également dicter en classe, en épelant ou sans épeler, selon la force des élèves, le premier mot d'un ou de plusieurs groupes du dictionnaire, et les obliger à trouver et à copier dans ce dictionnaire les autres mots qui font partie du même groupe que celui qui a été dicté.

4º De quelque manière qu'il varie ses exercices, le maître fera rendre compte des différences d'orthographe et de prononciation, soit séparément, soit simultanément. Mais je l'exhorte de tout mon pouvoir à insister beaucoup sur les différences de prononciation, et à obliger ses élèves à les observer dans la pratique.

5º Ce livre est surtout un *dictionnaire* des homonymes. Quand les élèves auront une dictée à corriger, ou un autre devoir quelconque à écrire, ils y chercheront les mots qui, pour la prononciation, se confondent avec d'autres ; et, en général, ils consulteront ce dictionnaire toutes les fois qu'ils seront indécis ou incertains sur le choix entre plusieurs manières dont on peut écrire un mot.

II. *Si mon livre n'est pas mis entre les mains des enfants :*

1° Le maître indiquera verbalement l'orthographe, la prononciation et la signification des mots qui composent un ou plusieurs groupes d'homonymes ; il fera répéter par les élèves ses explications, séance tenante, jusqu'à ce qu'ils les possèdent suffisamment. A la classe suivante on les lui répètera de vive voix, ou bien on les lui rapportera par écrit.

2° Le maître dictera, avec ou sans épellation, le premier mot seulement de chaque groupe, et l'élève cherchera dans sa tête ou dans son dictionnaire français les autres mots qui s'homonymisent avec celui-là : ce qui peut se faire soit immédiatement, soit par écrit pour la classe suivante.

Mais cette recherche est assez difficile, et l'élève trouvera rarement tous les homonymes d'un même groupe, surtout dans les commencements. Aussi sera-t-il très souvent à propos, soit de dire le nombre des homonymes dont le groupe se compose, soit même d'indiquer expressément, avec plus ou moins de détails, les mots que l'élève devrait trouver lui-même.

On comprend assez que l'étude de l'homonymie est beaucoup plus difficile pour les élèves, et plus laborieuse pour le maître, dans la première supposition que dans la seconde. Il est donc à peu près indispensable de mettre ce livre entre les mains des enfants, surtout de ceux qui ne sont pas très avancés. Quant à ces derniers, le maître peut toujours se faire remettre pour quelque temps le livre qu'ils possèdent, afin de les obliger à se rappeler ce qu'il leur a expliqué, ou à trouver ce qu'il ne leur a pas dit.

LISTE DES ABRÉVIATIONS

CONTENUES DANS CET OUVRAGE.

abréviat. . . . . . . abréviation.
adj. . . . . adjectif.
adv. . . . . adverbe.
all. . . . . allemand.
anc. . . . . ancien, ancienne.
angl. . . . . anglais.
ar. . . . . arabe.
art. . . . . article.
asp. . . . . aspiré.
blas. . . . . blason.
bot. . . . . botanique.
c. . . . . commun.
c.-à-d. . . . . . . c'est-à-dire.
cant. . . . . canton.
cap . . . . capitale.
card. . . . . cardinal.
celt. . . . . celte *ou* celtique.
ch.-l. . . . . chef-lieu.
cond. . . . . conditionnel.
conj. . . . . conjonction.
conj. ou *conjug.* . . conjugaison.
contr. ou *contract.* contraction.
corrupt. . . . . . corruption.
dém. . . . . démonstratif.
dép. ou *départ.* . . département.
dér. . . . . dérivé.
dict. ou *dictionn.* . dictionnaire.
esp. . . . . espagnol.
etc. . . . . et cœtera.
ex. . . . . exemple.
f. . . . . féminin *ou* fois.
fém. . . . . féminin.
flam. . . . . flamand.
fr. . . . . français.
fréq. . . . . fréquentatif.
fut. . . . . futur.
gér. ou *gérond.* . . gérondif.
gr. . . . . grec.
hébr. . . . . hébreu.
homon. . . . . . . homonymes.
id. . . . . idem.
imp. ou *imparf.* . imparfait.
impér. . . . . . . impératif.
ind. ou *indic.* . . . indicatif.
indéf. . . . . indéfini.

inf. ou *infin.* . . . infinitif.
interj. . . . . interjection.
it. ou *ital.* . . . . italien.
lat. . . . . latin.
l m. . . . . *l* mouillé.
ll m. . . . . *ll* mouillés.
m. ou *masc.* . . . masculin.
mar. . . . . marine.
n. . . . . nom.
n. pr. . . . . nom propre.
num. . . . . numéral.
onom. ou *onomat.* onomatopée.
ord. . . . . ordinal.
p. ou *part.* . . . . participe.
parf. . . . . parfait.
pers. . . . . personne.
— . . . . personnel.
— . . . . persan.
pl. ou *p.* . . . . . pluriel.
pr. . . . . propre.
préf. ou *préfect.* . préfecture.
prép. . . . . préposition.
prés. . . . . présent.
priv. . . . . privatif.
pron. . . . . pronom.
rad. . . . . radical.
riv. . . . . rivière.
s. ou *sing.* . . . . singulier.
sous-préf. . . . . . sous-préfecture.
subj. . . . . subjonctif.
t. ou *T.* . . . . . terme.
teut. . . . . teuton.
tud. . . . . tudesque.
unipers . . . . . . unipersonnel.
v. . . . . verbe.
V. ou *Voy.* . . . . voyez.
— . . . . syllabe longue.
˘ . . . . syllabe brève.
..., à la suite d'un verbe ou d'un participe, sous entend d'autres formes de
  ce mot.
..., avant une terminaison, suppose tous
  les mots de la même classe qui ont
  cette terminaison.

LES HOMONYMES

ET

LES HOMOGRAPHES FRANÇAIS.

LIVRE PREMIER.

DES HOMONYMES.

1. — Cette matière contient deux parties bien distinctes : la première est un Traité ; la deuxième, un Dictionnaire des Homonymes.

PREMIÈRE PARTIE.

TRAITÉ DES HOMONYMES.

2. — Cette première partie comprend quatre chapitres, savoir : 1er, Définition ; 2e, Division ; 3e, Nombre ; 4e, Appréciation des Homonymes.

CHAPITRE PREMIER.

Définition des Homonymes.

3. — On appèle Homonymes (du grec ὅμοιος semblable, ονομα nom), des mots qui ont entre eux une prononciation semblable, c'est-à-dire, qui est identiquement la même ou à peu près, quelle que soit d'ailleurs leur orthographe. Ils sont parfaitement indépendants de l'orthographe, et résultent uniquement, essentiellement, de la ressemblance de prononciation.

4. — Cette ressemblance de prononciation entre les Homonymes est rarement parfaite. Elle admet de légères nuances, qui sont dues à la différence des lettres, comme entre *plant* et *pelant, ce* et *ceux ;* ou des accents, comme entre *pécher* et *pêcher, aveuglement* et *aveuglément ;* ou de la prosodie, comme entre *datte* et *date, mon* et *monts ;* ou du nombre des syllabes, comme entre *pieu* et *pieux, piéter* et *piété, fière* et *fièrent.*

5. — Mais quand la différence de prononciation est-elle assez considérable pour empêcher l'homonymie ? La limite est difficile à déterminer, d'autant plus qu'elle laisse quelque chose à l'arbitraire. Entre personnes dont l'ouïe est délicate et la prononciation correcte, l'homonymie est beaucoup plus rare qu'entre celles dont l'oreille et la langue confondent des sons très différents. Ainsi, une personne

qui est loin d'être scrupuleuse en fait de prononciation, ne se doute pas de la différence qu'il y a entre *front* et *feront, officier* n. et *officier* v., *pécheur* et *pécheur;* et un habitant de nos provinces septentrionales croira que vous parlez hébreu si vous l'engagez à ne pas confondre *jeune* avec *jeûne, patte* avec *pâte, cote* avec *côte.*

CHAPITRE II.

Division des Homonymes.

6. — Les Homonymes sont de deux sortes : *univoques* ou *parfaits,* s'ils ont une orthographe identique ; *équivoques* ou *imparfaits,* s'ils ont une orthographe différente.

ARTICLE 1er. HOMONYMES PARFAITS OU UNIVOQUES.

7. — *Définition.* — Les Homonymes *univoques* ou *parfaits* (du latin *unus* un, *vox* mot), sont ceux qui, malgré la diversité de leur étymologie et de leur signification, ont exactement la même orthographe : de sorte que ces mots, se trouvant représentés par les mêmes signes orthographiques, se sont pour ainsi dire fondus en un seul et même mot, en un mot unique : *una vox.* L'homonymie est *parfaite,* parce qu'elle s'étend à tout : à l'orthographe comme à la prononciation, et que, sous l'un comme sous l'autre rapport, elle ne souffre pas la plus légère différence.

8. — *Origine.* — Cela vient de la corruption qui a atteint et dénaturé ces mots jusque dans leur structure intime. Ainsi, l'ancien celtique *keloken* et le latin *claudico* n'ont rien de commun entre eux : ils se trouvent réunis en français sous le seul mot *cloche;* les deux mots latins *nux* et *necare* se sont métamorphosés en *noyer; aurum* et *hora* se sont changés en *or;* le grec βοσκειν et le latin *bibo* se sont convertis en *bois; leones* et *ligamus* se sont rencontrés dans *lions;* le latin *congenitus* et l'italien *culicino* sont devenus *cousin; sapones* et *sapimus* sont dégénérés en *savons;* le latin *imperium* et le français *en pire* se sont transformés en *empire.* Voilà pour des mots d'origine et de sens entièrement différents.

Voici pour des mots dont l'étymologie indirecte et la signification générale sont les mêmes, mais dont l'étymologie immédiate et le sens précis diffèrent : *martyrium* et *martyr* s'écrivent également en français *martyre; immensus, immensa, immensum* sont devenus *immense* pour les deux genres ; *immensi, immensæ, immensa* n'ont fait que *immenses* pour les deux nombres ; *quem, quam, quod,* et *quos, quas, quæ* nous ont donné *que* de tout genre et de tout nombre ; *amo, amat, ama, amem, amet* ont fait uniquement *aime.* (Voyez ci-après, § 1 et § 2, nos 12 à 99.)

9. — *Appréciation.* — Les Homonymes univoques sont les plus complets, les plus *parfaits,* et par conséquent les plus fâcheux et les plus ennemis de la clarté. Ils ont plusieurs sens propres ; mais,

identiquement écrits et articulés, ils ne peuvent pas indiquer par eux-mêmes la signification qu'ils ont dans telle circonstance particulière : leur orthographe met au défi les yeux du lecteur, leur prononciation insulte aux oreilles de l'auditeur ; et l'esprit éperdu, désespéré, se demande : que signifie ce mot? Rien ne le dira, si ce n'est le contexte ; et encore, ne renseignera-t-il pas toujours, surtout quand le mot en question se confondra avec un autre mot de la même classe, c'est-à-dire, quand les mots qui forment homonymie seront deux noms, ou deux verbes, etc. Par exemple, que signifie le verbe *louer* dans cette parole si simple, si commune : *Il a loué une maison?* Cela peut signifier deux choses : Il a pris une maison à loyer (elle n'est pas à lui) ; ou bien : Il a donné une maison à bail (elle lui appartient). Dans la circonstance présente, lequel de ces deux sens donnerez-vous à la phrase? Devinez... si vous pouvez.

10. — *Nombre.* — Heureusement, les Homonymes parfaits sont beaucoup moins nombreux que les autres. Pour s'en assurer, il suffit de comparer l'exposé que je vais donner des premiers avec celui des seconds, qui suivra. En attendant, j'évalue approximativement à 2,000 le nombre des Homonymes parfaits, et à 10,000 celui des Homonymes imparfaits.

11. — *Classification.* — L'homonymie parfaite ou univoque peut avoir double objet. Elle existe :

1° Dans la langue, *entre des mots* dont l'étymologie et la signification sont tout à fait différentes : c'est l'homonymie des *mots ;*

2° Dans un mot, *entre les formes* ou accidents qui en modifient la signification : c'est l'homonymie des *formes.*

Rappelons-nous que *l'orthographe est toujours la même,* entre les *formes* aussi bien qu'entre les *mots.*

§ I. Homonymie parfaite des mots.

12. — L'homonymie parfaite des mots n'est soumise à aucune règle. Deux mots provenant d'origines opposées ou parallèles se rencontrent je ne sais où, se heurtent et se confondent en un seul mot. Les altérations qu'ils ont subies ont produit entre eux une ressemblance complète, une identité absolue. Voilà le fait : on le constate, on ne le prévoit pas, on ne l'explique pas. Sans doute, des faits plus ou moins nombreux permettent de justifier le retranchement, l'addition ou la substitution de certaines lettres, et de soumettre à des règles fondées sur l'expérience l'altération des mots. Mais la connaissance des principes de ces altérations ne donnerait pas encore la clé de l'homonymie parfaite. Je dois donc me borner à une simple nomenclature.

13. — Mais comme cette nomenclature, composée d'environ 2,000 mots, est fort longue, et, d'ailleurs, ne me dispenserait pas

de faire figurer ces mots dans le cours du *Dictionnaire* qui suivra ce traité, j'ai dû, pour éviter la multiplicité des listes et l'ennui des répétitions, m'abstenir de consigner ici les Homonymes parfaits. On les trouvera mêlés aux Homonymes imparfaits, dont ils se distinguent facilement par l'identité de leur orthographe et par l'étymologie qui les suit.

§ II. Homonymie parfaite des *Formes*.

14. — Un mot variable change de formes, c'est-à-dire, d'orthographe, et souvent de prononciation en même temps, pour indiquer les divers changements de genre, de nombre, de personne, de temps, etc. Malheureusement, la variété des formes orthographiques d'un mot n'égale point toujours la variété de ses accidents grammaticaux. Une telle richesse, qui est la principale source de clarté, n'est qu'un beau rêve ; ce rêve n'a de réalité dans aucune langue. A côté d'*opulent* qui a ses quatre orthographes (*opulent, opulente, opulents, opulentes*), nous avons *pauvre*, qui n'en a que deux (*pauvre, pauvres*) ; *je, tu, il, nous, vous, ils*, laissent à désirer pour le genre, mais ils sont complets pour le nombre et pour la personne ; *qui* est de tout genre, de tout nombre et de toute personne ; le subjonctif imparfait, qui s'écrit de six manières, est plus riche que le subjonctif présent, qui n'a que cinq orthographes.

15. — Ainsi, parmi les mots variables, tous ne sont pas suffisamment variables. Il faudrait, pour atteindre à ce degré de perfection, qu'on écrivît les noms de 2, 4 ou 6 manières, selon qu'ils ont les deux nombres, les deux genres et les deux espèces ; les adjectifs, les participes et les articles, de 4 manières, selon le genre et le nombre ; les pronoms, de 7 manières, pour le genre, le nombre et la personne ; et les verbes, de 48 manières, pour le nombre, la personne, le temps et le mode. [Je ne parle que des temps simples ; si l'on y joint les temps composés, il faudra 96 orthographes.] Il résulte de cette pauvreté de formes, de cette insuffisance de variabilité, que la même orthographe confond souvent les nuances de signification que produit naturellement la diversité de genre, de nombre, de personne, de temps, etc. Dans ce cas, l'auditeur et le lecteur doivent deviner non plus le sens général du mot, mais le genre, ou le nombre, ou la personne, ou le temps auquel il se trouve employé.

16. — Or les mots de cette catégorie sont fixes ou mobiles : *fixes* tant qu'ils restent dans leur classe naturelle, c'est-à-dire, dans la classe pour laquelle ils ont été créés, et dans laquelle on les a placés dès leur origine ; *mobiles*, lorsqu'ils quittent accidentellement leur classe naturelle pour passer dans une autre où ils ne sont point nés.

SECTION 1re. HOMONYMIE PARFAITE DES FORMES D'UN MOT FIXE.

17. — Dans cette première section, j'examine par ordre de classes quels sont les mots qui s'écrivent d'une seule et même manière pour tous les genres, ou pour tous les nombres, ou pour toutes les personnes, ou pour tous les temps. Evidemment il n'est pas ici question d'une identité d'orthographe qui comprendrait tout ensemble *et* les 2 genres, *et* les 2 nombres, *et* les 3 personnes, *et* les 6 formes de chaque temps, etc. Une telle homonymie, qui rendrait invariables tous les mots de la langue, est impossible ; elle n'existe que pour *qui, que* et *dont*. Mais il s'agit uniquement, je le répète, de l'identité d'orthographe qui subsiste entre les deux genres d'un mot, *ou bien* entre ses deux membres, *ou bien* entre ses trois personnes.

1er Point. *Homonymie parfaite des formes d'un nom.*

18. — I. *Homonymie parfaite dans le* GENRE. — Les noms hermaphrodites, c'est-à-dire, ayant les deux genres avec une seule orthographe, forment homonymie parfaite dans le genre, puisque le masculin et le féminin s'écrivent et se prononcent de la même manière.

19. — Les voici :

aide, *m.*, celui qui aide (lat. *adjutor*).
— *f.*, secours (l. *adjutorium*); celle qui aide (*adjutrix*).

aigle, *m.*, aigle mâle, ou en général ; toujours, excepté :
— *f.*, étendard.

amour, *m.*, toujours, même au plur.; excepté : au plur., dans le sens de passion ; au singulier, quelquefois en poésie.

après-midi. Le masc. est préférable ; mais le fém. est plus usité.

artiste, *m.*, *celui* qui cultive les beaux-arts.
— *f.*, *celle* qui cultive les beaux-arts.

aune, *m.*, arbre (lat. *alnus*); génie malfaisant (lat. *alcunæ*).
— *f.*, mesure de longueur (l. *ulna*).

aure, *m.*, roi des vautours.
— *f.*, esprit aérien (lat. *aura*).

automne, *m.*, autrefois des 2 genres, n'est plus que masculin.
— *f.*, quelquefois en poésie.

barbe, *m.*, cheval de Barbarie.
— *f.*, poil du visage.

barde, *m.*, poète des anciens Gaulois.
— *f.*, armure; tranche mince de lard.

basque, *m.*, habitant, langue du pays basque.
— *f.*, pan d'habit; habitante du pays basque.

berce, *m.*, petit oiseau à plumage cendré.
— *f.*, genre de plantes ombellifères.

braque, *m.*, chien de chasse ; étourdi.
— *f.*, pince de l'écrevisse.

bru, *m.*, raisin de la Corrèze ; pré.
— *f.*, belle-fille.

bulbe, *m.*, selon les médecins et les naturalistes.
— *f.*, selon quelques-uns, surtout en terme de botanique.

carpe, *m.*, partie entre l'avant-bras et la main.
— *f.*, poisson d'eau douce.

cartouche, *m.*, ornement de sculpture, de peinture, de gravure.
— *f.*, charge d'une arme à feu; congé d'un soldat.

cerise, *m.*, couleur semblable à celle de la cerise.
— *f.*, fruit du cerisier.

chose (quelque), *m.*, quand il est pron. indéf., dans *quelque chose*.
— *f.*, quand il est nom.

cloaque, *m.*, *réservoir* destiné à recevoir les immondices.
— *f.*, *conduit* souterrain des immondices ; égout.

coche, *m.*, ancien chariot de voyage.
— *f.*, truie ; entaille.

Comté est aujourd'hui masc.; n'est plus fém. que dans Franche-Comté.

copie, *m.*, livre de commerce, par ellipse : un copie de lettres.
— *f.*, transcription; chose copiée; imitation.

cornette, *m.*, autref. soldat de certains régiments de cavalerie.

cornette, *f.*, coiffe de femme ; autrefois étendard de cavalerie.

couleur, *m.*, *celui* qui coule (peu usité).

— *f.*, teinte des corps (lat. *color*).

couple, *m.*, mâle et femelle ; 2 personnes étroitement unies ; 2 membres d'un navire ; instrument pour pêcher.

— *f.*, 2 personnes ou 2 choses pareilles unies accidentellement.

cravate, *m.*, (auj. croate), cheval de Croatie ; autrefois soldat ; régiment.

— *f.*, vêtement de cou.

crêpe, *m.*, étoffe légère un peu frisée.

— *f.*, pâte cuite sur la poêle.

critique, *m.*, *celui* qui critique, examine un ouvrage.

— *f.*, examen, censure d'un ouvrage.

délice, *m.*, au sing. Il devrait l'être aussi au plur.

— *f.*, au pluriel ; mais c'est un abus.

domestique, *m.*, serviteur.

— *f.*, servante.

écho, *m.*, réflexion du son ; lieu où le son se répète.

— *f.*, (n. pr.) nymphe, fille de l'air et de la terre.

élève, *m.*, *celui* qu'on instruit.

— *f.*, *celle* qu'on instruit.

enfant, *m.*, petit garçon.

— *f.*, petite fille.

enseigne, *m.*, officier qui porte le drapeau.

— *f.*, étendard ; écriteau sur une maison.

esclave, *m.*, *celui* qui est en esclavage.

— *f.*, *celle* qui est en esclavage.

espace, *m.*, étendue de lieu ; durée.

— *f.*, pièce de séparation dans l'imprimerie.

exemple, *m.*, aujourd'hui, dans tous les cas.

— *f.*, autrefois, par abus, quand il signifiait modèle d'écriture.

fin, *m.*, homme adroit, rusé.

— *f.*, extrémité, bout.

finale, *m.*, *morceau* de musique qui termine une symphonie.

— *f.*, *note* principale et finale d'un morceau de musique.

fois, *m.*, milieu (vieux) : par le fois du corps.

— *f.*, alternative : 2, 4, 20 fois (lat. *vices*).

foudre, *m.*, au figuré, représentation de la foudre ; canon ; gr. tonneau.

foudre, *f.*, au propre, fluide électrique ; exc. quelquefois en poésie.

fourbe, *m.*, *celui* qui trompe, qui est fourbe.

— *f.*, tromperie, fourberie.

garde, *m.*, *celui* qui garde.

— *f.*, *celle* qui garde ; *les gens* qui font la garde ; act. de garder.

gens, *m.*, quand il précède l'adjectif : les gens heureux.

— *f.*, quand il suit l'adjectif : les heureuses gens.

germe, *m.*, rudiment d'une plante, d'un animal.

— *f.*, agneau femelle ; petit bâtiment sur le Nil.

givre, *m.*, gelée blanche.

— *f.*, serpent à la queue ondée et tortillée (blas.)

greffe, *m.*, bureau où le greffier rédige les actes.

— *f.*, œil d'arbre enté sur un autre arbre.

gueules, *m.*, couleur rouge (blason).

gueule, *f.*, bouche des animaux ; large ouverture.

guide, *m.*, *celui* ou *celle* qui guide ; tout ce qui dirige.

— *f.*, rênes pour guider un cheval : en ce sens, est toujours pl.

héliotrope, *m.*, plante, etc. (est masc. dans tous les sens).

— *f.*, espèce de jaspe (l'Académie n'indique pas ce genre).

hymne, *m.*, cantique en l'honneur de la divinité, de quelqu'un.

— *f.*, cantique d'église.

interligne, *m.*, *espace blanc* entre deux lignes écrites ou imprimées.

— *f.*, *lame* qui sépare 2 lignes d'imprimerie.

jujube, *m.*, *suc* extrait de la jujube.

— *f.*, *fruit* du jujubier.

laque, *m.*, ouvrage en carton ; vernis noir ou rouge.

— *f.*, suc résineux, sorte de gomme.

litre, *m.*, mesure de capacité.

— *f.*, anc. poids ; monnaie ; bande noire dans une église.

livre, *m.*, réunion de feuillets imprimés ou écrits.

— *f.*, poids ; monnaie de compte.

losange, *m.*, parallélogramme, figure de géométrie.

— *f.*, meuble d'un écu (blas.)

loutre, *m.,* chapeau ou manchon en poil de loutre.
— *f.,* animal amphibie.
Maine, *m.,* anc. province de France.
— *f.,* affluent de la Sèvre Nantaise.
manche, *m.,* poignée d'un outil.
— *f.,* partie d'un vêtement, qui couvre le bras.
manœuvre, *m., ouvrier* subalterne.
— *f.,* cordages ; conduite ; mouvements ; intrigue.
maroufle, *m.,* fripon, rustre.
— *f.,* colle très-tenace.
martyre, *m., mort* endurée pour la foi.
— *f., celle* qui endure le martyre.
mémoire, *m., écrit* pour faire souvenir ; note d'un fournisseur.
— *f., faculté* de l'âme ; souvenance.
miliaire, *m.,* espèce de couleuvre.
— *f.,* maladie.
miliole, *m.,* petite tumeur sous les paupières.
— *f.,* espèce de coquille.
mode, *m.,* manière d'être, de conjuguer ; ton musical.
— *f.,* usage passager et capricieux ; fantaisie.
môle, *m.,* muraille à l'entrée d'un port.
— *f.,* faux germe, embryon détruit.
more, *m.,* habitant de la Mauritanie : langue des Mores.
— *f.,* hydromel ; pierre noire dans le savon.
Morphée, *m.,* fils ou ministre du soleil.
— *f.,* sorte de lèpre.
mort, *m., celui* qui est mort (*mortuus*).
— *f.,* cessation de la vie (*mors*).
moufle, *m.,* système de poulies.
— *f.,* gros gant fourré ; mitaine.
moule, *m.,* modèle en creux.
— *f.,* petit poisson mollusque.
mousse, *m.,* jeune matelot.
— *f.,* herbe parasite ; écume d'un liquide.
novice, *m., celui* qui fait son noviciat.
— *f., celle* qui fait son noviciat.
ocre, *m.,* monnaie de Suède.
— *f.,* substance argileuse colorante.
œuvre, *m.,* pierre philosophale ; collection d'estampes, de musique ; ouvrage important, en style relevé.
— *f.,* dans tous les autres cas.
office, *m.,* devoir ; assistance ; prières publiques.
— *f.,* lieu où l'on garde les comestibles.

ombre, *m.,* jeu de cartes ; poisson.
— *f.,* obscurité ; âme des morts.
once, *m.,* espèce de panthère.
— *f.,* poids de 8 gros.
orge, *m.,* seulement dans orge mondé, orge perlé ; c'est à tort.
— *f.,* dans tous les autres cas.
orgue, *m.,* au singulier. Il devrait être toujours masc.
— *f.,* au pl. C'est très fâcheux ; on peut le faire masc., même au pl.
orne, ou ornier, *m.,* Frêne sauvage.
— *f.,* voie, chemin (vieux). Rivière de France.
page, *m.,* jeune gentilhomme au service d'un prince.
— *f.,* côté d'un feuillet.
paillasse, *m.,* bateleur, bouffon.
— *f.,* sac rempli de paille.
paille, *m.,* couleur de la paille.
— *f.,* chaume des graminées.
paisson, *m.,* outil de fer des gantiers et des tanneurs.
— *f.,* ce que paissent les bestiaux ; action de paître.
palme, *m.,* mesure ancienne ; mesure d'Italie.
— *f.,* branche de palmier ; victoire.
pâque, *m.,* (plus souvent Pâques), fête des *chrétiens.*
— *f.,* fête des *juifs.*
parallèle, *m., cercle* parallèle ; comparaison.
— *f., ligne* parallèle.
pendule, *m.,* instrument oscillant.
— *f.,* horloge réglée par un pendule.
période, *m.,* le plus haut point.
— *f.,* circuit ; temps marqué par le retour d'un phénomène.
Perche, *m.,* n. pr. Ancienne province de France.
— *f.,* poisson ; gaule ; grande femme.
perse, *m.,* habitant de la Perse.
— *f.,* toile peinte de la Perse ; contrée d'Asie.
personne, *m.,* quand il est *pronom* ind.
— *f.,* quand il est *nom.*
pique, *m.,* une des 4 couleurs des cartes.
— *f.,* arme ; brouillerie, aigreur.
pivoine, *m., oiseau* nommé aussi bouvreuil.
— *f., plante* vivace à fleur rosacée.
plane, *m., arbre,* sorte d'érable ; platane.
— *f., outil* de charron, pour planer.
platine, *m.,* métal blanc.
— *f.,* instrument ou ustensile plat.

poêle, *m.,* manteau; drap mortuaire; fourneau portatif.

— *f.,* ustensile de cuisine pour faire frire.

politique, *m., celui* qui s'occupe des choses du gouvernement.

— *f.,* connaissance du droit public; art de gouverner.

ponte, *m.,* celui qui joue contre le banquier.

— *f.,* action de pondre.

poste, *m.,* lieu où l'on est posté; soldats postés; emploi.

— *f.,* relais de chevaux; bureau de lettres.

pourpre, *m.,* maladie; poisson; couleur d'un rouge foncé.

— *f.,* couleur que les anciens tiraient du pourpre; étoffe teinte en pourpre; dignité impériale, cardinale, etc.

pupille, *m., celui* qui est en tutèle.

— *f., celle* qui est en tutèle; prunelle de l'œil.

quadrille, *m.,* groupe de 4 joueurs, de 4 danseurs.

— *f.,* les chevaliers du même parti, dans un tournoi.

régale, *m.,* un des jeux de l'orgue.

— *f.,* droit royal sur les évêchés vacants.

réglisse, *m.,* racines de réglisse, qu'on vend en bâtons.

— *f.,* plante légumineuse, vivace.

relâche, *m.,* interruption, repos.

— *f.,* lieu où l'on relâche; action de relâcher (mar.).

remise, *m.,* carrosse de louage.

— *f.,* action de remettre; chose remise; hangar.

rose, *m., couleur* de la rose ordinaire.

— *f., fleur* odoriférante; poisson de rivière.

sarigue. *m.,* mammifère marsupial, sans égard au sexe; le mâle.

— *f.,* femelle du sarigue.

satyre, *m.,* n. pr. demi-dieu; n. comm. insecte.

— *f.,* poésies grecques concernant les satyres.

scolie, *m.,* remarque sur une proposition de géométrie.

— *f.,* note marginale; chanson; insecte.

sentinelle, *m.,* quelquefois, dans le sens de factionnaire.

— *f.,* faction; soldat qui fait le guet.

serpentaire, *m.,* constellation boréale; oiseau.

— *f.,* plante vulnéraire.

sexte, *m.,* 6e livre des décrétales (lat. *sextus liber*).

— *f.,* une des heures canoniales (lat. *sexta hora*).

solde, *m.,* complément d'un payement; différence entre débit et crédit.

— *f.,* paie allouée à un soldat, à un affidé.

sombre, *m.,* serpent; qualité de ce qui est sombre.

— *f.,* jachère.

somme, *m.,* sommeil.

— *f.,* fardeau; quantité d'argent; total; abrégé.

souillon, *m., celui* qui salit ses habits.

— *f., celle* qui salit ses habits; fille de cuisine.

souris, *m.,* ris doux et modéré.

— *f.,* petit quadrupède rongeur.

statuaire, *m., sculpteur* qui fait des statues.

— *f., art* de faire des statues.

sueur, *m.,* corroyeur.

— *f.,* liqueur produite par la transpiration.

Suisse, *m.* habitant de la Suisse.

— *f.,* contrée d'Europe.

superbe, *m., homme* orgueilleux; ce qui est superbe.

— *f., orgueil* arrogant.

teneur, *m.,* celui qui tient, seulement dans teneur de livres.

— *f.,* ce qui est contenu dans un acte écrit.

Thrace, *m.,* habitant de la Thrace.

— *f.,* contrée de l'Europe ancienne.

torse, *m.,* statue tronquée; outil pour torser.

— *f.,* morceau de bois qui va en serpentant.

toste, *m.,* souhait fait en buvant.

— *f.,* banc des rameurs, dans une chaloupe.

tour, *m.,* mouvement circulaire; habileté; machine de tourneur.

— *f.,* bâtiment très élevé; pièce du jeu d'échecs.

triomphe, *m.,* honneur accordé au vainqueur; victoire.

— *f.,* jeu de cartes; couleur retournante.

trompette, *m.,* celui qui joue de la trompette.

trompette, *f.,* instrument de musiq.; homme indiscret.
vague., *m.,* le milieu de l'air; qualité de ce qui est vague.
— *f.,* lame d'eau soulevée par les vents.
vase, *m.,* vaisseau; ustensile pour contenir des liqueurs, etc.
— *f.,* bourbe au fond des rivières, de la mer, etc.
vigogne, *m.,* chapeau fait de laine de vigogne.
— *f.,* espèce de lama du Pérou; sa laine.
voile, *m.,* étoffe pour cacher quelque chose; prétexte.
— *f.,* toile pour recevoir le vent qui pousse un vaisseau.

20. — II. *Homonymie parfaite dans le* Nombre. — Il y a homonymie parfaite pour les noms qui s'écrivent au pluriel comme au singulier. Parmi ces noms,

21. — **a)** Les uns *ont déjà au singulier la marque du pluriel.* Ce sont ceux qui sont terminés au singulier par *s*, *x* ou *z*, savoir :

abattis,	corps,	fracas,	mérinos,	printemps,	rubis,
abcès,	courroux,	gâchis,	mets,	prix,	salsifis,
abus,	cours,	galetas,	mois,	procès,	sas,
accès,	croix,	galimatias,	mors,	profès,	secours,
agrès,	crucifix,	gaz,	nez,	progrès,	souris.
albinos,	cyprès,	glas,	noix,	propos,	succès,
amas,	dais,	grès,	obus,	puits,	tafetas,
ananas,	débarras,	hachis,	os,	pus,	taillis,
anchois,	débours,	harnais,	ours,	rabais,	tamis,
biais,	débris,	héros,	paix,	radis,	tas,
bois,	décès,	houx,	palais,	rais,	taudis,
bras,	devis,	jais,	parcours,	ramassis,	taux,
brebis,	discours,	jus,	parvis,	rebours,	temps,
bris,	dos,	lacs,	pas,	recors,	torchis,
buis,	embarras,	lambris,	pathos,	recours,	tracas,
canevas,	empois,	laquais,	pâtis,	reflux,	travers,
cas,	engrais,	lavis,	patois,	relais,	trépas,
chaos,	entremets,	legs,	pavois,	remords,	univers,
chasselas,	époux,	logis,	perdrix,	repas,	velours,
choix,	excès,	louis,	plâtras,	repos,	verglas,
coloris,	faux,	maïs,	poids,	revers,	vernis,
compas,	fils,	marais,	pois,	rhinocéros,	vers,
concours,	flux,	marquis,	poix,	ris,	vis,
contrepoids,	fois,	matelas,	pouls,	riz,	voix.
contretemps,	fonds,	mépris.			

22. — **b)** Les autres *ne prennent point la marque du pluriel.* Ce sont :

23. — 1° Quelques noms étrangers :

adagio,	concetti,	etcætera,	largo,	peccavi,
alibi,	confiteor,	exeat,	lavabo,	post-scriptum,
allegro,	credo,	ex-voto,	lazzi,	quasi,
alleluia,	crescendo,	fac-simile,	libera,	quatuor,
amen,	déficit,	gloria,	magnificat,	requiem,
andanté,	dolce,	in-folio,	mezzo-terminé,	stabat,
aparté,	duo,	in-quarto,	miséréré,	te Deum,
auto-da-fé,	duplicata,	in-octavo,	noël,	trio,
avé,	ecce homo,	in-douze, etc.,	nota,	vadé-mécum,
bénédicité,	ergo,	intérim,	palma-Christi,	veto.
brouhaha,	errata,	kyrié,	pater,	

(excepté zéro.)

24. — 2° Les noms des chiffres, des lettres, des notes de la gamme, des nombres.

25. — 3° Quelques noms composés ;

abat-jour,	brise-pierre,	couvre-chef,	pied-à-terre,	savoir-faire,
abat-vent,	brise-raison,	couvre-feu,	pince-sans-rire,	savoir-vivre,
après-demain,	brise-vent,	crève-cœur,	pleure-misère,	serre-tête,
après-midi,	brûle-tout.	cric-crac,	porte-aiguille,	songe-malice,
avant-main,	caille-lait,	entre-sol,	porte-bougie,	sot-l'y-laisse,
avant-scène,	carême-prenant,	fouille-au-pot,	porte-crayon,	souffre-douleur,
ayant-cause,	casse-cou,	gagne-pain,	porte-enseigne,	tâte-vin,
ayant-droit,	casse-tête,	gagne-petit,	porte-malheur,	tête-à-tête,
bien-être,	chasse-marée,	garde-feu,	pour-boire,	tire-moelle,
blanc-manger,	chauffe-lit,	garde-manger,	rabat-joie,	toute-épice,
boute-en-train,	contre-jour,	gâte-métier,	relève-mousta-	tout-ou-rien,
boute-feu,	coq-à-l'âne,	guide-âne,	che,	trente-et-un,
boute-selle,	corps-de-garde,	meurt-de-faim,	remue-ménage,	trouble-fête,
brise-cou,	coupe-gorge,	mouille-bouche,	réveille-matin,	vole-au-vent.
brise-glace,	coupe-pâte,	ouï-dire,		

26. — 4° Les noms propres ; excepté quand un nom propre, employé au pluriel, devient commun à une classe d'individus : *les Henris, les Bourbons, les Stuarts, les 12 Césars, les 3 Maries, les Allemands, les Bourguignons,* et autres noms de peuples ; *les Russies, toutes les Espagnes, les 2 Castilles; les Asturies, les 2 Turquies, les 2 Belgiques, les Lyonnaises, les Flandres, les Gaules, les 2 Amériques, les 3 Guyanes, les Orcades, les Hébrides, les Syrtes, les Pyrénées, les Alpes, les Apennins, les Cévennes, les Ardennes, les 2 Sèvres, les 2 Néthes;* — ou bien, quand il désigne figurément des personnes semblables à celle qui portait ce nom : *Même aux Nérons on doit l'obéissance.* (RACINE.)

2e Point. *Homonymie parfaite des formes d'un Adjectif.*

27. — I. *Homonymie parfaite dans le* GENRE. — Sont parfaitement homonymes quant au genre, les adjectifs hermaphrodites, c'est-à-dire, n'ayant qu'une terminaison pour les 2 genres ; ce sont les adjectifs qui sont déjà terminés au masculin par un *e* muet, savoir :

...aire,	amphibie,	brusque,	diurne,	fidèle,
...âtre,	apte,	célèbre,	docile,	fixe,
...ble,	âpre,	centuple,	docte,	fourbe,
...ple,	atroce,	champêtre,	drôle,	fragile,
...ide,	austère,	chevaleresque,	efficace,	frêle,
...ique,	avare,	colère,	énorme,	funèbre,
...ste,	aveugle,	commode,	équivoque,	futile,
...oire,	barbare,	concave,	esclave,	gauche,
...ore,	barbaresque,	convexe,	étrange,	grêle,
abrupte,	baroque,	coriace,	externe,	grotesque,
absurde,	belge,	crédule,	extrême,	habile,
âcre,	bisarre,	délétère,	facile,	hétérogène,
agile,	blême,	dense,	factice,	homogène,
aigre,	borgne,	déshonnête,	féroce,	honnête,
alerte,	brave,	digne,	fertile,	humble,

ignare,	inodore,	mate,	propre,	sonore,
illégitime,	insalubre,	meuble,	prospère,	souple,
illustre,	insolite,	minime,	raide,	stérile,
imbécile,	intense,	mobile,	rare,	sublime,
immense,	interne,	moindre,	rebelle,	subreptice,
immobile,	intime,	morne,	revêche,	superbe,
immonde,	inutile,	morose,	riche,	supère,
impropre,	inverse,	nocturne,	ridicule,	suprême,
incommode,	ivre,	nomade,	romanesque,	tacite,
incrédule,	jaune,	obscène,	rouge,	taciturne,
inculte,	jeune,	occulte,	russe,	tenace,
indélébile,	lâche,	pâle,	sage,	tendre,
indigène,	large,	pauvre,	sale,	terrestre,
indigne,	légitime,	perspicace,	salubre,	torve,
inepte,	libre,	pire,	sauvage,	tranquille,
inerte,	lisse,	postiche,	servile;	utile,
infâme,	louche,	prime,	sévère,	vague,
infère,	lugubre,	probe,	sincère,	vite,
infidèle,	maigre,	proche,	sinistre,	vivace,
infime,	malade,	prodigue,	sobre,	volage,
infirme,	malingre,	profane,	sombre,	vorace.
informe,				

28. — II. *Homonymie parfaite dans le* Nombre. — Le sing. et· le plur. se confondent (mais seulement au masculin, et jamais au féminin) pour les adjectifs déjà terminés au sing. par *s* ou *z*, savoir :

....ais,	bis,	dissous,	faux,	indécis,	las,	profès,
....ois,	camus,	divers,	gras,	infus,	obtus,	ras,
....eux,	concis,	doux,	gris,	intrus,	pervers,	roux,
absous,	confus,	exprès,	gros,	jaloux,	précis,	tiers.
bas,	dispos,	exquis,				

3e Point. *Homonymie parfaite des formes d'un Participe* (1).

29. — I. *Homonymie parfaite dans le* Genre. — L'homonymie parfaite n'a jamais lieu entre le masculin et le féminin : car un participe ne finit jamais par un *e* muet au masculin, et en prend toujours un au féminin.

30. — II. *Homonymie parfaite dans le* Nombre. — L'orthographe est la même au pluriel qu'au singulier pour les participes masculins déjà terminés au singulier par un *s*, savoir : les 8 participes *acquis, assis, circoncis, occis, mis, pris, clos, absous,* et leurs composés.

4e Point. *Homonymie parfaite des formes d'un Article.*

31. — *Homonymie parfaite dans le* Genre. — Les formes uniques : *l', les, aux, des,* servent pour les 2 genres.

---

(1) Dans une note annexée au nº 79, je prouve en peu de mots que la forme verbale en *ant*, appelée *participe présent* par beaucoup de grammairiens, n'est qu'une simple variante de l'infinitif, et nullement un *participe*; et je donne à ce faux participe le nom de *Gérondif*. Quant à ce qu'on appelle communément *participe passé*, comme il se trouve par là délivré d'un injuste rival, et comme, d'ailleurs, il est le seul mot qui, en français, *participe* réellement de la nature du verbe et de la nature de l'adjectif, appelons-le simplement *participe*, et cessons enfin d'ajouter à ce terme un qualificatif qui exprime une distinction aussi absurde qu'inutile.

5e Point. *Homonymie parfaite des formes d'un Adjectif déterminatif.*

32. — *Homonymie parfaite dans le* GENRE. — Sont en même temps masculins et féminins :

a) Les adjectifs NUMÉRAUX, soit cardinaux, soit ordinaux, excepté *un, premier* et *second;*

b) Les adjectifs DÉMONSTRATIFS *ces ;*

c) Les adjectifs POSSESSIFS *notre, votre, leur, mes, tes, ses, nos, vos, leurs* (ajoutez *mon, ton, son,* qui peuvent être aussi féminins);

d) Les adjectifs INDÉFINIS *quelconque, quelque, même, chaque, plusieurs.*

6e Point. *Homonymie parfaite des formes d'un Pronom.*

33. — I. *Homonymie parfaite dans le* GENRE. — Servent pour les deux genres :

a) Les pronoms PERSONNELS *je, me, moi, tu, te, toi, l', les, lui, leur, nous, vous, soi, en, y ;*

b) Les pronoms POSSESSIFS *les nôtres, les vôtres, les leurs ;*

c) Les pronoms RELATIFS *qui, que, dont, où ;*

d) Les pronoms INDÉFINIS *on, l'autre, les autres.*

34. — II. *Homonymie parfaite dans le* NOMBRE. — Servent pour les deux nombres :

a) Les pronoms PERSONNELS *se, soi, en, y;*

b) Les pronoms RELATIFS *qui, que, dont, où.*

35. — III. *Homonymie parfaite dans la* PERSONNE. — Servent pour les 3 personnes :

a) Les pronoms PERSONNELS *en, y ;*

b) Les pronoms RELATIFS *qui, que, dont, lequel.*

7e Point. *Homonymie parfaite des formes d'un Verbe,*

36. — I. *Homonymie parfaite dans la* PERSONNE. — L'identité d'orthographe n'a jamais lieu entre les 3 personnes. Elle ne se rencontre qu'entre deux personnes, et seulement au singulier, savoir :

a) Entre la 1re et la 2e personne (*s*) à l'indicatif présent des trois dernières conjug.; à l'indic. imparf. (*ais*) et au condit. présent (*rais*) de tous les verbes.

b) Entre la 1re et la 3e pers. (*e*) à l'indic. prés. de la 1re conjug. et de *couvrir, cueillir, offrir, ouvrir, assaillir, tressaillir;* au subj. présent (*e*) de tous les verbes.

37. — II. *Homonymie parfaite dans le* TEMPS. — L'orthographe confond : dans l'indicatif, le singulier du présent avec le singulier du parfait (*is, is, it*); — dans le subjonctif, le présent avec l'imparfait, sauf la 3e personne sing. (*isse, isses, issions, issiez, issent*). Mais cette homonymie n'atteint que les verbes de la 2e conjug. qui se conjuguent régulièrement comme *finir.*

38. — III. *Homonymie parfaite dans le* Mode. — Il y a ressemblance parfaite de formes :

a) Entre l'indic. et l'impér., au présent, pour toutes les personnes (*s, ons, ez*); excepté quand la 2ᵉ pers. sing., finissant par
e, ne prend pas d'*s* à l'impér., ce qui arrive quand elle n'est pas
suivie de *en* pronom, ou de *y* soit pronom, soit adverbe;

b) Entre l'indic. et le subj., au présent, savoir : le singulier (*e,
es, e*) pour la 1ʳᵉ conjug. et pour *couvrir, cueillir, offrir, ouvrir,
assaillir, tressaillir;* et la 3ᵉ pers. plur. (*ent*) pour tous les verbes;

c) Entre l'indic. et le subj., à l'imparfait, savoir : la 1ʳᵉ et la 2ᵉ
pers. plur. (*issions, issiez*) pour les seuls verbes qui se conjuguent
comme *finir.*

39. — En signalant l'homonymie parfaite des formes d'un verbe,
j'ai seulement comparé, d'abord les différentes personnes d'un
même temps et d'un même mode, puis les divers temps d'un même
mode, et enfin les divers modes à un même temps et aux mêmes
personnes. Mais cette manière d'envisager les choses, toute logique
qu'elle est, m'a empêché d'indiquer exactement dans combien de
cas une même forme verbale peut servir lorsque les personnes, les
temps et les modes sont confondus. Ce dernier point de vue est
plus utile et plus intéressant que l'autre ; il fournit des données
plus complètes sur l'homonymie des formes verbales. Je vais donc
le présenter, en exposant successivement, par ordre de conjugaison,
les terminaisons univoques qui ont un emploi multiple. Avant chacune de ces terminaisons, suppléez, selon la conjugaison, le radical
aim, fin, prév, rend, des verbes-modèles *aimer, finir, prévoir* (1),
rendre. L'homonymie de ces modèles se répétera dans tous les
verbes réguliers de la même conjugaison. Je n'indiquerai point
l'homonymie des verbes irréguliers : cet exposé exigerait des détails
trop étendus et d'ailleurs inutiles. Plus un verbe (et tout autre mot
en général) est irrégulier, plus il y a de dissemblance entre ses
formes, et plus l'homonymie y est rare : témoin *Avoir* et *Être.*

---

(1) On se demande pourquoi la masse des grammairiens s'est obstinée si longtemps à donner *recevoir* pour modèle de la 3ᵉ conjugaison. A cette question on
pourrait répondre par une autre question : pourquoi tant de prétendus écrivains ne
sont-ils que des tailleurs..... de papier? Quelques-uns, il est vrai, ont remarqué
que le verbe *recevoir* est rebelle aux lois de la formation des temps. Mais, au
lieu de substituer à ce pauvre estropié un modèle vigoureusement constitué et
bien proportionné, ils ont déclaré doctoralement que tous les verbes de la 3ᵉ
conjugaison sont irréguliers. Là-dessus ils se sont endormis. Bonne nuit à ces
Messieurs! — D'autres, plus amis du travail que du sommeil, ont trouvé que
prévoir satisfait à toutes les règles de la formation des temps et même de l'analogie, tout aussi bien que les modèles des 3 autres conjugaisons. Ils ont donc
remplacé le modèle irrégulier *recevoir* par le modèle régulier *prévoir.* Je fais
comme eux, en attendant que quelqu'un ose me blâmer de ce choix et me prouve
que j'ai tort.

40

	1re Conj. Aim...				2e Conj. Fin...				3e Conj. Prév...				4e Conj. Rend...			
	Terminaisons.	Modes.	Temps.	Personnes. Nombres.	Terminaisons.	Modes.	Temps.	Personnes. Nombres.	Terminaisons.	Modes.	Temps.	Personnes. Nombres.	Terminaisons.	Modes.	Temps.	Personnes. Nombres.
Indicatif présent.	*e*	ind.	prés.	1 s.	*is*	ind.	prés.	1 s.	*ois*	ind.	prés.	1 s.	*s*	ind.	prés.	1 s.
		ind.	prés.	3 s.		ind.	prés.	2 s.		ind.	prés.	2 s.		ind.	prés.	2 s.
		imp.	prés.	2 s.		imp.	prés.	2 s.		imp.	prés.	2 s.		imp.	prés.	2 s.
		subj.	prés.	1 s.		ind.	parf.	1 s.								
		subj.	prés.	3 s.		ind.	parf.	2 s.								
						part.	mas.	pl.								
	es	ind.	prés.	2 s.	*it*	ind.	prés.	3 s.								
		subj.	prés.	2 s.		ind.	parf.	3 s.								
	ons	ind.	prés.	1 p.	*issons*	ind.	prés.	1 p.	*oyons*	ind.	prés.	1 p.	*ons*	ind.	prés.	1 p.
		imp.	prés.	1 p.		imp.	prés.	1 p.		imp.	prés.	1 p.		imp.	prés.	1 p.
	ez	ind.	prés.	2 p.	*issez*	ind.	prés.	2 p.	*oyez*	ind.	prés.	2 p.	*ez*	ind.	prés.	2 p.
		imp.	prés.	2 p.		imp.	prés.	2 p.		imp.	prés.	2 p.		imp.	prés.	2 p.
	ent	ind.	prés.	3 p.	*issent*	ind.	prés.	3 p.	*oient*	ind.	prés.	3 p.	*ent*	ind.	prés.	3 p.
		subj.	prés.	3 p.		subj.	prés.	3 p.		subj.	prés.	3 p.		subj.	prés.	3 p.
						subj.	imp.	3 p.								
Indic. imparf.	*ais*	ind.	imp.	1 s.	*issais*	ind.	imp.	1 s.	*oyais*	ind.	imp.	1 s.	*ais*	ind.	imp.	1 s.
		ind.	imp.	2 s.		ind.	imp.	2 s.		ind.	imp.	2 s.		ind.	imp.	1 s.
	ions	ind.	imp.	1 p.	*issions*	ind.	imp.	1 p.	*oyions*	ind.	imp.	1 p.	*ions*	ind.	imp.	1 p.
		subj.	prés.	1 p.		subj.	prés.	1 p.		subj.	prés.	1 p.		subj.	prés.	1 p.
						subj.	imp.	1 p.								
	iez	ind.	imp.	2 p.	*issiez*	ind.	imp.	2 p.	*oyiez*	ind.	imp.	2 p.	*iez*	ind.	imp.	2 p.
		subj.	prés.	2 p.		subj.	prés.	2 p.		subj.	prés.	2 p.		subj.	prés.	2 p.
						subj.	imp.	2 p.								
Cond. pr. | ind. parf.					(Voy. ci-dessus la terminaison en *is*.)				*is*	ind.	parf.	1 s.	*is*	ind.	parf.	1 s.
										ind.	parf.	2 s.		ind.	parf.	2 s
	erais	cond.	prés.	1 s.	*irais*	cond.	prés.	1 s.	*oirais*	cond.	prés.	1 s.	*rais*	cond.	prés.	1 s.
		cond.	prés.	2 s.		cond.	prés.	2 s.		cond.	prés.	2 s.		cond.	prés.	2 s.
Subj. prés.	(Voyez ci-dessus la terminaison *e*.)				*isse*	subj.	prés.	1 s.	*oic*	subj.	prés.	1 s.	*e*	subj.	prés.	1 s.
						subj.	prés.	3 s.		subj.	prés.	3 s.		subj.	prés.	3 s.
						subj.	imp.	1 s.								
					isses	subj.	prés.	2 s.								
						subj.	imp.	2 s.								
	9 formes pour 21 cas.				11 formes pour 30 cas: cette conjug. est la plus pauvre.				10 formes pour 21 cas.				10 formes pour 21 cas.			

Ces deux conjugaisons sont les plus riches.

SECTION 2e. Homonymie parfaite des formes d'un mot mobile.

41. — Un même mot peut appartenir successivement à diverses classes. Je veux dire que, eu égard à la diversité des phrases où un mot figure et aux divers rôles qu'il peut jouer dans le discours, ce mot est (sans pourtant changer d'orthographe), par exemple, tantôt nom, tantôt adjectif, tantôt verbe. C'est ce qui a lieu dans les phrases suivantes : *La parabole de l'enfant* PRODIGUE *est extrêmement touchante ; le* PRODIGUE *jouit moins que l'économe ; il* PRODIGUE *son bien pour soulager les malheureux. Prodigue* est *adjectif* dans la 1re de ces phrases ; il est *nom* dans la 2e, et il est *verbe* dans la 3e. Tel autre mot sera préposition dans un cas et adverbe dans un autre. Quand on dit : *Marchez* DEVANT *moi, je vous suivrai, devant* est préposition ; mais si l'on disait : *Marchez* DEVANT, *je vous suivrai, devant* serait adverbe.

1er Point. *Un nom devient adjectif, pronom, verbe, participe, adverbe, interjection.*

42. — I. *Un nom devient adjectif.* — Ce sont surtout les noms concrets, notamment ceux qui expriment les attributions, la profession, le caractère des personnes ou des choses, comme : *berger, maréchal, maître, roi, juge, mère, frère, héritier, marchand, rongeur, plaideur ;* et certains mots qui désignent la couleur, comme *marron, rose, cerise, pourpre, paille.*

43. — Un nom employé adjectivement reste soumis aux variations de genre et de nombre, qui sont les mêmes dans les adjectifs que dans les noms : de sorte qu'il y a homonymie parfaite, d'abord au sing., ensuite au plur.

44. — II. *Un nom devient pronom.* — Ce sont : *personne* et *chose (quelque).* Ces deux mots sont fémin. à l'état de noms, et masc. à l'état de pronoms.

45. — III. *Un nom devient verbe,* savoir :

46. — **a)** A l'Indic. prés., 1re et 2e pers. sing. Ce sont : *cours* et ses composés *concours, discours, parcours, recours, secours ; mets* et son composé *entremets ; remords ; ris* et son composé *souris ; sens ; vernis.* — Tous ces mots sont masc., et correspondent à des verbes de la 2e et de la 4e conjug. Si on les compare à la 3e pers. sing. ou à la 3e pers. plur., l'homonymie devient imparfaite : voyez n° 194 ; voyez aussi n° 177.

47. — **b)** A l'Indic. prés., 3e pers. sing. Ce sont les suivants :

48. — 1° Noms *masculins :* 1re *conjug.* (tous en *e* muet) :

abîme,	cable,	centre,	cintre,	compte,	coude,
augure,	cadre,	cercle,	cloître,	conte,	crible,
beurre,	calme,	change,	coffre,	contrôle,	cube,
blâme,	calque,	charme,	comble,	copie,	cuivre,
branle,	capitule,	chiffre,	commerce,	costume,	délire,

dialogue,	garde,	marbre,	partage,	râle,	songe,
divorce,	germe,	masque,	participe,	ravage,	souffle,
doute,	gîte,	mélange,	peigne,	règne,	soufre
échange,	guide,	ménage,	peuple,	rêve,	sucre,
élève,	hâle,	mérite,	plâtre,	risque,	tapage,
emplâtre,	incendie,	mètre,	poivre,	sable,	timbre,
épilogue,	jeûne,	modèle,	poste,	sabre,	titre,
espace,	juge,	moule,	prélude,	sacre,	trône,
étage,	leurre,	nombre,	présage,	signe,	voile,
fourrage,	lustre,	panache,	prône,	singe,	voyage.
gage,	manque,				

2ᵉ Conjug. :

défaut,   dessert,   ressort,   revient.

4ᵉ Conjug. :

bruit,   combat,   débat,   ébat,   rabat.

49. — 2° Noms *féminins ;* tous sont de la 1ʳᵉ conjug. et en *e* muet :

apostasie,	copie,	foule,	ombre,	rime,
apostille,	coupe,	fronde,	oublie,	roue,
arme,	couronne,	gargouille,	paie,	rouille,
aventure,	demeure,	glace,	paille,	raine,
bataille,	dépense,	grenouille,	parodie,	scie,
bille,	dépouille,	grille,	patrouille,	selle,
bredouille,	distance,	grisaille,	pique,	seringue,
brique,	drogue,	harangue,	pirouette,	sonde,
broie,	écaille,	hâte,	place,	taille,
brouette,	écale,	hypothèque,	plante,	tenaille,
cabale,	entaille,	industrie,	plaque,	tire,
cabriole,	envie,	intrigue,	plume,	touche,
cale,	étrille,	ligue,	pointe,	tranche,
calomnie,	fatigue,	limaille,	psalmodie,	treille,
carie,	ferraille,	loge,	querelle,	tresse,
cheville,	feuille,	maille,	quille,	veille,
chronique,	file,	marque,	raie,	vétille,
classe,	force,	mitraille,	redoute,	visite,
colle,	forge,	monnaie,	régente,	voile,
conserve,	forme,	mue,	réplique,	voûte,
console,	fouille,	nuance,	rimaille,	vrille.

et une prodigieuse multitude d'autres que je ne finirais pas d'énumérer. J'ai particulièrement indiqué ici ceux qui peuvent fournir d'utiles sujets de comparaison avec les mots que je donnerai plus loin, nᵒˢ 177 et 179.

50. — *Remarque.* Tous ces noms, masculins ou féminins, terminés par *e*, sont en même temps : dans l'Indic. prés., la 1ʳᵉ pers. sing.; dans l'Impér. prés., la 2ᵉ pers. sing. ; et dans le Subj. prés., la 1ʳᵉ et la 3ᵉ pers. sing. — Mettez-les au plur., vous aurez la 2ᵉ pers. sing. de l'indic. prés., du subj. prés., et, dans certains cas, de l'impér. (Voyez ci-dessus homonymie des verbes, nᵒ 40, 1ʳᵉ conjug., terminaisons *e, es.*) Mais, comparés à la 3ᵉ pers. plur., ils deviennent homonymes imparfaits. (Voyez nᵒ 194.)

51. — **c)** A L'INDIC. PRÉS., 2ᵉ PERS. SING., ce sont les pluriels de tous les noms cités ou indiqués aux nᵒˢ 48 et 49, excepté : *défaut, dessert, ressort, revient, bruit.* En échange, ajoutez : *entretiens, maintiens, soutiens,* donnés ci-après, nᵒ 177.

52. — **d)** A L'INDIC. PRÉS., 1ʳᵉ PERS. PLUR., ce sont les noms en *on* cités plus loin (nᵒ 181), mis au plur., savoir : *1ʳᵉ conjug.* :

argentons,	chaussons,	grisons,	pinçons,	souillons,
avançons,	coupons,	grognons,	pisons,	sourcillons,
avortons,	doublons,	guidons,	plantons,	suçons,
bataillons,	feuilletons,	hérissons,	plongeons,	taillons,
bâtons,	foulons,	jetons,	poivrons,	tapons,
bondons,	fripons,	jurons,	rayons,	tâtons,
bouchons,	frisons,	lignons,	rejetons,	tétons,
boutons,	frottons,	lorgnons,	réveillons,	torchons,
bridons,	glaçons,	moussons,	sablons,	tortillons,
brouillons,	grapillons,	pelotons,	scions,	visons,
broyons,	grésillons,	pesons,	sillons,	vrillons.
cartons,	griffons,	pilons,		

2ᵉ conjug. :

bouillons,	nourrissons,	salissons,	tenons,	unissons.

4ᵉ conjug. :

maudissons,	paissons,	tendons

53. — Ces noms, presque tous masc., sont en même temps la 1ʳᵉ pers. plur. de l'Impér. (Voyez plus haut, nᵒ 40, homonymie univoque des verbes, termin. *ons*). Ces noms, pris au sing., forment l'homonymie imparfaite : voy. nᵒˢ 181, 194.

54. — **e)** A L'IND. IMPARF., 1ʳᵉ PERS. PLUR., ce sont les noms en *ion* mis au plur. (Voy. plus bas, nᵒ 184) ; savoir :

annexions,	divisions,	oppressions,	progressions,	torsions,
confessions,	infusions,	précisions,	rebellions,	transgressions,
conversions,	lésions,	pressions,	révisions,	visions.
dispersions,	opinions,	professions,	subdivisions,	

55. — Ces noms, tous fémin. et de la 1ʳᵉ conjug., sont aussi la 1ʳᵉ pers. plur. du subj. prés. (Voy. ci-dessus, nᵒ 40, homonymie parfaite des verbes termin. *ions*). Laissés au sing., ils ne forment qu'homonymie imparfaite : voy. nᵒˢ 184, 194.

56. — **f)** A L'IND. FUTUR, 1ʳᵉ PERS. PLUR., ce sont les noms en *eron* mis au plur. (Voy. ci-après nᵒ 190) ; savoir :

aoûterons,	culerons,	fumerons,	moucherons,	salerons.
bûcherons,	forgerons,	marnerons,	mousserons,	

Ils sont tous masc. et correspondent à des verbes de la 1ʳᵉ conjug. Laissez-les au sing., vous n'aurez plus que l'homonymie imparfaite : voy. nᵒ 194.

57. — *Remarque.* — *Batte* et *bâtisse* se retrouvent au subj. prés. ; et *crevasse, liasse, tirasse,* au subj. imparf., même quand

— 34 —

ils sont employés au plur., comme les noms des n⁰ˢ 48, 49, 51, appartiennent à l'indic. prés. — A cause de leur petit nombre, je ne fais que les indiquer ici en passant.

58. — **g)** Au Subjonct. imparf., 1ʳᵉ pers. plur., ce sont les noms plur. : *missions* et ses composés *admissions, commissions, démissions, émissions, omissions, permissions, promissions, soumissions, transmissions.* Tous sont fémin. et appartiennent à la 4ᵉ conjug. (Voy. n° 192). Ces noms, pris au sing., forment seulement homonymie imparfaite (Voy. n° 194).

59. — IV. *Un nom devient participe.* — Ce sont : *facilité, félicité, gravité, nécessité.* Ils sont fém. et de la 1ʳᵉ conjug. ; au plur., ils reproduisent le partic. masc. plur. (Voy. n° 194).

60. — V. *Un nom devient adverbe.* — Ce sont : *bien, dedans, dehors, derrière, dessous, dessus, devant, goutte, mal, mie, pas, point.* (Voy. n° 92 ; voy. aussi n° 194.)

61. — VI. *Un nom devient interjection.* — Ce sont : *courage, dame, diable, paix, perte, silence.* (Voy. n° 194.)

2ᵉ Point. Un Article devient Pronom.

62. — Les articles suivants sont aussi des *pronoms : l', le, la, les.*

3ᵉ Point. Un Adjectif devient Nom, Verbe, Adverbe, Préposition.

63. —I. *Devient nom* tout adjectif qui ne qualifie ni un nom ni un pronom, et qui est accompagné d'un déterminatif. Ex. : *un grand, les riches, votre droit, dix justes, ce rouge.* Comme les noms, il admet un qualificatif : *un grand saint, deux illustres saints ;* et, comme les noms, il est soumis aux variations de genre et de nombre.

64. — II. Un adjectif qualific. *devient verbe.*

65. — **a)** A l'Indic. prés., 1ʳᵉ et 3ᵉ pers. sing. Ce sont :

66. — 1° Les adject. *hermaphrodites* ou à double genre qui suivent :

alterne,	célèbre,	ferme,	lâche,	politique,	quadruple,
authentique,	centuple,	fixe,	légitime,	pourpre,	quintuple,
aveugle,	contracte,	illustre,	liquide,	pratique,	sublime,
brave,	critique,	indigne,	lisse,	prodigue,	triple,
brusque,	décuple,	interne,	louche,	prospère,	trouble.
calme,	double,	intime,	meuble,		

67. — 2° Les adject. *fémin.* suivants :

absente,	casse,	diligente,	friponne,	incidente,
active,	chagrine,	dolente,	gasconne,	infecte,
assassine,	complète,	égale,	gourmande,	inquiète,
badine,	contente,	épouse,	grise,	jalouse,
bavarde,	converse,	fausse,	gueuse,	lasse,
câline,	coquette,	féconde,	impatiente,	marchande,
captive,	creuse,	fréquente,	importune,	marine,

massive,	patrone,	présente,	sauve,	tierce,
mutine,	plaisante,	prêtre,	sèche,	vagabonde,
niaise,	plane,	professe,	seconde,	violente,
patente,	polissonne,	rase,	soûle,	voisine.
patiente,	précise,	régente,	suspecte,	

68. — Tous les adjectifs de ces 2 n°s 66 et 67 finissent par *e*, et correspondent à des verbes de la 1re conjug. Comme les noms des n°s 48, 49, 51, ils se retrouvent aussi à l'indic. prés., 1re pers. sing. ; à l'impér., 2e pers. sing. ; et au subjonct. prés., 1re et 3e pers. sing. — Mis au plur., ils donnent la 2e pers. sing. du prés. de l'indic., du subjonct.. et quelquefois de l'impér. (Voy. les n^s 48 à 51). — Rapprochés de la 3e pers. plur., ils forment homonymie imparfaite : voy. n° 194.

69. — ʙ) A l'Indic. prés., 2e ᴘᴇʀs. sɪɴɢ. Ce sont les adject. des n°s 66 et 67 mis au plur. Ils deviennent alors la 2e pers. sing. non-seulement de l'indic. prés., mais aussi du subjonct. prés., et même de l'impér. prés., quand cette forme prend un *s*. (Voy. homonymie parfaite des verbes, n° 40, terminaison *es ;* voy. aussi n° 51.)

70. — *Remarque.* Les adjectifs à double genre, qui s'emploient aussi comme noms à double genre, puis comme verbes, tels que *aveugle, critique, politique, prodigue,* peuvent se trouver, avec la seule orthographe du singulier, dans 9 circonstances différentes, dont 2 sont pour l'adjectif, 2 pour le nom, et 5 pour le verbe. Avec l'*s* du plur., ils se trouvent dans 6 autres cas : 2 pour l'adjectif, 2 pour le nom, et 2 pour le verbe. Ainsi les yeux sont mis en défaut par l'identité d'orthographe, 9 fois d'une part, et 6 de l'autre. — L'homonymie imparfaite admet en outre deux autres cas résultant de la terminaison verbale *ent.* Total énorme : 17..... Ainsi, on peut entendre prononcer dix-sept fois le mot *aveugle* écrit d'une de ces trois manières *(aveugle, aveugles, aveuglent),* sans que la prononciation de ce mot puisse faire deviner à l'oreille dans laquelle des 17 circonstances ledit mot est placé. Pauvre oreille ! comme l'orthographe et la prononciation françaises se moquent de toi !...

71. — III. Un adjectif *devient adverbe.* — Ce sont : *bas, bon, droit, fin, fort, haut, raide, vite.*

72. — IV. L'adjectif *sauf* s'emploie comme *préposition.*

4° Point. *Un adjectif déterminatif devient Nom, Pronom, Adverbe.*

73. — I. S'emploient *nominalement* les adjectifs détermin. suivants : *un, deux, trois, quatre, cinq, six, sept, huit, neuf, dix, quinze, vingt, cent, mille ; tout.*

74. — II. Les suivants sont tantôt adjectifs et tantôt *pronoms :* *ce, leur, aucun, nul, tout, un, autre, plusieurs.*

75. — III. Les adject. détermin. *quelque, même, tout,* sont quelquefois *adverbes.*

5e Point. *Un Pronom devient Nom.*

76. — Les pronoms *moi, toi, vous, rien, tout, quelque chose,* s'emploient quelquefois comme des *noms.*

6e Point. *Un Verbe (Infin.) devient Nom; (Gérond.) Nom, Adjectif, Adverbe, Préposition.*

77. — I. Quelques *infinitifs* sont aussi des *noms.* Ce sont : 1re conjug. :

aller,	coucher,	goûter,	manger,	souper,
baiser,	déjeuner,	laisser-aller,	parler,	toucher (1).
conseiller,	dîner,	lever,	penser,	

2e conjugaison :

avenir, repentir, souvenir.

3e conjugaison :

avoir, devoir, pouvoir, revoir, savoir, vouloir.

4e conjugaison :

boire, braire, dire, être, rire, sourire, vivre.

78. — Tous ces noms sont masc.; au plur. ils prennent un *s* comme les autres noms. Et alors l'homonymie entre le nom plur. et l'infin. devient imparfaite (n° 194).

79. — II. Un *gérondif* (2) devient *nom.* — Exemples : 1re conjug. :

---

(1) Bénéficier, boucher, bûcher, officier, ne sont pas des infinitifs employés nominalement.

(2) Ce qu'on appèle vulgairement *participe présent* n'est nullement participe, pas plus que l'infinitif n'en est un. Ce n'est rien autre chose qu'une 2e forme de l'infinitif. En effet, nous faisons usage, en France, de l'infinitif après toutes les prépositions, excepté après *en,* qui régit la forme verbale en *ant,* tout comme les autres régissent la forme verbale en *er, ir, oir, re* (selon la conjugaison). Au contraire, les Anglais n'admettent l'infinitif qu'à la suite d'une seule préposition, qui est *to,* et emploient le *participe présent* à la suite de toutes les autres; et les Latins ne mettent jamais l'infinitif après aucune préposition, mais exclusivement le *Gérondif,* c'est-à-dire, notre prétendu participe présent. Ces faits prouvent que, à part le génie particulier de chaque langue, l'infinitif et le gérondif (ou participe présent) sont 2 formes verbales ayant une seule et même valeur; formes dont l'usage, il est vrai, a déterminé les emplois respectifs avec défense rigoureuse de s'en écarter, mais qui, en principe, n'ont rien d'absolu, et pouvaient, dans l'origine de chaque langue, obtenir également la préférence. C'est ce qui est arrivé. Les Français ont adopté l'infinitif, et disent : *Le temps de* LIRE; tandis que les Anglais ont fait choix du gérondif (ou participe présent), et disent : *Le temps de* LISANT (*the time of* READING).

Ce faux participe présent, s'il appartenait à la langue grecque, s'appèlerait *infinitif second.* A l'exemple de plusieurs grammairiens judicieux, je l'appèle *Gérondif,* parce qu'il est l'équivalent du gérondif latin. Ce n'est pas ici le lieu de faire une longue dissertation sur cette matière. L'occasion en sera plus

allant,	commerçant,	irritant,	plaidant,	suppléant,
arrivant,	communiant,	levant,	pliant,	suppliant,
aspirant,	couchant,	montant,	protestant,	tournant,
attaquant,	croquant,	négociant,	représentant,	tranchant,
brillant,	excédant,	officiant,	restant,	versant,
brisant,	excitant,	passant,	restaurant,	volant,
calmant,	figurant,	penchant,	semblant,	votant.
commençant,	gagnant,	piquant,	soupirant,	

2ᵉ conjugaison :

assaillant, courant, contrevenant, mourant, revenant, venant.

3ᵉ conjugaison :

voyant.

4ᵉ conjugaison :

battant,	croissant,	mordant,	plaignant,	répondant,
combattant,	croyant,	pendant,	plaisant,	suivant,
commettant,	fondant,	perdant,	prétendant,	vivant.
correspondant,	médisant,			

et beaucoup d'autres pour chaque conjugaison.

80. Ces noms prennent un *s* au plur., et ils peuvent devenir féminins : *mourant, mourants, mourante, mourantes*. Mais, comme l'infinitif et le gérondif sont invariables de leur nature, il s'ensuit qu'ils n'admettent d'homonymie parfaite qu'avec un nom masc. sing. Dès que ce nom devient plur., il entre dans le domaine de l'homonymie imparfaite (voy. n° 194). Il en est de même quand ce nom éprouve quelque modification d'orthographe intérieure, comme cela arrive dans les noms qui changent *guant, quant, ant*, en *gant, cant, ent*; tels sont : *extravagant, intriguant; fabricant, traficant; affluent, négligent*, etc. Voy. nᵉˢ 82, 192.

81. Au reste, ces noms verbaux en *ant* ne s'homonymisent qu'indirectement avec le gérondif : car ils ont été adjectifs avant de passer à l'état de noms; ce sont des adjectifs employés nominalement.

82. III. Deviennent *adjectifs* la plupart des gérondifs; c'est quand ils cessent d'exprimer l'action pour désigner l'état, la qualité; et alors ils varient comme tout autre adjectif. Mais, comme le gérondif est essentiellement invariable, l'homonymie parfaite n'existe qu'avec le masc. sing. de l'adjectif; encore faut-il excepter ceux qui changent *guant, quant, ant*, en *gant, cant, ent*, savoir : *extravagant, fatigant, intrigant; fabricant, suffocant, traficant, vacant;*

---

opportune dans un ouvrage que je me propose de publier prochainement. Il me suffit en ce moment d'avertir le lecteur que j'appelle *gérondif* la forme verbale en *ant* qu'une foule de personnes nomment à tort *participe présent*. J'ai déjà dit, dans une note annexée au titre du n° 29, qu'il faut réserver le simple nom de *participe* à l'espèce de mots qu'on nomme ordinairement *participe passé*.

adhèrent, affluent, coïncident, différent, équipollent, équivalent, excellent, expédient, négligent, précédent, président, résident, violent. (Voy. d'autres changements de *gu* en *g* et de *qu* en *c*, au nº 192.)

83. IV. Le gérondif *maintenant* est aussi un *adverbe.*

84. V. Les gérondifs suivants s'emploient aussi comme *prépositions : concernant, durant, joignant, moyennant, pendant, suivant, touchant.*

7ᵉ Point. *Un Participe devient Nom, Adjectif, Préposition.*

85. — 1. Un participe devient *nom.* En voici quelques exemples :

86. — **a**) *Masculin :* 1ʳᵉ *conjugaison :*

abrégé,	composé,	croisé,	marié,	possédé,	résumé,
allié,	consommé,	débouché,	passé,	procédé,	révolté,
arrêté,	convié,	député,	pavé,	préjugé,	traité,
associé,	coupé,	insurgé,	péché,	réformé,	trépassé, etc.

2ᵉ *conjugaison :*

bouilli,	couvert,	fini,	parvenu,	revenu,
converti,	étourdi,	mort,	poli,	rôti, etc.

3ᵉ *conjugaison :*

aperçu,	dépourvu,	reçu,	su,	vu, etc.

4ᵉ *conjugaison :*

adjoint,	conduit,	enduit,	pendu,	réduit,
commis,	écrit,	fait,	prétendu,	teint,
compromis,	enclos,	joint,	produit,	etc.

87. — *Féminin :* 1ʳᵉ *conjugaison :*

allée,	beurrée,	dînée,	levée,	rangée,	tournée,
armée,	bouchée,	durée,	mariée,	rosée,	tranchée,
arrivée,	brisées,	entrée,	montée,	rossée,	trouée,
assemblée,	couvée,	fumée,	pensée,	rusée,	volée,
avancée,	croisée,	gelée,	plumée,	saignée,	etc.
becquée,	dictée,	jetée,	portée,	soupée,	

2ᵉ *conjugaison :*

avenue,	découverte,	ouïe,	régie,	sortie,	venue,
couverte,	étourdie,	partie,	saillie,	tenue,	etc.

3ᵉ *conjugaison :*

assise,	entrevue,	revue,	vue, etc.

4ᵉ *conjugaison :*

atteinte,	défaite,	étendue,	prétendue,	remise,
conduite,	démise,	feinte,	prise,	surprise,
contrainte,	entremise,	mise,	recrue,	teinte,
crainte,	entreprise,	plainte,	redite,	vendue, etc.

88. — Tous ces noms, masc. ou fém., prennent un *s* au plur., et se comportent en tout comme les autres noms.

89. — Au reste, les participes, aussi bien que les gérondifs, ne deviennent noms qu'indirectement, c'est-à-dire, après avoir joué d'abord le rôle d'adjectifs. Or, les règles du genre et du nombre étant les mêmes pour les participes que pour les adjectifs et les noms, l'homonymie parfaite subsistera aux 4 cas, savoir : au masc. sing., au masc. plur., au fém. sing. et au fém. plur. ; ce qui n'a pas lieu pour le gérondif ou l'infinitif.

90. — II. Devient *adjectif* qualificatif tout participe employé seul, ou conjugué, dans un verbe passif, avec l'auxiliaire *Etre*. Il a toutes les propriétés d'un adjectif ordinaire, malgré l'idée d'action qui lui est inhérente avec l'idée d'état, et qu'il tient de son origine verbale. Il varie à l'état d'adjectif comme il variait à l'état de participe ; et ainsi l'adjectif et le participe peuvent être 4 fois homonymes, comme il a été dit au n° précédent.

91. — III. Deviennent *prépositions* les participes suivants : *attendu, compris, excepté, pourvu, supposé, vu.*

8e Point. *Un Adverbe devient Nom, Pronom.*

92. — I. Deviennent *noms* les adverbes suivants : *alentour, ensemble, environ, mieux, moins, non, oui, peu, pis, plus, trop* (Voy. n° 60). Mais, en tant qu'adverbes, ils sont invariables, et ne s'homonymisent parfaitement qu'avec le nom pris au masc. sing. (Voy. n° 194).

93. — II. Sont souvent *pronoms* les adverbes *où, y.*

9e Point. *Une Préposition devient Nom, Pronom, Verbe, Adverbe.*

94. — I. Les prépositions *contre, pour,* s'emploient quelquefois comme *noms* singul. : *le pour et le contre.*

95. — II. *En* est quelquefois *pronom.*

96. — III. *Entre, outre* sont aussi des *verbes,* 1re et 3e pers. sing. du prés. de l'indicatif et du subjonctif.

97. — IV. Toute préposition qui n'a pas de complément est *adverbe ;* ce sont : *après, avant, avec, contre, depuis, derrière, devant, malgré, outre, pour, sans.*

10e Point. *Une Conjonction devient Nom.*

98. — S'emploient *nominalement* les conjonctions qui suivent : *car, donc, mais, parceque, que, quoique, pourquoi, si.* Devenues noms, elles ne prennent jamais d'*s*, même au plur.

11e Point. *Une Interjection devient Nom.*

99. — On emploie comme *noms* les interjections suivantes : *ah! adieu, bah, eh, hélas,* etc. ; *adieu* seul prend la marque du

— 40 —

plur. : *Je vous fais mes adieux; que signifient tous ces hélas, tous ces ah?*

ARTICLE 2e. HOMONYMES IMPARFAITS OU ÉQUIVOQUES.

100. — *Définition*. — Les homonymes équivoques ou imparfaits (du lat. *æquus* égal, *vox* mot), sont ceux qui ont entre eux quelque différence d'orthographe. Cette dénomination leur vient de ce que, malgré la diversité des signes orthographiques qui les représentent, la prononciation en fait pour l'oreille des mots ressemblants, équivalents, non plus uniques, mais *égaux : æquæ voces*. L'homonymie est imparfaite, parcequ'elle a perdu la moitié de son objet, l'orthographe, et ne tombe plus que sur la prononciation. Et encore cette prononciation admet-elle très souvent des nuances qui détruisent plus ou moins l'homonymie.

101. — *Origine*. — L'homonymie imparfaite, étrangère à l'orthographe, est due exclusivement et uniquement à la prononciation. Elle vient de ce que, par un étrange et déplorable abus que l'usage a consacré, nous prononçons d'une manière uniforme différentes lettres ou combinaisons de lettres. Qui le croirait? chacune de nos voyelles peut s'écrire de 10, de 20, de 50 manières différentes. Je n'ai pas dit assez : le seul son *è* (*è* ouvert), son simple et unique, a au moins 65 orthographes; oui, nous avons inventé jusqu'à *soixante-cinq* manières de représenter le son *è*. C'est effrayant, c'est incroyable; mais c'est vrai : les voici avec un exemple qui servira de preuve.

è	père	cait	songeait	uaies	aiguaies
ê	prêtre, être	ey	dey, jokey.	uais	piquais
e	vertu, sexe	eye	grasseye	uait	narguait
ë	noël	eyent	grasseyent.	uay	Paraguay
ecs	échècs	eyes	grasseyes	uet	piquet
ect	aspect	eys	deys, jokeys	uaye	aiguaye
ects	respects	ai	vrai	uayent	aiguayent
ei	peine, dei	aid	laid	uayes	aiguayes
eî	reître	aids	laids	uets	paquets
eie	grasseie	aie	futaie	uê	guêpe
eient	grasseint	aient	aimaient	uêt	acquêts
eies	grasseies	aies	vraies	uêts	conquêts
egs	legs	ais	palais	ueie	langueie
ep	cep	ait	parfait	ueient	langueient
eps	ceps	aît	connaît	ueies	langueies
ept	sept	aîts	portraits	ueye	langueye
ès	procès	aix	faix	ueyent	langueyent
es	mes	ay	Gray	ueyes	langueyes
et	projet	aye	paye	he	herbe
êt	prêt	ayent	balayent	hai	souhaiter
ets	objets	ayes	rayes	hait	souhait
êts	forêts	aî	connaître	haits	souhaits
cai	geai	uai	quai		
caient	nageaient	uaie	aiguaie		
eais	mangeais	uaient	liguaient		

Pour ceux qui n'aspirent point l'*h*, j'ajoute :

hè	hèle
hê	hêtre
he	herse
hai	haine
haie	haie
haies	haies

Enfin, mentionnons l'orthographe des *oi* :

oi	foible
oî	connoître
oient	aimoient
ois	anglois
oit	rendoit
oît	connoît
coient	rongeoient
cois	mangeois
coit	nageois
uoient	voguoient
uoies	manquois
uoit	piquoit

103. — Total, *quatrevingt-dix!*... De ce nombre on peut retrancher environ 25 combinaisons comme sujettes à controverse ou tombées en désuétude (quoique la connaissance en soit indispensable pour la lecture des ouvrages écrits selon l'ancienne orthographe), et il restera encore *soixante-cinq* manières d'écrire le son *è*. Quelle exubérance de formes orthographiques, et quelle pauvreté de prononciation! quelle prodigieuse variété pour l'œil, et quelle désolante monotonie pour l'oreille !

104. — Ce détail suffit pour assigner la véritable source de l'homonymie imparfaite. Pour les autres sons ou articulations, je me bornerai à donner des chiffres.

105. — *Voyelles.* — On peut écrire le son *a* de 28 manières.; *e* muet, de 10 ; *é* fermé, de 23 ; *è* ouvert, de 65 ; *i*, de 32 ; *o*, de 33 ; *u*, de 28 ; *eu*, de 17 ; *ou*, de 25 ; *an*, de 38 ; *in*, de 37 ; *on*, de 24 ; *un*, de 10 ; *oi*, de 34.

106. — *Consonnes.* — L'articulation *be* (ou *b'*) a 5 manières de s'écrire ; *c* dur, 19 ; *d*, 4 ; *f*, 13 ; *g* dur, 7 ; *j*, 4 ; *l*, 11 ; *m*, 8 ; *n*, 12 ; *p*, 8 ; *r*, 22 ; *s* dur, 18 ; *t*, 13 ; *v*, 4 ; *x*, 7 ; *z*, 10 ; *ch*, 5 ; *gn*, 3 ; *l* mouillé, 8.

107. — Maintenant faites l'addition ; unissez tous ces ruisseaux, et vous verrez ce fleuve immense et fangeux, dont les débordements ont rempli d'homonymes, c'est-à-dire, appauvri et ravagé, l'une des plus belles langues du monde, la langue française.

108. — Mais d'où provient cette surabondante variété de signes orthographiques? De l'étymologie. Car la plupart des mots français ont conservé en partie l'orthographe du mot qui leur a donné naissance. Mais, l'usage s'étant introduit de prononcer uniformément des signes très différents, il en résulta une prodigieuse quantité d'homonymes. Et cette uniformité de prononciation peut se rapporter à deux causes principales qui résument toutes les autres :

1° Nous ne prononçons pas certaines lettres, savoir : l'*e* muet dans beaucoup de cas, et la plupart des consonnes finales ;

2° Nous prononçons semblablement différentes lettres ou combinaisons de lettres.

109. — *Appréciation.* — Les homonymes imparfaits ou équivoques sont beaucoup moins mauvais, moins dangereux que les autres : car ils ne trompent que l'*auditeur*, et jamais le lecteur. Encore cet inconvénient est-il presque toujours diminué plus ou moins par les nuances plus ou moins sensibles de prononciation, que le bon usage a établies entre la plupart de ces mots ; la liaison des consonnes finales est surtout d'un très grand secours pour détruire l'équivoque (Voy. n°s 220 à 234). Quant au *lecteur*, il n'est jamais embarrassé : car les homonymes équivoques ont essentiellement entre eux des différences orthographiques, qui indiquent infailliblement le sens particulier de chacun d'eux. Ainsi, il saisit immédiatement le vrai sens (pourvu qu'il connaisse l'orthographe française), quand il lit l'un de ces mots : *poids, pois, poix* ; ou l'un de ceux-ci : *lute, lutent, lutes, lut, luts, luth, luths, lutte, luttes, luttent, lûtes* ; ou l'un de ceux-ci : *pareil, pareille, pareils, pareilles.*

110. — *Nombre.* — Mais en revanche, les homonymes imparfaits sont prodigieusement nombreux. On en compte environ dix mille. C'est énorme. Je ne crois pas qu'il existe au monde une seule langue qui puisse se vanter d'atteindre ce chiffre ; assurément, ce n'est ni l'anglais, ni l'allemand, ni l'italien, ni l'espagnol, ni le latin, ni le grec. Je les en félicite ! C'est un triste avantage, que celui de surpasser les autres par le nombre de ses défauts et de ses misères ! Mais, hâtons-nous de le dire, la langue française rachète ces défauts par des beautés qui font le désespoir de ses voisines ; elle est pauvre sous certains rapports, mais elle est riche à d'autres égards. D'ailleurs, l'imperfection que je viens de signaler n'est pas sans remède. (Voy. nᵒˢ 220 à 234.)

111. — *Classification.* — L'homonymie imparfaite ou équivoque a, comme l'autre, double objet. Elle existe :

1° Entre les mots dont l'étymologie et la signification sont tout-à-fait différentes : c'est l'homonymie des *mots* ;

2° Entre les divers accidents qui modifient la signification d'un mot : c'est l'homonymie des *formes.*

Rappelez-vous qu'ici *l'orthographe est toujours différente,* entre les *formes* aussi bien qu'entre les *mots.*

§ 1ᵉʳ. Homonymie imparfaite des mots.

112. — Des mots qui ne se sont jamais rencontrés et qui n'ont de ressemblance que dans le son que l'on produit en les prononçant, peuvent différer entre eux ou par les accents ou par les lettres.

SECTION Iʳᵉ. Les mots diffèrent par les accents.

113. — L'un des homonymes n'a pas d'accent ou porte un autre accent.

1ᵉʳ Point. L'Accent manque.

114. — Tantôt l'accent *manque* dans l'un des homonymes, savoir :

115. — I. *L'accent aigu ;*

sur **é, e :** ex. : *aveuglément,* adv., en *aveuglement,* n. m., cécité d'esprit.
   aveugle.

116. — II. *L'accent grave ;*

sur **à, a :** ex. : *à,* prépos. | *a,* v. avoir.
sur **è, e :** ex. : *dès,* prépos. | *des,* art. contr. pour de les.
sur **où, ou :** ex. : *où,* adv. de lieu et |*ou,* conj. : ou bien.
   pron. rel.

117. — **III.** *L'accent circonflexe :*

sur **â, a :** ex. : *âcre,* adj., piquant au | *acre,* n. m., ancienne mesure agraire.
goût.
sur **ê, e :** ex. : *forêt,* n. f., grand bois. | *foret,* n. m., outil pour percer.
sur **î, i :** ex. : *guérîtes,* v. guérir. | *guérite,* n. f., loge d'une sentinelle.
sur **ô, o :** ex. : *côté,* n. m. partie gau- | *coté,* part. de coter : numéroter.
che ou droite.
sur **û, u :** ex. : *fûmes,* v. être. | *fumes,* v. fumer.
sur **eû, eu :** ex. : *jeûne,* n. m., absti- | *jeune,* adj., peu âgé.
nence de nourriture.
sur **oû, ou :** ex. : *loûrais* pour louerais, | *lourais,* v. lourer.
v. louer.
sur **aî, ai :** ex. : *faîte,* n. m., sommet, | *faite,* part. f. de faire.
comble.
sur **în, in :** ex. : *tîntes,* v. tenir. | *tintes,* v. tinter.
sur **oî, oi :** ex. : *boîte,* n. f. petite | *boite,* v. boiter : clocher.
cassette.

118. — Comparez aussi :

I. *Pour l'accent aigu :* dénier et denier, déviez et deviez, isolément et isolement, récréer et recréer, réculer et reculer, réformer et reformer, réjouir et rejouir, rémire et remire, rémissions et remissions, rémoudre et remoudre, réparer et reparer, répartir et repartir, répeler et repeler, répondre et repondre, réteindre et reteindre, rétendre et retendre, rétirer et retirer, réviser et reviser, vénèrent et venèrent.

II. *Pour l'accent grave :* là et la, voilà et voila, ès et es.

III. *Pour l'accent circonflexe :* bât et bat, bâiller et bailler, châsse et chasse, mâtin et matin, pâlissant et palissant, tâcher et tacher, mêlons et melons, médîtes et médites, mîtes et mites, rîmes et rimes, servîtes et servites, vîtes et vites, côlon et colon, rôt et rot, bûtes et butes, crû et cru, dû et du, fût et fut, lûtes et lutes, mûr et mur, mûre et mure, sûr et sur, soûlas et soulas, soûleur et souleur, paraît et parait, croîs et crois.

Et d'autres qu'on trouvera dans le dictionnaire des homonymes.

2e Point. *L'Accent varie.*

119. — Tantôt l'accent *varie* dans l'un des homonymes ; exemples :

sur **ê, è,** *pêche,* n. f., fruit ; v. pêcher. | *pèche,* v. pécher.
sur **ê, é,** *pêcher,* n. m., arbre ; v. pêcher. | *pécher,* v. ; commettre un péché.
sur **è, é,** *règlement,* n. m., action de | *réglément,* adv., avec règle.
régler, statut.

120. — Comparez aussi :
Chêneau et chéneau, fêlons et félons, pêcheur et pécheur, rêvèrent et révèrent, vénérons.... et vènerons....

Et d'autres qu'on trouvera dans le dictionnaire des homonymes.

SECTION 2e. Les mots diffèrent par les lettres.

121. — Nous prononçons semblablement différentes lettres ou combinaisons de lettres. Nous n'articulons pas certaines consonnes. Nous ne nous arrêtons pas (le temps est trop précieux !) à faire sentir l'*e* muet dans une foule de circonstances. Nous n'aspirons point l'*h* muet ; et beaucoup de gosiers, sans doute par crainte d'attraper le hoquet, ne veulent pas aspirer l'*h* aspiré. Au reste, c'est par erreur que j'ai dit *nous*. Je devais dire : *quelques-uns d'entre nous* : car, fort heureusement, tous les Français ne poussent pas aussi loin l'amour de la confusion et de l'obscurité, ou du moins l'insouciance pour l'exactitude de la prononciation. Quoi qu'il en soit, les abus que je signale ne sont que trop communs.

1er Point. *Confusion des signes graphiques.*

122. — Nous prononçons semblablement différentes lettres ou combinaisons de lettres, soit voyelles, soit consonnes. (Voy. n°s 102 à 106.)

123. — *Voyelles ;* savoir :

E, EU, OEU, UEU	— Ex. : je, jeu ; de, deux ; me, meus ; ceci, ceux-ci ; ne, nœud ; veux, veux ; que, queue.
È, É, E, AI, EI, AY, EY	— Ex. : chêne, chaîne ; dès, des ; vaine, veine ; Tournay, tournais ; dey, dais ; jais, geais.
I, Y	— Ex. : empirée, empyrée ; lire, lyre ; bisse, bysse.
O, AU, EAU, U	— Ex. : pose, pause ; vos, vaux, veaux ; rhum, Rome.
U, EU	— Ex. : huttes, eûtes.
AN, AM, EN, EM, AON, UAN, EAN.	— Ex. : panser, penser ; chant, champ ; pan, paon ; jau, gent, Jean ; fatiguant, fatigant.
IN, IM, YN, YM, AIN, AIM, EIN.	— Ex. : fin, faim ; pins, pains, peins ; timbre, thymbre ; sein, sain.
ON, OM, OMP, AON	— Ex. : non, nom ; conte, comte, compte ; ton, taon.

124. — *Consonnes ;* savoir :

B, BB, BE	— Ex. : rob, robe ; abaisse, abbesse ; Saba, sabbat.
C, Q, K, QUE, KE, CH.	— Ex. : cartier, quartier ; coq, coque, coke ; bric, brick, brique ; crême, chrême.
D, DD	— Ex. : addition, adition.
F, FF, PH, FE, PHE . .	— Ex. : filtre, philtre ; soufre, souffre ; Joseph, Josèphe ; tuf, tufe.
G, GU, GUE	— Ex. : fatigant, fatiguant ; zigzag, zigzague ; gai, guet.
J, GE	— Ex. : jais, geais.
L, LL, LE, LLE	— Ex. : sol, sole ; hale, halle, Hall ; sal, salle.
M, MM, ME, MME	— Ex. : flamand, flammant ; rhum, Rome.
N, NN, NE, NNE	— Ex. : cane, canne ; détoner, détonner ; none, nonne.
P, PE	— Ex. : cap, cape.
R, RR, RE, RRE, RH . .	— Ex. : par, parc ; guère, guerre ; ferment, ferrement ; mire, mirrhe ; arête, arrête.
S, SS, SC, C, Ç, T, X.	— Ex. : ses, ces ; visse, vice, vis ; pinson, pinçon ; fasse, face, fasce ; brucelles, Bruxelles.

T, TT, TE, TTE, TH .. — Ex. : lut, luth; luter, lutter; date, datte.
X, CC, CT .... — Ex. : oxidant, occident; axiôme, Actium; fixions, fictions.
Z, ZE, S, SE .... — Ex. : gaz, gaze; Suse, Suze; alése, aléze; alesant,
           alezan.
IL, ILL, ILLE .... — Ex. : rail, raillé.

2e Point. *Inarticulation des consonnes finales.*

125. — Nous ne prononçons point les consonnes finales, pour la plupart; savoir :

C Ex. : ban, banc.
D Ex. : ni, nid.
F Ex. : eux, œufs.
G Ex. : sein, seing.
H Ex. : a, ah.
L Ex. : fourni, fournil.
P Ex. : cou, coup.
Q Ex. : sein, cinq.
R Ex. : pêcher, péché; chantier, chantiez.
S Ex. : foi, fois.
T Ex. : par, part; nui, nuit.
X Ex. : feu, feux.
Z Ex. : ri, riz; né, nez.

126. — A la fin d'un mot il y a souvent deux et quelquefois trois consonnes muettes; exemples : *vain, vaincs; vin, vingt; doit, doigts; pou, pouls; au, aulx; cor, corps; tan, temps; cour, cours, courts.*

3e Point. *Annihilation de l'e muet.*

127. — Nous négligeons l'*e* muet dans bien des cas.

128. — I. *A la fin des mots;* exemples : *ni, nie; tu, tue; rob, robe; bric, brique; tuf, tufe; zigzag, zigzague; sol, sole; rhum, Rome; croup, croupe; coq, coque; mur, mure; sens, cense; dot, dote; gaz, gaze; bail, baille; foi, foie; lieu, lieue;*

129. — II. *Au milieu d'un mot;* exemples : *volter, voleter; serment, serrement; ferment, ferrement; plant, pelant;* et plusieurs autres verbes mis au futur ou au conditionnel, comme : *braira, braiera; coudrez, couderez; s'écriront, s'écrieront; fondrais, fonderais.* De même : *il mura, il muera; vous murez, vous muerez; il expirait, il expierait; je montrais, je monterais; elles couvraient, elles couveraient,* etc.

Comparez, en les mettant à divers temps, les verbes *brayer* et *braire, dédier* et *dédire, s'écrier* et *s'écrire, se récrier* et *se récrire, monter* et *montrer, couver* et *couvrir, recouver, recouvrer* et *recouvrir, expirer* et *expier, enter* et *entrer, muer* et *murer.* — Comparez aussi : *croire* et *croître, dorer* et *dormir, parer* et *paraître, parer* et *partir, reparer* et *repartir, métrer* et *mettre, recouvrer* et *recouvrir.*

4e Point. *Défaut d'aspiration.*

130. — Nous n'aspirons point l'*h* muet, et presque point l'*h* aspiré.

131. — I. *L'h muet;* en sorte que nous confondons ensemble, par exemple : *haleine* et *aléne, exhausser* et *exaucer, éthique* et

étique, eur et *Eure, hombre* et *ombre, honneur* et *auneur, hortie* et
ortie, hospice et *auspice, hostie* et *ostie, hôte* et *ôte, hôtel* et *autel.*

132. — II. *L'h aspiré ;* d'où il suit que nous ne distinguons
pas, par exemple : *ha* de *a, hache* de *ache, hallée* de *allée, hallier*
de *allier, hanche* de *anche, hanter* de *enter, haïe* de *aie, haire* de
aire, hêtre de *être, hile* de *île, hauteur* de *auteur, hune* de *une.*

133. — *Observation.* — Dans tout ce 1er paragraphe, je me
suis borné à donner quelques exemples. Si j'avais voulu épuiser la
matière, j'aurais placé ici, dans l'ordre que je viens de suivre,
presque tous les mots du dictionnaire qui suit ce traité. Et encore,
aurais-je été obligé de répéter plusieurs fois un très grand nombre
de mots. Car il en est beaucoup qui sont homonymes pour deux,
pour trois, et même pour les quatre raisons qui viennent d'être
exposées sous les n°s 121 à 132.

134. — Je l'ai déjà dit, et je le répète ici avec la confiance d'être
cru et la certitude d'être compris, car j'ai fourni des explications et
des preuves : si nous prononcions chaque mot comme il est écrit,
ou si nous l'écrivions comme nous le prononçons, à l'instant même
l'interminable nomenclature des homonymes imparfaits ou équivoques rentrerait dans le néant. Dans la première de ces deux
suppositions, notre prononciation s'enrichirait prodigieusement et,
sans rien inventer, transformerait les mots et les multiplierait pour
l'oreille ; mais c'est une chimère. Dans la deuxième supposition, le
domaine de l'homonymie parfaite ou univoque s'étendrait immensément, la confusion serait doublée et irrémédiable ; la ruine de
notre langue serait à peu près consommée. Avis aux partisans inconsidérés d'une réforme orthographique qui consisterait à mettre
d'accord partout et toujours, l'orthographe et la prononciation.

§ 2. Homonymie imparfaite des *Formes.*

135. — Un mot variable peut être suffisamment variable dans
son orthographe (il ne s'agit que de cette sorte de mots dans ce
2e paragraphe), mais non dans sa prononciation. Cela vient de ce
que la lettre qu'on ajoute à un mot pour indiquer le genre, le
nombre, la personne, etc., très sensible pour l'œil, est souvent
nulle pour l'oreille (voy. n° 14). Ainsi, par exemple, *opulent,* qui
est riche de formes aux yeux de l'homonymie univoque, parce
qu'il a ses quatre orthographes *(opulent, opulente, opulents, opulentes),* est pauvre aux yeux de l'homonymie équivoque, parceque
ses quatre orthographes ne donnent que deux prononciations.
Pauvre n'a que deux orthographes *(pauvre, pauvres)* et une
seule prononciation : il est tout ensemble univoque et équivoque.
Tu et *vous* indiquent le nombre et la personne, mais non pas le
genre ; *il, elle, ils, elles* ne permettent pas à l'ouïe de connaître
le nombre. *Aimer, aimez, aimai, aimé, aimées, aimés, aimées*

ont sept orthographes et une seule prononciation : l'œil transmet à l'esprit la distinction de genre, de nombre, de personne, et même de temps, de mode, de conjugaison, cachée sous la diversité des lettres finales de ces mots ; quant à l'oreille, qu'elle devine ! Je le lui donne en *sept....*

136. — Ainsi, dans un mot variable, des terminaisons, *diverses* pour l'orthographe, *se ressemblent* pour la prononciation. C'est ce qu'il me reste à développer dans ce 2° paragraphe.

137. — Or, les mots de cette catégorie, comme leurs correspondants univoques, sont *fixes* ou stationnaires si on les considère dans les divers changements que leur font subir les règles de la classe à laquelle ils appartiennent naturellement ; et *mobiles* ou voyageurs, quand on compare les formes qu'ils ont dans leur classe naturelle avec celles qu'ils affectent en passant dans une autre classe.

SECTION 1re. HOMONYMIE IMPARFAITE DES FORMES D'UN MOT FIXE.

138. — Je parcourrai successivement les diverses classes de mots variables.

1er Point. *Pour un Nom.*

139. — I. *Homonymie imparfaite dans l'*ESPÈCE. — Beaucoup de noms sont propres ou communs, selon que l'objet qu'ils représentent leur donne l'une ou l'autre de ces valeurs.

140. — **a)** Tantôt *un nom propre devient commun* : c'est quand il cesse de nommer un lieu ou un homme pour désigner la chose que ce lieu produit, que cet homme a inventée ou fabriquée. Exemples :

141. — 1° Noms de *pays* :

CACHEMIRE	*n. pr.*, ville et province de Lahore.	CACHEMIRE	*n. c. m.*, châle fabriqué dans le Cachemire.
CAUDEBEC	*n. pr.*, ch.-l. de canton de la Seine-inférieure.	CAUDEBEC	*n. c. m.*, chapeau fabriqué à Caudebec.
DAMAS	*n. pr.*, ville et pays de la Syrie.	DAMAS	*n. c. m.*, étoffe, lame de sabre travaillée à Damas.
HAVANE (LA)	*n. pr.*, cap. de l'île de Cuba.	HAVANE	*n. c. m.*, cigare de la Havane.
NANKIN	*n. pr.*, ville de la Chine.	NANKIN	*n. c. m.*, toile de coton qu'on fabriqua d'abord à Nankin.
PADOUE	*n. pr.*, ville du Lombard-Vénitien.	PADOU	*n. c. m.*, ruban qui nous vint d'abord de Padoue.
XÉRÈS	*n. pr.*, ville d'Espagne, en Andalousie.	XÉRÈS	*n. c. m.*, vin du territoire de Xérès.

142. — Comparez aussi : *Bordeaux* et *bordeaux*, *Cognac* et *cognac*, *Dantzig* et *dantzig*, *Madère* et *madère*, *Moka* et *moka*, *Orléans* et *orléans*, *Perse* et *perse*, *Valenciennes* et *valencienne*.

143. — 2° Noms d'*hommes* :

Barême	*n. pr. m.*, célèbre arithméticien.	Barême	*n. c. m.*, compte tout fait, inventé par Barême.
Elzévir	*n. pr. m.*, célèbre imprimeur hollandais.	Elzévir	*n. c. m.*, livre imprimé par Elzévir.
Fontanges	*n. pr.*, duchesse qui vivait au xviie siècle.	Fontange	*n. c. f.*, nœud de ruban dû à madame de Fontanges.
Guillaume	*n. pr.* d'homme.	Guillaume	*n. c. m.*, monnaie; rabot; tamis.
Maintenon	*n. pr.* (marquise de), femme de Scarron.	Maintenon	*n. c. m.*, croix comme en portait Mme de Maintenon.
Quinquet	*n. pr.*, celui qui ajouta le verre à la lampe d'Argant.	Quinquet	*n. c. m.*, lampe à courant d'air, inv. par Quinquet.

144. — Comparez aussi : *Calepin* et *calepin*, *Louis* et *louis*, *Raphael* et *raphael*, *Stradivarius* et *stradivarius*.

145. — **b)** Tantôt *un nom commun devient propre* : c'est quand il est spécialement réservé à l'un des êtres qu'il nomme, pour le distinguer parmi tous ses semblables.

146. — 1° Noms de *personnes*. Exemples :

Clémence	*n. c. f.*, vertu qui fait pardonner les offenses.	Clémence	*n. pr.* de femme.
Fils	*n. c. m.*, enfant mâle.	Fils	*n. pr. m.*, le Fils de Dieu, le Verbe.
Pierre	*n. c. f.*, corps minéral dur.	Pierre	*n. pr.* d'homme.
Seigneur	*n. c. m.*, maître.	Seigneur	*n. pr. m.*, J.-C.; le vrai Dieu.
Verbe	*n. c. m.*, mot qui exprime l'action ou l'état.	Verbe	*n. pr. m.*, la deuxième personne de la sainte-Trinité.
Vierge	*n. c. f.*, personne pure, intacte.	Vierge	*n. pr. f.*, Marie mère de Dieu.

147. — Comparez aussi : *corneille* et *Corneille*, *créateur* et *Créateur*, *dieu* et *Dieu*, *loup* et *Loup*, *maxime* et *Maxime*, *octave* et *Octave*, *père* et *Père*, *prudence* et *Prudence*, *sauveur* et *Sauveur*, *soleil* et *Soleil*, etc., etc., etc.

148. — 2° Noms de *choses*. Exemples :

Archipel	*n. c. m.*, portion de mer parsemée d'îles.	Archipel	*n. pr. m.*, mer entre la Grèce et l'Asie.
Bastille	*n. c. f.*, château, tourelle, petit fort.	Bastille	*n. pr. f.*, forteresse et prison à Paris.
Cité	*n. c. f.*, ville.	Cité	*n. pr. f.*, île qui formait autrefois tout Paris.
Havre	*n. c. m.*, port fermé et sûr.	Havre (le)	*n. pr. m.*, port et sous-préf. de la Seine-inférieure.
Porte	*n. c. f.*, ouverture pour entrer ou sortir.	Porte	*n. pr. f.*, cour du sultan des Turcs.

149. — Comparez aussi : *aube* et *Aube*, *bourg* et *Bourg*, *cap* et *Cap*, *force* et *Force*, *guéret* et *Guéret*, *nord* et *Nord*, *sceaux* et *Sceaux*, *tonnerre* et *Tonnerre*, etc., etc. — Ajoutez les noms de choses personnifiées : *Là gît la sombre Envie à l'œil timide et louche.*

150. — Quelquefois le nom propre est composé de plusieurs mots; alors on joint ces mots par des traits d'union. Exemples :

BELLE ÎLE	Ile d'un aspect agréable.	BELLE-ILE	*n. pr. f.*	Ile voisine du Morbihan.
CÔTES DU NORD	Côtes situées au septentrion.	CÔTES-DU-NORD	*n. pr. f.*	Département de France.
FORÊT NOIRE	Forêt sombre, obscure.	FORÊT-NOIRE	*n. pr. f.*	Montagnes et forêts de Bade.
TOUT PUISSANT	Très puissant.	TOUT-PUISSANT	*n. pr. m.*	Dieu infiniment puissant.
NOTRE DAME	La dame qui est à nous.	NOTRE-DAME	*n. pr. f.*	La sainte vierge Marie.

151. — Comparez aussi : *bonne espérance* et *Bonne-Espérance, croix rousse* et *Croix-Rousse, états unis* et *Etats-Unis, maison brûlée* et *Maison-Brûlée, mont blanc* et *Mont-Blanc, mont d'or* et *Mont-d'Or, sainte alliance* et *Sainte-Alliance, table ronde* et *Table-Ronde, esprit saint* et *Esprit-Saint, très haut* et *Très-Haut,* etc., etc., etc. Ces mots se différencient aussi par la présence ou l'absence du trait d'union, comme ceux du n° 207.

152. — Un adjectif et un participe employés nominalement peuvent aussi devenir des noms propres; exemples : *Aimable, Auguste, Claire, Clément, Constant, Désiré, Désirée, Eternel, Franc, Rustique.*

153. — II. *Homonymie imparfaite dans le* GENRE. — L'homonymie équivoque entre le masculin et le féminin comprend les noms qui, terminés au masculin par une voyelle autre que *e* muet ou par une consonne articulée, ne changent point de prononciation en prenant l'*e* muet du féminin. Il n'y a guère que les suivants : *aïeul, aïeule; attel, attelle; baignoir, baignoire; bouilloir, bouilloire; bouloir, bouloire; échaudoir, échaudoire; fouloir, fouloire; lardoir, lardoire; Loir, Loire; martyr, martyre; nageoir, nageoire; oubli, oublie; polissoir, polissoire; râcloir, râcloire.* — Mais il faut compter un grand nombre d'adjectifs employés nominalement, comme : *ami, amie; supérieur, supérieure;* et quelques participes, comme : *marié, mariée; étourdi, étourdie; vu, vue.*

154. — III. *Homonymie imparfaite dans le* NOMBRE. — Il y a homonymie imparfaite entre le sing. et le plur. de tous les noms qui forment leur plur. par la simple addition d'un *s* ou d'un *x :* c'est-à-dire, de tous les noms, excepté : 1° ceux qui changent au pluriel *al* ou *ail* en *aux;* 2° et ceux qui ne changent pas d'orthographe au pluriel, comme il a été dit aux n°ˢ 20 et 26.

2e Point. Pour un Adjectif.

155. — I. *Homonymie imparfaite dans le* GENRE. — L'homonymie imparfaite entre le masc. et le fém. comprend tous les adject. terminés au masc. par une voyelle autre que *e* muet, ou par une consonne articulée.

3

156. — **a)** *Par une voyelle.* Ce sont :

âgé,	carré,	effronté,	impoli,	irréfléchi,	superflu,
aigu,	censé,	éhonté,	incongru,	malaisé,	ténu,
aisé,	chenu,	exigu,	inconnu,	marri,	têtu,
ambigu,	contigu,	fortuné,	indu,	menu,	tortu,
ami,	continu,	gai,	infini,	momentané,	trapu,
ardu,	cornu,	grenu,	infortuné,	nu,	velu,
absolu.	cossu,	hardi,	inné,	pointu,	ventru,
assidu,	crépu,	joli,	inoui,	prématuré,	vermoulu,
bleu,	cru,	joufflu,	insensé,	sensé,	vrai,
bossu,	dru,	imbu,	instantané,	simultané,	zélé.
bourru,	écru,				

(Exceptez : beau, jumeau, nouveau, fou, mou, favori, coi.)

157. — **b)** *Par une consonne articulée.* Ce sont :

....al,	clair,	grec,	mineur,	postérieur,	sûr,
....el,	correct,	impair,	mol,	prieur,	tricolor,
amer,	dur,	impur,	mûr,	public,	turc,
antérieur,	espagnol,	inexact,	noir,	puéril,	ultérieur,
bel,	exact,	infect,	nouvel,	pur,	vermeil,
caduc,	extérieur,	inférieur,	nul,	subtil,	vieil,
cher,	fier,	intérieur,	obscur,	supérieur,	vil,
citérieur,	fol,	majeur,	pair,	sur,	volatil.
civil,	futur,	meilleur,	pareil,		

(Exceptez : ....f, ...eur non cités ici, sec, divers, fort, sourd, tiers.)

158. — II. *Homonymie imparfaite dans le* NOMBRE. — Il y a homonymie imparfaite entre le sing. et le plur. : 1° pour tous les adjectifs féminins sans exception ; 2° pour tous les adjectifs masculins qui ne sont point déjà terminés au sing. par *s* ou *x* (voy. n° 28), ou qui ne changent point *al* en *aux*.

3e Point. *Pour un Participe.*

159. — I. *Homonymie imparfaite dans le* GENRE. — Le féminin ressemble imparfaitement au masculin, tant au sing. qu'au plur., dans tous les participes terminés au masculin par une voyelle. Exemples : *fini, finie; finis, finies.*

160. — II. *Homonymie imparfaite dans le* NOMBRE. — **a)** *Au féminin*, le singulier et le pluriel ont toujours une prononciation semblable ; ex. : *reçue, reçues; permise, permises.* — **b)** *Au masculin*, l'homonymie imparfaite comprend tous les participes non terminés par *s* au sing.; ex. : *rendu, rendus; ouvert, ouverts.* (Voy. au n° 30 les partic. terminés par *s* au sing.)

4e Point. *Pour un article.*

161. — *Homonymie imparfaite dans le* NOMBRE. — Le sing. *au* et le plur. *aux* sont homonymes imparfaits.

5e Point. *Pour un Adjectif déterminatif.*

162. — I. *Homonymie imparfaite dans le* GENRE. — Il y a homonymie imparfaite entre *cet* et *cette*, *tel* et *telle*, *quel* et *quelle*, *nul* et *nulle*. De même au pluriel.

163. — II. *Homonymie imparfaite dans le* NOMBRE. — Il y a homonymie :

a) Parmi les adjectifs NUMÉRAUX, entre : *un* et *uns*, *une* et *unes*, *vingt* et *vingts*, *cent* et *cents*, ...*ième* et ....*ièmes;*

b) Parmi les adjectifs POSSESSIFS, entre : *leur* et *leurs;*

c) Parmi les adjectifs INDÉFINIS, entre : *certain* et *certains*, *quelconque* et *quelconques*, *quelque* et *quelques*, *même* et *mêmes*, *tel* et *tels*, *quel* et *quels*, *nul* et *nuls*, *tout* et *tous;* de même aux deux nombres du féminin.

6e Point. *Pour un Pronom.*

164. — I. *Homonymie imparfaite dans le* GENRE. — Il y a homonymie imparfaite d'orthographe entre : *lesquels* et *lesquelles*, *desquels* et *desquelles*, *auxquels* et *auxquelles*.

165. — II. *Homonymie imparfaite dans le* NOMBRE. — Il y a ressemblance entre le sing. et le plur. dans : *il* et *ils*, *elle* et *elles*, *celle* et *celles*, *celle-ci* et *celles-ci*, *celle-là* et *celles-là*.

7e Point. *Pour un Verbe.*

166. — I. *Homonymie imparfaite dans le* NOMBRE. — Pour le même temps et les mêmes personnes, l'homonymie n'existe entre le sing. et le plur. qu'aux deux 3es personnes :

a) (*e, ent*), à l'indic. prés. de la 1re conjug. et de *couvrir, cueillir, offrir, ouvrir, assaillir, tressaillir;* et au subj. prés. de tous les verbes ;

b) (*ait, aient*), à l'indic. imparf. et au conditionn. prés. de tous les verbes.

167. — II. *Homonymie imparfaite dans la* PERSONNE.

a) Au sing. les 3 pers. ont 2 orthographes (jamais 3), et une seule consonnance *e, es, e; ais, ais, ait,* dans les mêmes cas que pour le n° précédent.

b) Au plur., jamais les 3 pers. n'ont la même prononciation. Il n'y a que la 1re et la 3e, et seulement au futur (*rons, ront*) de tous les verbes.

168. — Comme je l'ai fait dans l'homonymie univoque (nos 39, 40), et pour la même raison, je vais examiner les terminaisons équivoques des verbes réguliers.

169.

INDICATIF.

1re Conjugaison. Aim…

Terminaison.	Mode.	Temps.	Personne.	Nombre.
(Voy. ci-après les terminaisons *e, es, ent.*)				
ais, 2 fois.	ind.	imp.	1, 2	s.
ait	ind.	imp.	3	s.
aient	ind.	imp.	3	p.
as	ind.	parf.	2	s.
a	ind.	parf.	3	s.
ât	subj.	imp.	3	s.

2e Conjugaison. Fin…

Terminaison.	Mode.	Temps.	Personne.	Nombre.
(Voy. ci-après les terminaisons *is, it.*)				
issais, 2 f.	ind.	imp.	1, 2	s.
issait	ind.	imp.	3	s.
issaient	ind.	imp.	3	p.
is, 3 fois.	ind.	parf.	1, 2	s.
it	ind.	parf.	3	s.
it	subj.	imp.	3	s.
i, ie, is, ies partic.				

3e Conjugaison. Prév…

Terminaison.	Mode.	Temps.	Personne.	Nombre.
ois, 3 fois.	ind.	pr.	1, 2	s.
oit	ind.	pr.	3	s.
oyais, 2f.	ind.	imp.	1, 2	s.
oyait	ind.	imp.	3	s.
oyaient	ind.	imp.	3	p.
is, 2 fois.	ind.	parf.	1, 2	s.
it	ind.	parf.	3	s.
it	subj.	imp.	3	s.

4e Conjugaison. Rend…

Terminaison.	Mode.	Temps.	Personne.	Nombre.
s 3 fois.	ind.	pr.	1, 2	s.
d ou *t*	ind.	pr.	3	s.
ais, 2f.	ind.	imp.	1, 2	s.
ait	ind.	imp.	3	s.
aient	ind.	imp.	3	p.
is, 2 f.	ind.	parf.	1, 2	s.
it	ind.	parf.	3	s.
it	subj.	imp.	3	s.

	erai/ir... group 1					group 2					group 3					group 4				
INDICATIF.	erai	ind.	fut.	1	s.	irai	ind.	fut.	1	s.	oirai	ind.	fut.	1	s.	rai	ind.	fut.	1	s.
	erez	ind.	fut.	2	p.	irez	ind.	fut.	2	p.	oirez	ind.	fut.	2	p.	rez	ind.	fut.	2	p.
	eras	ind.	fut.	2	s.	iras	ind.	fut.	2	s.	oiras	ind.	fut.	2	s.	ras	ind.	fut.	2	s.
	era	ind.	fut.	3	s.	ira	ind.	fut.	3	s.	oira	ind.	fut.	3	s.	ra	ind.	fut.	3	s.
	crons	ind.	fut.	1	p.	irons	ind.	fut.	1	p.	oirons	ind.	fut.	2	p.	rons	ind.	fut.	1	p.
	eront	ind.	fut.	3	p.	iront	ind,	fut.	3	p.	oiront	ind.	fut.	3	p.	ront	ind.	fut.	3	p.
CONDIT.	erais, 2 fois.	cond.	pr.	1, 2	s.	irais, 2 f.	cond.	pr.	1, 2	s.	oirais 2 f.	cond.	pr.	1, 2	s.	rais,2f.	cond.	pr.	1, 2	s.
	erait	cond.	pr.	3	s.	irait	cond.	pr.	3	s.	oirait	cond.	pr.	3	s.	rait	cond.	pr.	3	s.
	eraient	cond.	pr.	3	p.	iraient	cond.	pr.	3	p.	oiraient	cond.	pr.	3	p.	raient	cond.	pr.	3	p.
SUBJONCTIF.	e, 3 fois.	subj.	pr.	1, 3	s.	isse, 4 fois.	subj.	pr.	1, 3	s.	oie, 2 fois.	subj.	pr.	1, 3	s.	e, 2 fois.	subj.	pr.	1, 3	s.
	es, 2 f.	subj.	pr.	2	s.	isses, 2 f.	subj.	pr.	2	s.	oies	subj.	pr.	2	s.	es	subj.	pr.	2	s.
	ent, 2 f.	subj.	pr.	3	p.	issent, 3 f.	subj.	pr.	3	p.	oient 2 f.	subj.	pr.	3	p.	ent 2 f.	subj.	pr.	3	p.
	asse	subj.	imp.	1	s.	isse		voyez ci-dessus.			isse	subj.	imp.	1	s.	isse	subj.	imp.	1	s.
	asses	subj.	imp.	2	s.	isses					isses	subj.	imp.	2	s.	isses	subj.	imp.	2	s.
	assent	subj.	imp.	3	p.	issent					issent	subj.	imp.	3	p.	issent	subj.	imp.	3	p.
INFINITIF.	er	inf.	pr.			ir	inf.	pr.												
	ez, 2 fois.	ind.	pr.	2	p.	irent	ind.	parf.	3	p.										
	ai	ind.	parf.	1	s.															
	é, ée, és, ées	partic.																		

170. — Le chiffre placé à la suite d'une terminaison indique combien de fois elle est employée dans le verbe. Pour connaître ces cas, il suffit de chercher la terminaison dans le tableau qui traite de l'homonymie parfaite des formes verbales : n° 40.

171. — Pour ne rien laisser à désirer sur la question des verbes, qui est la plus importante et la plus compliquée, je vais donner les formes verbales qui sont complétement étrangères à l'homonymie soit parfaite, soit imparfaite.

172

1re Conjug. Aim...			2e Conjug. Fin...			3e Conjug. Prév...			4e Conjug. Rend..		
âmes	ind.	parf. 1 p.	*îmes*	ind.	parf. 1 p.	*îmes*	ind.	parf. 1 p.	*îmes*	ind.	parf. 1
âtes	ind.	parf. 2 p.	*îtes*	ind.	parf. 2 p.	*îtes*	ind.	parf. 2 p.	*îtes*	ind.	parf. 2
èrent	ind.	parf. 3 p.				*irent*	ind.	parf. 3 p.	*irent*	ind.	parf. 3
erions	cond. pr.	1 p.	*irions*	cond. pr.	1 p.	*oirions*	cond. pr.	1 p.	*rions*	cond. pr.	1
eriez	cond. pr.	2 p.	*iriez*	cond. pr.	2 p.	*oiriez*	cond. pr.	2 p.	*riez*	cond. pr.	2
assions	subj. imp.	1 p.				*issions*	subj. imp.	1 p.	*issions*	subj. imp.	1
assiez	subj. imp.	2 p.				*issiez*	subj. imp.	2 p.	*issiez*	subj. imp.	2
						oir	inf.	pr.	*re*	inf.	pr.
ant	gér. pr.		*issant*	gér. pr.		*oyant*	gér.	pr.	*ant*	gér.	pr.
						u, us, ue, ues participe.			*u, us, ue, ues* partici		

173. — Ainsi, au total, il y a tout juste dans la 1re conjug. 8 formes, dans la 2e 5, dans la 3e 10, et dans la 4e 10, qui n'admettent aucune homonymie. Certes, ce n'est pas beaucoup. Sur 48 cas où un verbe peut être employé dans les temps simples (51 si l'on y joint toutes les formes du participe), l'oreille est trompée 28, 29, 31, et même 34 fois ! Jugez ! Car

Sur ces 51 cas, la 1re conjug. a 39 orthogr. et 20 prononciations.

—	2^e	—	32	—	17	—
—	3^e	—	40	—	23	—
—	4^e	—	40	—	23	—

SECTION 2e. Homonymie imparfaite des formes d'un mot mobile.

174. — Les mots qui s'homonymisent imparfaitement avec des mots d'une autre classe, sont de deux sortes : simples ou composés. Nous allons les examiner successivement.

1er Point. *Pour les mots simples.*

175. — Un nom ou un adjectif s'homonymise avec un verbe pris à certains modes, temps, nombre et personne, savoir :

176. — I. Des *noms de terminaisons diverses* ressemblent à

l'indic., impér. et subj. présents, sing. et 3e pers. plur. *(e, es, ent)*.
Les voici :

177. — **a)** Noms *masculins :* *1re Conjugaison :*

afflux,	busc,	détail,	frai,	pilori,	signal,
agnel,	but,	éclair,	grésil,	pleurs,	sommeil,
alambic,	calcul,	écrou,	influx,	pli,	souci,
amadou,	charroi,	égal,	institut,	pronostic,	soupir,
appareil,	choc,	émail,	labour,	rappel,	statut,
appel,	clou,	emploi,	legs,	recel,	stuc,
appui,	coloris,	ennui,	lest,	recul,	substitut,
arc,	conseil,	envoi,	lut,	reflux,	tir,
attribut,	cri,	épi,	mari,	régal,	trafic,
azur,	crucifix,	essai,	martel,	relai,	transfert,
babil,	cumul,	essor,	mastic,	remblai,	travail,
bail,	déblai,	étai,	mur,	rempli,	troc,
balai,	décor,	étal,	musc,	renvoi,	trou,
bec,	décri,	éveil,	octroi,	repli,	viol,
bivac,	défi,	exil,	oubli,	réveil,	vol,
bloc,	dégel,	fer,	parc,	salut,	zigzag,
brac,	déni,	fil,	pari,	scel,	zinc.
brai,	désir,	flair,	persil,		

2e Conjugaison :

accueil,   entretien,   maintien,   recueil,   soutien.

3e Conjugaison :

pourvoi.

4e Conjugaison :

mors,   remords,   répons.

178. — Ces mots finissent par une *voyelle* autre que *e* muet,
ou par une *consonne articulée*, rarement muette. Presque tous
correspondent à des verbes en *er* précédé d'une voyelle, ou en
quer, ler, iller, rer. (Comparez avec le n° 48.)

179. — **a)** Noms *féminins :* tous correspondent à des verbes de
la 1re conjugaison :

attelle,	cannelle,	dot,	feuillette,	mouchette,	tonnelle,
biquette,	coquette,	époussette,	ficelle,	pelle,	trompette,
bourrelle,	cordelle,	étincelle,	javelle,	pochette,	vergette,
briquette,	coupelle,	étiquette,	marquette,	tachette,	vis.
cachette,	dentelle,				

(Comparez avec le n° 49.)

180. — Ces noms, sauf *dot* et *vis*, sont des diminutifs en *elle*
et en *ette*. Ils correspondent aux verbes en *eler, eter* (non *eller,
etter*, ni *éler, éter*, ni *èler, èter*) dont quelques-uns ne doublent
point *l* ou *t* devant un *e* muet, par décision de l'Académie, et
dont les autres ne doivent pas non plus subir ce doublement (voyez
ma dissertation sur les verbes en *eler, eter*). Ne confondez donc
pas ces mots avec ceux en *elle* ou *ette* du n° 49.

181. — II. Des noms masc. en ON ressemblent à l'indic. et impér. prés., 1re pers. plur. *(ons)*. Les voici : 1re *Conjugaison :*

argenton,	broyon,	glaçon,	lignon,	plongeon,	sourcillon,
avançon,	carton,	grapillon,	lorgnon,	poivron,	suçon,
avorton,	chausson,	grésillon,	mousson,	rayon,	taillon,
bataillon,	coupon,	griffon,	peloton,	rejeton,	tapon,
bâton,	doublon,	grison,	peson,	réveillon,	téton,
bondon,	feuilleton,	grognon,	pilon,	sablon,	torchon,
bouchon,	foulon,	guidon,	pinçon,	scion,	tortillon,
bouton,	fripon,	hérisson,	pison,	sillon,	vison,
bridon,	frison,	jeton,	planton,	souillon,	vrillon.
brouillon,	frotton,	juron,			

2e Conjugaison :

bouillon, nourrisson, salisson, tenon, unisson.

4e Conjugaison :

maudisson, paisson, tendon.

(Comparez avec le n° 52.)

182. — Au pluriel ces noms forment homonymie parfaite avec le verbe. (Voy. le n° 52.)

183. — III. Des noms en ET, tous masculins, ressemblent à l'indic. imparf., sing. et 3e pers. plur. *(ais, ait, aient)*. Ils correspondent tous à la 1re conjugaison. Les voici :

agnelet,	cochonnet,	duret,	galet,	piquet,	soufflet,
annelet,	coffret,	fausset,	gourmet,	plumet,	stylet,
armet,	cordonnet,	ferret,	hochet,	réglet,	tiret,
attifet,	cornet,	feuillet,	jardinet,	ricochet,	tonnelet,
bassinet,	corset,	fichet,	jouet,	roquet,	tourniquet,
boulet,	creuset,	filet,	lacet,	rouet,	tranchet,
brochet,	crochet,	fluet,	martelet,	sauret,	traquet,
cabriolet,	croquet,	foret,	ourlet,	sifflet,	trébuchet,
cachet,	droguet,	fumet,	parquet,	signet,	verset.
carrelet,					

184. — IV. Des noms en ION ressemblent à l'indic. imparf. et subj. prés., 1re pers. plur. *(ions)*. Ils sont tous féminins, et se rapportent à la 1re conjugaison. Ce sont :

annexion,	division,	oppression,	progression,	torsion,
confession,	infusion,	précision,	rebellion,	transgression,
conversion,	lésion,	pression,	révision,	vision.
dispersion,	opinion,	profession,	subdivision,	

(Comparez avec le n° 54.)

185. — Au plur., ces noms deviennent homonymes parfaits. (Voy. n° 54.)

186. — V. Des noms en IER ressemblent à l'indic. imparf. et subj. prés., 2e pers. plur. *(iez)*. Ils sont tous masc., et en même temps adjectifs pour la plupart; et ils se rapportent tous à des verbes de la 1re conjugaison. Ce sont :

aiguillier,	chansonnier,	devancier,	fusilier,	poivrier,
argentier,	charbonnier,	doigtier,	gantier,	pommier,
argotier,	charpentier,	drapier,	glacier,	pompier,
atelier,	chicanier,	écaillier,	grimacier,	poudrier,
audiencier,	chiffonnier,	encrier,	hameçonnier,	regrattier,
aventurier,	cirier,	éperonnier,	herbier,	roulier,
baguenaudier,	citronnier,	épicier,	héritier,	sellier,
balancier,	confiturier,	épinglier,	huilier,	sucrier,
bâtonnier,	coquetier,	épongier,	jardinier,	tapissier,
bombardier,	cordelier,	étalier,	lancier,	taupier,
bottier,	cordonnier,	façonnier,	levier,	terrassier,
boursier,	costumier,	fardelier,	marbrier,	tisonnier,
boutonnier,	courrier,	farinier,	marinier,	tracassier,
briquetier,	courtier,	fessier,	massier,	tripotier,
brouettier,	couturier,	financier,	minaudier,	vannier,
cabotier,	cuirassier,	foncier,	pâtissier,	vinaigrier,
cannelier,	cuisinier,	fourrier,	phrasier,	vitrier,
canonnier,	cuvier,	fraisier,	piquier,	vivier,
cardier,	damier,	fripier,	plâtrier,	voilier,
cartier,	dépensier,	fumier,	plombier,	voiturier.
cartonnier,				

187. — VI. Des noms en AT ressemblent à l'Indic. parfait, 2e et 3e pers., sing. *(as, a)*; et au Subj. imparf., 3e pers. sing. *(ât)*. Tous sont masc. et se rapportent à la 1re conjug. Ce sont :

alternat,	citronat,	format,	légat,	notariat,	résultat,
assassinat,	concordat,	incarnat,	mandat,	pissat,	rosat,
assignat,	externat,	internat,	muscat,	primat,	soldat.
attentat,	forçat,	jurat,			

188. — VII. Des noms ou adject. en AIRE ressemblent à l'Indic. parfait, 3e pers. plur. *(èrent)*. Ils se rapportent tous à des verbes de la 1re conjug. Ce sont :

actionnaire,	éventaire,	lapidaire,	révolutionnaire,
alimentaire,	faussaire,	légitimaire,	rosaire,
alternaire,	fonctionnaire,	militaire,	salaire,
bénéficiaire,	formulaire,	notaire,	secondaire,
binaire,	fractionnaire,	palmaire,	sermonnaire,
capitulaire,	honoraire,	parlementaire,	serpentaire,
cardaire,	hypothécaire,	pensionnaire,	sommaire,
circulaire,	imaginaire,	pétitionnaire,	stationnaire,
commenditaire,	incendiaire,	portionnaire,	stipendiaire,
commentaire,	incidentaire,	primaire,	suaire,
commissionnaire,	inventaire,	questionnaire,	vermiculaire.
dispensaire,			

189. — VIII. Quelques noms fémin. en ÈRE s'homonymisent comme les précédents avec l'Indic. parf., 3e pers. plur. *(èrent)*. Ce sont : *bénéficière, bouchère, manière, ménagère, officière, prière.*

190. — IX. Des noms en ERON ressemblent à l'Indic. futur, 1re et 3e pers. plur. *(erons, eront)*. Ils sont masc., et se rapportent à la 1re conjug. Ce sont : *Aoûteron, bûcheron, culeron, forgeron,* *fumeron, marneron, moucheron, mousseron, saleron.* (Comparez avec le n° 56.)

191. — Au pluriel, ces noms deviennent les homonymes parfaits de la 1ʳᵉ pers. plur. *(erons).* (Voy. n° 56.)

192. — X. Des noms en ᴛɪᴏɴ ressemblent au Subjonct. imparf., 1ʳᵉ pers. plur. *(ssions).* Tous sont fémin. En voici quelques-uns :

1ʳᵉ *Conjugaison.*

....ation,	complication,	divulgation,	implication,	promulgation,
abdication,	confiscation,	éducation,	indication,	provocation,
allégation,	convocation,	embarcation,	instigation,	revendication,
altercation,	défalcation,	évocation,	invocation,	révocation,
application,	délégation,	explication,	légation,	subdélégation,
bifurcation,	démarcation,	fabrication,	mastication,	suffocation,
collocation,	dislocation,	homologation,	navigation,	vacation.
communication,				

2ᵉ *Conjugaison.*

abolition, définition, démolition, munition, partition, punition, répartition.

4ᵉ *Conjugaison.*

absolution, comparution, dissolution, perdition, résolution, vendition.

Il y a une prodigieuse quantité d'autres mots en *ation,* qu'il serait fastidieux de citer ici, et qu'on peut trouver dans le dictionnaire des rimes. Je n'ai donné que ceux en *cation, gation,* pour faire remarquer le changement de *c* en *qu,* et de *g* en *gu.* Tous les noms en *ation* se rapportent à la 1ʳᵉ conjug. (Voyez les noms en *ssion* au n° 58.)

193. — 1ʳᵉ *Remarque.* — Dans plusieurs des listes de cette 2ᵉ section, les noms, mis au plur., deviennent homonymes parfaits; j'en ai prévenu chaque fois, en renvoyant à l'endroit que cette question concerne.

194. — De même, dans la section 2ᵉ de l'homonymie parfaite, plusieurs listes de mots appartiennent à l'homonymie imparfaite. Ce sont :

Aux nᵒˢ 46, 48, 49, 51, les noms *cours, ris, ...e,* comparés à la 3ᵉ pers. plur. *(ent)* des mêmes temps.

Aux nᵒˢ 52, 54, 56, 58, les noms en *on, ion, eron, ssion,* pris au sing.

Au n° 56, les noms en *eron,* pris au sing.; ou, comparés à la 3ᵉ pers. plur.

Au n° 59, les noms en *té,* comparés au part. fém.

Aux nᵒˢ 66, 67, 69, les adjectifs, comparés à la 3ᵉ pers. plur., comme aux nᵒˢ 48, 49.

Aux nᵒˢ 77, 79, les infinitifs et les gérondifs, quand ils prennent l'*s* au plur.

Aux nᵒˢ 44, 60, 61, 71, 72, 75, 83, 84, 91, 92, 96, les mots qui y sont cités, quand ils finissent par *s.*

195. — C'est donc ici le lieu d'ajouter qu'il y a homonymie imparfaite : Quand un nom ou un adject. devient 3e pers. plur. Exemple : *blâme, blâment*. (Voy. nos 46, 48, 49, 66, 67, 69.)

Quand un infinitif devient nom pluriel. Exemple : *devoir, devoirs*. (Voy. n° 77.)

Quand un gérondif devient nom ou adject. masc. plur. Exemples : *passant, passants*. (Voy. nos 79, 82.)

196. — *2e Remarque.* Quand je considère les noms des nos 46 à 59, et 177 à 192, comme devenant verbes, je ne prétends pas trancher une grave question d'étymologie et de dérivation, et donner à un mot la priorité qui appartient à un autre. Je n'exclus pas la contre-partie. J'affirme au contraire que, dans certains cas, c'est le verbe qui devient nom ; et que, dans d'autres cas, ce n'est ni le nom qui devient verbe, ni le verbe qui devient nom ; mais que deux dérivations collatérales et indépendantes l'une de l'autre, appliquées au même radical, produisent fortuitement les homonymies que j'ai signalées.

197. — Ainsi, par exemple, aux nos 52 et 188, *cartons*, nom, a une désinence augmentative imitée ou traduite de l'italien *cartone*, et mise ensuite au pluriel ; *cartons*, verbe, a une terminaison verbale tirée du latin, et commune, pour ce temps et cette personne, à tous nos verbes. *Notaire* est immédiatement traduit de *notarius*, et *notèrent*, de *notârunt*.

198. — Mais ces distinctions, bien que fondées en raison, eussent été dans mon travail plus nuisibles qu'utiles, en y répandant la confusion. Car j'ai voulu uniquement constater ce fait, et y amener l'attention du lecteur, savoir : Pour beaucoup de mots de la même famille, c'est-à-dire, ayant le même sens général, originel, il y a ressemblance :

1° De *prononciation* et d'*orthographe* entre le nom et le verbe pris l'un et l'autre dans certaines conditions de genre, de nombre, de personne, etc. : Homonymie *parfaite* ou univoque.

2° De *prononciation*, mais non d'orthographe, entre le nom et le verbe, pris l'un et l'autre dans telles ou telles circonstances, et la différence orthographique consiste dans tel ou tel point : Homonymie *imparfaite* ou équivoque.

199. — Et cette rectification, je l'étends également à tous les autres cas où elle est applicable.

2e Point. Pour les mots composés.

200. — Il y a aussi une sorte d'homonymie orthographique, c'est-à-dire, imparfaite ou équivoque, entre deux alliances de mots, dans l'une desquelles les divers éléments sont liés entre eux, tandis que dans l'autre ils demeurent isolés. Presque toujours les diverses parties de ces alliances de mots sont liées par des traits d'union.

Souvent aussi, par suite de la disparition des traits d'union, elles forment un mot unique. Il faut donc distinguer des mots composés *avec traits d'union*, et des mots composés *sans traits d'union*. Examinons successivement l'homonymie des uns et des autres.

Chiffre 1er. Mots composés avec traits d'union.

201. — Un nom composé est l'alliance de deux ou plusieurs mots qui, intimement unis entre eux, ne présentent plus à l'esprit qu'un sens unique, indivisible. Chaque élément y perd plus ou moins ses attributs essentiels, sa signification propre, et même sa classification analytique, pour concourir à former ceux du mot composé pris dans son ensemble. Isolez chaque élément, l'alliance de mots signifiera tout autre chose.

202. — 1er Exemple. *Bonne-aventure,* nom fém., est une prédiction faite à quelqu'un de ce qui doit lui arriver, bon ou mauvais, n'importe ; *bonne aventure,* adj. fém. et nom fém., est un bon hasard, un événement heureux. La *bonne-aventure* est une chose détestable en soi, et peut ne contenir que de sinistres prédictions ; la *bonne aventure* est une chose essentiellement agréable et bonne. — Enfant de la superstition, la *bonne-aventure* est le feu-follet qui se joue des gens simples et crédules, et le honteux gagne-pain des bohémiens qui dupent les sots ; effet du hasard, ou plutôt douce caresse de la Providence, la *bonne aventure* est un sujet d'honnête réjouissance.

203. — 2e Exemple. *Brûle-tout*, n. m., sorte de bobèche pour achever de brûler les bouts de chandelles ; *brûle tout,* verbe et pron. indéf., offrant séparément l'idée de *brûler* et l'idée de *tout objet quelconque.* — Le *brûle-tout* sert à brûler toute la chandelle jusqu'à la fin ; celui qui *brûle tout,* peut malgré cela ne brûler les objets qu'à demi. Le *brûle-tout* ne brûle que des chandelles et des bougies ; celui qui *brûle tout,* brûle toutes les choses qu'il a fantaisie de brûler, ou brûle complétement la chose qu'il ne devait brûler qu'en partie. Le *brûle-tout* qui n'a pas encore servi, n'a jamais rien brûlé ; celui qui *brûle tout* a déjà brûlé quelque chose, ou brûlé complétement un objet.

204. — 3e Exemple. *Saint-Etienne,* nom pr. masc., préfecture de la Loire, ou église dédiée à saint Etienne ; *saint Etienne,* adj. m. et n. pr. m., diacre et premier martyr. — *Saint-Etienne* est sur la terre une ville ou un édifice ; *saint Etienne* est dans le ciel un élu, le premier des martyrs. *Saint-Etienne* appartient au dictionnaire géographique ; *saint Etienne,* au martyrologe.

205. — Ces trois exemples suffisent pour faire comprendre la différence de classification et de sens qui distingue ces deux alliances parallèles des mêmes mots. Le *mot composé* est un *nom :* il a un sens unique, résultat du mélangé, si l'on peut ainsi parler, des sens particuliers des mots qui le composent. La simple alliance de mots repousse toute fusion : chacun de ses éléments continue d'appartenir à sa classe naturelle, et conserve intacte sa signification native : par conséquent elle admet autant de classifications et de sens, que de mots.

206. Apprenez donc à reconnaître la valeur exacte et véritable de ces sortes d'expressions multiples, afin de savoir dans quel cas vous devrez en faire des mots composés, ou écrire chaque partie séparément. Le choix entre ces deux manières d'orthographier est très important, puisque le sens de ces alliances de mots en dépend. (Voy. n°s 14 et 150.)

207.

après-demain, adverbe. Le 2e jour après aujourd'hui.

après demain, prép., adv. Un jour quelconque après celui de demain.

avant-midi, adv., ou n. f. Temps entre la nuit et midi.

avant midi, prép., n. m. Avant qu'il soit midi.

barbe-de-bouc, n. f. Salsifis sauvage.

barbe de bouc, n. f., prép., n. m. La barbe d'un vrai bouc.

basse-taille, n. f. Degré de la voix : baryton.

basse taille, adj. f., n. f. Taille basse d'un vêtement.

bec-allongé, n. m. Poisson du genre chétodon.

bec allongé, n. m., part. Bec rendu plus long.

bec-de-cane, n. f. Serrure sans clé, etc.

bec de cane, n. m., prép., n. f. Le bec d'une vraie cane.

belle-dame, n. f. Plante ; papillon.

belle dame, adj. f., n. f. Dame jolie, élégante.

belle-de-nuit, n. f. Fleur du soir ; oiseau.

belle de nuit, adj. f., prép., n. f. Personne, chose belle la nuit.

belle-et-bonne, n. f. Espèce de poire.

belle et bonne, adj. f., conj., adj. f. Personne, chose belle et bonne.

belles-lettres, n. f. pl. Grammaire, éloquence et poésie.

belles lettres, adj. f. pl., n. f. pl. Lettres bien faites, belles.

belle-sœur, n. f. Sœur par alliance.

belle sœur, adj. f., n. f. Sœur douée de beauté.

bien-aimé, n. m., ou adj. m. Aimé de préférence, passionnément.

bien aimé, adv., part. Aimé certainement, à la vérité.

bien-être, n. m. Situation aisée et commode.

bien être, adv., v. (*bien* ne modifie pas *être*).

bon-chrétien, n. m. Sorte de poire.

bon chrétien, adj. m., n. m. Chrétien fervent, consciencieux.

bon-mot, n. m. Parole fine, spirituelle.

bon mot, adj. m., n. m. Mot propre, énergique.

bonne-maman, n. f. Grand-mère.

bonne maman, adj. f., n. f. Mère pleine de bonté.

bonne-nuit, n. f. Plante convolvulacée.

bonne nuit, adj. f., n. f. Nuit utile, agréable.

bouton-d'or, n. m. Fleur qui imite un bouton d'or.

bouton d'or, n. m., prép., n. m. Bouton en or, ou doré.

brûle-tout, n. m. Bobêche pour brûler la chandelle.

brûle tout, v., pron. ind. Brûle complétement toute chose.

Céleste-empire, n. m. La Chine.

céleste empire, adj. m., n. m. Le paradis.

cent-suisses, n. m. pl. Garde suisse des rois de France.

cent suisses, adj. num., n. m. pl. 100 suisses quelconques.

cerf-volant, n. m. Insecte ; instrument de jeu.

cerf volant, n. m., v. Cerf qui semble voler.

coq-à-l'âne, n. m. Discours sans suite.

coq à l'âne. On y passe, pour ainsi dire, du coq à l'âne.

courte-pointe, n. f. Couverture de lit.

courte pointe, adj. f., n. f. Pointe qui est courte.

cul-de-jatte, n. m. Impotent qui ne peut marcher.

cul de jatte, n. m., prép., n. f. Le fond d'une jatte.

dos-d'âne, n. m. Chemin, etc., en double talus.

dos d'âne, n. m., prép., n. m. Le dos d'un vrai âne.

double-feuille, n. f. Plante orchidée.

double feuille, adj. f., n. f. Feuille qui est double.

entre-deux, n. m. Limite, séparation ; adv.

entre deux, prép., adj. num. (servant de complément indirect).

faux-titre, n. m. Premier titre d'un livre.

faux titre, adj. m., n. m. Titre faux, sans valeur.

fouille-au-pot, n. m. Marmiton.

fouille au pot, v., art., n. m. (verbe avec complément indirect).

franc-maçon, n. m. Membre de la franc-maçonnerie.

franc maçon, adj. m., n. m. Maçon véritable, ou franc.

gorge-blanche, n. f. Oiseau qui a la gorge blanche.

gorge blanche, n. f., adj. f. Gorge qui est blanche.

grand-livre, n. m. Registre de commerce.

grand livre, adj. m., n. m. Livre de grand format.

gros-texte, n. m. Sorte de caractère d'imprimerie.

gros texte, adj. m., n. m. Texte de grande dimension.

haut-bord, n. m. Grand vaisseau.

haut bord, adj. m., n. m. Bord élevé.

haute-taille, n. f. Degré de la voix.

haute taille, adj. f., n. f. Taille élevée.

hors-d'œuvre, n. m. Digression ; petits plats.

hors d'œuvre, prép., prép., n. f. (est complément indirect).

laisser-aller, n. m. Négligence, abandon.

laisser aller, v., v. Permettre d'aller, de partir.

main-forte, n. f., Assistance donnée à quelqu'un.

main forte, n. f., adj. f. Main robuste, ou grosse.

main-levée, n. f. Autorisation judiciaire.

main levée, n. f., part. f. Main qui est élevée.

mal-jugé, n. m. Erreur des juges.

mal jugé, adv., part. m. : je l'ai mal jugé ; ou n. m., part. m. : il a un mal jugé incurable.

meurt-de-faim, n. m. Homme dénué de tout.

meurt de faim, v., prép., n. f. Celui qui périt par la faim.

mille-feuilles, n. f. Plante à feuilles découpées.

mille feuilles, adj. num., n. f. pl. Feuilles au nombre de 1000.

mille-pieds, n. m. Insecte, espèce de cloporte.

mille pieds, adj. num., n. m. pl. 10 fois 100 pieds.

mort-aux-rats, n. f. Drogue pour tuer les rats.

mort aux rats, n. f., art., n. m. pl. Mort pour les rats.

ouï-dire, n. m. Chose qu'on a entendu répéter.

ouï dire, part. m., v. (dans un temps composé) : j'ai ouï dire que...

passe-droit, n. m. Faveur injuste.

passe droit, v., adv. Passe directement.

passe-partout, n. m. Clé qui passe partout.

passe partout, v., adv. : il passe partout.

petit-deuil, n. m. Mésange du Cap ; poisson.

petit deuil, adj. m., n. m. Deuil incomplet.

petite-fille, n. f. Fille du fils ou de la fille.

petite fille, adj. f., n. f. Fille jeune, de petite taille.

petites-maisons, n. f. pl. Hôpital des fous.

petites maisons, adj. f. pl., n. f. pl. Maisons basses, étroites.

pied-à-terre, n. m. Logis hors de la résidence ordinaire.

pied à terre, n. m., prép., n. f. Pied posé sur la terre.

pied-de-biche, n. m. Instrument fourchu.

pied de biche, n. m., prép., n. f. Pied d'une vraie biche.

pied-droit, n. m. Pièce de charpente.

pied droit, n. m., adj. m. Pied qui est droit.

pied-plat, n. m. Homme méprisable.

pied plat, n. m., adj. m. Pied naturellement aplati.

pince-sans-rire, n. m. Personne maligne et sournoise.

pince sans rire, v., prép., v. : il pince sans rire.

pont-neuf, n. m. Chanson populaire.

pont neuf, n. m., adj. m. Pont nouvellement construit.

porte-malheur, n. m. Personne, chose qui occasionne malheur.

porte malheur, v., n. m., (locution verbale) : il porte malheur.

pot-au-feu, n. m. Viande qu'on met au pot.

pot au feu, n. m., art., n. m. Pot mis au feu.

pot-de-vin, n. m. Somme en surplus du prix.

pot de vin, n. m., prép., n. m. Pot rempli de vin.

qu'en-dira-t-on, n. m. Propos du public.

qu'en dira-t-on, pron. rel., pron. pers., v., pron. ind.

réveille-matin, n. m. Instrument qui réveille.

réveille matin, v., adv. : il se réveille matin, de bonne heure.

sage-femme, n. f. Accoucheuse.

sage femme, adj. f., n. f. Femme sage, vertueuse.

sang-de-dragon, n. m. Plante ; liqueur médicinale.

sang de dragon, n. m., prép., n. m. Le sang d'un dragon.

sang-froid, n. m. Tranquillité, présence d'esprit.

sang froid, n. m., adj. m. Sang qui n'est pas chaud.

sans-souci, n. m. Personne qui vit sans souci.

sans souci, prép., n. m. Sans inquiétude.

savoir-vivre, n. m. Connaissance des usages.

savoir vivre, v., v. Connaître la manière de vivre.

songe-creux, n. m. Celui qui s'occupe de chimères.

songe creux, n. m., adj. m. Songe qui n'a rien de réel.

sot-l'y-laisse, n. m. Support des plumes de la queue.

sot l'y laisse, adj. m., pron. pers., adv., v. : le sot l'y laisse.

tête-à-tête, n. m. Entretien de deux personnes seules.

tête à tête, n. f., prép., n. f. Des têtes mises ensemble.

tête-cornue, n. f. Plante.

tête cornue, n. f., adj. f. Tête pourvue de cornes.

toute-puissance, n. f. Puissance infinie.

toute puissance, adj. f., n. f. Puissance quelconque.

toute-saine, n. f. Plante à fleurs rosacées.

toute saine, adv., adj. f. Tout-à-fait ou quoique saine.

trente-et-un, n. m. Jeu où l'on compte trente et un.

trente et un, adj. num., conj., adj. num. 30 plus 1.

va-nu-pieds, n. m. Homme pauvre, méprisable.

va nu-pieds, v., adj., n. m. pl. Qui va ayant les pieds nus.

ver-à-soie, n. m. Chenille qui file la soie du commerce.

ver à soie, n. m., prép., n. f. Tout ver qui file de la soie.

vole-au-vent, n. m. Pâtisserie très légère.

vole au vent, v., art., n. m. Est emporté par le vent.

208. — Quiconque a comparé attentivement, expression composée à expression non composée, les exemples donnés dans cette liste, a dû se convaincre que dans les mots *composés* le sens est altéré, changé, et peut même être quelquefois contraire à la vérité; tandis que dans l'alliance *non composée* chaque mot se prend dans sa signification native et rigoureuse. Il a appris par là même dans quels cas l'emploi du trait d'union est nécessaire, ou fautif; et il n'aura aucune peine à expliquer toutes les autres locutions semblables ou analogues.

209. — Les suivantes pourront servir d'exercices :

après-midi,	bec-de-grue,	courte-paille,	grand-maître,
après midi,	bec de grue,	courte paille,	grand maître,
ayant-cause,	bec-pointu,	cul-de-lampe,	grand-oncle,
ayant cause,	bec pointu,	cul de lampe,	grand oncle,
ayant-droit,	belle-fille,	cul-de-sac,	grand-père,
ayant droit,	belle fille,	cul de sac,	grand père,
barbe-de-chat,	belle-mère,	dame-jeanne,	grand-prêtre,
barbe de chat,	belle mère,	dame Jeanne,	grand prêtre,
barbe-de-chèvre,	blanc-manteau,	double-fleur,	grand-turc,
barbe de chèvre,	blanc manteau,	double fleur,	grand turc,
barbe-de-Jupiter,	bon-Henri,	eau-de-vie,	gros-bec,
barbe de Jupiter,	bon Henri,	eau de vie,	gros bec,
basse-cour,	bon-pasteur,	eau-forte,	haute-cour,
basse cour,	bon pasteur,	eau forte,	haute cour,
basse-fosse,	bout-d'aîle,	fait-tout,	haute-futaie,
basse fosse,	bout d'aîle,	fait tout,	haute futaie,
beau-fils,	bouton-d'argent,	fausse-braie,	haute-paie,
beau fils,	bouton d'argent,	fausse braie,	haute paie,
beau-frère,	carême-prenant,	folle-enchère,	haut-le-corps,
beau frère,	carême prenant,	folle enchère,	haut le corps,
beau-père,	chasse-marée,	fort-vêtu,	main-mise,
beau père,	chasse marée,	fort vêtu,	main mise,
bec-courbé,	chêne-vert,	gorge-chaude,	main-morte,
bec courbé,	chêne vert,	gorge chaude,	main morte,
bec-croisé,	contre-cœur,	grand-duc,	messire-jean,
bec croisé,	contre cœur,	grand duc,	messire Jean,
bec-d'argent,	courte-botte,	grand-duché,	mille-fleurs,
bec d'argent,	courte botte,	grand duché,	mille fleurs,

opéra-comique,	petit-neveu,	pied-fort,	souffre-douleur,
opéra comique,	petit neveu,	pied fort,	souffre douleur,
passe-avant,	petit-texte,	porte-respect,	taille-douce,
passe avant,	petit texte,	porte respect,	taille douce,
passe-debout,	pied-d'alouette,	revenant-bon,	toute-bonne,
passe debout,	pied d'alouette,	revenant bon,	toute bonne,
petite-nièce,	pied-de-bœuf,	saint-Augustin,	toute-épice,
petite nièce,	pied de bœuf,	saint Augustin,	toute épice,
petit-fils,	pied-de-chat,	sans-gêne,	tout-ou-rien,
petit fils,	pied de chat,	sans gêne,	tout ou rien,
petit-maître,	pied-de-veau,	savoir-faire,	va-et-vient,
petit maître,	pied de veau,	savoir faire,	va et vient.

210. — On en trouvera beaucoup d'autres dans les grands dictionnaires, particulièrement aux mots *après, avant, bas, beau, bec, bien, bon, chasse, contre, cours, couvre, cul, cure, double, eau, faux, fou, franc, garde, grand, gros, haut, hors, main, mal, mille, mort, outre, passe, perce, petit, pied, pont, porte, pot, pousse, presse, saint, sang, sans, savoir, tête, tire.*

Chiffre 2e. Mots composés sans trait d'union.

211. — Dans plusieurs mots composés la fréquence ou la bisarrerie de l'usage a supprimé ou empêché l'emploi du trait d'union, et ces mots composés *avec traits d'union* sont devenus mots composés *sans trait d'union,* ou, si vous aimez mieux, *mots simples.*

212. — Voici les plus connus. Les mots non composés offrent quelquefois un exemple à titre d'analyse et d'explication.

abord, n. m. Accès ; approche.
à bord, prép., n. m. : il vint *à bord* de notre vaisseau.

atout, n. m. Couleur maîtresse aux cartes.
à tout, prép., pron. ou adj. ind. : il est propre *à tout* faire ; *à tout* seigneur tout honneur.

aussitôt, adv. Dans le même instant.
aussi tôt, adv., adv. De si bonne heure, tellement tôt.

autour, adv., aux environs.
au tour, art., n. m. : ma toupie a été faite *au tour* ; c'est *au tour* de N.

autrefois, adv. Jadis, anciennement.
autre fois, adj. f., n. f. : je lui parlerai une *autre fois.*

beaucoup, adv. Abondamment.
beau coup, adj. m., n. m. Coup bien joué : voilà un *beau coup.*

bienfait, n. m. Bon office, grâce.
bien fait, adv. ou n. m., part. : ce dessin est *bien fait* ; le *bien fait* pour Dieu.

bienheureux, adj. m. Très heureux ; n. m. Elu.
bien heureux, adv., adj. m. : tu es *bien heureux* d'y avoir échappé.

bientôt, adv. Dans peu de temps.
bien tôt, adv., adv. : hélas ! vous partez *bien tôt !*

bienveillant, adj. Porté à la bienveillance.
bien veillant, adv., v. : en *bien veillant* on préserve le troupeau.

bienvenu, adj. ou n. m. Cordialement accueilli.
bien venu, adv., part. m. : vous y êtes *bien venu,* j'y viendrai aussi.

bonhomme, n. m. Homme simple et faible.

4

bon homme, adj. m., n. m. Homme doué de bonté.

bonjour, n. m. Salut familier.
bon jour, adj. m., n. m. Jour favorable ; jour de communion.

cependant, conj. Néanmoins, malgré cela.
ce pendant, pron. dém., prép. Pendant cela : et *ce pendant* B. les croque.

davantage, adv. Plus, en plus grande quantité.
d' avantage, prép., n. m. : il y a plus *d'avantage* ici que là.

delà, adv. De l'autre côté : au-delà.
de là, prép., adv. : il suit *de là* que vous avez tort.

hautbois, n. m. Instrument de musique.
haut bois, adj. m., n. m. Haute futaie ; bois élevé.

longtemps, adv. Pendant une longue durée.
long temps, adj. m., n. m. : après un si *long temps* d'attente.

madame, n. f. Titre des femmes en général.
ma dame, adj. poss., n. f. La dame qui m'appartient ; machine.

mainlevée, n. f. Autorisation judiciaire.
main levée, n. f., part. f. : il a la *main levée* pour vous bénir.

maintenant, adv. Actuellement, présentement.
main tenant, n. f., v. : on voyait sa *main tenant* un poignard.

malavisé, adj. Imprudent, indiscret.
mal avisé, adv., part. Averti mal : on vous a *mal avisé.*

malbâti, adj. Contrefait, bancal, difforme.
mal bâti, adv., part. Construit mal : cet édifice est *mal bâti.*

malentendu, adj. Mal conçu ; n. m. Erreur.
mal entendu, adv., part. Entendu mal : vous avez *mal entendu.*

malfaire, v. Faire des choses nuisibles.

mal faire, adv., v. Faire mal, de travers : il a *mal fait* cela.

malmener, v. Réprimander, tourmenter.
mal mener, adv., v. Mener mal : il a *mal mené* son entreprise.

malpeigné, n. m. Homme malpropre.
mal peigné, adv., part. : la bonne a *mal peigné* cet enfant.

maltraiter, v. Traiter durement, cruellement.
mal traiter, adv., v. Traiter mal : cet auteur a *mal traité* la question.

malverser, v. Commettre une malversation.
mal verser, adv., v. Verser de travers : j'ai *mal versé,* car j'ai répandu.

monseigneur, n. m. Titre de certains personnages.
mon seigneur, adj. poss., n. m. Le seigneur dont je suis le sujet.

parceque, conj. qui répond à *pourquoi.*
par ce que, prép., pron. dém., pron. rel. : il en passera *par ce que* vous demanderez.

parfaire, v. Achever.
par faire, prép., v. : commencez *par faire* votre devoir.

partant, adv. Par conséquent ; donc ; v. partir.
par tant, prép., adv. : ces richesses acquises *par tant* d'injustices.

parterre, n. m. Plate-bande, etc.
par terre, prép., n. f. A terre : il est étendu *par terre.*

partout, adv. En tout lieu.
par tout, prép., pr. ind. : *par tout* ce qui arrive, on juge...

passavant, n. m. Autorisation de passer.
passe avant, v., prép. : le besoin *passe avant* le plaisir.

peut-être, adv. dubitatif. Il est possible que.
peut être, v., v. : on *peut être* héros sans ravager la terre.

pourboire, n. m. Gratification ajoutée au salaire.

pour boire, prép., v. : j'ai trop chaud *pour boire* maintenant.

pourparler, n. m. Négociation.

pour parler, prép., v. : je vous ai appelé *pour parler* d'affaire.

pourquoi, conj. interrog. Pour quelle cause.

pour quoi, prép., pron. rel. : voilà le motif *pour quoi* j'agis ainsi.

pourtant, conj. Cependant, néanmoins.

pour tant, prép., adv. : quelle récompense *pour tant* de peines !

quelque, adj. Un ou une ; adv. Environ, tellement.

quel que, adj. ind., conj. : *quel que* soit son talent, elle échouera.

quelquefois, adv. De temps en temps.

quelques fois, adj., n. f. : je ne l'ai vu que *quelques fois*.

quoique, conj. Bien que, malgré que.

quoi que, pron. ind., pron. rel. : *quoi que* vous fassiez, faites tout pour Dieu.

sitôt que, conj. Dès que, à peine.

si tôt que, adv., adv. : je ne vous attendais pas *si tôt*.

surchair, n. m. Gant de Grenoble.

sur chair, prép., n. f. : il porte de la laine *sur chair*.

surmesure, n. f. Ce qui excède la mesure.

sur mesure, prép., n. f. : cet habit a été fait *sur mesure*.

surplomb, n. m. Défaut d'aplomb d'un mur.

sur plomb, prép., n. m. : on grave sur cuivre, mais non *sur plomb*.

surtout, adv. Principalement ; — n. m. Vêtement.

sur tout, prép., pron. ind. : j'ai réfléchi *sur tout* cela.

CHAPITRE III.

Nombre des Homonymes.

213. — Maintenant que le lecteur a parcouru et visité en détail le champ de l'homonymie française, il peut juger de sa désolante fertilité.

214. — Les homonymes, pris en général, sont immensément nombreux, et il est impossible d'en dire le chiffre exact. Mais si l'on veut en avoir le nombre approximatif, on fera les opérations suivantes, qui sont la conséquence et le résumé de ce qui a été développé dans le cours du chapitre II.

1° Multipliez, selon le cas, tantôt par 2 et tantôt par 4, c'est-à-dire, par la moyenne 3, les noms, articles, adjectifs, pronoms et participes de la langue française, ou, en d'autres termes, tous les mots variables, sauf les verbes ;

2° Multipliez par 28, 29, 31 ou 34, c'est-à-dire, par la moyenne 30, tous les verbes indistinctement, dont le chiffre s'élève à environ 8,000 ;

3° A ces deux produits ajoutez les 15,000 mots, environ, consignés dans mon dictionnaire des homonymes ; et vous obtiendrez un beau total.... je veux dire un gros, un énorme, un effrayant total.

215. — Mais les homonymes parfaits ou univoques n'y entrent que pour une faible partie ; car, je l'ai déjà dit, ils sont beaucoup moins nombreux que les homonymes imparfaits ou équivoques. On peut estimer que les premiers sont aux seconds dans la proportion de 1 à 5.

CHAPITRE IV.

Appréciation des Homonymes.

216. — L'utilité, les inconvénients et les remèdes des homonymes seront examinés dans trois articles séparés.

ARTICLE 1er. UTILITÉ DES HOMONYMES.

217. — Chose remarquable! le peuple le plus spirituel de la terre est aussi celui dont l'idiôme est le plus abondant en équivoques. Est-ce le peuple qui fait la langue, ou est-ce la langue qui fait le peuple? Quant à moi, j'admets la réciprocité d'influence. Ce qui est incontestable, c'est que l'homonymie exerce singulièrement l'esprit, et fournit matière à une foule de jeux de mots.

218. — Elle est la pourvoyeuse obligée du calembour; elle est l'âme du rébus; elle prodigue les quiproquos les plus divertissants; elle fournit à la conversation des transitions admirables, mais parfois bouffonnes; enfin elle fait les frais de certaines récréations spirituelles à l'usage des personnes instruites, quand l'inclémence de la saison les retient près de l'âtre.

ARTICLE 2e. INCONVÉNIENTS DES HOMONYMES.

219. — Mais que ces avantages sont futiles et méprisables quand on les compare aux nombreux malentendus, aux méprises fâcheuses et compromettantes dont l'homonymie est la source! Il est inutile de s'étendre bien longuement là-dessus : il est peu de personnes qui n'en aient fait l'expérience. Est-ce à dire qu'on ne peut employer un terme homonymique sans jeter dans le doute ou l'erreur ceux à qui l'on parle? Non certes. Heureusement ces cas sont rares. Le remède est souvent à côté mal.

ARTICLE 3e. REMÈDES AUX HOMONYMES.

220. — J'en signalerai six principaux.

221. — 1er REMÈDE : *les Déterminatifs*. Presque toujours l'article ou l'adjectif déterminatif qui précède un nom, précise le sens général et particulier de ce nom. Les pronoms sujets jouent le même rôle auprès des verbes. Tous ces déterminatifs (articles, adjectifs ou pronoms) rendent les mêmes services que les terminaisons : ce sont des espèces de *préfixes*, c'est-à-dire, de *formes initiales*, qui suppléent à la pauvreté de nos *désinences*. Si le flambeau n'est pas à la fin, il est au commencement; qu'importe, pourvu que la lumière se fasse? Exemples : *Rose* au sing. et *roses* au plur., pris isolément, se confondent ; mais *la rose* et *les roses*, accompagnés d'un déterminatif (*la, les*), valent autant, sinon plus, que le latin *rosa, rosæ. Aime, aimes* et *aime* sont un chef-d'œuvre d'obscurité ; mais *j'aime, tu aimes, il aime*, ne doivent rien, pour la clarté, au latin *amo, amas, amat.*

222. — 2e REMÈDE : *la Liaison.* La plupart des homonymes sont dus au *mutisme* des consonnes finales. Prononcez ces consonnes finales, et l'homonymie disparaîtra. Or, c'est ce que fait la liaison. La liaison a donc ces deux avantages immenses, inappréciables : en détruisant l'hiatus, elle donne à l'expression une douceur, une harmonie extrême ; en articulant les consonnes muettes, elle empêche l'équivoque et répand la lumière. *Aime* et *aiment* ne précisent rien à l'oreille ; mais *il aime* et *ils aiment (il-z-aiment)* sont aussi clairs que le latin *amat* et *amant.*

223. — Malheureusement cet expédient n'est bon que pour les verbes qui commencent par une voyelle. Quant aux autres, il ne leur reste que la chance d'être suivis d'une voyelle. *Il donne des conseils* ne diffère point, pour l'oreille, de *ils donnent des conseils ;* mais *il donne un conseil* ne peut pas se confondre avec *ils donnent un conseil (ils donnent-t-un conseil).*

224. — Observez donc la liaison toutes les fois qu'elle est, je ne dis pas rigoureusement exigée par le bon usage, mais simplement permise, tolérée. Ne soyez point affecté : évitez la prétention ; mais allez le plus loin possible, avancez jusqu'à la limite. Au reste, cela est relatif : les personnes instruites peuvent et doivent faire plus de liaisons que les autres. Telle liaison qui plaît sur les lèvres du savant, déplaira dans la bouche de l'ignorant ; ainsi les vêtements du pauvre ne doivent pas ressembler à ceux du riche. Mais aussi, de même que le pauvre doit voiler sous l'éclat de la propreté et des bonnes manières ce que l'indigence a de repoussant, de même l'ignorant doit parler de son mieux et paraître le plus savant possible.

225. — 3° REMÈDE : *la Prononciation.* Je l'ai déjà dit, et je ne saurais assez le répéter : Presque tous les homonymes ont entre eux des différences plus ou moins sensibles de prononciation. Ces différences tiennent à la valeur particulière des divers signes orthographiques, ou même aux diverses valeurs d'un même signe, selon les circonstances. Je citerai comme exemples, pour le premier cas : *aveuglement* et *aveuglément, serment* et *serrement, pécher* et *pêcher, ache* et *hache, ce* et *ceux, sole* et *saule, jet* et *jais;* pour le second cas : *pieux* nom et *pieux* adjectif, *piété* participe et *piété* nom.

226. — Remarquez qu'une même voyelle admet des nuances

d'intonation. Ainsi *e* est fermé *(é)* dans *et, cet,* et ouvert *(è)* dans *est, ces. E* est moyen *(é)* dans *amer, cher, fier, mer, ter, ver,* et les autres mots dans lesquels on articule l'*r* de la terminaison *er ;* il est ouvert *(è)* dans *amère, chère, fière, mère, terre, vert,* et les autres mots dans lesquels *er* et suivi d'une consonne ou d'un *e* muet. *Ai* vaut *é* fermé quand il termine un verbe (sans être suivi d'aucune autre lettre) : *j'ai, j'aimai, je finirai ;* et il vaut *è* ouvert quand il termine un nom ou un adjectif : *geai, délai, gai, vrai.*

227. — Au reste, on comprend que cette question est la matière d'un traité de prononciation, et que je dois me borner à citer quelques exemples. Seulement je profite de l'occasion pour recommander instamment l'étude de la prononciation française (1). On y apprendra à ne plus confondre le futur *j'aimerai (j'aimeré)* avec le conditionnel *j'aimerais (j'aimerè) ;* ni les mots comme, *livret, armet, cachet,* avec d'autres comme *livrée, armée, cacher ;* ni *futé* avec *futaie,* voire *banquier* avec *banquet* qu'on a osé associer dans des recueils d'homonymes. Prononcez correctement, et l'homonymie est presque entièrement anéantie.

228. — 4e Remède : la *Prosodie....* oui, la *Prosodie,* car nous en avons aussi une, en France, Dieu merci ! Elle fait partie intégrante de la prononciation. Cependant je la signale expressément : d'abord, parceque, seule, elle différencie beaucoup d'homonymes que confond la prononciation proprement dite ; ensuite, parceque, ignorée ou méprisée par certains provinciaux qui n'ont jamais entendu que le *parler* de leur pays natal, elle a besoin d'être connue, estimée et respectée. Je viens d'en dire la raison : la prosodie est le seul moyen de distinguer bon nombre d'homonymes, tels que ceux-ci, mis en parallèle par l'abbé d'Olivet.

229. Syllabes longues : Syllabes brèves :

alêne,	n. f. Poinçon de cordonnier.	haleïne,	n. f. Respiration.
bât,	n. m. Selle d'âne.	băt,	v. battre, 3e pers. sing.
bête,	n. f. Animal irraisonnable.	bĕtte,	n. f. Plante potagère.
boîte,	n. f. Petite cassette.	boĭte,	v. boiter : clocher.
bōnd,	n. m. Saut.	bŏn,	adj. Qui a de la bonté.
chaīr,	n. f. Viande ; substance ; aliment.	chĕr,	adj. Chéri, précieux.
claīr,	adj. Lumineux, éclatant.	clĕrc,	n. m. Ecclésiastique ; scribe.

(1) La prononciation est beaucoup trop négligée en France. Nous ne ressemblons guère à ces Athéniens si instruits, si polis et si délicats d'autrefois, dont les sifflets et les huées châtiaient impitoyablement l'acteur qui laissait échapper une faute..... de prononciation ou de prosodie. Pourquoi la prononciation, qui est la sœur et l'égale de l'orthographe, n'est-elle pas aussi bien que celle-ci, dans nos maisons d'éducation, l'objet d'une étude sérieuse et régulière ? La connaissance des langues étrangères est utile, je l'avoue. Mais je soutiens que l'étude approfondie de la langue maternelle est incomparablement plus importante. Désireux de contribuer à combler, pour ma faible part, cette lacune de notre enseignement, j'ai rédigé un cours très simple, très succinct et très méthodique, de prononciation et de prosodie françaises.

cõrps,	n. m. Substance matérielle.	cŏr,	n. m. Instrument de musique ; durillon.
coŭrs,	n. m. Mouvement ; promenade publique.	coŭr,	n. f. Espace découvert ; résidence du roi.
craīnt,	v. craindre.	crĭn,	n. m. Poil dur et long.
dégoûter,	v. Donner du dégoût.	dégoŭtter,	v. Couler par gouttes.
dõnt,	pron. rel. Duquel, delaquelle.	dŏn,	n. m. Cadeau.
faîte,	n. m. Sommet, comble.	faĭte,	part. f. du v. faire.
foīs,	n. f. Répétition d'une chose.	foĭ,	n. f. Confiance ; croyance ; fidélité.
fûmes,	v. être.	fŭmes,	v. fumer.
hâle,	n. m. Impression de l'air.	hălle,	n. f. Lieu de marché.
hôte,	n. m. Celui qui loge ou qui est logé.	hŏtte,	n. f. Panier qu'on porte sur le dos.
jaīs,	n. m. Bitume fossile très noir.	jĕt,	n. m. Action de jeter ; jaillissement.
jeûne,	n. m. Abstinence de nourriture.	jeŭne,	adj. Peu âgé.
maīs,	conj. Mĕts, n. m., nourriture.	mĕt,	v. mettre.
maître,	n. m. Chef, souverain.	mĕttre,	v. Placer.
mâtin,	n. m. Gros chien.	mătin,	n. m. Commencement du jour.
moīs,	n. m. 12e partie d'un an.	moĭ,	pron. pers., 1re pers. sing.
mõnt,	n. m. Masse de terre élevée.	mŏn,	adj. poss. sing.
pâte,	n. f. Farine pétrie.	pătte,	n. f. Pied d'une bête.
paŭme,	n. f. Dedans de la main ; jeu.	pŏmme,	n. f. Fruit du pommier.
pêne,	n. m. Verrou de serrure.	peĭne,	n. f. Douleur, châtiment.
plaīne,	adj. f. de plain. Uni, plat.	pleĭne,	adj. f. de plein. Rempli.
poŭce,	n. m. Le gros doigt ; mesure de 12 lignes.	poŭsse,	v. pousser.
rôt,	n. m. Viande rôtie.	rŏt,	n. m. Vent bruyant de la bouche.
saīnt,	adj. et n. m. Consacré à Dieu ; élu.	seĭn,	n. m. Centre ; entrailles ; mamelle.
sãs,	n. m. Tamis ; bassin fermé par une écluse.	să,	adj. poss., fém. de son.
saŭt,	n. m. Action de sauter ; chûte.	sŏt,	adj. Dépourvu de jugement, d'esprit.
saīne,	adj. f. de sain. Salubre.	Seĭne,	n. pr. f. Fleuve et départ. de France.
tâche,	n. f. Ouvrage fixé.	tăche,	n. f. Souillure.
tête,	n. f. Principale partie du corps.	tète,	v. téter. Sucer le lait de la mamelle.
très,	adv. Beaucoup.	traĭt,	n. m. Linéament ; trace ; flèche.
vaīne,	adj. f. de vain. Frivole, inutile.	veĭne,	n. f. Vaisseau sanguin.
vĕrre,	n. m. Corps transparent.	vĕrt,	adj. De la couleur de l'herbe.
voīx,	n. f. Son oral. Voĭs, v. voir.	voĭt,	v. voir.

230. — Vous le voyez, la prosodie française n'est pas un mythe. « Nous pourrions, dit l'abbé d'Olivet, nous faire des règles de « quantité aussi sûres et réduites à un aussi petit nombre que celles « du grec et du latin. » La prosodie a l'immense avantage de diminuer, par une agréable variété de syllabes longues et de syllabes brèves, l'excessive monotonie de notre prononciation. Le bon usage, et souvent la clarté, exigent impérieusement qu'on l'étudie et qu'on l'observe.

251. — 5ᵉ Remède : le *Contexte,* c'est-à-dire, l'ensemble des mots d'où résulte le sens général de la phrase. Les mots avoisinants expliquent presque toujours le terme obscur qu'ils accompagnent. Il faudrait avoir perdu le sens-commun pour confondre deux phrases comme celles-ci : *le boulanger a cuit seize* PAINS *dans son four ; le bûcheron a abattu seize* PINS *dans la forêt.* Les mots *boulanger, cuire, four,* indiquent que dans le premier cas il s'agit du *pain* que l'on mange ; et, dans le second exemple, les termes *bûcheron, abattre, forêt,* prouvent surabondamment qu'il est question du *pin* que l'on brûle.

252. — 6ᵉ Remède : les *Circonstances* où se trouvent les personnages mis en scène, la connaissance que l'on a de leurs affaires, etc. Un jour, un professeur, fort mécontent d'un thème qu'il corrigeait, gourmandait l'élève sur sa négligence, lui reprochait ses barbarismes et ses solécismes, et finissait par lui dire, tout en se promenant dans sa classe : « Vous n'êtes pas même capable de traduire : *Je suis un âne.* » Évidemment, d'après les circonstances, cela signifiait : *Moi, écolier paresseux, j'existe… âne ;* et l'expression latine *sum asinus* était dans la tête du maître et sur les lèvres des condisciples. Notre espiègle, aussi spirituel qu'impertinent, ne l'entendit pas ainsi. Il se lève, quitte sa place, et s'en va marcher derrière son professeur. Évidemment, d'après les circonstances, ladite phrase ne signifiait plus *j'existe âne,* mais *je marche derrière un âne :* et le latin *sum asinus* s'était évanoui pour laisser la place à *sequor asinum.*

233. — Dernier Remède. Quand les six moyens que je viens d'exposer seront impuissants à produire la lumière, vous prierez, de la manière la plus polie, la plus respectueuse, la plus aimable qu'il vous sera possible, votre interlocuteur de vouloir bien employer une périphrase, changer son expression, ou épeler (si vous savez assez d'orthographe, et lui aussi, pour en faire jaillir l'étincelle) le mot qui met votre intelligence aux abois.

234. — Que si cette ressource désespérée répugne à votre amour-propre, ou révolte votre exquise urbanité, résignez-vous à ne pas comprendre. Pour vous consoler, rappelez-vous que

L'homonymie est la plaie de notre langue :
Maudissez-la, vous ferez bien ;
Combattez-la, vous ferez mieux.

FIN DU TRAITÉ DES HOMONYMES.

DICTIONNAIRE DES HOMONYMES.

A.

*Son A, et son AN (nasal), de quel-
que manière qu'ils s'écrivent (a, ha;
an, en, am, em, han, hen, ham, hem...).*

A (ā) [signe inventé], n. m. 1re lettre
de l'alphabet. — A, s (ă, ā) [lat. *habere*
ou it. *avere*], v. avoir. Posséder. — A
(ă), prép. qui exprime ordinairement tendance vers un objet. — AH (âh, *h* asp.),
interj. de joie, de douleur, d'admiration.
— HA (hā, *h* asp.), interj. de surprise,
de douleur.

ABATÉE ou *abattée*, s (ă-bă-tée), n. f.
Mouvement que fait la proue d'un navire
sous l'influence du vent, etc. — ABAT-
TEZ (ă-bă-té), v. abattre. Renverser.

ABATIS ou *abattis* (ă-bă-tī), n. m.
Action d'abattre; ce qui est abattu. —
ABATTIS, it, ît (ă-bă-tī, tī), v. abattre.
Renverser.

ABDICATION, s (ăb-dĭ-cā-sĭ-on), n. f.
Renonciation à l'autorité souveraine. —
ABDIQUASSIONS (ăb-dĭ-cā-sion), v.
abdiquer. Renoncer au pouvoir suprême.

ABÉE ou *bée*, s (ă-bée), n. f. Ouverture
par où coule l'eau d'un moulin. —ABBÉ,
s (ă-bé), n. m. Chef d'une abbaye; ecclésiastique.

ABÈLE, s (ă-bè-le), n. f. Espèce de
peuplier. —ABEL (ă-bèl), n. p. d'homme;
2e fils d'Adam.

ABBESSE, s (ă-bè-se), n. f. d'abbé.
Supérieure d'un couvent. — ABAISSE, s
(ă-bè-se), n. f. Pâte amincie au rouleau.
— ABAISSE, s, nt (id.), v. abaisser. Diminuer de hauteur.

ABÉCÉ, s (a-bé-cé), n. m. Livre pour
apprendre à lire. — ABAISSER, ez, ai,
é... (a-bè-sé...), v. et p. Rendre bas.

ABÉCÉDÉ, s (a-bé-sé-dé), n. m. Livre
pour apprendre à lire. — ABCÉDÉ, ez,
ai; é... (ăb-sé-dé...), v. et p. Dégénérer
en abcès.

ABLE, s (ă-ble), n. m., ou *ablette*,
n. f. Petit poisson de rivière, plat et d'un
blanc argenté. — HABLE, s, nt (hā-ble,
h asp.), v. hâbler. Mentir, se vanter sans
sujet.

ABLERET, s (ă-ble-rè), n. m. Filet
carré pour pêcher des ables. — HA-
BLERAIS, ait, aient (hā-ble-rè, rè), v.
hâbler. Mentir.

ABOI, s (ă-boï), n. m. Aboiement,
cri du chien. — ABOIS (ă-boï), n. m. pl.
de aboi. Dernières extrémités. —ABOIE,
s, nt (ă-boïe), v. aboyer. Japper.

ABOLISSIONS (ă-bŏ-lĭ-sion), v. abolir. Annuler. — ABOLITION, s (ă-bŏ-
lĭ-sĭ-on), n. f. Action d'abolir.

ABORD, s (ă-bŏr), n. m. Accès, approche. — ABHORRE, s, nt (ab-ho-rre,
h asp.), v. abhorrer. Avoir en horreur.

ABSIDE, s (ăb-si-de), n. f. Demi cercle
qui forme le chevet d'une église et qui
contient l'autel et le chœur. — APSIDE,
s (ăp-si-de), n. f. Lieu où une planète se
trouve le plus près ou le plus loin d'une
autre planète.

ABSOLUSSIONS (ăb-sŏ-lū-sion), v.
absoudre, peu usité à ce temps. Déclarer
innocent. — ABSOLUTION, s (ăb-sŏ-lū-
sĭ-on), n. f. Action d'absoudre.

ABSTERGEANT (ăbs-tèr-jan), v. absterger. Nettoyer un ulcère. —ABSTER-
GENT, s (id.), adj. Qui sert à nettoyer
les plaies.

ABU, s (ă-bū). n. m. Bananier à fruit
visqueux. — ABUS (ă-bū) [lat. *abusus*],
n. m. Usage mauvais.

ACC... (par 2 c). V. *ac...* (par 1 c).
ACE..., ACI... (*c* doux). V. *as...*
ACHAT, s (ă-chă), n. m. Action d'a-

cheter; chose achetée. — HACHA, as, ât (hă-chă, chāt, *h* asp.), v. hacher. Couper menu.

ACHE, s (ă-che) [celt. *achen, ach,* eau], n. f. Plante, espèce de céleri. — ACHE (ă-che), n. m. Nom français de la lettre H. — HACHE, s (hă-che, *h* asp.), n. f. Instrument tranchant. — HACHE, s, nt (id.), v. hacher. Couper menu.

ACHÉE, s (ă-chée), n. f. Vers qui servent d'appât ou de nourriture. — HACHER, ez, ai; é... (hă-ché, chée, *h* asp.), v. et p. Couper en petits morceaux.

ACHÈTE, s, nt (ă-chè-te), v. acheter. Acquérir moyennant payement. — HACHETTE, s (hă-chè-te, *h* asp.), n. f. Petite hache.

ACHIT, s (ă-chĭ), n. m. Vigne sauvage. — HACHIS (hă-chī, *h* asp.), n. m. Viandes hachées et assaisonnées.

ACORE, s (ă-cŏ-re), n. m. Plante aroïdée. — ACOR (ă-cŏr), n. m. Aigreur : t. de méd. — ACCORD, s (ă-cŏr), n. m. Convention, harmonie. — ACCORE, s (ăc-cŏ-re), n. f. Étais d'un vaisseau en construction. — ACCORE, s, nt (id.), v. accorer. Étayer un vaisseau. — ACCORE. s (ă-cŏ-re), adj. Escarpé : t. de mar. — ACCORT, s (ăc-cŏr), adj. Poli, complaisant, adroit. — ACHORE, s (ă-cŏ-re), n. m. Croûtes de lait, petits ulcères.

ACQ... V. *Ac...*

ACRE, s (ă-cre), n. m. Ancienne mesure agraire. — ACRE, s (ă-cre), adj. Piquant, corrosif au goût.

AXE, s (ăc-se), n. m. Ligne diamétrale d'un globe. — AX ou *Acqs* (ăcs'), n. pr. m. Ch.-lieu de canton de l'Ariège.

AXI, s (ăc-sĭ), n. m. Poivre de Guinée, ou piment. — AXIE, s (ăc-sīe), n. f. Sorte de poisson crustacé.

ACTIUM (ăc-sĭ-ŏm'), n. pr. m. Cap et ville de Grèce. — AXIOME, s (ăc-sĭ-ō-me), n. m. Vérité évidente ; maxime.

ACTIONNÈRENT (ăc-sĭ-ŏ-nè-re), v. actionner. Agir en justice contre quelqu'un. — ACTIONNAIRE, s (id.), n. La personne qui a une action dans une entreprise.

ACTIVE, s (ăc-tĭ-ve), adj. f. de actif. Qui agit, vif. — ACTIVE, s, nt (id.), v. activer. Rendre actif, accélérer.

ADAM (ă-dan), n. pr. m. Le premier homme. — ADENT, s (ă-dan), n. m. Entaille en forme de dent.

ADÈLE, s (ă-dè-le), n. f. Genre d'insectes lépidoptères. — ADÈLE (id.), n. pr. de femme. — ADEL (ă-dèl), n. pr. Contrée de l'Afrique orientale.

ADHÉRANT (ă-dhé-ran, *h* asp.), v. adhérer. Être uni à. — ADHÉRENT, s (id.), adj. et n. m. Attaché à; partisan.

ADIEU, x (ă-dieu), n. m. Salut de séparation. — ADIEU (id.), interj. qu'on emploie quand on se quitte. — A DIEU, prép. et n. pr. m. A l'Être suprême.

ADITION, s (ăd-ī-sĭ-on), n. f. Acceptation. Ne s'emploie que dans *adition d'hérédité* : t. de jurisp. — ADDITION, s (ăd-dī-sĭ-on), n. f. Action d'ajouter.

ADMÈTE (ăd-mè-te), n. pr. d'un roi de Thessalie. — ADMETTE, s, nt (id.), v. admettre. Recevoir, agréer.

ADMIRE, s, nt (ăd-mī-re) [lat. *admirari,* du celt. *mir*], v. admirer. Considérer avec surprise une chose extraordinaire. — ADMIRENT (id.) [lat. *admittere*], v. admettre. Recevoir, accepter.

ADMISSION, s (ăd-mĭ-sĭ-on), n. f. Action d'admettre ou d'être admis. — ADMISSIONS (ăd-mī-sion), v. admettre. Recevoir.

AFFÉRANT (ăf-fé-ran), v. afférer. Apporter. — AFFÉRENT, s (id.), adj. Qui apporte.

AFFÈRE, s, nt (ăf-fè-re), v. afférer. Apporter. — AFFAIRE, s (ă-fè-re), n. f. Objet d'une occupation quelconque. — A FAIRE, prép. et v. A exécuter.

AFFÉRER, ez, ai, é (ăf-fé-ré), v. et part. Apporter : t. de jurisp. — AFFAIRÉ, és, ée, ées (ă-fè-ré, rée), adj. Très occupé.

AFFILER...; é... (ăf-fi-lé) [celt. *affilaf,* de *fil,* pierre], v. et p. Aiguiser. — AFFILER..., é... (id.) [rad. *fil,* du lat. *filum*], v. et p. Rendre fin comme un fil. — AFFILER..., é... (id.) [rad. *file*], v. et p. Aligner, mettre à la file.

AFFILIEZ, lions (ăf-fī-lié, lion), v. affiler, 3 fois : V. *affiler.* — AFFILIER, ez, ai; é...; ions (ăf-fī-lĭ-é..., lĭ-on). — AFFILIIEZ, liions (ăf-fī-lĭ-ié, lĭ-ions), v. affilier. Associer.

AFRIQUE (ă-fri-ke), n. pr. f. La 3ᵉ des 5 parties du monde. — AFFRIQUE (SAINT-) (id.), n. pr. Sous-préfecture de l'Aveyron.

AGACE, s (ă-gă-se) [bret. *ayas,* ou rad. fr. *agacer*], n. f. Pie, oiseau. — AGACE, s, nt (id.) [celt. *ac* ou *ag,* d'où le gr. ακαξεω et le lat. *acuere*], v. agacer. Irriter, provoquer.

AGATE, s (ă-gă-te), n. f. Pierre fine. — AGATHE (id.), n. pr. de femme.

AGNÈLE, s, nt (ă-gnè-le), v. agneler. Mettre bas un agneau. — AGNEL, s (ă-gnèl), n. m. Ancienne monnaie d'or en France.

AGNELET, s (ă-gne-lè), n. m. Petit agneau. — AGNELAIS, ait, aient (ă-gne-lè, lè), v. agneler. V. *agnèle.*

AI.., (è...). V. à la lettre E.

AI, s (ă-ĭ), n. m. Quadrupède, paresseux à 3 doigts. — AI, mieux que AY (id.), n. pr. Bourg de la Marne, célèbre par ses vins blancs mousseux. — AIE ou AHI (ăï ou ă-hi, h asp.), interj. de douleur. — HAI, ïe, ïs, ïes ; ïs, ït, ît (hă-ĭ, ïe, ī, h asp.), p. et v. haïr. Avoir en haine, en aversion. — HAIE (hă-ïe, h asp.), interj. Cri des charretiers pour animer les chevaux.

AIEULE, s (ă-ieŭ-le), n. f. Grand'mère. — AIEUL, s (ă-ieŭl), n. m. Grand'père.

AILLE, s, nt (ā-lle, ll m.), v. aller. Marcher. — AIL, s (ăil, l m.), n. m. Espèce d'ognon. — AIE (ā-ïie), interj. Cri de douleur. V. *aï.*

AJAN (ă-jan), n. pr. m. Contrée à l'E. de l'Afrique. — AGENT, s (id.), n. m. Tout ce qui agit, opère.

ALLA, as, ât (ă-lă, lă), v. aller. Marcher. — HALA, as, ât (hă-lă, lā, h asp.), v. haler. Tirer un bateau. — HALA, as, ât (hă-lă, lā, h asp.), v. hâler. Brunir. — ALLAH (ăl-lā), n. pr. Dieu, chez les Mahométans.

ALAMBIQUE, s, nt (ă-lan-bi-ke), v. alambiquer. Distiller dans un alambic. — ALAMBIC, s (ă-lan-bĭc), n. m. Vase pour distiller.

ALENTOUR (ă-len-toŭr), adv. Dans les lieux circonvoisins. — ALENTOURS (id.), n. m. pl. Les environs. — A L'ENTOUR, prép., art. et n. m.

ALBI (ăl-bĭ), n. pr. m. Préfecture du Tarn. — HALBI, s (hăl-bĭ, h asp.), n. m. Boisson faite de pommes et de poires fermentées.

HALE, s, nt (hă-le, h asp.), v. haler. Tirer. — HALE, s (hă-le, h asp.), n. m. Flétrissure du teint. — HALE, s, nt (hă-le, h asp.), v. hâler. Brunir. — HALLE, s (hă-le, h asp.), n. f. Lieu de marché. — HALL (hăl, h asp.), n. pr. Villes de la Souabe ; ville du Tyrol. — HALL ou *halle* (hă-le, h asp.), n. pr. Ville de Belgique, dans le Hainaut.

ALLÉE, s (ă-lée), n. f. Corridor ; lieu de promenade. — ALLER..., é... (ă-lé...), v. et p. Marcher ; n. m. Action d'aller. — HALER..., é... (hă-lé..., h asp.), v. et p. Tirer un bateau avec une corde. — HALER..., é... (hă-lé..., h asp.), v. et p. Basaner. — HALLÉE, s (hă-lée, h asp.), n. f. Plein une halle.

ALAIS (ă-lè), n. pr. Sous-préfect. du Gard. — ALLAIS, ait, aient (ă-lè, lè), v. aller. Marcher. — HALAIS, ait, aient (hă-lè, lè, h asp.), v. haler. Tirer. — HALAIS, ait, aient (hă-lè, lè, h asp.), v. hâler. Brunir.

ALLÉGATION, s (ăl-lé-gă-sĭ-on), n. f. Citation, fait mis en avant. — ALLÉGUASSIONS (ăl-lé-gă-sion), v. alléguer. Citer un fait, mettre en avant.

ALEMAN, s (ă-le-man), n. et adj. m. Ancien peuple de la Germanie. — ALLEMAND, s (id.), n. et adj. m. D'Allemagne. — HALEMENT, s (hă-le-man, h asp.), n. m. Nœud fait à un câble qui sert à élever des fardeaux.

ALÈNE, s (ă-lène) [ar. *al* et celt. *blaen*], n. f. Poinçon de cordonnier ; la raie oxyrhinque, poisson. — ALÈNE, s (id.) [lat. *ala*], n. f. Flèche des anciens archers. — ALAINE, s (ă-lè-ne), adj. f. d'alain. Qui concerne les Alains, peuple. — HALÈNE, s, nt (id.), v. halener. Sentir l'haleine. — HALEINE, s (id.), n. f. Respiration.

ALÉNÉ..., (ă-lé-né, née) [rad. *alène*], adj. Terminé en pointes dures, bot. — ALÉNÉE, s (ă-lé-née) [rad. *haleine*], n. f., vieux. Respiration. — HALENÉE, s (hă-le-née), n. f. Haleine accompagnée d'une odeur forte. — HALENER, ez, ai ; é..., (ă-lĕ-né, née), v. et p. Sentir l'haleine de quelqu'un.

ALÉNIER, s (ă-lè-nié), n. m. Fabricant, marchand d'alènes. — HALENIEZ (ă-le-nié), v. halener. Sentir l'haleine.

ALÈPE, s (ă-lè-pe), n. m. Sorte de poissons mollusques. — ALEP (ă-lèp'), n. pr. Ville de Syrie.

ALEPIN, s (ă-le-pin), adj. d'Alep. — ALPIN, s (ăl-pin), adj. des Alpes ; qui concerne les hautes montagnes. — ALÉPINE, s (ă-lé-pĭ-ne), n. f. Étoffe en soie et laine. — ALEPINE, s (ă-le-pi-ne), adj. f. d'alepin. D'Alep. — ALPINE, s (ăl-pi-ne), adj. f. d'alpin. Des Alpes.

ALÈTE (ă-lè-te), n. m. Agrégat composé principalement de débris de roches volcaniques. — ALETTE, s (id.), n. f. Petite aile ou prolongation des bordages d'un navire ; cuir cousu à l'empeigne d'un soulier. — ALETH ou *Alet* (ă-lèt'), n. pr. Ville de l'Aude. — ALLAITE, s, nt (äl-lè-te), v. allaiter. V. *Allaiter.* — HALÈTE, s, nt (hä-lè-te, *h* asp.), v. haleter. Respirer. — HALETH, s (ha-lèt, *h* asp.), n. m. Extase des derviches.

ALLAITER..., é... (äl-lè-té...), v. et p. Nourrir de son lait. — HALETER..., é (hä-le-té..., *h* asp.), v. et p. Respirer fortement et fréquemment. — ALTHÉE, s (äl-tée), n. f. Nom moderne de la guimauve.

ALLAITEMENT, s (äl-lè-te-man), n. m. Action d'allaiter. — HALÈTEMENT, s (hä-lè-te-man, *h* asp.), n. m. Action de haleter.

ALEZAN, s (ă-lĕ-zan), adj. Fauve, tirant sur le roux. — ALÉSANT (ă-lé-zan), v. aléser. V. *Alèze.*

ALÈZE, ALÈSE ou ALAISE, s (ă-lè-ze), n. f. Drap plié qu'on met sous un malade. — ALÈZE, s, nt (id.), v. aléser. Agrandir, polir l'intérieur d'un cylindre, d'une pièce de monnaie.

ALFANGE, s (äl-fan-ge), n. f. Sorte de laitue à lier. — ALFANGE, s (id.), n. f. Troupe chinoise ou tartare.

ALLIE, s, nt (äl-lïe), v. allier. Joindre, associer. — HALLIE, s (häl-lïe, *h* asp.), n. f. Genre de plantes qui se rapprochent du sainfoin.

ALLIA, as, ât (äl-lï-ă, ä), v. allier. Joindre, associer. — ALLIA (äl-lï-ă), n. pr. Affluent du Tibre.

ALICANTE (ă-lï-can-te), n. pr. f. Ville d'Espagne. — ALIQUANTE, s (id.), adj. *Partie aliquante :* diviseur inexact d'un nombre.

ALLIÉ, és, ée, ées (äl-lï-é, ée), p., adj. et n. Parent ; confédéré. — ALLIER... (äl-lï-é...) [celt. *allyen,* d'où le lat. *alligare*], v. Joindre, mêler. — ALLIEZ, lions (äl-lié, lion) [lat. *ambulare,* d'où *ambuler, ambler, aller*], v. aller. Marcher. — ALLIIEZ, liions (äl-lï-ié, lï-ions), v. allier. — ALLIER (äl-lï-é) [lat. *ad Ligerim?*] n. pr. m. Affluent de la Loire, et département de France. — HALLIER (hä-lié. *h* asp.) [rad. *halle*], n. m. Gardien d'une halle ; marchand qui vend sous une halle. — HALLIER, s (id., *h* asp.) [rad. *haie*], n. m. Filet ; buisson épais. — HALIEZ (id., *h* asp.), v. haler. Tirer un bateau. — HALIEZ (hä-lié, *h* asp.), v. hâler. Basaner.

ALLIÈRENT (äl-lï-è-re), v. allier.

Joindre, associer. — ALLIAIRE, s (id.), et mieux *alliarie,* n. f. Pante crucifère, vivace, à odeur d'ail. — HALLIÈRE, s (hä-liè-re, *h* asp.), n. f. de hallier. Marchande établie sous une halle ; adj. Qui concerne la halle.

ALIMENT, s (ă-lï-man), n. m. Nourriture. — ALLIEMENT, s (äl-lï-man), n. m. Nœud à la corde d'une grue.

ALIMENTÈRENT (ă-lï-man-tè-re), v. alimenter. Nourrir. — ALIMENTAIRE, s (id.), adj. Qui concerne les aliments.

ALLIONS (ă-lion) [lat. *ambulare*], v. aller. Marcher. — ALLIONS, iions (äl-lï-on, ion) [lat. *alligare*], v. allier. Associer. — HALIONS (hä-lion, *h* asp.), v. haler. Tirer avec une corde. — HAILLON, s (ha-llon, *h* asp.), n. m. Vieux lambeau d'étoffe.

ALITER, ez, ai ; é..., (ă-lï-té, tée), v. et p. Forcer à se mettre au lit. — HALITHÉE ou *halitée,* s (ă-lï-tée), n. f. Genre de vers à sang rouge.

ALITÈRE, s (ă-lï-tè-re), adj. Qui nourrit ; surnom de Jupiter et de Cérès. — ALITÈRENT (id.), v. aliter. Forcer à garder le lit.

ALL.... par 2 *ll.* V. *al....* par 1 *l.*

ALLOÉ, s (äl-lŏ-é), n. m. Sous-genre d'insectes ichneumoniens, propre à l'Angleterre. — ALLOUER, ez, ai ; é..., (äl-loŭ-é, ée), v. et p. Concéder.

HALTER..., é (häl-té..., *h* asp.), v. et p. S'arrêter. — HALETER..., é (hä-le-té..., *h* asp.), v. et p. Respirer fréquemment et péniblement.

ALTERCATION, s (äl-tèr-că-sï-on), n. f. Débat, dispute. — ALTERQUASSIONS (äl-tèr-că-sion), v. alterquer. Contester, disputer.

ALTÈRE, s, nt (äl-tè-re). V. altérer, dans les deux sens ; V. *Altérer.* — HALTÈRENT (häl-tè-re, *h* asp.), v. halter. Faire halte. — HALETÈRENT (hä-le-tè-re, *h* asp.), v. haleter. Respirer.— ALTER (äl-tèr), mot latin, qui s'emploie dans *alter ego.* Un *autre* moi-même. — HALTÈRE, s (häl-tè-re, *h* asp.), n. m. Balancier, poids qui maintenait l'équilibre dans les exercices gymnastiques.

ALTÉRER...., é.... (äl-té-ré....) [lat. *alterare,* de *alter*], v. et p. Détériorer, falsifier. — ALTÉRÉ..., é... (äl-té-ré...) [lat. *alitare*], v. et p. Causer de la soif.— HALTÉRÉ, és, ée, ées (häl-té-ré, *h* asp.), adj. Muni de haltères ou balanciers ; n. m. Sorte d'insectes qui en sont pourvus.

ALTERNA, as, àt (ăl-tèr-nă, nă), v. alterner. Agir tour-à-tour. — **ALTERNAT**, s (ăl-tèr-nă), n. m. Action d'alterner les cultures.

ALTERNE, s (ăl-tèr-ne), adj. Qui se succède mutuellement. — **ALTERNE**, s, nt (id.), v. alterner. Agir tour-à-tour.

ALTERNÈRENT (ăl-tèr-nè-re), v. alterner. Agir tour-à-tour. — **ALTERNAIRE**, s (id.), n. m. Genre de champignons.

ALTIER, s (ăl-tié), adj. Hautain, arrogant. — **HALTIEZ** (hăl-tié, h asp.), v. halter. S'arrêter. — **HALETIEZ** (hă-le-tié, h asp.), v. haleter. Respirer.

AMADOU, s (ă-mă-doŭ), n. m. Partie charnue de l'amadouvier. — **AMADOUE**, s, nt (ă-mă-doŭe), v. amadouer. Flatter, caresser.

AMAN (ă-măn), n. pr. Amalécite, favori d'Assuérus. — **AMAND** (id.) n. pr. d'homme. — **AMANT**, s (id.), n. m. Celui qui aime avec passion. — **HAMAN**, s (hă-măn, h asp.), n. m. Toile de coton des Indes.

AMANDA (ă-măn-dă), n. pr. de femme, f. d'Amand. — **AMENDA**, as, àt (ă-măn-dă, dă), v. amender. Améliorer.

AMANDE, s (ă-măn-de), n. f. Fruit de l'amandier. — **AMENDE**, s (id.), n. f. Punition pécuniaire. — **AMENDE**, s, nt (id.), v. amender. Améliorer.

AMANDIER, s (ă-măn-dié), n. m. Arbre. — **AMENDIEZ** (id.), v. amender. Améliorer.

AM... (an..., nasal). V. **AN...**

AME, s (ă-me), n. f. Substance spirituelle. — **HAM** (hăm'), n. pr. Ville, chef-lieu de canton de la Somme.

AMÉ, és, ée, ées (ă-mé, mée), adj. Aimé; *vieux*. — **HAMÉE**, s (hă-mée, h asp.), n. f. Manche de l'écouvillon : t. d'artillerie.

AMÉLIE (ă-mé-līe), n. pr. de femme. — **HAMÉLIE**, s (hă-mé-līe, h asp.), n. f. Genre de plantes rubiacées.

AMÉNAGEMENT, s (ă-mé-nă-jĕ-man), n. m. Action de régler les coupes d'une forêt. — **EMMÉNAGEMENT**, s (ăn-mé-nă-jĕ-man), n. m. Action de ranger les meubles.

AMÈNE, s, nt (ă-mè-ne), v. amener. Mener vers celui qui parle. — **AMEN** (ă-mèn'), n. m. Mot hébreu qui signifie *ainsi soit-il*. — **EMMÈNE**, s, nt (ăn-mè-ne), v. emmener. Mener loin de celui qui parle.

AMENER...., é.... (ă-me-né...), v. et p. Conduire en se rapprochant. — **EMMENER....**, é.... (ăn-me-né...), v. et p. Conduire en s'éloignant.

HAMEÇONNIER, s (ă-me-sŏ-nié), n. m. Fabricant, marchand d'hameçons. — **HAMEÇONNIEZ** (id.), v. hameçonner. Prendre à l'hameçon.

AMI, s; e, es (ă-mĭ, ă-mīe) [lat. *amicus*], adj. et n. Celui, celle avec qui on est lié d'amitié. — **AMIE**, s (ă-mīe) [gr. αμια], n. pr. Genre de poissons. — **AMICT**, s (ă-mĭ), n. m. Voile des prêtres. — **AMMI**, s (ăm'-mĭ), n. m. Plante ombellifère.

AMIENS (ă-miin), n. pr. Préfecture de la Somme. — **AMMIEN** (-Marcellin) (am'-miin), n. pr. Historien romain du ive siècle.

HAMAU, x (hă-mō, h asp.), n. m. Filet à larges mailles. — **HAMEAU**, x (id.), n. m. Petit village.

AMMONIAQUE, s (ăm'-mŏ-nĭ-ă-ke), n. f. Alcali volatil. — **AMMONIAC**, s; aque, s (ăm'-mŏ-nĭ-ăc, ă-ke), adj. Résultat de la combinaison du sel marin avec l'alcali volatil.

AN, s (an), n. m. Durée de 365 jours ou 12 mois. — **EN** (id.) [gr. εν, lat. *in*], prép. Dans. — **EN** (id.) [lat. *indè*], pron. pers. De cela, de là, de lui, etc. — **HAN** (han, h asp.) [onomat.], interj. Son sourd et guttural de l'homme qui frappe avec effort. — **HAN**, s (han, h asp.) [mot turc], n. m. Caravansérail.

ANAL, s; e, es (ă-năl; ă-nă-le), adj. Qui concerne l'anus. — **ANNAL**, s; e, es (ăn'-năl; ăn'-nă-le), ad. Qui dure un an. — **ANNALES** (ăn'-nă-le), n. f. pl. Récit historique.

EMBARRAS (ăn-bā-rā), n. m. Obstacle. — **EMBARRA**, as, àt (ăn-bā-rā, rā), v. embarrer. Enfermer avec des barres.

EMBARRASSE, s, nt; ssiez, ssions (ăn-bā-rā-se; siez, sion) [rad. *embarras*], v. embarrasser. Causer de l'embarras. — **EMBARRASSE**, s, nt; ssiez, ssions (ăn-bā-rā-se; sié, sion) [rad. *en, barre*], v. embarrer. Enfermer avec des barres.

EMBARCATION, s (an-băr-cā-sĭ-on), n. f. Chaloupe. — **EMBARQUASSIONS** (an-băr-cā-sion), v. embarquer. Mettre dans une barque, dans un navire.

AMBLÈME, s (an-blê-me), n. m. Genre de coquilles bivalves de l'Amérique du Nord. — **EMBLÊME**, s (id.), n. m. Figure symbolique.

EMBOURRE, s, nt (an-boū-re), v. embourrer. Garnir de bourre. — **HAMBOURG** (han-boŭr, *h* asp.), n. pr. Ville d'Allemagne.

AMBRASSE, s, nt; ssiez, ssions (an-brā-se; sié, sion), v. ambrer. Parfumer d'ambre. — **EMBRASSE**, s, nt; ssiez, ssions (an-bra-se), v. embrasser. Enfermer dans les bras, contenir. — **EMBRASSE**, s (id.), n. f. Bande ou cordon qui retient un rideau à la patère.

AMBRIONS (an-brĭ-on), v. ambrer : V. *ambrasse*. — **EMBRYON**, s (id.), n. m. Rudiment d'un corps organisé.

ANCHE, s (an-che), n. f. Lamelle vibrante des instruments à vents; conduit pour la farine d'un moulin. — **HANCHE**, s (han-che, *h* asp.), n. f. Partie latérale voisine des reins.

ENCLOS (an-clō), n. m. Espace enfermé dans une enceinte. — **ENCLOS**, òt (id.), p. et v. enclore. Enfermer.

ANCRASSE, s, nt; ssiez, ssions (an-crā-se, sié, sion), v. ancrer. Fixer avec une ancre. — **ENCRASSE**, s, nt; ssiez, ssions (id.) [rad. *en*, et *crasse*], v. encrasser. Couvrir de crasse. — **ENCRASSE**, s, nt; ssiez, ssions (id.) [rad. *encre*], v. encrer. Couvrir d'encre.

ANCRE, s (an-cre), n. f. Pièce de fer pour arrêter un navire. — **ANCRE**, s, nt (id.), v. ancrer. Arrêter avec l'ancre. — **ENCRE**, s (id.), n. f. Liqueur pour écrire. — **ENCRE**, s, nt (id.), v. encrer. Couvrir d'encre.

ANCRER...., é.... (an-cré....), v. et p. Jeter l'ancre. — **ENCRER....**, é.... (id.), v. et p. Imprégner d'encre.

ANCRIEZ (an-crĭ-é), v, ancrer. Fixer avec une ancre. — **ENCRIEZ** (id.), v. encrer. Imprégner d'encre. — **ENCRIER**, s (id.), n. m. Vase qui contient l'encre.

ANDANTE, et mieux *andanté*, s (an-dan-te, selon les uns; an-dan-té, selon les autres), n. m. Mouvement modéré et grâcieux : t. de mus. — **ENDENTE**, s (an-dan-te), n. f. Liaison de 2 pièces de bois. — **ENDENTE**, s, nt (id.) v. endenter.

ANDANTÉ, mieux que *andante*, s (an-dan-té), n. m. Mouvement modéré : t. de mus. — **ENDENTER**, ez, ai; é.... (an-dan-té, tée), v. et p. Garnir de dents; unir 2 pièces de bois.

ANDORRE (ăn-dŏ-re), n. pr. Petite république au sud des Pyrénées. — **ENDORS**, rt (an-dŏr), v. endormir. Faire dormir.

ANE, s (ă-ne), n. m. Quadrupède à longues oreilles. — **ANNE** (ă-ne), n. pr. de femme.

ANÉE, s (ă-née), n. f. Charge d'un âne. — **ANNÉE**, s (ă-née), n. f. Durée de 365 jours.

ANNEXION, s (ăn'-nèc-sĭ-on), n. f. Action d'annexer. — **ANNEXIONS** (ăn'-nèc-sion), v. annexer. Adjoindre.

ANNELET, s (ă-nĕ-lè), n. m. Petit anneau. — **ANNELAIS**, ait, aient (ă-ne-lè, lé), v. anneler. Disposer en forme d'anneaux.

ANGLE, s (an-gle) [lat. *angulus*], n. m. Espace compris entre 2 lignes qui se touchent en un point. — **ANGLE**, s, nt (id.) [id.], v. angler. Donner la forme d'un angle. — **ANGLES** (id.) [lat. *angli*], n. m. pl. Ancien peuple de l'Angleterre.

ANGLET, s (an-glè), n. m. Petit angle. — **ANGLAIS**, ait, aient (an-glè, glè) [lat. *angulus*], v. angler. Disposer en forme d'angle. — **ANGLAIS** (an-glè) [lat. *anglus*], adj. et n. m. D'Angleterre.

ANHYDRE, s (ă-ni-dre), adj. Qui ne contient pas d'eau. — **ENHYDRE**, s (ăn-ni-dre), adj., et n. m. Qui contient un peu d'eau.

ANNULÈRENT (ăn'-nŭ-lè-re), v. annuler. Rendre nul. — **ANNULAIRE**, s (id.), adj. Ayant la forme d'un anneau; ayant rapport à l'anneau.

ANAUX (ă-nō), adj. m. pl. d'anal. Qui concerne l'anus. — **ANNAUX** (ăn'-nō), adj. m. pl. d'annal. Qui dure un an. — **ANNEAU**, x (ă-nō), n. m. Cercle de métal; bague. — **HANAU** (hă-nō, *h* asp.),n. pr. m. Ville et comté d'Allemagne.

ANOBLIR...., i.... (ă-nŏ-blir....), v. et p. Donner le titre et les droits de noblesse. — **ENNOBLIR....**, i.... (an-nŏ-blir....), v. et p. Donner de l'éclat, de la grandeur.

ANON, s (ă-nŏn), n. m. Petit âne. — **HANNON** (hăn'-nŏn, *h* asp.), n. m. Nom vulgaire de plusieurs pétoncles : zool.— **HANNON** (id.), n. pr. de plusieurs personnages de l'antiquité.

EMPILE, s (an-pi-le), [lat. *pilus*, du gr. πτίλον], n. f. Fil qui porte l'hameçon. — **EMPILE**, s, nt (id.), v. empiler, 2 fois : V. *empiler*.

EMPILER...., é.... (an-pi-lé....) [lat. *pila*, pile], v. et p. Mettre en pile. — **EMPILER....**, é.... (id.) [lat. *pilus*, poil, crin], v. et p. Attacher l'hameçon à l'empile.

EMPIRE, s (an-pĭ-re) [lat. *imperium*], n. m. Gouvernement impérial; autorité; pays. — EMPIRE, s, nt (id.) [rad. *en*, *pire*], v. empirer. V. *empirer*.

EMPIRER, ez, ai; é, ée, és, ées (an-pĭ-ré, rée), v. empirer et p. Rendre pire; devenir pire. — EMPYRÉE, s (an-pĭ-rée), n. m. Le plus haut des cieux.

EMPENNÈLE, s, nt (an-pèn'-nè-le), v. empenneler. Mouiller une petite ancre auprès d'une grande. — EMPENNELLE, s (id.), n. f. La plus petite des 2 ancres qui forment un empennelage.

AMPLEUR, s (an-pleŭr), n. f. Qualité de ce qui est ample, large.—EMPLEURE, s (an-pleŭ-re), n. m. Insecte coléoptère.

EMPLOI, s (an-ploï), n. m. Usage; fonction. — EMPLOIE. s, nt (an-ploïe), v. employer. Faire usage de.

ANSE, s (an-se) [lat. *ansa*], n. f. Poignée d'un instrument; golfe. — HANSE, mieux que *anse*, s (id.) [all. *am*, *see*], n. f. Société de villes.

ENSEIGNANT, et dérivés (an-sè-gnan), v. enseigner. Instruire; montrer une science. — ENCEIGNANT, et dérivés (id.), v. enceindre. Entourer, enfermer.

ENSEIGNE, s (an-sè-gne), n. f Étendard; écriteau sur une maison; marque, indice; n. m. Porte-étendard. — ENSEIGNE, s, nt (id.), v. enseigner. Instruire, montrer une science. — ENCEIGNE, s, nt (id.), v. enceindre. Entourer.

ENSEIGNER, ez, ai; é...; gniez (an-sè-gné; gnée...; gnié), v. et p. Instruire; montrer une science, un art. — ENCEIGNEZ, gniez (an-sè-gné, gnié), v. enceindre. Entourer.

ANCILE, s (an-si-le), n. m. Petit bouclier dont l'origine remonte à Numa Pompilius. — ANCYLE, s (id.), n. f. Genre de poissons mollusques; n. m. Genre d'insectes hyménoptères.

ANTAN (an-tan), n. m. L'an passé. — ENTANT (id.), v. enter. Greffer. — ENTEND, ds (id.), v. entendre. Ouïr; comprendre. — HANTANT (han-tan, *h* asp.), v. hanter. Fréquenter.

ENTASSE, es, ent; ions, iez (an-tâ-se...) [rad. *en*, *tas*, du grec ἐντάσσω], v. entasser. Mettre en tas. — ENTASSÉ, es, ent; ions, iez, (id.) [lat. *inserere*], v. enter. Greffer. — HANTASSE, es, ent; ions, iez (han-tâ-se..., *h* asp.), v. hanter. Fréquenter.

ANTE, s (an-te), n. f. Pilier saillant sur la surface d'un mur. — ENTE, s (id.), n. f. Greffe. — ENTE, s, nt (id.), v. enter. Greffer — HANTE, s, nt (han-te, *h* asp.) [all. *hanse*, ou tudesq. *handelen*], v. hanter. Fréquenter. — HANTE, s (id.) [all. *hand*], n. m. Hampe de drapeau; manche de pinceau, de plume.

ANTÉE (an-tée), n. pr. Géant tué par Hercule. — ENTER...., é.... (an-té...), v. et p. Greffer. — HANTER...., é.... (han-té..., *h* asp.), v. et p. Fréquenter.

ENTÈLE, s (an-tè-le), n. m. Genre d'insectes coléoptères. — ENTELLE, s (id.), n. f. Espèce de singe.

ANTHÈRE, s (an-tè-re), n. f. Partie supérieure de l'étamine. — ENTERRE, s, nt (an-tè-rre), v. enterrer. Inhumer. — ENTÈRENT (an-tè-re), v. enter. Greffer. — HANTÈRENT (han-tè-re, *h* asp.), v. hanter. Fréquenter.

ENTIER, s (en-tié), adj. Complet; obstiné; n. m. Chose entière, unité. — ENTIEZ (id.), v. enter. Greffer. — HANTIEZ (han-tié, *h*. asp.), v. hanter. Fréquenter.

ANTISEPTIQUE, s (an-tĭ-sèp-ti-ke), adj. et n. m. Contraire à la cangrène. — ANTISCEPTIQUE, s (an-tis-sèp-ti-ke), adj. Opposé au scepticisme, au doute.

ENTONER mieux que ENTONNER..., é..., (an-to-né....) [rad. *ton*] v. et p. Mettre dans le ton. — ENTONNER..., é.... (id.) [rad. *tonne*], v. et p. Verser dans un tonneau, etc.

ENTOURE, s, nt (an-tou-re) v. entourer. Environner. — ENTOUR, s (an-toŭr), n. m. Ne s'emploie au sing. que dans *à l'entour*. Au plur., Environs, société.

ANTRE, s (an-tre), n. m. Caverne. — ENTRE (id.) [lat. *inter*], prép. Parmi, dans. — ENTRE, s, nt (id.) [lat. *intrare*, de *intrà ire*], v. entrer. Pénétrer dans un lieu.

ENTRÉE, s (an-trée), n. f. Action d'entrer; lieu par où l'on entre. — ENTRER, ez, ai; é... (an-tré...), v. et p. Pénétrer dans un lieu. — ENTEREZ, ai (an-te-ré), v. enter. Greffer. — HANTEREZ, ai (han-te-ré, *h* asp.), v. hanter. Fréquenter. — ENTERRER, ez, ai; é... (an-tè-ré...), v. et p. Mettre dans la terre, inhumer.

ENTRAIT, s (an-trè) [lat. *trahere*], n. m. Poutre dans un comble. — ENTRAIS, ait, aient (an-trè, trè) [lat. *in-*

trare], v. entrer. — ENTERAIS, ait, aient, (an-te-rè, rê), v. enter. Greffer. — HANTERAIS, ait, aient (han-te-rè, rê, *h* asp.), v. hanter.

ENTREBAS (an-tre-bā), n. m. Distance inégale ou trop grande des fils de la chaîne d'une étoffe. — ENTRE-BAT, s (id.), n. m. Le milieu du bât. — ENTREBAT, s (an-tre-bă), v. s'entrebattre. Se battre réciproquement.

ENTREMET, s (an-tre-mè), v. s'entremettre. S'employer dans une affaire. — ENTREMETS (id.), n. m. Partie du service dans un repas.

ENTRETIEN, s (an-tre-tiin), n. m. Conversation ; subsistance ; conservation. — ENTRETIENS, nt (id.), v. entretenir. Maintenir en bon état ; converser.

ENNUI, s. (an-nuĭ), n. m. Langueur d'esprit. — ENNUIE, s, nt (an-nuĭe) v. ennuyer. Causer de l'ennui.

ANUITER, ez, ai ; é... (ă-nuĭ-té, tée), v. et p. S'attarder jusqu'à la nuit. — ANNUITÉ, s (ăn'-nŭ-ĭ-té), n. f. Rente annuelle ; remboursement annuel d'une somme d'argent.

ANNULÈRENT, ANNULAIRE : V. par *ann...*, après *anhydre*.

ENVERS (an-vèr) [lat. *inversus*, de *in, vertere*], n. m. Revers d'une étoffe. — ENVERS (id.) [lat. *inversùs*, pour *versùs*], prép. A l'égard de. — ANVERS (an-vèr, et mieux an-vèrs'), n. pr. Ville et province de la Belgique.

ENVI (an-vĭ), n. m. Ne s'emploie que dans *à l'envi*, avec émulation. — ENVIE, s (an-vĭe), n. f. Désir ; jalousie. — ENVIE, s, nt (id.), v. envier. Désirer avec jalousie.

ENVIRON (an-vĭ-ron), prép. Presque, à peu près. — ENVIRONS (id.), n. m. pl. Alentours, lieux circonvoisins. — ENVIERONS, nt (an-vĭe-ron), v. envier. Désirer pour soi.

ENVOI, s (an-voĭ) n. m. Action d'envoyer ; chose envoyée. — ENVOIE, s, nt (an-voĭe), v. envoyer. Faire aller ou porter.

AOU... (ou...). V. *ou*.

APLOMB. V. avant *apore*.

APPAS (ă-pā), n. m. Charme, attrait. — APPAT, s (ăp-pā), n. m. Pâture pour amorcer. — HAPPA, as, àt (hă-pa, pā, *h* asp.), v. happer. Saisir avidement avec la gueule.

APAN, s (ă-pan), n. m. Coquillage. —APPEND, ds (ăp-pan), v. appendre.

Suspendre. — APENS (ă-pan). Ne s'emploie que dans *guet-apens*. — HAPPANT (hă-pan, *h* asp.), v. happer. Saisir avidement.

APPARENTE, s (ap'-pă-ran-te) [lat. *apparere*], adj. f. de apparent. Visible, manifeste, évident. — APPARENTE, s, nt (id.) [lat. *parens*], v. apparenter. Allier, rendre parent.

APPAREILLE, s, nt (ăp-pă-rè-lle, *ll* m.) v. appareiller. Mettre ensemble des choses pareilles, semblables. — APPAREIL, s (ăp-pă-rèl, *l* m.) n. m. Apprêt pompeux.

APPARESSANT, et dérivés (ăp-pă-rè-san), v. apparesser. Rendre paresseux. — APPARAISSANT, et dérivés (ăp-pă-rè-san), v. apparaître. Devenir visible, se faire voir.

APATE, s (ă-pă-te), n. m. Genre d'insectes coléoptères. — APATHE, s (id.), n. m. Genre d'insectes mellifères. — APPATE, s, nt (ăp-pā-te), v. appâter. Attirer avec un appât ; engraisser avec de la pâtée. — HAPPATES, (hă-pā-te, *h* asp.), v. happer. Saisir avidement.

APELLE (ă-pè-le), n. pr. m. Célèbre peintre grec. — APPÉLE, s, nt (id.), v. appeler. Engager à venir. — APPEL, s (ă-pèl), n. m. Action d'appeler. — APPELLE, s (ă-pè-le), n. m. Variété d'œillets.

APPELET, s (ă-pe-lè), n. m. Corde garnie de plusieurs hameçons. — APPELAIS, ait, aient (ă-pe-lè, lè), v. appeler.

APPLICANT, s (ăp-plĭ-can), adj. Dans la langue entomologique, les ailes *applicantes* sont, pendant le repos, parallèles à l'abdomen. — APPLIQUANT (id.), v. appliquer ; adj. Qui exige de l'application, du soin.

APPLICATION, s (ăp-plĭ-cā-sĭ-on), n. f. Action d'appliquer. — APPLIQUASSIONS (ăp-plĭ-cā-sion), v. appliquer. Faire adhérer une chose avec une autre.

APPLICAIRE, s (ăp-plĭ-kè-re), n. f. Plante, espèce de lycopode. — APPLIQUÈRENT (id.), v. appliquer. Faire toucher.

APLOMB, s (ă-plon), n. m. Situation verticale ; assurance. — A-PLOMB (id.). D'à-plomb : verticalement. — APPELONS (ă-pe-lon), v. appeler. Inviter à venir.

APORE, s (ă-pŏ-re), n. m. Plante orchidée ; insecte. — APPORT, s (ă-pŏr),

n. m. Dot; chose mise en commun. **APOSTA**, as, ât (ă-pŏs-tă, tā), v. a-poster. Placer en observation. — **APOS-TAT**, s (ă-pŏs-tă), adj. Qui abandonne sa religion.

APOSTATE, s (ă-pŏs-tă-te), adj. f. de apostat : V. *aposta*. — **APOSTATES** (ă-pŏs-tă-te), v. aposter. Placer en ve-dette.

APOSÈRE, s (ă-pō-zè-re), n. m. Plante, sorte de chicorée. —**APPOSÈRENT** (ăp-pō-zè-re), v. apposer. Poser sur.

APERÉE, s (ă-pe-rée), n. f. Plante; cochon d'Inde. — **HAPPEREZ**, ai (hă-pe-ré, *h* asp.), v. happer. Saisir avide-ment avec la gueule.

APRÈS (ă-prè), prép. et adv. Ensuite. — **APPRÊT**, s (ăp-prê), n. m. Action d'apprêter; chose apprêtée. – **APPRAIE**, s, nt (ap-prêe), v. apprayer. Convertir en pré. — **HAPPERAIS**, ait, aient (hă-pĕ-rè, rê, *h* asp.), v. happer. Saisir avidement.

APRETÉ, s (ā-pre-té), n. f. Qualité de ce qui est âpre. — **APPRÊTER**, ez, ai ; é, és, ée, ées (ă-prê-té, tée), v. et p. Préparer.

APPRIME, s, nt (ăp-prĭ-me), v. ap-primer, vieux. Approcher. — **APPRI-MES** (ă-prĭ-me), v. apprendre. Acquérir la connaissance.

APPRISE, s (ă-prĭ-ze), n. f. Descrip-tion et estimation judiciaire d'un héri-tage. — **APPRISE**, s (id.) [lat. *appre-hendere*], p. f. de apprendre. Acquérir une connaissance. — **APPRISE**, s (id.) [lat. *apprisia*], n. f. Ordonnance par la-quelle un juge supérieur prescrivait à son subalterne la forme de la sentence que celui-ci devait prononcer.

APRON, s (ă-pron), n. m. Genre de poissons. — **HAPPERONS**, nt (hă-pe-ron, *h* asp.), v. happer. Saisir avide-ment.

APROPOS ou A-PROPOS (ă-prŏ-pō), n. m. Opportunité. — A PROPOS (id.), loc. adv. A l'égard de.

APTE, s (ăp-te), adj. Propre à quel-que chose.— **APT** (ăpt'), n. p. m. Sous-préfecture de la Vaucluse.

APPUI, s (ă-puĭ) n. m. Ce qui sup-porte, soutient. — **APPUIE**, s, nt (ă-puĭe), v. appuyer. Soutenir.

ACCUEILLE, s, nt (ă-keu-lle, *ll* m.), v. accueillir. Recevoir, laisser approcher. — **ACCUEIL**, s (ă-keûl, *l* m.), n. m. Action ou manière d'accueillir ; réception.

ACQUIS (ă-kĭ) [lat. *acquirere*], p. de acquérir; n. m. Connaissances acquises. — **ACQUIS**, it, ît (ă-kĭ, kī) [id.], v. acquérir. Se procurer. — **ACQUIT**, s (ă-kĭ) [celt. *quyt*], n. m. Acquittement, décharge d'un engagement.

ACQUITES (ă-kī-té), v. acquérir. Se procurer. — **ACQUITTE**, s, nt (ă-kĭ-te), v. acquitter. Rendre quitte.

ARA, s (ă-rā). n. m. Magnifique oi-seau, analogue au perroquet. — **ARA** (id.), n. pr. L'autel, constellation ; cap de l'Arabie, sur le détroit de Bab-el-Man-deb. — **HARAS** (hă-rā, *h* asp.), n. m. Lieu où l'on entretient des chevaux et des cavales modèles.

ARRACHE, s, nt (ăr-rā-che), v. arra-cher. Détacher avec effort. — **HARA-CHE**, s (hă-rā-che, *h* asp.), n. f. Poisson.

ARAMES (ă-rā-me), v. arer. Labourer avec l'ancre. — **ARRAME**, s, nt (ă-rā-me), v. arramer. Alonger une pièce de drap. — **HARAME**, s (hă-rā-me, *h* asp.), n. m. Arbre résineux. — **ARAM** (ă-răm'), n. biblique de la Syrie.

ARAN (ă-ran), n. pr. Vallée des Py-rénées. — **ARAN** (id.), n. pr. m. Frère d'Abraham. — **ARANT** (id.), v. arer. Labourer avec l'ancre. —**ARENG**, s (id.), n. m. Palmier des îles Moluques. — **ARRAN** (ăr-ran), n. pr. Ile d'Écosse.— **ARRENG**, s (ăr-ran), n. m. Genre d'oi-seaux. — **HARAN**, s (hă-ran, *h* asp.), n. m. Toit à porcs. —**HARENG**, s (id.), n. m. Poisson de mer.

ARRANGÈRENT (ă-rran-jè-re), v. arranger. Mettre en ordre. — **HAREN-GÈRE**, s (hă-ran-jè-re, *h* asp.), n. f. Marchande de poissons.

ARASSE, s, nt (ă-rā-se), v. arer. La-bourer avec l'ancre.—**ARRAS** (ă-răss'), n. pr. Préfecture du Pas-de-Calais. — **HARASSE**, s (hă-rā-se, *h* asp.), n. f. Cage carrée pour emballer le verre ; bouclier du moyen-âge. — **HARASSE**, s, nt (id.), v. harasser. Fatiguer à l'excès.

ARACÉE, s (ă-rā-sée), n. f. Plante qui ressemble au gouet. — **HARASSER**, ez, ai ; é... (hă-rā-sé, sée, *h* asp.), v. et p. Fatiguer outre mesure.

ARCAS (ăr-cā), n. m. Genre d'insectes lépidoptères. — **ARQUA**, as, ât (ăr-cā, cā), v. arquer. Courber.

ARCASSE, s (ăr-cā-se). n. f. Exté-rieur de la poupe ; moufle d'une poulie ; résine du pin maritime. — **ARQUASSE**, s, nt (ăr-cā-se), v. arquer. Courber.

6*

ARC.... (ăr-k..., son dur de *k* devant *e*, *i*). V. *Arq*....

ARCHER, s (ăr-ché), n. m. Soldat armé d'un arc. — ARCHÉE, s, nt (ăr-chée) [rad. *arc*], v. archéer. Tirer de l'arc.

ARDASSE, s (ăr-dă-se), n. f. Soie très grossière de Perse. — HARDASSE, s, nt (hăr-dă-se, *h* asp.), v. Harder, 2 fois : V. *arder*.

ARDE, s, nt (ăr-de), v. arder ou ardre. Brûler (vieux). — HARDE, s (hăr-de, *h* asp.) [celt. *hairda*, ou all. *herd*], n. f. Troupe de bêtes fauves. — HARDE, s, nt (id.), v. harder, 2 fois : V. *arder* — HARDES (hăr-de, *h* asp.) [celt. *hardd*), n. f. pl. Habits, parures.

ARDER...., é.... (ăr-dé....), v. arder ou ardre. Brûler (vieux). — ARDÉE (ăr-dée), n. pr. f. Ancienne ville d'Italie. — ARDÉE, s (id.), n. m. Synonyme de héron. — HARDER...., é.... (hăr-dé...., *h* asp.) [rad. *hard*] v. et p. Adoucir une peau sur le hard. — HARDER...., é.... (id.) [goth. *hairda*, ou all. *herd*], v. et p. Coupler les chiens de chasse. — HARDÉE, s (har-dée, *h* asp.) [id.], n. f. Rupture faite dans les taillis par les bêtes fauves.

ARDENET, s (ăr-de-nè), n. m. Oiseau des Ardennes. — ARDENAIS (id.), adj. Des Ardennes.

ARE, s (ă-re) [lat. *area*], n. m. Nouvelle mesure agraire. — ARE, s, nt (id.) [lat. *arare*] v. arer. Labourer avec l'ancre. — ART, s (ăr'), n. m. Talent. — ARRHE, s, nt (ă-re) v. arrher. Donner des arrhes. — ARRHES, (id.) n. f. pl. Garantie pécuniaire. — ARS (ăr) [lat. *artus*], n. m. Intervalle entre la poitrine et l'épaule ; veines du cheval. — ARS (ar) [lat. *ardere*], p. et v. ardre. Brûler (vieux). — HARE (hă-re, *h* asp.), interj. Cri pour exciter les chiens de chasse ; n. m. qui désigne ce cri. — HARE, s, nt (id.), v. harer. Exciter les chiens. — HARD, s (har, *h* asp.), n. m. Demi-anneau de fer pour adoucir les peaux. — HART, s (id.), n. f. Lien d'osier ; supplice.

ARER...; é...(ă-ré...), v. et p. Labourer avec l'ancre. — ARRHER...; é... (ăr-ré...), v. et p. Donner des arrhes. — HARER...; é... (ha-ré..., *h* asp.) v. et p. Exciter contre quelqu'un (vieux et inus.).

ARRÊT, s (ă-rè), n. m. Décision ; repos.—ARAIS, ait, aient (ă-rè, rè), v. arer.

Labourer avec l'ancre. — ARRHAIS, ait, aient (ar-rè, rê), v. arrher. Donner des arrhes. — HARAIS, ait, aient (ha-rè, rê, *h* asp.), v. harer. Exciter contre. — HARAI, s (hă-rè, *h* asp.), n. m. Tribut que paient les étrangers en Turquie.

ARÉNÈRENT (ă-ré-nè-re), v. aréner. S'affaisser. — ARÉNAIRE, s (id.), adj. Qui appartient au sable.

ARÈTE, s (ă-rè-te), n. f. Os de poisson. — ARRÊTE, s, nt (ă-rè-te), arrêter. Empêcher le mouvement.

ARÉTEUSE, s (ă-ré-teŭ-ze), adj. f. d'aréteux. Plein d'arètes. — ARRÊTEUSE, s (ă-rè-teŭ-ze), n. f. d'arrêteur. Qui arrête.

ARÊTIER, s (ă-rê-tié), n. m. Pièce de charpente. — ARRÊTIEZ (ă-rê-tié), v. arrêter. Faire cesser le mouvement.

ARGAS (ăr-gă), n. m. Insecte, sorte d'araignée. — ARGUA, as, ât (ăr-gă, gă), v. arguer. Passer à l'argue.

ARGAN, s (ăr-gan), n. m. Plante de l'ordre des sapotiles.—ARGANT (id.), n. pr. Inventeur de la *lampe d'Argant*, qu'on appèle aujourd'hui *quinquet*. — ARGUANT (id.), v. arguer. Passer à l'argue.

ARGO (ăr-gŏ), n. pr. du navire des Argonautes. — ARGOT, s (id.), n. m. Langage de convention.

ARGE... (*g* doux). V. par *arj*..., après *ari*...

ARGOTIER, s (ăr-gŏ-tié), n. m. Celui qui parle un argot. — ARGOTIEZ (id.), v. argoter. Couper l'extrémité d'une branche.

ARIA, s (ă-rĭ-a) [it. *aria*, air], n. m. Morceau de chant. — ARIA, s (id.) n. m. Embarras ; amas d'objets en désordre. — ARIA, s (id.), n. pr. Ville et prov. de l'ancienne Médie.

ARIEN, s ; enne, s (ă-rĭ-in) [rad. *Arius*] adj. et n. Qui appartient à l'hérésie d'Arius. — ARIEN, s ; enne, s (id.) [rad. *Aria*, ville], adj. D'Aria.

ARGENTAN (ăr-jan-tan), n. pr. Sous-préf. de l'Orne. — ARGENTANT (id.). v. argenter. Couvrir d'argent.

ARGENTEUSE, s (ăr-jan-teŭ-ze), n. f. de argenteur. Qui applique l'argent sur les métaux, etc. — ARGENTEUSE, (id.), adj. f. de argenteux. Qui a beaucoup d'argent.

ARGENTIER, s (ăr-jan-tié), n. m. Marchand, fabricant d'objets en argent. — ARGENTIEZ (id.), v. argenter. Couvrir d'argent.

ARGENTON, s (ăr-jan-ton) [rad. *argent*], n. m. Alliage de cuivre, de nikel et d'étain. — **ARGENTONS** (id.) [id.], v. argenter. Couvrir d'argent. — **ARGENTON** (id.) [celt. *argen*, rivière, *ton*, hauteur], n. pr. Ville de la Creuse.

ARMANT (ăr-man), v. armer. Munir d'armes. — **ARMAND**, s (id.), n. m. Remède pour les chevaux. — **ARMAND** (id.), n. pr. d'homme. — **ARRHEMENT**, s (ar-re-man), n. m. Action d'arrher.

ARMET, s (ăr-mè). n. m. Casque des chevaliers errants. — **ARMAIS**, ait, aient (ăr-mè, mè), v. armer. Pourvoir d'armes.

ARMON, s (ăr-mon), n. m. Pièce d'un carrosse. — **ARMONS** (id.), v. armer. Munir d'armes.

ARNO (ăr-nŏ), n. pr. m. Fleuve d'Italie. — **ARNAUD**, Arnauld et Arnault (ăr-nŏ), n. pr. de plusieurs personnages.

ARAU (ă-rŏ), n. pr. Ville de Suisse. — **HARO** (hă-ro, *h* asp.), interj. Arrête! — **HARO** (ha-ro, *h* asp.) n. pr. Ville d'Espagne. — **HARAUX** (ha-rŏ, *h* asp.), n. m. Ruse de guerre.

AROME, s (ă-rŏ-me), n. m. Émanation des corps odorants. — **ARUM**, s (ă-rŏm'), n. latin du genre gouet, plante.

ARQUE, s, nt (ăr-ke) [rad. *arc*], v. arquer. Courber. — **ARQUES** (id.)., n. pr. Ville et riv. de la Seine-Infér. — **ARC**, s (ărk'), n. m. Portion de circonférence; arcade; arme qui lance des flèches. — **ARC** (id.), n. pr. Surnom de la Pucelle d'Orléans.

ARQUET, s (ăr-kè), n. m. Châssis de cordes. — **ARQUAIS**, ait, aient (ăr-kè, kè), v. arquer. Courber.

ARR... (par deux *r*). V. *ar...*, par un *r*.

ARCELLE, s (ăr-sè-le), n. f. Genre d'infusoires, ver. — **HARCÈLE**, s, nt (hăr-sè-le, *h* asp.), v. harceler. Agacer.

ARTICULÈRENT (ăr-tĭ-cŭ-lè-re), v. articuler. Prononcer distinctement. — **ARTICULAIRE**, s (id.) adj. Qui a rapport aux articulations.

ASSASSINA, as, ât (ăs-să-sĭ-nă, nā), v. assassiner. Tuer. — **ASSASSINAT**, s

(ăs-să-sĭ-nă), n. m. Meurtre prémédité.

ASSASSINE, s (ăs-să-si-ne), adj. f. de assassin. Qui tue. — **ASSASSINE**, s, nt (id.), v. assassiner. Tuer.

ASSE, s (ă-se), n. f. Plante, synon. du genre tétracère. — **AS** (ăss), n. m. Carte ou dé marqué d'un point; ancienne monnaie romaine.

ASSEZ (ă-sé), adv. Suffisamment. — **ASSÉE** ou **ACÉE**, s (ă-sée), n. f. Nom vulgaire de la bécasse, oiseau.

ACÈRE, s, nt (ă-sè-re) [lat. *acuere*], v. acérer. Aiguiser. — **ACÈRE**, s (id.) [gr. α priv., κερας, corne], n. m. Insecte dépourvu d'antennes ou cornes.

ACÉRER, ez, ai, é... (ă-sé-ré, rée) [lat. *acuere*], v. et p. Aiguiser. — **ACÉRÉ**, és, ée, ées (id.) [gr. α priv., κερας, corne], adj. Sans tentacules.

ASCÉTIQUE, s (ăs'-sé-ti-ke), adj. Qui concerne la vie spirituelle. — **ACÉTIQUE**, s (ă-sé-ti-ke), adj. Qui fait la base du vinaigre.

ASSIS, it, ît; i... (ăs-sĭ, sī, sīe), v. assir et p. Dénouer des boyaux de boucherie. — **ASSIS**, it, ît (ă-sĭ, sī) [lat. *assidere*], p. et v. assoir. Placer sur un siège. — **ASSIS** (id.), n. m. Dessus d'une pierre à fusil. — **ASCIE**, s (ăs-sīe), n. m. Insecte lépidoptère.

ASSIED, eds, éent (ă-sié, siée), v. assoir. Placer sur un siège (1). — **ACIER**, s (ă-sié), n. m. Fer combiné avec le charbon.

ASSIGNA, as, ât (ăs-sĭ-gnă, gnā) v. assigner. Indiquer. — **ASSIGNAT**, s (ăs-sĭ-gnă), n. m. Papier monnaie qui eut cours en France de 1790 à 1796.

ASSIEN, s; enne, s (ăs-sĭ-in), adj. D'Assos, ville de Troade. — **ASCIEN**, s; enne, s (id.), adj. et n. Dépourvu d'ombre : se dit des habitants de la zône torride.

ASSIRENT (ă-sī-re), v. assoir. — **ASSIR**, ent (ăs-sir, sī-re), v. Dénouer des boyaux. — **ASCIRE**, s (ăs-si-re), n. m. Arbrisseau d'Amérique.

ASSITES (ăs-sī-te). v. assir. et v. assoir. V. *assis*. — **ASCITE**, s (ăs-sĭ-te), n. f. Hydropisie abdominale.

ASSISE, s (ă-sī-ze), p. f. du v. assoir;

(1) Il n'y a presque plus personne qui dise : *J'assieds, tu assieds, il assied, ils assiéent*, etc. *Assoir* est maintenant un verbe régulier, dont les temps primitifs sont : *Assoir, assoyant, assis, j'assois, j'assis*. On dit donc : *j'assois, j'assoyais, j'assoirai*, etc., etc.; et l'on fait bien. Toute irrégularité qui n'a d'autre cause qu'un caprice insensé, et d'autre effet qu'un accroissement de difficulté grammaticale, est un monstre hideux qui mérite haine à mort et guerre à outrance.

n. f. Chose assise. — ASSISE ou *Assisi* (ăs-sī-ze), n. pr. Ville d'Italie.

ASPERGE, s (ăs-pèr-je) [gr. ασπαρα-γος], n. f. Plante. — ASPERGE, s, nt (id.) [lat. *aspergere*], v. asperger. Arroser par gouttes.

ASTER, s (ăs'-tèr), n. m. Genre de plantes radiées. — HASTAIRE, s (hăs-tè-re, *h* asp.), n. m. Soldat armé d'une lance, chez les anciens Romains.

ASSURE, s (ă-su-re), n. f. Fil d'or, de soie, dont on couvre la chaîne d'une tapisserie. — ASSURE, s, nt (id.) [rad. *sûr*], v. assurer. Rendre sûr. — ASSUR (ăs-sŭr), n. pr. m. Fondateur du royaume d'Assyrie.

ATTEND, s (ă-tan), v. attendre. Être dans l'expectative. — HATANT (hā-tan, *h* asp.), v. hâter. Accélérer.

ATTENTA, as, ât (ăt-tan-tă, tā), v. attenter. Commettre un attentat contre quelqu'un ou quelque chose. — ATTENTAT, s. (ăt-tan-tă), n. m. Entreprise criminelle.

ATTENTE, s (ă-tan-te) [rad. *attendre*], n. f. État de celui qui attend; espérance. — ATTENTE, s, nt (ăt-tan-te) [lat. *attentare*], v. attenter. — HATANTE, s (hā-tan-te, *h* asp.), adj. f. de hâtant. Qui accélère.

ATTACE, s (ăt-tă-se), n. m. Genre d'insectes nocturnes. — HATASSE, s, nt (hā-tā-se, *h* asp.), v. hâter. Accélérer.

ATE, s (ă-te), n. m. Genre de plantes orchidées. — ATTE, s (id.), n. m. Insecte; fruit. — ATH (ăt'), n. pr. Ville du Hainaut, en Belgique. — HATE, s, nt (hā-te, *h* asp.), v. hâter. — HATE, s (id.), n. f. Promptitude.

ATÉ (ă-té), n. pr. f. Déesse du mal. — ATHÉE, s (ă-tée), n. m. Qui nie l'existence de Dieu. — HATER, ez, ai; é... (hā-té, tée, *h* asp.), v. et p. Accélérer.

ATÈLE, s (ă-tè-le) [gr. α priv., τελος, impôt], n. m. Celui qui était exempt d'impôt chez les Grecs. — ATÈLE, s (id.) [gr. ατελης, imparfait], n. m. Genre d'insectes; tribu de singes. — ATTEL, s (ă-tèl) n. m. Planche d'un collier de cheval. — ATTÈLE, s, nt (ă-tè-le), v. atteler. Attacher une bête de trait à une voiture, etc. — ATTELLE, s (id.), n. f. Poignée d'un fer à souder.

ATTELET, s (ă-te-lè) ou HATTELET, n. m. Petite broche. — ATTELAIS, ait, aient (ă-te-lè, lé), v. atteler. Attacher.

ATELIER, s (ă-te-lié), n. m. Lieu de travail. — ATTELIEZ (id.), v. atteler. Attacher une bête de trait à la voiture, etc.

ATHÈNE, s (ă-tè-ne), n. f. Sorte de hibou. — ATHÈNES, et mieux ATHÈNE (id.), n. pr. f. Ville célèbre de la Grèce, capitale de l'Attique.

ATHÉNÉE, s (ă-té-née), n. m. Lieu où se réunissent des savants, des gens de lettres. — ATHÉNÉE, s (id.), n. f. Genre de plantes. — ATTENEZ (ăt-te-né), v. attenir. Posséder; avoisiner.

ATTENU (ă-te-nŭ), p. du v. attenir. — ATTÉNUE, s nt (ăt-té-nūe), v. atténuer. Amoindrir.

ATTÈRE, s, nt (ăt-tè-re), v. atterer. V. *atterer*. — ATTERRE, s, nt (id.), v. atterrer. V. *atterer*. — HATÈRENT (hā-tè-re, *h* asp.), v. hâter. Accélérer.

ATTÉRER..., é... (ăt-té-ré...), et non ATTERRER, puisqu'il vient du lat. *atterere*, v. et p. Abattre; terrasser. — ATTERRER..., é... (ăt-tèr-ré), v. et p. S'approcher de la terre : t. de marine.

ATÉRICE, s (ă-té-ri-se), n. m. Genre d'insectes. — ATTERRISSE, s, nt (ăt-tèr-ri-se) (mieux que ATTÉRISSE), v. atterrir. Prendre terre : mar.

ATTIER, s (ă-tié), n. m. Plante, l'anone squammeuse. — HATIEZ (hā-tié, *h* asp.), v. hâter. Accélérer.

ATTIFE, s, nt (ăt-ti-fe), v. atiffer. Orner avec excès. — HATIF, s (hā-tif, *h* asp.) adj. Précoce.

ATTIFET, s (ăt-tĭ-fè), n. m. Ornement de femme. — ATTIFAIS, ait, aient (ăt-tĭ-fè, fé), v. attifer. Orner à l'excès.

ATTINTE, s nt (ăt-tin-te), v. attinter. Affermir les effets qui composent le chargement d'un navire. — ATTEINTE, s (ă-tin-te), p. f. du v. atteindre; n. f. Coup dont on est atteint.

ATRÉE, s (ă-trée) [lat. *ater*, noir], n. m. Genre de scorpions. — ATRÉE (id.), [lat. *Atræus*], n. pr. Roi de Mycène, connu par son affreuse haine contre Thyeste. — HATEREZ, ai (hā-te-ré, *h* asp.) v. hâter. Accélérer.

ATTRAIT, s (ă-trè), n. m. Ce qui attire, ce qui plaît. — ATTRAIS, ait, aient, (ă-trè, trè), v. attraire. Attirer. — ATTRAIT, s (id.), p. m. du v. attraire. — HATERAIS, ait, aient (hā-te-rè, rè, *h* asp.), v. hâter. Accélérer.

ATTRIBUT, s (ăt-trĭ-bŭ), n. m. Propriété, qualité. — ATTRIBUE, s, nt (ăt-trĭ-būe), v. attribuer. Concéder. AU... (o...). V. o...

AVALASSE, s (ă-vă-lăₜse), n. f. Torrent causé par un orage; amas de pierres roulées par les eaux; brise qui vient d'aval et dure plusieurs jours. — AVALASSE, s, nt (ă-vă-lā-se), v. avaler, 2 fois. V. avaler.

AVALE, s, nt (ă-vă-le), v. avaler, dans les 2 sens : voy. ce v. — AVAL, s (ă-văl) [lat. ad, vallis], n. m. Côté inférieur d'une rivière, l'opposé d'amont. — AVAL, s (id.) [abrév. de à valoir], n. m. Souscription d'un tiers sur un effet, pour garantie de paiement.

AVALER..., é... (ă-vă-lé) [lat. ad, vallis], v. et p. Faire descendre par le gosier dans l'estomac; faire aller en aval, suivre le cours de l'eau. — AVALER..., é... (id.) [rad. à valoir], v. et p. Cautionner un billet par la formule aval.

AVALI, s (ă-vă-lĭ), n. m. Arbrisseau du Ma'abar. — AVALIE, s (ă-vă-līe), n. f. Laine provenant de peaux de moutons préalablement écorchés.

AVALOIRE, s (ă-vă-loè-re), n. f. Pièce de harnais. — AVALOIR, s (ă-vă-loèr), n. m. Sorte de nasse, d'engin.

AVALONS (ă-vă-lon), v. avaler, 2 fois. V. avaler. — AVALON (id.), n. pr. Presqu'île de Terre-neuve. — AVALLON (id.), n. pr. Sous-préf. de l'Yonne.

AVANT (ă-van), prép., adv., qui marque priorité. — AVANT, s (id.), n. m. Proue de navire. — AVENT, s (ă-van), n. m. Les 4 semaines avant Noël.

AVANÇON, s (ă-van-son), n. m. Planche placée à l'extrémité des ailes d'un touret. — AVANÇONS (id.), v. avancer. Aller en avant.

AVANTIN, s (ă-van-tin) n. m. Sarment courbé en cercle. — AVANTIN n. pr. Une des sept collines de Rome.

AVENTURIER, s (ă-van-tŭ-rié), n. m. Amateur d'aventures. — AVENTURIEZ (id.), v. aventurer. Hasarder.

AVARE, s (ă-vă-re) [lat. avere œs, désirer de l'argent], adj. Qui aime excessivement les richesses. — AVARE, s (id.) [lat. Avari] n. pr. Ancien peuple barbare. Adj. Qui concerne les Avares.

AVÉ (ā-vé), n. m. La salutation angélique. — AVEZ (ă-vé), v. avoir. Posséder.

AVENIR (ă-ve-nĭr). v. Arriver par accident, advenir. — AVENIR, s (id.),

n. m. Le temps futur. — A·VENIR, prép. et v. Pour venir, pour arriver.

AVÉRONS (ă-vé-ron), v. avérer. Vérifier. — AVEYRON (ă-vè-ron), n. pr. Riv. et départ. de France.

AVEUGLE, s (ă-veu-gle), adj. et n. Privé de la vue. — AVEUGLE, s, nt (id.), v. aveugler. Rendre aveugle.

AVEUGLEMENT, s (ă-veŭ-glc-man), n. m. Cécité d'esprit. — AVEUGLÉMENT (ă-veŭ-glé-man), adv. Sans réflexion.

AVI, s, ou HAVI (ă-vĭ) [lat. haurire], n. m. Chaleur qui brûle le pain. — AVIS, it, ît; i... (ă-vĭ, vī, vīe) [lat. haurire], v. avir et p. Dessécher, brûler; rabattre un rebord sur une pièce de chaudronnerie. — AVIS (ă-vĭ) [lat. barb. advisare, ou it. avviso], n. m. Opinion; avertissement.

AVIGNON (ă-vi-gnon), n. pr. Préf. de la Vaucluse. — AVIGNONS (id.), v. avigner. Peupler de vignes.

AVIGNONET (ă-vĭ-gnŏ-nè), n. pr. Ville de la Haute-Garonne. — AVIGNONAIS (id.), adj. et n. m. D'Avignon.

AVINT, înt (ă-vĭn, vīn), v. avenir. Arriver, advenir. — AVEINS, nt (ă-vin), v. aveindre. Tirer un objet à soi.

AVIRON, s (ă-vĭ-ron) [fr. virer, tourner], n. m. Rame de bateau. — AVIRONS, nt (id.) [lat. haurire], v. avir. Dessécher.

AVIRONNIER, s (ă-vĭ-rŏ-nié), n. m. Celui qui fait ou vend des avirons. — AVIRONNIEZ (id.), v. avironner. Faire avancer avec l'aviron.

AVIVE, s, nt (ă-vī-ve) [rad. vif], v. aviver. Rendre vif. — AVIVES (id.) [lat. aquæ vivæ], n. f. pl. Maladie des chevaux.

AVOI, s (ă-voè), n. m. Écoulement d'une cuve dans une autre : brass. — AVOIE, s, nt (ă-voée), v. avoyer : V. avoyer.

AVOYER, s (ă-voè-ié) [altérat. de avoué], n. m. Magistrat en Suisse. — AVOYER, ez, ai ; é... (ă-voè-ié...); AVOYIEZ (ă-voè-iié) [rad. voie], v. et p. Souffler d'un autre rumb; mettre dans le bon chemin.

AVORTON, s (ă-vŏr-ton), n. m. Animal né avant le terme. — AVORTONS (id.), v. avorter. Accoucher avant le terme.

AX... (aks...). V. acs...

AZOTATE, s (ă-zŏ-tă-te), n. m. Combinaison de l'acide azotique avec une base salifiable. — **AZOTATES** (ă-zŏ-tă-te), v. azoter. Charger d'azote.

AZOTE, s (ă-zŏ-te), n. m. Sorte de gaz. — **AZOTE**, s, nt (id), v. azoter. Charger d'azote. — **AZOTH** (ă-zŏt'), n. p. Ville de Palestine.

AZURE, s, nt (ă-zu-re), v. azurer. Rendre bleu. — **AZUR**, s (ă-zŭr), n. m. Minéral qui donne un très beau bleu; couleur bleue de ce minéral.

B.

BAS (bā), adj. Peu élevé; vil; n. m. Chaussure; partie inférieure; adv. D'une manière basse. — **BAH** (băh, h asp.), interj. qui exprime le doute. — **BAT**, s (bā), n. m. Selle d'âne. — **BAT**, s (bă) [lat. *batuere*], v. battre. Frapper. — **BAT**, s (bă ou băt'), n. m. Bout de bordage; queue de poisson; monnaie suisse. V. *bate*.

BABILLE, s, nt (bă-bi-lle, *ll* m.), v. babiller. Bavarder. — **BABIL**, s (bă-bĭl, *l* m.), n. m. Caquet, bavardage.

BACCANALE, s (băc-că-nă-le), n. f. Débauche. — **BACCANALES** (id.), n. f. pl. Fêtes de Bacchus. — **BACCANAL**, s (băc-că-năl), n. m. Grand bruit.

BACHA, s (bă-chă), et mieux *pacha*, n. m. Titre d'honneur en Turquie; oiseau; poisson. — **BACHAT**, s (id.), n. m. Gouttière dans une papeterie. — **BACHA**, as, àt (bā-chă, chā), v. bâcher. Étendre la bâche.

BACHE, s (bā-che), n. f. Toile pour couvrir les charrettes. — **BACHE**, s, nt (id.), v. bâcher. Étendre la bâche. — **BACHE**, s (bă-che), n. m. Palmier de l'Amérique méridionale.

BADINE, s (bă-di-ne), adj. f. de badin. Folâtre; n. f. Canne mince et légère; au pl., sorte de pincettes. — **BADINE**, s, nt (id.), v. badiner. Folâtrer.

BAGUENAUDIER, s (bă-ghe-nō-dié), n. m. Celui qui baguenaude; sorte de jeu d'enfants. — **BAGUENAUDIEZ** (id.), v. baguenauder. S'amuser à des riens.

BAI... (bè...) V. *be*...

BAILLE, s (bă-lle, *ll* m.), n. f. Baquet en usage sur les navires; fortification extérieure. — **BAILLE**, s, nt (bă-lle, *ll* m.), v. bailler. V. *bailler* — **BAILLE**, s, nt (bā-lle, *ll* m.), v. bâiller. V. *bâiller*. — **BAIL**, (băl, *l* m.) n. m. Location; contrat de louage.

BAILLER...; é... (bă-llé..., *ll* m.), v. et p. Donner, livrer. — **BAILLER**...; é (bă-llé..., *ll* m.), v. et p. Ouvrir grandement et involontairement la bouche en respirant.

BAILLEMENT, s (bă-lle-man, *ll* m.), n. m. Bail (vieux). — **BAILLEMENT**, s (bā-lle-man, *ll* m.), n. m. Action de bâiller.

BAILLEUR, s (bă-lleŭr, *ll* m.), n. m. Celui qui donne à ferme. — **BAILLEUR**, s (bā-lleŭr, *ll* m.), n. m. Celui qui bâille.

BAILLI, s (bă-llĭ, *ll* m.), n. m. Ancien officier royal. — **BAILLIS**, it, ît; i.... (bă-llĭ, llĭ, *ll* m.), v. baillir. Gouverner; remettre un membre démis (vieux). — **BAILLIE**, s (bă-llĭe, *ll* m.), n. f. Garde-noble (vieux).

BAILLON, s (bā-llon, *ll* m.), n. m. Objet qui sert à bâillonner. — **BAILLONS**, llions (bă-llon, llion, *ll* m.) v. bâiller. V. *bâiller*. — **BAILLONS**, llions (bă-llon, llion, *ll* m.), v. bailler. V. *bailler*.

BAILLONNE, s, nt (bā-llŏ-ne, *ll* m.), v. bâillonner. Mettre un bâillon. — **BAIONNE** (bă-iŏ-ne), n. pr. f. Sous-Préf. des B.-Pyrénées.

BAILLONAIS, ait, aient (bā-llŏ-nè, nê, *ll* m.), v. bâillonner. Mettre un bâillon. — **BAIONNAIS** (bă-iŏ-nè), adj. et n. m. De Baïonne.

BALE (bā-le), n. pr. Ville et canton de Suisse. — **BALLE**, s (bă-le) [gr. βαλλω, ou πκλλα] n. f. Pelote; sorte de jeu; gros paquet. — **BALLE**, s, nt (id.), [gr. βαλλιζω; ou it. *ballare*], v. baller. Danser (vieux). — **BAL**, s (băl), n. m. Assemblée où l'on danse.

BALANCIER, s (bă-lan-sié), n. m. Instrument qui oscille; fabricant, marchand de balances. — **BALANCIEZ** (id.), v. balancer. Osciller.

BALLET, s (bă-lè), n. m. Danse dramatique. — **BALAIS** (id.) [*Balascia*, pays], adj. D'un rouge orangé: rubis balais. — **BALAI**, s (id.) [all. *welle*], n. m. Instrument pour balayer. — **BALAIE**, s, nt (bă-lée), v. balayer. Nettoyer avec le balai.

BALISE, s (bă-lĭ-ze), n. f. Fruit du balisier. — **BALISE**, s (id.), n. f. Indication au bord de la mer. — BALISE, s, nt (id.), v. baliser. Mettre des balises en mer.

BALISIER, s (bă-lĭ-zié), n. m. Arbrisseau. — BALISIEZ (id.), v. baliser. Placer des balises en mer.

BALLON, s (bă-lon) [gr. βαλλω], n. m. Sphère creuse. — BALLONS (id.) [gr. βαλλιζω], v. baller. Danser.

BALLONNIER, s (bă-lŏ-nié), n. m. Celui qui fait ou vend des ballons. — BALLONNIEZ (id.), v. ballonner. Enfler.

BAN, s (ban) [lat. barb. *bannum*, du tud. *bann*], n. m. Proclamation; exil. — BAN, s (id.), n. m. Lit des chiens : t. de chass. — BANC, s (id.), n. m. Long siège; rochers.

BANNASSE, s (bă-nă-se), n. f. Grande civière; grand panier. — BANNASSE, s, nt (bă-nă-se), v. banner, couvrir d'une banne ou bâche.

BANNERET, s (bă-ne-rè), n. m. Gentilhomme qui réunissait les titres nécessaires pour porter bannière. — BANNERAIS, ait, aient (bă-ne-rè, rè), v. banner. Bâcher.

BANNIÈRE, s (bă-niè-re) [celt. *band*], n. f. Étendard. — BANNIÈRE, s (id.) [rad. *ban*, du lat. barb. *bannum* formé du tud. *bann*], adj. f. de bannier. Banal : anc. législat. —BANNIÈRE, s (id.), n. f. Autrefois, registre du Châtelet à Paris.

BANGI, s (ban-jĭ), n. m. Espèce de chanvre des Indes. — BANGIE, s (ban-jĭe), n. f. Genre d'algues, plante.

BANQUÈTE, nt (ban-kè-te), v. banqueter. Festiner. — BANQUETTE, s (id.), n. f. Banc rembourré.

BAQUÈTE, s, nt (bă-kè-te), v. baqueter. Retirer l'eau d'un baquet avec une pelle. — BAQUETTES (id.), n. f. pl. Tenailles.

BARATE, s (bă-ră-te), n. f. Tromperie (vieux). — BARATTE, s (id.) n. f. Vase à battre le beurre. — BARRATES (bă-ră-te), v. barrer. Fermer avec des barres.

BARBARIE, s (bră-bă-rĭe), [gr. βαρ-ϛαρος], n. f. Cruauté; manque de civilisation. — BARBARIE (id.), [lat. *Ber-ber*, nom de peuple] et mieux *Berberie*, n. f. Contrée au nord de l'Afrique.

BARBE, s (băr-be) [lat. *barba*], n. f. Poil du visage. — BARBE, s (id.), [*Berber*, peuple], adj. De Barbarie. — BARBE (id.) [lat. *Barbara*], n. pr. de femme.

BARBOT, s (băr-bŏ), n. m. Barbier chez les forçats. — BARBEAU, x (băr-bŏ), n. m. Poisson d'eau douce ; bluet.

BARBOTA, s (băr-bŏ-tă), n. m. Un des noms du grand esturgeon, poisson. — BARBOTA, as, ât (băr-bŏ-tă, tă), v. barboter. Fouiller avec bruit dans l'eau, comme font les canards.

BARBOTE, s (băr-bŏ-te), n. f. Poisson, espèce de lotte. — BARBOTE, s, nt (id.), v. barboter. V. *barbota*.

BARBOUILLON, s (băr-boŭ-llon, *ll* m.), n. m. Barbouilleur. — BARBOUILLONS, llions (băr-boŭ-llon, llion, *ll* m.), v. barbouiller. Peindre ou écrire grossièrement.

BARDE, s (băr-de) [celt. *bardd*], n. m. Poète gaulois. — BARDE, s (id.), n. f. Armure; tranche de lard. — BARDE, s, nt (id.), v. barder, 3 fois. V. *bardée*.

BARDÉE, s (băr-dée) [rad. *bard*, civière], n. f. Charge d'un bard. — BARDÉE, s (id.) [rad. *barde*], n. f. Tranches de lard sur une volaille. — BARDER...; é... (băr-dé...) [rad. *barde*, armure], v. et p. Couvrir d'une armure. — BARDER...; é... (id.) [rad. *barde*, tranche de lard], v. et p. Couvrir de bardes de lard. — BARDER...; é... (id.) [rad. *bard*, civière], v. et p. Charger sur un bard.

BARDOT, s (băr-dŏ), n. m. Mulet, — BARDEAU, x (băr-dŏ), n. m. Petit ais pour couvrir les toits.

BARRE, s (bă-re), n. f. Longue pièce de bois, etc.; au pl., jeu. — BARRE, s, nt (id.), v. barrer. Faire une barre. — BARD, s (băr), n. m. Civière à bras. — BAR, s (băr), n. m. Poids; poisson plat. — BAR (id.), n. pr. de plusieurs villes de France.

BARET, s (bă-rè) et mieux *barrit*, n. m. Cri de l'éléphant et du rhinocéros. — BARRAIS, ait, aient (bă-rè, rè), v. barrer. Mettre une barre.

BARÈTE, s, nt (bă-rè-te), v. baréter. Crier comme l'éléphant. — BARETTE, s (id.) [et mieux *barrette*, s'il vient de *barre*], n. f. Petite barre qu'on met dans le barillet d'une montre. — BARRETTE, s (bă-rè-te) [lat. *barretta*], n. f. Bonnet carré des cardinaux, des docteurs, etc.

BARI (bă-ri), n. pr. Ville et province du roy. de Naple. — BARIL, s (id.), n. m. Petit tonneau. — BARRI, s (id.), n. m. Nom vulgaire du jeune verrat.

— BARRIT, s (băr-rĭ), n. m. Cri de l'éléphant. — BARRIS, it, ît; i (băr-rĭ, rī), v. barrir et p. Crier comme l'éléphant et le rhinocéros.

BARICOT, s (bă-rĭ-cŏ), n. m. Fruit du baricotier. — BARICAUT, s [dim. de *baril*], ou BARRIQUAUT, s [dim. de *barrique*] (bă-rĭ-cŏ), n. m. Petite barrique.

BARRISSANT et dérivés (băr-rĭ-san...), v. barrisser, crier comme l'éléphant et le rhinocéros. — BARRISSANT et dérivés (id.), v. barrir. Crier comme l'éléphant et le rhinocéros.

BARROT, s (ba-rŏ), n. m. Solive du pont d'un navire. — BARREAU, x (bā-rŏ), n. m. Petite ou grosse barre, etc.

BARON, s (ba-ron), n. m. Titre nobiliaire. — BARRONS (bā-ron), v. barrer. Mettre une barre.

BASCULE, s (băs-cŭ-le), n. f. Pièce oscillante, sorte de levier. — BASCULE, s, nt (id.), v. basculer. Faire la bascule. — BASCUL, s (băs-cŭl), n. m. Courroie du cheval limonier.

BASSE, s (bā-se), adj. f. de bas. Peu élevé; vil. — BASSE, s (id.), n. f. Voix grave; violoncel. — BASSE, s, nt (base), v. basser. Détremper la chaîne d'un tissu avec une colle qui rend les fils glissants. — BASS (bass'), n. pr. Détroit au sud de la Nouvelle-Hollande.

BASSET, s (bā-sè), adj. et n. m. De petite taille. — BASSAIS, ait, aient (ba-sè, sê), v. basser. V. *basse*.

BASSECOURT, s (bā-se-coŭr), n. f. Corridor dans les fortifications. — BASSE-COUR, s (id.), n. f. Cour affectée aux bestiaux et aux travaux d'agriculture. — BASSE COUR (id.), adj. f. et n. f. Cour qui est basse.

BASSINET, s (bă-sĭ-nè), n. m. Creux qui reçoit l'amorce. — BASSINAIS, ait, aient (bă-sĭ-nè, nê), v. bassiner. Chauffer.

BASSON, s (bā-son), n. m. Espèce de hautbois; oiseau. — BASSONS (bason), v. basser. Détremper la chaîne d'un tissu.

BASTA, s (băs-tă), n. f. Toile de coton des Indes. — BASTA, as, àt (băs-tă, tă) [it. *bastare*], v. baster. Badiner; suffire.

BASTANT, s (băs-tan), n. m. Trayon de moulin. — BASTANT (id.) [it. *bastare*], v. baster; niaiser; suffire.

BASTE, s (băs-te), n. f. Vase au lait; panier; étoffe. — BASTE, s, nt (id.) [it. *bastare*], v. baster. Suffire; badiner. — BASTE (id.) [it. *bastare*], adv. et interj. Assez.

BASTÈRE, s (băs-tè-re), n. f. Plante. — BASTÈRENT (id.), v. baster. Plaisanter; suffire.

BASTION, s (băs-tĭ-on) [lat. *bastia*, ou rad. *bâtir*], n. m. Fortification pentagonale avancée en dehors. — BASTIONS (băs-tion) [ital. *bastare*], v. baster. V. *basta*. — BASTILLON, s (băs-ti-llon, *ll* m.), n. m. Petite bastille. — BASTILLONS, llions (băs-ti-llon, llion, *ll* m.), v. bastiller. Garnir de bastilles, fortifier.

BASTIONNER...; é... (băs-tĭ-ŏ-né...), v. et p. Fortifier par des bastions. — BASTILLONNER...; é... (băs-tĭ-llŏ-né..., *ll* m.), v. et p. Entourer de bastillons.

BASTON, s (băs-ton), n. m. Toute arme offensive. — BASTONS (id.) [it. *bastare*], v. baster. Suffire; niaiser.

BATA, s (bă-tă), n. m. Nom vulgaire du bananier. — BATA, as, àt (bā-tă, tă), v. bâter. Charger d'un bât.

BATAGE, s (bā-tă-je), n. m. Droit seigneurial sur les bêtes de somme; dépicage des blés. — BATTAGE, s (bă-tă-je), n. m. Action de battre.

BATAILLE, s (bă-tā-lle, *ll* m.), n. f. Combat. — BATAILLE, s, nt (id.), v. batailler. Livrer bataille. — BATAIL, s (bă-tăl, *l* m.), n. m. Battant de cloche: t. de blason.

BATAILLÈRENT (bă-tă-llè-re, *ll* m.), v. batailler. Combattre. — BATAILLIÈRE, s (bă-tă-lliè-re, *ll* m.), n. f. Corde qui fait jouer le traquet d'un moulin.

BATAILLON, s (bă-tă-llon, *ll* m.), n. m. Réunion de plusieurs compagnies de fantassins. — BATAILLONS, llions (bă-ta-llon, llion, *ll* m.), v. batailler. Livrer une bataille.

BATAN, s (bă-tan), n. m. Arbre d'Amérique. — BATANT (bā-tan), v. bâter. Charger d'un bât. — BATTANT (bă-tan), v. battre. Frapper. — BATTANT, s (id.), adj. et n. m. Marteau de cloche; porte.

BATE ou *bat*, s (bă-te), n. m. Queue de poisson. V. *bas*. — BATE, s (bă-te), n. f. Cercle d'une boîte de montre; partie d'un corps d'épée; contour d'une tabatière. — BATE, s, nt (id.), [gr.

βαῖτος], v. bâter. Charger d'un bât. —
BATTE, s, nt (bă-te), v. battre. Frapper.
— BATTE, s (id.), n. f. Maillet; sabre
de bois. — BATH (bătt), n. pr. Ville
d'Angleterre. ·

BATER, ez, ai ; é.... (bă-té), v. et p.
Garnir d'un bât. — BATTEZ (bă-té), v.
battre. Frapper. — BATTÉE, s (bă-tée),
n. f. Ce qu'on bat en une fois.

BATÈLE, s, nt (bă-tè-le), v. bateler,
2 fois : V. *bateler*. — BATHÈLE, s
(id.), n. m. Lichen d'Afrique.

BATELER....; é.... (bă-te-lé) [rad.
bateau, du celt. *bat*]. Transporter le
poisson avec des bateaux ou chaloupes.
— BATELER....; é.... (id.) [rad. *bateleur*, du lat. *balatro*], v. et p. Faire le
bateleur; dire des sottises (vieux). —
BATELÉE, s (bă-te-lée), n. f. Plein un
bateau.

BATELEUR, s ; euse, s (bă-te-leŭr)
[rad. *bateau*], n. m. et f. Celui, celle
qui batèle ou va prendre le poisson. —
BATELEUR, s ; euse, s (id.) [lat. *balatro*], n. m. et f. Celui, celle qui fait
l'histrion ; oiseau.

BATELET, s (bă-te-lè), n. m. Petit
bateau. — BATELAIS, ait, aient (ba-
te-lè, lé), v. bateler, 2 fois : V. *bateler*.

BATELIER, s (bă-te-lié), n. m. Celui
qui mène un bateau. — BATELIEZ (id.),
v. bateler, 2 fois : V. *bateler*.

BATIE, s (bă-tïe), n. f. Insecte lépidoptère. — BATIS, it, ît ; i, ie, is, ies
(bă-tï, tï, tïe), v. et p. de bâtir. Construire, édifier. — BATTIS, it, ît (bă-tï,
tï), v. battre. Frapper.

BATIER, s (bă-tié), n. m. Celui qui
fait ou vend des bâts ; engraisseur de
bestiaux. — BATIEZ (id.), v. bâter.
Mettre le bât. — BATTIEZ (bă-tié), v.
battre. Frapper.

BATIR, ent (bă-tïr, tï-re), v. Construire. — BATTIRENT (bă-tï-re), v.
battre. Frapper.

BATISSE, s (bă-ti-se), n. f. Construction. — BATISSE, s, nt (id.), v. bâtir.
Construire. — BATTISSE, s, nt (bă-
tï-se), v. battre. Frapper.

BATISSIEZ, ions (bă-ti-sié, sion), v.
bâtir. Construire. — BATTISSIEZ, ions
(bă-ti-sié, sion), v. battre. Frapper.

BATISTE, s (bă-tïs-te), n. f. Toile de
lin très fine. — BAPTISTE, (id.), n. pr.
d'homme.

BAPTISTÈRE, s (bă-tïs-tère), n. m.
Lieu où l'on baptise. — BAPTISTAIRE,

s (id.), n. m. Registre des baptêmes.

BATON, s (bā-ton), n. m. Morceau de
bois long et rond. — BATONS (id.), v.
bâter. Mettre le bât. — BATTONS (bă-
ton), v. battre. Frapper.

BATONNA, as, ât (bā-tŏ-nă, nā), v.
bâtonner. Frapper à coups de bâton. —
BATONNAT, s (bā-tŏ-nă), n. m. Fonctions du bâtonnier.

BATONNET, s (bā-tŏ-nè), n. m. Petit
bâton ; poisson. — BATONNAIS, ait,
aient (bā-tŏ-nè, né), v. bâtonner. Frapper
avec un bâton.

BATONNIER, s (bā-tŏ-nié), n. m.
Chef des avocats. — BATONNIEZ (id.),
v. bâtonner. Frapper du bâton.

BATTRAI....., BATTRAIS..... (bă-
tré....., bă-trè.....), v. battre. Frapper.
— BATERAI....., BATERAIS..... (bā-
te-ré....., bā-te-rè.....), v. bâter. Garnir d'un bât.

BAVARDE, s (bă-văr-de), adj. f. de
bavard. Babillard. — BAVARDE, s, nt
(id.), v. bavarder. Caqueter.

BAVARDINE, s (bă-văr-di-ne), n. f.
de bavardin. Petit bavard. — BAVAR-
DINE, s, nt (id.), v. bavardiner. Caqueter.

BAVASSE... (bă-vă-se), v. bavasser.
Babiller. — BAVASSE... (bă-vă-se), v.
baver. Jeter de la bave.

BAVAI, s (bă-vè), n. m. Pierre calcaire noirâtre. — BAVAIS, ait, aient
(bă-vè, vè), v. baver. Jeter de la bave.
— BAVAI (ba-vè), n. pr. Ch.-l. de canton du Nord.

BAVEUSE, s (bă-veŭ-ze), n. f. de
baveur. Railleur (vieux). — BAVEUSE,
s (id.), adj. f. de baveux. Qui bave.

BAVOLET, s (bă-vŏ-lè), n. m. Coiffure. — BAVOLAIS, ait, aient (bă-vŏ-
lè, lè), v. bavoler. Voltiger.

BAZA, s (bā-ză), n. m. Oiseau. —
BASA, as, ât (bā-ză, ză), v. baser. Établir sur une base.

BASANE, s (bā-ză-ne) [bas lat. *bisus,
bruu*], n. f. Peau de mouton tannée. —
BASANE, s, nt (id.) [id.], v. basaner.
Rendre brun. — BASANE, s (id.) [gr.
βασανος], n. f. Insecte.

BASANIER, s (bă-ză-nié), n. m. Marchand de basane. — BASANIEZ (id.), v.
basaner. Rendre noirâtre.

BASILIQUE, s (bā-zĭ-lĭ-ke), n. f.
Grande église. — BASILIC, s (bā-zĭ-lĭk),
n. m. Serpent ; herbe odoriférante.

BAU... (bo...), Voy. *bo*....

BÉ (bé), n. m. Nom de la 2e lettre de

7

l'alphabet. — BÉE, s (bée) [rad. *bâiller*], n. f. Ouverture dans un mur ; ouverture pour l'eau qui meut un moulin. — BÉE (bée), ou *bé* [onomat.], interj. Cri du mouton. — BÉE, s, nt (bée), v. béer, 2 fois : V. *béer*.

BÉ, (bè), ou *bée*, interj. Cri des moutons. — BEI, s, mieux que BEY, s (bè), n. m. Gouverneur turc. — BAI, e ; s, es (bè, bèe) [gr. βαιον], adj. Rouge-brun. — BAIE, s (bèe) [lat. *bacca*], n. f. Fruit charnu. — BAIE, s (bèe) [lat. *badicare*, dim. de *badare*], n. f. Ouverture. — BAIE, s (bèe) [it. *baia*], n. f. Tromperie. — BAIE, s, nt (id.) [rad. *béer*, du celt. *bea*], v. bayer. Regarder niaisement, avec la bouche ouverte. — BAIE, s (id.), n. f. Petit golfe.

BÉA, as, ât (bé-ă, ā), v. béer, 2 fois : V. *béer*. — BÉAT, s (bé-ă), adj. D'une piété affectée. BÉATE, s (bé-ă-te), adj. f. de béat. V. *béa*. — BÉATES (bé-ă-te), v. béer, 2 fois. V. *béer*.

BÉCAT, s (bé-că), n. m. Bêche à 2 dents. — BÉQUA, as, ât (bé-că, cā), v. béquer. Prendre la béquée.

BÉCARRE, s (bé-că-re), n. m. Caractère de musique. — BÉCARD, s (bé-căr), n. m. Oiseau; poisson, le saumon.

BÉCASSE, s (bé-că-se), n. f. Oiseau; poisson. — BÉCASSE (id.), n. m. Espèce de raisin. — BÉQUASSE, s, nt (bé-că-se), v. béquer. V. *bécat*.

BÊCHER...; é... (bé-ché), v. et p. Prendre la béquée : synon. de béquer. — BÊCHER...; é... (bè-ché), v. et p. Creuser avec la bêche.

BÉCHET, s (bé-chè), n. m. Brochet; espèce de chameau. — BÊCHAIS, ait, aient (bè-chè, chè), v. bêcher. Creuser avec la bêche.

BÉCHION (bé-chĭ-on), n. m. Genre de plantes composées. — BÊCHIONS (bè-chion), v. bêcher. V. *bêcher*.

BÊCHON, s (bè-chon), n. m. Houe pour biner. — BÊCHONS (id.), v. bêcher. Labourer avec la bêche.

BÉER...; é... (bé-é...) [celt. *bea*], v. et p. Ouvrir. — BÉER...; é... (id.) [lat. *beare*], v. et p. Rendre heureux.

BEIGNET, s (bè-gnè), n. m. Tranche de fruit entourée de pâte frite. — BAIGNAIS, ait, aient (bè-gnè, gnè), v. baigner. Mettre au bain.

BAIGNOIRE, s (bè-gnoè-re), n. f. Cuve où l'on se baigne. — BAIGNOIR, s (bé-gnoèr), n. m. Endroit propice pour le bain.

BÉGUÈTE, s, nt (bé-ghè-te), v. bégueter. Crier comme la chèvre, béqueter. — BÉGUETTES (id.), n. f. pl. Petites pinces de serrurier.

BÉIEZ, ions (bé-ié, ion), v. béer, 2 fois : V. *béer*. — BAYEZ, yons ; yiez, yions (bè-ié, ion ; iié, iion), v. bayer. Regarder niaisement.

BÊLE, s, nt (bè-le), v. bêler. Crier comme le mouton. — BELLE, s (bè-le), adj. f. de beau. — BEL (bèl), adj. Beau. BÊLAIS, ait, aient (bè-lè, lè), v. bêler. V. *bêle*. — BELLEY (bè-lè), n. pr. Sous-préf. de l'Ain.

BÊLEMENT, s (bè-le-man), n. m. Cri des moutons, chèvres, etc. — BELLEMENT (bè-le-man), adv. Doucement.

BELLI, s (bèl-lĭ), n. m. Métier à filer le coton. — BELLIE, s (bèl-lĭe), n. f. Plante, sorte de pâquerette.

BÉLIER, s (bé-lié), n. m. Mâle de la brebis; machine. — BÊLIEZ (bè-lié), v. bêler. Crier comme la brebis. — BELLIÉE, s (bèl-lĭ-ée), n. f. Plante. — BEYLIER, s (bè-lié), n. m. Métier à filer la laine.

BÊLONS (bè-lon), v. bêler. Crier comme la brebis. — BELLON, s (bè-lon), n. m. Cuvier; maladie; arbrisseau.

BÉLONE, s (bé-lŏ-ne), n. f. sorte de brochet. — BELLONE, s (bèl-lŏ-ne), n. f. Variété de figues ; plante. — BELLONE (id.), n. pr. f. Déesse de la guerre.

BÉNÉFICIER, s (bé-né-fi-sié), n. m. Possesseur d'un bénéfice. — BÉNÉFICIER, ez, ai ; é; iiez (bé-né-fi-sĭ-é, ié), v. et p. Faire un bénéfice, un profit.

BÉNÉFICIÈRE, s (bé-né-fĭ-siè-re), n. f. Religieuse pourvue d'un bénéfice ou d'une prébende. — BÉNÉFICIAIRE, s (bé-né-fĭ-sĭ-è-re), adj. Héritier sous bénéfice d'inventaire; acteur au profit de qui on donne une représentation. — BÉNÉFICIÈRENT (id.), v. bénéficier. Faire un bénéfice, un profit.

BÉNI, ie, is, ies (bé-nĭ, nĭe) 1er p. de bénir. Favorisé du ciel: — BÉNIT, s (bé-nĭ), 2e p. de bénir. Consacré par le prêtre. — BÉNIS, it, ît (bé-nĭ, nĭ), v. bénir. Donner une bénédiction. — BENNI, s (bèn-nĭ), n. m. Espèce de barbeau du Nil.

BÉNIN, s (bé-nin), adj. Doux humain. — BENIN (be-nin), n. pr. m. Royaume, ville et riv. d'Afrique.

BÉNITE, s (bé-nĭ-te), 2e p. f. de bénir. V. *bénit.* — BÉNITES (bé-nĭ-te), v. bénir. Donner une bénédiction.

BÈQUE, s, nt (bè-ke), v. béquer. Prendre la béquée. — BEC, s (bèk), n. m. Bouche des oiseaux.

BÉQUET, s (bé-kè), n. m. Petit bec. BÉQUAIS, ait, aient, (bé-kè, kè), v. béquer. Prendre la béquée.

BÉQUÈTE, s, nt (bé-kè-te), v. béqueter. V. *béqueter.* — BÉQUETTES (id.) n. f. pl. Petites pinces.

BÉQUETER...; é... (bé-ke-té...) [rad. *bec*], v. et p., mieux que *becqueter.* Donner des coups de bec. — BÉQUETER...; é... (id.) [onomat.], v. et p., mieux que *becqueter.* Imiter le cri de la chèvre.

BÉQUILLON, s (bé-kĭ-llon, *ll* m.), n. m. Petite feuille étroite. — BÉQUILLONS, llions (bé-kĭ-llon, llions, *ll* m.), v. béquiller. Se servir de la béquille. — BÉQUIONS (bé-kion), v. béquer. Prendre la béquée.

BERGE, s (bèr-je) [all. *berg*], n. f. Bord d'une rivière. — BERGE, s (id.) [*barca*, bateau], n. f. Chaloupe étroite.

BERNE, s, nt (bèr-ne) [gr. βερνεσθαι], v. berner. Faire sauter sur une couverture; railler. — BERNE, s (id.) [gr. βερνεσθαι], n. f. Action de berner. — BERNE, s (id.) [it. *barna*], n. f. Situation du pavillon ferlé sur son bâton. — BERNE (id.), n. pr. f. Ville et canton de Suisse.

BERNAIS, ait, aient (bèr-nè, nè), v. berner. V. *berne.* — BERNAI, mieux que BERNAY (ber-nè), n. pr. S.-préf. de l'Eure.

BERCE, s (bèr-se), n. f. Plante; n. m. Oiseau. — BERCE, s, nt (id.), v. bercer. Balancer le berceau.

BERSAUT, s (bèr-sō), n. m. But de tir; lieu d'exercice. — BERCEAU, x (id.), n. m. Petit lit d'enfant.

BESSÈRE, s (bè-sè-re), n. f. Sorte de plantes. — BAISSÈRENT (bè-sè-re), v. baisser. Rendre bas.

BAISSIER, s (bè-sié), n. m. Celui qui joue à la baisse. — BAISSIEZ (id.), v. baisser. Rendre bas.

BÊTE, s (bê-te), n. f. Animal irraisonnable. — BETTE, s (bè-te), n. f. Plante potagère.

BEURRE, s (beu-re), n. m. Substance extraite de la crème. — BEURRE, s, nt (id.), v. beurrer. Assaisonner de beurre.

BEURRÉ, s (beu-ré), n. m. Poire fondante. — BEURRÉE, s (beu-rée), n. f. Tartine au beurre. — BEURRER, ez, ai; é... (beu-ré, rée), v. et p. V. *beurre.*

BEURRIER, s (beu-rié), n. m. Marchand de beurre; vase à beurre. — BEURRIEZ (id.), v. beurrer. V. *beurre.*

BEZAN, s (be-zan), n. m. Toile de coton du Bengale. — BESANT, s (id.), n. m. Anc. monnaie de Constantinople. — BAISANT (bè-zan), v. baiser. Donner un baiser.

BESI, s (be-zi), n. m. Sorte de poires. — BESI (id.), n. m. Sorte de jeu de cartes. — BÉSIS (bé-zi), n. m. Sorte de mets.

BÉZIERS (bé-zié), n. pr. Sous-Préf. de l'Hérault. — BESIER, s (be-zié), n. m. Sorte de poirier sauvage. — BAISIEZ (bè-zié), v. baiser. Donner un baiser.

BIÈRE, s (biè-re) [all. *bier*, ou lat. *bibere*], n. f. Boisson fermentée. — BIÈRE, et mieux *bierre*, s (id.) [all. *baer*], n. f. Cercueil.

BIFFE, s, nt (bĭ-fe) [onomat.], v. biffer. Effacer. — BIFFE, s (id.), n. f. Faux diamant. — BIF, s (bĭf), n. m. Oiseau.

BIFURCATION, s (bĭ-fŭr-cā-sĭ-on), n. f. Endroit où une chose se divise en deux; action de bifurquer. — BIFURQUASSIONS (bĭ-fŭr-cā-sion), v. bifurquer. Fourcher, diviser en deux.

BILE, s (bi-le), n. f. Humeur du corps; colère. — BILL, s (bĭl), n. m. Projet de loi en Angleterre.

BILLET, s (bĭ-llè, *ll* m.), n. m. Petite lettre; promesse écrite. — BILLAIS, ait, aient (bi-llè, llè, *ll* m.), v. biller. Serrer un ballot. — BIAIS (bĭ-è), n. m. Ligne oblique. — BIEZ ou *bief*, s (bĭ-é), n. m. Canal de moulin.

BILLÈTE, s, nt (bĭ-llè-te, *ll* m.), v. billeter. Étiqueter. — BILLETTE, s (id.), n. f. Petite enseigne.

BILLETIER, s (bĭ-lle-tié, *ll* m.), n. m. Commis qui expédie des billettes. — BILLETIEZ (id.), v. billeter. Étiqueter.

BILLOT, s (bĭ-llŏ, *ll* m.), n. m. Pièce de bois. — BILLAUD, s (bĭ-llō, *ll* m.), n. m. Outil de ciseleur.

BILLON, s (bĭ-llon, *ll* m.) [lat. *bulla*, sceau], n. m. Monnaie de cuivre. — BILLONS, llions (bĭ-llon, llion, *ll* m.) [lat. *pila*; ou *bulla*, bulle], v. biller. Serrer un ballot. — BILLON, s (bĭ-llon),

n. m. Vesce de Languedoc. — BILLION, s (bĭ-lĭ-on), n. m. Mille millions.

BINET, s (bĭ-nè), n. m. Brûle-tout. — BINAIS, ait, aient (bĭ-nè, nê), v. biner. Doubler.

BINÈRENT (bĭ-nè-re), v. biner. Doubler. — BINAIRE, s (id.), adj. Composé de 2 unités.

BIPENNE, s (bĭ-pè-ne) [lat. *bipennis*], n. f. Hache à 2 tranchants. — BIPENNE, s (id.) [lat. *bis, penna*], n. m. Insecte anélytre n'ayant que 2 ailes.

BIQUÈTE, s, nt (bĭ-kè-te), v. biqueter. Peser avec le biquet; mettre bas, en parlant de la chèvre. — BIQUETTE (id.), n. f. Petite bique.

BISSE, s, nt (bĭ-se) [rad. *bis*, du lat. *bis*], v. bisser. Doubler. — BISSE, s (id.) [it. *biscia*], n. f. Couleuvre : blas. — BISSE, s (id.), n. f. Rouge-gorge, oiseau. — BYSSE, s (id.), n. m. ou *byssus*. Matière textile. — BIS (bĭss'), adv., mot latin. Deux fois.

BISQUE, s (bĭs-ke) [lat. *bis coctus*], n. f. Sorte de potage. — BISQUE, s (id.) [it. *bisca*, du lat. *bis casus*], n. f. Terme du jeu de paume. — BISQUE, s, nt (id.) [mot factice], v. bisquer. Être vexé.

BIVAQUE, s, nt (bĭ-vă-ke), v. bivaquer. Camper en plein air. — BIVAC, s (bĭ-văk), n. m. Station en plein air.

BISAN, s (bi-zan), n. m. Ivraie ; monnaie grèque. — BISANT (id.), v. biser, 2 fois : V. *biser*.

BISE, s (bi-ze), n. f. Vent sec et froid du nord. — BISE ou BIZE, s (id.), n. f. Poids du Pégu. — BISE, s (id.), adj. f. de bis. Brun. — BISE, s, nt (id.), v. biser, 2 fois : V. *biser*.

BISER...; é... (bi-zé...) [lat. *bis*], v. et p. Reteindre et repasser une étoffe. — BISER...; é... (id.) [bas lat. *bisus*], v. et p. Brunir; se dit des grains.

BISET, s (bi-zè), n. m. Pigeon ; étoffe; caillou. — BISAIS, ait, aient (bi-zè, zê), v. biser, 2 fois : V. *biser*.

BISON, s (bi-zon) [lat. *bos*], n. m. Bœuf sauvage d'Amérique. — BISONS (id.) v. biser, 2 fois : V. *biser*.

BLASON, s (bla-zon) [all. *blasen*, ou angl. *to blase*], n. m. Armoiries. — BLASONS (blă-zon) [gr. βλαζειν, ou βλαξ], v. blaser. User, émousser les sens.

BLET, s (blè), adj. Trop mûr, demi-pourri. — BLAIE (blée) ou BLAYE (bla-ïe selon quelques-uns), n. pr. Sous-préfect. de la Gironde.

BLÊME, s (blê-me), adj. Très pâle. — BLÈME, s (blè-me), n. f. Insecte amphibie. — BLEIME, s (id.), n. f. Inflammation.

BLÈTE, s, mieux que *blette* (blè-te), n. f. Plante potagère. — BLETTE, s (id.) [gr. βλαξ], adj. f. de blet. V. *blet*. — BELETTE, s (be-lè-te), n. f. Petit quadrupède sauvage.

BLOQUE, s, nt (blŏ-ke), v. bloquer. Cerner, fermer. — BLOC, s (blŏk'), n. m. Amas ; morceau informe.

BLOUSE, s (bloū-ze), n. f. Sarrau de charretier. — BLOUSE, s (id.) [celt. *bluch*], n. f. Trou d'un billard. — BLOUSE, s, nt (id.) [id.], v. Blouser. Mettre dans la blouse.

BO (bŏ), n. m. Espèce de thé chinois. — BOT, s (id.) [lat. *bos*], adj. Contrefait : pied bot. — BOT, s (id.) [all. *boot*], n. m. Chaloupe ; poisson. — BEAU, x (bŏ), adj. Qui a de la beauté, bien fait. — BAU, x (id.), n. m. Solive du tillac. — BAUX (id.), n. m. pl. de bail. Contrat de louage. — BAUD, s (id.), n. m. Chien de Barbarie. — BAUD (id.), n. pr. Ch.-l. de canton du Morbihan.

BOIS (boè) [gr. βοσκειν], n. m. Végétal ligneux. — BOIS, oit (id.), [lat. *bibere*], v. boire. — BOA, s (bŏ-ä), n. m. Serpent sans venin.

BOITE, s (boè-te), n. f. Petite cassette. — BOITE (boè-te), n. f. État du vin bon à boire : vin en boite. — BOITE, s, nt (id.), v. boiter. Clocher. — BOITTE, s (id.), n. f. Appât ; petits poissons.

BOITÉE, s (boè-tée), n. f. Plein une boîte. — BOITER, ez, ai ; é (boè-té), v. et p. Clocher.

BOITIER, s (boè-tié). n. m. Boîte à compartiments. — BOITIEZ (boè-tié), v. boiter. Clocher.

BOL, s (bŏl') [cell. *bola*, ou angl. *bowl*], n. m. Vase en forme de demiglobe. — BOL, s (id.) [gr. βωλος, ou celt. *bola*], n. m. Sorte de pilule allongée.

BOME, s (bŏ-me), ou *boma*, n. m. Serpent. — BAUME, s (bŏ-me), n. m. Plante; substance huileuse. — BAUME (id.), n. pr. Sous-préf. du Doubs. — BEAUMES (id.), n. pr. Ch.-l. de canton de la Vaucluse.

BON, s (bŏn), adj. Qui a de la bonté.

— BON, s (id.), n. m. Billet ; mandat.

— BOND, s (bŏn), n. m. Saut.

BONASSE, s (bŏ-nă-se), adj. Simple, sans malice. — BONACE, s (id.), n. f. Calme sur mer.

BONAVENTURE (bŏ-nă-van-tu-re), n. pr. d'homme. — BONNE-AVEN-TURE, s (bŏ-ne-ă-van-tu-re), n. f. Prédiction. — BONNE AVENTURE (id.), adj. et n. f. Évènement heureux.

· BOMBARDIER, s (bon-băr-dié), n. m. Artilleur. — BOMBARDIEZ (id.), v. bombarder. Lancer des bombes.

BOMBE, s (bon-be) [celt. *bomb*, bruit, ou onomat.], n. f. Boule pleine de poudre. — BOMBE, s, nt (id.) [celt. *bomb*, tertre], v. bomber. Rendre ou devenir convexe.

BOMBAI ou BOMBAY (bon-bè), n. pr. Ville de l'Indoustan. — BOMBAIS, ait, aient (bon-bè, bè), v. bomber. Renfler.

BONBON, s (bon-bon), n. m. Sucrerie, friandise. — BOMBONS (id.), v. bomber. Rendre convexe.

BONDI, ie, is, ies ; is, it, ît (bon-dĭ, dïe, dï), p. et v. bondir. Sauter. — BONDY (bon-dĭ), n. pr. Village près de Paris. — BONDY, s (id.), n. m. Pomme verte et rouge.

BONDON, s (bon-don), n. m. Bouchon de futaille. — BONDONS (id.), v. bonder. Charger un navire.

BONDRÉE, s (bon-drée), n. f. Oiseau, sorte de buse. — BONDEREZ, ai (bon-de-ré), v. bonder. Emplir un navire.

BONE (bŏ-ne), n. pr. Ville et port de l'Algérie. — BONNE, s (id.), adj. f. de bon. Doué de bonté. — BONNE, s (id.), n. f. Gardienne d'un enfant. — BONN (bŏn'), n. pr. Ville de la Prusse rhénane. — BEAUNE (bŏ-ne), n. pr. Sous-préf. de la Côte-d'Or.

BONHOMME, s (bŏ-nŏ-me), n. m. Homme simple. — BON-HOMME (id.), n. m. Nom de certains religieux ; cabotin ; bouchon avec lequel on joue. — BON HOMME, s (bon-nŏ-me), adj. et n. m. Homme doué de bonté.

BORE, s (bŏ-re), n. m. Corps simple non métallique. — BORD, s (bŏr), n. m. Extrémité d'une surface.

BORÉ... (bŏ-ré, rée) [rad. *bore*], adj. Qui contient du bore. — BORÉE (bŏ-rée) [lat. *Boreas*], n. pr. m. Vent du nord.

BORÉLIE, s (bŏ-ré-lïe), n. f. Alvéoline, coquille univalve. — BORELLIE, (bŏ-rèl-lïe), n. f. Cordie, genre de plantes.

BOSSE, s (bŏ-se), n. f. Grosseur, élévation. — BEAUCE, ou BEAUSSE (bŏ-se), n. pr. f. Province de France.

BOSSU, s, e, es (bŏ-sŭ, sŭe), adj. Qui a une bosse. — BOSSUE, s, nt (bŏ-sŭe), v. bossuer. Faire une bosse à de la vaisselle.

BOTTE, s (bŏ-te) [celt. *bottel*, ou *bott*], n. f. Faisceau, paquet. — BOTTE, s (id.) [celt. *botès*], n. f. Chaussure à tiges. — BOTTE, s, nt (id.) [id.], v. botter. Chausser avec des bottes.

BOTTER, ez, ai ; é... (bŏ-té, tée), v. et p. Chausser avec des bottes. — BEAUTÉ, s (bŏ-té), n. f. Qualité de ce qui est beau.

BOTTIER, s (bŏ-tié), n. m. Celui qui fait des bottes. — BOTTIEZ (id.), v. botter. Chausser avec des bottes.

BOU, s (boŭ), n. m. Sorte de thé. — BOUE, s (boūe), n. f. Fange. — BOUE, s, nt (id.), v. bouer. Frapper avec le bouard. — BOUT, s (boŭ) [celt. *bod*], n. m. Extrémité, fin. — BOUS, out (bou) [lat. *bullire*], v. bouillir. Éprouver un mouvement par suite de la chaleur ou de la fermentation.

BOUCHE, s (boŭ-che) [lat. *bucca*], n. f. Partie du visage. — BOUCHE, s, nt (id.) [lat. *buccare*], v. boucher. Fermer une ouverture.

BOUCHÉE, s (boŭ-chée), n. f. Morceau qu'on met dans la bouche. — BOUCHER, s (boŭ-ché) [rad. *bouche*], n. m. Marchand de viande crue. — BOUCHER, ez, ai ; é... (boŭ-ché, chée), [lat. *buccare*, du gr. βυω ou βυζω], v. et p. Fermer une ouverture.

BOUCHET, s (boŭ-chè), n. m. Remède ; corde ; poire. — BOUCHAIS, ait, aient (boŭ-chè, chè), v. boucher. Fermer un trou.

BOUCHÈRE, s (boŭ-chè-re), n. f. Marchande de viande crue. — BOUCHÈRENT (id.), v. boucher. Fermer un trou.

BOUCHON, s (boŭ-chon) [rad. *boucher*], n. m. Ce qui bouche. — BOUCHON, s (id) [corrupt. de *buisson*], n. m. Rameau attaché à l'extérieur d'un cabaret ; cabaret. — BOUCHONS (id.) [lat. *buccare*], v. boucher. Fermer.

BOUCHONNIER, s (boŭ-chŏ-nié), n. m. Celui qui fait ou vend des bouchons. — BOUCHONNIEZ (id.), v. bouchonner. Chiffonner ; munir d'un bouchon ; caresser.

BOUCLIER, s (boŭ-clĭ-é), n. m. Arme défensive. — BOUCLIEZ (id.), v. boucler. Mettre une boucle.

BOUDA, as, ât (boŭ-dă, dă), v. bouder. Être fâché. — BOUDA, s (boŭ-dă), n. m. Sorcier chez les Abyssins. — BOUDDHA (boŭd'-dă), n. pr. m. Divinité indienne.

BOUEUSE, s (boŭ-eŭ-ze), adj. f. de boueux. Pleine de boue. — BOUEUSE, s (id.), n. f. de boueur. Enleveuse des boues.

BOUFFE, s (boŭ-fe) [it. *buffa*], adj. Plaisant, risible. — BOUFFE, s, nt (id.) [onom.], v. bouffer. Se gonfler les joues.

BOUFFON, s (boŭ-fon) [it. *buffone*], adj. Plaisant. — BOUFFONS (id.) [onomat.], v. bouffer. Se gonfler les joues. — BOUPHON, s (id.), n. m. Plante dont le bulbe est vénéneux.

BOUGON, s (boŭ-gon) [onom.], n. m. Celui qui bougonne, qui gronde habituellement. — BOUGON, s (id.), adj. Qui a perdu la tête et la queue, tronqué, raccourci.

BOUG..... (*g* doux). Voyez après *bouillon*.

BOUILLANT et dérivés (bou-llan, *ll* m.) [lat. *bullire*], v. bouillir. Voy. *bous*. — BOUILLANT et dérivés (id. *ll* m.) [rad. *bouille*], v. bouiller. Troubler l'eau avec une bouille ou perche.

BOUILLEUR, s (boŭ-lleur, *ll* m.) [rad. *bouillir*], n. m. Fabricant d'eau-de-vie; tube d'une machine à vapeur. — BOUILLEUR, s (id.) [rad. *bouille*], n. m. Celui qui bat l'eau avec une bouille.

BOUILLI, s (boŭ-llĭ, *ll* m.), n. m. Viande cuite dans le bouillon. — BOUILLIE, s (boŭ-llĭe, *ll* m.), n. f. Lait et farine bouillis. — BOUILLIS, it, ît; i... (bou-llĭ, llî, llîe, *ll* m.), v. bouillir et p. V. *bous*.

BOUILLOIRE, s (boŭ-lloè-re, *ll* m.), n. f. Vase dans lequel on fait ordinairement bouillir de l'eau. — BOUILLOIR, s (boŭ-lloèr, *ll* m.) n. m. Vase dans lequel on fait bouillir les métaux pour les décrasser.

BOUILLON, s (boŭ-llon, *ll* m. [celt. *boyl, boul, chaud*], n. m. Bulle de liquide; eau bouillie avec la viande. — BOUILLONS, llions; llez, lliez (boŭ-llon, llion; llé, llié : *ll* m.), v. bouillir, et v. bouiller. V. *bouillant*. — BOUILLON (boŭ-llon *ll* m.) [celt. *bw, lliwn*],

n. pr. Ville et ancien duché, en Belgique. — BOUIONS, ïez (boŭ-ions, ié), v. bouer. Frapper avec le bouard.

BOUGE, s (bou-je) [all. *bogen*, ou celt. *bugia*], n. m. Petite chambre pauvre. — BOUGE, s (id.) [lat. barb. *bulga*], n. f. Sorte de massue. — BOUGE, s, nt (id.) [all. *wegen*], v. bouger. Se mouvoir.

BOUGIE (boŭ-jïe), n. pr. f. Ville d'Algérie. — BOUGIE, s (id.) [rad. *Bougie*, ville], n. f. Chandelle de cire. — BOUGIE, s, nt (id.) [rad. *bougie*], v. bougier. V. *bougier*.

BOUGIER, ez, ai; é...; ons (boŭ-jĭ-é; on); bougiiez, iions (boŭ-jĭ-ié, ion) [rad. *bougie*], v. et p. Passer le bord d'une étoffe sur la cire fondue d'une bougie pour empêcher qu'elle s'effile. — BOUGIEZ, gions (bou-jié, jion) [all. *wegen*], v. bouger. Se mouvoir.

BOUGEON, s (boŭ-jon) [lat. *bulga*], n. m. Flèche qui avait une tête. — BOUGEON (id.) [all. *wegen*], v. bouger. Se mouvoir.

BOULANGER, s — gère, s (boŭlan-jé; jè-re), n. Celui, celle qui fait et vend du pain. — BOULANGER, ez, eai; é... — gèrent (id.), v. et p. Faire du pain.

BOULET, s (boŭ-lè), n. m. Grosse balle de fer massif. — BOULAIE, s (boŭ-lèe), n. f. Champ planté de bouleaux. — BOULAIS, ait, aient (bou-lè, lè), v. bouler. Enfler.

BOULERAIE, s (boŭ-le-rêe), n. f. Terrain planté de bouleaux. — BOULERAIS, ait, aient (bou-le-rè, rê), v. bouler. Enfler.

BOULINIER, s (boŭ-lĭ-nié), n. m. Vaiseau qui va à la bouline. — BOULINIEZ (id.), v. bouliner. Haler la bouline.

BOULOT, s (boŭ-lŏ), n. m. Gros et gras. — BOULEAU, x (boŭ-lŏ), n. m. Arbre.

BOULON, s (boŭ-lon), n. m. Cheville de fer. — BOULONS (id.), v. bouler. Enfler.

BOULONAIS (boŭ-lŏ-nè), adj. et n. De Boulogne. — BOULONNAIS, ait, aient (boŭ-lŏ-nè, nè), v. boulonner. Arrêter avec un boulon.

BOUQUE, s (boŭ-ke), n. f. Détroit, gorge. Vieux. — BOUQUE, s, nt (id.), v. bouquer. Baiser; gronder. Vieux. — BOUC, s (boŭk'), n. m. Mâle de la chèvre.

BOUQUET, s (boŭ-kè), n. m. Assemblage de fleurs. — BOUQUAIS, ait, aient (boŭ-kè, kè), v. bouquer. Baiser; gronder (vieux).

BOURA, s (boŭ-ră), n. m. Étoffe faite de poil grossier. — BOURRA, as, àt (boŭ-ră, ră), v. bourrer. Garnir de bourre.

BOURDIN, s (boŭr-din), n. m. Pêche, fruit; coquillage. — BOURDAIN, s (id.), n. m. ou *bourdine*, n. f. Coquille univalve marine.

BOURDON, s (boŭr-don) [it. *bordone*], n. m. Bâton de pèlerin. — BOURDON, s (id.) [celt. *boud*, ou onomat.], n. m. Insecte qui bourdonne; cloche; etc. — BOURDONS (id.) [celt. *bourd*], v. bourder. Dire des bourdes, se moquer, mentir.

BOURDONNET, s (boŭr-dŏ-nè), n. m. Rouleau de charpie. — BOURDONNAIS, ait, aient (boŭr-dŏ-nè, nè), v. bourdonner. Bruire sourdement.

BOURDONNIER, s (boŭr-dŏ-nié), n. m. Pèlerin; celui qui fait des bourdons; support d'une poutre. — BOURDONNIEZ, (id.), v. bourdonner. Produire un bruit sourd.

BOURRE, s (boŭ-re), n. f. Amas de poils. — BOURRE, s, nt (id.), v. bourrer. Garnir de bourre. — BOURG, s (boŭr), n. m. Gros village. — BOURG (id.), n. pr. Préfect. de l'Ain.

BOURRÈLE, s, nt (bou-rè-le), v. bourreler. Tourmenter la conscience. — BOURRELLE (id.), n. f. Femme d'un bourreau : vieux. — BOUREL, s (boŭ-rèl), n. m. Nom vulgaire de la buse.

BOURRELET, s (bou-re-lè) ou *bourlet*, s (bour-lè), n. m. Espèce de coussin fourré. — BOURRELAIS, ait, aient (bou-re-lè, lè), v. bourreler. Tourmenter la conscience.

BOURRELIER, s (bou-re-lié), n. m. Celui qui fait les harnais des bêtes de somme. — BOURRELIEZ (id.), v. bourreler. Tourmenter.

BOURIER, s (boŭ-rié), n. m. Paille, fétu dans les yeux. — BOURRIER, s (id.), n. m. Mélange de paille et de blé. — BOURRIEZ (boŭ-rié), v. bourrer. Emplir de bourre.

BOURO (boŭ-rŏ) ou *Bourou*, n. pr. Ile et ville de l'Océanie. — BOURREAU, x (bou-rŏ), n. m. Nom du Rouget à Baïonne. — BOURREAU, x (id.), n. m. Exécuteur des hautes œuvres.

BOURRON, s (bou-ron), n. m. Laine en bourre et en paquets. — BOURRONS (id.), v. bourrer. Garnir de bourre.

BOURSER...; é... (boŭr-sé...), v. et p. Se former en bourse. — BOURCER...; é... (id.), v. et p. Tenir une voile partiellement carguée : vieux.

BOURSETTE, s (boŭr-sè-te), n. f. Petite bourse. — BOURCETTE, s (id.), n. f. Mâche, plante.

BOURSIER, s (boŭr-sié), n. m. Élève qui jouit d'une bourse; celui qui fréquente la bourse; celui qui fait ou vend des bourses, des sacs; trésorier. — BOURSIEZ (id.), v. bourser. V. *bourser*. — BOURSILLER, ez, ai; é; iez (boŭr-sĭ-llé, llié, *ll* m.), v. et p. Contribuer à une dépense commune.

BOURSILLON, s (boŭr-sĭ-llon, *ll* m.), n. m. Petite bourse. — BOURSILLONS, llions (boŭr-sĭ-llon, llions, *ll* m.), v. boursiller. Se cotiser.

BOUTAN (bou-tan), n. pr. m. ou Petit-Thibet. Région de l'Asie centrale. — BOUTANT, s (id.) [rad. *bout*], adj. Appuyant par un bout : arc-boutant. — BOUTANT (id.), v. bouter, 3 fois : V. *bouté*.

BOUTE, s (bou-te), n. f. Grande futaille. — BOUTE, s, nt (id.), v. bouter, 3 fois : V. *bouté*.

BOUTÉ, s; e, es (bou-té, tée), adj. Se dit d'un cheval qui a les jambes droites depuis le genou jusqu'à la couronne. — BOUTER...; é... (id.) [lat. *pulsare*], v. et p. Mettre : vieux. — BOUTER...; é... (id.) [rad. *boutoir*], v. et p. Nettoyer les peaux avec le boutoir. — BOUTER...; é... (id) [rad. *bout*], v. et p. Appuyer par un bout.

BOUTON, s (boŭ-ton) [it. *bottone*], n. m. Bourgeon végétal; disque pour boutonner un vêtement. — BOUTONS (id.), v. bouter, 3 fois : V. *bouté*.

BOUTONNET, s (boŭ-tŏ-nè), n. m. Petit bouton. — BOUTONNAIS, ait, aient (boŭ-tŏ-nè, nè), v. boutonner. Produire des boutons; attacher avec des boutons.

BOUTONNIER, s (boŭ-tŏ-nié), n. m. Celui qui fait ou vend des boutons. — BOUTONNIEZ (id.) v. boutonner. V. *boutonnet*.

BRAMA, as, àt (bra-mă, mă), v. bramer. Crier comme le cerf. — BRAHMA (brā-mā), n. pr. m. Nom de l'être unique, considéré comme la source de tous les êtres, dans la mythologie indienne. — BRAHMA (brā-mā), n. pr. m. 1re personne de la trinité indienne.

BRAMANT (bra-man), v. bramer. V. *brama.* — BRAHMAN (brā-man), n. pr. m. Fils aîné de Brahmà

BRAHME, s, nt (bra-me) [gr. βρεμειν], v. bramer. Crier comme le cerf. — BRAME, s (id.) [lat. *amabris* ou *bremus*], n. f. Aujourd'hui brème, poisson. — BRAHME, s (brā-me), n. m. Brahmane ou prêtre de Brahma.

BRAMINE, s (brā-mi-ne), n. m. Serpent. — BRAHMINE, s (brā-mi-ne), n. m.; ou *brahmane*, prêtre de Brahma.

BRANCHER, s (bran-ché), n. m. Associé : vieux. — BRANCHER, ez, ai; é... (bran-ché, chée), v. et p. Pendre à une branche; se percher sur les branches.

BRANCHIÉ, s; e, es (bran-chĭ-é, ée), adj. Muni de branchies. — BRANCHIEZ, (bran-chié), v. brancher. V. *brancher.* — BRANCHIER, s (id.), adj. Se dit de l'oiseau qui n'a encore que la force de voler de branche en branche.

BRAQUE, s (bră-ke) celt. [*bracco*], n. m. Chien de chasse; étourdi. — BRAQUE, s (id.) [lat. *vertere*], v. braquer. Tourner. — BRAQUE, s (id.) [lat. *brachium*], n. f. Pince d'écrevisse. BRAC, s (brăk'), n. m. Oiseau; poisson. — BRAC (id.), mot factice dans bric-à-brac. — BRAK, s (id.), adj. Se dit du hareng à moitié salé.

BRASSE, s (bra-se) [rad. *bras*], n. f. Mesure des deux bras. — BRASSE, s, nt (id.) [lat. *brassare*, du celt. *brace*], v. brasser. Remuer; faire de la bière, etc. — BRACE, s (bră-se) [lat. *brachium*], n. f. Casaque antique. — BRACE, s (id.) [lat. *brutium*], n. m. Espèce d'épeautre.

BRASSÉE, s (bra-sée) [rad. *bras*], n. f. Plein les bras. — BRASSER, ez, ai; é... (bra-sé, sée), v. et p. V. *brasse.*

BRAVE, s (bra-ve), adj. et n. Courageux, intrépide. — BRAVE, s, nt (id.), v. braver. Affronter, défier.

BRASIER, s (brā-zié), n. m. Feu de charbons ardents. — BRASIEZ (id.), v. brâser. Souder; pétiller. — BRASILLER, ez, ai, é...; lliez (bra-zi-llé; llié, *ll* m.), v. et p. Faire griller sur la braise.

BRAI, s (brè) [lat. *brutia*], n. f. Résine noirâtre. — BRAIS, ait, aie, aies, aient (brè, brê) [lat. *rugire*], v. braire. Crier comme l'âne. — BRAIS (brè) [lat.

brachium], n. m. Bras : vieux. — BRAIE, s (brèe) [lat. *bracca*], n. f. Lange; devant de culotte. — BRAIE, s (id.) [celt. *brac*], n. f.; et mieux *broie* ou *broyoir.* Machine à broyer le chanvre. — BRAIE, s, nt (id.), v. brayer et braire. V. *brayant.* — BRAI ou BRAY (brè), n. pr. Pays dans la Seine-Inférieure.

BRAYANT et dérivés (brè-ian) [rad. *brai*, du lat. *brutia*], v. brayer. Enduire de brai. — BRAYANT et dérivés (id.) [lat. *rugire*], v. braire. Crier comme les ânes. — BRAILLANT (bra-llan, *ll* m.), v. brailler. Criailler.

BRAYER, s (brè-ié), n. m. Bandage. — BRAYER, ez, ai; é... (brè-ié, iée); brayiez (brè-iié), [rad. *brai*], v. et p. Enduire de brai. — BRAYEZ (brè-ié); brayiez (brè-iié) [lat. *rugire*] v. braire. Crier comme l'âne.

BRAYÈRE, s (brè-iè-re), n. f. Genre de plantes rosacées. — BRAYÈRENT (id.), v. brayer. Enduire de brai.

BRAYON, s (brè-ion), n. m. Piège pour prendre les bêtes puantes; — BRAYON, s (id.) [rad. *broyer*], n. m. Pierre à broyer le noir de l'encre typographique. — BRAYONS, yions (brè-ion, iion), v. brayer et braire. V. *brayant.*

BRELANDIER, s (bre-lan-dié), n. m. Joueur. — BRELANDIEZ (id), v. brelander. Hantez les brelans.

BRÈME, s (brè-me) [lat. *bremus*], n. f. Poisson, sorte de carpe. — BRÈME, s (brè-me), n. m. Genre d'insectes hyménoptéres. — BRÈME (brè-me), n. pr. Ville et duché d'Allemagne.

BRAIRAI..., rais... (brè-ré..., rè...), v. braire. V. *brayant.* — BRAIERAI..., rais... (brè-ré..., rè...), v. brayer. V. *brayant.* — BRÉHERAI..., rais... (brè-he-ré..., rè..., *h* asp.), v. breher. Clouer un fer au pied d'un cheval.

BRESTE, s (brès-te), n. f. Manière de prendre les oiseaux avec de la glu et un appât. — BRESTE, s, nt (id.), v. brester. Disputer : vieux. — BREST (brèst'), n. pr. m. S. préf. du Finistère.

BRETTE, s (brè-te), adj. f. Bretonne. — BRETTE, s (id.) [rad. *britto*, breton], n. f. Epée. — BRETTE, s, nt (id.), v. bretter. Faire des hachures.

BRETELLE, s (bre-tè-le), n. f. Bande qu'on place sur les épaules pour porter ou retenir quelque chose. — BRETÈLE, s, nt (brè-tè-le), v. bretteler, ou bretter. Faire des hachures avec un marteau bretté.

BRETON, s (bre-ton), adj. et n. De Bretagne. — BRETTONS (brè-ton), v. bretter. Faire des hachures.

BREVETÈRENT (bre-ve-tè-re), v. breveter. Donner un brevet. — BRE-VETAIRE, s (id.), n. m. Personnage breveté.

BRI, s (brĭ), n. m. Sorte de mousse. — BRIE, s (brīe), n. f. Barre de bois pour battre de la pâte. — BRIE, s, nt (id.), v. brier. Pétrir avec la brie. — BRIE, (id.) [lat. *Briagius*], n. pr. f. Anc. prov. de France. — BRIE, s (id.) [id.], n. m. Fromage de Brie. — BRIS (brī), n. m. Brisure, rupture.

BRIARE (brĭ-a-re), n. pr. Chef-lieu de cant. du Loiret. — BRIARD, s (brĭ-ar), n. et adj. m. De la Brie.

BRICOLIER, s (brĭ-cŏ-lié), n. m. Cheval attelé à côté du cheval de brancard. — BRICOLIEZ (id.), v. bricoler. Mettre la bricole.

BRIDIER, s (brĭ-dié), n. m. Celui qui fait ou vend des brides. — BRIDIEZ (id.), v. brider. Mettre la bride.

BRIDON, s (brĭ-don), n. m. Sorte de bride légère. — BRIDONS (id.), v. brider. Mettre la bride.

BRIFIER, s (brĭ-fié), n. m. Bande de plomb qui entre dans les enfaîtements d'un toit en ardoise. — BRIFIEZ (id.), v. brifer. Manger goulumemt, bouffer.

BRIGAND, s (brĭ-gan), n. m. Voleur de grands chemins. — BRIGUANT (id.), v. briguer. Solliciter.

BRILLANTE, s (brĭ-llan-te, *ll* m.), adj. f. Qui a de l'éclat. — BRIL-LANTE, s, nt (id.), v. brillanter. Tailler à facettes un diamant.

BRILLER...; é (brĭ-llé..., *ll* m.), v. et p. Avoir de l'éclat. — BRIER...; é... (brĭ-é..), v. et p. Pétrir avec la brie.

BRIQUE, s (brĭ-ke), n. f. Argile moulée et cuite ou séchée. — BRICK, s (brĭk') n. m. Petit navire armé. — BRIC, s (id.), n. m. Cage à prendre les oiseaux. — BRIC (id.). Ne s'emploie que dans *bric-à-brac*.

BRIQUÈTE, s, nt (brĭ-kè-te), v. briqueter. Imiter la brique. — BRIQUETTE, s (id.), n. f. Petite brique.

BRIQUETIER, s (brĭ-kè-tié), n. m. Fabricant de briques. — BRIQUETIEZ (id.), v. briqueter. Imiter la brique combustible.

BRISSE, s (brĭ-se), n. m. Sorte d'oursin ou hérisson de mer. — BRICE (id.), n. pr. d'homme.

BRISE, s, nt (brĭ-ze) [gr. βρισεω], v. briser. Rompre. — BRISE, s (id), n. f. Vent frais et modéré.

BROCARD, s (brŏ-car). n. m. Raillerie. — BROCART, s (id.), n. m. Étoffe brochée d'or ou d'argent. — BRO-QUART, s (id.), et mieux *brochard*, n. m. Chevreuil à son premier bois; sorte de poisson mollusque.

BROCHA, s (brŏ-chă), n. m. Mammifère pinnipède. — BROCHA, as, ât (brŏ-chă, chā), v. brocher. Coudre les feuilles d'un livre.

BROCHET, s (brŏ-chè), n. m. Poisson d'eau douce. — BROCHAIS, ait, aient (id.), v. brocher. Coudre un livre.

BROCHÈTE, s, nt (brŏ-chè-te), v. brocheter. Percer de broches ou de brochettes. — BROCHETTE, s (id), n. f. Petite broche.

BROCHETON, s (brŏ-che-ton), n. m. Petit brochet. — BROCHETONS (id.), v. brocheter. Percer de broches.

BROCHON, s (brŏ-chon), n. m. Gomme du bdellium. — BROCHONS (id.), v. brocher. Coudre les feuilles d'un livre.

BROYON, s (broè-ion), n. m. Pilon pour broyer; piège. — BROYONS, yions (broè-ion, iions), v. broyer. Piler, écraser.

BRONCHE, s (bron-che) [gr. βρογχος], n. f. Conduit respiratoire. — BRON-CHE, s, nt (id.) [celt. *bron*], v. broncher. Faire un faux pas. — BRONCHE, s (id.), n. m. Genre d'insectes coléoptères.

BROSSE. s (brŏ-se), n. f. Ustensile pour nettoyer les habits, etc.—BROSSE, s, nt (id.), v. brosser. Frotter avec une brosse. — BROCE, s (id.), n. f. Aiguillon ou broche d'éperons.

BROU, s (broŭ), n. m. Enveloppe verte des noix; liqueur. — BROUT, s (id.), n. m. Pousse des jeunes taillis.

BROUETTIER, s (broŭ-è-tié), n. m. Celui qui porte sur une brouette. — BROUETTIEZ (id), v. brouetter. Transporter dans une brouette.

BROUILLASSE (broŭ-llă-se, *ll* m.) [rad. *brouillas*, auj. brouillard], v. brouillasser. Faire du brouillard qui tombe en pluie très fine. — BROUIL-LASSE, s, nt (broŭ-llă-sse, *ll* m.) [it. *brogliare*], v. brouiller. Mettre les choses en désordre, ou les personnes en discorde.

BROUILLON, s (broŭ-llon, *ll* m.), adj. Qui se plaît à brouiller; n. m. Celui qui brouille ; ce qu'on écrit d'abord, avec intention de le corriger. — BROUILLONS, llions (broŭ-llon, llions, *ll* m.), v. brouiller. Mettre les choses pêle-mêle.

BRU, s (brŭ) [celt. *bru*], n. f. Belle-fille. — BRU, s (id), n. m. Raisin de la Corrèze. — BRU, s (id.), n. m. Pré. — BRUT, s (id.; selon quelques-uns, brŭt'), adj. Non poli.

BRUIT, s (bruï), n. m. Son confus; querelle; éclat. — BRUIS, it, ît (brŭ-ĭ, ī), v. bruire. V. *bruire*. — BRUIS, it, ît; i... (brŭ-ĭ, ī, īe), v. bruir. V. *bruire*.

BRUIRE, irent (brŭ-i-re), v. Faire du bruit. — BRUIR, irent (brŭ-ir, i-re), v. Assouplir les étoffes, en les pénétrant de vapeur d'eau chaude.

BRUNI, s (brŭ-nĭ), n. m. Pièce d'orfèvrerie, polie et brillante. — BRUNIS (brŭ-nī), n. m. Brunissoir; couleur de métal bruni. — BRUNI, ie, ies, is, ît (brŭ-nĭ, nī, nīe) [celt. *brun*, en lat. *brunieus*], p. et v. brunir. Rendre brun; polir un métal. — BRUNIE, s (brŭ-nīe), n. f. Type des plantes bruniacées.

BRUCELLES (brŭ-sè-le), n. f. pl. Pincettes à ressort. — BRUXELLES (brŭ-cè-le, et mieux bruk-sè-le), n. pr. Capitale de la Belgique.

BRUSQUE, s (brŭs-ke), adj. et n. Vif, rude et prompt. — BRUSQUE, s, nt (id.), v. brusquer. Agir vivement et rudement.

BU, ue, us, ues, ut, ût (bŭ, bū, būe) [lat. *bibere*], p. et v. boire. Avaler un liquide. — BUT, s (bŭ) [lat. *buttum*], n. m. Point où l'on vise. — BUE, s, nt (būe) [gr. βυω], v. buer. Lessiver.

BUCHER, s (bū-ché), n. m. Amas de bois à brûler. — BUCHER, ez, ai; é... (bū-ché, chée), v. et p. Dégrossir une pièce de bois.

BUCHERON, s (bū-che-ron), n. m. Abatteur d'arbres. — BUCHERONS, nt (id.), v. bûcher. Dégrossir une bûche.

BUCHERONNE, s (bū-che-rŏ-ne), n. f. Femme d'un bûcheron. — BUCHERONNE, s, nt (id.), v. bûcheronner. Faire le bûcheron.

BUISSONNET, s (buï-sŏ-nè), n. m. Petit buisson. — BUISSONNAIE, s (buï-sŏ-nèe), n. f. Lieu couvert de buissons. — BUISSONNAIS, ait, aient (buï-sŏ-nè, nè), v. buissonner. Produire des buissons; se cacher dans les buissons.

BUISSONNIER, s (buï-sŏ-nié), adj. et n. m. Qui concerne les buissons. — BUISSONNIEZ (id.), v. buissonner. Produire des buissons ; se cacher.

BULLÈRENT (bŭl-lè-re), v. buller. Sceller avec une bulle. — BULLAIRE, s (id.), n. m. Recueil de bulles; champignon.

BULLIER, s (bu-lié). n. m. Animal qui vit dans la coquille nommée bullée. — BULLIEZ (id.), v. buller. Sceller avec une bulle.

BURE, s (bŭ-re), n. f. Étoffe grossière de laine. — BURENT (bū-re), v. boire. Avaler un liquide.

BURET, s (bŭ-rè), n. m. Poisson d'où l'on tirait la pourpre. — BUERAIS, ait, aient (būe-rè, rê), v. buer. Lessiver.

BUSSE, s (bŭ-se) [lat. *bussa*], n. f. Grosse futaille : vieux. — BUSSE, s, nt (bŭ-se) [lat. *bibere*], v. boire.

BURSOT, s (bŭr-sō), n. m. Arbre d'Afrique. — BURSAUX (bŭr-sō), adj. m. pl. de bursal. Qui appartient à la bourse.

BUSQUE, s, nt (bŭs-ke), v. busquer, 2 fois : V. *busquer*. — BUSQUE, s (id.), n. m. Partie d'une crosse qui s'unit à la poignée. — BUSC, s (bŭsk'), n. m. Lame qui maintient le devant d'un corset.

BUSQUER...; é... (bŭs-ké) [rad. *busc*, du lat. *boscus*], v. et p. Garnir d'un busc. — BUSQUER...; é... (id.) [esp. *buscar*], v. et p. Chercher fortune.

BUTE, s (bŭ-te), n. f. Outil de maréchal. — BUTE, s, nt (id.), v. buter. Toucher au but. — BUTES (bū-te), v. boire. Avaler un liquide. — BUTTE, s (bŭ-te), n. f. Tertre, monticule, colline. — BUTTE, s, nt (id.), v. butter. Garnir de terre. — BUTHE, s (bu-te), n. m. Sorte d'araignée, de scorpion. — BUT, s (selon quelques-uns qui, à tort, prononcent but'), n. m. Point où l'on vise. V. *bu*.

BUTER...; é (bŭ-té...), v. et p. Toucher au but; tendre à une fin. — BUTTER...; é (id.), v. et p. Garnir de terre, faire une butte ou un tertre au pied d'un arbre; heurter du pied.

BUTINIER, s (bŭ-tĭ-nié), n. m. Homme de guerre qui répartissait le butin. — BUTINIEZ (id.), v. butiner. Faire du butin.

BUVEZ (bu-vé), v. boire. Avaler un liquide. — BUVÉE, s (bu-vée), n. f. Eau mêlée de farine, etc., qu'on fait boire aux vaches.

C, CH.

*(Articulation dure, comme celle du
k, devant une consonne, et devant les
voyelles a, o, u. Les syllabes qu'on
prononce ke, ké, kè, ki, kin, sont cen-
sées toujours écrites par qu...).*

CAS (că) [lat. *casus*], n. m. Accident,
occasion. — **CAS** (id.) [lat. *quassatus*],
adj. Cassé, enroué.

CABAS (că-bă), n. m. Panier de jonc,
etc. — **CAABA** (că-ă-bă), n. f. Édifice
religieux des musulmans.

CABALE, s (că-bă-le) [lat. *caput*], n.
f. Complot, intrigue. — **CABALE**, s, nt
(id.) [id.], v. cabaler. Comploter. —
CABALE, s (id.) [hébreu *kabalah*], n. f.
Tradition juive. — **CABAL**, s (că-băl),
n. m. Bail à cheptel ; fond de marchandises mises en commun.

CABALÈRENT (că-bă-lè-re), v. cabaler. Comploter. — **CABALLAIRE**, s (că-
băl-lè-re), n. m. Plante.

CABALIONS, (că-bă-lion), v. cabaler.
Comploter. — **CABALLION**, s (că-băl-
lĭ-on), n. m. Plante.

CABANIER, s (că-bă-nié), n. m. Fermier, en Bretagne. — **CABANIEZ** (id.),
v. cabaner. Faire des cabanes ; chavirer.

CABARET, s (că-bă-rè), n. m. Lieu
où l'on vend des boissons. — **CABA-
RAIS**, ait, aient (că-bă-rè, rè), v. ca-
barer. Transvaser de l'eau.

CABARETIER, s (că-bă-rĕ-tié), n. m.
Maître d'un cabaret. — **CABARETIEZ**
(id.), v. cabareter. Hanter les cabarets.

CABASSET, s (că-ba-sè), n. m. Sorte
de casque ancien. — **CABASSAIS**, ait,
aient (că-ba-sè, sè), v. cabasser. Amasser dans un cabas ; bavarder, tromper,
voler.

CABASSON, s (că-ba-son), n. m.
Poisson analogue au lavaret. — **CABAS-
SONS** (id.), v. cabasser. V. *cabassais*.

CABILLOT, s (că-bĭ-llŏ, *ll* m.), n. m.
Cheville de bois. — **CABILLAUD**, s
(că-bĭ-llŏ, *ll* m.), n. m. Ancien parti politique en Hollande. — **CABÉLIAU**, s
(că-bé-lĭ-ŏ), n. m. Morue fraîche.

CABOTIER, s (că-bŏ-tié), n. m. Employé au cabotage. — **CABOTIEZ** (id.),
v. caboter. Faire le cabotage.

CABRIOLET, s (că-brĭ-ŏ-lè), n. m.
Voiture légère. — **CABRIOLAIS**, ait,
aient (că-brĭ-ŏ-lè, lè), v. cabrioler. Faire
la cabriole.

CABROUÉTIER, s (că-broŭ-é-tié), n.
m. Celui qui conduit un cabrouêt. —
CABROUÉTIEZ (id.), v. cabrouéter.
Conduire au moulin des cannes à sucre
dans un cabrouet ou petite charrette.

CABURE, s (că-bu-re), n. m. Chouette
du Brésil. — **CABUR**, s (că-bŭr), n. m.
Plante persicaire, de Java.

CACHET, s (că-chè), n. m. Petit sceau.
— **CACHAIS**, ait, aient (că-chè, chê), v.
cacher. Mettre en un lieu secret.

CACHÈTE, s (că-chè-te), n. f. Essieu
ou axe d'une machine. — **CACHÈTE**, s,
nt (id.), v. cacheter. Mettre un cachet.
— **CACHETTE**, s (id.), n. f. Petite cache.

CACHOT, s (că-chŏ), n. m. Prison
obscure. — **CACHOS** (că-chŏ), n. m.
Arbrisseau vert du Pérou.

CADÈLE, s, nt (că-dè-le), v. cadeler.
Faire des cadeaux : vieux et inus. ; faire
de grands traits de plume. — **CADELLE**,
s (id.), n. f. Insecte qui ronge le blé.

CADETTE, s (că-dè-te) [lat. *capite-
tum*], adj. f. de cadet. Puîné. — **CA-
DETTE**, s (id.), n. f. Dalle ; grande
queue de billard. — **CADETTE**, s, nt
(id.), v. cadetter. Paver avec des cadettes.
— **CADÈTES** (id.), n. pr. pl. Ancien
peuple gaulois.

CADI, s (că-dĭ) [ar. *kâdi*], n. m. Magistrat turc. — **CADIS** (id.), n. m. Étoffe
de laine à grains. — **CADIE**, s (că-dĭe),
n. f. Plante papilionacée.

CADRA, as, ât (că-dră, drā), v. ca-
drer. Faire un carré proportionnel ; avoir
de la convenance. — **CADRAT**, s (ca-
dră), n. m. Morceau de métal qui forme
les blancs dans l'impression.

CADRAN. s (că-dran), n. m. Surface
graduée. — **CADRANT** (că-dran), v. ca-
drer. V. *cadra*.

CAFARDE, s (că-făr-de), n. f. de cafard. Hypocrite. — **CAFARDE**, s, nt
(id.), v. cafarder. Faire le cafard.

CAILLE, s (că-lle, *ll* m.) [onomat.; it.
quaglia], n. f. Oiseau. — **CAILLE**, s,
nt (id.), v. cailler, 2 fois : V. *cailler*.

CAILLER...; é... (că-llé..., *ll* m.)
[lat. *coagulare*], v. et p. Coaguler, figer.
— **CAILLER**...; é... (că-llé..., *ll* m.)
[rad. *caille*], v. et p. Chasser aux cailles ;
inus. — **CAILLER**, s (că-llé, *ll* m.) [rad.
caille], n. m. Appeau, machine pour
prendre les cailles. — **CAHIER**, s (că-

ié), n. m. Plusieurs feuilles de papier réunies.

CAILLÈTE, s, nt (că-llè-te, *ll* m.) [rad. *caille*], v. cailleter. Bavarder. — CAILLETTE, s (id.) [rad. *caille*], n. f. Oiseau ; femme babillarde. — CAILLETTE, s (id.) [lat. *coagulare*], n. f. 4e estomac des animaux ruminants.

CAILLETON, s (că-lle-ton, *ll* m.), n. m. Petit de la caille. — CAILLETONS (id.), v. cailleter. Bavarder.

CAILLOUTEUSE, s (că-lloŭ-teŭ-ze, *ll* m.), adj. f. de caillouteux. Plein de cailloux. — CAILLOUTEUSE, s (id.), n. f. de caillouteur. Qui cailloute, qui garnit de cailloux.

CALAMITÉ, s (că-lă-mĭ-té) [lat. *calamitas*], n. f. Grand malheur. — CALAMITÉ, s ; e, es (că-lă-mĭ-té, tée) [rad. *calamite*, du lat. *calamus*], adj. Qui ressemble à la calamite, plante fossile.

CALAMBOUR, s (că-lan-bour), n. m. Bois odoriférant. — CALEMBOUR, s (id.), n. m. Jeu de mots, quolibet.

CALEMBOURDIER, s (că-lan-boŭr-dié), n. m. Feseur de calembours. — CALEMBOURDIEZ (id.), v. calembourder. Faire des calembours.

CALANDRE, s (că-lan-dre) [gr. χαλανδρος], n. f. Oiseau ; insecte. — CALANDRE, s (id.) [gr. χυλινδρος], n. f. Cylindre pour lustrer. — CALANDRE, s, nt (id.) [id.], v. calandrer. Lustrer les étoffes.

CALANDRIEZ (că-lan-drĭ-é), v. calandrer. Lustrer. — CALENDRIER, s (id.), n. m. Tableau des jours de l'année.

CALATES (că-lă-te), v. caler. V. *calé*. — CALATHE, s (că-lă-te), n. m. Insecte coléoptère.

CALCULE, s, nt (căl-cŭ-le), v. calculer. Compter. — CALCUL, s (căl-cŭl), n. m. Supputation, compte.

CALE, s (că-le) [lat. *chalare*, du gr. χαλαν ; ou celt. *caled*], n. f. Morceau d'appui ; fond intérieur d'un vaisseau. — CALE, s, nt (id.), v. caler. Mettre une cale. — CALE, s (id.) [esp. *cala*, it. *scala*], n. f. Petite rade. — CALE, s (id.) [lat. *callus*, du gr. χαλυττω], n. f. Coiffure. — CALLE, s (că-le) [gr. χαλλαια], n. f. Plante rampante. — CALLE, s (id.) [celt. *caled*], n. f. Machine pour retirer de l'eau les vaisseaux à radouber. — CALLE (LA) (id.), n. pr. f. Ville de l'Algérie. — CAL, s (căl), n. m. Durillon.

CALÉ, s, e, es (că-lé, lée), adj. Qui est dans l'aisance, beau. — CALER, ez, ai ; é... (id.) [lat. *chalare*, ou celt. *caled*], v. et p. Assujétir avec une cale. — CALÉE, s (că-lée) [gr. χαλος], ou *caléa*, n. f. Plante. — CALÉ, s, e, es (că-lé, lée) [id.], adj. Qui ressemble à la calée ou caléa.

CALAIS, ait, aient (că-lè, lê) [rad. *cale*], v. caler. Mettre une cale. — CALAIS (că-lè), n. pr. Ville du Pas-de-Calais, ch.-lieu de canton. — CALAIS (id.), n. m. Plaque de tôle ; insecte ; plante. — CALEYE (că-lèe), n. f. Plante, sorte d'aréthuse.

CALEUSE, s (că-leŭ-ze), n. f. de caleur. Flâneur. — CALLEUSE, s (căl-leŭ-ze), adj. f. de calleux. Qui a des callosités.

CALIN, s (că-lin), n. m. Alliage de plomb et d'étain. — CALIN, s (că-lin), adj. Doucereux.

CALINE, s (că-li-ne), adj. f. de câlin. Doucereuse. — CALINE, s, nt (id.), v. câliner, 2 fois. V. *câliner*.

CALINER...; é... (că-lĭ-né...) [gr. χαλαν], v. et p. Cajoler, choyer. — CALINER...; é... (id.) [celt. *cal*], v. et p. Niaiser, paresser.

CALINIER, s (că-lĭ-nié), n. m. Arbrisseau de la Guyane. — CALINIEZ (că-lĭ-nié), v. câliner, 2 fois. V. *câliner*.

CALMI, s (căl-mĭ), n. m. Toile peinte du Mogol. — CALMI, ie, is, ies, it, ît (căl-mĭ, mĭ, mĭe) [rad. *calme*], v. calmir, et p. Devenir calme, en parlant de la mer et des vents.

CALOTA, s (că-lŏ-tă), n. m. Plante. — CALOTTA, as, ât (că-lŏ-tă, tă), v. calotter. Mettre une calotte ; frapper sur la tête.

CALOTE, s (că-lŏ-te), n. m. Reptile iguanien des Indes. — CALOTTE, s (id.), n. f. Sorte de petit bonnet. — CALOTTE, s, nt (id.), v. calotter. V. *calotta*.

CALOTTIER, s (că-lŏ-tié), n. m. (că-lŏ-tié), n. m. Fabricant, marchand de calottes. — CALOTTIEZ (id.), v. calotter. V. *calotta*.

CALQUÈRENT (căl-kè-re), v. calquer. Copier trait pour trait. — CALCAIRE, s (id.), adj. et n. m. Qui contient de la chaux.

CALQUERON, s (căl-ke-ron), n. m. Liteau d'un métier à soie. — CALQUE-

RONS, ont (id.), v. calquer. Copier un dessin.

CALQUIER, s (căl-kié), n. m. Taffetas des Indes orientales. — CALQUIEZ (id.), v. calquer. Copier au transparent.

CALVILLE, s (căl-vĭ-lé), n. f. Sorte de pomme. — CALVIL, s (căl-vĭl), n. m. Pommier qui donne la calville.

CAMARE, s (că-mă-re), n. m. Fruit bivalve. — CAMARD, s (că-măr), adj. et n. m. Camus.

CAME, s (că-me), n. f. Genre de coquilles adhérentes. — CAMME, s (id.), n. f. Pièce saillante sur un arbre tournant. — CHAM (căm'), n. pr. L'un des trois fils de Noé.

CAMELOTE, s, nt (că-me-lŏ-te), v. cameloter. Imiter le camelot; faire de la camelotte. — CAMELOTTE, s (id.), n. f. Marchandise mauvaise, dégradée.

CAMELOTIER, s (că-me-lŏ-tié), n. m. Celui qui fait la camelotte, la contrebande; marchand de camelot; papier grossier. — CAMELOTIEZ (id.), v. cameloter. V. camelote.

CAN, s (can), n. m. Face la moins large d'une pièce de bois. — CAMP, s (id.), n. m. Lieu occupé par une armée. — KAN, ou KHAN, s (id.), n. m. Chef tartare; souverain mongol; lieu de repos des caravanes; marché public des Orientaux. — QUAND (id.), conj. Lorsque; dans quel temps. — QUANT A (id.), prép. Pour ce qui est de. — CAEN (id.), n. pr. Préfecture du Calvados.

CANA, as, ât (că-nă, nă) [rad. cane], v. caner. Faire le poltron. — CANA (că-nă), n. pr. Ville de Galilée. — CANNA, as, ât (că-nă, nă) [rad. canne], v. canner. Auner avec une canne. — CANNA, s (căn'-nă), n. f. Sorte de gazelle d'Afrique. — KANNA, s (id.), n. f. Racine estimée des Hottentots.

CANARDIER, s (că-năr-dié), n. m. Celui qui chasse aux canards. — CANARDIEZ, (id.), v. canarder. Produire un son aigu et nasard comme celui du canard.

CANARI, s (că-nă-rĭ), n. m. Oiseau; arbre; vase. — CANARIE, s (că-nă-rĭe), n. f. Sorte de danse ancienne. — CANARIES (id.), n. pr. f. pl. Iles de l'Atlantique.

CANASSE, s (că-nă-se), n. m. Tabac à fumer très menu. — CANASSE, s, nt (că-nă-se), v. caner. V. cana. — CANNASSE, s, nt (id.), v. canner. V. canna.

CAMBRAI (can-brè), n. pr. Sous-préf. du Nord. — CAMBRAIS, ait, aient (can-brè, brè), v. cambrer. Courber.

CANE, s (că-ne), n. f. Femelle du canard. — CANE, s, nt (id.), v. caner. Faire la cane, le poltron. — CANNE, s (id.), n. f. Bâton de promenade; roseau à sucre. — CANNE, s, nt (id.), v. canner. Auner avec une canne. — CANNES (id.), n. pr. Ville d'Apulie; ville du Var.

CANER...; é... (că-né...), v. et p. Faire la cane, le poltron. — CANNER...; é... (id.), v. et p. Mesurer avec une canne.

CANET, s (că-nè), n. m. Petit canard. — CANAIS, ait, aient (că-nè, nè), v. caner. V. caner. — CANNAIS, ait, aient (id.), v. canner. V. canner. — CANNAIE, s (căn'-nèe), n. f. Lieu planté de cannes.

CANNELA, as, ât (că-ne-lă, lă), v. canneler. Creuser des cannelures. — CANNELAS (că-ne-lā), n. m. Dragée à la cannelle.

CANNÈLE, s, nt (că-nè-le), v. canneler. V. canneler. — CANNELLE, s (id.), n. f. Écorce du cannellier.

CANNELER, ez, ai, é... (că-ne-lé), v. et p. Creuser des cannelures. — CANNELLÉ, e, s, es (că-nèl-lé), adj. Brun comme la cannelle.

CANNELIEZ (că-ne-lié), v. canneler. V. canneler. — CANNELLIEZ, s (că-nèl-lié), n. m. Laurier cinname.

CANNELON, s (că-ne-lon), n. m. Moule à fromages, cannelé. — CANNELONS (id.), v. canneler. V. canneler.

CANÈTE, s, nt (că-nè-te), v. caneter. Marcher comme une cane. — CANETTE, s (id.) [rad. cane], n. f. Petite cane. — CANETTE, s (id.) [rad. canne, roseau], n. f. Vase à bière.

CANETIER, s (că-ne-tié), adj. Qui appartient au canard. — CANETIEZ (id.), v. caneter. V. canète.

CANETON, s (că-ne-ton), n. m. Jeune canard. — CANETONS (id.), v. caneter. Marcher comme une cane.

CAMPHRIER, s (can-frì-é), n. m. Laurier qui produit le camphre; buveur de liqueurs fortes. — CAMPHRIEZ (id.), v. camphrer. Imprégner de camphre.

CANOT, s (că-nŏ), n. m. Chaloupe. — CANAUX (că-nŏ), n. m. pl. de canal. Tuyau, conduit.

CANON, s (că-non) [it. canone, de canna], n. m. Tube d'arme à feu. —

CANON, s (id.) [gr. κανων], n. m. Décision des conciles. — CANONS (id.) [rad. *cane*], v. caner. V. *caner*. — CANNONS (id.), v. canner. V. *canner*.

CANONNIER, s (că-nŏ-nié), n. m. Soldat qui tire du canon. — CANONNIEZ (id.), v. canonner. Battre à coups de canon.

CAMPO, s (can-pŏ), n. m. Sorte de laine d'Espagne. — CAMPOS (can-pō) [lat. *campus*], n. m. Congé, relâche.

CANCELLÈRENT (can-sèl-lè-re), v. canceller. Biffer un acte; découper en forme de treillis. — CANCELLAIRE, s (id.), n. f. Coquille; mousse.

CANTATE, s (can-tă-te), n. f. Morceau de musique; petit poème. — CANTATES (can-tă-te), v. canter. Mettre sur le can, ou poser de champ.

CANTON, s (can-ton) [lat. *canthus*], n. m. Fraction d'un pays. — CANTONS (id.), v. canter. Poser de can, ou de champ. — CANTON (id.), n. pr. Ville et province de la Chine.

CANTONNIER, s (can-tŏ-nié), n. m. Ouvrier qui soigne une route. — CANTONNIEZ (id.), v. cantonner. Mettre en cantonnement.

CAPE, s (că-pe), n. f. Vêtement; grande voile. — CAPPE, s (id.), n. f. Croûte sur le cidre. — CAP, s (cap'), n. m. Promontoire.

CAPÉE, s (că-pée) [de M. *Cap*, pharmacien], n. f. Sorte d'Algue. — CAPÉE, s, nt (id.), v. capéer. Tenir la cape.

CAPELA, as, ât (că-pe-lă, lă), v. capeler. Revêtir, passer un cordage sur la tête d'un mât. — CAPELLA, s (că-pèllă), n. m. Vaisseau semblable au chapiteau d'un alambic.

CAPELAN, s (că-pe-lan), n. m. Prêtre, dans le midi de la France. — CAPELANT (id.), v. capeler. Passer des cordages sur la tête d'un mât. — CAPLAN, s (că-plan), n. m. Poisson de mer.

CAPÈLE, s, nt (că-pè-le), v. capeler. V. *capela*. — CAPELLE, s (id.), n. f. Sorte de colombe. — CAPELLE (LA) (id.) n. pr. Ch.-l. de canton de l'Aisne.

CAPELET, s (că-pe-lè), n. m. Tumeur au jarret d'un cheval. — CAPELAIS, ait, aient (că-pe-lè, lè), v. capeler. V. *capela*.

CAPÉERONS, ont (că-pée-ron), v. capéer. V. *capée*. — CAPEIRON, s (căpè-ron). n. m. Sorte de Filet. — CAPERON, s (că-pe-ron), ou CAPRON, s

(că-pron) [lat. *caput*, ou gr. καππαρις], n. m. Grosse fraise. — CAPRON, s (că-pron) [lat. *caput*], n. m. Chaperon, habit religieux.

CAPITO, s (că-pĭ-tŏ), n. m. Poisson jaunâtre des Molluques. — CAPITAUX (că-pĭ-tō), adj. et n. m. pl. de capital. Principal.

CAPITULÈRENT (că-pĭ-tŭ-lè-re), v. capituler. Parlementer. — CAPITULAIRE, s (id.), adj. Qui appartient au chapitre; n. m. Loi des rois francs; sorte de lichen.

CAPTIVE, s (căp-tĭ-ve), adj. f. de captif. Prisonnier. — CAPTIVE, s, nt (id.), v. captiver. Rendre captif.

CAQUET, s (că-kè), n. m. Cri des poules; babil. — CAQUAIS, ait, aient (că-kè, kê), v. caquer. Préparer le poisson pour le mettre en caque.

CAQUÈTE, s, nt (că-kè-te), v. caqueter. Jacasser. — CAQUETTE, s (id.), n. f. Baquet pour mettre les carpes.

CAQUETER, ez, ai, é (că-ke-té), v. et p. Babiller. — CACTÉ, s, e, es (căkté, tée), adj. Semblable au cactier.

CAQUETIEZ (că-ke-tié), v. caqueter. Jacasser. — CACTIER, s (căk-tié), n. m. Cactus, plante.

CAQUEUX (că-keŭ) [rad. *caque*] n. m. Couteau pour caquer. — CAQUEUX (id.) [bret. *cacodd, cacous*], n. m. Lépreux.

CAQUEUSE, s (că-keŭ-ze) [rad. *caque*], n. f. de caqueur. Celle qui met des harengs en caque. — CAQUEUSE, s (id.) [bret. *cacodd, cacous*], n. f. de caqueux. Lépreux de la Bretagne.

CARA, s (că-ră), n. m. Liseron d'Afrique. — CARAT, s (id.), n. m. Poids de 4 grains: titre de l'or. — KARA (id.), n. pr. Fleuve entre l'Europe et l'Asie. — CARRA, as, ât (că-ră, ră), v. carrer. Rendre carré.

CARATE, s (că-ră-te), n. m. Sorte de camphre; maladie cutanée. — CARRATES (că-ră-te), v. carrer. Rendre carré.

CARDASSE, s (căr-dă-se), n. f. Plante; grosse carde. — CARDASSE, s, nt (căr-dă-se), v. carder. Peigner.

CARDÈRE (căr-dè-re), n. f. Plante dipsacée. — CARDÈRENT (id.), v. carder. Peigner avec la carde. — CARDAIRE, s (id.), n. m. Sorte de raie hérissée d'aiguillons.

CARDIER, s (căr-dié), n. m. Ouvrier

qui fait des cardes. — CARDIEZ (id.), v. carder. Peigner avec une carde.

CARDON, s (căr-don), n. m. Plante potagère. — CARDONS (id.), v. carder. Peigner avec la carde.

CARRE, s (cā-re), n. f. Forme carrée d'une chose. — CARRE, s, nt (id.), v. carrer. Rendre carré. — CAR (căr), conj. qui annonce une preuve.—QUART, n. m. 4ᵉ partie.

CARÉE, s (că-rée), n. f. Charroi; droit sur les voitures; vieux. — CARRÉ, s (cā-ré), n. m. Quadrilatère à côtés et angles égaux. — CARRER, ez, ai; é... (cā-ré, réc), v. carrer. Rendre carré.

CARET, s (cā-rè), n. m. Tortue; gros fil. — CARRAIS, ait, aient (cā-rè, rè), v. carrer. Rendre carré.

CARRELER... (ca-re-lé...) [celt. ou gall. car, pierre], v. et p. Paver avec des carreaux. — CARRELER... (id.) [célt. car, bout], v. et p. Raccommoder des souliers.

CARRELEUR, s (ca-re-leŭr) [celt. car, pierre], n. m. Paveur. — CARRELEUR, s (id.) [celt. car, bout], n. m. Raccommodeur de souliers.

CARRELIER, s (ca-re-lier), n. m. Ouvrier qui fait des carreaux. — CARRELIEZ (id.), v. carreler, 2 fois. V. carreler.

CARÈNE, s (că-rè-ne) [celt. car, hen], n. f. Contour d'un navire. — CARÈNE, s, nt (id.) [id.], v. caréner. V. carner. — CARÈNE, s (id.) [gr. χαρηνον], n. f. Pétale inférieur des fleurs papilionacées.

CARIER, ez, ai; é... (că-rĭ-é, ée), v. et p. Gâter. — CARRIER, s (cā-rié), n. m. Ouvrier des carrières. — CARRIEZ (id.), v. carrer. Rendre carré.

CARIÈRENT (că-rĭ-è-re), v. carier. Gâter. — CARRIÈRE, s (că-riè-re) [lat. currus], n. f. Lieu pour les courses. — CARRIÈRE, s (id.) [celt. car; ou bas lat. quadratarius, de quadratus], n. f. Lieu d'où l'on tire des pierres.

CARIONS, iions (că-rĭ-ons, ions), v. carier. Gâter. — CARRIONS (cā-rion), v. carrer. Rendre carré. — CARILLON, s (că-rĭ-llon, ll m.) n. m. Battement de cloches; vacarme.

CARLET, s (căr-lè) ou CARRELET, s. (ca-re-lè), n. m. Poisson; filet; aiguille; règle; épée; ligne triangulaire. — CARRELAIS, ait, aient (cā-re-lè, lè), v. carreler. V. carreler.

CARLIN, s (căr-lin) [it. carlino], n. m. Monnaie sarde. — CARLIN, s (id.), n. m. Petit chien à nez écrasé.

CARNAGE, s (căr-nă-je), n. m. Massacre. — CARÉNAGE, (că-ré-nă-je), n. m. Action, manière de caréner.

CARNASSIER, s (căr-nă-sié), adj. Qui vit de chair. — CARNASSIEZ (căr-nă-sié), v. carner. Imiter la chair.

CARNE, s, nt (căr-ne) [lat. caro], v. carner. Imiter la couleur de chair. — CARNE. s (id.) [lat. quaterni], n. m. Les deux 4 au trictrac. — CARNE, s (id.), n. f. Angle extérieur d'une chose.

CARNER...; é... (căr-né...), v. et p. Imiter la chair. — CARÉNER...; é... (că-ré-né...), v. et p. Mettre en bon état la partie submergée d'un vaisseau.

CARNET, s (căr-nè), n. m. Livre de commerce. — CARNAIS, ait, aient (căr-nè, né), v. carner. V. carner. — CARÉNAIS, ait, aient (că-ré-nè, né), v. caréner. V. carner.

CARNÈLE, s (căr-nè-le), n. f. Bordure d'une monnaie. — CARNÈLE, s, nt (id.), v. carneler. Faire une carnèle.

CARNÈRENT (căr-nè-re), v. carner. V. carner. — CARNAIRE, (id.), adj. Qui vit dans la chair. — CARÉNÈRENT (că-ré-nè-re), v. caréner. V. carner.

CARNAU, x (căr-nō), n. m. Trou à la voûte d'un fourneau. — CARNEAU, x (id.), n. m. Angle de la voile latine.

CARON, s (că-ron), n. m. Bande de lard. — CARON (id.), n. pr. m. Nocher des enfers : myth. — CARRONS (cā-ron), v. carrer. V. carée.

CAROSSE, s (că-rŏ-se), n. m. Ustensile de cordier; assemblage de sarments; fruit du carossier. — CARROSSE (că-rŏ-se), n. m. Grande voiture. — CARROSSE, s, nt (id.), v. carosser. Avoir beaucoup de voiles dehors par un bon frais : mar.

CAROSSIER, s (că-rŏ-sié), n. m. Palmier de Guinée. — CARROSSIER, s (că-rŏ-sié), n. m. Celui qui fait des carosses. — CARROSSIEZ (id.), v. carosser. V. carosse.

CAROTTIER, s (că-rŏ-tié), n. m. Celui qui tire une carotte, c'est-à-dire, qui dit un mensonge. — CARROTTIEZ (id.), v. carotter. Tirer une carotte, c'est-à-dire, mentir pour avoir de l'argent.

CARPE, s (căr-pe) [lat. carpis], n. f. Poisson d'eau douce. — CARPE, s (id.) [gr. χαρπος], n. m. Poignet.

CARTAGE, s, nt (căr-tă-je), v. car-

tager. Donner un 4e labour. — CAR-
THAGE (id.), n. pr. f. Anc. ville d'A-
frique.

CARTE, s (căr-te) [lat. *charta*], n. f.
Carton mince. — CARTE, s, nt (id.)
[id.], v. carter. Donner les cartes. —
CARTE ou QUARTE (id.) [lat. *quartus*],
n. f. 2 pintes; 1/4 de mesure. —
QUARTE, s (id.) [id] adj. f. de quart.
4e : fièvre quarte ; n. f. Coup d'épée ; 5
tons 1/2.

CARTAIS, ait, aient (car-tè, tê), v.
carter. V. *carte*. — CARTAIE. s, nt
(căr-têe), v. cartayer. Conduire une voiture en évitant les ornières.

CARTELLE, s (căr-tè-le), n. f. Petite
planche. — CARTEL, s (căr-tèl) [lat.
chartella, de *charta* ; ou *quatuor*], n.
m. Défi. — CARTEL, s (id.) [lat. *qua-
drare*, de *quatuor*], n. m. Monture de
pendule.

CARTÈRE, s (căr-tè-re), n. m. Insecte coléoptère. — CARTÈRENT (id),
v. carter. Donner les cartes.

CARTERON, s (căr-te-ron), n. m.
Fils de mulâtres. — CARTERON, s
(id.), n. m. Instrument de tisserand. —
CARTERON, s (id.), n. m. S'emploie
pour quarteron. — CARTERONS, ont
(id.) [lat. *charta*], v. carter. V. *carte*.
— QUARTERON, s (id.), n. m. 1/4 d'un
demi-kilog., d'un 100.

CARTIER, s (căr-tié), n. m. Fabricant, marchand de cartes. — CARTIEZ
(id.), v. carter. V. *carte*. — QUAR-
TIER, s (id.), n. m. Partie d'un tout;
grâce.

CARTAU, x (căr-tŏ), n. m. Carte marine. — QUARTAUD ou QUARTAUT, s
(id.). n. m. 1/4 d'un muid.

CARTON, s (căr-ton), n. m. Grosse
carte ; feuillet d'imprimerie. — CAR-
TONS (id.), v. carter. V. *carte*.

CARTONNIER, s (căr-tŏ-nié), n. m.
Fabricant. marchand de carton. — CAR-
TONNIEZ (id.), 'v. cartonner. Couvrir
de carton.

CARTOUCHE, s (căr-toŭ-che) [it.
cartocchio, augm. de *carta*], n. f.
Charge d'une arme à feu; congé d'un
soldat. — CARTOUCHE, s (id.), n. m.
Ornement de sculpture.

CASSE, s, nt (că-se) [lat. *cassare* pour
quassare], v. casser. Briser. — CASSE,
s (id.), n. f. Action de casser. — CASSE,
s (id.) [lat. *cassare*], adj. f. de cas. Enroué. — CASSE, s (că-se) [gr. *κασσια*],

n. f. Moelle ou écorce du cassier. —
CASSE, s (id.) [lat. *casa*], n. f. Case du
compositeur.

CASSERON, s (că-se-ron), n. m.
Poisson-volant. — CASSERONS, ont
(că-se-ron) [lat. *cassare* pour *quassare*],
v. casser. Briser.

CASSIE, s (că-sīe), n. f. Acacia des
Indes. — CASSIS (că-sī) [rad. *casser*],
n. m. Rigole qui traverse un chemin. —
CASSIS ou CACIS (că-sī), n. m. Gro-
seillier ; liqueur. — CASSIS (ca-si), n.
pr. Ville des Bouches-du-Rhône.

CASSIER, s (că-sié) [gr. *κασσια*], n.
m. Arbre qui produit la casse. — CAS-
SIER, s (că-sié) et mieux *casier* (că-
zié) [lat. *casa*], n. m. Armoire pour les
cases du compositeur. — CASSIEZ (că-
sié) [lat. *quassare*], v. casser. Briser.

CASTÈLE, s (căs-tè-le), n. f. Genre
de plantes. — CASTEL, s (căs-tèl), n.
m. Château : vieux.

CASTOR, s (căs-tŏr), n. m. Animal;
chapeau. — CASTOR (id.), n. pr. m.
Héros grec; constellation.

CASANT (că-zan), v. caser. Mettre en
ordre. — KASAN (id.), n. pr. Province
de la Russie.

CASIER, s (că-zié), n. m. Comparti-
ment d'un bureau. — CASIEZ (id.), v.
caser. Mettre en ordre.

CASUEL, s; elle, s (că-sŭ-èl, è-le)
[lat. *casualis*, de *casus*, *cadere*], adj.
Accidentel, fortuit. — CASUEL, s; elle, s
(id.), [lat. *quassare*, ar. *cassara*], adj.
Fragile. Peu usité : on dit *fragile*.

CHA, s (chă), n. m. Étoffe de soie;
liqueur. — CHAT, s (id.), n. m. Animal domestique. — CHAH ou *schah*
(chă), n. m. Titre actuel du roi de Perse.
— CHAS (id.), n. m. Trou d'une aiguille. V. *chasse*.

CHAGRINE, s (chă-gri-ne), adj. f. de
chagrin. Triste. — CHAGRINE, s, nt
(id.), v. chagriner. Attrister.

CHAI... (chè...), V. *che*....

CHALON, s (chă-lon), n. m. Grand
filet pour la pêche. — CHALON (-sur-
Saône) (cha-lon), n. pr. m. Sous-préf.
de Saône-et-Loire. — CHALONS (-sur-
Marne) (chă-lon), n. pr. Préf. de la
Marne.

CHANT, s (chan), n. m. Musique;
poésie. — CHAMP, s (id.), n. m. Pièce
de terre.

CHANCELIER, s (chan-se-lié), n. m.
Officier chef de la justice. — CHANCE-

LIEZ (id.), v. chanceler. Aller de côté et d'autre.

CHANSONNIER, s (chan-sŏ-nié), n. m. Feseur de chansons. — CHANSON-NIEZ (id.), v. chansonner. Faire des chansons.

CHANTIER, s (chan-tié), n. m. Magasin de bois; atelier de construction. — CHANTIEZ (id.), v. chanter. Former un chant.

CHAPÈLE, s, nt (chă-pè-le), v. chapeler. Couper la croûte du pain. — CHAPELLE, s (id.), n. f. Petite église.

CHAPELET, s (chă-pe-lè), n. m. Grains enfilés sur lesquels on récite des prières. — CHAPELAIS, ait, aient (chă-pe-lè, lè), v. chapeler. V. chapèle.

CHAPELIER, s (chă-pe-lié), n. m. Fabricant, marchand de chapeaux. — CHAPELIEZ (id.), v. chapeler. Couper la croûte du pain.

CHAQUE (chă-ke), adj. indéf. Tout individu. — CHAC, s (chăk'), n. m. Bruit que fait le chien du fusil en tombant.

CHARBONNIER, s (chăr-bŏ-nié), n. m. Fabricant ou marchand de charbon. — CHARBONNIEZ (id.), v. charbonner. Noircir avec du charbon.

CHARDONNERET, s (chăr-dŏ-ne-rè), n. m. Oiseau. — CHARDONNERAIS, ait, aient (chăr-dŏ-ne-rè, rè), v. chardonner. Carder le drap avec le chardon.

CHARIER, s (mieux que charrier) (chă-rié) [lat. cinerarius], n. m. Toile où l'on met les cendres d'une lessive. — CHARRIER, ez, ai, é... (chă-ri-é, ée); CHARRIIEZ (chă-ri-ié), v. et p. Voiturer; entraîner.

CHARME, s (chăr-me) [lat. caprimus], n. m. Arbre. — CHARME, s (id.) [lat. carmen], n. m. Enchantement. — CHARME, s, nt (id.) [lat. carmen], v. charmer. Plaire beaucoup.

CHARROI, s (chă-roè), n. m. Action de charrier. — CHARROIE, s, nt (cha-roèc), v. charroyer. Voiturer.

CHARPENTIER, s (chăr-pan-tié), n. m. Celui qui fait des charpentes. — CHARPENTIEZ (id.), v. charpenter. Faire une charpente.

CHARTRE, s (chăr-tre) [lat. carcer], n. f. Prison; langueur. — CHARTRE, s (id.) [lat. charta], n. f. Charte; papier public. — CHARTRES (id.) [lat. Carnutes], n. pr. Préfect. d'Eure-et-Loir.

CHARTRIER, s (chăr-tri-é) [lat. car-cerarius, de carcer], n. m. Geôlier. — CHARTRIER, s (id.) [lat. charta], n. m. Archiviste.

CHARRUIEZ (cha-rŭ-ié), v. charruer. Mener la charrue: vieux. — CHARRUYER, s (cha-ruĭ-ié), n. m. Laboureur.

CHASSE, s (chă-se), n. f. Action de chasser. — CHASSE, s, nt (id.), v. chasser. Renvoyer; poursuivre. — CHASSE, s (chă-se), n. f. Coffre renfermant des reliques.

CHASSIE, s (chă-sie), n. f. Humeur des yeux. — CHASSIS (chă-sī), n. m. Cadre qui enchâsse.

CHASSOIRE, s (chă-soè-re), n. f. Baguette des fauconniers. — CHASSOIR, s (chă-soèr), n. m. Morceau que frappe le tonnelier pour chasser ou enfoncer un cercle.

CHATÉE, s, ou CHATTÉE, s (chă-tée), n. f. Portée d'une chatte. — CHATTER, ez, é (chă-té), v. et p. Mettre bas, en parlant d'une chatte.

CHATIER, ez, ai; é... (chă-tĭ-é, ée), v. et p. Corriger, punir. — CHATTIEZ (chă-tié), v. chatter. V. chatée.

CHATIÈRE, s (chă-tiè-re), n. f. Passage, piège pour les chats. — CHATIÈRENT (chă-tĭ-è-re), v. châtier. Corriger, punir.

CHATIONS, tiions (chă-tĭ-on, tĭ-ion), v. châtier. Punir. — CHATILLON (-sur-Seine) (chă-tĭ-llon, ll m.), n. pr. m. Sous-Préf. de la Côte-d'Or.

CHATON, s (chă-ton) [rad. chat], n. m. Petit chat. — CHATON, s (id.) [lat. capsa], n. m. Partie d'une bague qui enchâsse une pierre fine.

SCHEELIN, s (ché-lin), n. m. Nom primitif du tungstène. — SHELLING, s (chèl-lin), n. m. Monnaie anglaise.

CHENALE, s, nt (che-nă-le), v. chenaler. Suivre un chenal. — CHENAL (che-năl), n. m. Espèce de canal.

CHÊNE, s (chè-ne), n. m. Arbre. — CHAINE, s (id.), n. f. Suite d'anneaux. CHAU... (chō), V. cho....

CHENET, s (che-nè), n. m. Ustensile de cheminée. — CHÈNAIE, s (chê-née), n. f. Lieu planté de chênes.

CHENETTE, s (che-nè-te), n. f. Plante. — CHAINETTE, s (chè-nè-te), n. f. Petite chaîne.

CHÉNEAU, x (ché-nō), n. m. ou chénal. Nochère. — CHÉNAUX (id.), n. m. pl. de chénal. Nochère. — CHÉNEAU, x (ché-nō), n. m. Jeune chêne.

CHÈRE, s (chè-re) [lat. *carus*, ou gr. χαρις], adj. f. de cher. Précieux. — CHÈRE, s (id.), [gr. χαιρω], n. f. Accueil; festin. — CHER, s (chèr), [lat. *carus*, ou gr. χαρις], adj. Précieux. — CHER (id.) [lat. *Caris*, ou celt. *car, gur, cur*], n. pr. m. Affluent de la Loire; département. — CHAIRE, s (chè-re), n. f. Tribune. — CHAIR, s (chèr), n. f. Viande; substance; aliment.

CHEVALE, s, nt (che-vă-le), v. chevaler. Étayer un mur. — CHEVAL (che-văl), n. m. Quadrupède.

CHEVALET, s (che-vă-lè), n. m. Support en bois. — CHEVALAIS, ait, aient (che-vă-lè, lê), v. chevaler. Étayer.

CHEVALIER, s (che-vă-lié), n. m. Titre d'honneur. — CHEVALIEZ (id.), v. chevaler. Étayer.

CHICANIER, s (chĭ-că-nié), n. et adj. m. Disputeur. — CHICANIEZ (id.), v. chicaner. Critiquer à tort.

CHIFFONNIER, s (chĭ-fŏ-nié), n. m. Ramasseur de chiffons. — CHIFFONNIEZ (id.), v. chiffonner. Froisser.

CHINE, s, nt (chĭ-ne), v. chiner. Tisser en disposant les dessins irrégulièrement. — CHINE (id.), n. pr. f. Contrée d'Asie.

CHIQUE, s (chĭ-ke), n. f. Ciron; tabac à mâcher. — CHIQUE, s, nt (id.), v. chiquer. Mâcher du tabac. — CHIC, s (chĭk) ou *chique*, s (chĭ-ke), n. m. Dentérite.

CHIQUET, s (chĭ-kè), n. m. Parcelle. — CHIQUAIS, ait, aient (chĭ-kè, kè), v. chiquer. Mâcher.

CHIQUÈTE, s, nt (chĭ-kè-te), v. chiqueter. Déchirer et peigner la laine. — CHIQUETTE, s (id.), n. f. Petite chique.

CHAUD, s (chō), adj. Qui a de la chaleur. — CHAUX (id.), n. f. Pierre calcinée par le feu. — CHAUT (id.), v. chaloir : vieux. Importer. — CHAUS (id.), n. m. Animal du genre chat.

CHAUDE, s (chō-de), adj. f. de chaud. Qui a de la chaleur. — CHAUDE, s, nt (id.), v. chauder. Semer de la chaux.

CHAUDEREZ, rai (chō-de-ré), v. chauder. Semer de la chaux. — CHAUDRÉE, s (chō-drée), n. f. Quantité de soie à teindre en une fois.

CHAUDERET, s (chō-de-rè), n. m. Moule pour étendre l'or et l'argent. — CHAUDERAIS, ait, aient (chō-de-rè, rè), v. chauder. Semer de la chaux.

CHAUDERONS, ront (chō-de-ron),

v. chauder. Semer de la chaux. — CHAUDRON, s (chō-dron), n. m. Petite chaudière.

CHAUDIÈRE, s (chō-diè-re), n. f. Grande bouilloire. — CHAUDIÈRENT (id.), v. chaudier. Se dit des levrettes.

CHOIX (choè), n. m. Action de choisir; préférence. — CHOIE, s, nt (choèe), v. choyer. Conserver avec soin, ménager. — CHOIS, oit, oient (choè, choèe), v. choir. Tomber.

CHOIRAI..., rais... (choè-ré..., rè...), v. choir. Tomber. — CHOIERAI..., rais... (choèe-ré..., rè...), v. choyer. Conserver avec soin; ménager.

CHOLET (chō-lè), n. pr. m. Bourg de Maine-et-Loire. — CHAULAIS, ait, aient (chō-lè, lè), v. chauler. Laver à l'eau de chaux.

CHOMAGE, s (chō-mă-je), n. m. Cessation de travaux. — CHAUMAGE, s (id.), n. m. Action, temps de couper les chaumes.

CHOME, s, nt (chō-me), v. chômer. V. *chômer*. — CHAUME, s, nt (id.), v. chaumer. V. *chômer*. — CHAUME, s (id.), n. m. Paille sèche. — CHAUMES (id.), n. pr. m. Bourg de Seine-et-Marne.

CHOMER...; é... (chō-mé...), v. et p. Fêter; ne rien faire. — CHAUMER...; é... (id.), v. et p. Couper, arracher le chaume.

CHOMAIS, ait, aient (chō-mè, mè), v. chômer. V. *chômer*. — CHAUMAIS, ait, aient (id.), v. chaumer. V. *chômer*. — CHAUMET, s (chō-mè), n. m. Petit oiseau.

CHOMONS (chō-mon), v. chômer. V. *chômer*. — CHAUMONS (id.), v. chaumer. V. *chaumer*. — CHAUMONT (id.), n. pr. m. Préfecture de la Haute-Marne.

CHAUNE, s (chō-ne) [gr. χαννος], n. m. Oiseau; reptile. — CHAUNE, s (id.), n. f. Cisaille d'épinglier.

CHOQUE, s, nt (chō-ke), v. choquer. Heurter; offenser. — CHOC, s (chŏk), n. m. Heurtement.

CHAUSSÉE, s (chō-sée), n. f. Milieu d'une route. — CHAUSSER, ez, ai; é... (chō-sé, sée), v. et p. Mettre des bas ou des souliers.

CHAUSSON, s (chō-son), n. m. Vêtement de pied; pâtisserie. — CHAUSSONS (id.), v. chausser. V. *chausser*.

CHUTE, s (chū-te), n. f. Action de tomber, de choir. — CHUTES (id.), v.

choir. Tomber. — CHUT (chŭt), interj. Silence! paix!

CI..., CIN... (si..., sin...). V. *si...*, *sin...*

CLET (clè), n. m. Nom pr. d'homme. — CLAIE, s (clêc), n. f. Clôture mobile à jour. — CLÉ, s (clé), n. f. Instrument pour ouvrir ou fermer.

CLERC, s (clèr), n. m. Ecclésiastique; scribe. — CLAIR, s, e, es (clèr, clè-re), adj. Lumineux, éclatant. — CLAIRE (clè-re), n. pr. de femme.

CLIQUÈTE, s, nt (cli-kè-te), v. cliqueter. Imiter le bruit du cliquet. — CLIQUETTE, s (id.), n. f. Sorte de castagnette.

CLISSON (cli-son), n. pr. Ch.-l. de canton de la Loire-inférieure. — CLISSON, s (id.) [rad. *Clisson*], n. m. Toile fabriquée à Clisson. — CLISSONS (id.) [bas lat. *cleta*, du gr. χλειω], v. clisser. Garnir de clisses des os fracturés.

CLOS (clŏ), p. m. de clore; n. m. Terrain enclos. — CLOS, CLOT (id.), v. clore. Enfermer.

CLOCHE, s (clŏ-che) [anc. teut. *keloken*], n. f. Instrument sonore. — CLOCHE, s, nt (id.) [lat. *claudicare*], v. clocher. Boiter.

CLOCHER, s (clŏ-ché) [rad. *cloche*], n. m. Tour où sont les cloches. — CLOCHER, ez, ai; é (id.), v. et p. Boiter en marchant.

CLORE (clŏ-re), v. Fermer. — CHLORE, s (id.), n. m. Acide muriatique oxigéné.

CLOREZ, rai (clo-ré), v. clore. Fermer. — CHLORÉ, s; e, es (clŏ-ré, réc), adj. Qui contient du chlore. — CHLORÉE, s (clŏ-rée), n. f. Plante orchidée.

CLOU, s (cloŭ), n. m. Fiche métallique. — CLOUE, s, nt (cloûc), v. clouer. Attacher avec des clous. — CLOUD (cloŭ), n. pr. d'homme; village près de Paris.

CLOSE, s (clŏ-ze), p. f. de clos. Fermé. — CLOSENT (id.), v. clore. Fermer. — CLAUSE, s (id.), n. f. Condition d'un traité.

COCHE, s (cŏ-che) [it. *coccio*], n. m. Chariot de voyage. — COCHE, s (id.) [celt. *cocha*], n. f. Truie. — COCHE, s (id.) [celt. *coch*], n. f. Entaille. — COCHE, s, nt (id.) [celt. *coch*], v. cocher. Entailler.

COCHER, s (cŏ-ché) [it. *coccio*], n. m. Conducteur de voiture. — COCHER, ez, ai; é... (id.) [celt. *coch*], v. et p. Entailler.

COCHÈRE, s (cŏ-chè-re), adj. f. Qui concerne les coches : porte cochère. — COCHÈRENT (id.), v. cocher. Entailler.

COCHON, s (cŏ-chon) [celt. *cawch*, esp. *cocho*], n. m. Porc. — COCHONS (id.) [celt. *coch*], v. cocher. Entailler.

COCHONNET, s (cŏ-chŏ-nè), n. m. But au jeu de boules. — COCHONNAIS, ait, aient (cŏ-chŏ-nè, nè), v. cochonner. Mettre bas, en parlant de la truie; faire salement un ouvrage.

COFFRET, s (cŏ-frè), n. m. Petit coffre. — COFFRAIS, ait, aient (cŏ-frè, frè), v. coffrer. Emprisonner.

COGNASSE, s (cŏ-gnă-se) [rad. *coing*], n. f. Coin sauvage. — COGNASSE, s, nt (cŏ-gnă-se) [celt. *cognal*], v. cogner. Heurter.

COGNASSIER, s (cŏ-gnă-sié), n. m. Arbre qui produit des cognasses. — COGNASSIEZ (cŏ-gnā-sié), v. cogner. Frapper, heurter.

COGNÉE, s (cŏ-gnée), n. f. Instrument tranchant. — COGNER, ez, ai; é... (cŏ-gné, gnéc); COGNIEZ (cŏ-gnié), v. et p. Frapper, heurter.

COI, s, et mieux coit, s (coè), adj. Tranquille. — QUOI (id.), pron. rel. Quelle chose. — COA, s (cŏ-ă), n. m. Plante. — COUA, s (coŭ-ă), n. m. Coucou d'Afrique.

COIN, s (coin) [gr. γωνια, lat. *cuneus*], n. m. Angle. — COIN et mieux *coing*, s (id.) [celt. *coin*, ou lat. *cotoneum*], n. m. Fruit du cognassier.

COINCIDANT (cŏ-in-si-dan), v. coïncider. S'ajuster. — COINCIDENT, s (id.), adj. Qui coïncide.

QUOIQUE (coè-ke), conj. Bien que. — QUOI QUE (id.). Quelle que soit la chose que.

COITE, s (coè-te) [lat. *quietus*], adj. f. de coit. Tranquille. — COITE, s (id.), ou COUETTE, s (coŭ-è-té) [gr. χοιτη, lit], n. f. Lit de plume. — COUETTE, s (coŭ-è-te) [dim. de *coue* ou *quoue*, du lat. *cauda*], n. f. Petite queue.

COLE, s (cŏ-le), n. f. Bile : vieux. — COLLE, s (id.) [gr. χολλα ou χολλη], n. f. Matière gluante; v. coller. V. *coller*. — COLLE, s (id.) [lat. *cavilla* pour *cavillatio*], n. f. Menterie; v. coller. V. *coller*. — COL, s (cŏl), n. m. Cou d'une chose; vêtement de cou.

COLÉE, s (cŏ-lée) [gr. χολεος], n. f.

Genre de plantes. — COLLER...; é...
(cŏ-lé...) [gr. κολλα], v. et p. Enduire de
colle. — COLLER...; é... (id.) [lat. cavilla' pour cavillatio], v. et p. Conter
des menteries.

COLLET, s (cŏ-lè), n. m. Partie d'un
vêtement qui entoure le cou. — COL-
LAIS, ait, aient (cŏ-lè, lé), v. coller, 2
fois : V. coller.

COLÉRA, ou choléra, s (cŏ-lé-ră), n.
m. Maladie épidémique. — COLLERA,
s (cŏ-le-ră), v. coller, 2 fois : V. coller.

COLÈRE, s (cŏ-lè-re), n. f. Violente
irritation ; adj., Sujet à s'irriter ; v. se
colérer. Se mettre en colère : vieux. —
COLLÈRENT (id.), v. coller, 2 fois :
V. coller. — COLLAIRE, s (cŏl-lè-re),
adj. Qui concerne le cou.

COLERET, s (cŏ-le-rè), n. m. Filet.
— COLLERAIS, ait, aient (cŏ-le-rè, rè),
v. coller, 2 fois : V. coller.

COLÉRIQUE, s (cŏ-lé-rĭ-ke) [rad. co-
lère], adj. Enclin à la colère. — COLÉ-
RIQUE, ou CHOLÉRIQUE, s [rad. coléra ou choléra], n. Malade atteint du
coléra.

COLLÈTE, s (cŏl-lè-te) [gr. κολλητης],
n. m. Insecte. — COLLÈTE, s, nt (cŏ-
lè-te) [rad. collet], v. colleter. Prendre
au collet. — COLLETTE (id.), n. pr. de
femme.

COLLEUR, s ; euse, s (cŏ-leŭr, cŏ-
leŭ-ze) [gr. κολλα], n. Celui, celle qui
enduit de colle. — COLLEUR, s ; euse,
s (id.) [lat. cavilla], n. Diseur, diseuse
de bourdes.

COLLIER, s (cŏ-lié), n. m. Ornement
de cou ; harnais. — COLLIEZ (id.), v.
coller, 2 fois : V. coller.

COLLOCATION, s (cŏl-lŏ-cā-sĭ-on),
n. f. Action d'assigner un rang aux créanciers. — COLLOQUASSIONS (cŏl-
lŏ-cā-sion), v. colloquer. Placer.

COLON, s (cŏ-lon), n. m. Habitant
d'une colonie. — COLON, s (cŏ-lon),
n. m. Gros intestin. — COLLONS (cŏ-
lon), v. coller, 2 fois : V. coller. —
COLOMB (Christophe-) (id.), n. pr. du
génois qui découvrit l'Amérique.

COLLOQUE, s (cŏl-lŏ-ke) [lat. collo-
quium], n. m. Entretien, conférence. —
COLLOQUE, s, nt (id.) [lat. collocare],
v. colloquer. Placer.

COLORIS (cŏ-lŏ-rī), n. m. Effet de
l'emploi des couleurs. — COLORIE, s,
nt (cŏ-lŏ-rīe), v. colorier. Mettre des
couleurs.

COLORIER, ez, ai, é...; ons (cŏ-lŏ-
rĭ-é, on) ; COLORIIEZ, riions (cŏ-lŏ-rĭ-
ié, ion), v. colorier. Mettre des couleurs
à une gravure. — COLORIEZ, ons (cŏ-
lŏ-rié, rion), v. colorer. Donner de la
couleur.

COMA, s (cŏ-mă), n. m. Chevelure,
poil végétal ; assoupissement d'un malade. — COMMA, s (cŏm'-mă), n. m.
Intervalle de musique ; le deux points,
en terme d'imprimerie.

COMMANDASSE, s, nt (cŏ-man-dă-
se), v. commander. Ordonner. — COM-
MENDASSE, s, nt (id.), v. commender.
Donner un bénéfice. — COMMENDACES
(cŏm'-man-dă-se), n. f. pl. Partie de
l'office des morts.

COMMANDE, s (cŏ-man-de), n. f. Ou-
vrage commandé. — COMMANDE, s,
nt (id.), v. commander. Ordonner. —
COMMENDE, s (cŏm'-man-de), n. f.
Dépôt d'un bénéfice ecclésiastique. —
COMMENDE, s, nt (id.), v. commender.
V. commander.

COMMANDER...; é... (cŏ-man-dé...),
v. et p. Ordonner. — COMMENDER...;
é... (cŏm'-man-dé...), v. et p. Donner
un bénéfice en commende.

COMMANDITÈRENT (cŏm'-man-dĭ-
tè-re), v. commanditer. Donner en commandite. — COMMANDITAIRE, s (id.),
n. m. Celui qui a une commandite.

COMMENTÈRENT (cŏ-man-tè-re), v.
commenter. Interpréter. — COMMEN-
TAIRE, s (id.), n. m. Interprétation.

COME (cŏ-me) [it. Como], n. pr.
Ville, lac et prov. de Lombardie. —
COME (id.) [lat. Cosma] n. pr. d'homme.
— COMME (cŏ-me), conj. Ainsi que. —
COMME, s, nt (id.), v. commer : vieux.
Comparer.

COMÈTE, s (cŏ-mè-te), n. f. Planète
à queue. — COMMETTE, s, nt (id.), v.
commettre. Faire ; mettre.

COMICE, s (cŏ-mĭ-se), n. m. Assemblée. — COMMISSE, s, nt (cŏ-mī-se),
v. commettre. Faire, etc.

COMMISSION, s (cŏ-mĭ-sĭ-on), n. f.
Charge ; message. — COMMISSIONS
(cŏ-mī-sion), v. commettre. Faire, etc.

COMMISSIONNÈRENT (cŏ-mĭ-sĭ-ŏ-
nè-re), v. commissionner. Charger d'une
commission. — COMMISSIONNAIRE, s
(id.), n. Qui fait des commissions.

COMMITE, s (cŏ-mĭ-te), n. m. Sur-
veillant de chiourme. — COMMITES
(cŏ-mī-te), v. commettre. V. comète.

COMMUNICATION, s (cŏ-mŭ-nĭ-cā-sĭ-on), n. f. Action de communiquer. — **COMMUNIQUASSIONS** (cŏ-mŭ-nĭ-cā-sion), v. communiquer. Rendre commun à ; faire part.

COMBAT, s (con-bă), n. m. Bataille ; dispute. — **COMBAT**, s (id.), v. combattre. Faire un combat.

COMBLE, s (con-blc) [lat. *culmen*, de *cumulus*], n. m. Faîte. — **COMBLE**, s (id.) [lat. *cumulus*], n. m. et adj. Surcroît de mesure. — **COMBLE**, s, nt (id.) [lat. *cumulus*], v. combler. Remplir avec surcroît.

CONCORDA, as, ât (con-cŏr-dă, dā), v. concorder. Être d'accord. — **CONCORDAT**, s (con-cŏr-dă), n. m. Convention.

CONCOURE, s, nt (con-cou-re) ; **CONCOURS**, rt (con-cour), v. concourir. Agir conjointement, en concurrence. — **CONCOURS** (con-cour), n. m. Action de concourir.

CONE, s (cō-ne), n. m. Pyramide ronde. — **COSNE** (id.), n. p. m. Sous-préf. de la Nièvre.

CONFESSION, s (con-fè-sĭ-on), n. f. Aveu. — **CONFESSIONS** (con-fè-sion), v. confesser. Avouer.

CONFIE, s, nt (con-fīe), v. confier. Commettre à la fidélité de. — **CONFIS**, it, ît ; it, its (con-fí, fī), v. confire, et p. Assaisonner des fruits dans le sucre, etc.

CONFIRMAND, s (con-fír-man), n. m. Celui qui doit être confirmé. — **CONFIRMANT**, s (id.), n. m. Le prélat qui confirme ; v. confirmer. Affermir.

CONFISCATION, s (con-fĭs-cā-sĭ-on), n. f. Action de confisquer. — **CONFISQUASSIONS** (con-fĭs-cā-sion), v. confisquer. S'emparer d'une chose pour punir le possesseur.

CONFITE, s (con-fí-te), p. f. de confit. V. *confie*. — **CONFITES** (con-fī-te), v. confire. V. *confie*.

CONFITURIER, s (con-fí-tŭ-rié), n. m. Marchand de confitures. — **CONFITURIEZ** (id.), v. confiturer. Faire des confitures.

COMPACTE, s (con-păc-te), adj. Serré. — **COMPACT**, s (con-păct'), n. m. Convention avec le pape.

COMPARANT (con-pă-ran) [lat. *comparare*], v. comparer. Examiner le rapport des choses. — **COMPARANT**, s (id.) [lat. *comparere*], adj. Qui comparaît.

COMPARAIS, ait, aient (con-pă-rè, rè) [lat. *comparare*], v. comparer. Chercher les rapports. — **COMPARAIS**, ait (id.) [lat. *comparere*], v. comparaître. Se présenter devant les juges.

COMPARUSSIONS (con-pă-rū-sion), v. comparaître. V. *comparais*. — **COMPARUTION**, s (con-pă-ru-sion), n. f. Action de comparaître.

COMPASSION, s (con-pā-sĭ-on) [lat. *compassio*, de *cum*, *pati*], n. f. Pitié. — **COMPASSIONS** (con-pa-sion) [rad. *compas*, du lat. *cum*, *passus*], v. compasser. Mesurer au compas.

COMPÈRE, s (con-pè-re), n. m. Parrain ; affidé. — **COMPAIR**, s, e, es (con-pèr, pè-re), adj. Corrélatif de soi-même.

COMPLET, s (con-plè), adj. Entier. — **COMPLAIS**, aît (con-plè, plè), v. complaire. Se plier au goût de quelqu'un.

COMPLÈTE, s (con-plè-te), adj. f. de complet. Entier. — **COMPLÈTE**, s, nt (id.), v. compléter. Rendre complet.

COMPLICATION, s (con-plĭ-cā-sĭ-on), n. f. Concours de choses de diverses nature. — **COMPLIQUASSIONS** (con-plĭ-cā-sion), v. compliquer. Mêler, embrouiller une affaire.

COMPRIME, s, nt (con-prĭ-me), v. comprimer. Presser. — **COMPRIMES** (con-prĭ-me), v. comprendre. Contenir.

CONQUÊTE, s (con-kê-te), n. f. Action de conquérir ; chose conquise. — **CONQUETTE** (con-kè-te), n. f. Espèce d'œillet.

CONSEILLE, s, nt (con-sè-lle, *ll* m.), v. conseiller. V. *conseiller*. — **CONSEIL**, s (con-sèl, *l* m.), n. m. Avis, opinion.

CONSEILLER, s (con-sè-llé, *ll* m.), n. m. Membre d'un conseil ; juge. — **CONSEILLER**, ez, ai ; é... ; iez (con-sè-llé, llée, llië ; *ll* m.), v. et p. Donner un conseil, un avis.

CONSEILLÈRE, s (con-sè-llè-re, *ll* m.), n. f. de conseiller. Celle qui conseille. — **CONSEILLÈRENT** (id.), v. conseiller. Donner un conseil.

CONTA, as, ât (cŏn-tă, tā), v. conter. V. *conter*. — **COMPTA**, as, ât (cŏn-tă, tā), v. compter. V. *conter*. — **COMTAT**, s (cŏn-tă), n. m. (vieux) Comté.

CONTANT (cŏn-tan), v. conter. V. *conter*. — **CONTENT**, s (id.), adj. Satisfait. — **COMPTANT** (cŏn-tan), v. compter. Nombrer ; adj. m. Qui se

compte : argent comptant, écus comp-
tants.

CONTENTE, s (con-tan-te), adj. f. de
content. Satisfait. — CONTENTE, s, nt
(id.), v. contenter. Satisfaire.

CONTE, s (cŏn-te), n. m. Récit fictif.
— CONTE, s, nt (id.), v. conter. Faire
un récit. — COMPTE, s (cōn-te), n. m.
Supputation, calcul. — COMPTE, s, nt
(id.), v. compter. Nombrer. — COMTE,
s (cŏn-te), n. m. Titre nobiliaire.

CONTER...; é... (cŏn-té...), v. et p,
Narrer. — COMPTER...; é... (cōn-té...),
v. et p. Nombrer. — COMTÉ, s (cŏn-
té), n. m. Terre d'un comte. — COMTÉ
(id.), n. pr. f., ou *Franche-Comté*.
Ancienne province de France.

CONTEUR, s; cuse, s (cŏn-teŭr, teŭ-
ze), n. Qui raconte. — COMPTEUR, s ;
euse, s (cŏn-teŭr, teŭ-ze), n. Qui calcule.

CONTINU, s, e, es (con-tĭ-nŭ, nŭe),
adj. Non interrompu. — CONTINUE,
s, nt (con-tĭ-nŭe), v. continuer. Ne pas
cesser.

CONTONS (cŏn-ton), v. conter. Narrer.—COMPTONS (cōn-ton), v. compter.
Nombrer. — CONTOND, s (cŏn-ton), v.
contondre. Faire des contusions.

CONTRA, as, ât (cŏn-tră, tră), v.
contrer. Jouer contre. — CONTRAT, s
(con-tră), n. m. Convention écrite. —
CONTERA, s (cōn-te-ră), v. conter.
Narrer. — COMPTERA, s (cŏn-te-ră),
v. compter. Nombrer.

CONTRACTE, s (con-trăc-te), adj.
Resserré, raccourci. — CONTRACTE,
s, nt (id.), v. contracter. Faire un contrat ; raccourcir ; resserrer. — CON-
TR'ACTE, s (id.), n. m. Acte fait en
opposition à un autre acte.

CONTRE (con-tre), prép. Vis-à-vis,
en opposition à. — CONTRE, s (id.), n.
m. Ce qui est contraire. — CONTRE,
s, nt (id.), v. contrer. Jouer contre.

CONTRÉE, s (cŏn-trée) [it. *contra-
da*], n. f. Région. — CONTRER, ez,
ai ; é... (cŏn-tré, trée), [rad. *contre*],
v. et p. Jouer contre. — CONTEREZ,
ai (cŏn-te-ré), v. conter. Narrer. —
COMPTEREZ, ai (cōn-te-ré), v. compter.
Nombrer.

CONTRE-MURE, s, nt (con-tre-mu-
re), v. contre-murer. Faire un contre-
mur. — CONTRE-MUR, s (con-tre-
mŭr), n. m. Mur d'appui.

CONTRÈRENT (con-trè-re), v. con-

trer. Jouer contre. — CONTRAIRE, s
(id.) adj. Opposé.

CONTRE-SCELLE, s, nt (con-tre-sè-
le), v. contre-sceller. Apposer le contre-
sceau. — CONTRE-SCEL, s (con-tre-
sèl), n. m. Sceau secondaire.

CONVERGEANT (con-vèr-jan), v.
converger. Se diriger vers un point
commun. — CONVERGENT, s (id.),
adj. Qui converge.

CONVERSE, s, nt (con-vèr-se) [lat.
conversari], v. converser. Discourir familièrement. — CONVERSE, s (id.)
[lat. *convertere*], adj. f. de convers.
Employé aux œuvres manuelles dans un
couvent.

CONVERSION, s (con-vèr-sĭ-on)
[lat. *convertere*], n. f. Changement. —
CONVERSIONS (con-vèr-sion) [lat.
conversari], v. converser. S'entretenir
familièrement.

CONVERSO, s (con-vèr-sŏ), n. m.
Partie du tillac où l'on se réunit pour
converser. — CONVERSEAU, x (con-
vèr-sō), n. m. Pièce d'un moulin composée de 4 planches.

CONVINS, int, înt (con-vĭn, vīn), v.
convenir. Être conforme. — CONVAINC,
s (con-vīn), v. convaincre. Persuader par
raisonnement.

CONVAINCANT, s (con-vin-can), adj.
Propre à convaincre. — CONVAIN-
QUANT (id.), v. convaincre. V. *convins*.

CONVOCATION, s (con-vŏ-cā-sĭ-on),
n. f. Action de convoquer. — CONVO-
QUASSIONS (con-vŏ-cā-sion), v. convoquer. Assembler.

CONVOI, s (con-voè), n. m. Cortège;
transport de provisions. — CONVOIE,
s, nt (con-voèe), v. convoyer. Escorter.

CONVOLE, s, nt (con-vŏ-le), v. convoler. Se remarier. — CONVOL, s
(con-vŏl), n. m. Action de convoler.

COPIE, s (cŏ-pīe), n. f. Transcription;
imitation ; n. m. Registre où l'on copie
les lettres. — COPIE, s, nt (id.), v.
copier. Transcrire.

COQUE, s (cŏ-ke), n. f. Coquille,
enveloppe. — COQ, s (cŏk), n. m.
Oiseau mâle. — COKE, s (cŏ-ke), n. m.
Houille épurée.

COQUÈTE, s, nt (cŏ-kè-te), v. co-
queter. Être coquet. — COQUETTE,
s (id.), adj. f. de coquet. Qui a de la
coquetterie.

COQUETIER, s (cŏ-ke-tié), n. m.
Vase ; marchand d'œufs. — COQUE-

TIEZ (id.), v. coquetier. Être coquet.

COQUILLER, s (cŏ-kĭ-llé, *ll* m.), adj. Qui contient des coquilles fossiles. n. m. Famille de champignons. — COQUILLER, ez, ai, é..... (cŏ-kĭ-llé, llée, *ll* m.); COQUILLIEZ (cŏ-ki-llié, *ll* m.), v. coquiller, et p. Se boursouffler, en parlant du pain. — COQUILLIER, s (cŏ-kĭ-llié, *ll* m.), n. m. Collection de coquilles; adj. Qui contient des coquilles fossiles. V. *coquiller*, adj.

COQUILLÈRE, s (cŏ-kĭ-llè-re, *ll* m.), adj. f. de coquiller; ou COQUILLIÈRE, s (cŏ-kĭ-lliè-re, *ll* m.), adj. f. de coquillier. V. *coquiller*. — COQUILLÈRENT (cŏ-kĭ-llè-re), v. coquiller. V. *coquiller*.

COQUINET, s (cŏ-kĭ-nè), n. m. Petit coquin. — COQUINAIS, ait, aient (cŏ-kĭ-nè, nè), v. coquiner. Vivre en coquin, en gueux.

CORAILLE, s, nt (cŏ-ra-lle, *ll* m.), v. corailler. Croasser. — CORAIL (cŏ-rǎl, *l* m.), n. m. Abrisseau marin de substance calcaire et de coulcur rouge.

CORAILLER, ez; é (cŏ-ra-llé, *ll* m.) [gr. χοραξ, ou onomat.], v. et p. Croasser. — CORAILLÉ, s; e, es (cŏ-ra-llé, llée, *ll* m.) [rad. *corail*]. adj. Qui contient du corail.

CORALLE, s (cŏ-rǎ-le), n. m. Genre de serpents boas. — CHORAL (cŏ-rǎl), adj. Qui appartient au chœur; n. m. Espèce de chant religieux.

CORALINE, s (cŏ-rǎ-lĭ-ne), n. f. Chaloupe employée à la pêche du corail. — CORALLINE, s (cŏ-rǎl-lĭ-ne) [rad. *corail*], adj. f. de corallin. Rouge comme le corail. — CORALLINE, s (id.), [gr. χοραλλιον, corail], n. f. Nom vulgaire du peigne sanguiné.

CORBEILLE, s (cŏr-bè-lle, *ll* m.), n. f. Panier. — CORBEIL (cŏr-bèl, *l* m.), n. pr. m. S.-préf. de Seine-et-Oise.

CORDÈLE, s, nt (cŏr-dè-le), v. cordeler. Tresser en forme de corde. — CORDELLE, s (id.), n. f. Corde pour le halage.

CORDELIER, s (cŏr-de-lié), n. m. Religieux franciscain. — CORDELIEZ (id.), v. cordeler. V. *cordèle*.

CORDIER, s (cŏr-dié), n. m. Fabricant, marchand de cordes. — CORDIEZ (id.), v. corder. Faire une corde.

CORDON, s (cŏr-don), n. m. Ruban, petite corde. — CORDONS (id.), v. corder. Faire des cordes.

CORDONNET, s (cŏr-dŏ-nè), n. m. Petit cordon. — CORDONNAIS, ait, aient (cŏr-dŏ-nè, nè). v. cordonner, Tortiller en corde.

CORDONNIER, s (cŏr-dŏ-nié), n. m. Fabricant de souliers. — CORDONNIEZ (id.), v. cordonner. V. *cordonnet*.

COR, s (cŏr), n. m. Instrument de musique; durillon. — CORPS (id.), n. m. Substance matérielle. — CORT, s (id.), n. m. Courtine d'une forteresse.

CORNÉE, s (cŏr-née), n. f. Enveloppe extérieure du globe de l'œil; plante caprifoliacée. — CORNER, ez, ai; é... (cŏr-né, née) [lat. *cornu*], v. et p. Sonner du cornet.

CORNET, s (cŏr-nè), n. m. Petit cor; cône creux en papier. — CORNAIS, ait, aient (cŏr-nè, nè), v. corner. V. *cornée*.

CORNÈTE, s, nt (cŏr-nè-te), v. corneter. Appliquer des ventouses. — CORNETTE, s (id.), n. f. Coiffe de femme.

CORNETIER, s (cŏr-ne-tié), n. m. Celui qui travaille la corne. — CORNETIEZ (id.), v. corneter. V. *cornète*.

CORAUX (cŏ-rō), n. m. pl. de corail. V. *coraille*. — CHORAUX (id.), adj. et n. m. pl. de choral. V. *coralle*.

CORSE, s, nt (cŏr-se) [rad. *corset*], v. corser. Mettre un corset. — CORSE (id.) [lat. *Corsica*], n. pr. f. Ile et dép. de France. — CORSE, s (id.) [id.], adj. et n. m. De la Corse.

CORSET, s (cŏr-sè), n. m. Vêtement de femme. — CORSAIS, ait, aient (cŏr-sè, sè), v. corser. Mettre un corset.

CORSÈRENT (cŏr-sè-re), v. corser. Mettre un corset. — CORSAIRE, s (id.), n. m. Pirate.

COSTUMIER, s (cŏs-tŭ-mié), n. m. Celui qui fait, vend ou loue des costumes. — COSTUMIEZ (id.), v. costumer. Revêtir d'un costume.

COTE, s (cŏ-te), n. f. Os; colline; rivage. — COTE, s (cŏ-te), n. f. Marque d'ordre; taxe. — COTE, s, nt (id.), v. coter. Numéroter, marquer. — COTTE, s (id.), n. f. Jupe; casaque militaire. — QUOTE, s (id.), adj. f. De chacun : quote-part. — QUOTTE, s, nt (id.), v. quotter. V. *côté*.

COTÉ, s (cŏ-té), n. m. Partie gauche ou droite; face. — COTER, ez, ai; é... (cŏ-té, tée), v. et p. Numéroter, marquer. — QUOTTER, é (cŏ-té), v. et p. Porter sur l'engrenage, en parlant d'une dent de roue.

COTÈLE, s, nt (cō-tè-le), v. côteler. Couvrir de côtes. — CAUTÈLE, s (id.), n. f. Précaution rusée, adroite.

COTELEUSE, s (cō-te-leŭ-ze), n. f. de côteleur. Celle qui côtèle. V. *côtèle.* — CAUTELEUSE, s (id.), adj. f. de cauteleux. Fin, rusé.

COTÈRENT (cō-tè-re), v. coter. V. *côté.* — CAUTÈRE, s (cō-tè-re), n. m. Ouverture suppuratoire. — QUOTTÈRENT (cŏ-tè-re), v. quotter. V. *côté.*

COTIER, s (cō-tié), adj. et n. m. Qui concerne les côtes. — COTIEZ (cō-tié), v. coter. V. *côté.* — QUOTTIEZ (id.), v. quotter. V. *côté.*

COTIONS (cŏ-tion), v. coter. V. *côté.* — COTILLON, s (cŏ-tĭ-llon, *ll* m). n. m. Jupe de dessous.

COTON, s (cŏ-ton) [lat. *cotoneum,* ou ar. *goutn*], n. m. Duvet végétal. — COTONS (id.) [lat. *quotus*], v. coter. Numéroter, marquer.

COTONNIER, s (cŏ-tŏ-nié), n. m. Arbuste qui produit le coton. — COTONNIEZ (id.), v. cotonner. Se couvrir de duvet.

COTRET, s (cŏ-trè), n. m. Fagot de menu bois. — COTERAIS, ait, aient (cō-te-rè, rè), v. coter. V. *côté.* — QUOTTERAIS, ait, aient (id.), v. quotter. V. *côté.*

COU, s (coŭ), n. m. Partie du corps. — COUP, s (id.), n. m. Choc d'un corps. — COUT, s (coŭ), n. m. Prix d'une chose. — COUD, s (cou), v. coudre. Faire une couture.

QUADRUPLE, s (couă-drŭ-ple), adj. 4 fois aussi grand. — QUADRUPLE, s, nt (id.), v. quadrupler. Rendre 4 fois aussi grand.

QUATERNÈRENT (couă-tèr-nè-re), v. quaterner. Disposer quatre par quatre. — QUATERNAIRE, s (id.), adj. Qui vaut 4.

COUDRAN, s (coŭ-dran), n. m. Goudron dont on enduit les cordages. — COUDRANT (id.), v. coudrer. Brasser les cuirs.

COUDRE (cou-dre) [lat. barb. *cusire,* de *cusare*], v. Faire une couture. — COUDRE, s (id.) [lat. *corylus*], n. m. Noisetier. — COUDRE, s, nt (id.), v. coudrer. Brasser les cuirs.

COUDREZ, ez, ai..... (coŭ-dré.....), v. coudre et v. coudrer. V. *coudre.* — COUDEREZ, ai..... (coŭ-de-ré.....), v. couder. Faire un coude.

COUDRAIS, ait, aient (coŭ-drè, drè), v. coudre et coudrer. V. *coudre.* — COUDRAIE, s (coŭ-drée), n. f. Lieu planté de coudriers. — COUDERAIS... (coŭ-de-rè, rè), v. couder. V. *coudrez.*

COUDRIER, s (coŭ-drĭ-é), n. m. Noisetier. — COUDRIEZ (id.), v. coudre et v. coudrer. V. *coudre.* — COUDRILLER, ez, ai; é...; iez (coŭ-drĭ-llé, léc; *ll* m.), v. et p. Coudre mal.

COUETTE, s, 2 fois. V. *coite.*

COULE, s, nt (coŭ-le) [bas-lat. *colare,* du celt. *cula*], v. couler. Descendre en glissant. — COULE, s (id.) [lat. *cuculla*], n. f. Manteau monastique.

COULEUR, s (coŭ-leur) [lat. *color*], n. f. Teinte. — COULEUR, s (id.) [lat. *colare,* du celt. *cola*], n. m. Celui qui coule.

COULOIRE, s (coŭ-loè-re), n. f. Vase perméable. — COULOIR, s. (coŭ-loèr), n. m. Corridor.

COUPE, s (coŭ-pe) [lat. barb. *cupa*], n. f. Tasse, vase. — COUPE, s (id.) [gr. χοπτειν], n. f. Action de couper. — COUPE, s, nt (id.) [id.], v. couper. Trancher.

COUPÈLE, s, nt (coŭ-pè-le), v. coupeler; ou *coupelle,* s, nt (id), v. coupeller. Épurer un métal dans une coupelle. — COUPELLE, s (id.), n. f. Petit vase dans lequel on épure l'or, l'argent, etc.

COUPERET, s (coŭ-pe-rè), n. m. Large couteau. — COUPERAIS, ait, aient (coŭ-pe-rè, rè), v. couper. Trancher.

COUPLET, s (coŭ-plè), n. m. Stance d'une chanson. — COUPLAIS, ait, aient (coŭ-plè, plè), v. coupler. Attacher ensemble des chiens de chasse. — COUPELAIS, ait, aient (cou-pe-lè, lè), v. coupeler. V. *coupèle.*

COUPON, s (coŭ-pon), n. m. Reste d'étoffe; valeur en papier. — COUPONS (id.), v. couper. Trancher.

COURBE, s (coŭr-be), adj. Arqué; n. f. Ligne arquée. — COURBE, s, nt (id.), v. courber. Rendre courbe.

COURBEMENT, s (coŭr-be-man), n. m. Action de courber. — COURBÉMENT (coŭr-bé-man), adv. D'une manière courbe : néolog.

COURE, s, nt (cou-re); COURS, rt (cour) [lat. *currere*], v. courir. Aller très vite. — COURS (coŭr) [lat. *cursus,* de *currere*], n. m. Mouvement, flux d'un liquide; promenade publique. —

COUR, s (coŭr) [lat. barb. *curtis*], n. f. Espace découvert près d'une maison; palais d'un souverain. — COURT, s (coŭr) [bas lat. *curtus*], adj. Peu long. — COURRE (coŭ-re), v. courir (t. de chasse). — COURRE, s (id.), n. m. Lieu où l'on place les lévriers.

COURAI, s (coŭ-rè), n. m. Mélange de suif, de soufre, de résine, dont on enduit les navires. — COURAIS, ait, aient (coŭ-rè, rè); COURRAIS, ait, aient (coŭr'-rè, rè) [lat. *currere*], v. courir. Aller très vite. — COURAIE, s, nt (coŭ-rèe), v. courayer. Enduire de courai.

COURIEZ (coŭ-rié); COURRIEZ (coŭr-rié), v. courir. V. *coure*. — COURRIER, (coŭ-rié), n. m. Porteur de dépêches.

COURTE, s (coŭr-te) [bas lat. *curtus*], adj. f. de court. Peu long. — COURTE, s, nt (id.) [lat. *cursitare*], v. courter. Faire le courtage.

COURTIER, s (coŭr-tié), n. m. Intermédiaire de commerce. — COURTIEZ (id.), v. Courter. Faire le courtage.

COURTISAN, s (coŭr-tĭ-zan), n. m. Celui qui fréquente la cour ; flatteur. — COURTISANT (id.), v. courtiser. Faire sa cour à.

COURTON, s (coŭr-ton) [rad. *court*], n. m. Filasse courte et de 3e qualité. — COURTONS (id.) [lat. *cursitare*], v. courter. Faire le courtage.

COUTANCE, s (coŭ-tan-se), n. f. Prix d'un objet. — COUTANCES (coŭ-tan-se), n. pr. S.-préf. de la Manche.

COUTRE, s (cou-tre) [lat. *culter*], n. m. Couteau de charrue. — COUTRE, s (id.) [lat. *custos*], n. m. Sacristain.

COUTURIER, s (coŭ-tŭ-rié), n. m. Ouvrier en couture. — COUTURIEZ (id.), v. couturer. Faire une couture.

COUVANT (coŭ-van), v. couver. Demeurer accroupi sur des œufs. — COUVENT, s (id.), n. m. Maison religieuse.

COUVE, s (coŭ-ve), n. f. Nom vulgaire du pin cimbro. — COUVE, s, nt (id.) [lat. *cubare*], v. couver. V. *couvant*.

COUVET, s (coŭ-vè), n. m. Chaufferette. — COUVAIS, ait, aient (coŭ-vè, vè), v. couver. V. *couvant*.

COUVÈRENT (coŭ-vè-re), v. couver. V. *couvant*. — COUVERT, s (coŭ-vèr), p. de couvrir; n. m. Ce qui couvre.

COUVRAI...; vrais... (coŭ-vré..., vrè...), v. couvrir. Revêtir. — COUVERAI...; rais... (cou-ve-ré..., rè...), v. couver. V. *couvant*.

COUSIN, s (cou-zin) [lat. *congenitus*], n. et adj. m. Allié par le sang. — COUSIN, s (id.) [it. *culicino*], n. m. Insecte.

COUSINET, s (cou-zĭ-nè), n. m. Plante. — COUSINAIS, ait, aient (cou-zĭ-nè, nè), v. cousiner. Donner le titre de cousin.

CRAQUE, s (cră-ke), n. f. Mensonge, gasconnade. — CRAQUE, s, nt (id.), v. craquer. Faire du bruit ; mentir. — CRAC (crăk'), interj. Bruit d'un corps qui se rompt.

CRASSE, s (cra-se) [gr. κρασος, ou lat. *crassities*], n. f. Saleté. — CRASSE, s, nt (id.) [id.], v. crasser. Salir. — CRASSE, s (id.) [lat. *crassus*, lourd], adj. Grossier, épais.

CRASSEMENT (cra-se-man) [lat. *crassus*], adv. Grossièrement. — CRASSEMENT, s (id.) [gr. κρασος], n. m. Action de crasser, de salir. V. *crasse*.

CRAVATE, s (cră-vă-te) [rad. *croate*], n. m. Cheval de Croatie. — CRAVATE, s (id.) [rad. *croate*, ou *carabate*, espèce de collet], n. f. Vêtement de cou.

CRÉA, as, ât (cré-ă, ă), v. créer. Tirer du néant. — CRÉAT, s (cré-ä), n. m. Sous-écuyer dans une école d'équitation.

CRÉIEZ (cré-ié), v. créer. Tirer du néant. — CRAYER, s (crè-ié), n. m. Cendre vitrifiée.

CRÉIONS (cré-ion), v. créer. Tirer du néant. — CRAYON, s (crè-ion), n. m. Substance minérale pour dessiner.

CRAYONNEUSE, s (crè-iŏ-neŭ-ze), n. f. de crayonneur. Qui crayonne. — CRAYONNEUSE, s (id.), adj. f. de crayonneux. De la nature du crayon.

CRÈMANT (crè-man), v. crêmer. Se former en crème. — CRÉMENT, s (cré-man), n. m. Accroissement de syllabes.

CRÈME, s (crè-me), n. f. Partie grasse du lait. — CRÈME, s, nt (id.), v. crêmer. Produire de la crème. — CHRÊME, s (id.), n. m. Huile sacrée.

CRÉPI, s (cré-pĭ) [lat. *crispus*], n. m. Enduit de mortier. — CRÉPI, s, e, es (cré-pĭ, pĭe) [id.], p. du v. crépir. — CRÉPIS, it, ît (cré-pĭ, pĭ) [id.], v. crépir. Enduire de mortier. — CRÉPIS (cré-pi), n. m. Plante chicoracée. — CRÉPY (cré-pi), n. pr. Ch.-l. de canton de l'Oise. — CRESPY (id.), n. pr. Petite ville près de Meaux.

CRÉPIDE, s (cré-pi-de) [lat. *crepida*],

n. f. Chaussure. — CRÉPIDE, s (id.)
[lat. *crispare*], n. f. Plante frisée.

CRÉPITE, s, nt (cré-pĭ-te), v. crépi-
ter. Pétiller. — CRÉPITES (cré-pĭ-te),
v. crépir. Enduire de mortier.

CRÊTE, s (crê-te), n. f. Excroissance
sur la tête; cime. — CRÈTE (crè-te),
n. pr. f. Ile de la Méditerranée.

CREUSE, s (creū-ze) [lat. *scrobs*],
adj. f. de creux. Qui a une cavité intérieure. — CREUSE, s, nt (id.) [id.], v.
creuser. Caver. — CREUSE (id.), n. pr.
f. Riv. et dép. de France.

CREUSET, s (creū-zè), n. m. Vase
pour fondre l'or, etc. — CREUSAIS,
ait, aient (creū-zè,zê), v. creuser. Caver.

CREVASSE, s (cre-vă-se) [rad. *crever*], n. f. Fissure. — CREVASSE, s,
nt... (id.) [rad. *crevasse*], v. crevasser.
Fendre. — CREVASSE, s, nt... (cre-
vă-se) [lat. *crepare*], v. crever. Percer.

CRI, s (crĭ), n. m. Son, clameur,
bruit vocal. — CRIE, s, nt (crīe), v.
crier. Jeter un cri. — CHRIE, s (id.),
n. f. Narration courte et vive.—CHRIST
(*Jésus*-) (crī, mais seulement après *Jésus; et crĭst'* quand il n'est pas immédiatement précédé de *Jésus*), n. pr. m.
Oint : titre du Sauveur Jésus. — CRIC,
s (crĭ), n. m. Machine à soulever des
fardeaux. — CRI-CRI (crĭ-crī), n. m.
Crillon domestique, insecte.

CRILLON, s crĭ-llon, *ll* m.), n. m.
Insecte. — CRILLON (id.), n. pr.
Guerrier ami de Henri IV. — CRIONS
(crĭ-on); CRIIONS (crĭ-ion), v. crier.
Jeter un cri.

CRIN, s (crĭn), n. m. Poil dur et
long. —CRAINS, nt, nts (crīn), v. craindre, et p. Redouter.

CRIQUE, s (crĭ-ke), n. f. Petite anse;
fossé. — CRIC, s (crĭk'), n. m. Poignard des Javanais. — CRIC (id.), interj. Bruit d'une chose qu'on déchire.

CRITIQUE, s (crĭ-tĭ-ke), adj. Difficile; qui amène une crise. — CRITIQUE,
s (id.), n. f. Censure; n. m. Exami-
nateur. — CRITIQUE, s, nt (id.), v.
critiquer. Examiner; blâmer.

CRISE, s (cri-ze), n. f. Effort de la
nature. — CHRYSE, s (id.), n. f. Em-
plâtre usité chez les anciens.

CROQUANT (crŏ-can) [onom.], v.
croquer. Manger des choses qui craquent
sous la dent. — CROQUANT, s (id.)
[rad. *croc*], n. m. Gueux, idiot.

CROCHET, s (crŏ-chè), n. m. Petit
croc. — CROCHAIS, ait, aient (crŏ-chè,
chè), v. crocher. Égaliser les boucles de
tricot.

CROCHETIER, s (crŏ-che-tié), n. m.
Ouvrier qui fait des crochets. — CRO-
CHETIEZ (id.), v. crocheter. Ouvrir
avec un crochet.

CROCHETON, s (crŏ-che-ton), n. m.
Petit crochet. — CROCHETONS (id.),
v. crocheter. V. *crochetier*.

CROIE, s (croêe), n. m. Gravelle des
oiseaux de proie. — CROIE, s, nt (id.);
CROIS, oit (croï) [lat. *credere*], v. croire.
Ajouter foi à. — CROIS, oît (croê), v.
croître. Augmenter. — CROIX (id.), n.
f. Gibet; affliction; décoration.—CROIX
(id.), n. pr. f. Ile voisine de la France.

CROISSANT et dér. (croè-san', v.
croître. Augmenter. — CROASSANT et
dér. (crŏ-ă-san), v. croasser. Crier
comme les corbeaux.

CROQUET, s (crŏ-kè), n. m. Pain
d'épices sec et mince. — CROQUAIS,
ait, aient (crŏ-kè, kè), v. croquer. V.
croquant.

CROUPE, s (crou-pe), n. f. Partie
postérieure du corps. — CROUP, s
(croŭp'), n. m. Maladie du larynx.

CRU, s (crŭ); CRUE, s (crūe) [lat.
crudus], adj. Non cuit. — CRU, s (crŭ);
CRUE, s (crūe) [lat. *credere*], p. de
croire. — CRUS, ut, ût (crŭ, crŭ) [id.],
v. croire. V. *croie*. — CRU, s (crŭ);
CRUE, s (crūe), p. de croître. V. *croie*.
— CRU, s (crŭ), n. m. Terroir où croît
une chose. — CRUE, s (crūe), n. f.
Augmentation. — CRUS, ût (crū), v.
croître. Augmenter.

CRUCIFIE, s, nt (crŭ-sĭ-fīe), v. cru-
cifier. Attacher à la croix. — CRUCIFIX
(crŭ-sĭ-fī), n. m. Image de Jésus crucifié.

QUINTUPLE, s (cuin-tu-ple), adj. et
n. m. 5 fois autant. — QUINTUPLE, s,
nt (id.), v. quintupler. Rendre 5 fois
aussi grand.

CUIRASSIER, s (cuĭ-ră-sié), n. m.
Cavalier revêtu d'une cuirasse. — CUI-
RASSIEZ (cuĭ-ră-sié), v. cuirasser. Re-
vêtir d'une cuirasse.

CUIRE, nt (cuĭ-re), v. Préparer par le
feu. —CUIR, s (cuĭr), n. m. Peau cor-
royée.

CUIVREUSE, s (cuĭ-vreū-ze), adj. f.
de cuivreux. Qui a la couleur de cuivre.
— CUIVREUSE, s (id.), n. f. de cui-
vreur. Celle qui cuivre.

CUISINIER, s (cuĭ-zĭ-nié), n. m. Qui

fait la cuisine. — CUISINIEZ (id.), v. cuisiner. Faire la cuisine.

CULASSE, s (cŭ-lă-se) [rad. *cul*], n. f. Fond d'une arme à feu. — CULASSE, s, nt... (id.) [rad. *culasse*], v. culasser. Mettre la culasse. — CULASSE, s, nt... (cŭ-lā-se...) [rad. *cul*], v. culer. Aller en arrière, reculer.

CULATE, s (cŭ-lă-te), n. f. Partie située entre la lumière et le bouton d'un canon. — CULATES, (cŭ-lā-te), v. culer. Reculer.

CULERON, s (cŭ-le-ron), n. m. Partie de la croupière sur laquelle repose la queue du cheval. — CULERONS, ont (id.), v. culer. Reculer.

CULOTTIER, s (cŭ-lŏ-tié), n. m. Fabricant de culottes. — CULOTTIEZ (id.), v. culotter. Mettre des culottes.

CUMULE, s, nt (cŭ-mŭ-le), v. cumuler. Réunir. — CUMUL, s (cŭ-mŭl), n. m. Réunion de plusieurs emplois, de plusieurs traitements dans la même personne.

CURÉ, s (cŭ-ré) [lat. *cura*], n. m. Pasteur d'une paroisse. — CURER, ez, ai; é...(cŭ-ré, rée), v. et p. Nettoyer. — CURÉE, s (cu-réc) [lat. *cor*], n. f. Repas des chiens.

CURION, s (cŭ-rĭ-on) [lat. *curia*], n. m. Chef d'une curie. — CURIONS (cŭ-rion) [lat. *curare*], v. curer. Nettoyer.

CUVIER, s (cu-vié), n. m. Cuve pour la lessive. — CUVIEZ (id.), v. cuver. Fermenter dans la cuve. — CUVIER (id.), n. m. Célèbre naturaliste français.

CY... Voy. *si*...

D.

DAI... (dè...). V. *de*...

DAMA, as, àt (dă-mă, mā) [rad. *dame*], v. damer. Faire dame au jeu. — DAMAS (dă-mā) [rad. *Damas*, ville], n. m. Étoffe, lame, etc., damassée, ou originaire de Damas.

DAMASSE, s, nt; ssiez, ssions (dă-mā-se; sié, sion) [rad. *Damas*, ville], v. damasser. — DAMASSE, s, nt; ssiez, ssions (dă-mā-se; sié, sion) [rad. *dame*], v. damer. Faire dame au jeu. — DAMAS (dă-mãss'), n. pr. Ville de la Syrie.

DAME, s (dă-me) [lat. *domina*], n. f. Femme mariée; oiseau; poisson. — DAME, s (id.) [celt. *dam* ou *tam*], n. f. Disque pour jouer. — DAME, s, nt (id.) [id.], v. damer. Faire dame au jeu. — DAME (id.) [abréviat. de *par Notre-Dame*], interj. qui donne de l'énergie à l'expression.

DAMERET, s (dă-me-rè), n. m. Homme efféminé. — DAMERAIS, ait, aient (dă-me-rè, rê), v. damer. V. *damier*.

DAMIER, s (dă-mié), n. m. Échiquier. — DAMIEZ (id.), v. damer. Faire dame au jeu.

DANS (dan), prép. de lieu et de temps. En. — DAM (id.), n. m. Dommage; privation éternelle de la vue de Dieu. — DENT, s (id.), n. f. Petit os de la mâchoire; brèche.

DANÉE (dă-née), n. f. Sorte de fougère. — DAMNER, ez, ai; é... (dă-né, née), v. et p. Punir de l'enfer.

DANRÉE, s (dan-rée), n. f. Ancienne mesure agraire de la Champagne. (5 ares 1/2). — DENRÉE, s (id.), n. f. Ce qui se vend pour la nourriture.

DANSE, s (dan-se), n. f. Mouvement cadencé. — DANSE, s, nt (id.), v. danser. Sauter en cadence. — DENSE, s (id.), adj. Épais, serré.

DENTELE, s, nt (dan-tè-le), v. denteler. Faire des entailles en forme de dents. — DENTELLE, s (id.), n. f. Tissu à jour.

DENTELÈRENT (dan-te-lè-re), v. denteler. V. *dentèle*. — DENTELAIRE, s (id.), n. f. Plante.

DENTELET, s (dan-te-lè), n. m. Carré sur lequel on taille les denticules. — DENTELAIS, ait, aient (dan-te-lè, lè), v. denteler. V. *dentèle*.

DENTELIEZ (dan-te lié), v. denteler. V. *dentèle*. — DENTELLIER, s (dan-tè-lié), n. m. Fabricant, marchand de dentelles.

DARD, s (dar), n. m. Bâton ferré. — DART, s (id.), n. m. Papier gris.

DARDÈRENT (dăr-dè-re), v. darder. Lancer un dard. — DARDAIRE, s (id.), n. m. Soldat armé d'un dard.

DATE, s (da-te), n. f. Époque. — DATE, s, nt (id.), v. dater. Marquer la date. — DATTE, s (dă-te), n. f. Fruit du dattier.

DATÈRENT (dă-tè-re), v. dater. Marquer la date. — DATAIRE, s (id.), n. m. Président de la daterie.

DATIEZ (da-tié), v. dater. Mettre la date. DATTIER, s (dă-tié), n. m. Sorte de palmier.

DAVANTAGE (dă-van-tă-je), adv. Plus; plus longtemps. — **D'AVANTAGE** (id.), prép. et n. m. De profit, d'utilité.

DE (de), prép. qui marque possession, extraction, etc. — **DEUX** (deū), adj. num. card. Un et un.

DÉ, s (dé) [lat. *digitus*], n. m. Cylindre qui préserve le doigt d'une personne qui coud. — **DÉ**, s (dé) [lat. *tessera*], n. m. Cube à jouer; partie d'un piédestal.

DÈS (dè), prép. Depuis, immédiatement après. — **DES** (dè), art. contr. pl. pour *de les*. — **DEI** (mieux que *dey*), s (dè), n. m. Gouverneur de province dans l'Afrique septentrionale. — **DAIS** (dè), n. m. Baldaquin, sorte de tente.

DÉBAT, s (dé-bă), n. m. Contestation. — **DÉBAT**, s (id.), v. débattre. Contester.

DÉBARRAS (dé-bă-rā) [rad. *de, embarras*], n. m. Cessation d'embarras.— **DÉBARRA**, as, ât (dé-bă-ră, rā) [rad. *de, barre*], v. débarrer. Oter la barre.

DÉBARRASSE, s, nt; ssiez, ssions (dé-bă-ră-se; sié, sion) [rad. *de, embarras*], v. débarrasser. Tirer d'embarras. — **DÉBARRASSE**, s, nt; ssiez, ssions (dé-bă-ră-se; sié, sion), [rad. *de, barre*], v. débarrer. Oter la barre.

DÉBARDER...; é... (dé-băr-dé...) [rad. *bard*, civière], v. et p. Transporter du bois, etc. — **DÉBARDER**...; é... (id.) [rad. *barde*], v. et p. Oter les bardes. V. *barder*.

DÉBATANT, et dérivés (dé-bă-tan...), v. débâter. Oter le bât. —**DÉBATTANT**, et dérivés. (dé-bă-tan...), v. débattre. Contester.

DÉBITER...; é... (dé-bĭ-té...), v. et p. Vendre en détail. — **DÉBITTER**...; é...(id.), v. et p. Détacher des bittes.

DÉBLAI, s (dé-blè), n. m. Enlèvement, débarras. — **DÉBLAIE**, s, nt (déblée), v. déblayer. Débarrasser.

DÉBOUT, s (dé-boŭ), n. m. Action d'enchérir. — **DEBOUT** (de-boŭ), adv. Sur pied. — **DE BOUT**, prép. et n. m. Par le bout.

DÉBOURRE, s, nt (dé-bou-re), v. débourrer. Oter la bourre. — **DÉBOURS** (dé-bour), n. m. Somme déboursée.

DÉCOLLER...; é... (dé-cŏ-lé...) [rad. *colle*, du gr. χολλαω], v. et p. Détacher ce qui est collé. — **DÉCOLLER**...; é... (id.) [rad. *cou*, du lat. *collum*], v. et p. Couper le cou.

DÉCORE, s, nt (dé-cŏ-re), v. décorer. Orner. — **DÉCOR**, s (dé-cŏr), n. m, Ornement; ce qui décore.

DÉCRÉPI, ie, ies; is, it, ît (dé-cré-pĭ, pīe, pī) [lat. *crispus*], p. et v. décrépir. Oter le crépi d'un mur. — **DÉCRÉPIT**, s (dé-cré-pĭ) [lat. *decrepitus*], adj. Cassé de vieillesse.

DÉCRÉPITE, s (dé-cré-pĭ-te), adj. f. de décrépit. Vieux et cassé. —**DÉCRÉPITES** (dé-cré-pī-te), v. décrépir. Oter le crépi.

DÉCRI, s (dé-crĭ) [rad. *cri*], n. m. Mauvaise réputation. — **DÉCRIE**, s, nt (dé-crīe), v. décrier. Diffamer. — **DÉCRIS**, it (dé-cri) [lat. *describere*], v. décrire. Dépeindre.

DÉCRIRAI..., rais... (dé-crĭ-ré..., rè...), v. décrire. Dépeindre. — **DÉCRIERAI**..., erais... (dé-crī-ré..., rè...), v. décrier. Diffamer.

DÉCROIS, oit (dé-croè); **DÉCROIE**, s, nt (dé-croê), v. décroire. Ne pas croire. Ne s'emploie que dans cette expression : ne croire ni ne décroire. — **DÉCROIS**, oît (dé-croè), v. décroître. Diminuer. — **DÉCROIT**, s (id.), n. m. Décroissement de la lune.

DÉCRU; us, ut, ût (dé-crŭ, crū) [rad. *croire*], p. et v. décroire. V. *décrois*. — **DÉCRUE**, s (dé-crūe) [rad. *croître*], n. f. Quantité dont l'eau a décru. — **DÉCRUE**, s, nt (id.) [rad. *écru*], v. décruer. Lessiver le fil, la soie.

DÉDIE, s, nt (dé-dīe), v. dédier. Consacrer, offrir. — **DÉDIT**, s (dé-dĭ), n. m. Révocation d'une parole donnée. — **DÉDIS**, it, ît, its (dé-dĭ, dī), v. dédire, et p. Désavouer.

DÉDIRAI..., rais (dé-dĭ-ré..., rè...), v. dédire. Désavouer. — **DÉDIERAI**..., erais... (dé-dī-ré..., rè...), v. dédier. Consacrer, offrir.

DÉDITE, s (dé-dĭ-te), p. f. du v. dédire. Désavouer. — **DÉDITES** (dé-dī-te), v. dédire. Désavouer.

DÉFALCATION, s (dé-făl-cā-sī-on), n. f. Retranchement. — **DÉFALQUASSIONS** (dé-făl-cā-sion), v. défalquer. Déduire.

DÉFET, s (dé-fè), n. m. Feuilles isolées d'un livre. — **DÉFAIS**, ait, aits (id.), v. Défaire et p. Détruire. — **DÉFAIX** (id.), n. m. Lieu défendu comme appartenant au seigneur. — **DEFFAIS** (dè-fè), n. m. pl. Pêcheries.

DÉFÉRANT (dé-fé-ran), v. déférer.

v. *déférer.* — DÉFÉRANT, s (id.), adj. Enclin à céder, à condescendre. — DÉFÉRENT, s (id.), adj. Qui excrète, qui porte au dehors : t. d'anatomie ; n. m. Cercle imaginé pour expliquer les excentricités astronomiques. — DÉFERRANT (dé-fè-ran), v. déferrer. Oter le fer.

DÉFÈRE, s, nt (dé-fè-re), v. déférer. Donner ; dénoncer. — DÉFERRE, s, nt (id.), v. déferrer. Oter le fer. — DÉFAIRE (id.), v. Détruire ; mettre en déroute.

DÉFÉRER...; é... (dé-fé-ré...), v. et p. Condescendre ; décerner. — DÉFERRER...; é... (id.), v. et p. Oter le fer. — DÉFEURRER...; é... (dé-feü-ré...), v. et p. Oter le feurre. — DÉFEREZ... (dé-fe-ré...), v. défaire. Détruire ; mettre en déroute.

DÉFAITE, s (dé-fè-te), p. f. du v. défaire. V. *défère.* —DÉFAITE, s (id.), n. f. Déroute ; excuse. — DÉFAITES (id.), v. défaire. V. *défère.*

DÉFI, s (dé-fï) [lat. *fides*], n. m. Provocation. — DÉFIE, s, nt (dé-fïe), v. défier. Provoquer, braver. — DÉFIS, it, ît (dé-fï, fï) [lat. *facere*], v. défaire. Détruire ; mettre en déroute.

DÉFILER...; é... (dé-fï-lé...) [rad. *fil*], v. et p. Oter le fil, le cordon. — DÉFILER...; é... (id.) [rad. *file*], v. et p. Aller à la file, l'un après l'autre.

DÉFINISSIONS (dé-fï-nï-sion), v. définir. Expliquer. — DÉFINITION, s (dé-fï-nï-sï-on), n. f. Explication.

DÉFRAI, s (dé-frè), n. m. Action de défrayer. — DÉFRAIE (ou DÉFRAYE), s, nt (dé-frèe), v. défrayer. Payer la dépense.

DÉGOUTER...; é... (dé-goū-té...), v. et p. Donner du dégoût. — DÉGOUTTER...; é... (dé-goū-té...), v. et p. Couler par gouttes.

DÉGÈLE, s, nt (dé-jè-le), v. dégeler. Cesser d'être gelé. — DÉGEL, s (dé-jèl), n. m. Action de dégeler.

DÉJEUNER...; é... (dé-jeū-né...), v. et p. Faire le repas du matin. — DÉJEUNER, s (id.), n. m. Repas du matin. — DÉGÉNER...; é... (dé-jê-né...), v. et p. Tirer de la gêne.

DÉJEUNÈRENT (dé-jeū-nè-re) v. déjeûner. V. *déjeuner.* —DÉGÉNÈRENT (dé-jê-nè-re), v. dégéner. Tirer de la gêne. — DÉGÉNÈRE, s, nt (dé-jé-nè-re), v. dégénérer. Changer de nature, perdre ses qualités primitives.

DÉLASSER...; é... (dé-là-sé...), v. et p. Oter la fatigue. — DÉLACER...; é... (dé-là-cé...), v. et p. Oter le lacet.

DÉLASSIONS (dé-là-sion), v. délasser. Défatiguer. — DÉLACIONS (dé-là-sion), v. délacer. Oter le lacet. — DÉLATION, s (dé-là-sï-on), n. f. Dénonciation.

DÉLATEUR, s (dé-la-teŭr), n. m. Dénonciateur. — DÉLATTEUR, s (dé-là-teŭr), n. m. Oteur de lattes.

DÉLAI, s (dé-lè), n. m. Retardement. — DÉLAIE, ou *délaye,* s, nt (dè-lèe), v. délayer. Détremper.

DÉLÉGATION, s (dé-lé-gā-sï-on), n. f. Commission pour agir au nom d'un autre. — DÉLÉGUASSIONS (de-lé-gā-sion), v. déléguer. Députer.

DÉLIE, s, nt (dé-lïe), v. délier. Défaire ce qui lie. — DÉLIT, s (dé-lï), n. m. Contravention aux lois. — DELHY (dèl-hï, *h* asp.), n. pr. Ville de l'Indoustan.

DÉMARCATION, s (dé-mār-cā-sï-on), n. f. Limite. — DÉMARQUASSIONS (dé-mār-cā-sion), v. démarquer. Oter la marque.

DÉMISSION, s (dé-mï-sï-on), n. f. Action de se démettre d'une charge. — DÉMISSIONS (dé-mï-sion), v. démettre. Disloquer, ôter.

DÉMOLISSIONS (dé-mŏ-lï-sion), v. démolir. Détruire. — DÉMOLITION, s (dé-mŏ-lï-sï-on), n. f. Action de démolir.

DÉMONTRER...; trais... (dé-mon-tré..., trè...), v. et p. Prouver d'une manière évidente ; témoigner. — DÉMONTEREZ, ai...; terais... (dé-mon-te-ré..., te-rè...), v. démonter. Oter la monture.

DÉNI, s (dé-nï), n. m. Refus injuste. — DÉNIE, s, nt (dé-nïe), v. dénier. Refuser. — DENIS (mieux que *Denys*), (de-ni), n. pr. d'homme.

DENIER, s (de-nié), n. m. Ancienne monnaie. — DÉNIER, ez, ai ; é... (dé-nï-é...) ; DÉNIIEZ (dé-nï-ié), v. et p. Refuser ; nier.

DÉPEND, s (dé-pan), v. dépendre. Détacher ce qui est pendu ; être dans la dépendance. — DÉPENS (id.), n. m. Frais, dépenses.

DÉPANSE, s, nt (dé-pan-se), v. dépanser. Oter un pansement. — DÉPENSE, s, nt (id.), v. dépenser. Faire une dépense. — DÉPENSE, s (id.), n. f. Emploi d'argent.

DÉPANSER...; é... (dé-pan-sé...), v.

et p. Oter un pansement. — DÉPEN-
SER...; é... (id.), v. et p. Faire une dépense.

DÉPANSIEZ (dé-pan-sié), v. dépanser. V. *dépanser*. — DÉPENSIEZ (id.),
v. dépenser. Faire un emploi d'argent.
— DÉPENSIER, s (id.), n. m. Qui aime
ou fait la dépense.

DÉPARE, s, nt (dé-pă-re), v. déparer.
Oter ce qui pare. — DÉPART, s (dé-
păr), n. m. Action de partir. — DÉ-
PARS, rt (id,), v. départir. Distribuer.

DÉPARIER... é...; riiez, riions (dé-
pă-ri-é...; ié, ion) [rad. *paire*], v. et p.
Oter l'une des deux choses qui font la
paire. — DÉPARIER..., é; riiez, riions
(id.) [rad. *pari*], v. et p. Défaire un
pari, une gageüre. — DÉPARIEZ, riions
(dé-pa-rié, rion) [rad. *parer*], v. déparer. Oter ce qui pare.

DÉPLUME, s, nt (dé-plŭ-me), v. dé-
plumer. Oter les plumes. — DÉPLU-
MES (dé-plŭ-me), v. déplaire. Être désagréable.

DÉRIVE, s (dé-ri-ve) [rad. *rive*, du
lat. *ripa*], n. f. Déviation. — DÉRIVE,
s, nt (id.), v. dériver, 2 fois : V. *dériver*.

DÉRIVER...; é... (dé-ri-vé...) [rad.
rive, du lat. *ripa*], v. et p. Dévier ; provenir. — DÉRIVER...; é... (id.) [all.
reiben], v. et p. Défaire une rivure.

DESCEND, s (dè-san), v. descendre.
Aller en bas. — DÉCENT, s (dé-san),
adj. Convenable, honnète.

DESCENTE, s (dè-san-te), n. f. Pente;
action de descendre. — DÉCENTE, s
(dé-san-te), adj. f. de décent. Convenable.

DESSELLER...; é... (dè-sè-lé...), v.
et p. Oter la selle. — DESCELLER...;
é... (id.), v. et p. Briser le sceau. —
DÉCELER...; é... (dé-se-lé), v. et p.
Révéler.

DESSERRE, s (dè-sè-re), n. f. Facilité
à être desserré. — DESSERRE, s, nt
(id.), v. desserrer. Lâcher ce qui est
serré. — DESSERT, s (dè-sèr), n. m.
Ce qu'on sert à la fin d'un repas. —
DESSERS, rt (id.), v. desservir. Enlever
les plats ; nuire ; faire le service d'une
cure, etc.

DESSERVISSE, s, nt (dè-sèr-vi-se),
v. desservir. Oter les plats ; nuire. —
DESSERVICE, s (dè-sèr-vi-se), n. m.
Service mauvais, nuisible.

DÉCIMO (dé-si-mŏ), adv. lat. Dixiè-
mement. — DÉCIMAUX (dé-si-mŏ),

adj. m. pl. de décimal. Basé sur le
nombre 10.

DESSIN, s (dè-sin), n. m. Image,
plan linéaire ; art de dessiner. — DES-
SEIN, s (id.), n. m. Intention, projet,
résolution. — DÉCEINS, nt, nts (dé-
sin), v. déceindre, et p. Oter la ceinture.

DESSUS (de-su), n. m. Partie supérieure. — DESSUS (id.), adv. Sur l'objet
dont on parle. — DÉÇU, e, s, es (dé-sŭ,
sūe), p. de décevoir. Tromper. — DÉ-
ÇUS, ut, ût (id.), v. décevoir. Tromper.

DÉTAILLE, s, nt (dé-tă-lle, *ll* m.),
v. détailler. Faire un détail. — DÉTAIL,
s (dé-tăl, *l* m.), n. m. Action de diviser
par petites parties.

DÉTINS, int, înt (dé-tĭn, tīn), v. détenir. Retenir. — DÉTEINS, eint (dé-
tin), v. déteindre. Perdre la teinture. —
DÉTEINT, s (id.), p. du v. déteindre.
Perdre ou faire perdre la couleur.

DÉTINTES (dé-tĭn-te), v. détenir.
Retenir en prison. — DÉTEINTE, s (dé-
tĭn-te), p. f. du v. déteindre. Décolorée.

DÉTONASSIONS (dé-tŏ-nă-sion), v.
détoner. S'enflammer avec bruit. —
DÉTONNASSIONS (id.), v. détonner.
Sortir du ton. — DÉTONATION, s (dé-
tŏ-nă-sĭ-on), n. f. Action de détoner,
bruit éclatant.

DÉTONER..., é..., mieux que *détonner* (dé-tŏ-né...) [rad. *ton*], v. et p.
Sortir du ton ; s'enflammer avec bruit.
— DÉTONNER...., é.... (id.) [rad.
tonne], v. et p. mettre hors de la tonne,
etc., désentonner. V. *entonner* et
tonner.

DÉTRESSE, s (dé-trè-se) [lat. *dis-
trictio*], n. f. Peine d'esprit; grand besoin. — DÉTRESSE, s, nt (id.) [rad.
tresse], v. détresser. Défaire ce qui était
tressé.

DÉTRIMENT, s (dé-trĭ-man), n. m.
Préjudice. — DÉTRIEMENT, s (dé-trĭ-
man), n. m. Assignation faite aux puinés
d'une part convenable d'héritage.

DEVANT (de-van) [lat. *debere*], v.
devoir. — DEVANT (id.) [fr. *de, avant*;
it. *d'avanti*), prép. et adv. Avant, anté-
rieurement. — DEVANT, s (id.) [id.],
n. m. Partie antérieure.

DEVANCIER, s (de-van-cié), n. m.
Prédécesseur. — DEVANCIEZ (id.), v.
devancer. Précéder, aller devant.

DEVERRE, s (de-vè-re), n. m. Genre
de plantes ombellifères. — DEVERS
(de-vèr), prép. Du côté de : par devers

soi. — DÉVERS (dé-vèr), n. m. Gauchissement ; adj. Incliné, gauchi, non d'aplomb.

DEVIS (de-vī), n. m. Détail de travaux, de dépenses. — DÉVIE, s, nt (dé-vīe), v. dévier. S'écarter de la voie.

DEVIEZ, ions (de-vié, vion), v. devoir. V. *devoir*. — DÉVIEZ, ions (dé-vĭ-é, vĭ-on) ; DÉVIIEZ, iions (dé-vĭ-iez, vĭ-ion), v. dévier. S'écarter de la route.

DEVIN, s (de-vĭn) [lat. *divinus*], n. m. Celui qui révèle les choses cachées. — DEVINS, int, înt (de-vĭn, vīn) [lat. *devenire*], v. devenir. Commencer à être ce qu'on n'était pas.

DEVOIR (de-voèr), v. Avoir une obligation. — DEVOIR, s (id.), n. m. Ce à quoi on est obligé. — DÉVOUÈRENT (dé-voŭ-è-re), v. dévouer. Consacrer.

DÉSERTE, s (dé-zèr-te), adj. f. de désert. Inhabitée. — DÉSERTE, s, nt (id.), v. déserter. Abandonner, quitter.

DÉSIRE, s, nt (dé-zi-re), v. désirer. Souhaiter. — DÉSIR, s (dé-zĭr), n. m. Souhait.

DIS, it, ît, its (dĭ, dī), v. dire et p. Énoncer. — DIE, s, nt (dīe), v. dire : vieux, pour *dise*. — DIE (id.), n. pr. Sous-préfecture de la Drôme. — DIX (di, s'il est inséparablement suivi d'un nom ou adj. commençant par une consonne : *dix maisons, dix grandes maisons ;* diz', s'il est inséparablement suivi d'un mot commençant par une voyelle : *dix ouvriers, dix honnêtes ouvriers ;* diss', s'il n'est pas immédiatement et inséparablement suivi du nom ou de l'adj. de l'objet compté : *J'en garde dix pour moi, j'en donne dix aux pauvres ; le dix juin, le dix octobre.*) adj. num. card. 9 et 1 ; adj. num. ord. 10ᵉ.

DIAMANTÈRENT (dĭ-ă-man-tè-re), v. diamanter. Orner de diamants. — DIAMANTAIRE, s (id.), adj. Qui se rapproche du diamant ; n. m. Celui qui taille les diamants ou qui en trafique.

DICTAME, s (dĭc-ta-me) ou *dictamne* [gr. δικταμον ou δικταμνον], n. m. Plante. — DICTAME, s (id.) pour *dictamen* [lat. *dictare*], n. m. Sentiment intérieur.

DICTON, s (dĭc-ton), n. m. Mot sentencieux ; raillerie. — DICTONS (id.), v. dicter. Donner à écrire ce qu'on lit à haute voix ; suggérer, inspirer.

DIÈTE, s (dĭ-è-te) [gr. δίαιτα, manière de vivre], n. f. Abstinence de nourriture. — DIÈTE, s (id.) [gr. δίαιτα, arbitrage], n. f. Assemblée des États.

DIFFÉRANT (dĭ-fé-ran), v. différer. Retarder ; ne pas ressembler. — DIFFÉRENT, s (id.), adj. Dissemblable. — DIFFÉREND ou *différent*, s (id.), n. m. Contestation.

DILIGENTE, s (dĭ-lĭ-jante), adj. f. de diligent. Actif. — DILIGENTE, s, nt (id.), v. diligenter. Agir promptement.

DIME, s (dī-me) [lat. *decimus*], n. f. Impôt du 10ᵉ. — DIME, s, nt (id.) [id.], v. dîmer. Lever la dîme. — DIMES (id.) [lat. *dicere*], v. dire. Exprimer.

DINAN (dĭ-nan), n. pr. Sous-préfect. des Côtes-du-Nord. — DINANT (id.), n. pr. Ville de Belgique (Namur). — DINANT (dĭ-nan), v. dîner. Prendre le repas du dîner.

DINER, ez, ai ; é (dĭ-né), v. et p. Prendre le repas principal. — DINER, s ; ou DINÉ, s (id.), n. m. Principal repas. — DINÉE, s (dĭ-née), n. f. Lieu où on dîne en voyage.

DINÈRE, s (dĭ-nè-re), n. f. Insecte diptère très agile. — DINÈRENT (dĭ-nè-re), v. dîner. V. *dîner*.

DINÈTE, s (dĭ-nè-te), n. m. Genre d'insectes hyménoptères. — DINETTE, s (dĭ-nè-te), n. f. Petit dîner d'enfants.

DISCOURE, s, nt (dĭs-cou-re) ; DISCOURS, rt (dis-cour), v. discourir. Parler, converser. — DISCOURS, (dĭs-cour), n. m. Harangue ; conversation.

DISCIPLINÈRENT (dĭs-sĭ-plĭ-nè-re), v. discipliner. Régler. — DISCIPLINAIRE, s (id.), adj. Concernant la discipline.

DISLOCATION, s (dĭs-lŏ-cā-sĭ-on), n. f. Déboîtement. — DISLOQUASSIONS (dĭs-lŏ-cā-sion), v. disloquer. Déboîter.

DISPENSÈRENT (dĭs-pan-sè-re), v. dispenser. Exempter ; distribuer, donner. — DISPENSAIRE, s (id.), n. m. Pharmacie.

DISPERSION, s (dĭs-pèr-sĭ-on), n. f. Action de disperser. — DISPERSIONS (dĭs-pèr-sion), v. disperser. Disséminer.

DISSOLUSSIONS (dĭs-sŏ-lŭ-sion), v. dissoudre. Décomposer. — DISSOLUTION, s (dĭs-sŏ-lŭ-sĭ-on), n. f. Séparation.

DITE, s (dĭ-te), p. f. de dire. Énoncée. — DITES (dĭ-te) ; DITES (dī-te), v. dire. Exprimer.

DIVAGATION, s (dĭ-vă-gā-sĭ-on), n.

f. Action de divaguer. — DIVAGUAS-
SIONS (dĭ-vă-gā-sion), v. divaguer. S'é-
loigner de la question que l'on discute.
DIVERGEANT (dĭ-vèr-jan), v. diverger. S'écarter. — DIVERGENT, s (id.),
adj. Qui diverge, qui s'éloigne d'un
centre commun.
DIVISION, s (dĭ-vĭ-sĭ-on), n. f. Partage. — DIVISIONS (dĭ-vĭ-sion), v. diviser. Partager, désunir.
DIVULGATION, s (dĭ-vŭl-gā-sĭ-on),
n. f. Action de divulguer. — DIVUL-
GUASSIONS (dĭ-vŭl-gā-sion), v. divulguer. Publier.
DOIS, doit (doè), v. devoir. Être
obligé de. — DOIT (id.), n. m. Ce qui
est dû, créance du commerçant. —
DOIGT, s (id.), n. m. Partie de la main.
DOITE, s (doè-te), n. f. Grosseur des
écheveaux du tisserand. — DOIGTE, s,
nt (id.), v. doigter. Faire agir les doigts :
t. de musique.
DOITÉE, et mieux *doigtée*, s (doè-
tée), n. f. Petite quantité de fil. —
DOIGTÉ ou *doigter*, s (doè-té), n. m.
Art de faire jouer les doigts. — DOIG-
TER, ez, ai, é (id.), v. et p. Faire agir
les doigts sur un instrument de musique.
DOIGTIER, s (doè-tié), n, m. Ce qui
couvre le doigt. — DOIGTIEZ (id.), v.
doigter. Faire jouer les doigts.
DOLANT (dŏ-lan), v. doler. Aplanir
avec la doloire. — DOLENT, s (id.),
adj. Triste, plaintif.
DOLENTE, s (dŏ-lan-te), adj. f. de
dolent. Plaintive. — DOLENTE, s, nt
(id.), v. dolenter. Se plaindre tristement.
DOLE, s, nt (dŏ-le), v. doler. Aplanir
du bois. — DOLE, (dŏ-le), n. pr. Sous-
préfecture du Jura. — DOLE (la) (id.),
n. pr. Un des plus hauts sommets du
Jura. — DOL (dŏl), n. pr. Ville d'Ille-
et-Vilaine. — DOL, s (dŏl), n. m. Fraude ;
gros tambour.
DOLÈRE, s (dŏ-lè-re), n. m. Genre
d'hyménoptères. — DOLÈRENT (id.),
v. doler. Raboter avec une doloire.
DOMESTICATION, s (dŏ-mès-tĭ-cā-
sĭ-on), n. f. Action de domestiquer. —
DOMESTIQUASSIONS (dŏ-mès-tĭ-cā-
sion), v. domestiquer. Rendre domestique, apprivoiser un animal.
DOMINIQUIN (le) (dŏ-mĭ-nĭ-kin), n.
pr. Peintre italien très célèbre. — DO-
MINICAIN, s (id.), adj. et n. m. Religieux de saint Dominique, ou frère-prê-
cheur ; n. m. Oiseau.

DOMICILIÈRENT (dŏ-mĭ-cĭ-lĭ-è-re),
v. se domicilier. Fixer son domicile. —
DOMICILIAIRE, s (id.), adj. Qui concerne le domicile.
DON, s (don) [lat. *donum*], n. m.
Cadeau. — DON, s (id.) [lat. *dominus*].
Titre des seigneurs espagnols. — DON
(id.), n. pr. m. Fleuve et gouvernement
de la Russie. — DOM (id.). Titre de
certains religieux. — DONT (id.), pron.
rel. Duquel, de laquelle, etc. — DONC
(don, mais seulement en conversation
très familière ; et encore est-ce un abus.
Il vaut mieux prononcer donk' dans tous
les cas), conj. pour conclure.
DONNA, as, ât (dŏ-nă, nă) [lat. *donare*], v. donner. — DONNA, s (don'-
nă) [it. *donna*], n. f. Cantatrice.
DONNE, s, nt (dŏ-ne) [lat. *donare*],
v. donner. Faire don, accorder. —
DONNE, s (id.) [id.], n. f. Action de
donner les cartes. — DONNE, s (id.)
[it. *donna*], n. f. Courtisane (vieux).
DOMPTÈRENT (don-tè-re), v. dompter. Assujétir. — DOMPTAIRE, s (id.),
n. m. Jeune bœuf qu'on dompte, qu'on
habitue au travail.
DORA, s (dŏ-ră), n. m. Poisson du
genre silure. — DORA, as, ât (dŏ-ră,
ră) [lat. barb. *deaurare*], v. dorer. Couvrir d'or. — DORAT (dŏ-ră), n. pr.
Ville de la Haute-Vienne.
DORE, s, nt (dŏ-re), v. dorer. Couvrir
d'or. — DORE (id.), n. pr. Affluent de
l'Allier. — DORE (id.), n. pr. Affluent
de la Dogne ; montagne des Pyrénées.
— DORS, rt (dŏr), v. dormir. Sommeiller.
DORIEN, s ; ne, nes (dŏ-rĭ-in, dŏ-rĭ-
è-ne) [rad. *Dora*], adj. De Dora, ville.
— DORIEN, s ; ne, nes (id.) [rad. *Doride*], adj. De la Doride.
DORMISSIONS (dŏr-mĭ-sion), v. dormir. — DORMITION, s (dŏr-mĭ-sĭ-on),
n. f. Action de dormir.
DORON, s (dŏ-ron) [gr. δωρον] n. m.,
Ancienne mesure grecque (0m.55c.). —
DORONS (id.) [lat. *deaurare*], v. dorer.
Couvrir d'or.
DOTE, s (dŏ-te) [rad. *Doto*, natura-
liste], n. m. Poisson. — DOTE, s, nt
(id.) [rad. *dot*], v. doter. Pourvoir d'une
dot. — DOT, s (dŏt'), n. f. Biens que la
femme apporte en mariage.
DOUX (doŭ), adj. Opposé à aigre, à
amer, à dur. — DOUE, s, nt (doŭe), v.
douer. Avantager, favoriser. — DOUBS

(dou ou doub'), n. pr. Rivière et département de France.

DOUBLE, s (dou-ble), adj. Valant deux fois le simple ; n. m. — DOUBLE, s, nt (id.) v. doubler. Rendre double.

DOUBLET, s (doŭ-blè), n. m. Le même point amené par les deux dés; pierre. — DOUBLAIS, ait, aient (doŭ-blè, blè), v. doubler. Rendre double.

DOUBLEMENT (doŭ-ble-man), adv. De deux manières. — DOUBLEMENT, s (id.), n. m. Action de doubler.

DOUBLOT, s (doŭ-blō), n. m. Fil de laine double dont on fait la lisière du droguet. — DOUBLEAU, x (doŭ-blō), n. m. Solive d'un plancher plus forte que les autres.

DOUBLON, s (doŭ-blon), n. m. Monnaie ; mot répété. — DOUBLONS (id.), v. doubler. Rendre double.

DOUAI (doŭ-è), n. pr. Sous-préfect. du Nord. — DOUAIS, ait, aient (doŭ-è, è), v. douer. Favoriser.

DOUÈRENT (doŭ-è-re), v. douer. Favoriser. — DOUAIRE, s (id.), n. m. Biens de la femme survivante.

DOUTEUSE, s (doŭ-teŭ-ze), adj. f. de douteux. Incertain. — DOUTEUSE, (id.), n. f. de douteur. Qui doute habituellement.

DRAGON, s (dră-gon), n. m. Soldat ; monstre fabuleux. — DRAGUONS (id.), v. draguer. Curer avec la drague.

DRAGONIER, s (dră-gŏ-nié), n. m. Plante. — DRAGONNIEZ (id.), v. dragonner. Agir en dragon ; importuner.

DRAPIER, s (dră-pié), n. m. Marchand et fabricant de draps. — DRAPIEZ (id.), v. draper. Couvrir de drap.

DRENNE, s (drè-ne), n. m. Espèce de merle. — DRAINE, s, nt (id.), [angl. drain], v. drainer. — DRAINE, s (id.), n. f. Un des noms de la grive.

DROGUET, s (drŏ-ghè), n. m. Étoffe de laine et fil. — DROGUAIS, ait, aient (drŏ-ghè, ghè), v. droguer. Médicamenter.

DROGUIER, s (drŏ-ghié), n. m. Collection de drogues. — DROGUIEZ (id.), v. droguer. Médicamenter.

DU (dŭ), art. contr. pour de le. — DU, dus ; due, dues (dŭ ; dŭe), p. de devoir. — DU, s (dŭ), n. m. Chose due. — DUS, dut, dût (dŭ, dŭ), v. devoir. Avoir l'obligation de.

DUODÉCIMO (dŭ-ŏ-dé-sĭ-mŏ), adv. lat. Douzièmement. — DUODÉCIMAUX (dŭ-ŏ-dé-sĭ-mō), adj. m. pl. de duodécimal. Basé sur le nombre 12.

DURANT (dŭ-ran), v. durer. Continuer d'être. — DURANT (id.), prép. Pendant. — DURAND (id.), n. pr. d'homme.

DURE, s (dŭ-re) [lat. durus], adj. f. de dur. Solide, ferme, âpre ; n. f. La terre nue. — DURE, s, nt (id.) [lat. durare], v. durer. Continuer d'être. — DURENT (dŭ-rent) [lat. debere], v. devoir. Être obligé à. — DUR, s (dŭr), adj. Solide, âpre, inhumain.

DURET, s (dŭ-rè), adj. Un peu dur. — DURAIS, ait, aient (dŭ-rè, rè), v. durer. Continuer d'être.

DURION, s (dŭ-rĭ-on) [gr. δουρειος], n. m. Arbre. — DURIONS (dŭ-rion) [lat. durare], v. durer. Continuer d'être. — DURILLON, s (dŭ-rĭ-llon, ll m.), n. m. Petit calus de la peau.

E.

Son É, son È et son E (ou EU), de quelque manière qu'on les écrive (é, hé ; — è, ê, hê, ai, hai ; — eu, œu, heu).

É (é), n. m. Nom de la lettre e en général, et de l'é fermé en particulier. — ET (é), conj. qui unit. — EH (éh, h asp.), interj. de surprise. — HÉ (hé, h asp.), interj. pour appeler, pour marquer la douleur. — HÉE, s, nt (hée, h asp.), v. héer. Soupirer, pleurer.

È (è), n. m. Nom moderne de l'è ouvert. — ÈS (è), art. contr. Dans les : vieux. — ES, est (id.), v. être. Exister. — AIS (id.), n. m. Planche. — AIT (è) ; AIE, s, nt (èe), v. avoir. Posséder. — HAIS, hait (hè, h asp.), v. haïr. Avoir en aversion. — HAIE, s (hèe) [all. haag], n. f. Clôture de branches ou d'arbustes. — HAIE (La) (id.) [lat. Haga comitum], n. pr. f. Capitale actuelle de la Hollande.

ÉBAT, s (é-bă), n. m. Promenade des chiens. ÉBAT, s (id.), [celt. ébad], n. m. Divertissement. — ÉBAT, s (id.) [id.], v. s'ébattre. Se divertir.

ÉBÉNIER, s (é-bé-nié), n. m. Arbre. — ÉBÉNIEZ (id.), v. ébéner. Donner l'apparence de l'ébène.

ÉCAILLER, s (é-ca-llé, ll m.), n. m.

Celui qui vend et ouvre des huîtres. — ÉCAILLER, ez, ai ; é... ; iez (é-ca-llé, llée ; llié, *ll* m.) v. et p. Oter les écailles. — ÉCALER, ez, ai ; é... (é-că-lé, lée), v. et p. Oter l'écale.

ÉCAILLÈRE, s (é-ca-llè-re), n. f. de écailler. Celle qui vend et ouvre des huîtres. — ÉCAILLÈRENT (id.), v. écailler. Oter les écailles.

ÉCAILLON, s (é-ca-llon, *ll* m.), n. m. Dent canine du cheval ; principal ouvrier d'une ardoisière. — ÉCAILLONS, llions (é-ca-llon, llion *ll* m.), v. écailler. Oter les écailles.

ÉCART, s (é-car) [lat. *ex parte ;* ou *ex, scar,* troupe), n. m. Éloignement. — ÉCART, s (id.) [lat. *ex chartá*], n. m. Cartes mises de côté.

ÉCARTER... ; é... (é-căr-té...) [lat. *ex parte*], v. et p. Éloigner. — ÉCARTER... ; é (id.) [lat. *ex chartá*], v. et p. Rejeter certaines cartes, au jeu. — ÉCARTÉ, s (id), n. m. Jeu de cartes.

ÉCARRIR... ; i... (mieux que *équarrir*) (é-că-rir...) [rad. *carré*], v. et p. Tailler à angles droits. — ÉQUARRIR... ; i... (id.) [lat. *equus*], v. et p. Tuer et dépecer une bête de somme.

ÉCARRISSAGE, s (é-ca-rĭ-să-je) [rad. *carré*], n. m. État de ce qui est écarri. V. *écarrir.* — ÉQUARRISSAGE, s (id.) [lat. *equus*], n. m. Action de tuer et d'écorcher une bête de somme.

ÉCARRISSEMENT, s (é-ca-rĭ-se-man) [rad. *carré*], n. m. Action d'écarrir. V. *écarrir.* — ÉQUARRISSEMENT, s (id.) [lat. *equus*], n. m. Action d'équarrir.

ÉCARRISSEUR, s (mieux que *équarrisseur*) (é-ca-rĭ-seŭr) [rad. *carré*], n. m. Celui qui écarrit. V. *écarrir.* — ÉQUARRISSEUR, s (id) [lat. *equus*], n. m. Celui qui fait métier de tuer et d'écorcher les bêtes.

ÉCARRISSOIR, s (é-ca-rĭ-soĕr) [rad. *carré*], n. m. Instrument pour agrandir des trous. — ÉQUARRISSOIR, s (id.) [lat. *equus*], n. m. Couteau de l'équarrisseur. V. *écarrir.*

ÉCHET, s (é-chè), n. m. Ce qui est échu ; redevance. — ÉCHET (id.), et mieux *échoit*, v. échoir. Arriver par hasard, par succession.

ÉCHÈLE, s, nt (é-chè-le), v. écheler. Appliquer l'échelle ; escalader. — ÉCHELLE, s (id.), n. f. Escalier portatif formé de deux montants que traversent des bâtons.

ÉCHELET, s (é-che-lè), n. m. Oiseau. — ÉCHELAIS, ait, aient (é-che-lè, lè), v. écheler. Appliquer l'échelle ; escalader.

ÉCHELIER, s (é-che-lié), n. m. Échelle qui n'a qu'un seul montant. — ÉCHELIEZ (id.), v. écheler. Appliquer l'échelle.

ÉCHELON, s (é-che-lon), n. m. Bâton horizontal de l'échelle. — ÉCHELONS (id.), v. écheler. Appliquer l'échelle.

ÉCHIQUIER, s (é-chĭ-kié) [rad. *échec*], n. m. Damier sur lequel on joue aux échecs. — ÉCHIQUIER, s (id.) [écoss. *exchequer*], n. m. Juridiction financière en Angleterre.

ÉCHOPPE, s (é-chŏ-pe) [celt. *échapea*], n. f. Petite boutique. — ÉCHOPPE, s (id.), n. f. Espèce de burin. — ÉCHOPPE, s, nt (id.), v. échopper. Buriner avec une échoppe.

ÉCHOPPIER, s (é-chŏ-pié), n. m. Marchand établi sous une échoppe. — ÉCHOPPIEZ (id.), v. échopper. Buriner avec une échoppe.

ÉCLAT, s (é-clă), n. m. Bruit ; lueur ; morceau détaché. — HÉCLA (id.), n. pr. m. Volcan d'Islande.

ÉCLAIRE, s (é-clè-re), n. f. Plante. — ÉCLAIRE, s, nt (id.) [lat. *clarus*], v. éclairer. Illuminer. — ÉCLAIR, s (é-clèr), n. m. Lumière subite.

ÉCLISSE, s (é-cli-se), n. f. Planche mince. — ECCLISSE, s (èk'-cli-se), n. m. Genre d'insectes.

ÉCLUSIER, s (é-clu-zié), adj. Qui concerne l'écluse ; n. m. Préposé d'une écluse. — ÉCLUSIEZ (id.), v. écluser. Fermer par une écluse.

ÉCOT, s (é-cŏ), n. m. Quote-part. — ÉCHO, s (é-co), n. m. Réflexion du son. — ÉCHO (id.), n. pr. f. Nymphe.

ÉCOSSE, s, nt (é-cŏ-se) [rad. *cosse*], v. écosser. Dépouiller de la cosse. — ÉCOSSE (id.) [lat. *Scotia*], n. pr. f. Partie septentrionale de la Grande-Bretagne.

ÉCOSSAIS (é-cŏ-sè) [rad. *Écosse*], adj. De l'Écosse. — ÉCOSSAIS, ait, aient (é-cŏ-sè, sè) [rad. *cosse*], v. écosser. Dépouiller de la cosse.

ÉCRIE, s, nt (é-crĭe), v. s'écrier. Faire un grand cri. — ÉCRIS, it, its (é-crĭ), v. écrire et p. Tracer des lettres. — ÉCRIT, s (id.), n. m. Chose écrite ; ouvrage d'esprit.

ÉCRIER... ; é... (é-crĭ-é...) [rad, *cri*], v. et p. Faire un grand cri. — ÉCRIER... ;

é... (id.), v. et p. Nettoyer le fil de fer avec du grès.

ÉCRIRAI...; rais... (écrĭ-ré...; rè...), v. écrire. Tracer des lettres. — ÉCRIERAI...; crais... (é-crĭ-ré...; rè...), v. s'écrier. Jeter un grand cri.

ÉCRIVE, s, nt (é-cri-ve) [lat. *scribere*], v. écrire. Faire de l'écriture. — ÉCRIVE, s (id.), n. f. Arbre d'écrou.

ÉCRIVEUSE, s (é-crĭ-veŭ-ze), n. f. de écriveur. Copiste; celui qui écrit. — ÉCRIVEUSE, s (id.), adj. f. de écriveux. Qui écrit volontiers.

ÉCROU, s (é-croŭ), n. m. Trou fileté par où passe une vis. — ÉCROU, s (id.) [lat. *carcer*], n. m. Emprisonnement. — ÉCROUE, s, nt (é-croŭe) [id.], v. écrouer. Inscrire un prisonnier sur le registre de la geôle. — ÉCROUE, s (id.), n. f. Administration des revenus; écritures en justice, etc.

ÉCROUELLE, s (é-croŭ-è-le), n. f. La crevette des ruisseaux, poisson. — ÉCROUELLES (id.) [lat. *scrophulæ*], n. f. pl. Tumeurs à la gorge.

EXCELLANT (èc-sè-lan), v. exceller. Surpasser; avoir un degré éminent de perfection. — EXCELLENT, s (id.), adj. d'une bonté, d'une perfection supérieure.

EXPÉDIANT (èc-spé-dĭ-an), v. expédier. Hâter, dépêcher; envoyer. — EXPÉDIENT, s (id.), n. m. Moyen de réussir.

EXPIRER, ez, ai...; rais... (èc-spĭ-ré...; rè...), v. et p. Chasser l'air de la poitrine; mourir.—EXPIERAI...; rais... (èc-spĭe-ré...; rè...), v. expier. Réparer une faute par un châtiment.

EXPLICATION, s (ècs-plĭ-cā-sĭ-on), n. f. Action d'expliquer; éclaircissement. — EXPLIQUASSIONS (ècs-plĭ-cā-sion), v. expliquer. Interpréter, éclaircir.

EXTRAVAGANT, s (ècs-trä-vă-gan), adj. Fou, bizarre. — EXTRAVAGUANT (id.), v. extravaguer. Parler, agir sans raison.

ÉCUYER, s (é-cuĭ-ié) [lat. *scutarius*], n. m. Gentilhomme qui servait un chevalier. — ÉCUYER, s (id.) [lat. *equarius*, de *equus*], n. m. Maître d'équitation; intendant des écuries d'un prince; celui qui donne la main à une dame. — ÉCUYER, s (id.) [lat. *escarius*, de *esca*], n. m. *Écuyer tranchant*, qui découpait les viandes.

ÉCULA, s (é-cŭ-lä), n. m. Poisson. — ÉCULA, as, ât (é-cŭ-lä, lä) [lat. *culus*,

du gr. κουλεος], v. éculer. Replier un soulier sur son talon.

ÉCULAN, s (é-cŭ-lan), n. m. Vase de cirier. — ÉCULANT (id.), v. éculer. Replier un soulier sur son talon.

ÉCULON, s (é-cŭ-lon) [lat. *scutum*, du gr. σκυτος; ou *scutella*], n. m. Vase de cirier. — ÉCULONS (id.) [lat *culus*], v. éculer. Replier un soulier sur son talon.

ÉCUMEUSE, s (é-cŭ-meŭ-ze), n. f. de écumeur. Qui ôte l'écume. — ÉCUMEUSE, s (id.), adj. f. de écumeux. Qui produit de l'écume.

ÉDUCATION, s (é-dŭ-cā-sĭ-on), n. f. Action d'élever, art de développer les facultés physiques, intellectuelles et morales. — ÉDUQUASSIONS (é-dŭ-cā-sion), v. éduquer. Élever; donner de l'éducation.

EFFORT, s (è-fŏr), n. m. Tentative. — ÉPHORE, s (é-fŏ-re), n. m. Juge, à Sparte.

ÉGALE, s, nt (é-gă-le), v. égaler. Rendre égal. — ÉGAL, (é-găl); ÉGALE, s (é-gă-le), adj. Pareil, semblable.

ÉGARE, s, nt (é-ga-re), v. égarer. Détourner du droit chemin; perdre. — ÉGARD, s (é-gar), n. m. Déférence, attention.

AIGRETTE, s (è-grè-te), n. f. Faisceau de plumes sur la tête; panache. — AIGRETTE, s (id.) [dim. de *aigre*], adj. f. de áigret. Un peu aigre.

ÉGAYER...; é... (é-ghè-ié...), v. et p. Rendre gai. — AIGUAYER, et mieux *aigayer*...; é... (è-ghè-ié...), v. et p. Laver dans l'eau.

AIGUILLA, as, ât (è-guĭ-llä, llä, *ll* m.), v. aiguiller. Agir avec ou sur des aiguilles. — AIGUILLAT, s (è-guĭ-llä, *ll* m.), n. m. Poisson.

AIGUILLER, ez, ai; é... (è-guĭ-llé, llée, *ll* m.); AIGUILLIEZ (è-guĭ-lliĕ, *ll* m.), v. et p. Nettoyer la soie avec des aiguilles. — AIGUILLIER, s (è-guĭ-llié, *ll* m.), n. m. Étui à aiguilles; fabricant, marchand d'aiguilles. — AIGUILLÉE, s (è-guĭ-llée, *ll* m.), n. f. Longueur de fil qu'on passe dans une aiguille.

AIGUILLÈRE, s (è-gui-llè-re, *ll* m.), n. f. Filet pour prendre des aiguilles (poissons). — AIGUILLÈRENT (id.), v. aiguiller. Agir avec ou sur des aiguilles. — AIGUILLIÈRE, s (è-guĭ-lliè-re, *ll* m.), n. f. de aiguillier. Celle qui fait ou vend des aiguilles.

AIGUILLÈTE, s, nt (è-guĭ-llè-te, *ll* m.), v. aiguilleter. Attacher avec des aiguillettes ; garnir d'aiguillettes. — AIGUILLETTE, s (id.), n. f. Cordon ferré aux deux bouts.

AIGUILLETIER, s (è-guĭ-lle-tié), n. m. Ouvrier qui fait des aiguillettes. — AIGUILLETIEZ (id.), v. aiguilleter. V. *aiguillète*.

AIGUILLON, s (è-guĭ-llon, *ll* m.), n. m. Pointe de fer ; dard des abeilles, etc. — AIGUILLONS, llions (è-guĭ-llon, llion, *ll* m.), v. aiguiller. Agir avec ou sur des aiguilles.

AIGUILLONNEUSE, s (è-guĭ-llŏ-neū-ze, *ll* m.), n. f. dé aiguillonneur. Celle qui aiguillonne. — AIGUILLONNEUSE, s (id.), adj. f. de aiguillonneux. Pourvue d'aiguillons, de pointes dures.

EXILE, s, nt (èg-zĭ-le), v. exiler. Bannir. — EXIL, s (èg-zĭl), n. m. Bannissement, éloignement.

EXAUCER...; é... (èg-zō-sé...), v. et p. Écouter favorablement une prière. — EXHAUSER...; é... (id.), v. et p. Élever.

ÉLAN, s (é-lan) [lat. *lancea*], n. m. Effort subit. — ÉLAN, s (id.) [all. *ellend* ou *elk*, du lat. *alce*], n. m. Cerf du nord. — HÉLANT (hé-lan, *h* asp.), v. héler. Appeler.

ELLE, s (è-le) [lat. *illa*], pron. pers., f. de *il*. — ELLE (è-le), n. f., ou *el* (èl), n. m. Nom français de la lettre L. — AILE, s (è-le) [lat. *ala*], n. f. Membre pour voler. — AILE, s (id.) [angl. *ale*], n. f. Bière sans houblon. — HÈLE, s, nt (hè-le, *h* asp.), v. héler. Appeler.

AILÉ, s ; e, es (è-lé, lée), adj. Pourvu d'ailes. — HÉLER, ez, ai ; é... (hé-lé, lée, *h* asp.), v. et p. Appeler.

ÉLÉGI, is, ie, ies, it, ît (é-lé-jĭ, jīe, jī), [lat. *levare*, de *levis*], p. et v. élégir. Rendre plus léger, plus mince. — ÉLÉGIE, s (é-lé-jīe) [gr. ελεγεια, ou ε! ε! λεγειν], n. f. Poème mélancolique.

HÉLÈNE (é-lè-ne), n. pr. de femme. — HELLÈNE, s (èl-lè-ne), n. pr. des Grecs primitifs. — HELLEN (èl-lèn'), n. pr. m. Fils de Deucalion.

AILERON, s (è-le-ron), n. m. Bout de l'aile. — HÉLERONS, nt (hè-le-ron, *h* asp.), v. héler. Appeler.

ÉLIS, it (é-lĭ), v. élire. Choisir. — ÉLIE (é-līe), n. pr. m. Prophète. — HÉLI (hé-lĭ, *h* asp.), n. pr. m. Grand-prêtre juif.

ÉLIDE, s, nt (é-li-de) [lat. *elidere*], v. élider. Retrancher. — ÉLIDE (id.) [rad. *Elis*, ville], n. pr. f. Contrée du Péloponnèse.

ÉLIS (é-lĭs'), n. pr. Capitale de l'Élide. — HÉLICE, s (é-lī-se), n. f. Spirale qui tourne autour d'un cylindre.

ÉLISE, s, nt (é-lī-ze) [lat. *eligere*]. v. élire. Choisir. — ÉLISE (id.), n. pr. de femme.

ÉLISEZ (é-li-zé), v. élire. Choisir. — ÉLISÉE (é-lĭ-zée), n. pr. m. Prophète. — ÉLYSÉE (id.), n. pr. Lieu de délices, selon la mythologie.

ÉLISION, s (é-li-zĭ-on) [lat. *elidere*], n. f. Action d'élider ; retranchement. — ÉLISIONS (é-li-zion) [lat. *eligere*], v. élire. Choisir.

ÉMAILLE, s, nt (é-mă-lle, *ll* m.), v. émailler. Couvrir d'émail ; orner. — ÉMAIL (é-măl, *l* m.), n. m. Vernis vitreux.

AIMANT (è-man) [lat. *amare*], v. aimer ; adj. Porté à aimer. — AIMANT, s (id.) [gr. αδάμας], n. m. Mine de fer oxydée.

AIMANTE, s (è-man-te) [lat. *amare*], adj. f. de aimant. Porté à aimer. — AIMANTE, s, nt (id.) [gr. αδάμας], v. aimanter. Frotter avec un aimant.

AIMANTÈRENT (è-man-tè-re), v. aimanter. Frotter avec un aimant. — AIMANTAIRE, s (id.), adj. Qui produit de l'aimant.

ÉMACIÉ, s ; e, es (é-mă-sĭ-é, ée), adj. Qui a beaucoup maigri. — AIMASSIEZ (è-mă-sié), v. aimer. Affectionner.

EM... (an..., nasal). V. par *an*...

EMB... (anb..., nasal). V. par *anb*...

EMME (èm'), n. f. ou m. Nom français de la lettre M. — AIME, s, nt (è-me), v. aimer. Chérir. — HEM (hèm', *h* asp.), interj. pour appeler.

ÉMÈRE, s (é-mè-re), n. m. Le séné bâtard, arbrisseau. — AIMÈRENT (è-mè-re), v. aimer. Avoir de l'amour ou de l'amitié.

ÉMERGEANT (é-mèr-jan), v. émerger. Sortir en montant. — ÉMERGENT, s (id.), adj. Qui sort d'un milieu après l'avoir traversé.

ÉMEUTIER, s (é-meu-tié), n. m. Partisan des émeutes. — ÉMEUTIEZ (id.), v. émeuter. Exciter une émeute.

ÉMIS, it, it (é-mĭ, mī), v. émettre et p. Produire au dehors. — ÉMIE, s, nt (é-mīe), v. émier. Émietter, réduire en miettes.

ÉMIER, ez, ai; é; ons (é-mĭ-é; ée; on); ÉMIIEZ, iions (é-mĭ-ié, ion), v. émier. Émietter. — AIMIEZ, ions (è-mié, mion), v. aimer. Avoir de l'affection.

ÉMIRENT (é-mī-re), v. émettre. Produire. — ÉMIR, s (é-mīr), n. m. Titre honorifique chez les Turcs.

ÉMISSION, s (é-mĭ-sĭ-on), n. f. Action d'émettre. — ÉMISSIONS, (é-mī-sion), v. émettre. Produire au dehors.

EMM... (anm..., nasal). V. par anm...

ÉMOUCHET, s (é-moŭ-chè) n. m. Épervier mâle. — ÉMOUCHAIS, ait, aient (é-moŭ-chè, chè), v. émoucher. Chasser les mouches.

ÉMOUCHÈTE, s, nt (é-moŭ-chè-te), v. émoucheter. Casser la pointe d'un instrument aigu. — ÉMOUCHETTE, s (id.), n. f. Réseau qui garantit des mouches.

ÉMOUSSER...; é... (é-mou-sé...) [rad. mousse, obtus], v. et p. Rendre moins tranchant. — ÉMOUSSER...; é... (id.) [rad. mousse, du lat. muscus], v. et p. Oter la mousse, herbe, ou la mousse d'un liquide.

EMP... (anp..., nasal). V. par anp...

EN... (an..., nasal). V. par an...

ENNE (è-ne), n. f. ou m. Nom français de la lettre N. — AINE, s (è-ne), n. f. Partie du corps. — AISNE (id.), n. pr. f. Rivière et départ. de France. — HAINE, s (hè-ne, h asp.), n. f. Inimitié, aversion.

ÉNÉE (é-née), n. pr. m. Fils d'Anchise. — AINÉ, s; e, es (è-né, née), adj. Premier né; plus âgé.

ÉPARE, s, nt (é-pa-re), v. s'éparer. Ruer. — ÉPARD, ds (é-par), v. épardre. Éparpiller. — ÉPARS (id.), p. du v. épardre. Dispersé. — ÉPARS (id.), n. m. Petit éclair non suivi de tonnerre. — ÉPART, s (id.), n. m. Pièce de bois qui unit les brancards d'une charrette.

ÉPERONNIER, s (é-pe-rŏ-nié), n. m. Celui qui fait ou vend des éperons, des mors, etc.; oiseau. — ÉPERONNIEZ (id.), v. éperonner. Frapper de l'éperon.

ÉPI, s (é-pĭ), n. m. Tête du blé, etc. — ÉPIE, s, nt (é-pīe), v. épier, 2 fois : V. épier.

ÉPIER...; é... (é-pĭ-é...) [rad. épi, du lat. spica], v. et p. Monter en épi. — ÉPIER...; é... (id.) [lat. aspicere], v. et p. Observer secrètement.

ÉPIÈRE, s (é-piè-re ou é-pĭ-è-re), n. m. Insecte coléoptère. — ÉPIÈRENT (é-pĭ-è-re), v. épier, 2 fois : V. épier. — ÉPIERRE, s, nt (é-piè-re), v. épierrer. Oter les pierres. — ÉPIAIRE, s (é-pi-è-re), n. f. Plante.

ÉPINGLIER, s (é-pin-glĭ-é), n. m. Celui qui fait ou vend des épingles. — ÉPINGLIEZ (id.), v. épingler. Attacher avec des épingles; déboucher un canon avec l'épinglette.

ÉPISSE, s, nt (é-pĭ-se), v. épisser. Entrelacer deux bouts de corde. — ÉPICE, s, nt (id.), v. épicer. Assaisonner d'épices. — ÉPICE s, (id.), n. f. Drogue aromatique.

ÉPISSER...; é... (é-pĭ-sé...), v. et p. Entrelacer deux bouts de corde. — ÉPICER...; é... (id.), v. et p. Assaisonner d'épices.

ÉPISSÈRENT (é-pĭ-sè-re), v. épisser. Entrelacer deux bouts de corde. — ÉPICÈRENT (id.), v. épicer. Assaisonner d'épices. — ÉPICÈRE, s (id.), n. m. Insecte coléoptère du Mexique.

ÉPISSIEZ (é-pĭ-sié), v. épisser. Entrelacer deux bouts de corde. — ÉPICIEZ (id.), v. épicer. Assaisonner d'épices. — ÉPICIER, s (id.), n. m. Marchand d'épicerie. — ÉPISCIÉ, s; e, es (é-pis-sĭ-é, ée), adj. qui ressemble à une épiscie, plante.

ÉPISSIÈRE, s (é-pi-siè-re), n. f. Émouchette, filet qui préserve des mouches les chevaux. — ÉPICIÈRE, s (id.), n. f. Marchande d'épicerie.

ÉPOUSSÈTE, s, nt (é-poŭ-sè-te), v. épousseter. Oter la poussière. — ÉPOUSSETTE, s (id.), n. f. Brosse pour épousseter.

ÉPURE, s (é-pu-re) [rad. pure], n. f. Dessin en grand d'un édifice. — ÉPURE, s, nt (id.) [rad. pur], v. épurer. Rendre plus pur.

ÉQUIPOLLANT (é-kĭ-pŏl-lan), v. équipoller. Valoir autant que; compenser. — ÉQUIPOLLENT, s (id.), adj. Égal en valeur; n. m. Ce qui vaut autant.

ÉQUIVALANT (é-kĭ-vă-lan), v. équivaloir. Être de même valeur. — ÉQUIVALENT, s (id.), adj. Qui équivaut, qui est de même valeur; n. m. Chose ou quantité de même valeur qu'une autre.

HERBIER, s (èr-bié), n. m. Collection de plantes desséchées. — HERBIEZ (id.), v. herber. Exposer de la toile, etc., sur l'herbe.

ÈRE, s (è-re), n. f. Date fondamentale. — ERRE, s (id.) [lat. *itura*], n. f. Allure ; train. — ERRE, s, nt (id.), v. errer, 2 fois : V. *errer*. — ERRE (id.) [nom de convention], n. f. ou m. Nom français de la lettre R. — ERS (èr), n. m. Légume, vulgairement vesce noire. — AIRE, s (è-re) [lat. *area*], n. f. Surface unie ; nid ; 32ᵉ de la boussole. — AIRE, s, nt (id.) [id.], v. airer. Faire son nid. — AIRE, s (id.) [gr. αιρα], n. f. Plante avénacée. — AIRE (id.), n. pr. Chef-lieu de canton des Landes, du Pas-de-Calais. — AIR, s (èr) [lat. *aer*], n. m. Gaz ; manière. — AIR, s (id.) [it. *aria*, du lat. *ara*, nombre], n. m. Chant. — HÈRE, s (hè-re, *h* asp.), n. m. Homme de rien. — HAIRE (id.), n. f. Chemise de crin.

ERRER...; é (èr-ré...) [lat. *errari*, *vagari*], v. et p. Aller çà et là ; se tromper. — ERRER...; é... (id.) [lat. *arræ*], v. et p. Arrher, donner des arrhes ou gages. — AIRER...; é (è-ré...), v. et p. Faire son nid. — AIRÉE, s (è-rée), n. f. Quantité qu'on bat sur l'aire.

ERGO (èr-gŏ), conj. lat. Donc ; n. m. Conclusion. — ERGOT, s (id.), n. m. Ongle de quelques animaux ; maladie du seigle.

ÉRIGÈRE, s (é-rĭ-jè-re), n. f. Plante, vulgairement séneçon. — ÉRIGÈRENT (id.), v. ériger. Élever, dresser.

ERRHIN, s (èr-rin), adj. Qui s'introduit par les narines ; n. m. Remède pour le nez. — AIRAIN, s (è-rin), n. m. Alliage de cuivre et d'étain.

ÉRINE, s (é-ri-ne) [gr. ερινος], n. f. Sorte de figuier. — ÉRINE, s (id.), et mieux *érigne* [gr. αιρω], n. f. Instrument tranchant de chirurgie. — ERRHINE, s (èr-ri-ne), adj. f. de errhin. Qui concerne les narines.

HÉRISSON, s (hé-rĭ-son, *h* asp.), n. m. Petit quadrupède hérissé de piquants. — HÉRISSONS (id.), v. hérisser. Faire dresser les cheveux, le poil. — HÉRISSON (id.), n. pr. Chef-lieu de canton de l'Allier.

HÉRISSONNE, s (hé-rĭ-sŏ-ne, *h* asp.), adj. f. de hérisson. Acariâtre, capricieux. — HÉRISSONNE, s, nt (id.), v. hérissonner. Hérisser, dresser les plumes, le poil.

ÉRISTALE, s (é-rĭs-tă-le), n. m. Insecte diptère. — HÉRISTAL (é-rĭs-tăl),

n. pr. Ville de Belgique, patrie de Pépin d'Héristal.

HÉRITIER, s (é-rĭ-tié), n. m. Celui qui hérite. — HÉRITIEZ (id.), v. hériter. Recueillir une succession.

HÉROS (hé-rō, *h* asp.), n. m. Homme très illustre par son courage, ses actions extraordinaires. — HÉRAUT, s (id.), n. m. Crieur public. — HÉRAULT ou *Héraut* (é-rō), n. pr. m. Riv. et dép. de France. — HÉRO (hé-rŏ, *h* asp.), n. pr. f. Ancienne prêtresse.

HÉRON, s (hé-ron, *h* asp.), n. m. Oiseau. — ERRONS (èr-ron) ; ERRERONS, nt (èr-re-ron), v. errer, 2 fois : V. *errer*. — AIRERONT (è-re-ron), v. airer. Faire son nid.

ERSE, s (èr-se), n. f. Cordages épissés des deux bouts. — ERSE, s (id.), adj. Des anciens Scandinaves ; n. m. Dialecte des anciens Irlandais. — HERSE, s (hèr-se), n. f. Très grand et multiple râteau de laboureur. — HERSE, s, nt (id.), v. herser. Passer la herse sur un champ.

ESSE, s (è-se), n. m. ou f. Non français de la lettre S ; n. f. Cheville tortue en forme d'S. — HESSE (hè-se, *h* asp.), n. pr. f. Pays d'Allemagne.

ESCOT, s (ès-cŏ), n. m. Étoffe de laine. — ESCAUT (ès-cō), n. pr. m. Fleuve de Belgique.

ESSAI, s (è-sè), n. m. Expérience, épreuve. — ESSAIE ou ESSAYE, s, nt (è-sêe), v. essayer. Éprouver ; s'efforcer.

ESSORE, s, nt (ès-sŏ-re), v. essorer. Faire sécher à l'air. — ESSOR, s (ès-sŏr), n. m. Vol de l'oiseau qui s'élève.

ESTE, s, nt (ès-te) [lat. *stare*], v. ester. Comparaître devant le juge. — ESTE (id.), n. pr. Ville du Lombard-Vénitien. — EST (èst'), n. m. Orient ou levant.

ESTIVE, s (ès-ti-ve), n. f. Chargement de coton et autres matières élastiques. — ESTIVE, s, nt (id.), v. estiver, 2 fois : V. *estiver*. — ESTIVE, s (id.), n. f. S'est dit d'une sorte de cornemuse.

ESTIVER...; é... (ès-ti-vé...) [lat. *æstivare*], v. et p. Passer l'été. — ESTIVER...; é... (id.) [rad. *estive*, n. f.], v. et p. Comprimer dans la cale des marchandises élastiques.

ESSUI, s (è-suĭ), n. m. Lieu où l'on fait sécher ; émail terne. — ESSUIE, s, nt (è-suĭe), v. essuyer. Frotter ; souffrir.

ÉTAGÈRE, s (é-tă-jè-re), n. f. Système

de tablettes superposées par étages. — ÉTAGÈRENT (id.), v. étager. Disposer en étages.

ÉTALE (é-tă-le) [lat. *stabilis*], adj. f. *Mer étale* : qui ne monte ni ne descend. — ÉTALE, s, nt (id.) [bas lat. *stallare*), v. étaler. Exposer en vente; étendre ; montrer avec ostentation. — ÉTAL (é-tăl), n. m. Table de boucher.

ÉTALIER, s (é-tă-lié), n. m. Boucher qui a un étal. — ÉTALIEZ (id.), v. étaler. Exposer en vente, montrer.

ÉTALON, s (é-tă-lon) [it. *stallone*], n. m. Modèle de mesures — ÉTALON, s (id.) [lat. *extales*], n. m. Cheval entier. — ÉTALONS (id.) [lat. *stallare*, de *stallum*], v. étaler. Montrer, déployer avec ostentation.

ÉTANG, s (é-tan), n. m. Amas d'eau. — ÉTANT (id.), v. être. Exister. — ÉTEND, s (id.), v. étendre. Déployer.

ÉTÉ (é-té) [it. *stato*], p. du v. être. — ÉTÉ, s (id.) [lat. *æstas*], n. m. 2e saison de l'année.

ÉTAIS, ait, aient (é-tè, tè) [lat. *stare*], v. être. — ÉTAI, s (é-tè) [lat. *stabilis*, ou *stava;* ou celt. *stay;* ou all. *staf*], n. m. Pièce d'appui ; autref., *étaie*, n. f. — ÉTAIE, s, nt (é-tèe) [id.], v. étayer. Soutenir avec des étais.

ÉTAIRION, s (é-tè-rĭ-on), n. m. Fruit des renoncules, des joubarbes. —ÉTAIE-RIONS (é-tèe-rion), v. étayer. Soutenir avec des étais.

ÉTIEZ (é-tié), v. être. Exister. — ÉTIER, s (id.), n. m. Canal d'un marais salant.

ÉTEINS, nt (é-tin), v. éteindre. Faire cesser l'action du feu; tempérer ; abolir. — ÉTAIN, s (id.) [lat. *stamnum*], n. m. Métal blanc. — ÉTAIM, s (id.) [celt. *steun*], et mieux *estaim*, n. m. Partie la plus fine de la laine cardée. —ÉTAIN, s (id.) [id.], ou ESTAIN, n. m. Pièce de bois qui sert à former l'arcasse d'un navire.

ÉTINCÈLE, s, nt (é-tin-sè-le), v. étinceler. Jeter des étincelles; briller. — ÉTINCELLE, s (id.), n. f. Petite parcelle de feu.

ÉTIQUE, s (é-tĭ-ke), adj. Maigre. — ÉTHIQUE, s (id.), n. f. Science des mœurs, morale.

ÉTIQUÈTE, s, nt (é-tĭ-kè-te), v. étiqueter. Mettre une étiquette. — ÉTI-QUETTE, s (id.), n. f. Petit écriteau; cérémonial de cour.

ÉTAU, x (é-tō) [rad. *être* ou *étai*], n.

m. Instrument pour presser. — ÉTAUX (id.) [lat. *stallum*], n. m. pl. d'étal. Table de boucher.

ÊTRE (è-tre) [lat. *stare*], v. Exister. — ÊTRE, s (id.) [id.], n. m. Tout ce qui est. — ÊTRES (id.), n. m. pl. Les diverses paties de la distribution d'une maison. — HÊTRE, s (hê-tre, *h* asp.), n. m. Arbre qui produit la faîne.

ÉTRIER, s (é-trĭ-é), n. m. Appui de la selle pour les pieds du cavalier. — ÉTRILLER, ez, ai ; é...; iez (é-tri-llé, llée ; llié ; *ll* m.), v. et p. Frotter avec l'étrille.

ÉTRIÈRE, s (é-trĭ-è-re), n. f. Lanière qui attache les étriers contre la selle. — ÉTRILLÈRENT (é-tri-llè-re, *ll* m.), v. étriller. Frotter avec une étrille.

ÉTREIN, s (é-trin), n. m. Litière des chevaux. — ÉTREINS, nt (id.) [lat. *stringere*], v. étreindre. Serrer fortement en liant.

EU (eu), n. pr. Chef-lieu de canton de la Seine-Inférieure. — EUX (eū), pron. pers. 3e pers. — E (eū), n. m. Nom moderne de l'*e* muet. — OEUFS (eū, et mieux euf' dans tous les cas), n. m. pl. de œuf. Corps organique que pondent les oiseaux, les poissons, les insectes.

EURE (eŭ-re), n. pr. f. Riv. et dép. de France. — HEURE, s (id.), n. f. 24e partie du jour. — HEUR (eŭr), n. m. Bonne fortune. — HEURT, s (heŭr, *h* asp.), n. m. Choc.

ÉVENTÈRENT (é-van-tè-re), v. éventer. Donner du vent en agitant l'air. — ÉVENTAIRE, s (id.), n. m. Plateau d'osier des marchandes ambulantes.

ÉVENTRER, tré..., trai...; trais... (é-van-tré...; trè...), v. et p. Fendre le ventre. — ÉVENTERAI...; terais... (é-van-te-ré..., rè...), v. éventer. Donner du vent en agitant l'air.

ÉVASION, s (é-vă-zĭ-on), n. f. Fuite secrète. — ÉVASIONS (é-vă-zion), v. évaser. Élargir une ouverture.

ÉVEILLE, s, nt (é-vè-lle, *ll* m.), v. éveiller. Tirer du sommeil; égayer. — ÉVEIL, s (é-vèl, *l* m.), n. m. Alerte; avertissement.

ÉVIDANT (é-vĭ-dan), v. évider. Faire une cannelure, un vide ; échancrer, creuser. — ÉVIDENT, s (id.), adj. Manifeste, clair.

ÉVIDEMENT, s (é-vĭ-de-man), n. m. Action d'évider. — ÉVIDEMMENT (é-vĭ-dă-man), adv. Avec évidence.

ÉVOCATION, s (é-vŏ-cā-sĭ-on), n. f. Action d'évoquer. — ÉVOQUASSIONS (é-vŏ-cā-sion), v. évoquer. Appeler à soi.

EX... (ècs...). V. par *ecs*...

EX... (ègz...). V. par *egz*...

AISEMENT, s (è-ze-man), n. m. Commodité. — AISÉMENT (è-zé-man), adv. Facilement.

F, PH.

FA (fā), n. m. *4*e note de la gamme. — FAT, s (fă, mieux que făt'), adj. Arrogant, sot.

FABRICANT, s (fă-brĭ-can), n. m. Celui qui fabrique.. — FABRIQUANT (id.), v. Fabriquer. Faire à la main certains ouvrages.

FABRICATION, s (fă-brĭ-cā-sĭ-on), n. f. Action de fabriquer. — FABRIQUAS-SIONS (fă-brĭ-cā-sion), v. fabriquer. Confectionner à la main.

FAILLE (fa-lle, *ll* m.) [lat. *fallere*, manquer], v. faloir. Être nécessaire. — FAILLE, s, nt (id.), et mieux *faillisse*, rég. [lat. *fallire* pour *fallere*], v. faillir. Manquer. — FAILLE, s (id.), n. f. Fissure considérable dans une couche de houille.

FAILLITE, s (fă-llĭ-te, *ll* m.), n. f. Banqueroute non frauduleuse. — FAIL-LITES (fă-llī-te), v. faillir. Faire une faute.

FAI... (fè...). V. *fe*...

FALOT, s (fă-lŏ) [gr. φαλος, de φαω], n. m. Lanterne de toile. — FALOT, s (id.) [rad. *fou*, du lat. *follis*], adj. Drôle, plaisant, ridicule.

FEND, s (fan), v. fendre. Diviser, séparer. — FAON, s (id.), n. m. Petit de la biche.

FANE, s (fă-ne), n. f. Feuille des graminées. — FANE, s, nt (id.), v. faner. Faire sécher l'herbe; flétrir. — FAONNE, s, nt (id.), v. faonner. V. *faner*.

FANER...; é... (fă-né...), v. et p. Faire sécher le foin; flétrir une fleur, etc. — FAONNER...; é (fa-né...), v. et p. Mettre bas un faon, etc.

FANON, s (fă-non) [bas lat. *fano* de *pannus*], n. m. Étendard; peau pendante, etc. — FANONS (id.) [rad. *fane*, du lat. *fœnum*], v. faner. Faire sécher le foin; flétrir.

FARDE, s, nt (făr-de) [all. *farbe*], v. farder. Mettre du fard. — FARDE, s, (id.), ou *fargue* [celt. *fard*], n. f. Bordage supplémentaire d'un navire. — FARDE, s (id.), n. f. Balle de café moka.

FARDELIER, s (făr-de-lié), n. m. Portefaix. — FARDELIEZ (id.), v. farder. Mettre en paquets.

FARDIER, s (făr-dié), n. m. Voiture pour porter des fardeaux. — FARDIEZ (id.), v. farder. Mettre du fard.

FARE, ou *phare*, s (fă-re) [rad. *Pharos*, ville], n. m. Fanal. — FARE, s (id.), n. f. Fête des Pêcheurs. — FARE (id.), n. pr. de femme. — FARD, s (far), n. m. Couleur artificielle. — FARRE, s (fa-re), n. m. Le lavaret, poisson.

FARINET, s (fă-rĭ-nè), n. m. Dé à jouer, marqué sur une seule face. — FARINAIS, ait, aient (fă-rĭ-nè, né), v. fariner. Saupoudrer de farine. — FARINIEZ (fă-rĭ-nié), v. fariner. Saupoudrer de farine. — FARINIER, s (id.), n. m. Marchand de farine.

FASSE, s, nt (fă-se), v. faire. Exécuter. — FASCE, s (id.), n. f. Bande sur un écu; partie d'une architrave. — FASCE, s, nt (id.), v. fascer. Garnir un écusson de fasces ou bandes. — FACE, s (id.), n. f. Visage; superficie. — FACE, s, nt (id.), v. facer. Amener une carte de même face. — FAS (fas'), mot lat. Ce qui est permis.

FASCER...; é... (făs-sé...), v. et p. Garnir un écusson de fasces ou bandes. — FACER...; é... (fă-sé...), v. et p. Amener une carte de même face que celle de la carte de l'adversaire.

FASCIÉ, s; e, es (făs-sĭ-é, ée), adj. Marqué de bandes ou fascies : blas.; aplati : botan. — FASCIEZ, ions (făs-sié, sion), v. fascer. Garnir de fasces. — FASSIEZ, ions (fă-sié, sion), v. faire. Effectuer, etc. — FACIEZ, cions (id.), v. facer. Amener une carte de même face.

FACILITÉ, s (fă-sĭ-lĭ-té), n. f. Moyen facile. — FACILITER, ez, ai; é... (fă-sĭ-lĭ-té, tée), v. et p. Rendre facile.

FASÇONS (făs-son), v. fascer. Garnir de fasces. — FAÇONS (fa-çon) [rad. *face*], v. facer. V. *fascer*. — FAÇON, s (id.) [rad. *faire*], n. f. Manière, action de faire.

FAÇONNIER, s (fă-sŏ-nié), n. m. Celui qui fait des façons, des cérémonies; fabricant d'étoffes façonnées. — FA-

ÇONNIEZ (id.), v. façonner. Donner la façon.

FASTE, s (fãs-te) [lat. *fastus*, du gr. φαω], n. m. Magnificence. — FASTE, s (id.) [lat. *fastus*, de *fari*], adj. Heureux; n. m. pl. Tables, calendrier.

FATIGANT, s (fã-tĭ-gan), adj. Pénible, importun. — FATIGUANT (id.), v. fatiguer. Lasser, importuner.

PHASE, s (fã-ze) [gr. φαινομαι], n. f. Apparence de la lune, des planètes. — PHASE (id.) [lat. *Phasis*], n. pr. m. Fleuve de Colchide.

FAIS, ait (fè), v. faire 2 fois : V. *Fère*. — FAIT, s (id.), p. de faire; n. m. Action. — FAIX (fè), n. m. Fardeau.

FAU... (fo...). V. *fo*...

FÉCONDE, s (fé-con-de), adj. f. de fécond. Fertile. — FÉCONDE, s, nt (id.), v. féconder. Rendre fécond.

FÊLE ou FELLE, s (fè-le), n. f. Tube de verrier. — FÊLE, s, nt (fè-le), v. fêler. Fendre.

FÉLICITÉ, s (fé-lĭ-sĭ-té), n. f. Bonheur. — FÉLICITER, ez, ai; é... (fé-lĭ-sĭ-té, tée), v. et p. Complimenter.

FÉLON, s (fé-lon), adj., n. m. Traître. — FÊLONS (fè-lon), v. fêler. Fendre.

FERA, s (fe-rã), v. faire, 2 fois : V. *Fère*. — FERA (id.), n. f. Constellation australe. — FERRA, as, àt (fè-rã, rã) [rad. fer], v. ferrer. Garnir de fer. — FERRA ou FERRAT, s (id.), n. m. Salmone du lac de Genève.

FÉRAN, s (fé-ran), n. m. Cheval barbe. — FERRANT (fè-ran), v. ferrer. Garnir de fer. — FERRANT, s (id.), adj. Qui ferre les chevaux. — FERRAND (CLERMONT-) (id.), n. pr. Préfecture du Puy-de-Dôme.

FÈRE (LA-) (fè-re), n. pr. Ch.-l. de cant. de l'Aisne. — FERRE, s, nt (id.), v. ferrer. Garnir de fer. — FER, s (fèr), n. m. Métal; objet fait en fer. — FER (id.) (*Ile-de-*), n. pr. L'une des îles Canaries. — FAIRE (fè-re) [lat. *facere*], v. Effectuer, produire. — FAIRE (id.) [lat. *fari*], v. Dire, parler : dans *fit-il* pour *dit-il*, etc.

FEREZ, ai (fe-ré), v. faire. Effectuer. — FERRER, ez, ai; é... (fè-ré), v. ferrer. Garnir de fer.

FÉRET, s (fé-rè), n. m. Sorte d'hématite ou mine de fer; verge de verrier; tuyau de cirier. — FERRET, s (fè-rè), n. m. Fer d'aiguillette, de lacet. — FERRAIS, ait, aient (fè-rè, rè); FER-

RERAIS, ait, aient (fè-ré-rè, ré), v. ferrer. Garnir de fer. — FERAIS, ait, aient (fe-rè, rè), v. faire. Exécuter, etc.

FÉRIE, s (fé-rie), n. f. Jour de repos. — FÉERIE, s (fée-rīe), n. f. Art des fées.

FERIEZ (fe-rié), v. faire. Effectuer. — FÉRIÉ, s; e, es (fé-rĭ-é, ée), adj. Où il y a férie, repos. — FERRIEZ (fè-rié), v. ferrer. Garnir de fer.

FÉERIQUE, s (fée-rĭ-ke), adj. Qui tient des fées. — FERRIQUE, s (fèr-rĭ-ke), adj. Qui tient du fer.

FERLET, s (fèr-lè), n. m. Outil de papetier. — FERLAIS, ait, aient (fer-lè, lè), v. ferler. Rouler une voile autour de la vergue.

FERMANT (fèr-man), v. fermer. Clore. — FERMANT, s (id.), adj. Qui ferme, qui clôt. — FERMENT, s (id.), n. m. Levain. — FERREMENT, s (fè-re-man), n. m. Garniture de fer.

FERME, s (fèr-me) [lat. *firmus*], adj. Assuré. — FERME (id.) [lat. *firmè*, de *firmus*], adv. Fortement. — FERME, s (id.) [celt. *ferm*], n. f. Métairie. — FERME, s, nt (id.) [lat. *firmare*], v. fermer. Clore.

FERMIEZ (fèr-mié), v. fermer. Clore. — FERMIER, s (id.), n. m. Celui qui prend à ferme.

FESSE, s (fè-se), n. f. Partie charnue du derrière. — FESSE, s, nt (id.), v. fesser. Battre sur les fesses. — FÈCES (id.), n. f. pl. Dépôt, lie. — FÈCE, s, nt (id.) v. fécer. Former de la lie.

FESSER...; é... (fè-sé...), v. et p, Battre sur les fesses. — FÉCER...; é (fé-sé...), v. et p. Former de la lie.

FESSIEZ (fè-sié), v. fesser. Battre sur les fesses. — FESSIER, s (id.), adj. Qui appartient aux fesses; n. m. Le derrière.

FESSON, s (fè-son), n. m. Pioche de vigneron. — FESSONS (id.), v. fesser. Battre sur les fesses.

FÊTE, s (fè-te), n. f. Réjouissance. — FÊTE, s, nt (id.), v. fêter. Faire fête; se réjouir. — FAITE, s (id.), n. m. Sommet, comble. — FAITE, s (fè-te), p. f. de faire. Effectuée. — FAITES (id.), v. faire. Effectuer, produire.

FEU, x (feu) [lat. *focus*], n. m. Résultat de l'ignition. — FEU, s; e, es (feu, feūe) [lat. *functus*], adj. Défunt.

FEUILLANT (feŭ-llan, *ll* m.), v. feuiller. Imiter les feuilles — FEUIL-

LANT, s (id.) [rad. *Feuillant*, village du Languedoc], n. pr. m. Religieux de saint Bernard.

FEUILLER, s (feŭ-llé, *ll* m.), n. m. Manière de feuiller ou imiter le feuillage. — FEUILLÉ, s ; e, es (feŭ-llé; llée, *ll* m.), adj. Couvert de feuilles; p. du v. feuiller. — FEUILLÉE, s (feŭ-llée, *ll* m.), n. f. Abri de feuillage. — FEUILLER, ez, ai; iez (feŭ-llé; llié, *ll* m.), v. Représenter des feuilles; se garnir de feuilles.

FEUILLET, s (feŭ-llè, *ll* m.), n. m. Partie d'une feuille de papier. — FEUILLAIS, ait, aient (feŭ-llè, llè, *ll* m.), v. feuiller. Imiter le feuillage.

FEUILLÈRE, s (feŭ-llè-re, *ll* m.), n. f. Veine de terre dans une mine. — FEUILLÈRENT (id.), v. feuiller. Imiter les feuilles.

FEUILLERET, s (feŭ-lle-rè, *ll* m.), n. m. Outil de menuisier pour faire des feuillures. — FEUILLERAIS, ait, aient (feŭ-lle-rè, rè, *ll* m.), v. feuiller. Peindre du feuillage.

FEUILLÈTE, s, nt (feŭ-llè-te, *ll* m.), v. feuilleter. Tourner les feuillets. — FEUILLETTE, s (id.), n. f. Tonneau ; petite feuille.

FEUILLETON, s (feŭ-lle-ton, *ll* m.), n. m. Petit feuillet; partie secondaire d'un journal. — FEUILLETONS (id.), v. feuilleter. Tourner les feuillets.

FEURRE, s (feu-re), n. m. Paille. — FEURS (feur), n. m. pl. Frais faits pour la culture des terres. — FEURS (id.), n. pr. Ch.-l. de cant. de la Loire.

FEUTRIER, s (feu-trĭ-é), n. m. Ouvrier qui travaille le feutre. — FEUTRIEZ (id.), v. feutrer. Façonner le feutre.

FEZZAN, s (fèz'-zan), n. m. De Fez ou du Fezzan. — FEZZAN (id.), n. pr. m. Contrée de Barbarie. — FAISAN, s (fè-zan), n. m. Coq sauvage. — FAISANT, et mieux *fesant* (fe-zan), v. faire. Exécuter.

FEZZANE, s (fèz'-ză-ne), adj. et n. f. de fezzan. De Fez ou du Fezzan. — FAISANE, s (fè-ză-ne), ou *faisande*. n. f. Poule sauvage, femelle du faisan.

FI (fī), interj. de mépris. — FIE, s, nt (fīe), v. fier. Confier. — FIS, it, it (fī, fī), v. faire. Exécuter. — FILS (fī), n. m. Enfant mâle.

FICHET, s (fī-chè), n. m. Fiche pour marquer au trictrac. — FICHAIS, ait,

aient (fī-chè, chè), v. ficher. Enfoncer, faire entrer par la pointe.

FICHERON, s (fī-che-ron), n. m. Cheville de fer dont la tête est percée d'un trou. — FICHERONS, nt (id.), v. ficher. Enfoncer par la pointe.

FICHON, s (fī-chon), n. m. Stylet. — FICHONS (id.), v. ficher. Enfoncer par la pointe.

FICTION, s (fīc-sĭ-on), n. f. Fable, mensonge. — FIXIONS (fī-csion), v. fixer. Rendre fixe.

FIEFFE, s (fiè-fe), n. f. Contrat par lequel on cédait une terre roturière à charge de rente perpétuelle. — FIEFFE, s, nt (id.), v. fieffer. Donner un fief. — FIEF, s (fièf), n. m. Domaine d'un vassal.

FIÈRE, s (fiè-re), adj. f. de fier. — FIER, s (fièr'), adj. Hautain; noble. — FIÈRENT (fī-è-re), v. fier. Confier.

FILASSE, s (fī-lă-se), n. f. Filaments du lin, du chanvre, destinés à être filés. — FILASSE, s, nt (fī-lă-se), v. filer, 2 fois : V. *filer*.

FILASSIER, s (fī-lă-sié), n. m. Celui qui façonne la filasse ou en trafique; oiseau. — FILASSIEZ (fī-lă-sié), v. filer, 2 fois : V. *filer,*

FILE, s (fī-le), n. f. Rangée. — FILE, s, nt (id.), v. filer, 2 fois : V. *filer*. — FIL, s (fil) [lat. *filum*], n. m. Brin long et menu. — FIL, s (id.) [celt. *fil*, pierre], n. m. Tranchant.

FILER...; é... (fī-lé...) [rad. *fil*, du lat. *filum*], v. et p. Faire du fil. — FILER...; é... (id.) [rad. *file*, du fr. *fil*], v. et p. Aller l'un après l'autre, à la file.

FILET, s (fī-lè), n. m. Petit fil ; tissu à mailles. — FILAIS, ait, aient (fī-lè, lè), v. filer, 2 fois : V. *filer*.

FILÈRENT (fī-lè-re), v. filer, 2 fois : V. *filer*. — FILAIRE, s (id.), n. m. Ver intestinal.

FILON, s (fī-lon) [it. *filone*, augm. de *filo*, fil], n. m. Veine métallique. — FILONS (id.), v. filer, 2 fois. V. *filer*.

FILTRE, s (fil-tre) [lat. barb. *filtrum*, feutre], n. m. Appareil pour clarifier. — FILTRE, s, nt (id.) [id.], v. filtrer. Passer par le filtre. — FILTRE ou PHILTRE, s (id.) [gr. φίλτρον], n. m. Breuvage magique.

FIN, s (fin) [lat. *finis*], n. f. Bout, extrémité. — FIN, s (id) [celt. *fin*], adj. Menu, délié; rusé; n. m. Homme adroit; adv. Finement. — FEINS, nt, nts (id.),

v. feindre, et p. Simuler. — **FAIM**, s (id.), n. f. Besoin de manger.

FINALE, s (fi-nă-le), adj. f. de final; n. f. Dernière partie; tonique, ou note finale d'un morceau de musique; dernière lettre d'un mot. — **FINAL**, s (fi-năl), adj. Qui finit, termine. — **FINAL**, s (id.) et non *finale*, n. m. Morceau à grand effet qui termine une symphonie, un acte d'opéra.

FINANCIER, s (fi-nan-sié), n. m. Celui qui s'occupe d'opérations financières. — **FINANCIEZ** (id.), v. financer. Payer.

FION, s (fion) [onomat.], n. m. Tournure, bonne façon. — **FIONS**, iions (fi-on, ion) [lat. *fides*], v. fier. Confier.

FICÈLE, s, nt (fi-sè-le), v. ficeler. Lier avec de la ficelle. — **FICELLE**, s (id.), n. f. Petite corde.

FICELIEZ (fi-se-lié), v. ficeler. Lier avec de la ficelle. — **FICELIER**, s (id.), n. m. Dévidoir pour la ficelle.

FLAMAND, s (flă-man), adj. et n. m. De la Flandre. — **FLAMMANT**, s (id.), n. m. Oiseau d'un rouge de feu.

FLAN, s (flan) [onom.], interj. Bruit qui représente un coup violent. — **FLAN**, s (id.) [lat. *flavens*], n. m. Métal préparé pour une médaille, une monnaie. — **FLAN**, s (id.) [lat. *flavens*; ou bas bret. *flanto*, de *flato*], n. m. Sorte de tarte. — **FLANC**, s (id.) n. m. Côté, pris entre les deux extrémités.

FLAIRE, s, nt (flè-re), v. flairer. Sentir par l'odorat. — **FLAIR**, s (flèr), n. m. Odorat du chien.

FLEURE, s, nt (fleŭ-re), v. fleurer. Exhaler une odeur. — **FLEUR**, s (fleŭr), n. f. Produit végétal qui précède et contient le fruit.

FLEURET, s (fleŭ-rè), n. m. Épée terminée par un bouton. — **FLEURAIS**, ait, aient (fleŭ-rè, rè), v. fleurer. Exhaler une odeur.

FLEURON, s (fleŭ-ron), n. m. Ornement qui imite les fleurs. — **FLEURONS** (id.), v. fleurer. Répandre une odeur.

FLORAN, s (flŏ-ran), n. m. Pile pour le raffinement de la pâte. — **FLORANT** (id.), v. florer. Frotter de suif.

FLORE (flŏ-re), n. pr. f. Déesse des fleurs. — **FLORE**, s (id.), n. f. Traité et collection des fleurs d'un pays; suif dont on flore les vaisseaux. — **FLORE**, s, nt (id.), v. florer. Frotter de suif ou de flore.

FLORER, ez, ai; é... (flŏ-ré, réé), v. et p. Frotter de suif un vaisseau, lui donner la flore. — **FLORÉE**, s (flŏ-rée), n. f. Indigo moyen.

FLUANTE, s (flŭ-an-te), adj. f. de fluant. Non résistant, non adhérent. — **FLUENTE**, s (id.), n. f. Intégrale fluente : t. de mathém.

FLUE, s (flŭe), n. f. Nappe fine du tramail. — **FLUE**, s, nt (id.) [lat. *fluere*], v. fluer. Couler. — **FLUX** (flŭ), n. m. Écoulement; ascension de la mer.

FLUET, s (flŭ-è), adj. Mince et délicat. — **FLUAIS**, ait, aient (flŭ-è, è), v. fluer. Couler.

FLUORE, s (flŭ-ŏ-re), n. m. Radical présumé de l'acide fluorique ou fluorhydrique. — **FLUOR**, s (flŭ-ŏr), n. m. Corps minéral.

FAU, x (fŏ) [lat. *fagus*], n. m. Hêtre. — **FAUX** (id.) [lat. *falsus*], adj. Contraire à la vérité. — **FAUX** ou *faulx* (id.) [lat. *falx*], n. f. Instrument tranchant, pour faucher. — **FAUX**, **FAUT** (id.), v. faillir et faloir. V. *faille*. Faillir ne fait plus je *faux*..., mais je *faillis*..., régulièrement.

FOCALE, s (fŏ-că-le) [lat. *focale*, de *fauces*], n. f. Cravate des anciens. — **FOCAL**, e, es (fŏ-căl, că-le) [lat. *focus*], adj. Du foyer.

FAUCHET, s (fŏ-chè), n. m. Râteau. — **FAUCHAIS**, ait, aient (fŏ-chè, chè), v. faucher. Couper avec la faux.

FAUDRA, drait (fŏ-drä, drè) [lat. *fallere*, manquer], v. faloir. — **FAUDRA**, drait (id.) [lat. *fallire* pour *fallere*], v. faillir. Manquer. On ne dit plus *faudrai*..., *faudrais*...; mais *faillirai*..., *faillirais*..., régulièrement; et l'on fait très bien. V. *fau*.

FOI (foè) [lat. *fides*], n. f. Confiance, croyance, fidélité. — **FOIS** (id.) [lat. *vices*], n. f. Alternative, répétition. — **FOIS** (id.) [all. *falt*], n. m. Milieu : vieux. — **FOIE**, s (foèe), n. m. Gros viscère du bas-ventre. — **FOIX** (foè), n. pr. Préfect. de l'Ariège. — **FOUET**, s (fouè ou foŭ-è), n. m. Lanière pour fouetter.

FOIN, s (foin) [lat. *fœnum*], n. m. Herbe fauchée et fanée. — **FOIN** (id.), interj. de mépris, d'imprécation.

FOIRE, s (foè-re) [lat. *forum*], n. f. Marché. — **FOIRE**, s (id.) [lat. *furia*, de *furàs*], n. f. Diarrhée.

FOLE ou **FOLLE**, s (fŏ-le), n. f. Filet.

— FOL (fŏl); FOLLE, s (fŏ-le) [lat. *follis*], adj. Insensé.

FOLIÉ, s, e, es (fŏ-lĭ-é, ée), adj. Réduit, disposé par petites feuilles. — FOLLIER, s (fŏ-lié), n. m. Bateau pour pêcher aux folles.

FOLLICULE, s (fŏl-lĭ-cŭ-le) [lat. *follicula*, dim. de *folium*], n. f. Fruit capsulaire univalve. — FOLLICULE, s (id.) [lat. *follis*], n. m. Membrane creuse où se dépose le pus des abcès.

FOLIO, s (fŏ-lĭ-ŏ), n. m. Feuillet. — FOLIOT, s (id.), n. m. ou *fouillot*. Pièce qui pousse le demi-tour dans les serrures à tour et demi.

FOND, s (fon) [lat. *fondum*], n. m. L'endroit le plus bas, le plus enfoncé. — FONDS (id.) [lat. *fundus*], n. m. Sol d'une terre; argent. — FOND, s (id.) [lat. *fundere*], v. fondre. Liquéfier; tomber impétueusement. — FONT (id.), v. faire. Exécuter, effectuer, produire. — FONTS (id.), n. m. pl. Vase pour le baptême.

FONCTIONNÈRENT (fonc-sĭ-ŏ-nè-re), v. fonctionner. Faire sa fonction, agir. — FONCTIONNAIRE, s (id.), n. m. Celui qui remplit une fonction publique.

FONDANT et dérivés (fon-dan) [lat. *fundare*], v. fonder. Faire une fondation; établir. — FONDANT et dérivés (id.) [lat. *fundere*], v. fondre. Liquéfier; tomber impétueusement. — FONDANT, s (id.) [id.], adj. Qui fond; qui fait fondre.

FONDRE (fon-dre) [lat. *fundere*], v. Liquéfier. — FONDRE, s, nt (id.), v. fondrer. Crouler, s'effondrer.

FONDRAI...; drais... (fon-dré...; drè...), v. fondre et fondrer. V. *fondre*. — FONDERAI...; derais... (fon-de-ré...; de-rè...), v. Fonder. Établir sur un fondement; appuyer.

FONDRIEZ (fon-drĭ-é), v. fondre et fondrer. V. *fondre*. — FONDRIER, s (id.), n. m. Bois plus pesant que l'eau.

FONCIEZ (fon-sié), v. foncer. Mettre un fond à un tonneau; charger une couleur. — FONCIER, s (id.), adj. Qui concerne le fonds d'une terre.

FOQUE, s (fŏ-ke), n. m. Voile de navire. — FOC, s (fŏk') n. m. Voile triangulaire. — PHOQUE, s (fŏ-ke), n. m. Carnassier amphibie.

FORE, s, nt (fŏ-re), v. forer. Percer. — FOR, s (fŏr) [lat. *forum*], n. m.

Tribunal. — FORS (id.) [lat. *foris*], prép. Excepté. — FORT, s (id.), adj. Robuste, violent; n. m. Forteresse; portefaix; le plus haut degré; adv. Très. — PHORE, s (fŏ-re), n. m., ou *trinerve*. Insecte.

FORET, s (fŏ-rè), n. m. Outil pour percer. — FORÊT, s (fŏ-rè), n. f. Grand bois. — FORAIS, ait, aient (fŏ-rè, è), v. forer. Percer.

FORGERON, s (fŏr-je-ron); n. m. Celui qui forge, qui travaille aux forges. — FORGERONS, nt (id.), v. forger. Travailler le fer.

FORMA, as, àt (fŏr-mă, mā), v. former. Donner la forme; produire. — FORMAT, s (fŏr-mă), n. m. Dimension d'un livre.

FORMERET, s (fŏr-me-rè), n. m. Nervure d'une voûte ogive. — FORMERAIS, ait, aient (fŏr-me-rè, rè), v. former. Donner la forme; produire.

FORMULÈRENT (fŏr-mŭ-lè-re), v. formuler. Rédiger dans les termes prescrits. — FORMULAIRE, s (id.), n. m. Recueil de formules.

FORÇA, as, àt (fŏr-să, sā), v. forcer. Contraindre. — FORÇAT, s (fŏr-să), n. m. Galérien.

FORCE, s (fŏr-se) [bas lat. *forcia*, de *fortis*], n. f. Vigueur; adv. Beaucoup de. — FORCE, s, nt (id.) [id.], v. forcer. Contraindre. — FORCES (id.) [lat. *forceps*], n. f. pl. Grands ciseaux.

FORCET, s (fŏr-sè), n. m. Ficelle d'un fouet. — FORÇAIS, ait, aient (fŏr-sè, sè), v. forcer. Contraindre.

FORCEMENT, s (fŏr-se-man), n. m. Action de forcer. — FORCÉMENT (fŏr-sé-man), adv. Par force.

FOSSE, s (fŏ-se), n. f. Grand creux. — FAUSSE, s (fŏ-se), adj. f. de *faux*. Contraire à la vérité. — FAUSSE, s, nt (id.), v. fausser. Rendre faux.

FOSSÉ, s (fŏ-sé), n. m. Fosse allongée. — FAUSSER, ez, ai; é... (fŏ-sé, sée), v. et p. Rendre faux.

FOSSET, s (fŏ-sè), mieux que *fausset*, n. m. Cheville qu'on enfonce dans la douve d'un tonneau. — FAUCET, s mieux que FAUSSET, puisqu'il dérive du lat. *fauces* (fŏ-sè), n. m. Son musical aigre et forcé. — FAUSSAIS, ait, aient (fŏ-sè, sè), v. fausser. Rendre faux.

FAUSSEMENT (fŏ-se-man) [rad. *fausse*, adj. f. de *faux*], adv. A faux. — FAUSSEMENT, s (id.) [rad. *faus-*

sant, gér. du v. *fausser*], n. m. Action de fausser.

FOSSAILE, s (fô-sè-re), n. m. Celui qui, dans les premiers siècles de l'Église, était préposé pour enterrer les fidèles. — FAUSSAIRE, s (fô-sè-re), n. m. Celui qui fait de faux actes. — FAUSSÈRENT (id.), v. fausser. Rendre faux.

FOSSERÉE, s (fô-se-rée), n. f. Terrain planté de vignes. — FAUSSEREZ, ai (fô-se-ré), v. fausser. Rendre faux.

FOSSILE, s (fôs'-sĭ-le), adj. Se dit des corps pétrifiés qu'on retrouve dans les anciens terreins. — FOCILE, s (fô-sĭ-le), n. m. Os du bras ou de la jambe.

FAUSSIONS (fô-sion), v. fausser. Rendre faux. — PHOCION (fô-cĭ-on), n. pr. m. Célèbre général athénien. — FAUCILLON, s (fô-si-llon, ll m.), n. m. Petite faucille. — FAUCILLONS, ions (fô-si-llon, llion, ll m.), v. fauciller. Couper avec la faucille.

FOU, s (foŭ) [lat. *follis*], adj. Insensé. — FOU, s (id.) [ar. *fil*, éléphant], n. m. Pièce du jeu d'échecs. — FOUE, s (foŭe), n. f. Manche de filet.

FOUAILLE, s (foŭ-â-lle, ll m.) [lat. *focus*], n. f. Curée des chiens de chasse; grands roseaux. — FOUAILLE, s, nt (id.) [péjor. de *fouet*], v. fouailler. Fouetter souvent, beaucoup.

FOUDRE, s (fou-dre) [lat. *fulgur*], n. f. Feu du ciel. — FOUDRE, s (id.) [all. *fuder*], n. m. Très grande tonne.

FOUGÈRE, s (foŭ-jè-re), n. f. Plante. — FOUGÈRES (id.), n. pr. Sous-préf. d'Ille-et-Vilaine. — FOUGÈRENT (id.), v. fouger. Fouiller la terre avec son boutoir : se dit du sanglier et du cochon.

FOUGERAIE, s (foŭ-je-rée), n. f. Lieu planté de fougères. — FOUGERAI (foŭ-je-rè), n. pr. Ch.-l. de cant. d'Ille-et-Vilaine. — FOUGERAIS, ait, aient (foŭ-je-rè, rè), v. fouger. Fouiller avec le boutoir.

FOULOIRE, s (foŭ-loè-re), n. f. Table sur laquelle on foule les chapeaux. — FOULOIR, s (foŭ-loèr), n. m. Instrument pour fouler.

FOULON, s (foŭ-lon), n. m. Ouvrier qui foule. — FOULONS (id.), v. fouler. Presser; apprêter les étoffes.

FOURRAGÈRE, s (fou-rà-jè-re), adj. f. Bon à servir de fourrage ; n. f. Terre uniquement consacrée à produire des fourrages verts. — FOURRAGÈRENT (id.), v. fourrager. Aller au fourrage.

FOURRAGEUSE, s (fou-rà-jeŭ-ze), adj. f. de fourrageux. De la nature du fourrage ; qui abonde en fourrages. — FOURRAGEUSE, s (id.), n. f. de fourrageur. Qui va au fourrage, qui ravage.

FOURCHET, s (foŭr-chè), n. m. Apostême entre 2 doigts. — FOURCHAIS, ait, aient (foŭr-chè, chè), v. fourcher. Remuer avec une fourche ; se séparer en fourche.

FOURCHERET, s (foŭr-che-rè), n. m. Oiseau. — FOURCHERAIS, ait, aient (four-che-rè, ré), v. fourcher. V. *fourchet*.

FOURCHETÉ, s; e, es (foŭr-che-té, tée), adj. Qui ressemble à une fourchette. — FOURCHETÉE, s (foŭr-che-tée), n. f. Ce qu'on peut prendre avec une fourchette.

FOURCHON, s (id.), n. m. Branche de fourche. — FOURCHONS (foŭr-chon), v. fourcher. V. *fourchet*.

FOURRE, s, nt (foŭ-re), v. fourrer. Introduire. — FOUR, s (foŭr), n. m. Lieu où cuit le pain.

FOURRIEZ (fou-rié), v. fourrer. Introduire. — FOURRIER, s (id.), n. m. Sous-officier militaire.

FOURMILIER, s (foŭr-mĭ-lié), n. m. Quadrupède, oiseau, qui vit de fourmis. — FOURMILLER, ez; é; lliez (foŭr-mĭ-llé; llié; ll m.), v. et p. Abonder; picoter.

FOURMILIÈRE, s (foŭr-mĭ-liè-re), n. f. Habitation des fourmis. — FOUMILLÈRENT (foŭr-mĭ-llè-re, ll m.), v. fourmiller. Abonder; picoter.

FOURNIS, it, it; i... (foŭr-nĭ, nĭ, nĭe), v. fournir et p. Pourvoir ; procurer; effectuer. — FOURNIL, s (foŭr-ni), n. m. Chambre à four.

FRACTIONNÈRENT (frăc-sĭ-ŏ-nè-re), v. fractionner. Réduire en fractions. — FRACTIONNAIRE, s (id.), adj. Qui contient des fractions.

FRAI... ou FRAY... (frè...). V. *fre...*

FRAMBOISIER, s (fran-boè-zié), n. m. Arbrisseau qui produit des framboises. — FRAMBOISIEZ (id.), v. framboiser. Accommoder avec du jus de framboise.

FRANGIER, s (fran-jié), n. m. Celui qui fait et vend de la frange. — FRANGIEZ (id.), v. franger. Garnir de frange. — FRANGEON, s (fran-jon), n. m. Petite frange. — FRANGEONS (id.), v. franger. Garnir de frange.

FRANCISER, ez, ai ; é... (fran-si-zé, zée) [rad. *français*], v. et p. Rendre français. — **FRANCISÉE**, s (fran-si-zée) [de *François I*, emper. d'Autr.], n. f. Petit arbrisseau du Brésil.

FRASER... ; é... (fra-zé...), v. et p. Ajouter de la farine à la pâte. — **PHRASER**... ; é... (id.), v. et p. Faire des phrases.

FRASIEZ (fra-zié), v. fraser. V. *fraser*. — **PHRASIEZ** (id.), v. phraser. Faire des phrases. — **PHRASIER**, s (id.), n. m. Feseur de phrases.

FRET, s (frè), n. m. Louage d'un vaisseau ; droit par tonneau. — **FRAI**, s (id.) [celt. *fraade*], n. m. Œufs de poisson. — **FRAI**, s (id.) [lat. *fricare*], n. m. Usure des monnaies. — **FRAIS** (frè) [lat. *friges*], adj. Un peu froid ; nouveau ; adv. Récemment ; n. m. Fraîcheur. — **FRAIS** (id.) [celt. *frae* ; ou lat. barb. *fredum*], n. m. pl. Dépenses. — **FRAIE** ou **FRAYE**, s, nt (frée), v. frayer, 3 fois : V. *frayer*. — **FRAIE**, s (id.), n. f. Espèce de grive. — **FERAIS**, ait, aient (fe-rè, rè), v. faire. Effectuer.

FRAYER... ; é... (frè-ié...) [lat. *fricare*], v. et p. Frotter, user, tracer : frayer un chemin. — **FRAYER**... ; é (id.) [lat. barb. *fredare*], v. et p. Dépenser. — **FRAYER**... ; é (id.) [celt. *fraade*], v. et p. Pondre. — **FRAYER**, s (id.), n. m. Rainure à une lame.

FREYÈRE, s (frè-ière), n. f. Plante ombellifère. — **FRAYÈRE**, s (id.), n. f. Lieu, temps où les poissons fraient. — **FRAYÈRENT** (id.), v. frayer, 3 fois : V. *frayer*.

FRAYON, s (frè-ion), n. m. Pièce de moulin. — **FRAYONS**, ions (frè-ion, iion), v. frayer, 3 fois : V. *frayer*.

FRÉQUENTE, s (fré-can-te), adj. f. de fréquent. Qui arrive souvent. — **FRÉQUENTE**, s, nt (id.), v. fréquenter. Visiter souvent.

FRÈTE, s, nt (frè-te), v. fréter. Donner ou prendre un vaisseau à louage. — **FRETTE**, s (id.), n. f. Cercle de fer au moyeu d'une roue. — **FRETTE**, s, nt (id.), v. fretter. Garnir d'une frette.

FRÉTER... ; é... (fré-té...), v. et p. Donner ou prendre un vaisseau à louage. — **FRETTER**... ; é... (frè-té...), v. et p. Garnir d'une frette.

FREZE, s (frè-ze), n. f. Plante. — **FRAISE**, s (frè-ze) [lat. *fraga*], n. f. Fruit. — **FRAISE**, s (id.) [it. *fregio*],

n. f. Colerette ; mésentère de veau. — **FRAISE**, s (id.), n. f. Outil de serrurier ; palissade. — **FRAISE**, s, nt (id.), v. fraiser. Plisser en forme de fraise ; évaser un trou avec la fraise.

FRAISERA, s (frè-ze-ra), v. fraiser. V. *frèze*. — **FRAISERAT**, s (id.), n. m. Fraisier stérile.

FRAISIEZ (frè-zié), v. fraiser. V. *frèze*. — **FRAISIER**, s (id.), n. m. Plante rampante à fruits rouges.

FRIPIER, s (fri-pié), n. m. Marchand de vieux habits. — **FRIPIEZ** (id.), v. friper. Chiffonner, gâter.

FRIPON, s (fri-pon), n. m. Voleur adroit. — **FRIPONS** (id.), v. friper. Chiffonner.

FRISQUET, s (fris-kè) [dim. de *frisque*, gai], n. m. Petit chien vif et bruyant. — **FRISQUET**, s (id.) [it. *freschetto*], n. m. Petit froid vif et piquant.

FRISE, s, nt (fri-ze) [rad. *fer*], v. friser. Boucler. — **FRISE**, s (id.) [lat. *Phrygius*], n. f. Pièce d'architecture. — **FRISE**, s (id.) [de *Frise*], n. f. Toile de Frise ; étoffe de laine. — **FRISE** (id.), n. pr. f. Province de Hollande.

FRISON, s (fri-zon) [rad. *fer*], n. m. Frisure ; étoffe. — **FRISONS** (id.) [id.], v. friser. Crêper ; effleurer. — **FRISON**, (id.) [rad. *Frise*], adj. et n. m. De la Frise.

FRONT, s (fron), n. m. Le haut du visage. — **FERONS**, nt (fe-ron), v. faire. Exécuter, produire.

FROTTON, s (fro-ton), n. m. Brosse. — **FROTTONS** (id.), v. frotter. Passer un objet sur un autre en pressant.

FUT, s (fü) [lat. *fustis*], n. m. Futaille ; monture d'un canon, etc. ; partie de colonne. — **FUS**, ut, ût (fü, fü) [lat. *fuisset*, du v. *sum*], v. être.

FUITE, s (fuï-te), n. f. Action de fuir. — **FUITES** (fuï-te), v. fuir. Se sauver.

FUME, s, nt (fü-me), v. fumer, 2 fois : V. *fumer*. — **FUMES** (fü-me), v. être.

FUMER... ; é... (fü-mé...) [lat. *fumare*, de *fumus*], v. et p. Faire de la fumée. — **FUMER**... ; é... (id.) [lat. *fimus*], v. et p. Mettre du fumier.

FUMET, s (fü-mè), n. m. Odeur du vin, etc. — **FUMAIS**, ait, aient (fü-mè, mè), v. fumer, 2 fois : V. *fumer*.

FUMERON, s (fü-me-ron), n. m. Charbon fumant. — **FUMERONS**, nt (id.), v. fumer, 2 fois : V. *fumer*.

FUMEUR, s (fü-meur) [lat. *fumus*],

n. m. Celui qui fume du tabac. — FU-
MEUR, s (id.), n. m. Celui qui met du
fumier.

FUMEUSE, s (fŭ-meŭ-ze), n. f. de
fumeur, 2 fois : V. *fumeur*. — FU-
MEUSE, s (id.), adj. f. de fumeux. Qui
envoie des vapeurs à la tête ; plein de
fumée, enfumé.

FUMIEZ (fŭ-mié), v. fumer, 2 fois :
V. *fumer*. — FUMIER, s (id.), n. m.
Litière salie ; immondices.

FURENT (fŭ-re), v. être. — FUR
(fŭr), n. m. Ne s'emploie que dans *au
fur et à mesure*.

FUTÉ... (fu-té, téc) [lat. *fustis*], adj.
Rusé, adroit. — FUTÉE, s (fŭ-tée), n.
f. Sorte de mastic. — FUTAIE, s (fŭ-
tèe), n. f. Grands arbres.

FUSELIER, s (fu-ze-lié), n. m. Fabricant de fuseaux. — FUSELIEZ (id.),
v. fuseler. Donner la forme d'un fuseau.

FUSILIER, s (fu-zĭ-lié), n. m. Fantassin armé d'un fusil. — FUSILLER,
ez, ai ; é...; iez (fu-zĭ-llé ; llée ; llié ; *ll*
m.), v. et p. Tuer avec un fusil.

FUSOT, s (fu-zŏ), n. m. Sorte de bois
jaune et très tendre. — FUSEAU, x
(fu-zŏ), n. m. Cylindre sur lequel on en-
roule le fil.

G DUR.

GABARE, s (gă-bă-re), n. f. Bateau
large et plat. — GABARE, s, nt (id.),
v. gabarer. Godiller, faire avancer un
canot par un seul aviron sur la poupe.
— GABARRE, s, (gă-bă-re), n. f. Corps
mort que les Égyptiens conservaient
chez eux. — GABAR, s (gă-băr), n. m.
Épervier d'Afrique.

GABARI, s (gă-bă-rĭ), n. m. Modèle
ou patron d'une pièce de charpente. —
GABARIE, s, nt (gă-bă-rīc), v. gabarier.
Travailler d'après un gabari.

GABARIER, s (gă-bă-rié), n. m. Patron qui commande une gabare. — GA-
BARIER, ez, ai ; é...; iez, ions (gă-bă-
rĭ-é, éc ; iez, ions) [rad. *gabari*], v. et
p. Travailler d'après un gabari. — GA-
BARIEZ, rions (gă-bă-rié, rion), v. gabarer. Mouvoir un canot avec un seul
aviron sur la poupe.

GABÈLE, s, nt (gă-bè-le), v. gabeler.

Égoutter le sel. — GABELLE, s (id.),
n. f. Impôt du sel.

GACHET, s (gă-chè), n. m. Oiseau.
— GACHAIS, ait, aient (gă-chè, ché),
v. gâcher. Détremper du plâtre, etc.

GAI... (ghè...). V. *gue*...

GAIAC, s (gă-iăk'), n. m. Arbre d'A-
mérique. — GAILLAC (gă-llăk', *ll* m.),
n. pr. S.-préf. du Tarn.

GALA, s (gă-lă) [celt. *gal*, gaîté], n.
m. Réjouissance ; festin. — GALA, as,
ât (gă-lă, lă) [rad. *gale*], v. se galer. Se
gratter.

GALAN (gă-lan), n. pr. Ch.-l. de
canton des Hautes-Pyrénées. — GA-
LANT, s (id.) [celt. *gal*, gaîté), adj. et
n. m. Aimable, courtois ; n. m. Amant.
— GALANT (id.) [rad. *gale*], v. se galer. Se gratter.

GALATE, s (gă-lă-te), n. pr. De la
Galatie. — GALATES (gă-lă-te), v. se
galer. Se gratter.

GALE, s (gă-le), n. f. Pustules de la
peau. — GALE, s, nt (id.), v. se galer.
Se gratter. — GALLE, s (id.) [lat. *galla*],
et mieux *gale*, n. f. Excroissance sur les
végétaux. — GALLE, s (id.) [lat. *Gallus*,
fleuve de Phrygie], n. m. Prêtre de
Cybèle. — GALLES (id.), n. pr. Province d'Angleterre. — GALL ou GAL
(St-), n. pr. d'homme ; ville et canton de
Suisse.

GALÉE, s (gă-léc) [esp. *galea*, ga-
lère], n. f. Navire ; planche de compositeur. — GALER, ez, ai ; é... (gă-lé,
lée) [rad. *gale*], v. se galer. Se gratter.

GALET, s (gă-lè), n. m. Caillous sur
la plage de la mer. — GALAIS, ait,
aient (gă-lè lè), v. se galer. Se gratter.

GALÈRE, s (gă-lè-rc) [lat. *galea*], n.
f. Navire. — GALÈRENT (id.), v. se
galer. Se gratter. — GALÈRE (id.) [lat.
Galerius], n. pr. Empereur romain.

GALERIE, s (gă-le-rie), n. f. Vaste
corridor. — GALLERIE, s (id.), n. f.
Fausse-teigne, insecte.

GALÈTE, s (gă-lè-te), n. Voûte membraneuse qui couvre la mâchoire de certains insectes. — GALETTE, s (id.), n.
f. Gâteau plat.

GALIEN (gă-lĭ-in), n. pr. m. Médecin
célèbre. — GALLIEN (id.), n. pr. m.
Empereur romain.

GALION, s (gă-lĭ-on) [esp. *galea*],
n. m. Ancien navire ; traverse d'écoutille. — GALIONS (gă-lion) [rad. *gale*],
v. se galer. Se gratter.

GALON, s (gă-lon) [lat. *callo*], n. m. Sorte de ruban épais. — **GALONS** (id.) [rad. *gale*], v. se galer. Se gratter.

GANT, s (gan), n. m. Vêtement pour la main. — **GAND** (id.), n. pr. Capitale de la Flandre orient. (Belgique).

GANTIER, s (gan-tié), n. m. Celui qui fait et vend des gants. — **GANTIEZ** (id.), v. ganter. Mettre des gants.

GARDON, s (găr-don) [lat. *gardus*], n. m. Poisson. — **GARDONS** (id.) [it. *guardare*], v. garder. Conserver.

GARE, s (ga-re), n. f. Bassin, lieu d'abri. — **GARE**, s, nt (id.), v. garer. Mettre en gare, à l'abri. — **GARE** (id.), interj. pour avertir de se ranger. — **GARS** (gar), n. m. Jeune garçon. — **GARD** (id.), n. pr. m. Riv. et dép. de France.

GASCONNE, s (găs-cŏ-ne), adj. f. de gascon. De la Gascogne. — **GASCONNE**, s, nt (id.), v. gasconner. Parler comme les Gascons : avoir leur accent, leur vanterie.

GATE, s, nt (gă-te), v. gâter. Détériorer. — **GATTE**, s (gă-te), n. f. Partie du pont d'un navire. — **GATH** (găt'), n. pr. Ancienne ville des Philistins.

GATÈRENT (gă-tè-re), v. gâter. Détériorer. — **GATTAIR**, s (găt'-tèr), n. m. Espèce de sarcelle, oiseau.

GATON, s (gă-ton), n. m. Bâton dont on se sert pour faciliter le commettage des gros cordages. — **GATONS** (gă-ton), v. gâter. Détériorer.

GAU... (gō...) V. *go...*

GAZE, s (ga-ze), n. f. Étoffe légère. — **GAZE**, s, nt (id.), v. gazer. Couvrir de gaze, voiler, pallier. — **GAZ** (gaz'), n. m. Fluide aériforme.

GAZEUSE, s (ga-zeŭ-ze), adj. f. de gazeux. De la nature du gaz. — **GAZEUSE**, s (id.), n. f. de gazeur. Palliateur.

GAZIEZ (gă-zié), v. gazer. Couvrir d'une gaze. — **GAZIER**, s (id.), n. m. Ouvrier en gaze.

GAZON, s (ga-zon) [bas lat. *waso*, ou teut. *wazen*], n. m. Herbe fine et courte. — **GAZONS** (id.) [rad. *gaze*, de *Gaza*, ville ; ou de l'it. *gazzi*], v. gazer. Couvrir de gaze ; voiler, pallier.

GEN... (jan..., nasal). V. *jan...*

GE... (*g* doux). V. *je...*

GI... (*g* doux). V. *ji...*

GLACEUSE, s (glă-seŭ-ze), adj. f. de glaceux. Qui a des glaces : se dit des pierreries qui ne sont pas absolument nettes. — **GLACEUSE**, s (id.), n. f. de glaceur. Celle qui glace des étoffes, des papiers.

GLACIER, s (glă-sié), n. m. Amas de glace. — **GLACIEZ** (id.), v. glacer. Faire de la glace ; lustrer.

GLAÇON, s (glă-son), n. m. Morceau de glace. — **GLAÇONS** (id.), v. glacer. Geler ; lustrer.

GLU, s (glŭ), n. f. Matière visqueuse. — **GLUE**, s, nt (glūe), v. gluer. Enduire de glu.

GOBET, s (gŏ-bè), n. m. Grosse cerise à courte queue. — **GOBAIS**, ait, aient (gŏ-bè, bè), v. gober. Avaler avidement.

GAUFRIER, s (gō-frĭ-é), n. m. Ustensile pour faire des gaufres. — **GAUFRIEZ** (id.), v. gaufrer. Imprimer des dessins en bas-relief sur une étoffe, etc.

GAULE, s (gō-le) [celt. *gault*, bois], n. f. Perche. — **GAULE**, s, nt (id.) [id.], v. gauler. Battre avec une gaule pour faire tomber les fruits. — **GAULE**, ou *Gaules*, pl. (id.) [lat. *Gallia*], n. pr. f. Nom primitif de la France.

GONE, s (gŏ-ne), n. m. Animalcule infusoire. — **GONNE**, s (gŏ-ne), n. f. Robe ; futaille.

GOURMAND, s (goŭr-man), adj. Qui mange avec excès. — **GOURMANT** (id.), v. gourmer, 2 fois : V. *gourmer*.

GOURMANDE, s (goŭr-man-de) [all. *gaum*, ou lat. *gurges*], adj. f. de gourmand. Qui mange avec excès. — **GOURMANDE**, s, nt (id.) [celt. *gormes*], v. gourmander. Réprimander durement.

GOURME, s (goŭr-me) [celt. *gormes*, pus], n. f. Suppuration des naseaux du poulain. — **GOURME**, s, nt (id.), v. gourmer, 2 fois : V. *gourmer*.

GOURMER...; é... (goŭr-mé... [celt. *gormes*, violence], v. et p. Mettre la gourmette ; et, par analogie, battre à coups de poing. — **GOURMER...**; é... (id.) [all. *gaum*, palais ; ou lat. *gurges*], v. et p. Goûter le vin, etc.

GOURMET, s (goŭr-mè), n. m. Celui qui sait gourmer ou goûter le vin, etc. — **GOURMAIS**, ait, aient (goŭr-mè, mè), v. gourmer, 2 fois : V. *gourmer*.

GOUTE, s, nt (goū-te), v. goûter. Sentir, discerner par le goût ; approuver. — **GOUTTE**, s (goŭ-te), n. f. Petite partie d'un liquide ; maladie. — **GOUTTE** (id.), adv. négatif. Pas du tout ; s'emploie après *voir* et *entendre*.

GRAILLON, s (gra-llon, *ll* m.) [celt. *graal*], n. m. Restes malpropres d'un repas. — GRAILLONS, llions (gra-llon, llion, *ll* m.) [du vieux mot *graille*, corneille], v. grailler. Parler ou crier avec une voix enrouée.

GRAMMAIRE, s (grăm'-mè-re), n. f. Art de parler correctement. — GRAND'-MÈRE, s (gran-mè-re), n. f. Mère de la mère ou du père.

GRAPPÈLE, s, nt (gră-pè-le), v. grappeler. Garnir de grappes. —GRAPELLE, s (id.), n. f. Nom vulgaire de plusieurs plantes à pointes accrochantes.

GRAPPILLON, s (gră-pĭ-llon, *ll* m.), n. m. Petite grappe. — GRAPPILLONS, ions (gră-pĭ-llon, llion, *ll* m.), v. grappiller. Cueillir les grappes laissées après la vendange.

GRASSE, s (gră-se), adj. f. de gras. Qui a de la graisse. — GRASSE (id.), n. pr. f. S.-préf. du Var. — GRACE, s (id.), n. f. Faveur ; agrément.—GRACES (id.), n. f. pl. Divinités (mythologie).

GRASSET, s (gra-sè), adj. Un peu gras. — GRASSEYE, s, nt (gra-sèie), v. grasseyer. Prononcer défectueusement la lettre *r*.

GRATELIER, s (gră-te-lié), n. m. Plante. — GRATTELIEZ (id.), v. gratteler. Gratter légèrement.

GRATERON, s (gră-te-ron), n. m. Plante qui s'attache aux vêtements. — GRATTERONS, nt (id.), v. gratter. Frotter avec les ongles, etc.; ratisser; râcler.

GRATON, s (gră-ton), n. m. Outil de glacier. — GRATTONS (id.), v. gratter. Frotter avec les ongles, etc.

GRAVA, as, ât (gra-vă, vā), v. graver. Tracer sur un corps dur en creusant. — GRAVAT, s (gra-vă), n. m. Gravois, gravier grossier.

GRAVE, s (gră-ve) [lat. *gravis*], adj. Lourd ; important. — GRAVE, s, nt (gră-ve) [gr. γραφω], v. graver. V. *grava*. — GRAVE, s (id.) [bas lat. *graveria*], n. f. Grève, plage sablonneuse. V. *grève*.

GRAVIEZ (gra-vié), v. graver. V. *grava*. — GRAVIER, s (id.), n. m. Très petits cailloux.

GRAVITÉ, s (gră-vĭ-té), n. f. Pesanteur des corps ; extérieur grave, sérieux. — GRAVITER, ez, ai ; é (id.), v. et p. Tendre et peser vers un point.

GRÉ (gré), n. m. Volonté. — GRÉE, s, nt (grée), v. gréer. Équiper un vais-seau. — GRÉE, s (id.), n. f. Tout le gréement d'un navire.

GRÈS (grè), n. m. Pierre dure ; poterie de glaise mêlée de sable. — GRAI ou GRAY (id.), n. pr. S.-préf. de la Haute-Saône.

GREFFE, s (grè-fe) [gr. γραφειη, ou lat. *gravare*], n. f. Action d'enter ; œil d'un arbre enté sur un autre arbre. — GREFFE, s, nt (id.) [id.], v. greffer. Enter. — GREFFE, s (id.) [gr. γραφειν], n. m. Emploi, bureau de greffier ou scribe.

GREFFIER, s (grè-fié), n. m. Scribe. — GREFFIEZ (id.), v. greffer. Enter.

GRÊLE, s (grè-le) [lat. *gracilis*], adj. Long et menu ; délicat. — GRÈLE, s (id.) [lat. *grando*], n. f. Pluie congelée. — GRÊLE, s (id.), n. f. Lame dentelée, outil de tablettier. — GRÊLE, s, nt (id.), v. grêler, 2 fois : V. *grêler*.

GRÊLER...; é... (grê-lé...) [lat. *grando*], v. et p. Tomber de la grêle ; ravager par la grêle. — GRÊLER...; é... (id.), v. et p. Arrondir les dents d'un peigne avec une grêle.

GRELET, s (gre-lè), n. m. Marteau de maçon. — GRÉLAIS, ait, aient (grè-lè, lê), v. grêler, 2 fois : V. *grêler*.

GRÊLON, s (grè-lon), n. m. Gros grain de grêle. — GRÊLONS (id.), v. grêler, 2 fois : v. *grêler*.

GRENAT, s (gre-nă), n. m. Pierre précieuse rouge ; oiseau. — GRENA, as, ât (gre-nă, nā), v. grener. V. *grener*. — GRAINA, as, ât (grè-nă, nā), v. grainer. V. *grener*.

GRENER...; é... (gre-né...), v. et p. Réduire en grains ; produire de la graine. — GRAINER...; é... (grè-né...), v. et p. Donner la forme de grains à la poudre, au cuir ; produire de la graine ; ombrer un dessin par une multitude de petits points.

GRENETIER, s (gre-ne-tié), n. m. Marchand de grains et de graines en dé-tail. V. *grainetier*. — GRÈNETIER, s (grè-ne-tié), n. m. Officier qui était préposé à un grenier à sel. — GRAINE-TIER, s (id.), n. m. Marchand de blé, avoine, etc.. et de graines de légumes. — GRAINETIEZ (id.), v. graineter. Orner de rugosités en forme de grains le cuir, les étoffes, etc.

GRENIEZ (gre-nié), v. grener. V. *grener*. — GRENIER, s (id.), n. m. Lieu où l'on serre les grains. — GRAI-

NIEZ (grè-nié), v. grainer. V. *grener.* — GRAINIER, s (id.), n. m. Marchand de graines.

GRÈQUE, s (grè-ke), ou *grecque*, n. f. Scie de relieur; entaille faite avec la grèque. — GRÈQUE, s, nt (id.), ou *grecque.* v. gréquer. Faire une rainure ou dos d'un volume pour y cacher la ficelle. — GREC, s (grèk'), adj. m.; *grecque*, s, et mieux *grèque*, s (grè-ke), adj. f. De la Grèce.

GRÈCE (grè-se), n. pr. f. Contrée de l'Europe. — GRAISSE, s (grê-se), n. f. Substance grasse. — GRAISSE, s, nt (id.), v. Graisser. Enduire de graisse.

GRESSET (grè-sè), n. pr. m. Poète français. — GRAISSET, s (grê-sè), n. m. Grenouille verte des buissons. — GRAISSAIS, ait, aient (grê-sè, sè), v. graisser. Enduire de graisse.

GRAISSEUSE, s (grê-seū-ze), n. f. de graisseur. Celle qui graisse. — GRAISSEUSE, s (id.), adj. f. de graisseux. Qui est de la nature de la graisse.

GRAISSIEZ (grê-sié), v. graisser. Enduire de graisse. — GRAISSIER, s (id.), n. m. Marchand de graisse.

GRÈVE, s (grè-ve) [bas lat. *graveria*], n. f. Plage de gravier. — GRÈVE, s (id.) [bas lat. *greva*], n. f. Armure pour la jambe. — GRÈVE, s, nt (id.) [lat. *gravare*], v. grever. Charger, accabler.

GRÉSILLE, s, nt (gré-zi-lle, *ll* m.), v. grésiller. Tomber, en parlant du grésil; raccornir, froncer. — GRÉSIL, s (gré-zĭl, *l* m.), n. m. Menue grêle.

GRÉSILLON, s (gré-zi-llon, *ll* m.), n. m. Lien, nouettes; nom vulgaire du grillon. — GRÉSILLONS, llions (gré-zi-llon, llion, *ll* m.), v. grésiller. V. *grésille.*

GRIS (grī), adj. Noir-blanc. — GRIL, s (id.), n. m. Ustensile pour faire griller ou rôtir.

GRIEF, s (grĭ-èf') [lat. *gravis*], adj. Grand, énorme. — GRIEF, s (id.) [celt. *griez*, ou lat. *gravis*], n. m. Préjudice; plainte.

GRIFFE, s (grĭ-fe) [all. *greiffen*, du gr. γρυπος], n. f. Ongle; signature gravée. — GRIFFE, s, nt (id.) [id.], v. griffer. Égratigner. — GRIFFE, s (id.), adj. et n. Sorte de mulâtre à Saint-Domingue.

GRIFFON, s (grĭ-fon) [gr. γρυψ], n. m. Oiseau de proie. — GRIFFONS (id.) [rad. *griffe*, de l'all. *greiffen*], v. griffer. Égratigner; prendre avec la griffe. — GRIFFON, s (id.) [gr. γραφω], n. m. Celui qui griffonne.

GRIFFONNE, s (grĭ-fŏ-ne), adj. et n. f. de griffon. Celle qui griffonne. — GRIFFONNE, s, nt (id.), v. griffonner. Écrire illisiblement.

GRILLAGE, s (gri-llă-je, *ll* m.) [rad. *griller*]. n. m. Action de griller; résultat de cette action. — GRILLAGE, s (id.) [dim. de *grille*], n. m. Treillis métallique.

GRILLE, s (gri-lle, *ll* m.) [lat. *craticula*], n. f. Barreaux fesant clôture. — GRILLE, s (id.), n. f. Nègre: compagnie des grilles. — GRILLE, s, nt (id.), v. griller, 2 fois : V. *griller.*

GRILLER...; é... (gri-llé..., *ll* m.) [rad. *gril*], v. et p. Cuire ou rôtir sur le gril. — GRILLER...; é... (id.) [rad. *grille*], v. et p. Fermer d'une grille.

GRILLON, s (gri-llon, *ll* m.) [gr. γρυλλος], n. m. Cricri, ou cigale de nuit, insecte. — GRILLONS, llions (gri-llon, llion, *ll* m.), v. griller, 2 fois : V. *griller.*

GRIMACIER, s (grĭ-mă-sié), adj. et n. m. Qui fait des grimaces. — GRIMACIEZ (id.), v. grimacer. Faire des grimaces.

GRISE, s (grī-ze), adj. f. de gris. Noire-blanche. — GRISE, s, nt (id.), v. griser. Rendre gris ou demi-ivre.

GRISET, s (gri-zè), n. m. Jeune chardonneret. — GRISAIS, ait, aient (gri-zè, zê), v. griser. Rendre gris.

GRISON, s (gri-zon) [rad. *gris*], adj. Un peu gris; n. m. Ane. — GRISONS (id.) [id.], v. griser. Rendre gris ou demi-ivre. — GRISON, s (id.), adj. et n. m. Du canton des Grisons, en Suisse.

GRISONNE, s (gri-zŏ-ne) [rad. *gris*], adj. f. de grison. Un peu grise. — GRISONNE, s, nt (id.) [id.], v. grisonner. Devenir grison. — GRISONNE, s (id.), adj. et n. f. de grison. Du canton des Grisons, en Suisse.

GROS (grō) [bas lat. *grossus*, de *crossus*], adj. Volumineux; n. m. Masse, la plus forte partie d'une chose; adv. Beaucoup. — GROS (id.), n. m. Poids, 8e d'once; monnaie allemande. — GRAU, x (id.), n. m. Canal entre un étang et la mer.

GROGNON, s (grŏ-gnon), adj. et n. m. Qui grogne, qui gronde, qui murmure. — GROGNONS, gnions (grŏ-gnon, gnion), v. grogner. Crier comme le cochon ; gronder sourdement.

GRUMELER...; é:... (gru-me-lé...) [lat. *grumus*], v. et p. Se former en grumeaux. — GRUMELER...; é (id.) [onom.], v. et p. Crier comme le sanglier.

GUÉ, s (ghé), n. m. Endroit peu profond d'une rivière, qu'on peut traverser sans nager. — GUÉE, s, nt (ghée), v. guéer. Passer à gué ; baigner.

GUET, s (ghè), n. m. Action d'épier, de veiller. — GAI, s, e, es (ghè, ghèe) [lat. *gaudiosus*], adj. Joyeux ; adv. Joyeusement. — GAI, s (ghè) [lat. *gaïus*], n. m. Anc. nom du geai, oiseau ; plante du Japon. — GUAIS (ghè), adj. Qui n'a ni laite ni œufs : se dit du hareng.

GUÊPIÈRE, s (ghè-piè-re), n. f. Nid de guêpes. — GUÉPIAIRE, s (ghé-pi-è-re), n. m. Insecte hyménoptère.

GUÈRE ou *guères* (ghè-re), adv. Peu. — GUERRE, s (id.), n. f. Lutte armée. — GUÉÈRENT (gué-è-re), v. guéer. Passer à gué ; baigner.

GUÉRET, s (ghé-rè) [celt. *gwerid*], n. m. Terre labourée, non ensemencée). — GUÉRET (id.), n. pr. Préfect. de la Creuse. — GUÉERAIS, ait, aient (ghée-rè, rê), v. guéer. Passer à gué ; baigner.

GUERRIER, s (ghè-rié), n. m. Homme ami de la guerre, habile à la faire ; adj. Qui appartient à la guerre, propre à la guerre. — GUÉÉRIEZ (ghée-rié), v. guéer. Passer à gué ; baigner.

GUÉRITE, s (ghé-rĭ-te), n. f. Loge d'une sentinelle. — GUÉRITES (ghé-rĭ-te), v. guérir. Délivrer de maladie.

GUETTE, s (ghè-te), n. f. Pièce de charpente. — GUETTE, s, nt (id.) [rad. *guet*], v. guetter. Faire le guet.

GUETTER, ez, ai ; é... (ghè-té, tée), v. et p. Faire le guet, épier pour surprendre. — GAITÉ, s (ghè-té), n. f. Joie.

GUETTON, s (ghè-ton) [dimin. de *guette*], n. m. Petite guette. — GUETTONS (id.) [rad. *guet*], v. guetter. Faire le guet, épier.

GUÊTRER, ez, ai ; é...; trais... (ghè-tré, trée, trè...), v. et p. Mettre des guêtres. — GUETTERAI, ez, ais... (ghè-te-ré, rè...), v. guetter. V. *guetter*.

GUÊTRIER, s (ghè-trĭ-é), n. m. Celui qui fait des guêtres. — GUÉTRIEZ (id.), v. guêtrer. Mettre des guêtres. —

GUETTERIEZ (ghè-te-rié), v. guetter. Faire le guet, épier.

GUÊTRON, s (ghè-tron), n. m. Petite guêtre. — GUÊTRONS (id.), v. guêtrer. Mettre des guêtres. — GUETTERONS, nt (ghè-te-ron), v. guetter. Faire le guet.

GUEULE, s (gheŭ-le) [lat. *gula*], n. f. Bouche des animaux ; large ouverture. — GUEULE, s, nt (id.) [id.], v. gueuler. Crier très haut. — GUEULES ou *gueulles* (id.) [pers. *gul*], n. m. pl. La couleur rouge, en terme de blason.

GUEUSE, s (gheŭ-ze), n. f. Masse prismatique de fer coulée dans le sable ; étoffe. — GUEUSE, s (id.), adj. f. de gueux. Mendiant ; fripon. — GUEUSE, s, nt (id.), v. gueuser. Mendier, agir en gueux.

GUEUSET, s (gheŭ-zè), n. m. Petite gueuse ou pièce de fer non purifié. — GUEUSAIS, ait, aient (gheŭ-zè, zê), v. gueuser. Agir en gueux.

GUI, s (ghī) [mot celt.], n. m. Plante parasite. — GUI, s (id.), n. m. Sorte de vergue. — GUI (id.) [onom.], n. m. Cri des jeunes oiseaux. — GUI (id.) (d'*Arezzo* ou *Arétin*), n. pr. m. Moine bénédictin qui inventa les notes de la gamme.

GUIDON, s (ghī-don), n. m. Petit drapeau. — GUIDONS (id.), v. guider. Conduire ; diriger.

GUIGNE, s (ghi-gne) [esp. *guinda*, ou turc *vischna*], n. f. Espèce de grosse cerise. — GUIGNE, s, nt (id.) [celt. *gui*], v. guigner. Regarder du coin de l'œil. — GUIGNE, s (id.), n. f. Nom vulgaire des ouïes ou branchies des poissons.

GUIGNIER, s (ghi-gnié), n. m. Arbre qui produit des guignes. — GUIGNER, ez, ai, é ; gniez (ghi-gné, gnié), v. et p. Regarder du coin de l'œil.

GUIGNON, s (ghi-gnon), n. m. Malheur. — GUIGNONS, gnions (ghi-gnon, gnion), v. guigner. V. *guigne*.

GUINÉE, s (ghi-née), n. f. Monnaie anglaise. — GUINÉE (id.), n. pr. f. Vaste contrée d'Afrique.

GUINGAN ou *guingamp*, s (ghin-gan), n. m. Toile de coton fabriquée à Guingamp ; toile de coton de Pondichéry. — GUINGAMP (id.), n. pr. Sous-préf. des Côtes-du-Nord.

GUIPON, s (ghĭ-pon), n. m. Gros pinceau ou chiffon pour enduire de goudron, etc. — GUIPONS (id.), v. guiper. Imiter la guipure.

GUISE, s (ghi-ze) [all. *weise*]. n. f. Manière, mode, fantaisie, façon d'agir. — GUISE, s, nt (id.) [onom.], v. guiser. Gazouiller comme les chardonnerets. — GUISE (id.), n. pr. Ch.-l. de cant. de l'Aisne. — GUISE, (id.), n. pr. d'une célèbre famille ducale de Lorraine.

H.

Les homonymes qui commencent par H, soit muet, soit aspiré, sont joints à d'autres mots qui commencent par une voyelle. Ainsi, pour

HA..., HAN... (nasal). V. *a...*, *an...*
HAI... V. *é...*
HE..., HEU....
HI..., HIN... (nasal). V. *i...*, *in...*
HO..., HAU..., HON... (nasal), V. *o...*, *on...*
HU..., HUN... (nasal). V. *u...*, *un...*
HY... V. *i...*

I.

Son I, et son IN (nasal), de quelque manière qu'on les écrive (i, y, hi, hy; in, hin, ain, haim, hein...).

I (i), n. m. Nom et son français de la lettre *i*. — Y (i) [gr. Υ], n. m. 6e voyelle. — Y (i) [lat. *ibi*]. adv. relatif. En ce lieu-là. — Y (i) [lat. *ibi*, ou *illi*], pron. rel. A cela, à cette personne, à cette chose; dans cela. — HI (hi, *h* asp.), interj. qui, répétée, peint le rire. — HIE, s (hĭe, *h* asp.), n. f. Demoiselle; mouton; houe. — HIE, s, nt (id.), v. hier. Enfoncer avec la hie.

YAC ou YAK, s (iăc'), n. m. Grand pavillon royal d'Angleterre. — YACHT, s (id.), n. m. Bâtiment à rames et à voiles. — YACK, s (id.), n. m. Buffle du Thibet.

IDE, s (i-de) [lat. *idus*], n. m. Poisson du genre cyprin; deux coups au piquet à écrire. — IDES (id.) [lat. *idus*, de l'étrusq. *iduare*, diviser], n. f. pl. 15e ou 15e jour du mois romain. — HIDE, s (hi-de, *h* asp.), n. f. Mesure agraire (de 20 hectares), en Angleterre.

IDÉE, s (i-dée), n. f. Image ou représentation d'un objet, faite par l'esprit. — IDÉE, s, nt (id.), v. idéer. Connaître métaphysiquement un être abstrait : idéer Dieu.

HIÈRE ou HIERRE, s (iè-re), n. m. Ancien nom du lierre. — HIÈRENT (hĭ-è-re, *h* asp.), v. hier. Enfoncer avec la hie. — HIÈRES ou HYÈRES (iè-re); n. pr. Ville et îles du Var. — HIER (ièr), adv. La veille du jour présent.

IGNICOLE, s (ig'-nĭ-cŏ-le), adj. et n. Adorateur du feu. — IGNICOLLE, s (id.), adj. Qui a le cou de couleur de feu.

ILE, s (ĭ-le) [it. *isola*, du lat. *insula*]. n. f. Terre complètement entourée d'eau. — ILES (id.) [lat. *ilia*], n. m. pl. Les flancs. — IL, s (ĭl), pron. pers., 3e pers. du masc. — ILLE (ĭ-le), n. pr. Affluent de la Vilaine. — ILL (ĭl), n. pr. Affluent du Rhin, en France. — ISLE (ĭ-le), n. pr. Plusieurs villes et bourgs de France. — HILE, (hi-le, *h* asp.), n. m. Cicatrice par où la graine adhérait à la plante.

IMAGINÈRENT (ĭ-mă-gĭ-nè-re), v. imaginer. Se représenter une chose dans l'esprit. — IMAGINAIRE, s (id.), adj. Qui n'est que dans l'imagination, idéal, chimérique.

IN (in) prép. latine. Dans : in-4o, in-12... — AIN (id.), n. pr. m. Riv. et dép. de France. — HEIN (hin, *h* asp.), interj. pour faire répéter. — HAIN (id.), n. m. Hameçon.

INCARNA, as, ât (in-căr-nă, nă), v. s'incarner. Se faire chair, se revêtir d'un corps de chair. — INCARNAT, s (in-căr-nă), n. et adj. m. Couleur qui tient de celle de la cerise et de celle de la rose.

INDICATION (in-dĭ-cā-sĭ-on), n. f. Action d'indiquer; signe qui indique. — INDIQUASSIONS (in-dĭ-că-sion), v. indiquer. Montrer, désigner; fixer.

INDU, s; e, es (in-dŭ, dŭe), adj. Contraire à la règle, à l'usage. — INDUT, s (in-dŭ), n. m. Clerc revêtu d'une tunique.

INFECTE, s (in-fèc-te), adj. f.; INFECT, s (in-fèct'), adj. m. Puant; corrompu. — INFECTE, s, nt (in-fèc-te), v. infecter. Exhaler une mauvaise odeur.

INFÈRE, s (in-fè-re) [lat. *inferus*, de *infrà*], adj. Placé au-dessous. — INFÈRE, s, nt (id.) [lat. *inferre*, de *in*, ou *indè*, *ferre*], v. inférer. Conclure.

INFLUX (in-flŭ), n. m. Influence : t. de philos. — INFLUE, s, nt (in-flūe), v. influer. Agir, faire impression, exercer un pouvoir caché, sur...

INFLUANT (in-flŭ-an), v. influer. V. *influx*. — INFLUENT, s (id.), adj. Qui a de l'influence.

INFORME, s, nt (in-fŏr-me) [lat. *in* dans, *forma*, forme], v. informer. Avertir ; faire une enquête. — INFORME, s (id.) [lat. *in* priv., *forma*, forme], adj. Sans forme, mal conformé.

INFUSE, s (in-fū-se), adj. f. de infus. Donnée par la nature. — INFUSE, s, nt (id.), v. infuser. Faire tremper quelque chose dans un liquide.

INFUSION, s (in-fu-zĭ-on), n. f. Action d'infuser, chose infusée. — INFUSIONS (in-fu-zion), v. infuser. Détremper dans un liquide.

INFUSOIRE, s (in-fu-zoè-re), adj. et n. m. Se dit de vers qui se développent dans les infusions végétales et animales. — INFUSOIR, s (in-fu-zoèr), n. m. Instrument propre à faire entrer du liquide dans les veines.

INNOCENTE, s (ĭ-nŏ-san-te), adj. f. de innocent. Exempte de crime ; simple ; idiote. — INNOCENTE, s, nt (id.), v. innocenter. Déclarer innocent.

IMPATIENTE, s (in-pă-sĭ-an-te), adj. f. de impatient. Qui manque de patience. — IMPATIENTE, s, nt (id.), v. impatienter. Rendre impatient.

IMPLICATION, s (im-plĭ-că-sĭ-on), n. f. Engagement dans une affaire criminelle. — IMPLIQUASSIONS (in-plĭ-căsion), v. impliquer. Envelopper, comprendre dans une accusation.

IMPORTUNE, s (in-pŏr-tu-ne), adj. f. de importun. Fâcheuse, incommode, fatigante. — IMPORTUNE, s, nt (id.), v. importuner. Fatiguer par des assiduités, des sollicitations, des demandes.

INQUIÈTE, s (in-kĭ-è-te), adj. f. de inquiet. Soucieuse, agitée. — INQUIÈTE, s, nt (id.), v. inquiéter. Rendre inquiet.

INCENDIÈRENT (in-san-dĭ-è-re), v. incendier. Brûler, consumer. — INCENDIAIRE, s (id.), adj. Propre à incendier :

n. m. Auteur volontaire d'un incendie.

INSÉRER...; é... (in-sé-ré...), v. et p. Mettre dans, faire entrer. — INCÉRER...; é... (id.), v. et p. Mèlanger de cire.

INCIDENTE, s (in-sĭ-dan-te), n. f. Phrase ou proposition secondaire, intercalée. — INCIDENTE, s, nt (id.), v. incidenter. Faire naître des incidents ; élever des difficultés.

INCIDENTÈRENT (in-sĭ-dan-tè-re), v. incidenter. V. *incidente*. — INCIDENTAIRE, s (id.), adj., n. m. Qui produit des incidents.

INCISION, s (in-si-zĭ-on), n. f. Coupure, fente. — INCISIONS (in-si-zion), v. inciser. Couper en long.

INSOLANT (in-sŏ-lan), v. insoler. Exposer à l'action du soleil. — INSOLENT, s (id.), adj. Effronté, irrespectueux.

INSTIGATION, s (in-stĭ-gā-sĭ-on), n. f. Suggestion, excitation à faire une chose. — INSTIGUASSIONS (in-stĭ-gāsion), v. instiguer. Exciter, solliciter, pousser à faire une chose blâmable.

INSTITUT, s (in-stĭ-tŭ), n. m. Constitution, règle, établissement. — INSTITUE, s, nt (in-stĭ-tūe), v. instituer. Établir.

INSURGEANT (in-sŭr-jan), v. s'insurger. Se soulever contre un gouvernement. — INSURGENT, s (id.), n. m. Insurgé, séditieux (vieux).

INTENSION, s (in-tan-sĭ-on), n. f. Force, véhémence, ardeur. — INTENTION, s (id.), n. f. Dessein, projet, motif.

INTERCALÈRENT (in-tèr-că-lè-re), v. intercaler. Insérer, ajouter entre deux. — INTERCALAIRE, s (id.), adj. Inséré dans, ajouté entre.

INTERLINÉÈRENT (in-tèr-lĭ-né-è-re), v. interlinéer. Écrire entre les lignes. — INTERLINÉAIRE, s (id.), adj. Placé entre les lignes.

INTERNA, as, ât (in-tèr-nă, nā), v. interner. Enfermer dans l'intérieur du pays. — INTERNAT, s (in-tèr-nă), n. m. Pension où les élèves demeurent, par opposition à *external*.

INTRIGANT, s (in-trĭ-gan), adj. et n. m. Qui se mêle d'intrigues. — INTRIGUANT (id.), v. intriguer. Inquiéter, embarrasser : se donner beaucoup de peine pour réussir.

INVENTÈRENT (in-van-tè-re), v. inventer. Trouver, imaginer quelque chose de nouveau. — INVENTAIRE, s (id.), n. m. Dénombrement d'un mobilier.

INVOCATION, s (in-vŏ-cā-sĭ-on), n. f. Action d'invoquer. — INVOQUAS-SIONS (in-vŏ-cā-sion), v. invoquer. Appeler à son aide ; supplier ; citer en sa faveur.

HYPOTHÉQUÈRENT (ĭ-pŏ-té-kè-re), v. hypothéquer. Charger d'hypothèque un immeuble. — HYPOTHÉCAIRE, s (id.), adj. Qui concerne l'hypothèque.

IRA, s (i-rǎ), n. f. Espèce de souchet, plante. — IRA, s (id.) [lat. *ire*], v. aller. Marcher. — HIERA, s (hĭ-ra, *h* asp.), v. hier. Enfoncer à coups de hie.

IRAI..., rais... (i-ré..., rè...), v. aller. — HIERAI..., rais... (hĭ-ré..., rè..., *h* asp.), v. hier. Enfoncer à coups de hie.

IRION, s (i-rĭ-on), n. m. On a donné ce nom au sénevé des champs, et à quelques autres plantes. — IRIONS (i-rion), v. aller. Marcher. — HIERIONS (hĭ-rion, *h* asp.), v. hier. Enfoncer avec la hie.

ISSY (ĭs'-sĭ), n. pr. Village près de Paris. — ICI (ĭ-sĭ), adv. de lieu. A l'endroit où je suis.

ISÈRE (i-zè-re), n. pr. Riv. et dép. de France. — ISAIRE, s (id.), n. f. Genre de champignons.

ISOLEMENT, s (i-zŏ-le-man), n. m. État de ce qui est isolé. — ISOLÉMENT (i-zŏ-lé-man), adv. D'une manière isolée.

J, G DOUX.

Son J, de quelque manière qu'on l'écrive (j..., ge..., gi..., gy...).

JA (ja), adv. (vieux). Déjà. — JAS (jā), ou *jouail*, n. m. Grosse traverse en bois fixée à la tête de la verge d'une ancre.

JAFFET, s (jăf'-fè), n. m. Crochet qui abaisse les branches quand on récolte les fruits dans les vergers. — JAPHET (ja-fè), n. pr. m. 3e fils de Noé.

JALOUSE, s (jă-loū-ze), adj. f. de jaloux. Envieuse, soupçonneuse. — JA-LOUSE, s, nt (id.), v. jalouser. Avoir de la jalousie contre quelqu'un.

JAN, s (jan), n. m. Les deux tables du trictrac. — JEAN (id.), n. pr. d'homme. — GENT, s (id.), n. f. Espèce, race, nation. — GENT, s (id.), adj. (vieux). Gentil, joli, grâcieux. — GENS et mieux GENTS (id.), n. m. et f. pl. Personnes.

JANTE, s (jan-te), n. f. Portion circulaire, arc d'une roue. — GENTE, s (id.), adj. f. de gent. V. *jan.*

JAPET (ja-pè), n. pr. m. Fils d'Uranus et frère de Saturne (mythologie). — JAPPAIS, ait, aient (jă-pè, pè), v. japper. Aboyer.

JAPON (jă-pon), n. pr. m. Contrée de l'Asie. — JAPPONS (id.), v. japper. Aboyer.

JARDINET, s (jăr-dĭ-nè), n. m. Petit jardin. — JARDINAIS, ait, aient (jăr-dĭ-nè, nè), v. jardiner. Cultiver un jardin.

JARDINIEZ (jăr-dĭ-nié), v. jardiner. Cultiver un jardin. — JARDINIER, s (id.), n. m. Celui qui cultive un jardin.

JARRE, s (ja-re), n. f. Grande jatte ; n. m. Mesure pour les huiles et le vin dans le Levant. — JARS (jar), n. m. Oie mâle. — JART, s (id.), n. m. Animal de Laponie.

JARET, s (jă-rè), n. m. Variété de prune, de poisson. — JARRET, s (jă-rè), n. m. Partie située derrière le genou.

JARGON, s (jăr-gon) [fr. *jars*, oie ; et celt. *comps, gon*, langage], n. m. Mauvais langage. — JARGON, s (id.), n. m. Pierre dure et cristallisée.

JAVÈLE, s, nt (jă-vè-le), v. javeler. Mettre en javelle. — JAVELLE, s (id.) [corrupt. de *garbelle*, dim. de *gerbe*, autref. *garbe*], n. f. Blé, etc., étendu par terre. — JAVELLE, s (id.) [du *moulin de Javelle*, entre Paris et Saint-Cloud, où elle se fabriquait primitivement], n. f. Solution de chlorure de potasse.

JASERON, s (jă-ze-ron), n. m. Espèce de broderie ; chaîne d'or à mailles très petites. — JASERONS, nt (id.) [it. *gazza*, pie], v. jaser. Babiller.

JASION, s (jă-zĭ-on), n. m. Espèce de papillon. — JASIONS (jă-zion) [it. *gazza*], v. jaser. Babiller.

JE (jĕ), pron. pers., 1re pers. sing. — JEU, x (jeu), n. m. Amusement.

JET, s (jè), n. m. Action de jeter ; jaillissement. — JAIS (jè), n. m. Bitume fossile très noir. — GEAI, s (jè), n. m. Oiseau du genre de la pie.

GÊNE, s (jê-ne) [lat. *gehenna*], n. f. Malaise, torture. — GÊNE, s, nt (id.) [id.], v. gêner. Incommoder. — GÊNES (id.) [lat. *Genova*], n. pr. f. Ville d'Italie.

GERBERIE, s (jèr-be-rīe), n. f. (vieux). Lieu où sont renfermées les gerbes. — GERBÉRIE, s (jèr-bé-rīe), n. f. Genre de plantes.

GERBERIEZ (jèr-be-rié), v. gerber. Mettre en gerbes. — GERBÉRIÉ, s ; e, es (jèr-bé-rĭ-é, ée), adj. Qui ressemble à la gerbérie.

GERBIEZ (jèr-bié), v. gerber. Mettre en gerbes. — GERBIER, s (id.), n. m. Meule, tas de gerbes amoncelées en plein air.

GERBIONS (jèr-bion), v. gerber. Mettre en gerbes. — GERBILLON, s (jèr-bi-llon, *ll* m.), n. m. Petite gerbe.

GÈRE, s, nt (jè-re), v. gérer. Administrer. — GERS (jèr), n. pr. m. Riv. et dép. de France.

GERME, s (jèr-me) [lat. *germen*], n. m. Rudiment d'un être organisé. — GERME, s, nt (id.) [id.], v. germer. Pousser le germe au dehors ; fructifier. — GERME, s (id.), n. m. Marque noire dans la mâchoire du cheval ; n. f. Agneau femelle ; ou *djerme*, petite barque sur le Nil.

JETON, s (je-ton), n. m. Pièce pour compter au jeu. — JETONS (id.), v. jeter. Lancer ; renverser.

JEÛNE, s (jeû-ne), adj. Peu âgé. — JEÛNE, s (jeû-ne), n. m. Abstinence de nourriture. — JEÛNE, s, nt (id.), v. jeûner. S'abstenir de nourriture.

JEÛNÉR...; é (jeû-né...), v. et p. S'abstenir de nourriture. — GÊNER...; é... (jê-né...), v. et p. Incommoder.

JEÛNET, s (jeû-nè), adj. Un peu jeune. — GENET, s (je-nè) [esp. *ginetto*], n. m. Espèce de cheval entier d'Espagne. — GENÊT, s (je-nè), n. m. Arbuste à fleurs jaunes. — JEÛNAIS, ait, aient (jeû-nè, nè), v. jeûner. Ne pas manger. — GÊNAIS, ait, aient (jê-nè, nè), v. gêner. Incommoder.

JEÛNETTE, s (jeû-nè-te), adj. f. de jeûnet. Un peu jeune. — GENÈTE, s, nt (je-nè-te), v. genéter. Courber en contre-haut les extrémités d'un fer à cheval. — GENETTE, s (id.), n. f. Lance ; nom vulgaire du narcisse ; espèce de mors ; espèce de civette.

GENÉTÈRENT (je-né-tè-re), v. genéter. V. *jeunette*. — GÉNÉTAIRE, s (jé-né-tè-re), n. m. Soldat à cheval des armées espagnoles et italiennes.

GIBOYA, s (jĭ-boè-iă), n. m. Serpent. — GIBOYA, as, ât (jĭ-boè-iă, iā) [rad. *gibier*, du lat. *cibarius*], v. giboyer. Chasser, prendre du gibier.

GIBOYEUSE, s (jĭ-boè-ieŭ-ze), adj. f. de giboyeux. Qui abonde en gibier. — GIBOYEUSE, s (id.), n. f. de giboyeur. Celle qui fait provision de gibier pour l'expédier aux marchands.

GINGUET, s (jin-ghè), adj. Médiocre, léger. — GINGUAIS, ait, aient (jin-ghè, ghè), v. ginguer. Ruer.

GIRELLE, s (jĭ-rè-le), n. f. Poisson. — GIREL, s (ji-rèl), n. m. Armure du poitrail d'un cheval.

GIRON, s (ji-ron) [lat. *gyrus*], n. m. Circuit ; dessus des genoux. — GIRON, s (id.) [it. *gherone*], n. m. Triangle : blas.

GIRONNER, ez, ai ; é... (ji-rŏ-né, née) [gr. γυρος], v. et p. Faire tourner. — GIRONNÉ, s ; e, es (id.) [it. *gherone*], adj. A huit girons, ou triangles : blas.

GIVRE, s (ji-vre) [lat. *pruina*], n. m. Gelée blanche, frimas. — GIVRE, s (id.) [lat. *vipera*], n. f. Serpent à la queue tortillée : blas.

JOIGNIS, it, ît (joè-gnĭ, gnī), v. joindre. Approcher, assembler, réunir. — JOIGNI ou JOIGNY (joè-gnĭ), n. pr. S.-préf. de l'Yonne.

JOUE, s (joûe) [it. *gota* ; ou lat. *gena* ou *jugum*], n. f. Partie du visage. — JOUE, s, nt (id.) [lat. *jocari*], v. jouer. Se divertir, faire un jeu ; toucher d'un instrument de musique.

JOUAILLER, ez, ai ; é ; iez (joŭ-a-llé, *ll* m.), v. et p. Jouer à petit jeu. — JOAILLIER, s (joa-llié, *ll* m.), n. m. Marchand, fabricant de joyaux.

JOUAILLÈRENT (joŭ-a-llè-re), v. jouailler. V. *jouailler*. — JOAILLIÈRE, s (joa-lliè-re), n. f. de joaillier. V. *jouailler*.

JOUET, s (joŭ-è), n. m. Objet pour amuser. — JOUAIS, ait, aient (joŭ-è, è), v. jouer. Se divertir. — JOIE, s (joêe), n. f. Gaîté, réjouissance.

JOUI, s (joŭ-ĭ), n. m. Liqueur des Japonais. — JOUI, is, it, ît (joŭ-ĭ, ī), p. et v. jouir. Avoir l'usage d'une chose ; éprouver de la joie. — JOUY (joŭĭ), n. pr. Bourg de Seine-et-Oise.

JOSÈPHE (jō-zè-phe), n. pr. m. Historien juif. — JOSEPH (jŏ-zèf), n. pr. d'homme.

JUBÉ, s (ju-bé), n. m. Tribune entre le chœur et la nef, où l'on chantait l'épître, etc. — JUBÉE, s (ju-bée), n. f. Genre de plantes.

JUBILÈRENT (ju-bĭ-lè-re), v. jubiler. Éprouver une grande joie, un vif contentement. — JUBILAIRE, s (id.), adj. Qui appartient au jubilé.

JUDA (ju-da), n. pr. m. 4e fils de Jacob ; une des 12 tribus ; royaume du peuple juif. — JUDAS (ju-dā) (-Iscariote), n. pr. m. L'un des 12 disciples de J.-C., celui qui trahit son maître. — JUDAS (id.), n. m. Homme traître ; ouverture par où l'on observe sans être vu. — JUDAH (id.), n. pr. m. Ville et royaume de la Guinée septentrionale.

JUMÈLE, s, nt (ju-mè-le), v. jumeler. Renforcer avec une jumelle. — JUMELLE, s (id.), n. f. Chacune des deux pièces semblables qui entrent dans la composition d'une machine.

JURA, as, ât (ju-rǎ, rā), v. jurer. Assurer avec serment. — JURA (ju-rǎ), n. pr. m. Chaîne de montagnes et département de France. — JURAT, s (id.), n. m. Consul ou échevin, à Bordeaux.

JURON, s (ju-ron), n. m. Manière particulière de jurer; toute espèce de jurement. — JURONS (id.), v. jurer. Assurer avec serment.

K.

Cherchez à la lettre C *les mots qui commencent par* ka, ko, ku...; *et à la lettre* Q *les mots qui commencent par* ke, ki, ky...

L.

LA (lǎ) [lat. *illa*], art. f. s.; pron. pers., 3e pers. f. s. — LA (lā) [1re syll. du lat. *labii*], n. m. 6e note de la gamme. — LA (lā), adv. de lieu. En ce lieu-là. — LAS (lā), adj. Fatigué. — LACS (lā), n. m. Filet, piège.

LABOURE, s, nt (lǎ-bou-re), v. labourer. Retourner la terre avec la charrue, la houe, etc. — LABOUR, s (lǎ-boŭr) [lat. *labor*], n. m. Action de labourer. — LABOUR (id.) [it. *Lavore*], n. pr. m. Province du royaume de Naples. — LABOURD (id.), n. pr. m. Petite province de France, dont le chef-lieu était Baïonne.

LAC... (c dur). V. *laque*.

LAC... (c doux), V. *las...*

LAI... V. *le...*

LAMA, s (lǎ-ma) [mot péruv.], n. m. Sorte de chameau. — LAMA, s (id.), n. m. Prêtre tartare, en Asie.

LAMINÈRENT (lǎ-mĭ-nè-re), v. laminer. Réduire un métal en lames ou feuilles. — LAMINAIRE, s (id.), adj. Composé de lames parallèles ; n. f. Plante, genre type des laminées.

LANT, s (lan), n. m. Zébu ou petit bœuf à bosse. — LENT, s (id.), adj. Peu agile, tardif. — LAON (id.), n. pr. Préfect. de l'Aisne.

LANIÈRE, s (lǎ-niè-re), n. f. Petite courroie. — LANIAIRE, s (lǎ-nĭ-è-re), adj. Long et pointu, propre à déchirer : se dit des dents.

LAMPA, as, ât (lan-pǎ, pā), v. lamper. Boire avidement. — LAMPAS (lan-pa) [lat. *lampas*, lampe], n. m. Tumeur au palais d'un cheval ; étoffe de soie.

LAMPANT (lan-pan) v. lamper. Boire avidement. — LAMPANT, s (id.) [rad. *lampe*], adj. Bien purifié : se dit de l'huile.

LAMPATE, s (lan-pǎ-te), n. m. Genre de sels. — LAMPATES (lan-pā-te), v. lamper. Boire avidement.

LAMPE, s, nt (lan-pe), v. lamper. Boire avidement. — LAMPE, s (id.) [lat. *lampas*], n. f. Ustensile pour l'éclairage.

LAMPERON, s (id.) [rad. *lampe*], n. m. Ce qui tient la mèche d'une lampe. — LAMPERONS, nt (lan-pe-ron), v. lamper. Boire avidement.

LAMPION, s (lan-pĭ-on) [rad. *lampe*], n. m. Petite lampe. — LAMPIONS (lan-pion), v. lamper. Boire.

LAMPON, s (id.), n. m. Agrafe qui servait à retrousser le chapeau. — LAMPONS (lan-pon), v. lamper. Boire avidement.

LANCE, s (lan-se), n. f. Arme. — LANCE, s, nt (id.), v. Lancer. Jeter avec force, darder. — LENS (lans'), n. pr. Ch.-l. de cant. du Pas-de-Calais.

LANCIEZ (lan-sié), v. lancer. Jeter vivement. — LANCIER, s (id.), n. m. Soldat armé d'une lance.

LANSON, s (lan-son), n. m. Petit poisson de mer. — LANÇON, s (id.), n. m. Poisson : équille ; jeune brochet. — LANÇONS (id.) [rad. *lance*], v. lancer. Darder.

LENTE, s (lan-te) [lat. *lentus*], adj. f. de lent. Peu agile. — LENTE, s (id.) [lat. *lens*], n. m. OEuf de pou.

LANTERNIER, s (lan-tèr-nié), n. m. Fabricant, marchand, allumeur de lanternes. — LANTERNIEZ (id.), v. lanterner. Niaiser, flâner.

LAPIDÈRENT (lă-pĭ-dè-re), v. lapider. Assommer à coups de pierre. — LAPIDAIRE, s (id.), n. Qui taille, qui vend des pierres fines.

LAPON, s (lă-pon) adj. et n. m. De la Laponie. — LAPONS (id.), [lat. *lambere*], v. laper. Boire en tirant le liquide avec la langue.

LAQUE, s (lă-ke) [lat. *lacca*], n. f. Suc résineux. — LAQUE, s (id.), n. m. Dessin tracé sur un carton et recouvert d'un très beau vernis rouge ou noir; vernis qui orne ce dessin. — LAC, s (lăk'), n. m. Grande étendue d'eau entourée de terre. — LAK, s (id.), n. m. Monnaie idéale de Russie, valant 300,000 fr.

LARDON, s (lăr-don), n. m. Aiguillette de lard qu'on introduit avec une lardoire. — LARDONS (id.), v. larder. Garnir de lard.

LARE, s (la-re), n. m. Dieu domestique chez les Romains. — LARRE, s (id.), n. f. Genre d'insectes hyménoptères. — LARD, s (lar), n. m. Graisse de porc. — LAR, s (id.) [lat. *larus*], n. m. Oiseau; mammifère. — LAR, s (id.) [mot étrusque], n. m. Roi.

LARVE, s (lăr-ve) [lat. *larva*, masque, de *lar*, spectre]. n. f. Esprit malfesant; fantôme, spectre. — LARVE, s (id.) [lat. *larva*], n. f. Premier état de l'insecte sortant de l'œuf.

LASSE, s (lă-se), adj. f. de las. Fatiguée. — LASSE, s, nt (id.), v. lasser. Fatiguer. — LACE, s, nt (lă-se), v. lacer. Mettre le lacet. — LAS (lâss'), interj. plaintive. Hélas !

LASSER...; é... (lă-sé...), v. et p. Fatiguer. — LACER...; é... (lă-sé...), v. et p. Mettre le lacet.

LASSAIS, ait, aient (lă-sè, sê), v. lasser. Fatiguer. — LAÇAIS, ais, aient (lă-sè, sê), v. lacer. Mettre le lacet. — LACET, s (lă-sè), n. m. Cordon; filet.

LASSÈRENT (lă-sè-re), v. lasser. Fatiguer. — LACÈRENT (lă-sè-re), v. lacer. Mettre le lacet. — LACÈRE, s, nt (id.), v. lacérer. Déchirer.

LASSEREZ, ai... (lă-se-ré...), v. lasser. Fatiguer. — LACEREZ, ai... (lă-se-ré...), v. lacer. Mettre le lacet. — LACÉRER, ez, ai...; é... (lă-sé-ré..., rée), v. et p. Déchirer.

LASSERAIS, ait, aient (lă-se-rè, rê), v. lasser. Fatiguer. — LACERAIS, ait, aient (lă-se-rè, rê), v. lacer. Mettre le lacet. — LACERET, s (lă-ce-rè), n. m. Petite tarière. — LACÉRAIS, ait, aient (lă-sé-rè, rê), v. lacérer. Déchirer.

LASSERONS, nt (lă-se-ron), v. lasser. Fatiguer. — LACERONS, nt (lă-se-ron) [rad. *lacet*], v. lacer. Mettre le lacet. — LACERON, s (id.) [rad. *lait*], ou *laiteron*, n. m. Herbe laiteuse. — LACÉRONS (lă-sé-ron), v. lacérer. Déchirer.

LATENT, s (lă-tan), adj. Caché. — LATTANT (id.), v. latter. Garnir de lattes.

LATE, s (lă-te), n. f. Anc. amende de 9 deniers. — LATTE, s (id.), n. f. Lamelle de bois. — LATTE, s, nt (id.), v. latter. Garnir de lattes.

LATRIE, s (la-trīe), n. f. Culte d'adoration. — LATTERIE, s (lă-te-rīe), n. f. Lieu où l'on fait des lattes.

LAVANDE, s (lă-van-de) [gr. λαϐαντίδα], n. f. Arbrisseau aromatique. — LAVANDE, s, nt (id.) [fréq. de *laver*], v. lavander. Laver, lessiver.

LAVANDER, s (lă-van-dé), n. m. Linge ouvré qu'on fabrique en Flandre. — LAVANDER, ez, ai; é... (lă-van-dé, dée) [fréq. de *laver*], v. et p. Laver, lessiver.

LAVANDIEZ (lă-van-dié), v. lavander. Laver. — LAVANDIER, s (id.), n. m. Officier préposé au blanchissage du linge, dans certaines cours.

LAVASSE, s (lă-vă-se) [rad. *laver*], n. f. Grande pluie subite ; breuvage où l'on a mis trop d'eau. — LAVASSE, s, nt (lă-vă-se) [lat. *lavare*], v. laver. Nettoyer dans un liquide.

LAVE, s, nt (la-ve) [lat. *lavare*], v. laver. Nettoyer. — LAVE, s (id.) [all. *lauven*], n. f. Matière volcanique.

LE (lĕ), art. masc. sing.; pron. pers.,

3e pers. masc. sing. — LEU (leu) ou *Loup*, n. pr. d'homme.

LÉ, s (lé), n. m. Largeur d'étoffe. — LEZ (id.), mieux que *lès*, n. m. Côté, bord; prép. Près de.

LES (lè), art. pl.; pron. pers., 3e p. pl. — LAIS (id.) [rad. *laisser*], n. m. Jeune baliveau de réserve. — LAI, s (id.) [lat. *lessus*], n. m. (vieux). Plainte, doléance; pièce d'ancienne poésie française. — LAI, s; e, es (lè, lèe) [lat. *laïcus*, du gr. λαος], adj. Laïque. — LAIE, s (lèe) [lat. *laya*], n. f. Femelle du sanglier. — LAIE, s (id.) [lat. *lœvigare*], n. f. Marteau bretté. — LAIE, s, nt (id.) [id.], v. layer. Rayer la pierre avec la laie. — LAID, s (lè), adj. Difforme, sans beauté. — LAIT, s (id.), n. m. Liqueur blanche de la mamelle. — LEGS (lè, et mieux lègh'), n. m. Don testamentaire.

LÈCHE, s (lè-che), n. f. Tranche très mince de pain, de viande, etc. — LÈCHE, s, nt (id.) [gr. λειχειν]; v. lécher. Frotter avec la langue — LEICHE, s (id.), n. m. Genre de squales, poisson. — LAICHE, s (lè-che), n. m. Nom vulgaire du ver de terre.

LÈDE, s (lè-de), n. m. Plante; le milieu d'un marais salant; 3e partie d'un comté en Angleterre. — LAIDE, s (id.), adj. f. de laid. Dépourvue de beauté. — LEYDE (lè-de, ou lèi-de), n. pr. Ville de Hollande.

LÉGAT, s (lé-gă), n. m. Envoyé du pape. — LÉGUA, as, ât (lé-gă, gă), v. léguer. Donner par testament.

LÉGATION, s (lé-gā-sĭ-on), n. f. Charge du légat; durée de l'ambassade. — LÉGUASSIONS (lé-gā-sion), v. léguer. Donner par testament.

LÈGUE, s, nt (lè-ghe), v. léguer. Donner par testament. — LEGS (lègh', mieux que lè), n. m. Don testamentaire.

LÉGER, s (lé-jé) [lat. *levis*, ou *celer*], adj. Qui ne pèse guère. — LÉGER (id.) [lat. *Leodegarius*], n. pr. d'homme.

LÉGITIMÈRENT (lé-jĭ-tĭ-mè-re), v. légitimer. Rendre légitime. — LÉGITIMAIRE, s (id.), adj. Qui appartient à la légitime.

LAINEUSE, s (lè-neŭ-ze), adj. f. de laineux. Bien fournie de laine. — LAINEUSE, s (id.), n. f. de laineur. Celle qui laine, ouvrière qui laine les étoffes.

LAINIER, s (lè-nié), n. m. Celui qui travaille dans les laines; qui en fait commerce. — LAINIEZ (id.), v. lainer. Donner le lainage au drap.

LEI... (lè...). V. le...

LEN... (lan..., nasal). V. lan...

LESSE, s (lè-se), n. f. Cordon, ruban; air, chanson (vieux); machine de guerre. — LAISSE, s (lè-se) [lat. *lexa*, de *licia*; ou *laxa*, de *laxare*], n. f. Rêne, cordon, longe. — LAISSE, s (id.), n. f. Sol abandonné par la mer. — LAISSE, s, nt (id.) [gr. λειπω], v. laisser. Quitter, abandonner; permettre.

LEÇON, s (le-son), n. f. Précepte; instruction. — LAISSONS (lè-son), v. laisser. Quitter; permettre.

LESTE, s (lès-te) [it. *lesto*], adj. Prompt, vif. — LESTE, s, nt (id.) [rad. *lest*, de l'all. *last*], v. lester. Garnir de lest. — LEST, s (lèst'), n. m. Poids placé au fond d'un vaisseau pour le tenir en équilibre.

LETH, s (lèt'), n. m. Nombre de 10,000 harengs. — LAITE, s (lè-te), et mieux *laitance* [rad. *lait*], n. f. Substance laiteuse des poissons. — LAITE, s (id.), ou *lèt*, n. f. Vallée entre les dunes des landes, où se trouvent des gouffres.

LÉTHÉ (lé-té), n. pr. m. Fleuve d'oubli dans les enfers : mythol. — LAITÉ, s; e, es (lè-té, tée) [rad. *lait*], adj. Qui a de la laite ou laitance. — LAITÉE, s (lè-tée) [rad. *laie*, du lat *laya*], n. f. Tous les petits d'une lice, etc.

LETTON, s (lèt-ton), adj. et n. m. De la Lituanie, de l'Estonie, de la Courlande; langage de ce peuple. — LAITON, s (lè-ton), n. m. Cuivre jaune.

LEURRE, s (leŭ-re), n. m. Appât, amorce. — LEURRE, s, nt (id.), v. leurrer. Attirer par quelque espérance trompeuse. — LEUR, s (leur), adj. poss.; *le leur, la leur, les leurs* : pron. poss. — LEUR (id.), pron. pers., invar.; à eux, à elles.

LEVER, ez, ai; é... (le-vé, vée), v. et p. Hausser; germer; fermenter. — LEVER, s (le-vé), n. m. Action, temps de se lever. — LEVÉE, s (le-vée), n. f. Action de lever; collecte.

LEVIS (le-vĭ), adj. m. (pont-). Qui se lève et s'abaisse. — LÉVI (lé-vĭ), n. pr. m. 3e fils de Jacob et de Lia.

LEVIEZ (le-vié), v. lever. Hausser; germer. — LEVIER, s (id.), n. m. Barre pour soulever.

LÉVRIER, s (lé-vrĭ-é), n. m. Chien

propre à la chasse des lièvres. — LÈ-VERIEZ (lè-ve-rié), v. lever. Hausser, germer.

LEVRON, s (le-vron), n. m. Petit lévrier. — LÉVERONS, nt (lè-ve-ron), v. lever. Hausser, germer.

LÈSE (lè-ze), adj. traduit du part. latin *læsus*; ou plutôt 3e pers. sing. du v. fr. *léser*; qui blesse, outrage : crime de *lèse*-majesté. — LÈSE, s, nt (id.), v. léser. Blesser, offenser ; faire tort. — — LAIZE, s (id.), n. f. Largeur d'une étoffe entre les lisières.

LÉSION, s (lé-zĭ-on), n. f. Dommage ; action de léser. — LÉSIONS (lé-zion), v. léser. Blesser, offenser, nuire.

LIT, s (lĭ) [lat. *lectum*, du gr. λεκτρον], n. m. Couche. — LIS, it (li) lat. [*legere*], v. lire. V. *lire*. — LIS (li dans *fleur de lis*, et liss' partout ailleurs) [lat. *lilium*], n. m. Fleur. — LIE, s (lĭe) [lat. *limus*], n. f. Sédiment, dépôt d'un liquide. — LIE, s, nt (id.) [lat. *ligare*], v. lier. Attacher, serrer avec un lien ; unir. — LIE, s (id.) [lat. *lætus*], adj. f. Joyeuse : chère lie.

LIASSE, s (lĭ-ă-se) [rad. *lier*], n. f. Amas de papiers liés ensemble. — LIASSE, s, nt (lĭ-ă-se) [lat. *ligare*], v. lier. Attacher. — LIAS (liass'), n. m. Système de roches calcaires.

LIAIS (lĭ-è) [celt. *liag*], n. m. Pierre calcaire très dure et d'un grain très fin. — LIAIS, ait, aient (lĭ-è, è) [lat. *ligare*], v. lier. Attacher.

LIÈGE, s (liè-je) [lat. *levis*], n. m. Sorte de chêne vert ; écorce de cet arbre. — LIÈGE, s, nt (id.) [id.], v, liéger. Garnir de liège. — LIÉGE (id.) [lat. *Leodium*], n. pr. Ville et province de Belgique.

LIÈRE ou *lierre*, s (liè-re), n. m. Plante. — LIÈRENT (li-è-re), v. lier. Attacher avec un lien.

LIEU, x (lieŭ), n. m. Endroit. — LIEUE, s (lieŭe), n. f. Mesure itinéraire.

LIGNÉE, s (lĭ-gnée) [lat. *linea*], n. f. Race. — LIGNER, ez, ai ; é…; iez (lĭ-gné, gnée ; gnié) [rad. *ligne*], v. et p. Tracer des lignes parallèles.

LIGNEUSE, s (lĭ-gneŭ-ze) [rad. *ligne*], n. f. de ligueur. Celle qui ligne. — LIGNEUSE, s (id.) [lat. *lignum*], adj. f. de ligneux. De la nature du bois.

LIMA, as, ât (lĭ-mă, mā) [rad. *lime*], v. limer. User à la lime. — LIMA (lĭ-mă), n. pr. Capitale du Pérou. — LIMAS (lĭ-mā) [lat. *limax*], n. m. Limaçon.

LIMASSE, s, nt (lĭ-mă-se) [rad. *lime*], v. limer. User avec une lime. — LIMASSE ou *limace*, s (lĭ-mă-se), n. f. Maladie du pied des vaches. — LIMACE, s (id.), n. f. ou *limas*, n. m. Limaçon sans coquille ; agaric, plante.

LIMER, ez, ai ; é… (lĭ-mé, mée) [rad. *lime*]; v. et p. Polir avec la lime. — LIMÉE, s (lĭ-mée) [lat. *limeum*], n. f. Plante vénéneuse.

LIMIEZ (lĭ-mié), v. limer. User à la lime. — LIMIER, s (id.), n. m. Gros chien de chasse.

LIMON, s (li-mon) [lat. *limus*, du gr. λεμνη ou λειμων], n. m. Fange, boue. — LIMON, s (id.) [lat. *limus*, oblique], n. m. Noyau d'escalier ; brancard de voiture. — LIMON, s (id.) [lat. *limo*, it. *limone*], n. m. Sorte de citron. — LIMONS (id.) [lat. *limare*], v. limer. User avec une lime.

LIMONIER, s (lĭ-mŏ-nié) [rad. *limon*, brancard], n. m. Cheval attelé entre les limons. — LIMONIER, s (id.) [rad. *limon*, citron], n. m. Sorte de citronnier.

LION, s (lĭ-on) [lat. *leo*], n. m. Quadrupède carnivore. — LIONS, ions (lĭ-on, ion) [lat. *ligare*], v. lier. Attacher. — LYON (lĭ-on), n. pr. Préf. du Rhône. — LION ou LYON (id.), n. pr. Golfe de la Méditerranée.

LIRE (li-re) [lat. *legere*], v. Parcourir des yeux, avec la connaissance des lettres, des mots écrits ou imprimés. — LIRE, s (id.) [it. *lira*], n. f. Monnaie d'Italie. — LYRE ou LIRE, s (id.) [gr. λυρα], n. f. Instrument de musique, à cordes.

LIRAI…, rais.,. (lĭ-ré…, rè…), v. lire. V. *lire*. — LIERAI…, rais… (lĭ-ré…, rè…), v. lier. Attacher. — LYRÉ… (lĭ-ré, rée), adj. Se dit des feuilles qui ont les lobes du haut grands et réunis, et ceux du bas petits et divisés.

LIRON, s (lĭ-ron), n. m. Espèce de marmotte des Alpes. — LIRONS, nt (id.) [lat. *legere*], v. lire. V. *lire*. — LIERONS, nt (lĭe-ron), v. lier. Attacher. — LYRON, s (lĭ-ron), n. m. Plantain d'eau.

LIS… (liz…, s doux), V. par *liz*…

LISSE, s (lĭ-se) [gr. λειος ou λισσος], adj. Uni et poli. — LISSE, s (id.) [gr. λιξ], n. f. Ficelle : pièce d'un métier à tisser ; etc. — LISSE, s, nt (id.), v. lisser, 2 fois : V. *lisser*. — LICE, s (id.)

[lat. *liciæ*, de *palitium*, dér. de *palus*],
n. f. Lieu pour les courses. — LICE, s
(id.) [lat. *lycisca*], n. f. Femelle du chien
de chasse. — LICE, s (id.) [lat. *licium*],
ou *lisse*, n. f. Ficelle, etc. V. *lisse*. —
LIS ou LYS (liss'), n. m. Fleur. — LYS
(id.), n. pr. f. Affluent de l'Escaut.

LISSER...; é... (li-sé...) [gr. λισσος],
v. et p. Polir, rendre lisse. — LISSER...;
é... (id.) [gr. λιξ], v. et p. Garnir de
lisses. — LYCÉE, s (li-sée), n. c. m.
Collège; n. pr. m. Édifice qui servait
d'académie à Athènes.

LISSERON, s (li-se-ron) [gr. λιξ], n.
m. Liteau de bois pour tendre les lisses.
— LISSERONS, nt (id.), v. lisser, 2
fois : V. *lisser*.

LISSIER, s (li-sié), n. m. Ouvrier qui
fait des lisses. — LISSIEZ (id.), v. lisser, 2 fois : V. *lisser*.

LITRE, s (li-tre) [gr. λιτρα], n. m.
Mesure de capacité égale à 1 décimètre
cube; n. f. Poids ancien; monnaie ancienne. — LITRE, et mieux *litre*, s (litre) [lat. *listra*], n. f. Bande noire dans
une église, ou *ceinture funèbre*.

LIVRE, s (li-vre) [lat. *liber*]. n. m.
Réunion de feuillets écrits, volume. —
LIVRE, s (id.) [lat. *libra*], n. f. ancien
poids valant un demi kilog.; ancienne
monnaie valant un franc. — LIVRE, s,
nt (id.) [lat. *liberare*], v. livrer. Fournir.

LIVRER, ez, ai, é... (li-vré, vrée) [lat.
liberare], v. et p. Fournir; abandonner;
trahir. — LIVRÉE, s (li-vrée) [bas lat.
liberata, chose livrée, fournie], n. f.
Costume particulier des domestiques.

LIVRET, s (li-vrè), n. m. Petit livre.
— LIVRAIS, ait, aient (li-vrè, vrè), v.
livrer. Fournir.

LIVRIER, s (li-vri-é), n. m. Celui qui
fait des livres par métier. — LIVRIEZ
(id.), v. livrer. Fournir.

LISE, s, nt (li-ze) [lat. *legere*], v.
lire. V. *lire*. — LISE, s (id.), n. f. Ancienne musette; sable mouvant. — LISE
(id.) [lat. *Elisa*], abrév. de *Élise* : n.
pr. de femme.

LISERON, s (li-ze-ron), n. m. Plante
grimpante. — LISÉRONS (li-zé-ron), v.
lisérer. Broder, faire un liséré.

LO (lō) n. pr. m. Évêque de Coutances; *St-Lô*, préfect. de la Manche.
— LOT, s (lō), n. m. Portion. — LODS
(lō), n. m. pl. Redevance à un seigneur
sur la vente d'un héritage. — LOS (lō),

n. m. Louange; consentement : vieux.

LOCHE, s, (lŏ-che) [it. *lochia*], n. f.
Poisson. — LOCHE, s, nt (id.) [lat.
locare], v. locher. Agiter, secouer. —
LOCHES (id.), n. pr. Sous-préf. d'Indre-
et-Loire.

LODDE, s (lŏ-de), n. m. Poisson du
genre salmone. — LAUDES (lō-de), n.
f. pl. 2e partie de l'office canonial.

LODI (lŏ-di), n. pr. Ville et province
d'Italie. — LAUDI, s (lō-di), n. m.
Chant religieux du xvie siècle.

LOFE, s, nt (lŏ-fe), v. lofer. Venir au
lof : mar. — LOF, s (lŏf), n. m. Le côté
qu'un navire présente au vent.

LOI, s (loè), n. f. Règle invariable;
autorité. — LOUAIS, ait, aient (loŭ-è,
è) ; LOUA, as, ât (loŭ-ă, ă), v. louer, 2
fois : V. *louer*.

LOIN (loin), adv. A une grande distance. — LOING (id.), n. pr. m. Affluent
de la Seine; canal. — LOUANT (loŭ-
an), v. louer, 2 fois : V. *louer*.

LOIRE (loè-re), n. pr. f. Fleuve et
dép. de France. — LOIR (loèr), n. pr.
m. Affluent de la Sarthe. — LOIR, s
(id.), n. m. Quadrupède rongeur. —
LOUÈRENT (loŭ-è-re), v. louer, 2 fois :
V. *louer*.

LONG, s (lon), adj. Qui a de la longueur; n. m. Longueur. — L'ON (id.),
pron. indéf. On. — LONS (-le-Saunier)
(lon suivant les uns, et lons' suivant les
autres), n. pr. Préfect. du Jura.

LOQUE, s (lŏ-ke), n. f. Lambeau,
morceau d'étoffe. — LOK, s (lŏk'), ou
looch, s (lŏ-ŏk'), n. m. Potion calmante.
— LOC ou *loch*, s (lŏk'), n. m. Instrument pour mesurer la vitesse d'un vaisseau. — LOCKE (lŏ-ke), n. pr. m. Célèbre philosophe anglais.

LOQUÈTE, s, nt (lŏ-kè-te), v. loque-
ter. Remuer le loquet. — LOQUETTE,
s (id.), n. f. Petite loque.

LORE, s (lŏ-re), n. f. Filament du lichen, de la bouche des insectes. —
LORS (lŏr), adv. Alors. — LORD, s
(id.), n. m. Seigneur en Angleterre. —
LAURE, s (lō-re) [gr. λαυρα, rue], n. f.
Réunion des cellules des anciens soli-
taires. — LAURE (id.) [lat. *laurus*], n.
pr. de femme.

LORGNON, s (lŏr-gnon), n. m. Sorte
de lorgnette. — LORGNONS, gnions
(lŏr-gnon, gnion), v. lorgner. Regarder
de côté, ou avec une lorgnette.

LORIOT, s (lŏ-ri-ŏ), n. m. Oiseau

jaune à ailes noires. — LAURIOT, s (lŏ-rĭ-ŏ), n. m. Baquet dans lequel le boulanger lave son écouvillon.

LOTTE, s (lŏ-te), n. f. Poisson d'eau douce. — LOTH ou LOT (lŏt'), n. pr. m. Neveu d'Abraham. — LOT (id.), n. pr. m. Riv. et départ. de France.

LOTIER, s (lŏ-tié) [rad. lotus], n. m. Genre de plantes. — LOTIER, s (id.) [rad. lot], n. m. Pêcheur qui a son lot ou sa part de la pêche.

LOTO, s (lŏ-tŏ) [teut. los, sort ; all. losz], n. m. Sorte de jeu de loterie. — LOTOS (id., ou lŏ-tŏs') [lat. lotus, du gr. λωτος], n. m. Figuier sauvage.

LOUE, s, nt (loūe), v. louer, 2 fois : V. louer. — LOUP, s (loū), n. m. Chien sauvage et carnassier. — LOUP ou Leu (id.), n. pr. d'homme.

LOUABLE, s (loŭ-a-ble) [lat. laudare], adj. Digne de louanges. — LOUABLE, s (id.) [lat. locare], adj. Qui peut être pris ou donné à loyer.

LOUCHE, s (loū-che) [lat. luscus], adj. De travers. — LOUCHE, s, nt (id.) [id.], v. loucher. Regarder de travers. — LOUCHE, s (loū-che), n. f. Grande cuillère ; outil ; poisson.

LOUCHET, s (loū-chè), n. m. Hoyau, petite bêche. — LOUCHAIS, ait, aient (loū-chè, chè), v. loucher. Regarder de travers.

LOUCHON, s (loū-chon), n. m. Tronc de sapin sans nœuds. — LOUCHONS (loū-chon) [lat. luscus], v. loucher. Regarder de travers.

LOUER...; é... (loū-é...) [lat. laudare], v. et p. Donner des louanges. — LOUER...; é... (id.) [lat. locare], v. et p. Donner ou prendre à bail.

LOUEUR, s ; euse, s (loū-eŭr ; eŭ-ze) [lat. laudator], n. Celui, celle qui donne des louanges. — LOUEUR, s ; euse, s (id.) [lat. locator] n. Celui, celle qui donne ou prend à loyer.

LOUPEUSE, s (loū-peŭ-ze), n. f. de loupeur. Paresseuse. — LOUPEUSE, s (id.), adj. f. de loupeux. Qui a des loupes.

LOURE, s (lou-re), n. f. Danse grave. — LOURE, s, nt (id.), v. lourer. Lier les notes. — LOURD, s (lour'), adj. Pesant ; lent ; grossier.

LOURER, ez, ai ; é... (loū-ré...), v. et p. Lier les notes en appuyant sur la première de chaque temps. — LOUE-REZ, rai (loū-ré), v. louer, 2 fois : V. louer.

LOURÈRENT (loū-rè-re), v. lourer. V. lourer. — LOURAIRE, s (id.), n. f. Genre de plantes euphorbiacées.

LUXE, s (lŭc'-se) [lat. luxus, de luxuriari], n. m. Somptuosité excessive. — LUXE, s, nt (id.) [lat. luxare, du gr. λυω], v. luxer. Déboîter.

LUI (luĭ) [lat. illi], pr. pers., 3e pers. sing. A lui, à elle — LUI, is, it, (lui) [lat. lucere], p. et v. luire. Briller.

LUPÈRE, s (lŭ-pè-re), n. m. Genre d'insectes. — LUPAIRE, s (id.), ou luparie, n. f. Nom par lequel on a désigné l'aconit tue-loup.

LUQUES (lu-ke), n. pr. Ville et duché d'Italie. — LUC (lŭk'), n. pr. d'homme ; apôtre et évangéliste.

LURE (lŭ-re), n. pr. Sous-préf. de la Haute-Saône. — LURENT (lū-re), v. lire.

LUSSE, s, nt (lū-se), v. lire. — LUCE (lŭ-se), n. pr. de femme.

LUCIFÈRE, s (lŭ-sĭ-fè-re), adj. f. Surnom de Diane. — LUCIFER (lŭ-sĭ-fèr'), n. pr. m. Satan ; Étoile du berger.

LUSTRE, s (lŭs-tre) [lat. lustrum, de lucere], n. m. éclat ; candélabre. — LUSTRE, s, nt (id.) [id.], v. lustrer. Donner du lustre, de l'éclat à une étoffe. — LUSTRE, s (id.) [lat. lustrum, de luere], n. m. Durée de 5 ans.

LUSTREUSE, s (lŭs-treŭ-ze), n. f. de lustreur. Celle qui lustre les étoffes. — LUSTREUSE, s (id.), adj. f. de lustreux. Qui a beaucoup de lustre.

LUSTRIER, s (lŭs-trĭ-é), n. m. Celui qui fait des lustres. — LUSTRIEZ (id.), v. lustrer. Donner du lustre, du brillant aux étoffes.

LUTE, s, mieux que lut (lŭ-te), n. m. Boue ; mastic. — LUTE, s, nt (id.), v. luter. Mastiquer. — LUTES (lū-te), v. lire. — LUTTE, s (lŭ-te), n. f. Combat corps à corps. — LUTTE, s, nt (id.), v. lutter. Combattre. — LUTH, s (lŭt'), n. m. Instrument de musique à cordes.

LUTER...; é... (lŭ-té...), v. et p. Mastiquer, garnir de lute. — LUTTER...; é... (id.), v. et p. Combattre. — LUTHÉE, s (lu-tée), n. f. Qui ressemble à un luth : mandore luthée.

LUTÈRENT (lŭ-tè-re), v. luter. Mastiquer. — LUTTÈRENT (id.), v. lutter. Combattre. — LUTAIRE, s (id.), ou lutarie, n. f. Genre de plantes cryptogames. — LUTHER (lŭ-tèr), n. pr. m. Célèbre hérésiarque allemand.

LUTHÉRIEN, s ; enne, s (lu-té-rĭ-in) [rad. *Luther*], adj. Partisan des doctrines religieuses de Luther. — LUTHÉRIEN, s ; enne, s (id.) [rad. *luth*], adj. et n. Qui joue du luth.

LUTIEZ (lŭ-tié), v. luter. Mastiquer. — LUTTIEZ (id.), v. lutter. Combattre. — LUTHIER, s (lu-tié), n. m. Fabricant, marchand d'instruments à cordes.

LUXE... V. par *lucs*..., après *lourèrent*.

LY... V. par *li*...

M.

MA (mă), adj. poss., f. de *mon*. — MAT (mă), n. m. Arbre voilier. — MAT, s (mă); ou *mate*, s (mă-te), adj. Terne, sans éclat. V. *mate*. — MAT (măt' ou mă), n. m. Coup d'échecs qui termine la partie. V. *mate*.

MACHE, s (mă-che) ou *mâche*, s (mâche), n. f. Sorte d'herbe potagère. — MACHE, s, nt (mă-che), v. mâcher. Broyer avec les dents.

MACULÈRENT (mă-cŭ-lè-re), v. maculer. Tacher, salir. — MACULAIRE, s (id.), adj. Formé de taches qui se touchent.

MAI... (mè...). V. *me*...

MAIENNE, s (mă-iè-ne), n. f. Nom vulgaire de la mélongène ou aubergine, plante. — MAIENNE, mieux que *Mayenne* (id.), n. pr. Rivière, départ. et sous-préf. de France.

MAILLE, s (mă-lle, *ll* m.) [it. *maglia*], n. f. Anneau d'un filet, d'un tissu. — MAILLE, s (id.) [bas lat. *mallia, medalia*], n. f. Ancienne monnaie française; petit poids. — MAILLE, s (id.) [lat. *macula*], n. f. Tache sur les plumes du perdreau. — MAILLE, s, nt (id.), v. mailler, 2 fois : V. *mailler*. — MAIL, s (măl, *l* m.), n. m. Maillet; sorte de jeu.

MAILLER...; é... (ma-llé..., *ll* m.) [it. *maglia*], v. et p. Faire des mailles, du treillage. — MAILLER...; é... (id.) [lat. *macula*], v. et p. Couvrir de mailles ou taches les plumes du perdreau. — MAILLER, s (id.) [rad. *malle?*], et mieux *mallier*, n. m. Cheval qui porte une malle.

MAILLET, s (mă-llè, *ll* m.), n. m.

Marteau de bois. — MAILLAIS, ait, aient (ma-llè, llê, *ll* m.), v. mailler, 2 fois : V. *mailler*. — MAIET, mieux que *Mayet* (mă-iè), n. pr. Chef-lieu de canton de la Sarthe.

MAILLOT, s (mă-llŏ, *ll* m.), n. m. Langes dont on enveloppe un enfant. — MAILLEAU, x (mă-llŏ, *ll* m.), n. m. Maillet pour les forces à drap.

MAGISTÈRE, s (mă-jĭs-tè-re) [lat. *magister*], n. m. Dignité ou *magistérat* du grand-maître de l'ordre de Malte; précipité chimique. — MAGISTÈRE, s (id.) [lat. *magisterium*], n. m. Savoir, science, érudition. — MAGISTER, s (mă-jĭs-tèr), n. m. Maître d'école de village; pédant.

MALAISE, s (mă-lè-ze) [rad. *mal, aise*], n. m. État fâcheux. — MALAISE, s (id.) [rad. *Malacca*], adj. et n. f. de malais. De la Malaisie.

MAIN... (min..., nasal). V. *min*...

MALE, s (mă-le), n. m. et adj. Du sexe masculin; viril, fort. — MALLE, s (mă-le), n. f. Coffre. — MAL (măl'), n. m. Dommage; adv. De mauvaise manière.

MALINE, s (mă-li-ne), n. f. Grande marée. — MALINE, s (id.) [rad. *Malines*], n. f. Dentelle très fine fabriquée à Malines. — MALINES [flam. *Malina*], n. pr. Ville de Belgique.

MALTE, s (măl-te), ou *malt*, s (mălt') [angl. *malt*], n. m. Orge germée et séchée. — MALTE, s, nt (id.) [id.], v. malter. Convertir l'orge en malte ou malt. — MALTE ou *malthe*, s (id.) [lat. *maltha*], n. f. Sorte de bitume, de ciment. — MALTE ou *malthe*, s, nt (id.) [id.], v. malther. Plâtrer de malthe. — MALTE (id.) [gr. Μελιτη], n. pr. f. Ile de la Méditerranée.

MALTER...; é... (măl-té...) [angl. *malt*], v. et p. Convertir l'orge en malt. MALTER ou *malther*...; é... (id.) [lat. *maltha*], v. et p. Plâtrer de malthe. — MALTHÉE, s (măl-tée), n. f. Genre de poissons sans vessie natatoire.

MALTAIS (măl-tè) [rad. *Malte*, du gr. Μελιτη] adj. et n. m. De l'île de Malte. — MALTAIS, ait, aient (măl-tè, tè) [rad. *malt*], v. malter. Changer l'orge en malt. — MALTHAIS, ait, aient (id.) [rad. *malthe*, du lat. *maltha*], v. malther. Plâtrer de malthe.

MANS (LE) (man), n. pr. m. Préfect. de la Sarthe. — MENS, nt (id.), v.

mentir. Dire un mensonge. — MAN
(man, ou mieux măn'), n. pr. Ile de la
mer d'Irlande. V. *mânes.*

MANCHE, s (man-che) [lat. *manu-
brium*], n. m. Poignée d'un outil. —
MANCHE, s (id.) [lat. *manica*], n. f.
Partie d'un vêtement qui couvre le bras.
— MANCHE (id.), n. pr. f. Mer et dé-
partem. de France; province d'Espagne.

MANDA, as, ât (man-dă, dā), v. mander. Faire savoir. — MANDAT, s (man-
dă), n. m. Ordre de payer, d'arrêter.

MANDATE, s, nt (man-dă-te), v.
mandater. Délivrer un mandat. — MAN-
DATES (man-dă-te), v. mander. Faire
savoir.

MANDATÈRENT (man-dă-tè-re), v.
mandater. Faire un mandat. — MAN-
DATAIRE, s (id.), n. m. Celui qui est
chargé d'agir au nom d'un autre.

MANDE, s, nt (man-de), v. mander.
Faire savoir. — MENDE (id.), n. pr.
Préfect. de la Lozère.

MANES (mā-ne), n. m. pl. Ame des
morts; dieux infernaux. — MANNE, s
(mă-ne) [lat. *manus*, ou saxon *mana*,
corbeille], n. f. Panier à fond plat. —
MANNE, s (ma-ne) [hébr. *man*, du v.
manna, don], n. f. Matière concrète et
sucrée; nourriture. — MAN (măn'), n.
pr. Ile de la mer d'Irlande.

MANÉ, s (ma-né), ou *manno*, n. m.
Grappe de la vigne avant la floraison. —
MANÉE, s (mă-née), n. f. (vieux). Poignée. — MANNÉE, s (id.), n. f. Plein
une manne.

MANIE, s (mă-nīe) [gr. μανια], n. f.
Folie, caprice, habitude ridicule. —
MANIE, s, nt (id.) [lat. *manicare*, de
manus], v. manier. Toucher avec la
main; administrer.

MANIER, ez, ai; é... (mă-nĭ-é...);
maniiez (mă-nĭ-ié) [rad. *main*], v. et p.
V. *manie.* — MANIER (mă-nĭ-é) [id.],
n. m. Toucher; action de toucher. —
MANIER, s (mă-nié), n. m. Oiseau,
sorte de pic-grièche.

MANIÈRE, s (mă-niè-re), n. f. Façon,
sorte. — MANIÈRENT (mă-nĭ-è-re), v.
manier. V. *manie.*

MENSALE, s (man-să-le) [lat. *mensa*],
n. f. Ligne qui traverse le milieu de la
main. — MENSAL, e, es (man-săl, să-
le) [lat. *mensis*], adj. Qui a rapport au
mois.

MANSE, s (man-se), n. f. Terre nécessaire pour nourrir une famille. —

MENSE, s (id.), n. f. Table à manger;
revenu d'un abbé.

MANSION, s (man-sĭ-on), n. f. Étape
chez les Romains; maison. — MEN-
TION, s (id.), n. f. Commémoration.

MANSIONNAIRE, s (man-sĭ-ŏ-nè-re),
n. m. Autrefois, gardien d'une église. —
MENTIONNÈRENT (id), v. mentionner.
Faire mention de.

MENTAL, s; e, es (man-tăl, tă-le)
[lat. *mens*], adj. Qui se fait dans l'esprit.
— MENTAL, s; e, es (id.) [lat. *mentum*], adj. Qui concerne le menton.

MANTE, s (man-te) [lat. *mantellum*],
n. f. Manteau de femme. — MANTE, s
(id.) [gr. μαντις], n. f. Insecte. —
MANTES (id.), n. pr. Sous-préf. de
Seine-et-Oise. — MENTE, s (id.), n. f.
Couverture de laine qu'on fabrique à
Reims. — MENTE, s, nt (id.) [lat. *men-
tiri*], v. mentir. Parler contrairement à
sa pensée. — MENTHE, s (id.), n. f.
Plante aromatique.

MANTAIS (man-tè), adj. De Mantes;
n. pr. Petit pays de l'Ile-de-France. —
MENTAIS, ait, aient (man-tè, tè), v.
mentir. Dire un mensonge.

MENTON, s (man-ton) [lat. *mentum*],
n. m. Partie inférieure du visage. —
MENTONS (id.) [lat. *mentiri*], v. mentir. Faire un mensonge.

MARE, s (ma-re), n. f. Amas d'eau
dormante. — MARRE, s (mā-re), n. f.
Pelle large et courbée, grosse pioche. —
MARRE, s, nt (id.), v. marrer. Labourer
avec une marre. — MARC, s (măr) [lat.
marca], n. m. Ancien poids. — MARC,
s (id.) [bas lat. *marcus*, de *amurca*], n.
m. Résidu.

MARABOU, s (mă-ră-boŭ), n. m.
Oiseau dont les plumes ornent les chapeaux des femmes. — MARABOUT, s
(id.), n. m. Cafetière; prêtre ou ana-
chorète musulman.

MARBRIER, s (măr-brĭ-é), n. m. Artisan qui travaille le marbre; adj. Qui a
rapport au marbre. — MARBRIEZ (id.),
v. marbrer. Imiter les couleurs du marbre.

MARCHANT (măr-chan), v. marcher.
S'avancer par le mouvement des pieds.
— MARCHAND, s (id.), n. m. Celui qui
vend; adj. Destiné à la vente.

MARCHANDE, s (măr-chan-de), n.
et adj. f. de marchand. V. *marchant.*
— MARCHANDE, s, nt (id.), v. mar-
chander. Débattre le prix d'une chose.

MARCHE, s (măr-che) [lat. *varicare*],

n. f. Locomotion. — MARCHE, s, nt (id.) [id.], v. marcher. S'avancer. — MARCHE, s (id.) [all. *mark*], n. f. Frontière, province limitrophe; n. pr. f. Ancienne province de France.

MARCHÉ, s (măr-ché) [lat. *mercatus*], n. m. Convention; lieu de négoce. — MARCHER, ez, ai; é (id.) [lat. *varicare*], v. et p. S'avancer à l'aide des pieds.

MARCHAIS (măr-chè), n. m. Variété de maquereau qui n'a pas de taches; hareng qui n'a plus de laite ni d'œufs. — MARCHAIS, ait, aient (măr-chè, chè), [lat. *varicare*], v. marcher. Avancer.

MARÉE, s (mă-rée), n. f. Flux et reflux de la mer; poisson de mer non salé. — MARRER, ez, ai; é... (măr-ré, rée), v. et p. Labourer avec la marre.

MARAIS (mă-rè), n. m. Terres couvertes d'eau dormante. — MARRAIS, ait, aient (măr'-rè, rè), v. marrer. Labourer avec une marre.

MARÈNE, s (mă-rè-ne), n. f. Poisson. — MARENNES (id.), n. pr. S.-préf. de la Charente-inférieure. — MARRAINE, s (mă-rè-ne), n. f. Celle qui tient un enfant sur les fonts de baptême.

MARGOTA, s (măr-gŏ-tă), n. m. Sorte de bateau marnais. — MARGOTTA, as, ât (măr-gŏ-tă, tă), v. margotter. Crier, en parlant de la caille.

MARGOTON, s (măr-gŏ-ton), n. f. Corruption burlesque de *Marguerite*. — MARGOTTONS (id.), v. margotter. Crier comme la caille.

MARI, s (mă-rĭ), n. m. Époux. — MARRI, s, e, es (mă-rĭ, rĭe), adj. Fâché, repentant. — MARIE, s, nt (mă-rĭe) [rad. *mari*], v. marier. Joindre par mariage. — MARIE (id.) [lat. *Maria*], n. pr. de femme.

MARIA, as, ât (mă-rĭ-ă, ă) [rad. *mari*], v. marier. Joindre par mariage. — MARIA (mă-rĭ-ă) [mot hébr.], n. pr. de femme.

MARIER, ez, ai, é..., ons; iez, ions (mă-rĭ-é..., on; ié, ion), v. et p. Unir par le mariage. — MARRIEZ, ions (măr-rié, rión), v. marrer. Labourer avec la marre.

MARINE, s (mă-ri-ne), adj. f. de marin. Qui concerne la mer; n. f. Science de la navigation; navires. — MARINE, s, nt (id.), v. mariner. Assaisonner pour conserver.

MARINIER, s (mă-rĭ-nié), n. m. Conducteur de bateau sur les rivières. — MARINIEZ (id.), v. mariner. Assaisonner pour conserver.

MARLI, s (măr-lĭ), n. m. Grosse gaze gommée. — MARLY (id.), n. pr. Ch.-l. de canton de Seine-et-Oise.

MARMOTTE, s (măr-mŏ-te), n. f. Sorte de gros rat. — MARMOTTE, s, nt (id.) [rad. *marmot*], v. marmotter. Parler confusément et entre les dents.

MARNA, as, ât (măr-nă, nă), v. marner. Répandre de la marne. — MARNAT, s (măr-nă), n. m. Petite espèce de turbot.

MARNE, s (măr-ne) [lat. *marna*], n. f. Terre calcaire. — MARNE, s (măr-ne), [id.], v. marner. Répandre de la marne. — MARNE (id.) [lat. *matrona*], n. pr. f. Rivière et départ. de France.

MARNAIS, ait, aient (măr-nè, nè) [lat. *marna*], v. marner. Couvrir de marne. — MARNAIS (mar-nè) [lat. *matrona*], n. m. et adj. Bateau qui vogue sur la Marne.

MARNERON, s (măr-ne-rón), n. m. Ouvrier d'une marnière. — MARNERONS, nt (id.), v. marner. Couvrir de marne.

MARNEUSE, s (măr-neŭ-ze), adj. f. de marneux. Qui contient de la marne. — MARNEUSE, s (id.), n. f. de marneur. Celle qui marne.

MAROT (mă-rŏ), n. pr. m. Célèbre poète français. — MARAUD, s (mă-rŏ), n. m. Fripon, coquin.

MARRON, s (mă-rón) [lat. *major*; ou it. *marrone*, du gr. μχρχον], n. m. Fruit du marronnier; adj. Rouge-brun. — MARRON, s (id.) [esp. *marrano*], n. m. Cochon sauvage; esclave fugitif. — MARRONS (măr-ron) [rad. *marre*], v. marrer. Labourer avec une marre.

MARRONNE, s (mă-rŏ-ne) [esp. *marrano*], adj. f. de marron. Négresse fugitive. — MARRONE, s, nt (id.), v. marronner. Murmurer, se plaindre.

MARRONNIER, s (ma-rŏ-nié), n. m. Arbre qui produit des marrons. — MARRONNIEZ (id.), v. marronner. Murmurer entre les dents.

MAROQUIN, s (mă-rŏ-kin), n. m. Peau de bouc ou de chèvre apprêtée. — MAROCAIN, s (id.), adj. Du Maroc.

MAROQUINIER, s (mă-rŏ-kĭ-nié), n. m. Ouvrier qui façonne les peaux en maroquin. — MAROQUINIEZ (id.), v. maroquiner. Façonner en maroquin.

MAROUFLE, s (mă-rou-fle) [rad.

maraud, du gr. μιχρος], n. m. Fripon, rustre. — MAROUFLE, s (id.), n. f. Colle très tenace. — MAROUFLE, s, nt (id.), v. maroufler. Coller avec de la maroufle.

MARQUE, s (măr-ke), n. f. Empreinte, signe. — MARQUE, s, nt (id.), v. marquer. Faire une marque. — MARC (mărk'), n. pr. d'homme. V. *mare*.

MARQUÈTE, s, nt (măr-kè-te), v. marqueter. Marquer de plusieurs taches. — MARQUETTE, s (id.), n. f. Petite marque; pain de cire vierge.

MARSE, s (măr-se), adj. et n. Peuple d'Italie; peuple de Germanie. — MARS (mărs') [lat. *Mars*], n. pr. m. Dieu de la guerre; planète. — MARS (id.) [lat. *martius*], n. m. 3e mois; grains semés en mars.

MARTE, s (măr-te), ou *martre*, n. f. Mammifère carnassier; sa fourrure. — MARTHE (id.), n. pr. de femme.

MARTÈLE, s, nt (măr-tè-le), v. marteler. Frapper avec le marteau. — MARTEL, s (măr-tel), n. m. Marteau (vieux); souci; n. pr. Surnom de Charles, maire du palais et père de Pépin-le-Bref.

MARTELET, s (măr-te-lè), n. m. Petit marteau. — MARTELAIS, ait, aient (măr-tè-lè, lê), v. marteler. Frapper avec le marteau.

MARTYRE, s (măr-ti-re) [lat. *martyrium*], n. m. Souffrances, mort endurée pour la foi. — MARTYRE, s (id.) [lat. *martyr*], n. f. de martyr. Celle qui souffre pour J.-C. — MARTYR, s (măr-tĭr'), n. m. Celui qui souffre le martyre.

MASSA, as, ât (mā-să, să), v. masser. Disposer en masse; pétrir les chairs. — MASSAT (mas-să), n. pr. Ville de l'Ariège.

MASCA, s (măs-că), n. m. Arbrisseau amer et savonneux. — MASQUA, as, ât (măs-că, că), v. masquer. Mettre un masque; cacher.

MASSÈTE, s (ma-sè-te), n. f. Genre de vers intestinaux. — MASSETTE, s (id.), n. f. Plante; petite masse.

MASSÈRENT (mă-sè-re), v. masser. V. *massa*. — MACÈRE, s, nt (mā-sè-re), v. macérer. Mortifier.

MASSERAI..., ais... (mā-se-ré..., rè...), v. masser. V. *massa*. — MACÉRER..., ais... (mă-sé-ré..., rè...), v. macérer. Mortifier, amaigrir.

MASSERONS, nt (mă-se-ron), v. masser. V. *massa*. — MACERON, s (mă-se-ron), n. m. Genre de plantes ombellifères. — MACÉRONS (mă-sé-ron), v. macérer. Mortifier, amaigrir.

MASSIER, s (mă-sié), n. m. Officier qui porte une masse. — MASSIEZ (id.), v. masser. V. *massa*.

MASSILIEN, s; enne, s (măs-sĭ-lĭ-in, è-ne), adj. et n. De l'antique Massilie, auj. Marseille. — MASSYLIEN, s; enne, s (id.), ou *Massyle*, adj. et n. Peuple de la Numidie orientale.

MASSIVE, s (măs-si-ve), adj. f. de massif. Plein; lourd. — MASSIVE, s, nt (id.), v. massiver. Rendre massif.

MASSON, s (ma-son), n. m. Nom vulgaire du jujubier cotonneux. — MASSONS (mă-son), [rad. *masse*], v. masser. V. *massa*. — MAÇON, s (mă-son), n. m. Artisan qui bâtit des murs en pierres, etc.

MASSONNE, s (ma-sŏ-ne), n. f. Plante asphodèle. — MAÇONNE, s (mă-sŏ-ne), adj. f. de maçon. Épithète des insectes qui se construisent des habitations. — MAÇONNE, s, nt (id.), v. maçonner. Bâtir en briques, pierres, ciment, etc.

MASTICATION, s (măs-tĭ-că-sĭ-on), n. f. Action de mastiquer, de mâcher. — MASTIQUASSIONS (măs-tĭ-că-sion), v. mastiquer. Garnir de mastic.

MASTIQUE, s, nt (măs-ti-ke), v. mastiquer. Garnir de mastic. — MASTIC, s (măs-tĭk'), n. m. Gomme de lentisque; sorte de ciment.

MATA, as, ât (mă-tă, tă), v. mater, 2 fois : V. *maté*. — MATA, as, ât (mā-tă, tă), v. mâter. Garnir de mâts. — MATHA (mă-tă), n. pr. Ch.-l. de cant. de la Charente-Inférieure.

MATASSE, s (mă-tă-se) [lat. *mataxa*], n. f. Soie non filée. — MATASSE, s, nt (mă-tă-se), v. mater, 2 fois : V. *maté*. — MATASSE, s, nt (mā-tă-se), v. mâter. Garnir de mâts.

MATE, s (mă-te) [lat. *marcessitus*], adj. f. de mat. Sans éclat. — MATE, s (id.) [it. *matto?*], n. f. Ruse; lieu de réunion des filous. — MATE, s, nt (id.), v. mater, 2 fois : V. *maté*. — MATE, s, nt, (mă-te), v. mâter. Mettre le mât. — MATTE, s (mă-te), n. f. Thé du Paraguai; minerai fondu une première fois. — MAT (măt') [pers. *schah mat*, roi mort], n. et adj. m. Mort : terme du jeu d'échecs. — MAT, s (măt, ou mă) [lat. *marcessitus*], adj. Triste; sans éclat, grisaillé. — MAT, s (măt') [it.

matto], n. m. Nom du fou au jeu des tarots.

MATÉ, s (mă-té), n. m. Plante du genre houx. — MATER...; é... (mă-té...) [pers. *mat*, mort], v. et p. Faire mat aux échecs. — MATER...; é... (id.) [rad. fr. *mat*, du lat. *marcessitus*], v. et p. Dompter, affaiblir; *matir*, rendre mat ou sans éclat. — MATER...; é... (mă-té...), v. et p. Garnir un vaisseau de ses mâts.

MATELASSIER, s (mă-te-lă-sié), n. m. Celui qui fait des matelas. — MATELASSIEZ (mă-te-lă-sié), v. matelasser. Garnir de matelas.

MATERA, s (mă-te-ră) ou *materis*, n. f. Pique des anciens Gaulois. — MATERA, s (id.), v. mater, 2 fois : V. *maté*. — MATERAT, s (id.), n. m. Nom vulgaire de la mésange à longue queue. — MATERA, s (mă-te-ră), v. mâter. Garnir de mâts. — MATRAS (mă-trā, ou mă-trās'), n. m. Vase à long col; outil de savonnier : V. *matrasse*.

MATIN, s (mă-tin), n. m. Commencement du jour. — MATIN, s (mă-tin), n. m. Gros chien.

MATINES (mă-ti-ne), n. f. pl. Première partie de l'office canonial. — MATINE, s (mă-ti-ne), n. f. de mâtin. Chienne de l'espèce des mâtins.

MATRASSE, s, nt (mă-tră-se), v. matrasser. Assommer; ébaucher. — MATRAS (mă-trās', ou mă-trā), n. m. V. *matera*.

MAU... (mō...), V. *mo*...

ME (mĕ), pron. pers., 1re pers. sing. Moi, à moi. — MEUS, meut (meū), v. mouvoir. Remuer.

MET, s (mè) [lat. *mittere*], v. mettre. Placer. — METS (id.) [id.], n. m. Nourriture servie à table. — METS (id.) [lat. *mixtus*], adj. Abréviation de *métis*, dans *mets-indien*. — MES (mè), adj. poss., pl. de *mon* et de *ma*. — MAI, s (mè) [lat. *maius*], n. m. 5e mois de l'année; rameau qu'on plante le 1er mai pour honorer une personne. — MAI, s (mè) [it. *madia*, du lat. *mactra*], n. m. ou *mée*, s (mée), n. f. Pelle de métallurgiste. — MAIE, s (mée) [gr. μακτρα], n. f. Pétrin; tamis en treillage; auge qui reçoit l'huile d'olive au sortir du moulin. — MAIS (mè), [lat. *magis*], conj. adversative qui marque opposition, etc.

MÉCHANT, s (mé-chan) [rad. *méchoir*, mal tomber], adj. Qui manque de bonté. — MÉCHANT (id.) [rad. *mèche*], v. mécher. Introduire dans un tonneau une mèche garnie de soufre brûlant.

MÉDITE, s, nt (mé-dĭ-te), v. méditer. Examiner, réfléchir, approfondir. — MÉDITES (mé-dĭ-te), v. médire. Dire du mal de quelqu'un.

MÊLAMES (mê-lā-me), v. mêler. Mélanger, brouiller. — MÉLAM (mé-lăm'), n. m. Corps particulier que la chimie crée de toutes pièces.

MÉLASSE, s (mé-lă-se), n. f. Sirop formé par le résidu du sucre. — MÉLASSE, s, nt (mê-lā-se), v. mêler. Mélanger.

MÊLE, s, nt (mê-le), v. mêler. Mélanger. — MELLE (mè-le), n. pr. Sous-préf. des Deux-Sèvres.

MÉLIER, s (mé-lié), n. m. Sorte de raisin blanc. — MÊLIEZ (mê-lié), v. mêler. Mélanger.

MELON, s (mĕ-lon), n. m. Plante annuelle; son fruit. — MEULON, s (meŭ-lon), n. m. Meule de chaume, etc.; tas de sel. — MÊLONS (mê-lon), v. mêler. Mélanger. — MELLON (mèl-lon), n. pr. d'homme.

MÉNAGER, s; gère, s (mé-nă-jé; jè-re), adj. Économe. — MÉNAGER, ez, ai; é...; gèrent (mé-nă-jé...; jè-re), v. et p. Économiser, épargner.

MENASSE, s, nt; ssiez, ssions (me-nă-se; sié, sion); v. mener. Conduire. — MENACE, s, nt; ciez, cions (me-nă-se; sié, sion), v. menacer. Faire des menaces. — MENACE, s (id.), n. f. Parole ou geste pour faire craindre le mal qu'on prépare.

MEN... (man..., nasal). V. *man*...

MÈNE, s (mè-ne), n. f. Ensemble des cuviers à l'usage des fabricants de savon. — MÈNE, s, nt (id.) [it. *ménare*, du lat. *minare*], v. mener. Conduire. — MAINE, s (id.) [rad. *main*], n. f. (vieux). Plein la main. — MAINE (id.) [lat. *Cœnemanum*], n. pr. m. Ancienne province de France; province des États-Unis. — MAINE (id.), n. pr. f. Affluent de la Sèvre nantaise; nom que prend la Mayenne après sa jonction avec la Sarthe.

MÉNÉ, s (mé-né', n. m. Genre de poissons. — MENER, ez, ai; é... (mené, née), v. et p. Conduire.

MENAIS, ait, aient (me-nè, nê), v. mener. Conduire. — MÉNAIS (mé-nè), n. f. Plante dicotylédone, à tige ligneuse.

MENIEZ (mĕ-nié), v. mener. Conduire. — MEUNIER, s (meŭ-nié), n. m. Celui qui gouverne un moulin ; sorte de poisson.

MENON, s (me-non), n. m. Chèvre du Levant. — MENONS (id.) [it. *menare*], v. mener. Guider.

MÉNUISIER, s (me-nui-zié), n. m. Artisan qui travaille le bois pour l'intérieur des maisons. — MENUISIEZ (id.), v. menuiser. Travailler en menuiserie.

MÉPRIS (mé-prī) [lat. *minus pretium*], n. m. Défaut d'estime, dédain. — MÉPRIS, it, ît (mé-prī, prī) [rad. *mé*, mal, et *prendre*], p. et v. se méprendre. Se tromper. — MÉPRIX (mé-prī), n. m. Prix inférieur, vil prix.

MÉPRISE, s, nt (mé-prī-ze) [rad. *prix*], v. mépriser. Mésestimer, dédaigner. — MÉPRISE, s (id.), [rad. *prendre*], p. f. du v. se méprendre ; n. f. Erreur, inadvertance.

MERCANTILE, s (mèr-can-ti-le), adj. Qui a rapport au commerce. — MERCANTILLE, s (mèr-can-ti-lle, *ll* m.), n. f. Négoce de peu de valeur.

MÈRE, s (mè-re), n. f. Celle qui a donné la vie. — MER, s (mèr), n. f. Océan. — MAIRE, s (mè-re), n. m. premier magistrat d'une commune.

MÉRITE, s (mé-rĭ-te), n. m. Qualité qui rend digne d'estime. — MÉRITE, s, nt (id.), v. mériter. Être digne de. — MÉRYTE, s (id.), n. f. Genre de plantes dicotylédones.

MERLINE, s (mèr-li-ne) [rad. *merle*], n. f. Sorte de serinette pour apprendre des airs aux merles. — MERLINE, s, nt (id.) [rad. *merlin*], v. merliner. Coudre avec du merlin ou petit cordage.

MERLOT, s (mèr-lŏ), n. m. Poisson du genre labre. — MERLEAU, x (mèr-lŏ), n. m. Jeune merle.

MERCI (mèr-sĭ) [lat. *merces*, *miserescere*], n. f. Miséricorde. — MERCI, s (id.) [abrév. de *je vous remercie*], n. m. Remercîment. — MERCIE (mèr-sĭe), n. f. L'un des sept royaumes de l'heptarchie anglo-saxonne.

MESSE, s (mè-se), n. f. Sacrifice non sanglant du corps et du sang de J.-C. — METZ (mès'), n. pr. Préfecture de la Moselle.

MÉTIER, s (mé-tié), n. m. Profession d'un art mécanique. — METTIEZ (mè-tié), v. mettre. Placer.

MÉTAUX (mé-tŏ), n. m. pl. de métal. Corps minéral fusible, ductile, etc.

— MÉTAUX (id.), n. m. pl. de métail. Alliage de plusieurs métaux.

MÈTRE, s (mè-tre), n. m. Mesure. — MÉTRE, s, nt (id.), v. métrer. Mesurer au mètre. — METTRE (id.), v. Placer. — MAITRE, s (mè-tre), n. m. Chef, souverain.

MÉTRER, ez, ai…; é…; ais… (métré…; trè…), v. et p. Mesurer au mètre. — METTRAI…, ais… (mè-tré…, trè…), v. mettre. Placer.

MEULE, s (meu-le) [lat. *mola*], n. f. Disque de pierre pour moudre, pour aiguiser. — MEULE, s (id.) [lat. *moles*], n. f. Môle ou tas de blé, de fourrage.

MEURE, s, nt (meŭ-re) ; MEURS (meŭr'), v. mourir. Cesser de vivre. — MOEURS (meur', ou meurs'), n. f. pl. Habitudes morales, manière de se conduire.

MI (mī) [1ʳᵉ syllabe du lat. *mira*], n. m. 3ᵉ note de la gamme. — MI (mī) [abrév. de *demi*, du lat. *medius*], mot invar. A moitié. — MI (mi) [lat. *medium*], n. f. Milieu, moitié (vieux). — MIE, s (mīe) [lat. *mica*], n. f. Partie molle du pain, située entre les croûtes ; adv. de négation. — MIE (id.) [abrév. de *amie*, du lat. *amica*], n. f. Amie, amante. — MIS, it, ît (mĭ, mī) [lat. *mittere*], p. et v. mettre. Placer. — MIT, s (mĭ) [esp. *miz*, ou lat. *mitis*], n. m. Nom enfantin du chat.

MILAN, s (mĭ-lan) [lat. *milvius*], n. m. Oiseau de proie. — MILAN (id.) [lat. *Mediolanum*], n. pr. m. Ville d'Italie.

MILLE (mĭ-le), adj. num. card. Dix fois cent. — MILLE, s (id.), n. m. Tiers d'une lieue, ou mille pas géométriques. — MIL (mĭl'), et mieux *mille*, adj. num. ord. Millième : *mil* ne s'emploie que dans les dates.

MILLIARE, s (mĭl-lĭ-ă-re), n. m. Millième partie de l'are : inus. — MILLIARD, s (mĭ-lĭ-ar), n. m. Un billion ou mille millions.

MILIASSE, s (mĭ-lĭ-ă-se), n. f. Bouillie de millet ou de maïs. — MILLIASSE, s (id.), n. f. Très grand nombre ; mille milliards.

MILIÈRE ou MILLIÈRE, s (mĭ-lĭ-è-re), n. f. Champ semé de millet. — MILIAIRE, s (id.), [lat. *milium*], adj. Qui ressemble au mil ou au millet ; n. f. Maladie pustulaire de la peau. — MILIAIRE, s (id.), n. m. Espèce de couleuvre. — MILLIAIRE, s (mĭl-lĭ-è-re), n. m.

et adj. Borne qui marque les distances.

MILIOLE, s (mĭ-lĭ-ŏ-le) [lat. *milium*], n. m. Tumeur des paupières, assez semblable au grain de millet. — MILIOLE, s (id.), n. f. Genre de coquilles univalves.

MILION, s (mĭ-lĭ-on), n. m. Ancien nom du milan. — MILLION, s (id.), n. m. Mille fois mille.

MILITÈRENT (mĭ-lĭ-tè-re), v. militer. Combattre. — MILITAIRE, s (id.), adj. Concernant la guerre ; n. m. Soldat.

MILORT, s (mĭ-lŏr'), n. m. Serpent du Milanais, non venimeux. — MILORD ou *mylord*, s (id.), n. m. Titre des seigneurs anglais.

MAIN, s (min), n. f. Partie du bras. — MAINT, s (id.), adj. indéf. Plusieurs, beaucoup de. — MEIN (id.), n. pr. m. Affluent du Rhin.

MINE, s (mi-ne) [all. *mine*, ou lat. *minera*], n. f. Carrière, galerie souterraine. — MINE, s, nt (id.) [id.], v. miner. Creuser une mine. — MINE, s (id.) [bas bret. *moing*, ou lat. *minari*], n. f. Air du visage. — MINE, s (id.) [lat. *mina*, du gr. μνα], n. f. Mesure de capacité.

MINERAI, s (mĭ-ne-rè), n. m. Métal mêlé de terre. — MINERAIS, ait, aient (mĭ-ne-rè, rè) ; MINERAI, ez (mĭ-ne-ré), v. miner. Creuser une mine.

MINEURE, s (mĭ-neŭ-re), adj. f. de mineur ; n. f. Chose plus petite, personne non parvenue à la majorité. — MINEUR, s (mĭ-neŭr') [lat. *minor*], adj. Plus petit ; non parvenu à la majorité. — MINEUR, s (id.) [rad. *mine*], n. m. Ouvrier d'une mine.

MINAUDIER, s (mĭ-nō-dié), n. et adj. m. Qui affecte des manières doucereuses. — MINAUDIEZ (id.), v. minauder. Avoir des manières affectées.

MINON, s (mĭ-non) [lat. *minùs, minuo*, du gr. μειον ; ou rad. *miauler*], n. m. Nom enfantin du chat. — MINONS (id.) [rad. *mine*], v. miner. Creuser une mine.

MAINTENON, s (min-te-non) [rad. *Maintenon*], n. m. Chaîne de cou pour les femmes. — MAINTENON (id.), n. pr. Ville d'Eure-et-Loire ; femme célèbre. — MAINTENONS (id.) [lat. *manu, tenere*], v. maintenir. Soutenir, conserver ; affirmer.

MAINTIEN, s (min-tiin), n. m. Conservation ; posture, contenance. —

MAINTIENS, nt (id.), v. maintenir. Conserver, soutenir.

MIRAN, s (mi-ran), n. m. Coquille qui sert de type au genre vis. — MIRANT (id.), v. mirer. Viser.

MIRE, s (mi-re) [lat. *mirari*], n. f. Bouton pour viser. MIRE, s, nt (id.) [id.], v. mirer. Viser, regarder. — MIRE, s (id.), n. m. Sanglier de 5 ans. — MIRENT (id.) [lat. *mittere*], v. mettre. Placer. — MYRRHE, s (id.), n. f. Gomme, résine odorante.

MIRER, ez, ai ; é... (mi-ré...), v. et p. Viser. — MYRRHÉ... (mĭr-ré...), adj. Qui contient de la myrrhe.

MIROBOLAN, s (mĭ-rŏ-bŏ-lan), n. m. Plante. — MIROBOLANT, s (id.), adj. Merveilleux, étonnant.

MISSION, s (mĭ-sĭ-on), n. f. Envoi ; prédication de l'Évangile. — MISSIONS (mĭ-sion), v. mettre. Placer.

MITE, s (mĭ-te) [gr. μιδας], n. f. Insecte aptère. — MITE, s (id.), ou MIT, s (mĭt'), n. m. Nom enfantin du chat. — MYTHE, s (mĭ-te), n. m. Fable, fiction. — MITES (mĭ-te), v. mettre. Placer. — MITTE, s (mĭ-te), n. f. Exhalaison des latrines.

MITON, s (mĭ-ton), [lat. *manica*], n. m. Dimin. de mitaine, gant sans doigts. — MITON, s (id.) [lat. *mitis*], n. m. Nom enfantin du chat.

MITRA (mi-tra), n. pr. f. Divinité des Perses. — MITRA, s (id.) [lat. *mitra*], v. mitrer. Attacher au pilori ; coiffer d'une mitre.

MITRON, s (mi-tron), n. m. Garçon boulanger ou pâtissier. — MITRONS (id.), v. mitrer. V. *mitra*.

MOT, s (mŏ), n. m. Assemblage de lettres exprimant une idée. — MAUX (mŏ), n. m. pl. de mal. L'opposé de bien ; défaut ; souffrance. — MEAUX (mŏ), n. pr. Sous-préf. de Seine-et-Marne.

MOBILE, s (mŏ-bĭ-le), adj. Non fixe, qui peut remuer ; n. m. Motif. — MOBILE (id.), n. pr. Ville, rivière et baie des États-Unis. — MOBIL, s (mŏ-bĭl'), n. m. Avantage que la femme accordait au mari sur la dot.

MOBILIÈRE, s (mŏ-bĭ-liè-re), adj. f. de mobilier. Concernant les meubles. — MOBILIAIRE, s (mŏ-bĭ-lĭ-è-re), adj. De la nature du meuble.

MOCA, s (mŏ-cä), n. m. Espèce de séné très mauvais. — MOKA, s (id.),

n. m. Café qui vient de Moka ; n. f. Ville et territoire d'Arabie. — MOQUA, as, ât (mŏ-că, că), v. se moquer. Railler, tourner en ridicule.

MAUDISSON, s (mŏ-dĭ-son), n. f. Malédiction (vieux). — MAUDISSONS (id.), v. maudire. Faire des imprécations.

MAUDITE, s (mŏ-dĭ-te), p. f. du v. maudire. Vouée à l'exécration. — MAUDITES (mŏ-dĭ-te), v. maudire. Faire des malédictions.

MOI (moè), pron. pers., 1re pers. sing. — MOIS (moè), n. m. 12e partie d'un an. — MOIE, s, nt (moèe), v. moyer. Scier une pierre pour faire des marches.

MOYEU, x (moè-ieŭ) [lat. modiolus], n. m. Pièce centrale d'une roue. — MOYEU, x (id.) [lat. medium ovi], n. m. Jaune d'œuf ; prune confite.

MOITE, s (moè-te), adj. Un peu humide. — MOUETTE, s (moŭ-è-te), n. f. Oiseau de mer.

MOLASSE, s (mŏ-lă-se), n. f. Sorte de terrain pierreux et infertile. — MOLLASSE, s (id.), adj. Désagréablement mou ; n. m. Animal à corps gélatineux et mou ; n. f. Pierre coquillière.

MOLE, s (mŏ-le), n. m. Jetée d'un port ; n. f. Embryon détruit. — MOLE, s, nt (id.), v. môler. Prendre le vent en poupe. — MOLLE, s (mŏ-le), n. f. Botte d'osier fendu ; tanche de mer ; adj. f. de mou. — MOL (mŏl'), adj. m. Mou.

MOLLET, s (mŏ-lè), adj., dimin. de mou. Doux au toucher ; n. m. Le gras de la jambe. — MOLAIS, ait, aient (mŏ-lè, lè), v. môler. Prendre le vent en poupe.

MOLÈRENT (mŏ-lè-re), v. môler. Prendre le vent en poupe. — MOLAIRE, s (mŏ-lè-re), adj. Qui sert à broyer.

MOLETTE, s (mŏ-lè-te), n. f. Rouelle d'éperon ; poulie. — MOLETTE, s, nt (id.), v. moletter. Orner la poterie avec une molette. — MOLLETTE, s (id.), adj. f. de mollet. Agréablement mou.

MOLETTONS (mŏ-lè-ton), v. moletter. V. molette. — MOLLETON, s (mŏ-le-ton), n. m. Étoffe laineuse et mollette.

MOLIÈRE (mŏ-liè-re), n. pr. m. Célèbre écrivain comique français. — MOLLIÈRE, s (id.), n. f. Terre grasse et marécageuse.

MON (mŏn), adj. poss. sing. — MONT, s (mŏn), n. m. Masse de terre, montagne.

MONTIONS (mon-tion), v. monter. S'élever. — MONTHYON (mon-tĭ-on), n. pr. Célèbre philanthrope français.

MONTRER, ez, ai..., é...; ais... (mon-tré...; trè...), v. montrer. Faire voir. — MONTERAI..., ais... (mon-te-ré..., rè...), v. monter. S'élever.

MOQUE, s (mŏ-ke), n. m. Moufle sans poulie. — MOQUE, s, nt (id.) [gr. μωκαω], v. se moquer. Tourner en dérision.

MORE, s (mŏ-re) [lat. morum, mûre ?], n. f. Hydromel, etc. — MORE, s (mŏ-re), et mieux maure, s (mŏ-re) [gr. αμαυρος], adj. et n. De la Mauritanie ; langue de ce pays. — MORT, s (mŏr') [lat. mors], n. f. Cessation de la vie. — MORT, s (id.) [lat. mortuus], p. m. du v. mourir ; n. m. Homme qui a cessé de vivre. — MORS (id.), n. m. Frein. — MORD, s (id.), v. mordre. Serrer avec les dents. — MAURE (mŏ-re), n. pr. Ch.-l. de canton d'Ille-et-Vilaine. — MAUR (St-) (mŏr), n. pr. d'homme ; village près de Paris. — MAURS (id.), n. pr. Ch.-l. de canton du Cantal.

MORÉ, s, e, es (mŏ-ré, réc), adj. Qui ressemble au mûrier. — MORÉE, s (mŏ-rée), n. f. Genre de plantes. — MORÉE (id.), n. pr. f. Presqu'île de la Grèce ; bourg de Loir-et-Cher. — MOREZ (mŏ-ré), n. pr. Ch.-l. de canton du Jura.

MORFÉE, s (mŏr-fée), n. f. Maladie de l'olivier et de l'oranger. — MORPHÉE, s (id.), n. f. Sorte de lèpre. — MORPHÉE (id.) [lat. Morphœus], n. pr. m. Dieu des songes ; sommeil.

MORIN, s (mŏ-rin) [lat. morus], n. m. Principe colorant du bois jaune. — MORIN, s (id.) [lat. Morinus], adj. et n. m. De la Morinie, ancien pays de la Gaule.

MORINE, s (mŏ-ri-ne) [lat. mors], n. f. Mortalité des bestiaux ; laine. — MORINE, s (id.) [lat. Morinus], adj. f. de morin. V. morin. — MORINE, s (id.) [rad. Morin, académicien], n. f. Plante.

MORION, s (mŏ-ri-on) [à Maurorum usu], n. m. Casque sans visière. — MORION, s (id.) [lat. morio, gr. μωρος], n. m. Bouffon qui amusait les convives. — MORION, s (id) [gr. αμαυρος], n. m. Morelle somnifère, etc., plante.

MORNE, s (mŏr-ne) [angl. to mourn, ou lat. mors], adj. Triste et sombre ; n. m. Montagne, aux Antilles. — MORNE,

s (id.), n. f. Bouton ou anneau de fleuret.
— MORNE, s, nt (id.), v. morner. Garnir d'une morne, émousser.

MORNER, ez, ai, é... (mŏr-né, née), v. et p. Émousser à l'aide d'une morne. — MORT-NÉ, s (mŏr-né), adj. et n. Mort avant de naître.

MORNET, s (mŏr-nè), n. m. Petit morne ou montagne. — MORNAIS, ait, aient (mŏr-nè, nè), v. morner. Garnir d'une morne un fleuret.

MORO, s (mŏ-rŏ), n. m. Poisson. — MORAUX (mŏ-rō), adj. m. pl. de moral. Qui concerne les mœurs. — MOREAU, x (id.), adj. m. Se dit d'un cheval qui a le poil très noir.

MOTET, s (mŏ-tè), n. m. Morceau de musique religieuse. — MOTTAIS, ait, aient (mŏ-tè, tè), v. motter. Jeter des mottes avec la houlette.

MOU, s (moŭ), adj. Qui n'est pas dur; n. m. Poumon de veau, etc. — MOUE, s (moŭe), n. f. Grimace de mécontentement. — MOUT, s (moŭ), n. m. Vin doux non encore fermenté. — MOUD, s (mou), v. moudre. Broyer sous la meule. — MOULT (mou), adv. (vieux). Beaucoup.

MOUCHE, s (moŭ-che) [lat. *musca*], n. f. Insecte ailé. — MOUCHE, s, nt (id.) [lat. barb. *mucare*, de *mucus*], v. moucher. Chasser les humeurs du nez; couper le lumignon.

MOUCHERON, s (moŭ-che-ron) [rad. *mouche*], n. m. Grosse mouche. — MOUCHERON, s (id.) [rad. *moucher*], n. m. Lumignon. — MOUCHERONS, nt (id.) [lat. *mucare*], v. moucher. V. *mouche*.

MOUCHÈTE, s, nt (moŭ-chè-te), v. moucheter. Tacheter une étoffe. — MOUCHETTE, s (id.), n. f. Instrument pour moucher la chandelle.

MOULAGE, s (moŭ-là-je) [lat. *modulus*], n. m. Action de mouler. — MOULAGE, s (id.) [lat. *mola*], n. m. Droit de mouture.

MOULANT et dérivés (moŭ-lan...) [lat. *modulus*], v. mouler. Former dans un moule. — MOULANT et dérivés (id.) [lat. *mola*], v. moudre. Broyer sous la meule; n. m. Meûnier.

MOULE, s (moŭ-le) [lat. *mutilus*], n. f. Petit poisson mollusque. — MOULE, s (id.) [lat. *modulus*], n. m. Modèle en creux. — MOULE, s, nt (id.), v. mouler et v. moudre. V. *moulant*.

MOULÉE, s (moŭ-lée) [lat. *mola*], n. f. Dépôt, poussière qui s'amasse sous la meule à repasser. — MOULEZ... (moŭ-lé...), v. mouler et v. moudre. V. *moulant*.

MOULEUR, s (moŭ-leŭr) [rad. *mouler*], n. m. Celui qui moule. — MOULEUR, s (id.) [rad. *moudre*], n. m. Celui qui moud.

MOULIÈRE, s (moŭ-liè-re) [lat. *mutilus*], n. f. Lieu où l'on pêche les moules. — MOULIÈRE, s (id.) [lat. *mola*, ou *mollis*], n. f. Veine tendre dans une meule.

MOURON, s (moŭ-ron) [gr. μῦς rat, οὖς oreille], n. m. Plante. — MOURONS (id.) [lat. *mori*]; MOURRONS, nt (mour'-ron), v. mourir. Expirer.

MOUSSE, s (mou-se) [lat. *muscus*], n. f. Herbe; écume d'un liquide. — MOUSSE, s, nt (id.) [id.], v. mousser. Écumer. — MOUSSE, s (id.) [esp. *moço*, du lat. *mustus*], n. m. Jeune matelot. — MOUSSE, s (id.), adj. Obtus, émoussé.

MOUSSERON, s (mou-se-ron), n. m. Plante qui naît ordinairement sous la mousse. — MOUSSERONS, nt (id.), v. mousser. Écumer.

MOUSSIER, s (mou-sié), n. m. Herbier qui ne renferme que des mousses. — MOUSSIEZ (id.), v. mousser. Écumer.

MOUSSON, s (mou-son) [ar. *mousin*, malais *moussin*], n. f. Vent périodique de la mer des Indes. — MOUSSONS (id.), v. mousser. Écumer.

MOUTE, s (moŭ-te) [lat. *mitis*], n. f. Chatte. — MOUTE, s (id.) [rad. *moudre*], n. f. Mouture. — MOUTHE (id.), n. pr. Ch.-l. de canton du Doubs.

MOUTONNET, s (moŭ-tŏ-nè), n. m. Petit mouton; monnaie frappée sous Charles VI. — MOUTONNAIS, ait, aient (moŭ-tŏ-nè, nè), v. moutonner. Rendre annelé et frisé comme la laine des moutons.

MOUTONNIER, s (moŭ-tŏ-nié), adj. Qui a la nature ou le caractère des moutons. — MOUTONNIEZ (id.), v. moutonner. V. *moutonnet*.

MOUVANT et dérivés (mou-van...), v. mouvoir. Remuer, faire changer de place. — MOUVANT et dérivés (id.), v. mouver. Remuer la terre d'un pot, etc. — MOUVANT, s (id.), n. m. Oiseau dont on se sert pour en attirer d'autres dans un piège; adj. Qui a la puissance de mouvoir ; qui manque de solidité, de consistance.

MOUVERON, s (mou-ve-ron), n. m. Spatule pour remuer. — **MOUVERONS**, nt (id.), v. mouver. V. *mouvant*. — **MOUVRONS**, nt (mou-vron), v. mouvoir. V. *mouvant*.

MU, us, ue, ues, ut, ût (mŭ, mŭe, mū) [lat. *movere*], p. et v. mouvoir. Remuer. — **MUE**, s, nt (mŭe) [lat. *mutare*], v. muer. Changer de poil, de plumes, etc. — **MUE**, s (id.) [id.], n. f. Changement de poil, de plumes, etc.

MUET, s (mŭ-è), adj. et n. m. Qui ne parle point. — **MUAIS**, ait, aient (mŭ-è, è), v. muer. Changer de poil, etc.

MUETTE, s (mŭ-è-te) [lat. *mutus*], adj. et n. f. de muet. Qui ne parle point. — **MUETTE**, s (id.) [lat. *movere*, ou rad. *meute*], n. f. Maison où l'on renferme la meute.

MULE, s (mu-le) [lat. *mula*], n. f. Femelle du mulet. — **MULE**, s (id.) [lat. *mulleus*], n. f. Chaussure sans talons.

MULET, s (mu-lè) [lat. *mulus*], n. m. Quadrupède qui tient du cheval et de l'âne. — **MULET**, s (id.) [lat. *mullus*], n. m. Poisson thoracique.

MUNISSIONS (mŭ-nĭ-sion), v. munir. Pourvoir, garnir de. — **MUNITION**, s (mŭ-nĭ-sĭ-on), n. f. Provision.

MURA, as, àt... (mŭ-rā, rā...), v. murer. Fermer d'un mur. — **MUERA**, s... (mŭ-rā...), v. muer. Changer. — **MURAT** (mŭ-rā), n. pr. S.-préf. du Cantal.

MURAL, ale, ales, aux (mŭ-răl', ră-le, rō), adj. Qui a rapport aux murs. — **MURAL**, ale, ales, aux (mŭ-răl', ră-le, rō), adj. Mamelonné comme la surface d'une mûre.

MURE, s, nt (mŭ-re) [lat. *murus*], v. murer. Clore d'un mur. — **MURENT** (mŭ-re) [lat. *movere*], v. mouvoir. Remuer. — **MURE**, s (mu-re) [lat. *mus?*], n. f. Fourrure du rat ou écureuil du Pont. — **MURE**, s (mu-re), n. f. Excroissance sous la prunelle. — **MURE**, s (mŭ-re) [lat. *morum*], n. f. Fruit du mûrier. — **MUR**, s (mŭr) ; **MURE**, s (mŭ-re) [lat. *maturus*], adj. Parvenu à maturité. — **MUR**, s (mŭr), n. m. Muraille.

MURER...; é... (mŭ-ré...), v. et p. Fermer par un mur. — **MUERAI**... (mŭ-ré...), v. mouvoir. Remuer.

MURET (mŭ-rè), n. m. S.-préfect. de la Haute-Garonne. — **MURAIS**, ait, aient (mŭ-rè, rè), v. murer. Fermer d'un mur. — **MUERAIS**, ou *murais*, ait, aient (mŭ-rè, rè), v. muer. Changer de poil, etc. — **MURAIE**, s (mū-rèe), n. f. Lieu planté de mûriers.

MURI, is, ie, ies, it, ît (mŭ-rĭ, rĭe, rī), p. et v. mûrir. Arriver à maturité. — **MURIE**, s (mŭ-rie), n. f. Eau qui contient du sel gemme.

MURIER, s (mŭ-rié), n. m. Arbre qui produit les mûres. — **MURIEZ** (mŭ-rié), v. murer. Clore par un mur. — **MUERIEZ**, ou *mûriez* (mŭ-rié), v. muer. Changer de poil, de peau, etc.

MURIN, s ; e, es (mŭ-rin, ri-ne), adj. Qui ressemble à la souris ; n. m. Quadrupède rongeur du genre rat. — **MURRHIN**, s ; e, es (mŭr-rin, ri-ne), adj. Se dit de certains vases fort estimés des anciens.

MURISSIEZ (mŭ-rī-sié), v. mûrir. Devenir mûr. — **MURICIER**, s (mŭ-rĭ-sié), n. m. Animal qui habite les murex.

MURON, s (mŭ-ron) [lat. *morum*], n. m. Mûre sauvage, fruit des ronces. — **MUERONS**, ou *murons*, nt (id.) [lat. *mutare*], v. muer. Changer de poil, etc. — **MURONS** (mŭ-ron), v. murer. Clore d'un mur.

MURMUREUSE, s (mŭr-mŭ-reŭ-ze), adj. f. de murmureux. Murmurant, qui murmure : poétique. — **MURMUREUSE**, s (id.), n. f. de murmureur. Celle qui murmure, murmuratrice.

MURSIE, s (mŭr-sīe), n. f. Genre d'animaux crustacés. — **MURCIE** (id.), n. pr. f. Ville et province d'Espagne.

MUSCAT, s ; e, es (mŭs-cā, cā-te), adj. Qui a le parfum du musc. — **MUSQUA**, as, àt ; àtes (mŭs-cā, cā ; cā-te), v. musquer. Parfumer avec du musc.

MUS... (muz..., s doux), V. par *muz*...

MUSQUE, s, nt (mŭs-ke), v. musquer. Parfumer de musc. — **MUSC**, s (mŭsk'), n. m. Quadrupède semblable au chevrotin ; parfum qu'il produit.

MUSQUIER, s (mŭs-kié), n. m. Fabricant de batiste, de linon. — **MUSQUIEZ** (id.), v. musquer. Parfumer de musc.

MUTINE, s (mŭ-ti-ne), adj. f. de mutin. Obstinée, querelleuse. — **MUTINE**, s, nt (id.), v. mutiner. Rendre mutin.

MUSARDE, s (mŭ-săr-de), adj. f. de musard. Qui perd son temps en s'amusant à des riens. — **MUSARDE**, s, nt (id.), v. musarder. Faire le musard, flâner.

MUSE, s (mŭ-ze) [lat. *musa*], n. f. Déesse des beaux-arts. — **MUSÉ**, s, nt (id.) [all. *musse*, ou lat. *musis vacare*], v. muser. S'occuper à des riens.

MUSER, ez, ai; é (mŭ-zé), v. et p. S'amuser, s'occuper à des riens. — **MUSÉE**, s (mŭ-zée), n. m. Lieu où sont réunis les monuments des arts, sciences et lettres.

MY... V. *mi...*

N.

NAGÉE, s (nă-jée), n. f. Espace que parcourt un nageur à chaque impulsion qu'il se donne; genre de plantes. — **NAGER**, ez, eai, é (nă-jé), v. et p. Se soutenir et avancer sur l'eau.

NAGEOIRE, s (nă-joè-re), n. f. Organe ou instrument qui aide à nager. — **NAGEOIR**, s (nă-joèr'), n. m. Lieu propice pour nager.

NAI... (nè...). V. *ne...*

NANI, s (nă-nĭ), n. m. Arbre dont le bois, quand il est sec, est plus dur que l'acier. — **NENNI** (nan-nĭ), adv. Non.

NANQUIN, ou **NANKIN**, s (nan-kin), n. m. Toile de coton d'un jaune chamois. — **NANKIN** (id.), n. pr. Grande ville de la Chine.

NARRE, s, nt (nā-re), v. narrer. Raconter. — **NARD** (nar'), n. m. Plante aromatique. — **NAR** (id.), n. m. Ancien nom de l'Iris d'Égypte : on confond souvent cette plante avec le nard.

NASSELLE, s (nă-ssè-le), n. f. Petite nasse de jonc. — **NACELLE**, s (nă-sè-le), n. f. Petit bateau.

NAVETTE, s (nă-vè-te) [dim. de *nef*, lat. *navis*], n. f. Instrument de tisserand. — **NAVETTE**, s (id), [rad. *navet*], n. f. Navet sauvage; sa graine.

NAVIGATION, s (nă-vĭ-gā-sĭ-on), n. f. Voyage sur mer; art de naviguer. — **NAVIGUASSIONS** (nă-vĭ-gā-sion), v. naviguer. Voyager sur un navire.

NASALE, s, nt (na-ză-le), v. nasaler. Donner un son nasal. — **NASAL**, s; e, es (na-zăl, ză-le), adj. Qui appartient au nez.

NASAUX (na-zō), adj. m. pl. de nasal : d'autres préfèrent le pl. nasals. Du nez. — **NASEAU**, x (id.), n. m. Narine des animaux.

NASARDE, s (na-zär-de), adj. f. de nasard. Nasillarde ; n. f. Chiquenaude sur le nez. — **NASARDE**, s, nt (id.), v. nasarder. Donner des nasardes.

NASILLARDE, s (na-zi-llar'-de, *ll* m.), adj. f. de nasillard. Qui parle du nez. — **NASILLARDE**, s, nt (id.), v. nasillarder. Parler du nez.

NE (nĕ), adv. de négation. — **NOEUD**, s (neu), n. m. Enlacement d'une chose flexible ; lien. — **NEUF** (neu, mais seulement quand il est immédiatement et inséparablement suivi d'un mot qui commence par une consonne : *neuf soldats, neuf vaillants soldats*), adj. num. card. Huit et un. V. *neuf*.

NÉ, s ; e, es (né ; née), p. du v. naître. — **NEZ** (né), n. m. Partie saillante du visage.

NET, s (nè), adj. Propre; sans embarras. — **NAIS**, aît (nè), v. naître. Commencer d'exister.

NÉGLIGEANT (né-glĭ-jan), v. négliger. Manquer du soin nécessaire. — **NÉGLIGENT**, s (id.), adj. Insouciant, nonchalant.

NÉCESSITÉ, s (né-sè-sĭ-té), n. f. Devoir indispensable, besoin pressant; indigence. — **NÉCESSITER**, ez, ai; é... (né-sè-sĭ-té, tée), v. et p. Rendre nécessaire ; contraindre.

NETTE, s (nè-te), adj. f. de net. Propre. — **NÈTHE**, s (id.), n. pr. f. de deux rivières de Belgique.

NEUF, s (neŭf') [lat. *novus*], adj. Nouveau. — **NEUF** (neŭf', quand il n'est pas inséparablement suivi du nom de la chose comptée : *J'en donne neuf à ma sœur, et j'en garde neuf pour moi; ils étaient neuf; Louis neuf.* Quand il est inséparablement suivi du nom de la chose comptée, on prononce neŭv' devant une voyelle, et neŭ devant une consonne. V. *ne*) [lat. *novem*], adj. num. card. Huit et un; adj. num. ord. Neuvième.

NI (nĭ), conj. négative. — **NID**, s (nĭ), n. m. Logement des oiseaux. — **NIE**, s, nt (nĭe), v. nier. Dire non.

NIAI... (ni-è...). V. *nie...*

NICHE, s (ni-che) [corrupt. de *nique*], n. f. Espièglerie. — **NICHE**, s (id.) [it. *nicchia*, de *nicchio*, coquille], n. f. Enfoncement dans un mur. — **NICHE**, s, nt (id.), v. nicher 2 fois : V. *nicher.*

NICHER..., é... (ni-ché...) [rad. *ni-che*], v. et p. Mettre dans une niche. — **NICHER**..., é... (id.) [rad. *nid*], v. et p. Mettre dans un nid. — **NICHÉE**, s (ni-chée), n. f. Couvée d'oiseaux encore dans le nid.

NICHET, s (ni-chè), n. m. Œuf mis dans un nid pour y faire pondre les poules. — **NICHAIS**, ait, aient (ni-chè, chè), v. nicher, 2 fois : V. *nicher.*

NIAIS (ni-è) [lat. *nidensis*, de *nidus*; gr. νεοσσοι], adj. Neuf comme l'oiseau qui quitte son nid. — **NIAIS**, ait, aient (ni-è, è) [lat. *negare*], v. nier. Dire non.

NIELLE, s (ni-è-le) [lat. *nigella*, de *niger*], n. f. Plante; maladie des grains. — **NIELLE**, s (id.) [it. *niello*], n. f. ciselure. — **NIELLE**, s, nt (id.) [id.], v. nieller. Guillocher. — **NIELLE**, s (id.) [corrupt. de *Nesle*], n. f. Ancienne monnaie de cuivre.

NIAISE, s (ni-è-ze), adj. f. de niais. Simple, sans usage du monde. — **NIAISE**, s, nt (id.), v. niaiser. Badiner, baguenauder, s'amuser à des riens.

NIONS, ions (ni-on, ion) [lat. *negare*], v. nier. Dire non. — **NIONS** ou **NYONS** (ni-on), n. pr. Sous-préf. de la Drôme.

NICE (ni-se), n. pr. f. Ville des États sardes, en Italie. — **NYSSE** (id.), n. pr. f. Ancienne ville de Cappadoce. — **NYSSE**, ou *nisse*, s (id.), n. f. Genre de plantes d'Amérique.

NIVÈLE, s, nt (ni-vè-le), v. niveler. Mettre de niveau. — **NIVELLE**, s (id.), n. pr. Ville du Brabant belge.

NOC... (nos..., *c* doux). V. par *nos*...

NOIX (noè), n. f. Fruit du noyer. — **NOIE**, s, nt (noèe), v. noyer. Suffoquer dans l'eau; inonder. — **NOUET**, n. m.; **NOUAIS**... et **NOUÉ**..., v. V. *nouet*, après *nous*.

NOYER, s (noè-ié) [rad. *noix*, du lat. *nux*], n. m. Arbre qui produit des noix. — **NOYER**, ez, ai, é..., iez (noè-ié, iée, iié) [lat. *necare*, ou franç. *nager*], v. et p. Faire mourir dans l'eau; inonder. — **NOYER**, ou **NOYERS** (noè-ié), n. pr. Ch.-l. de canton des Basses-Alpes et de l'Yonne.

NOYON, s (noè-ion) [rad. *noyer*, v.], n. m. Fosse qui borne le jeu et dans laquelle la boule est noyée. — **NOYONS**, yions (noè-ion, iion) [lat. *necare*, ou franç. *nager*], v. noyer. Étouffer dans l'eau. — **NOYON** (noè-ion) [lat. *noviodunum*], n. pr. Ch.-lieu de canton de l'Oise.

NOIR, s; e, es (noèr', noè-re), adj. De la couleur la plus obscure, ou sans couleur; n. m. couleur noire; nègre. — **NOUÈRENT** (noù-è-re), v. nouer. Faire un nœud.

NOIRET, s (noè-rè), adj. Un peu noir. — **NOIERAIS**, ou *noirais*, ait, aient (noè-rè, rè), v. noyer. Faire mourir dans l'eau; submerger.

NON (non), adv. de négation. — **NOM**, s (id.), n. m. Mot qui nomme un être.

NONE (nŏ-ne), n. f. 7ᵉ heure du bréviaire, celle qui précède les vêpres; au pl., 5ᵉ et 7ᵉ jour du mois romain. — **NONNE**, s (id.), n. f. Religieuse : terme badin, à éviter.

NOCIER, s (nŏ-sié), n. m. Celui qui préside aux noces. — **NOCIEZ** (id.), v. nocer. Faire la noce, se réjouir.

NOTION, s (nŏ-si-on), n. f. Connaissance, idée d'une chose. — **NOCIONS** (nŏ-sion), v. nocer. Faire la noce.

NOTA, s (nŏ-tă) [lat. *nota*], n. m. (mot latin). Remarque, observation. — **NOTA**, as, ât (nŏ-tă, tă) [rad. *note*, ou lat. *notare*], v. noter. Marquer; prendre note; mettre en notes de musique.

NOTARIA, as, ât (nŏ-tă-ri-ă, ă), v. notarier. Dresser un acte comme fait un notaire. — **NOTARIAT**, s (nŏ-tă-ri-ă), n. m. Charge, fonction de notaire.

NOTÈRENT (nŏ-tè-re), v. noter. V. *nota.* — **NOTAIRE**, s (id.), n. m. Officier public qui rédige les actes des contrats.

NOTRE (nŏ-tre), adj. poss. sing., invariable. Ex. : *notre* père, *notre* mère. — **NOTRE** (le, la); *nôtres* (les) (nŏ-tre), pron. poss. Ex. : Vous n'aurez pas *le nôtre; la nôtre est perdue;* Voici les *nôtres.* V. *votre.*

NOUS (nou), pr. pers., 1ʳᵉ pers., pl. de *je, moi, me.* — **NOUE**, s (noùe) [rad. *nager*, du lat. *navem agere*], n. f. Pré humide; tuile en gouttière; canal à la rencontre de deux toits. — **NOUE**, s, nt (id.) [lat. *nodare*, de *nodus*], v. nouer. Faire un nœud.

NOUET, s (noù-è) [rad. *nouer*], n. m. Drogue infusée dans un linge noué. — **NOUET**, s (id.) [rad. *noue*, du lat. *navigare*], n. m. Canal fait avec des noues; enfoncement à la réunion de deux toits. — **NOUAIS**, ait, aient (noù-è, è);

NOUA, as, ât (noŭ-ă, ā), v. nouer. Faire un nœud. V. *noix.*

NOUEUSE, s (noŭ-eŭ-ze), adj. f. de noueux. Pleine de nœuds. — NOUEUSE, s (id.), n. f. de noueur. Celle qui noue.

NOURRISSE, s, nt (nou-ri-se), v. nourrir. Alimenter, sustenter. — NOUR-RICE, s (nou-ri-se), n. f. Femme qui allaite un enfant.

NOURRISSIEZ (nou-ri-sié), v. nourrir. Alimenter. — NOURRICIER, s (nou-ri-sié), adj. et n. m. Qui nourrit.

NOURRISSON, s (nou-ri-son), n. m. Enfant d'une nourrice. — NOURRIS-SONS (id.), v. nourrir. Alimenter.

NOY... V. *noi*...

NU, s; e, es (nŭ, nŭe) [lat. *nudus*], adj. Non vêtu, non couvert. — NUE, s [lat. *nubes*], n. f. Nuage. — NUE, s, nt (nŭe) [lat. *mutare*], v. nuer. Nuancer.

NUÉE, s (nŭ-ée) [lat. *nubes*], n. f. Nuage. — NUER. ez, ai; é... (nŭ-é, ée) [lat. *mutare*], v. et p. Nuancer.

NUI, is, it, (nŭi) [lat. *nocere*], p. et v. nuire. Faire tort. — NUIT, s (nŭi) [lat. *nox*], n. f. Ténèbres, temps pendant lequel le soleil est sous notre horizon. — NUITS (nui) [lat. *Nucium*], n. pr. Ch.-l. de canton de la Côte-d'Or.

NUMÉRO, s (nŭ-mé-rŏ), n. m. Nombre ou chiffre qui indique le rang des objets numérotés ou étiquetés. — NUMÉRAUX (nŭ-mé-rŏ), adj. m. pl. de numéral. Qui désigne un nombre.

NY... V. *ni*...

O.

Son O, et son ON (nasal), de quelque manière qu'on les écrive (o, ho, au, hau, eau, heau; — on, hon, om, hom...).

O (o), n. m. 15e lettre de l'alphabet. — O (ŏ), interj. Signe d'invocation, se place devant le nom de la personne à qui l'on parle : *O Seigneur! ô mon père, ô vous...* — OS (ŏ), n. m. Partie dure du corps des animaux. — OH (ŏh, *h* asp.), interj. de surprise, d'admiration. — HO (hŏ, *h* asp.), interj. d'indignation, d'étonnement. — AU, x (o) [contract. de *à le*], art. contr. A le, à les. — AUX ou *aulx* (ŏ), et mieux *ails* [lat. *allium*],

n. m. pl. de ail. Espèce d'ognon. — EAU, x (ŏ), n. f. Liquide composé d'hydrogène et d'oxigène. — AULT (ŏ), n. pr. Ch.-l. de canton de la Somme. — HAUT, s (hŏ, *h* asp.), adj. Élevé, fier; n. m. La partie supérieure.

OBE, s (ŏ-be), n. f. Subdivision des tribus d'Athènes. — AUBE, s (ŏ-be), n. f. Premières lueurs du jour; vêtement blanc des prêtres. — AUBE (id.), n. pr. f. Rivière et départ. de France.

OBÈRE, s, nt (ŏ-bè-re), v. obérer. Charger, accabler de dettes. — AUBÈRE, s (ŏ-bè-re), adj. Blanchâtre, bai-blanc; n. m. Cheval bai-blanc. — HAUBERT, s (hŏ-bèr', *h* asp.), n. m. Ancienne cuirasse ou cotte de mailles.

OBI (ŏ-bĭ), n. pr. m. Fleuve de la Sibérie. — OBIT, s (ŏ-bĭ, ou ŏ-bĭt'), n. m. Service funèbre fondé pour un mort.

OBIER, s (ŏ-bié), n. m. Espèce de viorne, arbre; sous-prieur d'un couvent. — AUBIER, s (ŏ-bié), n. m. Partie blanche et molle du bois, située immédiatement sous l'écorce.

AUBIN, s (ŏ-bin) [lat. *albus*], n. m. Blanc de l'œuf. — AUBIN, s (id.), n. m. Allure d'un cheval qui galope avec les jambes de devant et trotte avec celles de derrière. — AUBAIN, s (id.), n. m. Étranger non naturalisé.

OBLIQUÈRENT (ŏ-blĭ-kè-re), v. obliquer. Aller en ligne oblique. — OBLI-QUAIRE, s (id.), n. f. Genre de coquilles bivalves.

HOCHE, s, nt (hŏ-che, *h* asp.), v. hocher. Secouer. — AUCHE, s (ŏ-che), n. f. Cavité de l'outil qui sert à façonner les têtes d'épingles. — AUCH (ŏch'), n. pr. Préf. du Gers.

HOCHET, s (hŏ-chè, *h* asp.), n. m. Jouet d'enfant; futilité. — HOCHAIS, ait, aient (hŏ-chè, chè), v. hocher. Secouer.

OCRE, ou *ochre*, s (ŏ-cre) [gr. ωχρος], n. f. Substance argileuse. — OCRE, s (id.), n. m. Monnaie de Suède.

OCCIDENT, s (ŏk'-sĭ-dan), n. m. Ouest, couchant astronomique. — OXI-DANT, ou *oxydant* (id.), v. oxyder. Réduire en oxyde, combiner avec l'oxygène, rouiller.

OXYDE, s (ŏk'-sĭ-de), n. m. Corps combiné avec un peu d'oxygène. — AU-XIDE, s (id.), n. f. Poisson de la famille des scombres.

OCTROI, s (ŏk'-troè), n. m. Concession; droit sur les denrées qui entrent dans une ville. — OCTROIE, s, nt (ŏk'-troôe); v. octroyer. Concéder, accorder. — OCULÈRENT (ŏ-cŭ-lè-re), v. oculer. Greffer par oculation. — OCULAIRE, s (id.), adj. Qui concerne l'œil.

ODE, s (ŏ-de), n. f. Poème lyrique divisé en stances. — AUDE (ŏ-de), n. pr. f. Rivière et départ. de France.

AUDIENCIER, s (ŏ-dĭ-an-sié), adj. et n. m. Huissier qui appèle les causes. — AUDIENCIEZ (id.), v. audiencer. Plaider; mettre au rôle les causes qui doivent être plaidées à l'audience.

ODORA, as, ât (ŏ-dŏ-rà, rà), v. odorer. Exhaler une odeur; flairer, sentir une odeur. — ODORAT, s (ŏ-dŏ-rà), n. m. Sens par lequel on perçoit les odeurs.

OFFICIER, s; ère, s (ŏ-fĭ-sié, siè-re), n. Celui, celle qui a un office à exercer, une charge à remplir. — OFFICIER, ez, ai, é; èrent (ŏ-fĭ-sĭ-é, sĭ-è-re), v. et p. Faire l'office divin à l'église.

OIE, s (oêe), n. f. Oiseau aquatique. — OIS, oit, oient (oè, oêe), v. ouïr, vieux. Entendre.

OIGNE, s (oè-gne), n. f., ou oignard. Nom vulgaire du canard sauvage. — OIGNE, s, nt (id.) [lat. ungere], v. oindre. Enduire de graisse.

OING, s (oin), n. m. Graisse de porc fondue. — OINS, nt, nts (id.), v. oindre. et p. Enduire d'huile, etc. — OUEN (St-) (oŭ-în), n. pr. d'homme; villages de France.

OISELET, s (oè-ze-lè), n. m., vieux. Petit oiseau. — OISELAIS, ait, aient (oè-ze-lè, lè), v. oiseler. Chasser aux petits oiseaux.

OISELIER, s (oè-ze-lié), n. m. Éleveur d'oiseaux. — OISELIEZ (id.), v. oiseler. Chasser aux petits oiseaux.

AUGE, s (ŏ-je) [gr. αγγειον, ou lat. alveus], n. f. Long vase en pierre ou en bois. — AUGE, s, nt (id.) [id.], v. auger. Creuser en gouttière. — AUGE, s (id.) [gr. αυγη], n. m. Insecte coléoptère. — AUGE, s (id.) [lat. Algia], n. pr. f. Pays de la Normandie, compris dans le Calvados.

AUGÉE, s (ŏ-jée) [gr. αυγη], n. f. Plante. — AUGÉE, s (id.) [rad. auge], n. f. Quantité contenue dans une auge. — AUGER, ez, ai, é... (ŏ-jé, jée), [id.], v. et p. Creuser en gouttière.

AUGET, s (ŏ-je), n. m. Petite auge.

— AUGEAIS, ait, aient (ŏ-jè, jè), v. auger. Creuser en gouttière.

AUGERON, s (ŏ-je-ron) [rad. Auge, du lat. Algia], adj. Du pays d'Auge. — AUGERONS, nt (id.) [rad. auge, vase], v. auger. Creuser en auge ou gouttière.

OLIVÈTE, s (ŏ-lĭ-vè-te), n. f. Plante oléagineuse. — OLIVETTE, s (id.), n. f. Champ planté d'oliviers; au pl. Danse qu'on exécute en serpentant autour de trois oliviers.

OMALE, s (ŏ-mă-le), n. m., ou béthyle. Insecte hyménoptère. — AUMALE (ŏ-mă-le), n. pr. Ch.-l. de canton de la Seine-Inférieure.

OMAR (o-mar), n. pr. 2° calife, beau-père de Mahomet. — HOMARD, s (hŏ-mar, h asp.), n. m. Grosse écrevisse de mer.

OM... (on..., nasal). V. par on...

HOMME, s (ŏ-me), n. m. Animal raisonnable. — HEAUME, s (hŏ-me, h asp.), n. m. Ancien casque.

HOMMÉE, s (ŏ-mée), n. f. Ancienne mesure de vigne; travail d'une journée; sorte de pomme. — AUMÉE, s (ŏ-mée), n. f. Grandes mailles de filet.

HOMÉLIE, s (ŏ-mé-lĭe), n. f. Discours sur des matières religieuses. — AUMÉLI, s (ŏ-mé-lĭ), n. m. Sirop qui ressemble à l'hydromel.

OMER (ŏ-mèr), n. pr. d'homme; SAINT-OMER, sous-préf. du Pas-de-Calais. — HOMÈRE (ŏ-mè-re), n. pr. Très célèbre poète grec.

OMISSION, s (ŏ-mĭ-sĭ-on), n. f. Manquement, oubli. — OMISSIONS (ŏ-mĭ-sion), v. omettre. Manquer à faire une chose.

OMNICOLORE, s (ŏm'-nĭ-cŏ-lŏ-re), adj. des 2 genres. Nuancé de toutes les couleurs. *Cette orthographe est très mauvaise. Écrivez, comme on le fait dans le langage scientifique,* OMNICOLON *au masc., et* OMNICOLORE *au fém. :* le plumage du grimpereau est OMNICOLOR. Tricolor *doit également avoir les 2 orthographes qui distinguent les 2 genres.* — OMNICOLOR, s (ŏm'-nĭ-cŏ-lŏr'), n. m. Oiseau.

HOMOLOGATION, s (ŏ-mŏ-lŏ-gā-sĭ-on), n. f. Action d'homologuer. — HOMOLOGUASSIONS (ŏ-mŏ-lŏ-gā-sion), v. homologuer. Donner à un acte fait par des particuliers la force d'un acte fait en justice.

ON (on), pron. indéf. — ONT (on),

v. avoir. Posséder. — HON, ou *hom* (hon, ou hom', *h* asp.), interj. de mauvaise humeur, de méfiance.

OMBRE, s (on-bre) [lat. *umbra*], n. f. Obscurité ; âme des morts. — OMBRE, s, nt (id.) [id.], v. ombrer. Dessiner les ombres. — OMBRE, s (id.) [lat. *umbra*], et mieux *omble*, n. f. Espèce de saumon. — HOMBRE, mieux que *ombre*, s (id.), [esp. *hombre*], n. m. Sorte de jeu de cartes.

AUNE, s (ō-ne) [lat. *ulna*], n. f. Ancienne mesure de longueur, valant 1ᵐ,20. — AUNE, s, nt (id.) [id.], v. auner. Mesurer à l'aune. — AUNE, autrefois *aulne*, s (id.) [lat. *alnus*, de *alitur amne*], n. m. Arbre dont le bois est blanc et tendre. — AUNE, s (id.) [lat. *alcuna*], n. Génie malfesant.

AUNÉE, s (ō-née) [rad. *aune*, du lat. *ulna*], n. f. Aune, longueur d'une aune. — AUNER, ez, ai, é... (ō-né, née), v. et p. Mesurer à l'aune. — AUNÉE, ou *aulnée*, s (ō-née) [rad. *aune*, du lat. *alnus*], n. f. Plante composée.

AUNAIE, autrefois *aulnaie*, s (ō-nêc), n. f. Lieu planté d'aunes. — AUNAIS, ait, aient (ō-nè, nè), v. auner. Mesurer avec une aune.

HONNEUR, s (ō-neŭr'), n. m. Sentiment de la vertu ; réputation. — AUNEUR, s (ō-neŭr'), n. m. Celui qui aune.

HONORÈRENT (ŏ-nŏ-rè-re), v. honorer. Faire honneur, estimer, respecter. — HONORAIRE, s (id.), adj. Qui a les honneurs d'une charge sans l'exercer ; au pl., n. m. Rétribution, émoluments.

ONCE, s (on-se) [lat. *uncia*], n. f. Poids de 8 gros, ou 31 gr. 25. — ONCE, s (id.) [lat. *lynx*, ou *lunx*], n. m. Espèce de panthère.

OPÉRA, s (ŏ-pé-ră) [lat. et it. *opera*], n. m. Drame lyrique. — OPÉRA, as, àt (ŏ-pé-ră, rā) [lat. *operare*, de *opus*], v. opérer. Agir, faire une opération, produire un effet.

OPINION, s (ŏ-pi-nĭ-on), n. f. Avis, sentiment. — OPINIONS (ŏ-pi-nion), v. opiner. Dire son avis, son opinion.

OPPRESSION, s (ŏ-prè-sĭ-on), n. f. Action d'opprimer ou d'oppresser ; état ou effet qui résulte de cette action ; étouffement. — OPPRESSIONS (ŏ-prè-sion), v. oppresser. Presser fortement.

OPTA, as, àt (ŏp'-tă, tā), v. opter. Choisir. — OPTAT (ŏp'-tă), n. pr. d'homme.

HOQUETON, s (hŏ-ke-ton, *h* asp.) [gr. ὁ le, χιτων casaque], n. m. Vêtement. — HOQUETONS (id.) [rad. *hoquet*, onomat.], v. hoqueter. Avoir le hoquet. — AUQUETON, s (ō-ke-ton), n. m. Hoqueton, robe que les guerriers portaient sous le haubert.

AURA, s (ō-ra) [lat. *habere*], v. avoir. Posséder. — AURA, s (ō-ră) [lat. *aura*, souffle], n. f. Principe vital. — AURA, s (id.), n. m. Vautour d'Amérique.

ORAN (ŏ-ran), n. pr. Ville d'Algérie. — ORANG, s (id.), n. m. Espèce de singes.

ORANGEA, as, àt (ŏ-ran-jă, jā), v. oranger. Donner une couleur orange. — ORANGEAT, s (ŏ-ran-jă), n. m. Confitures, dragées faites d'écorces d'orange.

ORANGE, s (ŏ-ran-je) [lat. barb. *aurantia*], n. f. Fruit de l'oranger. — ORANGE, s, nt (id.), v. oranger. Donner une couleur orange. — ORANGE (id.), n. pr. Ancienne principauté enfermée dans le comtat venaissin.

ORANGER, s (ŏ-ran-jé), n. m. Arbre qui produit des oranges ; marchand d'oranges. — ORANGER, ez, eai, é... (ŏ-ran-jé, jéc), v. et p. Donner une couleur orange.

ORANGÈRE, s (ŏ-ran-jè-re), n. f. de oranger. Marchande d'oranges. — ORANGÈRENT (id.), v. oranger. Donner une couleur orange.

ORBE, s (ŏr-be) [lat. *orbis*], n. m. Cercle ; globe ; coup contondant. — ORBE, s (id.) [lat. *orbus*], adj. Se dit d'un mur privé de portes et de fenêtres. — ORBE, s (id.), n. m. Poisson.

ORDE, s (ŏr-de), adj. f. de ord, vieux. Vilain, sale. — HORDE, s (hŏr-de, *h* asp.), n. f. Peuplade errante ; troupe.

ORDINAND, s (ŏr-dĭ-nan), n. m. Candidat qui est sur le point de recevoir les ordres sacrés. — ORDINANT, s (id.), n. m. Prélat qui confère les ordres sacrés.

ORE, ou *ores* (ŏ-re), adv., vieux. Alors, maintenant. — OR (ŏr) [lat. *hora*, it. *ora*], conj. — OR, s (ŏr) [lat. *aurum*], n. m. Métal jaune, précieux. — ORD, s (ŏr), adj., vieux. Sale, dégoûtant. — ORT (ŏr), adj. Brut. Ne s'emploie que dans *peser ort*. — HORS (hŏr, *h* asp.), prép. Excepté ; adv. Dehors. — AURE, s (ō-re), n. m. Roi des vautours. V. *aura*. — AURE, s (id.)

[lat. *aura*], n. m. Esprit aérien ; vent frais d'été. V. *aura*. — AURE (id.), n. pr. de femme.

AURAIS, ait, aient ; rez, rai (ō-rè, rè ; ré) [lat. *habere*], v. avoir. Posséder. — AURAI, s (ō-rè) [rad. *Aurai*, ville], n. m. Gros pieu pour amarrer. — AURAI, mieux que *Auray* (ō-rè), n. pr. Ch.-l. de canton du Morbihan.

ORGUEIL, s (ŏr-gheŭl, *l* m.) [gr. οργαω, ou οργιλος, ou lat. *erigi*], n. m. Vanité. — ORGUEIL, s (id.) [lat. *orbiculus*], n. m. Billot, point d'appui du levier.

ORION (ō-rĭ-on), n. pr. m. La plus brillante des constellations. — HORION, s (hŏ-rĭ-on, *h* asp.), n. m. Coup sur la tête ou sur les épaules. — AURIONS (ō-rion), v. avoir. Posséder. — ORILLON, s (ō-ri-llon, *ll* m.), n. m. Petite oreille.

ORIPEAU, x (ŏ-rĭ-pō), n. m. Feuille de cuivre polie et brillante comme l'or ; faux brillant. — HORIPAUX (id.), n. m. pl. de horipal. Mouchoir des Indes.

ORGIE, s (ŏr-jīe) [gr. ορyη, fureur], n. f. Débauche de table. — ORGIE, s (id.) [rad. *orge*], n. f. Mélange d'orge, d'avoine, de pois et de fèves.

ORNE, s, nt (ŏr-ne) [lat. *ornare*], v. orner. Embellir, décorer. — ORNE, s (id.) [lat. *ornus*], ou *ornier*, n. m. Frêne sauvage. — ORNE (id.) [celt. *olwyn*], n. f. Rivière et départ. de France. — ORNE, s (id.), n. f., vieux. Voie, sentier, chemin ; intervalle des vignes. — HORN (hŏrn', *h* asp.), n. pr. Cap le plus méridional de l'Amérique.

ORNÉ, s (ŏr-né), n. m. Poisson. — ORNER, ez, ai, é... (ŏr-né, née) [lat. *ornare*], v. et p. Embellir. — ORNÉES (ŏr-néc) [rad. *Ornéa*], n. f. pl. Fêtes de Priape.

ORNÈRENT (ŏr-nè-re), v. orner. Embellir. — HORNÈRE, s (id.), n. f. Genre de polypiers.

ORNIEZ (ŏr-nié), v. orner. Embellir. — ORNIER, s (id.), ou *orne*, n. m. Sorte de frêne. V. *orne*.

AURONE, ou *auronne*, s (ō-rŏ-ne), n. f. Citronnelle, plante aromatique. — AURAUNE, s (ō-rō-ne), n. f. Holacanthe bicolor, poisson.

ORTIE, s (ŏr-tīe), n. f. Plante. — HORTIE, s (hŏr-tīe, *h* asp.), n. f. Plante du Brésil.

OS... (oz..., *s* doux). V. par *oz*...

OSSEMENTS (ŏ-se-man), n. m. pl. Os décharnés des corps morts. — HAUSSEMENT, s (hō-se-man, *h* asp.), n. m. Action de hausser.

AUXERRE (ō-sè-re, et mieux ō-ksè-re), n. pr. Préfect. de l'Yonne. — HAUSSÈRENT (hō-sè-re, *h* asp.), v. hausser. Rendre plus haut.

HAUSSIER, s (hō-sié, *h* asp.), n. m. Agioteur qui joue à la hausse sur les valeurs publiques. — HAUSSIEZ (id.), v. hausser. Rendre plus haut.

HOSPICE, s (ŏs-pi-se), n. m. Asile pour les pauvres et les vieillards. — AUSPICE, s (ŏs-pi-se), n. m. Présage ; au pl., protection.

AUSTÈRE, s (ōs-tè-re), adj. Rigoureux, sévère. — AUSTER (ōs-tèr'), n. m. Vent du midi.

OSTIE (ōs-tīe), n. pr. f. Ville d'Italie, sur le Tibre. — HOSTIE, s (id.), n. f. Victime offerte à Dieu.

OTANT (ō-tan), v. ôter. Tirer un objet de la place qu'il occupe. — AUTAN, s (id.), n. m. Vent du midi. — AUTANT (id.), adv. de quantité, marque égalité.

OTE, s, nt (ō-te), v. ôter. V. *ôtant*. — HOTE, s (id.), n. m. Celui qui loge ou qui est logé. — HOTTE, s (hŏ-te, *h* asp.), n. f. Panier qu'on porte sur le dos. — HAUTE, s (hō-te, *h* asp.), adj. f. de haut. Élevée.

OTER, ez, ai, é... (ō-té, téc), v. et p. V. *ôtant*. — HOTTÉE, s (hŏ-téc, *h* asp.), n. f. Plein une hotte.

OTELLE, s (ō-tè-le), n. f. Espèce de lance ; meuble de l'écu : blas. — HOTEL, s (ō-tèl), ou *hôtel*, s (ō-tèl), n. m. Grande maison ; auberge. — AUTEL, s (ō-tèl), n. m. Table pour les sacrifices.

OTÈRENT (ō-tè-re), v. ôter. V. *ôtant*. — OTHÈRE, s (ō-tè-re), n. f. Plante de la famille des sapotées.

HOTESSE, s (ō-tè-se), n. f. de hôte. Maîtresse d'un hôtel — HAUTESSE, s (hō-tè-se, *h* asp.), n. f. Titre du sultan.

OTEUR, s (ō-teŭr'), n. m. Celui qui ôte. — AUTEUR, s (id.), n. m. Celui qui fait une chose. — HOTTEUR, s (hŏ-teŭr', *h* asp.), n. m. Porte-hotte. — HAUTEUR, s (hō-teur', *h* asp.), n. f. Élévation.

HAUTIN, s (hō-tin, *h* asp.). n. m. Petit poisson de mer. — HAUTAIN, s (id.), adj. Fier, orgueilleux.

OTONS (ō-ton), v. ôter. V. *ôtant*.

— OTHON (ŏ-ton), n. pr. d'homme; empereur romain. — OTHON (id.), ou *Otton* (ŏt'-ton), n. pr. m. Empereur d'Allemagne.

OTHONNE, s (ŏ-tŏ-ne), n. f. Plante, herbe vivace. — HOTTONE, s (ŏt'-tŏ-ne) ou *hottonie*, n. f. Plante primulacée. — AUTOMNE, s (ō-tŏ-ne), n. m. 5ᵉ saison de l'année.

AUTOUR (ō-tour) [rad. *au*, *tour*], adv. Aux environs. — AUTOUR, s (id.) [lat. *astur*], n. m. Oiseau de proie du genre de l'épervier.

OU (oŭ), conj. Ou bien. — OU (oŭ), adv. Dans lequel lieu; pron. rel. A quoi, auquel..., dans quoi, dans lequel... — AOUT, et mieux *oût* (oŭ), n. m. 8ᵉ mois; moisson. — HOUX (hoŭ, *h* asp.), n. m. Arbrisseau toujours vert, à feuilles piquantes. — HOUE, s (hoŭe), n. f. Bêche recourbée. — HOUE, s, nt (id.), v. houer. Bêcher avec une houe.

OUBLI, s (oŭ-blĭ), n. m. Manque de souvenir. — OUBLIE, s, nt (oŭ-blīe) [lat. *oblivisci*], v. oublier. Mettre en oubli, ne pas se rappeler. — OUBLIE, s (id.) [lat. *oblata*], n. f. Pâtisserie légère, mince et roulée en volute; coquille rousse et enroulée.

OUETTE, s (oŭ-è-te), n. f. Oiseau, espèce de cotinga. — OUATE, s (oŭ-ă-te), n. f. Bourre de l'apocyn; coton pour garnir. — HOUATES (hoŭ-ă-te, *h* asp.), v. houer. Labourer avec la houe.

OUI (oui), adv. d'affirmation. — OUI, ïs, ïe, ïes, ït, ît (oŭ-ĭ, īe, ī), p. et v. ouïr. Entendre. — OUIE, s (oŭ-īe), n. f. Sens par lequel on perçoit les sons; au pl., ouvertures que les poissons ont aux côtés de la tête.

OUILLE, s (ou-lle, *ll* m.), *oille*, ou *olle* [esp. *olla podrida*, pot pourri], n. f. Ragoût, potage d'origine espagnole. — OUILLE, s (id.) [lat. *ovicula?*], n. f. Ouaille, brebis, dans certaines parties de la France. — HOUILLE, s (hou-lle, *h* asp. et *ll* m.), n. f. Charbon de terre.

OUILLER..., é..., lliez (ou-llé..., llié, *ll* m.), v. et p. Agiter le vin dans un tonneau. — HOUILLER, s (hou-llé, *h* asp. et *ll* m.), adj. Qui renferme de la houille.

OUILLÈRENT (ou-llè-re, *ll* m.), v. ouiller. Agiter le vin dans un tonneau. — OUILLIÈRE, s (ou-lliè-re, *ll* m.), ou *oullière*, s (ou-liè-re), n. f. Allée cultivée entre les rangs de vigne. — HOUIL-

LÈRE, s (hou-llè-re, *h* asp. et *ll* m.), adj. f. de houiller. Qui renferme de la houille.

HOUPE, s, nt (hoŭ-pe, *h* asp.), v. houper. Appeler. — HOUPPE, s (id.), n. f. Touffe de fils en bouquet. — HOUP (hoŭp', *h* asp.), interj. pour appeler. — HOUPER...; é... (hoŭ-pé..., *h* asp.), v. et p. Appeler. — HOUPPER...; é... (id.), v. et p. Faire des houppes. — HOUPPÉE, s (hoŭ-pée, *h* asp.), mieux que *houpée*, n. f. Écume des vagues, ainsi nommée parce qu'elle ressemble à une houppe.

HOUPERON, s (hou-pe-ron, *h* asp.), n. m. Poisson. — HOUPERONS, nt (id.) [onom.], v. houper. Appeler. — HOUPPERONS, nt (id.), v. houpper. Faire des houppes.

OURA, s (oŭ-rǎ), n. m. Conduit qui amène l'air dans un four. — HOUERA, s (hoŭ-rǎ, *h* asp.), v. houer. Labourer avec la houe. — HOURRA, s (hour'-ra, *h* asp.), n. m. Cri de joie.

OURS (our'; selon quelques-uns, ours'), n. m. Quadrupède féroce. — HOURE, s (hou-re, *h* asp.), n. f. Échafaud d'ardoisier. — HOURRE, s (id.), n. f. Pioche de vigneron. — HOURD, s (hour', *h* asp.), n. m. Échafaud qui était dressé autour des tournois.

OURET, s (oŭ-rè), n. m. Plante amarantacée. — HOUERAIS, ait, aient (hoŭ-rè, rè, *h* asp.), v. houer. Bêcher avec une houe.

OURLET, s (oŭr-lè), n. m. Petit rempli cousu au bord d'une étoffe. — OURLAIS, ait, aient (oŭr-lè, lè), v. ourler. Faire un ourlet.

OURQUE, s (our-ke), et mieux *orque*, n. f. L'épaulard, mammifère. — OURCQ (ourk'), n. pr. Rivière et Canal de France. — HOURQUE, s (hour-ke, *h* asp.), n. f. Navire mal construit.

OURSE, s (our-se), n. f. Femelle de l'ours; constellation. V. *ours*. — HOURCE, s (hour-se, *h* asp.), n. f. Manœuvre courante à la vergue d'artimon.

HOUSSE, s (hou-se, *h* asp.) [lat. *ursa*, ourse], n. f. Couverture attachée à une selle. — HOUSSE, s, nt (id.) [rad. *houssoir*, de *houx*], v. housser. Nettoyer avec un houssoir.

HOUSSÉE, s (hou-sée) [rad. *housse*, de *ursa*], n. f. Peau de mouton mégissée pour être faite en housse. — HOUSSER, ez, ai, é... (hou-sé, sée, *h* asp.) [rad.

houssoir, de *houx*], v. et p. Nettoyer avec un houssoir.

HOUSSET, s (hou-sè, *h* asp.), n. m. Serrure de coffre; soie d'Alep; arbrisseau. — HOUSSAIE, s (hou-sèe, *h* asp.), n. f. Lieu planté de houx. — HOUSSAIS, ait, aient (hou-sè, sè), v. housser. Nettoyer avec un houssoir.

HOUSSON, s (hou-son, *h* asp.), n. m. Nom vulgaire du petit houx. — HOUSSONS (id.), v. housser. Nettoyer avec un houssoir.

HOUSPILLON, s (hous-pi-llon, *h* asp. et *ll* m.), Demi verre d'eau qu'on fait boire à celui qui a manqué à quelque cérémonie de table. — HOUSPILLONS, llions (hous-pi-llon, llion, *h* asp. et *ll* m.), v. houspiller. Tirailler, secouer, maltraiter.

OUTRE, s (ou-tre) [lat. *uter*], n. f. Vase en peau de bouc. — OUTRE (id.) [lat. *ultrà*], adv. et prép. Au-delà. — OUTRE, s, nt (id.) [rad. *outre*, du lat. *ultrà*], v. outrer. Aller au-delà, exagérer; accabler.

OUTRONS (oŭ-tron), v. outrer. V. *outre*. — AOUTERON, et mieux *oûteron*, s (oû-te-ron), n. m. Moissonneur. — AOUTERONS, et mieux *oûterons*, nt (id.), v. aoûter. Hâter la maturité.

OUVRANT et dérivés (oŭ-vran) [lat. *aperire*], v. ouvrir. Rendre ouvert. — OUVRANT et dérivés (id.) [lat. *operare*], v. ouvrer. Travailler; façonner du linge, etc.

OUVRIER, s (oŭ-vrĭ-é), n. m. Artisan; adj. Qui concerne un métier; ouvrable. — OUVRIEZ (id.), v. ouvrir et v. ouvrer. V. *ouvrant*.

OX... V. par *ocs*...

OSERAIE, s (ō-ze-rée), n. f. Lieu planté d'osier. — OSERAIS, ait, aient (ō-ze-rè, rè), v. oser. Entreprendre hardiment.

OSIER, s (ō-zié), n. m. Arbuste flexible. — OSIEZ (id.), v. oser. Avoir de la hardiesse, de l'audace.

P.

PA (pă), ou *pla*, n. m. Coup de tambour fortement frappé avec la baguette gauche. — PAS (pă), n. m. Mouvement du pied pour marcher; passage, défilé. — PAS (pa), adv. de négat. — PAT, s (pă), n. m. Nourriture que l'on donne aux oiseaux. — PAT (păt'). V. *pâte*.

PADOU, s (pă-doŭ), n. m. Ruban de fil et soie. — PADOUE (pă-doūe), n. pr. f. Ville du Lombard-Vénitien.

PAGE, s (pă-je) [lat. *pagina*], n. f. Côté d'un feuillet. — PAGE, s (id.) [it. *paggio*, ou lat. *pagus*, ou gr. παις], n. m. Jeune gentilhomme; pince qui tient la robe relevée.

PAI... (pè...). V. *pe*...

PAILLASSE, s (pa-llă-se, *ll* m.), n. f. Sac rempli de paille pour garnir un lit; n. m. Bateleur. — PAILLASSE, s, nt (pa-llă-se, *ll* m.), v. pailler. Répandre de la paille courte ou de la litière sur un champ planté ou ensemencé.

PAILLER, s (pa-llé, *ll* m.), n. m. Cour d'une ferme où il y a de la paille; adj. Qui appartient au pailler. — PAILLER, ez, ai; é..., iez (pa-llé, llée, llié, *ll* m.), v. et p. V. *paillasse*. — PALLIER... (păl-lĭ-é...), v., et PALIER (pa-lié), n. m. V. *palier*.

PAILLET, s (pa-llè, *ll* m.), n. m. Petit ressort de verrou. — PAILLAIS, ait, aient (pa-llè, llé, *ll* m.), v. pailler. V. *pailler*. — PALLIAIS, ait, aient (păl'-lĭ-è, è), v. pallier. Adoucir.

PAILLÈRE, s (pa-llè-re, *ll* m.), adj. f. de pailler. V. *pailler*. — PAILLÈRENT (id.), v. pailler. V. *pailler*. — PALLIÈRENT (păl'-lĭ-è-re), v. pallier. V. *palier*.

PAILLERET, s (pa-lle-rè), n. m. Oiseau. — PAILLERAIS, ait, aient (pa-lle-rè, rè, *ll* m.), v. pailler. V. *pailler*.

PAILLÈTE, s, nt (pa-llè-te), v. pailleter. Garnir de paillettes. — PAILLETTE, s (id.), n. f. Parcelle de métal.

PAILLEUSE, s (pa-lleŭ-ze, *ll* m.), adj. f. de pailleux. Se dit d'un métal qui a des pailles. — PAILLEUSE, s (id.), n. f. de pailleur. Qui vend ou voiture de la paille.

PAILLON, s (pa-llon, *ll* m.), n. m. Grosse paillette. — PAILLONS, llions (pa-llon, llion, *ll* m.), v. pailler. V. *pailler*. — PALLIONS, lliions (păl'-lĭ-on, ion), v. pallier. V. *palier*.

PAIN... (pin..., nasal). V. *pin*...

PALATIN, s; e, es (pă-lă-tin, ti-ne) [rad. *palais*, du lat. *palatium*], adj. Qui a rapport au palais de la bouche. — PALATIN, s; e, es (id.) [rad. *palais*, du lat. *palatium*], adj. Officier du palais; vice-roi.

PALE, s (pă-le), n. f. Carton qui couvre le calice; porte d'écluse; partie plate d'une rame. — PALE, s (pă-le), adj. Blème, blanchâtre. — PAL, s (păl'), n. m. Pieu aiguisé pour empaler.

PALET, s (pă-lè), n. m. Disque. — PALAIS (id.) [lat. *palatum*], n. m. Voûte de la bouche. — PALAIS (id.) [lat. *palatium*], n. m. Hôtel d'un haut personnage; cour de justice. — PALÈS (id.), n. m. Genre d'insectes lépidoptères.

PALÈTE, s, nt (pă-lè-te) [rad. *palet*], v. paleter. V. *paleter*. — PALETTE, s, nt (id.) [rad. *palette*], v. paletter. V. *paleter*. — PALETTE, s (id.) [lat. *paleta*, dim. de *pala*, pelle], n. f. Planchette mince des peintres; petite écuelle pour la saignée.

PALETER..., é... (pă-le-té...) [rad. *palet*], v. et p. Au jeu, faire glisser le palet sur la terre. — PALETTER..., é... (pa-lè-té...) [rad. *palette*], v. et p. Aplatir l'extrémité d'un crochet, d'un hameçon, pour y attacher la ligne.

PALI, is, ie, ies, it, ît (pă-lĭ, lĭe, lĭ) [lat. *pallescere*], p. et v. pâlir. Devenir pâle. — PALI, s, e, es (pă-lĭ, lĭe), adj. Se dit d'un ancien idiôme de l'Inde ultérieure; n. m. Langue savante et sacrée de l'Inde ultérieure. — PALIS (pă-lĭ), n. m. Pieu; palissade. — PALLIE, s, nt (păl'-lĭe), v. pallier. Adoucir.

PALIER, s (pă-lié), n. m. Repos ou plate-forme d'un escalier. — PALLIER, ez, ai, é..., iez (păl'-lĭ-é, ée, ié), v. et p. Adoucir, dissimuler.

PALIÈRE, s (pa-liè-re), n. f. 1re marche d'un escalier. — PALLIÈRENT (păl'-lĭ-ère), v. pallier. Adoucir. V. *paillière*.

PALIRAI..., rais... (pă-lĭ-ré..., rè...), v. pâlir. Devenir pâle. — PALLIERAI... rais... (păl'-lĭ-ré..., rè...), v. pallier. Adoucir.

PALISSANT et dérivés (pă-lĭ-san...), v. palisser. Attacher à un treillage les branches d'un espalier. — PALISSANT et dérivés (pă-li-san...), v. pâlir. Devenir pâle.

PALISSE, s, nt (pă-li-se) [rad. *palis*, de *pal*], v. palisser. Palissader. — PALISSE (LA) (id.), n. pr. f. Sous-préf. de l'Allier. — PALISSE, s, nt (pă-li-se), v. pâlir. Devenir pâle.

PALISSON, s (pă-lĭ-son), n. m. Outil de fer pour adoucir les peaux. — PALISSONS (id.), v. palisser. Mettre en espalier. — PALISSONS (pă-li-son), v. pâlir. Devenir pâle.

PALMATE, s (păl-mă-te), n. m. Sel produit par la combinaison de l'acide palmique avec une base salifiable. — PALMATES (păl-mă-te), v. palmer. Aplanir les têtes des aiguilles.

PALME, s (păl-me) [lat. *palma*], n. f. Branche de palmier. — PALME, s (id.) [it. *palmo*], n. m. Mesure de longueur. — PALME, s, nt (id.), v. palmer. Aplanir les têtes des aiguilles. — PALM, s (pălm'), n. m. Mesure de longueur en Allemagne.

PALMÈRENT (păl-mè-re), v. palmer. V. *palme* — PALMAIRE, s (id.) [lat. *palma*], adj. Situé dans la paume de la main; n. m. Muscle intérieur de la main. — PALMAIRE, s (id.) [lat. *palmus*], adj. Se dit d'une tige qui a 8 à 10 centimètres de haut: botan.

PALMIER, s (păl-mié), n. m. Arbre. — PALMIEZ (id.), v. palmer. V. *palme*.

PALOT, s (pă-lŏ). n. m. Villageois fort grossier. — PALOT, s (pă-lŏ), adj. Un peu pâle.

PAMIEZ (pă-mié), v. pâmer. Tomber en pâmoison, en défaillance. — PAMIERS (pă-mié), n. pr. Sous-préf. de l'Ariège.

PAN, s (pan) [lat. *pannus*], n. m. Partie d'un vêtement, d'un mur. — PAN (id.) [onomat.], interj. Bruit d'un corps qui heurte, qui éclate. — PAN (id.) [gr. παν], n. pr. m. Dieu des bergers. — PAON, s (id.), n. m. Oiseau. — PEND, s (id.), v. pendre. Attacher un objet en haut sans le laisser toucher en bas.

PANADE, s (pă-nă-de) [lat. *panis*], n. f. Sorte de soupe mitonnée. — PANADE, s, nt (pa-na-de) {rad. *paon*}, v. se panader. Marcher avec ostentation.

PANARION, s (pă-nă-rĭ-on) [lat. *panis*], n. m. Autrefois, lieu où l'on conservait le pain. — PANARION, s (id.) [dimin. de *panaris*, du gr. παρα ονυξ], n. m. Petit panaris.

PANDAN, s (pan-dan), n. m. Plante. — PENDANT (id.), v. pendre. V. *pan*; prép. Durant.

PANDARE, s (pan-da-re), n. m. Poisson crustacé. — PANDAR, s (pan-dar), n. m. Sorte de poire. — PENDARD, s (id.), n. m. Vaurien, coquin.

PANDECTES (pan-dèk-te), n. f. pl. Recueil de lois compilées sous Justinien.

— PANDECT, s (pan-dèkt'), n. m. Docteur indien.

PANDION, s (pan-dĭ-on), n. m. Oiseau, le balbuzard. — PENDIONS (pandion), v. pendre. V. *pan*.

PANE, s (pa-ne), n. m. Chef saxon; bouclier recouvert de peau. — PANE, s, nt (id.) [lat. *panis*], v. paner. Couvrir de pain émietté. — PANNE, s (pă-ne) [lat. *pannus*], n. f. Sorte de velours; voile de navire. — PANNE, s (id), n. f. Graisse de porc; pièce qui contient les chevrons. — PANNE, s (id.), n. f. Bout mince d'un marteau; v. panner. Creuser une pièce de métal avec la panne d'un marteau. — PAONNE, s (pa-ne). n. f. Femelle du paon.

PANER..., é... (pa-né...), v. et p. Couvrir de pain émietté. — PANNER..., é... (păn'-né...), v. et p. Creuser un morceau de métal avec la panne d'un marteau. — PAONNÉ, s, e, es (pa-né, née), adj. De couleurs variées.

PANAIS (pa-nè) [lat. *pastinaca*, de *pastus*], n. m. Plante potagère. — PANAIS, ait, aient (pa-nè, nè) [lat. *panis*], v. paner. Couvrir de pain émietté. — PAONNET, s (pa-nè), n. m. Espèce de flèche ancienne.

PANELLE, s (pă-nè-le), n. f. Sucre brut qu'on tire des Antilles. — PANNELLE, s (păn'-nè-le), n. f. Feuille de peuplier, en t. de blas. — PANEL, s (pa-nèl), n. m. Genre d'arbres de la côte de Malabar.

PANERÉE, s (pă-ne-rée), n. f. Plein un panier. — PANEREZ, ai (pă-ne-ré), v. paner. Garnir de pain émietté. — PANNEREZ, ai (păn'-ne-ré), v. panner. Creuser avec la panne du marteau.

PANERET, s (pa-ne-rè) n. m. Petit panier. — PANERAIS, ait, aient (pa-ne-rè, rê), v. paner. Garnir de miettes de pain. — PANNERAIS, ait, aient (păn'-ne-rè, rê), v. panner. Battre un métal avec la panne d'un marteau.

PANETON, s, mieux que *panneton* (pă-ne-ton) [dim. de *panier*, du lat. *panis*], n. m. Panier pour mouler le pain. — PANNETON, s (id.) [dim. de *panne*, du lat. *pannus*], n. m. Partie de la clé, qui ouvre la serrure. *Je soupçonne fort ce mot de barbarisme. Il me semble plus rationnel de dire* PÉNETON, *c'est-à-dire :* Petit pène faisant partie de la clé et servant à mouvoir le pène de la serrure.

PANIER, s (pă-nié), n. m. Corbeille. — PANIEZ (id.), v. paner. Couvrir de pain émietté. — PANNIEZ (păn'-nié), v. panner. Creuser avec la panne d'un marteau. — PAONNIER, s (pa-nié), n. m. Fantassin qui combattait avec un paonnet.

PANNEAU, x (pă-nō), n. m. Partie d'un lambris; piège. — PAONNEAU, x (pa-nō), n. m. Jeune paon.

PANON, s (pa-non) [lat. *penna*], n. m., vieux. Plume dont on garnit les flèches. — PANONS (id.) [lat. *panis*], v. paner. Garnir de pain émietté. — PANNON, s (păn'-non) [lat. *pannus*], n. m., ou *pennon*. Sorte de bannière. — PANNONS (id.) [rad. *panne* de marteau], v. panner. Creuser une pièce de métal avec la panne d'un marteau.

PANSE, s (pan-se) [lat. *pantex*], n. f. Ventre. — PANSE, s, nt (id.), v. panser. Soigner une plaie, un cheval. — PENSE, s, nt (id.), v. penser. Réfléchir, etc. — PANCE, s (id.), n. f. Espèce de raisin noir.

PANSÉ... (pan-sé, sée) [rad. *panse*], adj., trivial. Bien rassasié. — PANSER..., é... (pan-sé...), v. et p. Soigner un cheval, un blessé. — PENSER..., é... (id.), v. et p. Réfléchir; imaginer; croire. — PENSER, s (pan-sé), n. m., poét. Pensée, réflexion. — PENSÉE, s (pansée), n. f. Réflexion; fleur.

PANSEMENT, s (pan-se-man), n. m. Action de panser, de soigner. — PENSEMENT, s (id.), n. m., vieux. Action de penser, de réfléchir.

PANSEUR, s (pan-seur'), n. m. Celui qui panse. — PENSEUR (id.), celui qui pense. V. *panse*.

PANSIONS (pan-sion), v. panser. Soigner. — PENSIONS (id.) [lat. *pensare*], v. penser. Réfléchir. — PENSION, s (pan-sĭ-on) [lat. *pensio*, de *pendere*, payer], n. f. Maison où l'on vit pour de l'argent; revenu.

PENSIONNA, as, àt (pan-sĭ-ŏ-nă, nă), v. pensionner. Faire une pension, payer un revenu. — PENSIONNAT, s (pan-sĭ-ŏ-nă), n. m. Maison d'éducation où les élèves sont pensionnaires.

PENSIONNÈRENT (pan-sĭ-ŏ-nè-re), v. pensionner. Payer une pension, un revenu. — PENSIONNAIRE, s (id.), n. et adj. Élève qui paie pension; celui, celle qui reçoit une pension, qui est pensionné.

PENSIONNIEZ (pan-sĭ-ŏ-nié), v. pen-

sionner. Faire une pension. — PEN-
SIONNIER, s (id.), n. m., t. de mépris.
Maître de pension.

PANTE, s (pan-te), n. f. Chapelet fait
de petites coquilles blanches; toile de
crins. — PANTE, s, nt (id.), v. panter.
Arrêter les peaux des cardes dans le
panteur. — PENTE, s (id.), n. f. Surface inclinée; déclivité; penchant.

PANTER, ez, ai;- é... (pan-té, tée),
v. et p. Fixer les peaux des cardes dans
le panteur. — PANTHÉE, s (pan-tée),
adj. f. Se dit d'une statue qui réunissait
les symboles ou les attributs de différentes divinités.

PANTÈNE, s (pan-tè-ne), n. f. Espèce
de filet. — PANTENNE (en) (id.), locut.
adverb. En désordre : se dit du gréement
d'un navire.

PANTÈRENT (pan-tè-re), v. panter.
V. panter. — PANTHÈRE, s (id.), n.
f. Quadrupède féroce.

PANTOIS (pan-toè) [angl. to pant],
n. m. Maladie des oiseaux. — PANTOIS
(id.) [lat. pantex, gros ventre], adj.,
vieux. Haletant, stupéfait.

PAPE, s (pă-pe) [gr. παππας], n. m.
L'Évêque de Rome, chef de l'Église ca-
tholique. — PAPE, s, nt (id.), v. paper,
vieux. Manger à la manière des enfants.
— PAPPE, s (id.), n. m. Duvet cotonneux qui protège les semences dans beaucoup de plantes, telles que le chardon.

PAPAIE, s (pă-pêe), n. f. Fruit du
papayer. — PAPAIS, ait, aient (pă-pè,
pê), v. paper. V. pape.

PAPERASSIER, s (pă-pe-ră-sié), n.
m. Amateur de paperasses. — PAPE-
RASSIEZ (id.), v. paperasser. Faire des
paperasses; les arranger.

PAPIER, s (pă-pié), n. m. Feuille faite
de pâte de chiffons, sur laquelle on écrit
ou imprime. — PAPIEZ (id), v. paper.
V. pape.

PAPIN, s (pă-pin) [lat. paparium, ou
panis], n. m. Bouillie des enfants. —
PAPIN, s (id.) [rad. Denis Papin], n.
m., t. de physique. Marmite fermée.

PAPIONS (pă-pion), v. paper. V.
pape. — PAPION, s (pă-pi-on), n. m.
Sorte de singe. — PAPILLON, s (pă-
pi-llon, ll m.), n. m. Insecte lépidoptère;
adj. Inconstant, volage.

PAQUE (pă-ke), n. f. Fête des Juifs.
— PAQUES (id.), n. m. et f. Fête des
chrétiens. — PAQUE, s, nt (pă-ke), v.

paquer. Arranger le poisson salé, par
couches dans des barils.

PAQUET, s (pă-kè), n. m. Assemblage
de plusieurs choses attachées ou enve-
loppées ensemble. — PAQUAIS, ait,
aient (pă-kè, kè), v. paquer. V. păque.

PAQUÈTE, s, nt (pă-kè-te), v. paqueter. Empaqueter, mettre en paquets.
— PAQUETTE, s (pa-kè-te), n. f. Nom
vulgaire de la grande marguerite des
champs.

PAQUETIER, s (pă-ke-tié), n. m.
Compositeur qui fait des paquets : terme
d'imprimerie. — PAQUETIEZ (id.), v.
paqueter. V. paquète.

PARAGE, s (pă-ră-je) [lat. barb. pa-
ragium, de par, agere], n. m. Plage;
extraction; parenté. — PARAGE, s (id.),
[lat. parare], n. m. Labour donné aux
vignes.

PARAI... (pa-rè...). V. pare...

PARANT (pă-ran), v. parer. Orner.
— PARANT, s (id.), adj. Qui pare, qui
embellit. — PARENT, s (id.), n. m.
De la même famille.

PARANTE, s (pă-ran-te), adj. f. de
parant. Qui orne. — PARENTE, s (id.),
n. f. de parent. Alliée par le sang.

PARCOURE, s, nt (păr-cou-re); PAR-
COURS, rt (păr-cour'), v. parcourir.
Courir çà et là; visiter rapidement. —
PARCOURS (păr-cour'), n. m. Droit de
pâturage; espace parcouru.

PARE, s, nt (pă-re), v. parer. Orner.
embellir. — PARS, rt (par') [lat. partiri, de pars], v. partir. S'en aller. —
PART, s (id.) [lat. pars], n. f. Partie
d'une chose divisée; lieu. — PARD, s
(id.), n. m. Mammifère moucheté, comme
le serval, le linx. — PARS (par), n. m.
Espèce de chat. — PAR (păr), prép.

PARAIS, ait, aient (pă-rè, rê) [lat.
parare], v. parer. Orner. — PARAIS,
ait (id.) [lat. parere], v. paraître. Se
faire voir; sembler.

PARERA, s (pă-re-ra), v. parer. Orner. — PARRA, s (păr'-ră), n. m. Oiseau.

PARESSANT et dérivés (pă-rè-san...),
v. paresser. Fainéantiser. — PARAIS-
SANT et dérivés (pă-rê-san...), v. paraître. Se faire voir; sembler.

PARESSE, s (pă-rè-se), n. f. Fainéan-
tise. — PARESSE, s, nt (id.), v. paresser. Céder à la paresse. — PARAISSE,
s, nt (pă-rê-se), v. paraître. V. parais.

PARFONT (păr-fon), v. parfaire. A-
chever. — PARFOND, s (id.), n. m.

Hameçon plombé qui reste au fond de l'eau.

PARI, s (pă-rĭ) [lat. *par*, égal], n. m. Gageüre. — PARIS (pă-rĭ) [lat. *Parisii*], n. pr. m. Capitale de la France. — PARIE, s, nt (pă-rĭe), v. parier. Gager, faire un pari.

PARIA, s (pă-rĭ-ă) [sanscr. *pari, aïa*], n. m. Indien de la dernière caste. — PARIA, as, ât (pă-rĭ-ă, à) [rad. *pari*], v. parier. Faire un pari.

PARIEZ, rions (pă-rié, rion) [lat. *parare*], v. parer. Orner. — PARIER, ez, ai; é... (pă-rĭ-é, ée); PARIIEZ, iions (pă-rĭ-ié, ion) [rad. *pari*], v. parier. Faire un pari.

PARLEMENTÈRENT (păr-le-man-tè-re), v. parlementer. Faire ou écouter des propositions d'accommodement. — PARLEMENTAIRE, s (id.), adj. Du parlement; n. m. Celui qui traite d'accommodement.

PARQUE, s (păr-ke) [lat. *parca*, de *parcere*], n. pr. f. Divinité qui filait la vie : mythol. — PARQUE, s (id.), n. f. Poisson d'Amérique ; n. m. Vêtement des Kamtchadales. — PARQUE, s, nt (id.) [rad. *parc*, du teut. *parch*], v. parquer. Mettre dans une enceinte. — PARC, s (părk'), n. m. Terre, pâturage, bois, etc., enclos.

PARQUET, s (păr-kè), n. m. Espace occupé par les juges et les avocats ; plancher formé par un assemblage de compartiments. — PARQUAIS, ait, aient (păr-kè, kê), v. parquer. Mettre dans un parc ou enclos.

PARQUIER, s (păr-kié), n. m. Celui qui garde des troupeaux dans un parc. — PARQUIEZ (id.), v. parquer. Mettre au parc.

PARCELLÈRENT (păr-sèl'-lè-re), v. parceller. Diviser en parcelles. — PARCELLAIRE, s (id.), adj. Réduit en parcelles.

PARTANT (păr-tan) [lat. *partiri*], v. partir. S'en aller. — PARTANT (id.) [rad. *par tant*, ou *partir*], adv. Par conséquent.

PARTE, s, nt (păr-te), v. partir. S'en aller. — PARTHE (id.), n. et adj. Peuple qui habitait la Parthie. — PART, s (părt'), n. m., t. de jurispr. Enfant; accouchement.

PARTERRE, s (păr-tè-re) [lat. *partiri terram*; ou franç. *par terre*], n. m. Portion d'un jardin, etc., divisée en compartiments. — PARTERRE, s (id.) [franç. *par terre*], n. m. Espace entre l'orchestre et l'amphithéâtre, dans une salle de spectacle.

PARTI, s (păr-tĭ) [lat. *pars*], n. m. Union de personnes ; résolution. — PARTIE, s (păr-tĭe) [id.], n. f. Portion d'un tout. — PARTI, ie, ies, is, it, ît (păr-tĭ, tĭe, tĭ) [lat. *partiri*], p. et v. partir. S'en aller. — PARTHIE, s (păr-tĭe), n. pr. f. Aujourd'hui le Coraçan.

PARTISSIONS (păr-tĭ-sion), v. partir. S'en aller. — PARTITION, s (păr-tĭ-sĭ-on), n. f. Partage; partie d'une composition musicale.

PARTITE, s (păr-tĭ-te), adj., t. de botan. Découpé en lanières. — PARTITES (păr-tĭ-te), v. partir. S'en aller.

PARURE, s (pă-ru-re), n. f. Ornement, ajustement. — PARURENT (pă-ru-re), v. paraître. Se faire voir; sembler.

PASSEMENTIER, s (pă-se-man-tié), n. m. Fabricant ou marchand de passements. — PASSEMENTIEZ (id.), v. passementer. Chamarrer de passements.

PATIENTE, s (pă-sĭ-an-te), adj. f. de patient. Qui a de la patience. — PATIENTE, s, nt (id.), v. patienter. Attendre avec patience.

PASSION, s (pā-sĭ-on) [lat. *passio*, de *pati*], n. f. Affection violente; souffrances de J.-C. — PASSIONS (pā-sion) [bas lat. *passare*], v. passer. Transporter; omettre; aller d'un lieu à un autre.

PASQUILLE, s (păs-ki-lle, *ll* m.), n. f. Poésie légère sur les mœurs populaires. — PASSEQUILLE, s (pă-se-ki-lle, *ll* m.), n. f. Ornement de toilette.

PATANT (pă-tan), v. pâter. Coller; ressembler à de la pâte. — PATENT, s (pă-tan), adj. Manifeste, évident.

PATENTE, s (pă-tan-te), adj. f. de patent. Manifeste; n. f. Brevet taxé pour les marchands. — PATENTE, s, nt (id.), v. patenter. Soumettre à la patente.

PATE, s, nt (pă-te), v. pâter. V. *pâter*. — PATE, s (id.), n. f. Farine pétrie. — PATTE, s (pă-te), n. f. Pied d'une bête. — PATTE, s, nt (id.), v. patter. V. *pâter*. — PAT (păt'), n. m. Échec inévitable au roi.

PATER...; é... (pā-té...), v. et p. Coller; ressembler à de la pâte. — PATTER...; é... (pā-té...), v. et p. Régler du papier de musique avec une patte.

PATELINE, s (pa-te-li-ne), adj. f. de
papatelin. Souple, artificieuse, insinuante.
— PATELINE, s, nt (id.), v. pateliner.
Agir en patelin.

PATÈRE, s (pă-tè-re), n. f. Vase
servant aux sacrifices chez les anciens;
ornement de même forme, servant à
tenir les rideaux écartés et drapés. —
PATÈRENT (pā-tè-re), v. pâter. —
PATTÈRENT (pă-tè-re), v. patter. V.
pâter. — PATER (pa-tèr'), n. m., mot
latin. L'oraison dominicale.

PATI, is, it, ît (pā-tĭ, tī) [lat. pati], p.
et v. pâtir. Souffrir. — PATIS (pā-tī)
[lat. pastus, de pasci], n. m. Pâturage.

PÂTISSANT et dérivés (pā-ti-san...)
[lat. pati], v. pâtir. Souffrir. — PATIS-
SANT et dérivés (id.) [rad. pâte, du lat.
pasta], v. pâtisser. Faire de la pâtisserie.

PÂTISSER, ez, ai, é... (pā-ti-sé, séc),
v. et p. — PATISSEZ (pā-ti-sé), v.
pâtir. V. pâtissant.

PATISSIER, s pā-tĭ-sié), n. m. Celui
qui fait ou vend de la pâtisserie. —
PATISSIEZ (id.), v. pâtisser et v. pâtir.
V. pâtissant.

PATON, s (pā-ton), n. m. Pâte en
boulettes pour engraisser la volaille. —
PATONS (id.), v. pâter. — PATTONS
(pă-ton), v. patter. V. pâter.

PATRON, s (pă-tron), n. m. Protec-
teur; maître; modèle. — PATERONS,
nt (pā-te-ron), v. pâter. — PATTE-
RONS, nt (pă-te-ron), v. patter. V.
pâter.

PATRONAT, s (pă-trŏ-nă), n. m.
Dignité du patron; droit d'un patron. —
PATRONNA, as, ât (pă-trŏ-nă, nā), v.
patronner. Protéger; colorier à travers
un transparent.

PATRONNE, s (pă-trŏ-ne), n. f. de
patron. Protectrice, maîtresse. — PA-
TRONNE, s, nt (id.), v. patronner. V.
patronat.

PATRONET, s (pă-trŏ-nè), n. m.
Garçon pâtissier. — PATRONNAIS, ait,
aient (pă-trŏ-nè, nè), v. patronner. V.
patronat.

PATURON, s (pā-tŭ-ron), n. m. Partie
du pied d'un cheval, etc., située entre le
boulet et la couronne. — PATURONS
(id.) [rad. pâture], v. pâturer. Prendre
la pâture.

PAU... (po...). V. po...

PAVANE, s, nt (pa-vă-ne) [lat. pavo],
v. se pavaner. Marcher fièrement comme
un paon. — PAVANE, s (id.) [it. pa-
vana, pour padovana], ou padouane,
n. f. Danse grave.

PET, s (pè), n. m. Vent qui sort du
corps avec bruit. — PAIX (pè), n. f.
Tranquillité. — PAIE, s (pêe), n. f.
Paiement, solde. — PAIE, ou paye, s,
nt (pêe ou pèie), v. payer. Solder. —
PAIS, aît (pè), v. paître. Brouter l'herbe.

PÊCHE, s, nt (pè-che), v. pécher.
Violer la loi. — PÊCHE, s, nt (pê-che)
[lat. piscari], v. pêcher. Prendre du
poisson. — PÊCHE, s (id.) [id.], n. f.
Action de pêcher. — PÊCHE, s (id.)
[lat. pessicum, sous-ent. malum], n. f.
Fruit du pêcher.

PÉCHÉ, s (pé-ché), n. m. Transgression de la loi divine. — PÉCHER...;
é (pé-ché...), v. et p. Transgresser la
loi. — PÊCHER...; é... (pê-ché...) [lat.
piscari], v. et p. Prendre du poisson.
— PÊCHER, s (pê-ché) [lat. pessica,
sous-ent. amygdalus], n. m. Arbre
fruitier.

PÉCHEUR, s (pé-cheŭr), n. m. Celui
qui fait des péchés. — PÊCHEUR, s (pê-
cheŭr), n. m. Celui qui prend du poisson.

PEIGNANT et dérivés (pè-gnan...)
[rad. peigne], v. peigner. Démêler avec
un peigne. — PEIGNANT et dérivés
(id.) [lat. pingere], v. peindre. Enduire
de couleurs; décrire.

PEIGNER...; é... (pè-gné...), v. et p.
— PEIGNEZ, gniez (pè-gné, gnié), v.
peigner et v. peindre. V. peignant. —
PEIGNIER, s (pè-gnié), n. m. Celui qui
fait ou vend des peignes.

PEIGNON, s (pè-gnon), n. m. Paquet
de filasse que file un cordier. — PEI-
GNONS, gnions (pè-gnon, gnion), v.
peigner et v. peindre. V. peignant.

PÉLAGE (pé-lă-je), n. pr. d'homme.
Hérésiarque du Ve siècle. — PÉLASGES
(pé-las-je, ou pé-lă-je), n. pr. m. pl.
Ancien peuple de la Grèce et de l'Italie.
— PELAGE, PLAGE. V. plage.

PEL... (pè-l...), V. par pl... les mots
qui ne sont pas ici.

PÈLE, s, nt (pè-le), v. peler, 2 fois :
V. peler. — PELLE, s (id.), n. f. Instrument large et plat. — PÈLE (pê-le),
corrupt. de pelle, ne s'emploie que dans
pêle-mêle, adv. Confusément; n. m.
Confusion; v. pêle-mêler. Entasser confusément.

PELER...; é... (pe-lé...) [rad. peau],
v. et p. Ôter la peau. — PELER...; é...

(id.) [rad. *poil*], v. et p. Oter le poil. — PELLÉE, s (pè-lée), ou *pelletée*, n. f. Ce qui peut tenir sur une pelle. — PÉLÉE (pé-léc), n. pr. m. Père d'Achille. — PLÉE, s (plée), n. f. Insecte; plante.

PELOTON, s (pe-lŏ-ton), n. m. Petite pelote; petite troupe de soldats. — PELOTONS (id.), v. peloter. Jouer à la paume; battre; mettre en pelote.

PÉNATES (pé-nă-te), n. m. pl. Dieux domestiques des anciens Romains. — PEINATES (pè-nā-te), v. peiner. Chagriner.

PÈNE, s (pè-ne), n. m. Verrou de serrure, qui entre dans la gâche. — PÈNE, s (pè-ne), n. f. Bouchon de grosse étoffe à l'usage des calfats. — PENNE, s (id.), n. f. Grosse plume des oiseaux. — PEINE, s (id.), n. f. Chagrin; châtiment. — PEINE, s, nt (id.), v. peiner. Mécontenter.

PEINER, ez, ai; é... (pè-né, née), v. et p. Chagriner. — PENNÉ, s, e, es (pèn'-né, née), adj. Disposé comme les barbes d'une plume : bot.

PEINÈRENT (pè-nè-re), v. peiner. Contrister. — PENNAIRE, s (pèn'-nè-re), adj. Qui offre des plis disposés comme les barbes d'une plume.

PEINONS (pè-non), v. peiner. Faire de la peine. — PENNON, s (pèn-non), n. m. Ancien étendard à longue queue.

PÉQUIN, ou *pékin*, s (pé-kin), n. m. Sorte de taffetas fabriqué à Pékin ou en Chine; en argot de soldat, celui qui n'est pas militaire; celui qui, dans un bal, n'est pas déguisé. — PÉKIN, ou *Pe-king* (id.), n. pr. m. Capitale de la Chine.

PERCHE, s (pèr-che) [lat. *perca*], n. f. Poisson. — PERCHE, s (id.) [lat. *pertica*], n. f. Mesure de longueur; gaule, long bâton. — PERCHE, s, nt (id.) [id.], v. percher. Mettre sur une perche, une branche ou un lieu élevé. — PERCHE (id.), n. pr. m. Pays situé autour de Mortagne.

PERCHERON, s (pèr-che-ron) [rad. le *Perche*], adj. et n. m. Du Perche. — PERCHERONS, nt (id.), v. percher. V. *perche*.

PERDISSIONS (pèr-dĭ-sion), v. perdre. Cesser d'avoir; gâter. — PERDITION, s (pèr-dĭ-sĭ-on), n. f. Perte; état de ce qui se perd.

PÈRE, s (pè-re), n. m. Celui qui a un enfant; auteur; principe. — PERD, s (pèr), v. perdre. Faire une perte. —

PERS (id.), adj., vieux. Vert-bleu. — PAIRE, s (pè-re), n. f. Couple, deux choses de même espèce; adj. f. de pair. — PAIR, s (pèr), adj. Égal, semblable; n. m. Membre de la chambre-haute de France.

PÉRI, ie, ies, is, it, ît (pé-rĭ, rĭe, rĭ), p. et v. périr. Cesser d'exister. — PAIRIE, s (pè-rĭe), n. f. Dignité de pair de France.

PÉRILLE, s (pé-ri-lle, *ll* m.), n. f. Plante. — PÉRIL, s (pé-rĭl, *l* m.), n. m. Danger. — PÉRILLE, s, nt (pé-ri-lle, *ll* m.) [rad. *péril*], v. périller, vieux. Être en péril, péricliter.

PÉRIME, s, nt (pé-rĭ-me), v. périmer. Tomber à rien, se perdre par prescription. — PÉRIMES, (pé-rī-me), v. périr. Cesser d'exister.

PERLASSE, s (pèr-lă-se), n. f. Potasse la plus pure. — PERLASSE, s, nt (pèr-lă-se), v. perler. Travailler en perfection; façonner en forme de perle.

PERLE, s (pèr-le), n. f. Grain d'une sorte de nacre qui se développe dans certaines coquilles univalves. — PERLE, s, nt (id.), v. perler. V. *perlasse*. — PAIRLE, s (id.), n. m., t. de blason. Pièce d'un écusson faite en forme d'Y.

PERLÈRENT, (pèr-lè-re), v. perler. V. *perlasse*. — PERLAIRE, s (id.), adj. Qui a l'éclat des perles ou de la nacre.

PERLON, s (pèr-lon), n. m. Poisson. — PERLONS (id.), v. perler. V. *perlasse*.

PERMISSION, s (pèr-mĭ-sĭ-on), n. f. Autorisation. — PERMISSIONS (pèr-mĭ-sion), v. permettre. Autoriser, donner liberté d'agir.

PERMISSIONNÈRENT (pèr-mĭ-sĭ-ŏ-nè-re), v. permissionner. Autoriser. — PERMISSIONNAIRE, s (id.), n. Personne munie d'une permission.

PERRON, s (pè-rron), n. m. Escalier à l'extérieur d'une porte. — PAIERONS, ou *payerons*, ou *pairons*, nt (pè-ron, ou pèĭe-ron), v. payer. Solder.

PÉRONE, s (pé-rŏ-ne), n. m. Champignon. — PÉRONNE (id.), n. pr. Sous-préf. de la Somme.

PÉRONÉ, s (pé-rŏ-né), n. m. Os externe de la jambe. — PÉRONÉE, s (pé-rŏ-née), n. f. Genre de coquilles bivalves.

PERSAN, s (pèr-san), adj. et n. m. De la Perse. — PERÇANT, s (id.), adj. Aigu, pénétrant; gér. du v. percer.

PERSE, s (pèr-se) [lat. *varius*], adj. f. de pers. Vert-bleue. — **PERSE** (id.) [lat. *Persis*], n. pr. f. Contrée de l'Asie. — **PERSE**, s (id.) [id.], adj. et n. des 2 genres. De la Perse, persan; n. f. Toile de coton peinte. — **PERCE**, s, nt (id.), v. percer. V. *persée*. — **PERCE**, s (id.), n. f. Outil pour percer; nom vulgaire de la loche.

PERSÉE, s (pèr-sée), n. f. Sorte de laurier. — **PERCÉE**, s (id.), n. f., ou **PERCÉ**, s (pèr-sé), n. m. Ouverture dans un bois pour faire un chemin. — **PERCER**, ez, ai, é... (pèr-sé, sée), v. et p. Faire une ouverture à travers. — **PERSÉE** (pèr-sée), n. pr. m. Héros de l'antiquité, roi d'Argos; dernier roi de Macédoine; constellation.

PERCERA, s (pèr-se-ră), v. percer. V. *persée*. — **PERCERAT**, s (id.), n. m. Poisson, l'aigle de mer.

PERSILLE, s, nt (pèr-si-lle, *ll* m.), v. persiller. Assaisonner de persil. — **PERSIL**, s (pèr-sĭl, *l* m.), n. m. Plante potagère.

PESSANT et dérivés (pè-san...), v. pesser. Échalasser une vigne. — **PAISSANT** et dérivés (pè-san...), v. paître. Brouter.

PESSE, s, nt (pè-se), v. pesser. Échalasser. — **PAISSE**, s (pè-se), n. f. Nom vulgaire du moineau, etc. — **PAISSE**, s, nt (id.) [lat. *pasci*], v. paître. Brouter.

PESSOT, s (pè-sŏ), n. m. Sorte de drap qu'on fabrique en Languedoc. — **PESSEAU**, ou *paisseau*, x (pè-sŏ), n. m. Échalas.

PAISSON, s (pè-son), n. m. Outil de fer pour déborder et ouvrir les peaux. — **PAISSON**, s (id.), [rad. *paître*], n. f. Ce que les bestiaux paissent. — **PAISSONS** (id.) [lat. *pasci*], v. paître. Brouter.

PAISSONNIER, s (pè-sŏ-nié), n. m. Celui qui mène les bestiaux en paisson. — **PAISSONNIEZ** (id.), v. paissonner. Adoucir le cuir sur le paisson.

PESTE, s (pès-te), n. f. Maladie épidémique et contagieuse. — **PESTE**, s, nt (id.), v. pester. Exhaler son dépit, son mécontentement. — **PESTH** (pèst'), n. pr. Ville de Hongrie.

PÉTITIONNÈRENT (pé-tĭ-sĭ-ŏ-nè-re), v. pétitionner. Faire une pétition, une demande. — **PÉTITIONNAIRE**, s (id.), n. m. Celui qui pétitionne.

PÉTRÉ, s, e, es (pé-tré, trée), adj. Qui se trouve sur les pierres. — **PAI-TREZ**, ai (pè-tré), v. paître. Brouter. — **PÉTEREZ**, ai (pè-te-ré), v. péter. Faire un pet.

PEU (peŭ), adv. de quantité. En petite quantité. — **PEUX**, eut (peŭ), v. pouvoir. Avoir la possibilité.

PEUPLE, s (peŭ-ple) [lat. *populus*, n. m., du gr. πολυς], n. m. Nation. — **PEUPLE**, s, nt (id.) [id.], v. peupler. Remplir d'habitants. — **PEUPLE**, s (id.) [lat. *populus*, n. f.], n. m., peu usité. Peuplier, arbre.

PEUPLERAIE, s (peŭ-ple-rée), n. f. Lieu planté de peupliers. — **PEUPLERAIS**, ait, aient (peŭ-ple-rè, ré), v. peupler. Garnir d'habitants.

PEUPLIER, s (peŭ-plĭ-é), n. m. Arbre élancé, à bois blanc. — **PEUPLIEZ** (id.), v. peupler. Remplir d'habitants.

PESON, s (pe-zon), n. m. Instrument pour peser. — **PESONS** (id.), v. peser. Déterminer la pesanteur; être pesant, égaler un certain poids.

PH... V. *f...*

PIE, s (pīe) [lat. *pica*], n. f. Oiseau noir et blanc. — **PIE**, s (id.) [lat. *pius*], adj. Pieux. — **PIE** (id.) [lat. *Pius*], n. pr. d'homme. — **PIS** (pī) [lat. *pectus*], n. m. Tétine. — **PIS** (pī) [lat. *pejus*], adv. Plus mal.

PIÈRES (pĭ-è-re), n. pr. m. Ancien peuple de Thrace, originaire de la Piérie, en Macédoine. — **PIERRE**, s (piè-re) [lat. *petra*], n. f. Corps minéral dur. — **PIERRE** (id.) [lat. *Petrus*], n. pr. d'homme. — **PILLÈRENT** (pi-llè-re, *ll* m.), v. piller. Enlever avec violence.

PIÈTE, s, nt (piè-te), v. piéter. V. *piété*. — **PIETTE**, s, nt (id., ou pĭ-è-te), v. pietter. V. *piété*. — **PIETTE**, s (pĭ-è-te) [dim. de *pie*], n. f. Oiseau aquatique.

PIÉTÉ (pĭ-é-té) [lat. *pietas*], n. f. Dévotion, sentiment religieux. — **PIÉTER...**; é... (pié-té, tée) [rad. *pied*], v. et p. Disposer quelqu'un à la résistance; butter contre; au jeu, tenir le pied à l'endroit marqué. — **PIETTER...**; é (piè-té ou pĭ-è-té...), v. et p. S'envoler après avoir été tenu en arrêt.

PIÉTIN, s (pié-tin), n. m. Poisson mollusque. — **PIÉTAIN**, s (id.), n. m. Maladie du pied des moutons ou des bêtes à cornes.

PIÉTON, s (pié-ton), n. m. Celui qui va à pied. — **PIÉTONS** (id.), v. piéter. V. *piété*.

PIÉTONNE, s (pié-tŏ-ne), n. f. de piéton. Celle qui voyage à pied. — **PIÉTONNE,** s, nt (id.), v. piétonner. Aller à pied.

PIEU, x (pieu) [lat. *palus*], n. m. Morceau de bois long et pointu. — **PIEUX** (pĭ-eŭ) [lat. *pius*], adj. Qui a de la piété.

PIGNON, s (pi-gnon) [lat. *pectinatum tectum*], n. m. Muraille pointue ; roue dentée. — **PIGNON,** s (id.) [lat. *pinus*], n. m. Amande de la pomme de pin.

PIGEON, s (pĭ-jon) [lat. *pepio*], n. m. Oiseau, colombe. — **PIGEONS** (id.) [celt. *pig*], v. piger. Mesurer quel est le palet le plus près du bouchon.

PIGEONNET, s (pĭ-jŏ-nè), n. m. Sorte de poire d'automne. — **PIGEONNAIS,** ait, aient (pĭ-jŏ-nè, nè), v. pigeonner. Plâtrer avec la main ; tromper au jeu.

PIGEONNIER, s (pĭ-jŏ-nié), n. m. Colombier. — **PIGEONNIEZ** (id.), v. pigeonner. V. *pigeonnet.*

PILIER, s (pĭ-lié), n. m. Support en maçonnerie ou en bois, en forme de colonne. — **PILIEZ** (id.), v. piler. Broyer avec un pilon. — **PILLER,** ez, ai, é...; iez (pi-llé, llée ; llié, *ll* m.), v. piller. Ravir, spolier.

PILON, s (pĭ-lon), n. m. Instrument pour piler dans un mortier. — **PILONS** (id.), v. piler. Broyer.

PILORI, s (pĭ-lŏ-rĭ), n. m. Poteau où l'on attache les personnes condamnées à l'exposition. — **PILORIE,** s, nt (pĭ-lŏ-rīe), v. pilorier. Mettre au pilori ; diffamer.

PIN, s (pĭn) [lat. *pinus*], n. m. Arbre cônifère. — **PIN,** s (id.), n. m. Poisson. — **PIN,** s (id.), n. m. Sorte de maille d'un filet. — **PAIN,** s (pīn), n. m. Aliment fait de farine. — **PEINS,** nt, nts (pin) p. et v. peindre. Appliquer des couleurs ; décrire.

PINIER, s (pĭ-nié), n. m. Espèce de pin. — **PINNIER,** s (pĭn'-nié), n. m. Poisson mollusque.

PINCÈTE, s, nt (pin-sè-te), v. pinceter ; on *pincette,* s, nt (id.), v. pincetter. Épiler avec une pincette. — **PINCETTE,** s (id.), n. f. Petite pince.

PINSON, s (pin-son) [rad. *pincer*], n. m. Oiseau. — **PINSON,** s (id.) [lat. *pensum*], ou *pensum,* s, n. m. Punition des écoliers. — **PINÇON,** s (id.) [lat. *pungiunculus,* de *pungere*], n. m. Marque qu'on fait sur la peau en pinçant.

— **PINÇON,** s (id.) [lat. *piceum*], n. m. Tonneau qui était fait autrefois en cuir poissé. — **PINÇONS** (id.) [lat. *pungere* ou *pinsere*], v. pincer. Presser la superficie de la peau, etc., avec les ongles ou autrement.

PINTA, as, àt (pin-tă, tă), v. pinter. Boire immodérément. — **PINTAT,** s (pin-tă), n. m. Demi-pinte.

PINTE, s (pin-te), n. f. Ancienne mesure de capacité. — **PINTE,** s, nt (id.), v. pinter. Boire à l'excès. — **PEINTE,** s (id.), p. f. de peint. Mise en couleur ; décrite.

PINTON, s (pin-ton), n. m. Sorte de pinte ou de vase. — **PINTONS** (id.), v. pinter. Boire avec excès.

PIOT, s (pĭ-ŏ) [gr. πιω pour πινω], n. m. vieux et pop. Vin. — **PIOT,** s (id.) [onom. de son cri], n. m. Nom vulgaire du dindon.

PIOCHET, s (pĭ-ŏ-chè), n. m. Oiseau, nom vulg. du grimpereau. — **PIOCHAIS,** ait, aient (pĭ-ŏ-chè, chè), v. piocher. Fouir avec la pioche.

PIOCHON, s (pĭ-ŏ-chon), n. m. Petite pioche. — **PIOCHONS** (id.), v. piocher. Travailler avec une pioche.

PION, s (pĭ-on), n. m. Disque du jeu de dames ; pièce du jeu des échecs. — **PILLONS,** llions (pi-llon, llion, *ll* m.), v. piller. Spolier ; ravir.

PIONE, s (pĭ-ŏ-ne), n. f. Nom vulgaire de la pivoine, plante. — **PIONNE,** s, nt (id.), v. pionner. Prendre et perdre inutilement des pions.

PIONET, s (pĭ-ŏ-nè), n. m. Nom vulgaire du grimpereau, oiseau. — **PIONNAIS,** ait, aient (pĭ-ŏ-nè, nè), v. pionner. V. *pione.*

PIONNIER, s (pĭ-ŏ-nié), n. m. Travailleur militaire. — **PIONNIEZ** (id.), v. pionner. V. *pione.*

PIPA, s (pĭ-pă), n. m. Genre de reptiles batraciens de l'Amérique. — **PIPA,** as, àt (pĭ-pă, pă) [onom.; gr. πιπιζω], v. piper. Prendre à la pipée.

PIPE, s (pĭ-pe) [lat. *pipa,* chalumeau], n. f. Instrument pour fumer. — **PIPE,** s (id.), n. f. Grande futaille ; ancienne mesure de grains ; poisson. — **PIPE,** s, nt (id.) [onom.; gr. πιπιζω], v. piper. Prendre à la pipée.

PIPET, s (pĭ-pè), n. m. Oiseau, nom vulgaire de la farlouse. — **PIPAIS,** ait, aient (pĭ-pè, pè), v. piper. Prendre à la pipée.

PIPI, s (pĭ-pĭ) [onom.], n. m. Oiseau de l'ordre des passereaux. — PIPI (id.) [onom.], n. m. Nom enfantin de l'urine. — PIPIE, s, nt (pĭ-pīe), v. pipier. Pépier, crier comme les petits oiseaux.

PIPIEZ, ions (pĭ-pié, pion) [rad. *pipée*], v. piper. Prendre à la pipée. — PIPIER, ez, ai; é; ons (pĭ-pĭ-é, on), PIPIIEZ, iions (pĭ-pĭ-ié, ion), v. pipier. Pépier, crier comme les petits oiseaux.

PIPOT, s (pĭ-pŏ), n. m. Tonneau à miel. — PIPEAU, x (pĭ-pō), n. m. Flûte de Pan, instrument de musique composé de chalumeaux; gluaux pour prendre les oiseaux.

PIQUE, s (pĭ-ke), n. f. Lance; brouillerie. — PIQUE, s, nt (id.), v. piquer. Percer avec une pointe. — PIQUE, s (id.), n. m. Une des 2 couleurs noires des cartes. — PIC, s (pĭk'), n. m. Pioche; rocher pointu.

PIQUET, s (pĭ-kè), n. m. Petit pieu; jeu de cartes. — PIQUAIS, ait, aient (pĭ-kè, kê), v. piquer. Percer avec une pointe.

PIQUIER, s (pĭ-kié), n. m. Soldat armé d'une pique. — PIQUIEZ (id.), v. piquer. Percer avec une pointe.

PIRATE, s (pĭ-ră-te), n. m. Corsaire. — PIRATE, s, nt (id.), v. pirater. Exercer la piraterie. — PYRATE, s (id.), n. m. Substance obtenue de l'acide pyroligneux ferrugineux.

PYRIQUE, s (pĭ-rĭ-ke), adj. Qui concerne le feu. — PYRRIQUE, s (pĭr'-rĭ-ke), n. f. Danse militaire des anciens.

PIRON, s (pi-ron), n. m. Oison. — PIRON (id.), n. pr. m. Écrivain cynique français. — PYRRHON (pĭr'-ron), n. pr. m. Philosophe grec, auteur du pyrrhonisme ou doute universel en matière de philosophie.

PISSA, as, ât (pĭ-să, să), v. pisser. Uriner. — PISSAT, s (pĭ-să), n. m. Urine des animaux.

PISSER, ez, ai; é… (pĭ-sé, sée), v. et p. Uriner. — PICÉ, s e, es (id.), adj. Semblable à une pie; n. f. Famille d'oiseaux du genre pie.

PISSOTE, s (pĭ-sŏ-te), n. f. Petite canule de bois qui se place au bas d'un cuvier à lessive. — PISSOTE, s, nt (id.), v. pissoter. Pisser souvent et en petite quantité.

PITON, s (pĭ-ton), n. m. Clou ou vis dont la tête est percée en anneau. — PYTHON (id.), n. m. Serpent fabuleux.

PISAN, s (pi-zan), adj. et n. m. De Pise; n. pr. m. Province du duché de Toscane. — PISANT (id.), v. piser. V. *pise*.

PISE, s, nt (pi-ze) [lat. *pinsere*], v. piser. Faire du pisé, en battant la terre entre deux planches pour la réduire en un mortier compacte. — PISE, s (id.), n. f. Poisson crustacé. — PISE (id.), [lat. et it. *Pisa*], n. pr. f. Ville d'Italie, en Toscane; célèbre ville du Péloponnèse, en Élide.

PISÈRENT (pi-zè-re), v. piser. V. *pise*. — PISAIRE, s (id.), adj. De la grosseur d'un pois.

PISON, s (pi-zon), n. m. Insecte hyménoptère. — PISON, s (id.) [rad. *pisé*], n. m. Masse de bois qui sert à piser la terre. — PISONS (id.) [id.], v. piser. V. *pise*.

PLAI… (plè…). V. *ple*…

PLAT, s (plă), adj. Uni, plan; sans agrément; n. m. Partie plate; pièce de vaisselle; son contenu. — PELA, as, ât (pe-lă, lă), v. peler, 2 fois : V. *peler*.

PLAGE, s (plă-je), n. f. Rivage de mer plat et découvert. — PELAGE, s (pe-lă-je), n. m. Couleur, aspect du poil des quadrupèdes. — PÉLAGE, PÉLASGES : V. *Pélage*.

PLAN, s (plan), adj. Plat et uni; n. m. Surface plate et unie; dessin; projet. — PLANT, s (id.), n. m. Rejeton destiné à être planté; terrain planté. — PELANT (pe-lan), v. peler, 2 fois : V. *peler*.

PLANCHER, s (plan-ché), n. m. Sol ou plafond en planches. — PLANCHER, ez, ai; é… (plan-ché, chée), v. et p. Émoudre les forces sur leur longueur.

PLANCHEIE, ou *plancheye*, s, nt (plan-chĕie), v. plancheyer, et non planchéier (1). Garnir d'un plancher une chambre, un appartement. — PLANCHAIS, ait, aient (plan-chè, chĕ), v.

---

(1) *Planchéier* est inconjugable aux personnes dont la terminaison commence par *e* muet. Sans doute nous pouvons écrire : *je planchéie, tu planchéieras*, etc. Mais comment prononcerons-nous? *Je plan-ché-ie, tu plan-ché-ie-ra*. Car l'*i*, précédé d'un *é* accentué, se détache comme s'il portait un tréma : témoin *j'obéis, elle sera obéie, pléiade*.

Le français n'admet donc pas de verbes en *éier*, mais en *eyer*, comme *grasseyer*, etc.

plancher. Émoudre les forces sur leur longueur.

PLANCHON, s (plan-chon), n. m. Espèce de lance ancienne; nom vulgaire du colza. — PLANCHONS (id.), v. plancher. V. *plancher*.

PLANE, s, (pla-ne) [lat. *planus*], adj. f. de plan; n. f. Outil de charron. — PLANE, s, nt (id.) [rad. *plane*, n. f.], v. planer. Aplanir avec une plane; voler sans presque remuer les ailes. — PLANE, s (id.) [contract. de *platane*, lat. *platanus*], n. m. Autrefois, platane; auj., sorte d'érable.

PLANER, s (pla-né), n. m. Nom spécifique d'une lamproie, poisson. — PLANER, ez, ai; é... (pla-né, née), v. et p. V. *plane*.

PLANÈRE, s (pla-nè-re), n. f. Genre de plantes dicotylédones. — PLANÈRENT (id.), v. planer. V. *plane*. — PLANAIRE, s (id.), adj. et n. m. Se dit des animaux qui ont le corps plat et uni.

PLANÈTE, s, nt (pla-nè-te) [rad. *plane*], v. planeter. Unir et amincir de la corne pour en faire des peignes. — PLANÈTE, s (id.) [gr. πλανης], n. f. Corps céleste non fixe. — PLANETTE, s (id.), n. f. Petite plane.

PLANETÈRENT (pla-ne-tè-re), v. planeter. V. *planète*. — PLANÉTAIRE, s (pla-né-tè-re), adj. Qui appartient aux planètes.

PLANIER, s (pla-nié), n. m. Plaine située au sommet d'une montagne. — PLANIEZ (id.), v. planer. V. *plane*.

PLANTÈRENT (plan-tè-re), v. planter. Enfoncer une plante en terre. — PLANTAIRE, s (id.), adj. Qui concerne la plante du pied.

PLANTIN, s (plan-tin), n. m. Plançon ou plantard, branche d'arbre qu'on replante. — PLANTAIN, s (id.), n. m. Plante, type de la famille des plantaginées.

PLANTON, s (plan-ton), n. m. Soldat de service auprès d'un officier supérieur; poisson. — PLANTONS (id.), v. planter. Mettre en terre une plante pour qu'elle pousse.

PLACE, s (plă-se), n. f. Lieu; emploi. — PLACE, s, nt (id.), v. placer. Mettre dans un lieu. — PELASSE, s, nt (pe-lă-se), v. peler, 2 fois : V. *peler*.

PLACET, s (plă-sè), n. m. Pétition écrite. — PLAÇAIS, ait, aient (plă-sè, sè), v. placer. Situer en un lieu.

PLACIER, s (plă-sié), n. m. Locataire d'une place sur un marché. — PLACIEZ (id.), v. placer. V. *place*. — PELASSIEZ (pe-lă-sié), v. peler, 2 fois : V. *peler*.

PLATE, s (plă-te), adj. f. de plat. V. *plat*; n. f. Ancienne monnaie. — PLATE, ou *Platte* (id.), n. pr. f. Grande rivière des États-Unis. — PELATES (pe-lă-te), v. peler, 2 fois : V. *peler*.

PLATÉE, s (plă-tée) [rad. *plat*], n. f. Plat chargé d'une abondante nourriture. — PLATÉE, s (id.) [gr. πλατυς], n. f. Massif de fondations qui comprend toute l'étendue d'un bâtiment. — PLATÉE, s (id.), n. f. Plante de l'île de Java. — PLATÉE (id.) [lat. *Platæa*], n. pr. f. Ville de la Grèce ancienne.

PLATEURE, s (plă-teu-re), n. f. Couche ou filon qui prend sous terre une direction horizontale. — PLATEUR, s (plă-teŭr), n. f. Qualité de ce qui est plat, au physique (au figuré on dit: platitude).

PLATINATE, s (plă-tĭ-nă-te), n. m. Combinaison dans laquelle l'oxyde platinique joue le rôle d'acide. — PLATINATES (plă-tĭ-nă-te), v. platiner. V. *platine*.

PLATINE, s (plă-tĭ-ne) [rad. *plat*], n. f. Ustensile plat. — PLATINE, s (id.) [esp. *platina*, dimin. de *plata*, argent], n. m. Métal blanc, le plus pesant et le moins fusible de tous les métaux. — PLATINE, s, nt (id.), v. platiner. Blanchir le cuivre rouge avec un amalgame d'étain et de mercure.

PLATRA, as, ât (plă-tră, trā), v. plâtrer. Couvrir de plâtre. — PLATRAS (plă-trā), n. m. Débris de vieux plâtres, de vieux murs.

PLATRIER, s (plă-trĭ-é), n. m. Fabricant, marchand de plâtre. — PLATRIEZ (id.), v. plâtrer. Couvrir de plâtre.

PLET, s (plè), n. m. Arrangement en ovale d'un gros câble replié sur lui-même. — PLAID, s (plè) [lat. *placitum*], n. m. Plaidoirie. — PLAID, s (plè) n. m. Manteau écossais. — PLAIE, s (plè-e), n. f. Blessure; fléau. — PLAIS, aît (plè), v. plaire. Être agréable. — PELAIS, ait, aient (pe-lè, lè), v. peler, 2 fois : V. *peler*.

PLAIDASSE... (plè-dă-se...), v. plaidasser. Mal plaider; avoir la manie des procès. — PLAIDASSE... (plè-dă-se), v. plaider. Soutenir un procès en justice.

PLEINE, s (plè-ne), adj. f. de plein.

Remplie. — PLAINE, s (plè-ne), adj. f. de plain. Unie, sans inégalités; n. f. Pays plat, uni.

PLAIRE (plè-re), v. Être agréable. — PELÈRENT (pe-lè-re), v. peler, 2 fois : V. *peler*.

PLEURE, s (pleu-re) [gr. πλευρα], et mieux *plèvre*, n. f. Membrane située entre le poumon et les côtes; espace situé derrière chaque scapulaire des insectes. — PLEURE, s, nt (id.) [lat. *plorare*], v. pleurer. Verser des larmes. — PLEUR, s (pleur), n. m. Cri de douleur, gémissement, affliction profonde; au pl., larmes. — PELEUR, s (pe-leŭr), n. m. Celui qui pèle. V. *peler*.

PLAISANTE, s (plè-zan-te), adj. f. de plaisant. Gaie, amusante, divertissante. — PLAISANTE, s, nt (id.), v. plaisanter. Dire ou faire une chose pour exciter la gaîté.

PLI, s (plĭ), n. m. Double; marque qu'il laisse; lettre. — PLIE, s, nt (plĭe) [lat. *plicare*], v. plier. Faire un pli. — PLIE, s (plĭe) [lat. *platessa*], n. f. Poisson plat, de mer.

PLEIN, s (plĭn), adj. Rempli. — PLAIN, s (plĭn) [lat. *planus*], adj. Uni, plat. — PLAINS, nt (id.) [lat. *plangere*], v. plaindre. Avoir pitié, compâtir. — PELIN, s (pe-lin), n. m. Composition qui sert à peler les peaux.

PLINTHE, s (plĭn-te), n. f., t. d'architecture. Plate-bande. — PLAINTE, s (plĭn-te), n. f. Gémissement; exposé d'un grief; p. f. du v. plaindre.

PLISSE, s, nt (pli-se), v. plisser. Faire des plis. — PELISSE, s (pe-li-se), n. f. Manteau doublé de fourrure. — PÉLICE, s (pé-li-se), n. f. Espèce de couleuvre des Indes.

PLISSON, s (pli-son), n. m. Mets composé de crème et de lait, et plissé à la surface. — PLISSONS (id.), v. plisser. Faire des plis.

PLON, s (plŏn), n. m. Nom vulgaire de l'osier. — PLOMB, s (plŏn), n. m. Métal mou, très pesant. — PELONS (pe-lon), v. peler, 2 fois : V. *peler*.

PLOMBATE, s (plon-bă-te), n. m. Sel produit par l'acide plombique. — PLOMBATES (plon-bă-te), v. plomber. Garnir de plomb.

PLOMBIER, s (plon-bié), n. m. Ouvrier qui travaille en plomb. — PLOMBIEZ (id.), v. plomber. Garnir de plomb.

PLOMBIÈRE, s (plon-biè-re) [rad. *plomb*], adj. f. de plombier. Qui ressemble au plomb; n. f. — PLOMBIÈRES (id.), [celt. *plou*, eau, *ber*, chaude], n. pr. Ch.-l. de canton des Vosges.

PLONGET, s (plon-jè), n. m. Oiseau. — PLONGEAIS, ait, aient (plon-jè, jè), v. plonger. Enfoncer momentanément dans l'eau.

PLONGEON, s (plon-jon), n. m. Action de plonger; oiseau aquatique. — PLONGEONS (id.), v. plonger. V. *plonger*.

PLOQUE, s (plŏ-ke), n. f. Filasse enroulée sur une quenouille; laine cardée. — PLOQUE, s, nt (id.), v. ploquer. Garnir de ploc. — PLOC, s (plŏk') [gr. πλοκη], n. m. Bourre; laine de rebut. — PLOC (id.) [onom.]. S'emploie dans *plic et ploc*, pour peindre le bruit des rames.

PLOTÈRE, s (plŏ-tè-re), adj. Qui a la faculté de nager et de plonger. — PELOTÈRENT (pe-lŏ-tè-re), v. peloter. V. *peloton*.

PLU; plut, ût (plŭ, plū) [lat. *pluere*], p. et v. pleuvoir. Tomber, en parlant de la pluie. — PLU; plus, ût (id.) [lat. *placere*], p. et v. plaire. Être agréable. — PLUS (plu) [lat. *plùs*], adv. Davantage. V. *plusse*. — PELU, s, e, es (pe-lŭ, lŭe), adj. Velu, garni de poils.

PLUMASSIER, s (plŭ-mă-sié), n. m. Celui qui prépare ou qui vend des plumes destinées à servir d'ornement. — PLUMASSIEZ (plŭ-mă-sié), v. plumer. Arracher les plumes.

PLUME, s (plŭ-me), n. f. Tuyau barbu qui couvre les oiseaux. — PLUME, s, nt (id.), v. plumer. Arracher les plumes. — PLUMES (plŭ-me), v. plaire. Être agréable.

PLUMET, s (plŭ-mè), n. m. Touffe de plumes qui orne la tête. — PLUMAIS, ait, aient (plŭ-mè, mê), v. plumer. Arracher les plumes.

PLURENT (plŭ-re), v. plaire, et quelquefois v. pleuvoir. V. *plu*. — PELURE, s (pe-lu-re), n. f. Peau des ognons, des fruits, etc. — PELURENT (id.), v. pelurer. Peler, ôter la pelure.

PLUSSE, s, nt (plŭ-se), v. plaire, et, dans certains cas très rares, v. pleuvoir. V. *plu*. — PLUS (plus', mais seulement quand ce mot indique une addition : 3 *plus 4 = 7*; dans tous les autres cas on prononce *plu*. V. *plu*), adv. de quant.

PO (pō), n. pr. m. Fleuve d'Italie. — POT, s (pŏ), n. m. Vase; marmite. —

PAU (pŏ), n. pr. Préfect. des Basses-Pyrénées. — PEAU, x (pŏ), n. f. Enveloppe membraneuse des animaux, de certains fruits.

POCHE, s (pŏ-che) [sax. *pach*], n. f. Petit sac attaché au vêtement. —POCHE, s, nt (id.) [rad. *poche*, ou all. *pochen*], v. pocher. Meurtrir en frappant.

POCHÉE, s (pŏ-chée) [rad. *poche*], n. f. Plein une poche, un sac. — POCHER, ez, ai; é... (pŏ-ché, chée) [all. *pochen*], v. et p. V. *poche*.

POCHET, s (pŏ-chè), n. m. Petit creux fait dans la terre, pour semer des graines en touffe. — POCHAIS, ait, aient (pŏ-chè, ché), v. pocher. V. *poche*.

POCHÉTE, s, nt (pŏ-chè-te), v. pocheter. Porter dans une poche un fruit pour le bonifier. — POCHETTE, s (id.), n. f. Petite poche.

POCHETIER, s (pŏ-che-tié), n. m. Celui qui fait des poches, des sacs. — POCHÉTIEZ (id.), v. pocheter. V. *pochète*.

POIS (poè), n. m. Plante légumineuse; son fruit. — POIDS (id.), n. m. Pesanteur; mesure pour peser. — POIX (id.) [lat. *pix*], n. f. Mélange de résine et de suie. — POIX (id.), n. pr. Ch.-lieu de canton de la Somme. — POA, s (pŏ-ă), n. m. Paturin, plante graminée. — POUAH (poŭ-ah, *h* asp.), interj. de dégoût.

POIGNANT et dérivés (poè-gnant...) [lat. *pungere*], v. poindre. Piquer; commencer à paraître, en parlant du jour ou des plantes. — POIGNANT et dérivés (id.) [rad. *poignant* piquant, ou corrupt. du v. *poindre?*], v. poigner. Chagriner.

POIGNÉE, s (poè-gnée) [rad. *poing*], n. f. Plein la main fermée; anse d'outil. — POIGNER, ez, ai, é...; iez (poè-gné, gnée, gnié), p. et v. poigner, et v. poindre. V. *poignant*.

POIGNET, s (poè-gnè), n. m. Partie du bras, qui tient à la main. — POIGNAIS, ait, aient (poè-gnè, gné), v. poigner et v. poindre. V. *poignant*.

POIL, s (poèl), n. m. Filets qui croissent sur la peau. — POÉLE, s (poè-le) [bas lat. *piselum*], n. m. Cheminée portative. — POÊLE, s (id.) [lat. *pallium*], n. m. Voile; drap mortuaire. — POÊLE, s (id.), [lat. *patella*], n. f. Ustensile pour frire.

POÎLIER, s (poè-lié), n. m. Grosse pièce de fer qui supporte la fusée et la meule d'un moulin. — POÉLIER, s (poê-lié), n. m. Celui qui est chargé d'entretenir le feu dans un poêle. — POALLIER, s (pŏ-ă-lié), n. m. Grosse pièce de cuivre qui tient une cloche suspendue en l'air.

POING, s (poin), n. m. Main fermée. — POINT, s (id.) [lat. *punctum*, de *pungere*], n. m. La plus petite étendue possible; piqûre d'aiguille, couture; signe de ponctuation, etc. — POINT (id.) [fr. *point*, n. m., du lat. *punctum*], adv. de nég. Pas, aucunement. — POINS, nt, nts (id.) [lat. *pungere*], v. poindre et p. V. *poignant*.

POINÇON, s (poin-son) [lat. *pungiunculus*], n. m. Outil pointu. — POINÇON. s (id.) [lat. *piceum*, de *pix*], n. m. Tonneau qui était primitivement en cuir poissé.

POINTE, s (poin-te), n. f. Bout pointu; jeu d'esprit; p. f. du v. poindre. — POINTE, s, nt (id.) [rad. *pointe*], v. pointer. Diriger la pointe vers ou sur un objet.

POIRÉ, s (poè-ré), n. m. Cidre de poires. — POIRÉE, s (poè-rée), n. f. Plante potagère.

POIREAU, x (poè-rō) [gr. πopos], n. m. Verrue. — POIREAU, x (id.), ou *porreau*, x (pŏ-rō) [lat. *porrus*], n. m. Espèce d'ognon.

POISSON, s (poè-son) [lat. *piscis*], n. m. Animal aquatique. — POISSONS (id.) [lat. *pix*], v. poisser. Enduire de poix.

POIVRIER, s (poè-vrĭ-é), n. m. Arbrisseau qui produit le poivre. — POIVRIEZ (id.), v. poivrer. Assaisonner de poivre.

POIVRON, s (poè-vron), n. m. Piment en gousses. — POIVRONS (id.), v. poivrer. Mettre du poivre.

POLKA, s (pŏl-că), n. f. Danse polonaise. — POLKA, as, àt (pŏl-că, că), v. polker. Danser la polka.

POLE, s (pŏ-le), n. m. Extrémité de l'axe d'une sphère. — PAULE, s (id.), n. f. Monnaie d'argent des États romains. — PAULE (id.), n. pr. f. Ville du royaume de Naples. — PAUL (pŏl, et mieux pŏl), n. pr. d'homme. — POL (Saint-) (pŏl), n. pr. Sous-préfecture du Pas-de-Calais.

POLIMENT, s (pŏ-li-man), n. m. Art de polir les pierres précieuses, les glaces, etc.; éclat qui résulte de cette opération. — **POLIMENT** (id.), adv. Avec politesse.

POLISSANT et dérivés (pŏ-lĭ-san…), v. polir. Rendre uni et luisant à force de frotter. — **POLIÇANT** et dérivés (id.), v. policer. Doter de lois sages, civiliser.

POLISSE, s, nt (pŏ-li-se), v. polir. V. *polissant*. — **POLICE**, s (pŏ-lĭ-se) [gr. πολιτεια, it. *polizia*], n. f. Règlements d'ordre public; les personnes chargées de les faire observer. — **POLICE**, s, nt (id.) [id.], v. policer. V. *polissant*. — **POLICE**, s (id.) [it. *polizza*], n. f. Contrat d'assurance.

POLICÈRENT (pŏ-lĭ-sè-re), v. policer. V. *polissant*. — **POLYCÈRE**, s (id.), n. m. Poisson mollusque.

POLISSIEZ (pŏ-li-sié), v. polir. — **POLICIEZ** (pŏ-lĭ-sié), v. policer. V. *polissant*. — **POLICIER**, s (id.), adj. Qui concerne la police; n. m. Homme attaché à la police.

POLICIEN, s (pŏ-lĭ-siin) [rad. *polir*], n. m. Feutre qui sert à polir les peignes. — **POLICIEN**, s (id.) [rad. *police*], n. m. Policier, homme attaché à la police.

POLISSOIRE, s (pŏ-lĭ-soè-re), n. f. Décrottoire douce, meule pour adoucir. — **POLISSOIR**, s (pŏ-lĭ-soèr), n. m. Outil formé d'une dent ou d'une pierre, pour polir.

POLISSON, s (pŏ-li-son) [rad. *poule*, du lat. *pulla*], adj. et n. m. Espiègle, libertin. — **POLISSONS** (id.) [lat. *polire*], v. polir. — **POLIÇONS** (pŏ-lĭ-son), v. policer. V. *polissant*.

POLISSONNE, s (pŏ-lĭ-sŏ-ne), adj. et n. f. de polisson. Espiègle, vagabonde, libertine. — **POLISSONNE**, s, nt (id.), v. polissonner. Agir en polisson.

POMME, s (pŏ-me), n. f. Fruit du pommier; ce qui y ressemble. — **POMME**, s, nt (id.), v. pommer. Se former en pomme. — **PAUME**, s (pŏ-me), n. f. Dedans de la main; jeu. — **PAUME**, s, nt (id.), v. paumer. V. *pommé*.

POMMÉ, s (pŏ-mé), n. m. Cidre de pommes. — **POMMER**…; é… (pŏ-mé…), v. et p. Se former en pomme; s'arrondir. — **PAUMER**…; é… (pŏ-mé…), v. et p. Donner un coup de poing sur le visage. — **PAUMÉE**, s (pŏ-mée), n. f. Mesure prise avec la paume de la main.

POMMÈLE, s, nt (pŏ-mè-le), v. se pommeler. Se couvrir de taches grisâtres.

— **POMMELLE**, s (id.), n. f. Plaque percée de trous à l'embouchure d'un tuyau. — **PAUMÈLE**, s (pŏ-mè-le), n. f., vieux. Poignée; jeu de la main-chaude. — **PAUMELLE**, s (id.), n. f. Espèce d'orge; outil ou garniture qui préserve la paume de la main.

POMMERAIE, s (pŏ-me-rêe), n. f. Lieu planté de pommiers. — **POMMERAIS**, ait, aient (pŏ-me-rè, rê), v. pommer. — **PAUMERAIS**, ait, aient (pŏ-me-rè, rê), v. paumer. V. *pommé*.

POMMÈTE, s, nt (pŏ-mè-te), v. pommeter, t. de blas. Garnir de petites pommes. — **POMMETTE**, s (id.), n. f. Ornement en forme de petite pomme; proéminence entre l'œil et la joue.

POMMIER, s (pŏ-mié), n. m. Arbre qui produit des pommes. — **PAUMIER**, s (pŏ-mié), n. m. Maître d'un jeu de paume. — **POMMIEZ** (pŏ-mié), v. pommer. — **PAUMIEZ** (pŏ-mié), v. paumer. V. *pommé*.

POMP… V. par *ponp*…, après *pont*.

PONT, s (pon) [lat. *pons*], n. m. Chemin construit sur une rivière ou sur une excavation. — **PONT** (id.) [lat. *pontus*], n. pr. m. Ancienne province de l'Asie-Mineure. — **POND**, s (id.), v. pondre. Faire ses œufs.

POMPE, s (pon-pe) [lat. *pompa*], n. f. Faste, vanité. — **POMPE**, s (id.) [gr. πομπη, de πεμπω], n. f. Machine qui fonctionne par un piston. — **POMPE**, s, nt (id.) [id.], v. pomper. Manœuvrer une pompe.

POMPER, ez, ai, é… (pon-pé, pée) [rad. *pompe*], v. et p. Faire jouer une pompe. — **POMPÉE** (pon-pée) [lat. *Pompæus*], n. pr. m. Célèbre général et triumvir romain.

POMPEUSE, s (pon-peū-ze) [lat. *pompa*], adj. f. de pompeux. Fastueuse. — **POMPEUSE**, s (id.) [rad. *pompe*], n. f. de pompeur. Celle qui pompe.

POMPIER, s (pon-pié), n. m. Celui qui fait des pompes; celui qui les gouverne. — **POMPIEZ** (id.), v. pomper. Faire agir une pompe.

POMPON, s (pon-pon) [lat. *pompa*], n. m. Ornement, houppe. — **POMPONS** (id.) [gr. πεμπω], v. pomper. Manœuvrer une pompe.

PONCE, s (pon-se), n. f. Substance volcanique. — **PONCE**, s, nt (id.), v. poncer. Polir avec la pierre ponce. — **PONCE** (id.) [lat. *Pontius*], n. pr. dans

Ponce-Pilate. — PONCES (id.), n. pr. f. pl. Iles du golfe de Gaète.

PONCEUSE, s (pon-seŭ-ze), adj. f. de ponceux. Formé de pierre ponce. — PONCEUSE, s (id.), n. f. de ponceur. Celle qui ponce.

PONCEAU, x (pon-sō), [rad. *pont*], n. m. Petit pont. — PONCEAU (id.) [lat. *puniceus*], adj. D'un rouge éclatant comme celui du coquelicot ; n. m. Nom vulgaire du coquelicot.

PONTE, s (pon-te) [rad. *pondre*], n. f. Action de pondre. — PONTE, s (id.), n. m. Celui qui joue contre le banquier. — PONTE, s, nt (id.) [rad. *ponte*, n. m.], v. ponter. Jouer contre le banquier.

PONTÉ, s, e, es (pon-té, tée) [rad. *pont*], adj. Pourvu d'un pont. — PONTER, ez, ai, é (pon-té) [rad. *ponte*, n. m.], v. et p. Jouer contre le banquier.

PONTET, s (pon-tè), n. m. Demi-cercle qui forme la sous-garde d'un fusil. — PONTAIS, ait, aient (pon-tè, tè), v. ponter. V. *ponte*.

PONTILLE, s, nt (pon-ti-lle, *ll* m.), v. pontiller. Se servir du pontil. — PONTIL, s (pon-tĭl, *l* m., ou pon-tĭ), n. m. Baguette de verrier ; outil qui sert à polir les glaces.

PONTON, s (pon-ton), [rad. *pont*], n. m. Pont flottant ; grand vaisseau employé dans les travaux des ports militaires. — PONTONS (id.) [rad. *ponte*, n. m.], v. ponter. V. *ponte*.

PORE, s (pŏ-re), n. m. Trou imperceptible de la peau. — PORT, s (pŏr) [lat. *portus*], n. m. Abri pour les vaisseaux. — PORT, s (id.), [rad. *porter*], n. m. Action de porter ; droit de transport ; maintien ; capacité. — PORC, s (pŏr, ou mieux pŏrk'), n. m. Cochon.

PORTIONNÈRENT (pŏr-sĭ-ŏ-nè-re), v. portionner. Diviser en portions ; distribuer les portions. — PORTIONNAIRE, s (id.), adj. Qui peut prétendre à une partie d'un héritage.

PORTE, s (pŏr-te) [lat. *porta*], n. f. Lieu pour entrer et sortir ; boiserie qui ferme cette ouverture. — PORTE, s, nt (id.) [lat. *portare*, de *porta*], v. porter. Avoir sur soi, soutenir un objet.

PORTÈRENT (pŏr-tè-re), v. porter. V. *porte*. — PORTER (pŏr-tèr), n. m. Bière forte d'Angleterre.

PORTIER, s (pŏr-tié), n. m. Gardien d'une porte. — PORTIEZ (id.), v. porter. V. *porte*.

PORTRAIT, s (pŏr-trè), n. m. Image ; ressemblance ; description. Ce nom était primitivement le participe de *portraire*, faire le portrait de quelqu'un ; ce verbe, inusité aujourd'hui, fesait : *je portrais, tu portrais, il portrait, ils portraient.* — PORTERAIS, ait, aient (pŏr-te-rè, rè), v. porter. V. *porte*.

POS... (poz..., *s* doux), V. par *poz*...

POSTE, s (pŏs-te), n. m. Emploi ; lieu occupé par des soldats ; n. f. Relai ; bureau de lettres. — POSTE, s, nt (id.), v. poster. Placer dans un poste. — POST, s (pŏst'), n. m. Poisson, sorte de perche. — POST (id.), adv. lat. Après : s'emploie dans *post-scriptum, post-face*, etc.

POSTIONS (pŏs-tion), v. poster. Placer dans un poste. — POSTILLON, s (pŏs-ti-llon, *ll* m.), n. m. Valet de poste.

POU, s (poŭ), n. m. Insecte qui vit dans les cheveux ; étoffe de soie. — POULS (poū), n. m. Battement des artères. — POUE (poūe), interj. qui exprime la détonation d'une arme à feu.

POUDINGUE, s (pou-din-ghe), n. m. Genre de roches formées de fragments anguleux ; poisson ; coquillage. — POUDING, s (pou-dingh'), n. m. Mets anglais.

POUDRIER, s (poŭ-drĭ-é), n. m. Fabricant de poudre à canon ; vase contenant de la poudre. — POUDRIEZ (id.), v. poudrer. Couvrir de poudre.

POUFFE, s, nt (pou-fe), v. pouffer. Éclater involontairement de rire. — POUF (pouf'), interj. exprimant le bruit sourd d'un corps qui tombe. — POUF (id.), adj. invar. Se dit d'une pierre molle et friable, d'un marbre qui s'égrène quand on le travaille.

POUILLE, s, nt (pou-lle, *ll* m.), v. pouiller. Dire des pouilles, des injures grossières ; chercher les pous. — POUILLES (id.), n. f. pl. Injures grossières. — POUILLE (id.) [lat. *Apulia*], n. pr. f. Province du royaume de Naples.

POUILLER, ez, ai, é...; iez (pou-llé, llié, *ll* m.), v. et p. V. *pouille*. — POUILLIER, s (pou-llié, *ll* m.), ou *pouillis*, n. m. Mauvaise auberge. V. *poulier*.

POUILLÈRE, s (pou-llè-re, *ll* m.), n. f. Trou fait au poulailler pour livrer passage aux poules. — POUILLÈRENT (id.), v. pouiller. V. *pouille*. — POULIÈRENT (pou-li-è-re), v. poulier. V. *poulier*.

POULET, s (poŭ-lè) [lat. *pullus*], n. m. Petit de la poule. — POULET, s (id.) [lat. *puletica*], n. m. Billet doux.

POULIER, s (poŭ-lié) [rad. *poule*], n. m., vieux. Poulailler. — POULIER, s (poŭ-lĭ-é) [rad. *poulie*], n. m. Celui qui fait agir les poulies. — POULIER, ez, ai, é...; iez (poŭ-lĭ-é, ée, ié) [id.], v. et p. Élever avec une poulie.

POULIN, s, mieux que *poulain* (poŭ-lin) [lat. *pullanus*, de *pullus*], n. m. Jeune cheval. — POULAIN, s (id.) [lat. *polonus*], adj., vieux. Polonais, de la Pologne.

POUPE, s (pou-pe) [lat. *puppis*], n. f. Arrière d'un vaisseau. — POUPE, s (id.) [lat. *papilla*, dim. de *papa*; it. *poppa*], n. f. Mamelle des bêtes féroces; montagne en forme de mamelle ou de dôme.

POURVOI, s (pour-voè), n. m. Recours à un tribunal supérieur. — POURVOIS, oit; oie, oies, oient (poŭr-voè, voèe), v. pourvoir. Munir, fournir de.

POUSSA, s (poŭ-să), n. m. Jouet d'enfant, qui se balance longtemps sur sa base sphérique quand on le pousse. — POUSSA, as, ât (pou-să, să), v. pousser. Faire effort pour ôter de place, pour faire avancer ou tomber.

POUSSE, s (pou-se), n. f. Jeune branche. — POUSSE, s, nt (id.), v. pousser. V. *poussa*. — POUCE, s (poŭ-se), n. m. Le gros doigt; mesure de 12 lignes.

POUSSET, s (pou-sè), n. m. Sel noir et malpropre. — POUCET, s (poŭ-sè), n. m. Petit pouce. — POUSSAIS, ait, aient (pou-sè, sè), v. pousser. V. *poussa*.

POUSSETTE, s (pou-sè-te), n. f. Jeu qui consiste à pousser des épingles l'une sur l'autre. — POUCETTES (poŭ-sè-te), n. f. pl. Corde ou chaînette à cadenas dans laquelle on attache les deux pouces d'un prisonnier.

POUSSIEZ (pou-sié), v. pousser. V. *poussa*. — POUSSIER, s (id.), n. m. Poussière de charbon. — POUCIER, s (poŭ-sié), n. m. Doigtier propre au pouce; pouce factice.

POSE, s (pō-ze), n. f. Posture, attitude; action ou manière de poser. — PAUSE, s (id.), n. f. Temps de silence, repos. — POSE, s, nt (id.), v. poser. — PAUSE, s, nt (id.), v. pauser. V. *poser*.

POSER...; é... (pō-zé...), v. et p. Placer une chose sur une autre. —

PAUSER...; é (id.), v. et p. Appuyer sur une syllabe; faire une suspension, un repos.

PRÈS (prè), prép. Proche, sur le point de. — PRÊT, s (prè) [lat. *præstus*, de *præstò*, ou *paratus*], adj. Préparé, disposé à, en état de. — PRÊT, s (prè) [lat. *præstare*], n. m. Action de prêter; chose prêtée.

PRÉMISSE, s (pré-mi-se), n. f. Première proposition d'un raisonnement. — PRÉMICES (id.), n. f. pl. Premières productions.

PRÉS... (pré-z..., s doux), V. par *préz...*

PRENANTE, s (pre-nan-te), adj. f. de prenant. Qui prend. — PRENANTHE, s (id.), n. f. Plante chicoracée.

PRESSANT (prè-san), v. presser. Serrer, comprimer. — PRESSANT, s (id.), adj. Urgent, qui presse, qui insiste. — PRESSENS, nt (id.), v. pressentir. Sentir d'avance, avoir un pressentiment.

PRESSANTE, s (prè-san-te), adj. f. de pressant. V. *pressant*. — PRESSENTE, s, nt (id.), v. pressentir. V. *pressant*.

PRÉCÉDANT (pré-sé-dan), v. précéder. Marcher devant. — PRÉCÉDENT, s (id.), adj. Qui précède, antérieur; n. m. Usage déjà établi.

PRESSIS (prè-sī), n. m. Jus de viande ou suc d'herbes pressées. — PRÉCIS (pré-sī), adj. Exact; concis; n. m. Abrégé.

PRESSIER, s (prè-sié), n. m. Ouvrier qui manœuvre la presse. — PRESSIEZ (id.), v. presser. V. *pressant*.

PRESSION, s (prè-sĭ-on), n. f. Action de presser; ses effets. — PRESSIONS (prè-sion), v. presser. V. *pressant*.

PRÉCISE, s (pré-si-ze), adj. f. de précis. V. *pressis*. — PRÉCISE, s, nt (id.), v. préciser. Fixer, déterminer exactement.

PRÉCISION, s (pré-sĭ-zĭ-on), n. f. Qualité de ce qui est précis. — PRÉCISIONS (pré-si-zion), v. préciser. Rendre précis.

PRÉTANT (pré-tan), v. prêter. Donner pour quelque temps. — PRÉTEND, s (pré-tan), v. prétendre. Aspirer à; soutenir que.

PRÊTE, s (prê-te) [lat. *præstus*, ou *paratus*], adj. f. de prêt. Préparée, disposée à. — PRÊTE, s, nt (id.) [lat. *præstare*], v. prêter. Donner pour un temps.

PRÉTEUR, s (pré-teŭr), n. m. Magistrat romain. — PRÊTEUR, s (prê-teŭr), n. m. Celui qui prête.

PRÉVOT, s (pré-vŏ), n. m. Officier qui dirige, qui surveille. — PRÉVAUX, aut (id.), v. prévaloir. Avoir l'avantage, la supériorité.

PRÉSENTE, s (pré-zan-te), adj. f. de présent. Non absente. — PRÉSENTE, s, nt (id.), v. présenter. Offrir, rendre présent, faire voir.

PRÉSIDANT (pré-zĭ-dan), v. présider. Occuper la première place dans une assemblée. — PRÉSIDENT, s (id.), n. m. Celui qui préside une assemblée.

PRÉSIDE, s, nt (pré-zĭ-de) [lat. prœsidere], v. présider. V. présidant. — PRÉSIDE, s (id.) [lat. prœses], n. m. Magistrat romain, lieutenant, proconsul. — PRÉSIDE, s (id.), n. f. Lieu où l'Espagne déporte ses galériens.

PRIX (prī), n. m. Valeur; récompense. — PRIS, it, ît (prĭ, prī), p. et v. prendre. Saisir; accepter; dérober. — PRIE, s, nt (prīe), v. prier. Demander; inviter.

PRIÈRE, s (prĭ-è-re), n. f. Action de prier. — PRIÈRENT (id.), v. prier. Demander comme une grâce.

PRIMA, s (prĭ-mă) [it. prima], adj. f., s'emploie dans prima-donna, première chanteuse, principale actrice. — PRIMA, as, ât (prĭ-mă, mā) [lat. primus], v. primer. Surpasser, tenir la première place. — PRIMAT, s (prĭ-mă), n. m. Archevêque supérieur.

PRIMATE, s (prĭ-mă-te), adj. et n. m. Se dit des animaux qui sont placés en tête des autres dans la classification zoologique. — PRIMATES (prĭ-mă-te), v. primer. Surpasser.

PRIME, s (prĭ-me), adj., peu usité. Premier, s'emploie dans de prime abord; n. f. Première heure du bréviaire; encouragement. — PRIME, s, nt (id.), v. primer. Être supérieur en mérite. — PRIMES (prī-me), v. prendre. Saisir; accepter; dérober.

PRIMÈRENT (prĭ-mè-re), v. primer. V. prime. — PRIMAIRE, s (id.), adj. Qui concerne les premiers degrés d'instruction, etc.

PRIS... (pri-z..., s doux), V. par priz...

PRIVA, as, ât (pri-vă, vā) [lat. privare], v. priver. Ôter à quelqu'un ce qu'il possède. — PRIVAT (pri-vä), n.

pr. d'homme. — PRIVAS (pri-va) [celt. Prifason], n. pr. Préfect. de l'Ardèche.

PRIVE, s (pri-ve), n. f. Plante verbénacée. — PRIVE, s, nt (id.) [lat. privare], v. priver. V. priva.

PRISE, s (prī-ze) [lat. prehendere], p. f. du v. prendre; n. f. Chose prise; capture; pincée de tabac en poudre. — PRISE, s, nt (id.), v. priser, 2 fois : V. priser.

PRISER...; é... (prī-zé...) [rad. prise], v. et p. Prendre du tabac en poudre. — PRISER...; é.... (id.) [rad. prix], v. et p. Estimer, indiquer le prix d'une chose. — PRISÉE, s (prī-zée) [id.], n. f. Action de priser, de mettre un prix aux choses qui doivent être vendues.

PRISEUR, s; euse, s (prī-zeŭr, zeŭze) [rad. prise], n. Celui, celle qui fait usage de tabac en poudre. — PRISEUR, s; euse, s (id.) [rad. prix], adj. Qui estime, qui fait la prisée.

PRISON, s (prī-zon) [bas lat. prisis, de prehendere; it. prigione], n. f. Lieu de détention. — PRISONS (id.), v. priser, 2 fois : V. priser.

PROFESSE, s (prŏ-fè-se), adj. et n. f. de profès. Qui a fait des vœux dans un ordre religieux. — PROFESSE, s, nt (id.), v. professer. Avouer publiquement; enseigner.

PROFESSION, s (prŏ-fè-sĭ-on), n. f. Déclaration; métier; acte solennel par lequel on fait les vœux de religion. — PROFESSIONS (pro-fè-sion), v. professer. V. professe.

PROFILE, s, nt (prŏ-fĭ-le), v. profiler. Représenter un profil. — PROFIL, s (prŏ-fĭl'), n. m. Délinéation du visage vu de côté (opposé à face); représentation d'un objet vu d'un de ses côtés (opposé à plan).

PROGRESSION, s (prŏ-grè-sĭ-on), n. f. Mouvement en avant. — PROGRESSIONS (prŏ-grè-sion), v. progresser. Faire des progrès.

PROMETTEZ (prŏ-mè-té), v. promettre. Faire une promesse. — PROMÉTHÉE (prŏ-mé-tée), n. pr. m. Personnage mythologique.

PROMISSION, s (prŏ-mĭ-sĭ-on), n. f. Promesse; il n'est guère usité que dans terre de promission. — PROMISSIONS (prŏ-mī-sion), v. promettre. Faire une promesse.

PROMULGATION, s (prŏ-mŭl-gā-sĭ-on), n. f. Action de promulguer. —

PROMULGUASSIONS (prŏ-mŭl-gā-sion), v. promulguer. Publier une loi avec les formalités requises.

PRONOM, s (prŏ-non), n. m. Mot qui tient la place d'un nom. — PRONONS (prŏ-non), v. prôner. Faire le prône ; louer excessivement.

PRONOSTICATION, s (prŏ-nŏs-tĭ-cā-sĭ-on), n. f. Prédiction, conjecture. — PRONOSTIQUASSIONS (prŏ-nŏs-tĭ-cā-sion), v. pronostiquer. Faire un pronostic.

PRONOSTIQUE, s, nt (prŏ-nŏs-tĭ-ke), v. pronostiquer. Faire un pronostic. — PRONOSTIC, s (prŏ-nŏs-tĭk'), n. m. Jugement, conjecture de ce qui doit arriver.

PROSPÈRE, s (prŏs-pè-re), adj. Heureux ; favorable. — PROSPÈRE, s, nt (id.), v. prospérer. Avoir la fortune favorable. — PROSPER (prŏs-pèr'), n. pr. d'homme.

PROU (proŭ), adv., vieux. Beaucoup, assez. — PROUE, s (proūe), n. f. L'avant d'un navire.

PROVIN, s (prŏ-vĭn) [lat. *pro, vinea*], n. m. Rejeton d'un cep de vigne provigné. — PROVINS, int, înt (prŏ-vĭn, vīn) [lat. *provenire*], v. provenir. Procéder, émaner. — PROVINS (prŏ-vin) [lat. *Provinum*, du celt. *pro, wynn*], n. pr. Sous-préf. de Seine-et-Marne.

PROVINSSE, s, nt (prŏ-vĭn-sse) v. provenir. Procéder, dériver. — PROVINCE, s (prŏ-vĭn-se), n. f. Partie d'un état, d'une contrée.

PROVOCATION, s (prŏ-vŏ-cā-sĭ-on), n. f. Action de provoquer ; ce qui provoque. — PROVOQUASSIONS (prŏ-vŏ-cā-sion), v. provoquer. Exciter.

PU, us, ut, ût (pŭ, pū) [lat. *posse*], p. et v. pouvoir. Avoir la possibilité, la faculté de. — PU, us, ue, ues, ut, ût (pŭ, pū, pūe) [lat. *pascere*], p. et v. paître. Brouter ; rassasier, repaître ; mener au pâturage. — PUS (pū) [lat. *pus*], n. m. Matière corrompue. — PUE, s, nt (pūe) [lat. *putere*], v. puer. Exhaler une mauvaise odeur.

PUIS (pui) [lat. *pòst*], adv. Ensuite. — PUIS (id.) [lat. *posse*], v. pouvoir. V. *pu*. — PUITS (puī), n. m. Trou creusé en terre pour avoir de l'eau. — PUI ou *Puy* (puĭ), n. pr. m. *Le Puy*, ou *Le-Puy-en-Velai*, préfecture de la Haute-Loire ; *Puy-de-Dôme*, montagne et départ. de France.

PUNISSIONS (pŭ-nī-sion), v. punir. Châtier. — PUNITION, s (pŭ-nĭ-sĭ-on), n. f. Châtiment.

PURE, s (pŭ-re) ; PUR, s (pŭr) [lat. *purus*], adj. Sans mélange ; sans tache. — PURE, s, nt (pŭ-re) [id.], v. purer. Écumer. — PURENT (pū-re), v. pouvoir et v. paître. V. *pu*.

PURER, é...; rai..., rais... (pŭ-ré..., rè...), v. et p. Écumer. — PUERAI..., erais... (pūe-ré..., rè...), v. puer. Sentir mauvais. — PURÉE, s (pŭ-rée), n. f. Sorte de bouillie faite avec la substance des légumes farineux.

PUROT, s (pu-rŏ), n. m. Trou où s'amasse le purin. — PUREAU, x (pu-rō), n. m. La partie d'une tuile ou d'une ardoise qui reste à découvert sur le toît.

PUSSE, s, nt... (pū-se...), v. pouvoir et v. paître. V. *pu*. — PUCE, s (pŭ-se), n. f. Insecte.

PY... V. *pi*...

Q.

Articulation K *devant les sons* c, é, è, i, in (que, qué, què, qui, quin...).

QUA... (ca...). V. par *ca*...

QUAN... (can..., nasal), V. par *can*...

QUE (kĕ) [lat. *quem, quam, quod, quid*], pron. rel. Lequel, etc. — QUE (id.) [lat. *quid*], pron. rel. interrog. Quelle chose. — QUE (id.) [lat. *quòd, quà, quàm*], conj. — QUE (id.) [lat. *quàm, quantùm*], adv. de quant. Combien. — QUEUE, s (keūe), n. f. Extrémité postérieure du corps des animaux, etc. — QUEUX (keū), n. m., vieux. Cuisinier.

QUAI, s (kè), n. m. Chaussée faite le long d'une rivière. — QUAIT, s (id.), n. m. 26 feuilles de papier.

QUEL, s (kèl) ; QUELLE, s (kè-le), adj. indéf. — KEHL (kèl), n. pr. Ville du grand-duché de Bade.

QUELQUE, s (kèl-ke), adj. indéf. Un ou plusieurs des objets dont on parle. — QUELQUE (id.), adv. Environ ; tellement. — QUEL... QUE, adj. indéf. et conj. *Quel* seul est variable, et ces deux mots sont toujours suivis du v. être au

subj. Ex. : *quel que soit votre dessein,
quelles que fussent vos intentions.*

QUELQUECHOSE (kèl-ke-chō-ze), pron. indéf. Une chose quelconque indéterminée. — QUELQUE CHOSE (id.), adj. indéf. et n. f. Ex. : *Quelque chose que vous ayez dite.*

QUELQUEFOIS (kèl-ke-foè), adv. De fois à autre. — QUELQUES FOIS (id.), adj. indéf. et n. f. Plusieurs fois. Ex. : *Je ne lui ai parlé que quelques fois.*

KERMESSE, s (kèr-mè-se), ou *karmesse*, n. f. Fête annuelle. — KERMÈS (kèr-mès'), n. m. Insecte rouge; minéral.

QUERELLEUSE, s (ke-rè-leū-ze), n. f. de querelleur. Qui aime à quereller. — QUERELLEUSE, s (id.), adj. f. de querelleux, vieux. Fâcheuse.

QUESTIONNÈRENT (kès-tĭ-ŏ-nè-re), v. questionner. Faire des questions, interroger. — QUESTIONNAIRE, s (id.), n. m. Série de questions.

COEUR, s (keŭr'), n. m. Muscle du corps; courage; affection. — CHOEUR, s (id.), n. m. Morceau d'ensemble; partie d'une église.

QUI (ki) [lat. *qui, quæ, quod*], pron. relat. Lequel, laquelle, etc. — QUI (ki) [lat. *quis, quæ, quid*], pron. interrog. Quelle personne?

QUILLE, s (ki-lle, *ll* m.) [gr. κοιλος, ou esp. *quilla*], n. f. Pièce de bois saillante placée entre la poupe et la proue d'un vaisseau. — QUILLE, s (id.) [vieux franç. *esquille*, ou celt. *quille*], n. f. Pièce de jeu. — QUILLE, s, nt (id.) [id.], v. quiller. Jeter une quille le plus près possible de la boule; replacer les quilles abattues.

QUILLER, ez, ai, é; iez (ki-llé, llié, *ll* m.), v. et p. V. *quille*. — QUILLIER, s (ki-llié, *ll* m.), n. m. Espace carré dans lequel on range les neuf quilles. — QUILLÉ, s (ki-llé, *ll* m.), n. m. Maladie de la vigne.

QUILLÈTE, s, nt (ki-llè-te, *ll* m.), v. se quilleter, vieux. Se tenir droit comme une quille. — QUILLETTE, s (id.), n. f. Bouture d'osier.

QUILLON, s (ki-llon, *ll* m.), n. m. Prolongement de la branche de la poignée d'un sabre. — QUILLONS, ions (ki-llon, llion, *ll* m.), v. quiller. V. *quille*.

QUINCONCE, s (kin-con-se), [lat. *quincunx*, de *quinque*], n. m. Plantation disposée en forme de V. — QUINCONCE, s, ou *quincunce*, s (id.) [lat. *quincunx*, de *quinque uncia*], adj. m. 12e de l'as romain; 5/12 de circonférence.

QUINTAN, s (kin-tan), n. m. Mannequin en usage dans les manèges. — QUINTANT (id.), v. quinter. Disposer du cinquième d'un héritage.

QUINTÈRE, s (kin-tè-re), n. m. Biens dont le fermier devait rendre le cinquième des produits au propriétaire. — QUINTÈRENT (id.), v. quinter. V. *quintan*.

QUINTERON, s (kin-te-ron), n. m. Descendant d'une quarteronne et d'un blanc, ou d'une blanche et d'un quarteron. — QUINTERONS, nt (id.), v. quinter. V. *quintan*.

QUINTESSENCIER, s (kin-tès'-san-sié), n. m., vieux. Celui qui cherchait la quintessence ou la pierre philosophale. — QUINTESSENCIER, ez, ai, é...; iez (kin-tès'-san-sĭ-é, ée; ié), v. et p. Raffiner, subtiliser.

QUINTAU, x (kin-tō), n. m. Amas de gerbes ou de fagots. — QUINTAUX (id.) [lat. *centum*], n. m. pl. de quintal. Poids de 100 livres autrefois, et maintenant de 100 kilogr.

QUITTEMENT (ki-te-man) [rad. *quitte*], adv., vieux. Avec franchise de toute dette. — QUITTEMENT, s (id.) [lat. barb. *quitare*, pour *quietare*, de *quietus*], n. m. Décharge; délaissement, déguerpissement.

QUO... (co...). V. par *co*...

R.

RA (ră) [onom.], n. m. Coup de baguette propre à former un roulement très bref. — RAS (rā) [lat. *rasus*, de *radere*], adj. Uni, tondu, qui a le poil fort court; n. m. Étoffe croisée dont le poil ne paraît pas; filière par laquelle on fait passer le lingot qui sort de l'argue. — RAS, ou *raz* (rā), n. m. Courant de mer dans un passage étroit. — RAT, s (ră), n. m. Quadrupède rongeur.

RABAT, s (ră-bă), n. m. Tissu qui retombe sous le menton. — RABAT, s (id.), v. rabattre. Rabaisser, faire descendre.

RABOTEUSE, s (ră-bŏ-teŭ-ze), adj. f. de raboteux. Mal polie, inégale. —

RABOTEUSE, s (id.), n. f. de raboteur. Celle qui rabote.

RABOTIEZ (ră-bŏ-tié), v. raboter. Aplanir avec le rabot. — **RABOTIER**, s (id.), n. m. Table de monnayeur.

RACHA, as, ât (ră-chă, chă), v. racher. Faire sur une pièce de bois le tracé nécessaire pour la tailler. — **RACHAT**, s (ră-chă), n. m. Action de racheter; rançon, délivrance.

RACHATE, s, nt (ră-chă-te), v. rachater, vieux. Payer le droit de rachat. — **RACHATES** (ră-chă-te), v. racher. V. racha.

RACLOIRE, s (ră-cloè-re), n. f. Planchette pour râcler le dessus d'une mesure de grains. — **RACLOIR**, s (ră-cloèr), n. m. Instrument pour râcler.

RACCOURE, s, nt (ră-cou-re); **RACCOURS**, rt (ră-cour), v. raccourir. Revenir en courant. — **RACCOURS** (ră-cour), n. m. Raccourcissement d'une pièce d'étoffe mal fabriquée.

RADE, s (ră-de) [lat. ratis, ou angl. road], n. f. Petit port. — **RADE**, s, nt v. rader, 2 fois : V. rader.

RADER..., é (ră-dé...) [lat. ratis, ou angl. road], v. et p. Mettre en rade. — **RADER**..., é... (ră-dé...) [lat. radere], v. et p. Raser.

RADIER, s (ră-dié) [lat. ratis, ou angl. road], n. m. Grille sous une écluse. — **RADIER**..., é..., iez (ra-dĭ-é..., ié) [lat. radiare], v. et p. Rayer, biffer, effacer. — **RADIÉ**, s, e, es (ră-dĭ-é, ée) [lat. radius], adj. Disposé en rayons. — **RADIEZ**, v. rader. V. rader.

RADIÈRENT (ră-dĭ-è-re), v. radier. Biffer, effacer. — **RADIAIRE**, s (id.), adj. Disposé en rayons.

RADOUBE, s, nt (ră-doŭ-be), v. radouber. Réparer un navire. — **RADOUB**, s (ra-doŭb'), n. m. Réparation d'un navire.

RAFLEUSE, s (ră-fleŭ-ze), adj. f. de râfleux. Dont la surface est raboteuse. — **RAFLEUSE**, s (id.), n. f. de râfleur. Celle qui râfle.

RAGUET, s (ră-ghè), n. m. Nom vulgaire de la morue de rebut. — **RAGUAIS**, ait, aient (ră-ghè, ghè), v. se raguer. S'user par le frottement.

RAGUERET, s (ră-ghe-rè), n. m. Nom vulgaire de la petite linotte rouge. — **RAGUERAIS**, ait, aient (ră-ghe-rè,

rè), v. se raguer. S'user par le frottement.

RAI... (rè...). V. par re.

RAILLE, s, nt (ră-lle; ll m.) [pour riailler, fréq. de rire], v. railler. Plaisanter, tourner en ridicule. — **RAILLE**, s (id.), n. f. Nom vulgaire de la rousserole, oiseau; outil pour remuer la braise d'un fourneau. — **RAIL**, s (răl, l m.), n. m. Bande de fer sur un chemin de fer; poisson.

RAILLON, s (ră-llon, ll m.), n. m. Genre de flèche. — **RAILLONS**, llions (ră-llon, llion, ll m.), v. railler. Se moquer.

RAGIONS (ră-jion), v. rager. Se fâcher, s'irriter. — **RHAGION**, s (ră-jĭ-on), n. m. Insecte aplocère.

RALE, s (ră-le), n. m. Oiseau échassier. — **RALE**, s (ră-le), n. m. Bruit qui accompagne la respiration d'un moribond. — **RALE**, s, nt (id.), v. râler. Rendre, en respirant, un son enroué. — **RALLE**, s, nt (ră-le), v. raller, 2 fois : V. râler.

RALER..., é (ră-lé...), v. et p. Rendre, en respirant, un son enroué. — **RALLER**..., é (ră-lé), v. et p. Réer, ou raire, crier comme le cerf. — **RALLER**..., é (id.) [rad. aller], v. et p., vieux et peu usité. Retourner sur ses pas; raser la terre en marchant légèrement.

RALIEZ... (ră-lié...), v. râler. Avoir le râle. — **RALLIEZ**... (ră-lié...), v. raller, 2 fois : V. râler. — **RALLIER**..., é..., iez (răl-lĭ-é..., ié) [rad. allier], v. et p. Réunir, remettre ensemble. — **RAILLER**..., iez (ra-llé, llié, ll m.), v. railler. Plaisanter.

RAMA, as, ât (ră-mă, mă), v. ramer, 2 fois : V. ramer. — **RAMAS** (ră-mă) [rad. amas, du lat. ad, massa], n. m. Assemblage de peu de valeur. — **RAMA** (ră-mă), n. pr. Ville de la tribu d'Ephraïm, en Judée.

RAMADOU, s, et non ramadoux (ră-mă-doŭ), n. m. Espèce de rat des grandes Indes. — **RAMADOUE**, s, nt (ră-mă-doŭe), v. ramadouer. Radoucir quelqu'un en le caressant.

RAMAGE, s (ră-mă-je) [lat. barb. ramagium, de ramus], n. m. Représentation de rameaux, de fleurs, etc., sur une étoffe. — **RAMAGE**, s (id.), n. m. Chant des petits oiseaux. — **RAMAGE**, s, nt (id.), v. ramager. Chanter, faire entendre son ramage.

RAMASSE, s (ră-mă-se) [lat. *ramus*], n. f. Traîneau sur lequel on descend les montagnes couvertes de neige. — RAMASSE, s, nt. v. ramasser, 2 fois, et ramer, 2 fois : V. *ramasser* et *ramer*. — RAMASSER..., é... (ră-mă-sé...) [rad. *ramasse*, du lat. *ramus*], v. et p. Traîner sur une ramasse. — RAMASSER..., é... (ră-mă-sé...) [rad. *amas*, du lat. *ad*, *massa*], v. et p. Rassembler, relever.

RAMASSEUR, s ; euse, s (ră-mă-seŭr, seŭ-ze) [rad. *ramasse*], n. Celui, celle qui conduit une ramasse. — RAMASSEUR, s ; euse, s (ră-mă-seŭr, seŭ-ze) [rad. *amas*], n. Celui, celle qui ramasse. — RAMASSOIRE, s (ră-ma-soè-re), n. f. Planchette pour nettoyer l'eau sur laquelle nagent les couleurs. — RAMASSOIR, s (ră-ma-soèr), n. m. Tringle de bois qui sert à marbrer le papier.

RAME, s (ra-me) [lat. *ramus*], n. f. Rameau, branche d'arbre ; 20 mains de papier. — RAME, s (id.) [lat. *remus*, du gr. ὀρεμνος], n. f. Aviron. — RAME, s, nt, v. ramer, 2 fois : V. *ramer*.

RAMER..., é... (ră-mé...) [rad. *rame*, du lat. *ramus*], v. et p. Planter des branches. — RAMER..., é (id.) [rad. *rame*, du lat. *remus*, aviron], v. et p. Faire manœuvrer l'aviron.

RAMENER..., é... (ră-me-né...), v. et p. Amener une seconde fois ; faire revenir avec soi. — REMMENER..., é... (ran-me-né...), v. et p. Emmener, reconduire en s'éloignant. V. *amener*. — REMENER..., é... (re-me-né...), v. et p. Reconduire les personnes ou les choses au lieu où elles étaient auparavant.

RAMÈRENT (ra-mè-re), v. ramer, 2 fois : V. *ramer*. — RAMAIRE, s (id.), adj. Raméal, qui est placé sur les rameaux.

RAMEUR, s (ră-meŭr) [lat. *ramus*], n. m. Celui qui plante des branches ou rames. — RAMEUR, s (id.) [lat. *remus*], n. m. Celui qui manie l'aviron.

RAMEUSE, s (ră-meŭ-ze) [lat. *ramosus*, de *ramus*], adj. f. de rameux. Subdivisée en forme de rameau. — RAMEUSE, s (id.), n. f. de rameur, 2 fois : V. *rameur*.

RAMIER, s (ră-mié), n. m. Pigeon sauvage. — RAMIEZ (id.), v. ramer, 2 fois : V. *ramer*.

RAMON, s (ră-mon) [augm. de *rame*, du lat. *ramus*], n. m. Balai de rameaux.

— RAMONS (id.), v. ramer, 2 fois : V. *ramer*.

RAN, s (ran), n. m. Nom vulgaire du bélier. — RANG, s (id.), n. m. Ordre ; file ; dignité. — REND, s (id.), v. rendre. Remettre ; faire devenir.

REMBLAI, s (ran-blè), n. m. Terre rapportée pour combler, élever ou niveler. — REMBLAIE, s, nt (ran-blée), v. remblayer. Faire un remblai.

RAMBOUR, s (ran-boŭr), n. m. Grosse pomme un peu acide. — REMBOURRE, s, nt (ran-boŭ-re), v. rembourrer. Garnir de bourre.

RANGIEZ (ran-jié), v. ranger. Mettre en rang, en ordre. — RANGIER, s (id.), n. m. Ancien nom du renne ; le renne, en terme de blason.

REMPARE, s, nt (ran-pă-re), v. remparer, 2 fois : V. *remparer*. — REMPART, s (ran-par), n. m. Fortification, défense.

REMPARER..., é... (ran-pă-ré) [rad. *rempart*], v. et p. Couvrir comme d'un rempart. — REMPARER..., é... (id.) [rad. *en*, *part*], v. et p., peu usité. S'emparer de nouveau.

REMPLI, s (ran-plï) [rad. *pli*], n. m. Pli fait à une étoffe. — REMPLIE, s, nt (ran-plïe) [id.], v. remplier. Faire un rempli. — REMPLI...; is, it, ît (ran-plï, plïe, plï) [lat. *implere*], p. et v. remplir. Emplir de nouveau ; combler.

REMPLOI, s (ran-ploè), n. m. Remplacement, nouvel emploi de deniers. — REMPLOIE, s, nt (ran-ploêe), v. remployer. Employer de nouveau.

RANCE, s (ran-se) [lat. *rancidus*], adj. Qui commence à se gâter ; n. m. Odeur, goût rance. — RANCE, s (id.), n. f. Pièce de bois pour consolider un vaisseau. — RANCE, s, nt (id.), v. rancer. Fortifier par des rances un vieux bâtiment. — RANCE (id.), n. pr. f. Rivière qui arrose Saint-Malo. — RANZ (rans'), n. m. Air bucolique des bouviers suisses.

RANÇON, s (ran-son) [all. *ranzion*, ou lat. *redemptio*], n. f. Prix du rachat. — RANÇONS (id.) [rad. *rance*, n. f.], v. rancer. Fortifier par des rances.

RENTASSE... (ran-ta-se...) [rad. *en*, *tas*], v. rentasser. Entasser de nouveau. — RENTASSE... (ran-tă-se) [rad. *rente*], v. renter. Doter d'un revenu.

RENTÈRENT (ran-tè-re), v. renter. Pourvoir d'une rente. — RENTERRE, s, nt (id.), v. renterrer. Enterrer de nouveau.

RENTERRER..., é...; ais... (ran-tè-ré...), v. et p. Enterrer de nouveau. — RENTEREZ, ais... (ran-te-ré...), v. renter. Assigner une rente. — RENTRER..., é...; ais... (ran-tré...), v. et p. Entrer de nouveau.

RENTIER, s (ran-tié), n. m. Celui qui vit de ses rentes sans négoce ni industrie. — RENTIEZ (id.), v. renter. Assigner des revenus.

RENTRAIS, ait, aient (ran-trè, trè) [lat. *intrare*], v. rentrer. Entrer de nouveau. — RENTRAIS, ait, aient, aits (id.) [lat. *in* ou *intùs trahere*?], v. rentraire, et p. V. *rentrayant*. — RENTRAIE, s, nt (ran-trêe), v. rentrayer. V. *rentrayant*. — RENTERAIS, ait, aient (ran-te-rè, rê), v. renter. Doter d'une rente.

RENTRAYANT et dérivés (ran-trè-ian), v. rentraire. Rejoindre les deux bords d'une étoffe de manière que la couture ne paraisse pas. — RENTRAYANT et dérivés (id.), v. rentrayer. Recoudre les peaux de bufle.

RENTRÈRENT (ran-trè-re), v. rentrer. Entrer de nouveau. — RENTRAIRE, (id.), v. V. *rentrayant*.

RENVOI, s (ran-voè), n. m. Action de renvoyer; signe qui renvoie à un autre endroit d'une page, etc. — RENVOIE, s, nt (ran-voèe), v. renvoyer. Envoyer de nouveau; congédier; différer.

RÂPASSE, s, nt (râ-pâ-se), v. râper. Mettre en poudre avec la râpe; user par le frottement. — RAPACE, s (râ-pâ-se), adj. Ardent à la proie; avide.

RAPATE, s (râ-pâ-te), ou *rapatée*, n. f. Plante. — RAPATES (râ-pâ-te), v. râper. V. *râpasse*.

RAPPÈLE, s, nt (râ-pè-le), v. rappeler. Appeler de nouveau. — RAPPEL, s (râ-pèl), n. m. Action de rappeler.

RAPINEUSE, s (râ-pĭ-neū-se), n. f. de rapineur. Celle qui rapine. — RAPINEUSE, s (id.), adj. f. de rapineux, vieux. Portée à la rapine.

RACQUIT, s (râ-kĭ), n. m. Action de se racquitter, au jeu. — RACQUIS, it, ît (râ-kĭ, kī), p. et v. racquérir. Acquérir de nouveau.

RACQUITES (râ-kī-te), v. racquérir. Acquérir de nouveau. — RACQUITTE, s, nt (râ-kĭ-te), v. racquitter. Faire regagner ce qu'on avait perdu.

RAS... (raz..., s doux). V. par *raz*...

RASSE, s (ra-se), n. f. Grand panier pour mesurer du charbon. — RACE, s (id.), n. f. Lignée, origine. — RACE, s, nt (id.), v. racer. Faire race.

RASSÉE, s (ra-sée), n. f. Plein une rasse. — RACER, ez; é (râ-sé), v. et p. Faire race.

RATA, s (râ-tà), n. m. Ragoût; purée de pommes de terre. — RATA, as, àt (râ-tà, tà) [lat. *radere*, ou onomat.?], v. rater. Manquer, ne pas réussir.

RATE, s (râ-te) [bas lat. *ratus*, de *rasus*], n. f. Viscère abdominal, mou; femelle du rat. — RATE, s, nt (id.) [lat. *radere*, ou onom.?] v. rater. Ne pas réussir. — RATTE, s (id.), n. f. Sorte de souris.

RATÈLE, s, nt (râ-tè-le), v. râteler. Amasser, nettoyer avec le râteau. — RATELLE, s (râ-tè-le), n. f. Maladie des cochons. — RATEL, s (ra-tèl), n. m. Quadrupède analogue au blaireau.

RATELÈRENT (râ-te-lè-re), v. râteler. V. *râtèle*. — RATELAIRE, s (râ-te-lè-re), n. f. Nom vulgaire de l'aristoloche, plante.

RATELEUSE, s (râ-te-leū-ze), n. f. de râteleur. Femme employée à râteler. — RATELEUSE, s (râ-te-leū-ze), adj. f. de rateleux, vieux. Sujette au mal de rate.

RATELIER, s (râ-te-lié), n. m. Échelle destinée à retenir le foin, etc., qu'on donne aux bestiaux; rangée de fausses dents. — RATELIEZ (id.), v. râteler. V. *râtèle*.

RATIER, s (râ-tié), n. m. La crécerelle, oiseau. — RATIER, s (id.), adj. D'une humeur bizarre. — RATIEZ (id.), v. rater. Manquer son coup.

RATIÈRE, s (râ-tiè-re), adj. f. de ratier. Capricieuse, fantasque. — RATIÈRE, s (id.), n. f. Piège à rats.

RATISSOIRE, s (râ-tĭ-soè-re), n. f. Instrument pour ratisser. — RATISSOIR, s (râ-tĭ-soèr'), n. m. Fil de laiton pour nettoyer les soupapes de l'orgue.

RATON, s (râ-ton) [rad. *rat*], n. m. Petit rat; sorte d'ours; sorte de pâtisserie. — RATONS (id.) [lat. *radere*; ou onom.?], v. rater. Manquer son coup.

RAVALER..., é... (râ-vâ-lé...) [rad. *avaler*.], v. et p. Avaler de nouveau. — RAVALER..., é... (id.) [rad. *val*, ou *vallée*?], v. et p. Rabaisser, déprimer; avilir.

RAVIN, s (rǎ-vin), n. m. Excavation longue, peu large et peu profonde, creusée par les eaux. — RAVEINS, nt, nts (id.), v. raveindre, et p. Aveindre de nouveau.

RASE, s (rǎ-ze), adj. f. de ras. Tondue; qui a les poils courts. — RASE, s, nt (id.), v. raser. Couper le poil près de la peau. — RASE, s (id.), n. f. Huile essentielle extraite de la résine des pins; espèce de serge.

RAZZIA, s (rǎz'-zĭ-ă), n. f. Invasion suivie de pillage, d'enlèvement. — RAZZIA, as, ât (rǎz'-zĭ-ă, ă), v. razzier. Faire une razzia.

RAZZIER, ez, ai, é; iiez; ions, iions (rǎz'-zĭ-é; ié; on, ion), v. et p. Opérer une razzia. — RASIEZ, ions (rǎ-zié; zion), v. raser. Couper le poil près de la peau.

RAZIÈRE, s (rǎ-zĭè-re), n. f. Mesure des Pays-Bas pour la houille et le blé. — RAZZIÈRENT (rǎz'-zĭ-è-re), v. razzier. Faire une razzia.

RAY... V. par rei...

RÉ (ré) [1re syll. du lat. resonare], n. m. 2e note de la gamme. — RÉ ou Rhé (id.), n. pr. Ile voisine de la Charente-Inférieure. — REZ (id.), prép. Contre, joignant. — RÉE, s, nt (rée), v. réer. Raire, crier comme le cerf en rut. — RHÉE, s (id.), n. f. Un des noms de la rave.

RETS (rè), n. m. Filet, piège. — RAIE, s (rée) [lat. radia, de radius], n. f. Trait linéaire. — RAIE, ou raye, s, nt (rèe, ou rèie) [id.], v. rayer. Faire une raie; biffer. — RAIE, s (rée) [lat. raia], n. f. Poisson de mer large et plat. — RAIS (rè) [lat. radius], n. m. Rayon de roue, etc. — RAIS, ait, aient (rè-rèe), v. raire, 2 fois : V. raire.

REBAT, s (re-bǎ), n. m. Action de rebattre; action de lancer l'autour une seconde fois. — REBAT, s (id.), v. rebattre. Battre de nouveau.

REBATANT et dérivés (re-bǎ-tan), v. rebâter. Bâter de nouveau. — REBATTANT et dérivés (re-bǎ-tan), v. rebattre. Battre de nouveau. V. batan.

REBATERAI..., erais... (re-bǎ-te-ré..., te-rè...), v. rebâter. Bâter de nouveau. — REBATTRAI..., trais... (re-bǎ-tré..., trè...), v. rebattre. Battre de nouveau. — REBATTERET, s (re-bǎ-te-rè), n. m. Outil qui sert à façonner l'ardoise.

REBÈLER..., é (re-bè-lé...), v. et p. Bêler de nouveau. — REBELLER..., é... (re-bè-lé), v. et p. Rendre rebelle, révolter.

REBELLION, s (re-bè-lĭ-on), n. f. Révolte. — REBELLIONS (re-bè-lion), v. se rebeller. Se révolter.

REBÈQUE, s, nt (re-bè-ke), v. se rebéquer. Répondre avec fierté à une personne qu'on doit respecter. — REBEC, s (re-bèk), n. m. Violon à 3 cordes.

REBOUILLE, s, nt (re-bou-lle, ll m.), v. rebouillir. Bouillir de nouveau. — REBOUIL, s (re-boŭl, l m.), n. m. Sorte de laine tirée des peaux de mouton qu'on plonge dans la chaux.

REBOURRE, s, nt (re-boŭ-re), v. rebourrer. Bourrer de nouveau. — REBOURS (re-bour), n. m. Sens inverse.

REBUT, s (re-bŭ) [rad. but], n. m. Action de rebuter, refus. — REBU, us, ut, ût (re-bŭ, bū) [rad. boire], p. et v. reboire. Boire de nouveau.

REBUTE, s (re-bŭ-te), n. f. Ancien nom de la guimbarde. — REBUTE, s, nt (id.) [rad. but], v. rebuter. Refuser durement; décourager; buter de nouveau. — REBUTTE, s, nt (id.), v. rebutter. Butter de nouveau. — REBUTES (re-bŭ-te), v. reboire. Boire de nouveau.

REBUTER..., é... (re-bŭ-té...), v. et p. Refuser durement; décourager; buter de nouveau. — REBUTTER..., é... (id.), v. et p. Butter de nouveau. V. buter.

RÉCOLER..., é... (ré-cŏ-lé...), v. et p. Lire aux témoins leurs dépositions pour voir s'ils y persistent; comparer, vérifier. — RECOLLER..., é... (re-cŏ-lé...), v. et p. Coller de nouveau.

RÉCOLLET, s (ré-cŏ-lè), n. m. Religieux réformé de l'ordre de saint François; le jaseur, oiseau. — RÉCOLAIS, ait, aient (ré-cŏ-lè, lè), v. récoler. V. récoler. — RECOLLAIS, ait, aient (re-cŏ-lè, lè), v. recoller. Coller de nouveau.

RÉCOLEMENT, s (ré-cŏ-le-man), n. m. Action de récoler. — RECOLLEMENT, s (re-cŏ-le-man), n. m. Action de recoller. V. récoler.

RECOLLÈTE, s, nt (re-cŏ-lè-te), v. recolleter. Colleter de nouveau. — RÉCOLLETTE, s (ré-cŏ-lè-te), n. f. de récollet. Sorte de religieuse de l'ordre de saint François.

RÉCOLTER..., é... (ré-cŏl-té...), v. et p. Recueillir les biens de la terre. —

RECOLLETER..., é... (re-cŏ-le-té...), v. et p. Colleter de nouveau.

RECORDER..., é... (re-cŏr-dé...) [rad. *corde*], v. et p. Refaire une corde. — **RECORDER...**, é... (id.) [lat. *recordari*], v. et p. Répéter pour mieux graver dans la mémoire.

RECORD, s (re-cŏr), n. m., vieux. Témoignage, souvenir. — **RECORS** (id.), n. m. Celui qu'un huissier mène avec lui pour servir de témoin et pour lui prêter main-forte.

RECOURE, s, nt (re-cou-re); **RE-COURS**, rt (re-cour), v. recourir. Courir de nouveau; avoir recours à. — **RE-COURS** (re-cour), n. m. Action de recourir; refuge. — **RECOURRE** (re-cou-re), v. Affaiblir le poids des espèces en vertu d'une permission.

RECOUVÈRENT (re-cou-vè-re), v. recouver. Couver de nouveau. — **RECOU-VERT**, s (re-cou-vèr), p. du v. recouvrir. Couvert de nouveau.

RECOUVRANT et dérivés (re-cou-vran) [lat. *recuperare*], v. recouvrer. Récupérer, rentrer en possession; percevoir des impôts. — **RECOUVRANT** et dérivés (id.) [rad. *couvrir*, du lat. *cooperire*], v. recouvrir. Couvrir de nouveau.

RECOUVRER..., é..., ai..., ais... (re-cou-vré..., vrè...), v. recouvrer, et v. recouvrir. V. *recouvrant*. — **RE-COUVERAI...**, ais... (re-cou-ve-ré..., rè...), v. recouver. Couver de nouveau.

RECOUVREMENT, s (re-cou-vre-man) [rad. *recouvrer*], n. m. Action de recouvrer. — **RECOUVREMENT**, s (id.) [rad. *recouvrir*], n. m. Action de recouvrir; ce qui recouvre.

RECRÉER..., é... (re-cré-é...), v. et p. Créer de nouveau; rétablir. — **RÉ-CRÉER...**, é... (ré-cré-é...), v. et p. Divertir.

RECRIE, s, nt (re-crīe), v. recrier. Crier de nouveau. — **RÉCRIE**, s, nt (ré-crīe), v. se récrier. S'écrier, s'exclamer, se plaindre. — **RÉCRIS**, it, its (ré-cri), v. récrire, et p. Écrire de nouveau.

RECRIER..., é... (re-crĭ-é...), v. et p. Crier de nouveau. — **RÉCRIER...**, é... (ré-crĭ-é...) (se), v. et p. Faire une exclamation mêlée de plainte.

RÉCRIRAI..., rais... (ré-crī-ré..., rè...), v. récrire. Écrire de nouveau. — **RÉCRIERAI...**, crais... (ré-crī-ré..., rè...), v. se récrier. — **RECRIERAI...**, crais... (re-crī-ré..., rè...), v. recrier. V. *recrier*.

RECRU..., us, ut, ût... (re-crû, crūe, crū) [lat. *credere*], v. recroire, et p. Croire de nouveau. — **RECRU...**, us, ut, ût... (id.) [lat. *recrescere*], v. recroître, et p. Croître de nouveau. — **RECRU**, s (re-crū) [id.], n. m. Pousse annuelle d'un taillis. — **RECRUE**, s (re-crūe) [id.], n. f. Nouvelle levée de soldats. — **RECRU**, s, e, es (re-crŭ, crūe) [lat. *recrudescere*], adj. Harassé, exténué de fatigue.

RECRUTE, s, nt (re-crū-te), v. recruter. Compléter par des recrues. — **RECRUTES** (re-crū-te), v. recroître et v. recroire. V. *recru*.

RÉCULE, s, nt (ré-cŭ-le), v. réculer. Éculer de nouveau. — **RECULE**, s, nt (re-cŭ-le), v. reculer. Mouvoir en arrière. — **RECUL**, s (re-cŭl'), n. m. Mouvement rétrograde.

RECULER..., é... (re-cŭ-lé...), v. et p. Tirer, porter, pousser en arrière; rétrograder. — **RÉCULER...**, é... (ré-cŭ-lé...), v. et p. Éculer de nouveau.

RÉCURANT (ré-cu-ran), v. récurer. Écurer, nettoyer. — **RÉCURRENT**, s (ré-cŭr'-ran), adj. Qui revient sur ses pas.

REDEVANCE, s (re-de-van-se) [rad. *devoir*, du lat. *debere*], n. f. Dette annuelle. — **REDEVANCE**, s, nt (id.) [rad. *devant*, *devancer*, du lat. *de antè ire*], v. redevancer. Devancer de nouveau.

REDIRE, s, nt (re-di-re), v. Répéter; blâmer. — **RAIDIR**, ent (rè-dir, di-re), v. Rendre raide.

REDIS, it, ît, its (re-dĭ, dī), v. redire, et p. Répéter. — **RAIDI**, is, it, ît; ie, ies (rè-dĭ, dī, dīe), v. raidir, et p. Rendre raide.

REDIMES (re-dī-me), v. redire. Répéter. — **RÉDIME**, s, nt (ré-dĭ-me), v. rédimer. Racheter. — **RAIDIMES** (rè-dī-me), v. raidir. Rendre raide.

REDITE, s (re-dī-te), p. f. du v. redire. Répétée; n. f. Répétition. — **RE-DITES** (re-dī-te), v. redire. Répéter; blâmer. — **RAIDITES** (rè-dī-te), v. raidir. Rendre raide.

REDORE, s, nt (re-dŏ-re), v. redorer. Dorer de nouveau. — **REDORS**, rt (re-dŏr), v. redormir. Dormir de nouveau.

REDOUTE, s (re-dou-te) [it. *ridotto*, du lat. *reducere*], n. f. Petite forteresse.

— REDOUTE, s, nt (id.) [lat. *re, dubitare ?*], v. redouter. Craindre fort; douter de nouveau.

RÉDUIS, it, its (ré-dui), v. réduire, et p. Restreindre; obliger. — RÉDUIT, s (id.), n. m. Retraite, petit logement écarté.

REFEND, s (re-fan), n. m. Cloison, mur de séparation. — REFEND, s (id.), v. refendre. Fendre de nouveau; scier en long.

REFENDERET, s (re-fan-de-rè), n. m. Coin de fer à l'usage des ardoisiers. — REFENDRAIS, ait, aient (re-fan-drè, drè), v. refendre. V. *refend*.

RÉFÈRE, s, nt (ré-fè-re), v. référer. Rapporter. — REFERRE, s, nt (re-fè-re), v. referrer. Ferrer de nouveau. — REFAIRE (id.), v. Faire de nouveau, réparer.

RÉFÉRÉ, s (ré-fé-ré), n. m. Rapport que fait un juge sur quelque incident d'un procès; p. du v. référer. — RÉFÉRER..., é... (ré-fé-ré...), v. et p. Rapporter, attribuer. — REFERRER..., é.... (re-fè-ré...), v. et p. Ferrer de nouveau. — REFEREZ... (re-fe-ré...), v. refaire. Recommencer, réparer.

REFÊTE, s, nt (re-fê-te), v. refêter. Fêter de nouveau. — REFAITE, s (re-fê-te), p. et v. refaire. Faire de nouveau.

REFLUE, s, nt (re-flûe), v. refluer. Couler en arrière. — REFLUX (re-flü), n. m. Action de refluer, mouvement de la mer qui se retire.

REFOND, s (re-fon), v. refondre. Fondre de nouveau. — REFONT (id.), v. refaire. Faire de nouveau.

REFONDANT et dérivés (re-fon-dan) [lat. *fundare*], v. refonder. Fonder de nouveau. — REFONDANT et dérivés [lat. *fundere*], v. refondre. Fondre de nouveau. V. *fondant*.

REFORE, s, nt (re-fô-re), v. reforer. Forer de nouveau. — RAIFORT, s (rè-fŏr), n. m. Sorte de rave très piquante.

RÉFORMER..., é... (re-fŏr-mé...), v. et p. Former de nouveau. — RÉFORMER..., é... (ré-for-mé...), v. et p. Rétablir dans une forme différente ou meilleure. — RÉFORMÉ, s, e, es (ré-fŏr-mé, mée), n. Qui professe les dogmes de la réforme protestante.

RÉFRACTÈRENT (ré-frăk-tè-re), v. réfracter. Produire la réfraction. — RÉFRACTAIRE, s (id.), adj. Rebelle, désobéissant; difficile à fendre.

REFRAIE, s, nt (re-frêe), ou *refraye*, s, nt (re-frêie), v. refrayer. Frayer de nouveau; rendre la vaisselle de terre plus unie. — REFERAIS, ait, aient (re-fe-rè, rè), v. refaire. Faire de nouveau.

REFUMER..., é... (re-fü-mé...) [lat. *fumus*], v. et p. Produire une nouvelle fumée. — REFUMER..., é... (id.) [lat. *fimus*], v. et p. Mettre de nouveau fumier. V. *fumer*.

RÉFUSION, s (ré-fü-zĭ-on), n. f., vieux. Ne se disait que dans *réfusion de dépens*, remboursement des frais. — REFUSIONS (re-fü-zion), v. refuser. Ne pas accepter; ne pas accorder.

RÉGAGNON, s (ré-ga-gnon), n. m. Variété de froment. — REGAGNONS, gnions (re-gă-gnon, gnion), v. regaguer. Recouvrer ce qu'on avait perdu.

RÉGALE, s (ré-gă-le), n. f. Droit royal sur les fruits des évêchés vacants; n. m. Un des jeux de l'orgue; adj. f., ne s'emploie que dans *eau régale*, acide hydrochloronitrique. — RÉGALE, s, nt (id.), v. régaler. Faire, donner un régal. — RÉGAL, s (ré-găl), n. m. Festin.

RÉGLET, s (ré-glè), n. m. Petite règle d'imprimeur. — RÉGLAIS, ait, aient (ré-glè, glê), v. régler. Diriger suivant certaines règles.

RÈGLEMENT, s (rè-gle-man), n. m. Action de régler; statuts, règles. — RÉGLÉMENT (ré-glé-man), adv. Avec règle.

RÈGLEMENTÈRENT (rè-gle-man-tè-re), v. règlementer. Faire des règlements. — RÈGLEMENTAIRE, s (id.), adj. Qui concerne les règlements.

REGRATTIER, s (re-gră-tié), n. m. Qui vend en détail. — REGRATTIEZ (id.), v. regratter. Gratter de nouveau.

REGRET, s (re-grè) [lat. *regressus*], n. m. Déplaisir d'avoir perdu; repentir. — REGRETS (id.) [rad. *gratter ?*], n. m. pl. Cendres d'orfèvre. — REGRÈS (id.), n. m. Droit de rentrer dans un bénéfice. — REGRÉE, s, nt (re-gréc), v. regréer. Réparer le gréement d'un navire.

RAYANT et dérivés (rè-ian...) [rad. *raie*, du lat. *radius*], v. rayer. Faire une raie; biffer. — RAYANT et dérivés (id.), v. raire, 2 fois : V. *raire*.

RAYÈRE, s (rè-iè-re), n. f. Ouverture verticale dans le mur d'une tour. — RAYÈRENT (id.), v. rayer. Faire une raie; biffer.

RÉIONS (ré-ion), v. réer. Raire, crier comme le cerf en rut. — RAYON, s (rè-ion), [lat. *radio*, augment. de *radius*], n. m. Trait de lumière; ligne qui va du centre à la circonférence. — RAYONS, yions (rè-ion, iion), v. rayer, et v. raire, 2 fois : V. *raire* et *rayant*.

RÉGENTE, s (ré-jan-te), n. f. de régent. Celle qui régit, qui gouverne au nom du souverain. — RÉGENTE, s, nt (id.), v. régenter. Enseigner en qualité de régent, professer; aimer à faire prévaloir son avis.

RÉGENTEUSE, s (ré-jan-teū-ze), n. f. de régenteur. Celle qui régente, qui aime à régenter. — RÉGENTEUSE, s (id.), adj. f. de régenteux, vieux. Pédantesque, morose.

REGÈLE, s, nt (re-jè-le), v. regeler. Geler de nouveau. — REGEL, s (re-jèl), n. m. Nouvelle gelée.

REJETON, s (re-je-ton), n. m. Nouvelle pousse; descendant. — REJETONS (id.), v. rejeter. Jeter de nouveau; repousser, dédaigner, refuser.

REGISTRÈRENT (re-jis-trè-re), v. registrer. Enregistrer. — REGISTRAIRE, s (id.), n. m. Gardien des registres.

RELACIONS (re-lă-sion), v. relacer. Lacer de nouveau. — RELATION, s (re-lă-sĭ-on), n. f. Récit.

RELAIE, s, nt (re-lêe), où *relaye*, s, nt (re-lèie), v. relayer. Changer de chevaux. — RELAI, s (re-lè), et non *relais* [lat. *latus*, de *fero*], n. m. Lieu où l'on change de chevaux. — RELAI, s (id.) [lat. *lavare?*] n. m. Seconde eau que le saunier fait passer sur les sables chargés de sel. — RELAIS (re-lè) [rad. *laisser?*], n. m. Terrain laissé à découvert par l'eau qui se retire.

RELAYER..., é... (re-lè-ié...) [rad. *relai*, du lat. *latus*], v. et p. Changer de chevaux. — RELAYER..., é... (id.) [lat. *levigare*], v. et p. Layer de nouveau une pierre.

RELIE, s, nt (re-lie); RELIERAI..., erais... (re-lĭ-ré..., rè...), v. relier. Lier de nouveau. — RELIS, it (re-lĭ); RELIRAI..., irais... (re-lĭ-ré..., rè...), v. relire. Lire de nouveau.

RELIEF, s (re-lièf) [it. *relievo*], n. m. Tout ouvrage saillant sur une surface unie. — RELIEFS (id.) [lat. *reliquiæ*, ou fr. *relever*], n. m. pl. Restes d'un repas.

RELUTE, s, nt (re-lŭ-te) [lat. *lutum*],

v. reluter. — RELUTTE, s, nt (id.), v. relutter. V. *luter*. — RELUTE, s (re-lu-te) [rad. *relire*], n. f. Nouvelle lecture d'une épreuve. — RELUTES (re-lŭ-te), v. relire. Lire de nouveau.

REMARIER, ez, é...; iez; ons, ions (re-mă-rĭ-é, ée; ié; on, ion), v. et p. Marier de nouveau. — REMARRIEZ, ons (re-măr-rié, rion), v. remarrer. Marrer de nouveau.

REM... (ran..., nasal), V. par *ran*...

REMI ou RÉMI, mieux que *Remy* ou *Rémy* (re-mĭ ou ré-mĭ), n. pr. d'homme. — REMIS, it, ît (re-mĭ, mĭ), v. remettre, et p. Mettre de nouveau; restituer, rétablir.

RÉMIRE, s (ré-mĭ-re), n. f. Plante graminée. — REMIRE, s, nt (ré-mĭ-re) [lat. *mirari*], v. remirer. Mirer de nouveau. — REMIRENT (id.) [lat. *remittere*], v. remettre. Mettre de nouveau.

RÉMISSION, s (ré-mĭ-sĭ-on), n. f. Pardon; diminution. — RÉMISSIONS (re-mĭ-sion), v. remettre. V. *Remi*.

REMISE, s (re-mi-ze) [rad. *mettre*], p. f. du v. remettre. Replacée, rétablie, rendue; n. f. Abri, hangar; chose remise; n. m. Carrosse de louage. — REMISE, s, nt (id.) [rad. *remise*], v. remiser. Placer sous la remise.

REMONTERAI..., erais... (re-mon-te-ré..., te-rè...), v. remonter. Monter de nouveau. — REMONTRER..., é...; trais... (re-mon-tré..., trè...), v. remontrer, et p. Montrer de nouveau.

RÉMORE, s (ré-mŏ-re), ou *remora*, n. f. Petit poisson de mer. — REMORE, s (re-mŏ-re), ou *remors* (re-mŏr), n. m. Espèce de scabieuse, plante. — REMORDS, ou *remord*, s (re-mŏr), n. m. Reproche de la conscience. — REMORD, s (id.), v. remordre. Mordre de nouveau; causer du remords.

REMOU, s (re-moū), mieux que *remous*, n. m. Contre-courant, ou tournoiement d'eau produit par la marche d'un vaisseau. — REMOUD, s (id.), v. remoudre. Moudre de nouveau. — RÉMOUD, s (ré-mou), v. rémoudre. Émoudre de nouveau.

REMOUDRE..., oulu... (re-mou-dre...), v. et p. Moudre de nouveau. — RÉMOUDRE..., oulu... (ré-mou-dre...), v. et p. Émoudre de nouveau.

REMOUSSER..., é... (re-mou-sé...), v. et p. Mousser de nouveau. — RÉ-

MOUSSER..., é... (ré-mou-sé...), v. et p. Émousser de nouveau.

REMOUVOIR..., mu... (re-mou-voèr), v. et p. Mouvoir de nouveau. — RÉMOUVOIR..., mu... (ré-mou-voèr...), v. et p. Émouvoir de nouveau.

REMUE, s, nt (re-mūe) v. remuer, 2 fois : V. *remuer*. — REMUS, ut, ût (re-mu, mū), v. remouvoir. V. *remouvoir*.

REMUER..., é... (re-mŭ-é...) [lat. *mutare*], v. et p. Muer de nouveau. — REMUER..., é... (id.) [lat. *movere*], v. et p. Changer de place ; émouvoir, agiter.

RHÉNAN, s (ré-nan), adj. du Rhin. — RAINANT (rè-nan), v. rainer. Faire une rainure.

RENARDE, s (re-nár-de), n. f. de renard. Femelle du renard. — RENARDE, s, nt (id.), v. renarder. Imiter les finesses du renard, agir en renard.

RENARDIER, s (re-nár-dié), adj. Trompeur, qui appartient au renard. — RENARDIEZ (id.), v. renarder. Agir en renard.

RENARRE, s, nt (re-nä-re), v. renarrer. Narrer de nouveau. — RENARD, s (re-nar), n. m. Quadrupède carnivore très rusé.

REN... (ran..., nasal), V. par *ran*...

RÊNE, s (rè-ne), n. f. Courroie de la bride ; direction. — RENNE, s (rè-ne), n. m. Cerf de la Laponie. — RENNES (id.) [lat. *Redones*], n. pr. Préfecture d'Ille-et-Villaine. — REINE (id.), n. f. de roi. Femme d'un roi, ou souveraine d'un royaume. — RAINÉ, s (id.) [lat. *rana*], n. f. Espèce de grenouille. — RAINE, s, nt (id.) [lat. *radius*], v. rainer. Faire une rainure.

RÉNÉ (ré-né), n. pr. d'homme. — RAINER, ez, ai, é... (rè-né, née), v. et p. Faire une rainure.

REINAIRE, s (rè-nè-re), adj. Semblable à des reins, divisé en deux lobes obtus : t. de botan. — RAINÈRENT (id.), v. rainer. Faire une rainure.

RÉNETTE, s (ré-nè-te) [du lat. *renetum*], ou REINETTE, s (rè-nè-te) [dim. de *reine*], ou RAINETTE, s (id.) [du lat. *rana*, parcequ'elle est tachetée comme une grenouille], n. f. Variété de pommes. — REINETTE, s (rè-nè-te), n. f. Petite reine ; sorte de jeu de dames ou d'échecs. — RAINETTE, s (id.), n. f. Petite grenouille. — RÉNETTE, s (ré-nè-te), n. f. Outil de maréchal. —

RÉNETTE, s, nt (id.), v. rénetter. Tailler le sabot d'un cheval avec la rénette.

RÉNETTERAI..., erais... (ré-nè-te-ré..., rè..), v. rénetter. Tailler avec la rénette. — RENAITRAI..., trais... (re-nê-tré..., trè...), v. renaître. Naître de nouveau.

RENOM, s (re-non), n. m. Réputation. — RAINONS (rè-non), v. rainer. Faire une rainure.

RENOUÉE, s (re-noŭ-ée), n. f. Plante herbacée. — RENOUER, ez, ai, é... (re-noŭ-é, ée) [rad. *nœud*], v. et p. Nouer de nouveau.

RENOUVELET, s (re-noŭ-ve-lè), n. m. Variété de pomme. — RENOUVELAIS, ait, aient (re-nou-ve-lè, lè), v. renouveler. Rendre nouveau.

RÉAUX (ré-ŏ), n. m. pl. de réal. Monnaie espagnole. — REHAUT, s (re-hŏ, *h* asp.), n. m. Blanc ou hachure blanche dans la gravure.

RÉPAND, s (ré-pan), v. répandre. Verser, épancher. — REPEND, s (re-pan), v. rependre. Pendre ou suspendre de nouveau. — REPENS, nt (id.), v. se repentir. Avoir du regret.

RÉPANDRE..., du... (ré-pan-dre...), v. et p. Verser, épancher. — REPENDRE..., du... (re-pan-dre...), v. et p. Pendre ou suspendre de nouveau.

REPARASSIONS (re-pă-rā-sion), v. reparer. Parer de nouveau. — RÉPARASSIONS (ré-pă-rā-sion), v. réparer. Rétablir, raccommoder. — RÉPARATION, s (ré-pă-rā-sĭ-on), n. f. Action de réparer.

REPARE, s, nt (re-pa-re), v. reparer. Parer de nouveau. — RÉPARE, s, nt (ré-pa-re), v. réparer. Raccommoder, rétablir. — REPARS, rt (re-par), v. repartir. Partir de nouveau ; répliquer.

REPARAIS, ait, aient (re-pă-rè, rè), v. reparer. Parer de nouveau. — RÉPARAIS, ait, aient (ré-pă-rè, rè), v. réparer. Raccommoder, rétablir. — REPARAIS, aît (re-pă-ré), v. reparaître. Paraître de nouveau.

REPARER..., é... (re-pă-ré...), v. et p. Parer de nouveau. — RÉPARER..., é... (ré-pă-ré...), v. et p. Rétablir, raccommoder.

REPARIEZ, rions (re-pă-rié, rion), v. reparer. Parer de nouveau. — RÉPARIEZ, rions (ré-pă-rié, rion), v. réparer. Rétablir, raccommoder. — REPARIER, ez, ai, é... (re-pă-rĭ-é, ée) ; REPARIIEZ, riions (re-pă-rĭ-ié, rĭ-ion), v. reparier, et p. Parier de nouveau.

REPARTIR..., i... (re-păr-tir...), v. et p. Partir de nouveau; répliquer. — RÉPARTIR..., i... (ré-păr-tir...), v. et p. Distribuer, partager.

REPARTISSIONS (re-păr-tĭ-sion), v. repartir. Partir de nouveau; répliquer. — RÉPARTISSIONS (ré-păr-tĭ-sion), v. répartir. Distribuer, partager. — RÉPARTITION, s (ré-păr-tĭ-sĭ-on), n. f. Distribution, partage, action de répartir.

REPAIS, aît (re-pê), v. repaître. Manger, nourrir. — REPAIE, s, nt (re-pêe), ou repaye, s, nt (re-pèĭe), v. repayer. Payer de nouveau.

RÉPELANT (ré-pe-lan), v. répeler. Épeler de nouveau. — REPELANT (re-pe-lan), v. repeler. Peler de nouveau. — REPLANT, s (re-plan), n. m. Nouveau plant.

RÉPELER..., é... (ré-pe-lé...) v. et p. Épeler de nouveau. — REPELER..., é... (re-pe-lé...), v. et p. Peler de nouveau. — REPLÉ, s (re-plé), adj. m. Se dit d'un péricarpe qui a les valves réunies par autant de filets : botan.

REPÈRE, s (re-pè-re), n. m. Jalon pour aligner; marque pour se retrouver. — REPAIRE, s (id.), n. m. Retraite des bêtes; fiente des loups, etc. — REPERD, s (re-pèr), v. reperdre. Perdre de nouveau.

RÉPÉTERAI..., erais... (ré-pè-te-ré..., te-rè...), v. répéter. Redire. — REPAITRAI..., trais... (re-pê-tré..., trè...), v. repaître. Manger; nourrir.

REPIS (re-pi), n. m. Second trait de charrue. — RÉPIT, s (ré-pĭ), n. m. Relâche, délai. — RÉPIE, s, nt (ré-pīe), v. répier, 2 fois. Épier de nouveau. V. épier.

REPIQUE, s, nt (re-pĭ-ke), v. repiquer. Piquer de nouveau. — REPIC, s (re-pĭk'), n. m. Coup par lequel on fait 90 au piquet.

REPLET, s (re-plè), adj. Trop gras. — REPELAIS, ait, aient (re-pe-lè, lè), v. repeler. Peler de nouveau. — RÉPELAIS, ait, aient (ré-pe-lè, lè), v. répeler. Épeler de nouveau.

REPLI, s (re-plĭ), n. m. Pli redoublé. — REPLIE, s, nt (re-plīe), v. replier. Plier de nouveau.

REPOND, s (re-pon) v. repondre. Pondre de nouveau. — RÉPOND, s (ré-pon), v. répondre. Donner une réponse.

— RÉPONS (id.), n. m. Ce qu'on chante après les leçons dans l'office divin.

REPONDRE..., du... (re-pon-dre...), v. et p. Pondre de nouveau. — RÉPONDRE..., du... (ré-pon-dre...), v. et p. Repartir à quelqu'un sur ce qu'il a dit ou demandé.

RÉPONSE, s (ré-pon-se), n. f. Ce qu'on répond; réfutation. — RAIPONCE, s, et non réponce (rè-pon-se), n. f. Plante potagère, qui se mange en salade. — REPONCE, s, nt (re-pon-se), v. reponcer. Poncer de nouveau.

REPONTE, s (re-pon-te) [rad. pondre], n. f. Nouvelle ponte. — REPONTE, s, nt (id.), v. reponter. Ponter de nouveau. V. ponte.

REPOUSTER.... é... (re-pous-té...), v. et p. Balloter la poudre sèche pour en ôter les pelotons. — RÉPOUSSETER..., é... (ré-pou-se-té...), v. et p. Épousseter de nouveau.

RÉPRESSION, s (ré-prè-sĭ-on), n. f. Action de réprimer. — REPRESSIONS (re-prè-sion), v. represser. Presser de nouveau.

REPRIS, it, ît (re-prĭ, prī), v. reprendre, et p. Prendre de nouveau. — REPRIE, s, nt (re-prīe), v. reprier. Prier de nouveau.

RÉPRIME, s, nt (ré-prĭ-me), v. réprimer. Contenir, arrêter. — REPRIMES (re-prĭ-me), v. reprendre. Prendre de nouveau.

REPRISE, s (re-prī-ze) [rad. prendre), p. f. du v. reprendre; n. f. Action de reprendre. — REPRISE, s, nt (id.) [rad. prise], v. repriser, 2 fois : V. repriser.

REPRISER..., é... (re-prī-zé...) [rad. prise], v. et p. Faire de nouveau usage du tabac en poudre. — REPRISER..., é... (id.) [rad. prix], v. et p. Faire de nouveau l'estimation des objets. V. priser.

RÉPROMISSION, s (ré-prŏ-mĭ-sĭ-on), n. f. Les choses promises par l'Écriture-Sainte. — REPROMISSIONS (re-prŏ-mĭ-sion), v. repromettre. Promettre de nouveau.

REPROUVER..., é... (re-prou-vé...), v. et p. Prouver de nouveau. — RÉPROUVER..., é... (ré-prou-vé...), v. et p. Désapprouver, condamner.

REPU..., us, ut, ût (re-pŭ, pŭe, pū), p. et v. repaître. Nourrir, rassasier. — REPUE, s (re-pŭe), n. f., vieux. Nourriture. — REPUS (re-pu), adj., vieux. Caché : *Dimanche repus.*

REQUÊTE, s (re-kê-te) [rad. *requérir*, du lat. *requirere*], n. f. Demande adressée aux tribunaux; n. m. Cri de chasse pour rappeler les chiens. — RE-QUÊTE, s, nt (id.) [rad. *quête*, du lat. *quœsitus*], v. requêter. Quêter de nouveau.

RECUEILLE, s, nt (re-keu-lle, *ll* m.), v. recueillir. Récolter, ramasser les fruits, etc. — RECUEIL, s (re-keul, *l* m.), n. m. Réunion d'écrits, etc.

REQUIN, s (re-kin), n. m. Gros poisson de mer très vorace. — REQUINT, s (id.), n. m. Cinquième partie du quint, que l'on payait au seigneur.

REQUITES (re-kĭ-te), v. requérir. Demander, prier, exiger. — REQUITTE, s, nt (re-kĭ-te), v. requitter. Quitter de nouveau.

RÉQUISITIONNÈRENT (ré-kĭ-zĭ-sĭ-ŏ-nè-re), v. réquisitionner. Faire un réquisitoire. — RÉQUISITIONNAIRE, s (id.), n. m. Soldat appelé par la réquisition.

RAIRE... (rè-re) [onom.], ou *réer*. Crier : se dit du cerf. — RAIRE... (id.) [lat. *radere*], v., vieux. Raturer, raser.

RES... (rèz..., s doux). V. par *rez...*

RESSENS, nt (re-san); RESSENTE, s, nt (re-san-te), v. ressentir. Sentir, éprouver. — RÉCENT, s (ré-san); RÉ-CENTE, s (ré-san-te), adj. Nouveau.

RESSENCE, s (rès-san-ce), n. f. Pâte de savon. — RECENSE, s (re-san-se), n. f. Application d'un nouveau poinçon sur les pièces de bijouterie et d'orfèvrerie. — RECENSE, s, nt (id.), v. recenser. Faire un recensement. — RÉ-CENCE, s (ré-san-se), n. f. Qualité de ce qui est récent.

RECENSION, s (re-san-sĭ-on), n. f. Produit d'un recensement. — RECEN-SIONS (re-san-sion), v. recenser. Faire un recensement.

RESSAIGNANT et dérivés (re-sè-gnan), v. ressaigner. Saigner de nouveau. — RECEIGNANT et dérivés (re-sè-gnan), v. receindre. Ceindre de nouveau.

RESSELLE, s, nt (re-sè-le), v. resseller. Remettre la selle. — RESCÈLE, s, nt (re-ssè-le), v. resceler. Remettre le sceau. — RECÈLE, s, nt (re-sè-le), v. receler. Cacher. — RECEL, s (re-sèl), n. m. Action de receler, de cacher des objets volés.

RESSELLEMENT, s (re-sè-le-man), n. m. Action, effet de resseller un cheval.

— **RECÈLEMENT**, s (id.), n. m. Action de receler, de cacher.

RESSELLER..., é... (re-sè-lé...), v. et p. Remettre la selle. — RESCELER..., é... (re-sse-lé...), v. et p. Remettre le sceau. — RECELER..., é... (re-se-lé...), v. et p. Cacher et garder des objets volés.

RESSÉPER..., é... (re-sé-pé...), v. et p., vieux. Couper. — RECEPER..., é... (re-se-pé...), v. et p. Tailler une vigne jusqu'au pied en coupant tous les sarments.

RESSERRE, s, nt (re-sè-re), v. resserrer. Serrer de nouveau ou davantage. — RESSERS, rt (re-sèr), v. resservir. Servir de nouveau.

RESCIS (rès-sĭ), p. du v. rescindre, auj. rescinder. Aboli, annulé. — RÉCIT, s (ré-sĭ), n. m. Narration.

RESCINDANT et dérivés (rès-sin-dan...), v. rescinder. Abolir, annuler. — RESCINDANT et dérivés (id.), v. rescindre, vieux. Auj. on dit rescinder. Casser, annuler.

RESCINDRE (rès-sin-dre), v. Abolir, annuler. — RECEINDRE (re-sin-dre), v. Ceindre de nouveau.

RESCIRENT (rès-sĭ-re), v. rescindre. Annuler. — RECIRE, s, nt (re-sĭ-re), v. recirer. Cirer de nouveau.

RESCITES (rès-sĭ-te), v. rescindre. Rescinder, casser, annuler. — RÉCITE, s, nt (ré-sĭ-te), v. réciter. Dire de mémoire, raconter.

RESSORT, s (ré-sor), n. m. Élasticité; pièce élastique; moyen; juridiction. — RESSORS, rt (id.), v. ressortir. Sortir de nouveau.

RESSORTIR..., i (re-sŏr-tir...) [rad. *sortir*], v. et p., irrég. Sortir de nouveau. — RESSORTIR..., i... (id.) [rad. *ressort*, étendue de juridiction], v. et p., régul. Dépendre d'une juridiction.

RESSUI, s (rè-suï), n. m. Lieu où le gibier se retire pour se sécher. — RES-SUIE, s, nt (rè-suïe), v. ressuyer. Sécher.

RETENDRE..., du... (re-tan-dre...), v. et p. Tendre de nouveau. — RÉTEN-DRE..., du... (ré-tan-dre...), v. et p. Étendre de nouveau.

RETANCIONS (re-tan-sion), v. retancer. Tancer de nouveau. — RÉTEN-TION, s (ré-tan-sĭ-on), n. f. Réservation, retenue.

RETARE, s, nt (re-ta-re), v. retarer. Tarer de nouveau. — RETARD, s (re-tar), n. m. Délai, retardement.

RETINS, int, int (re-tĭn, tĭn), v. retenir. Tenir de nouveau; réprimer, modérer. — **RETEINS**, nt, nts (re-tin), v. reteindre, et p. Teindre de nouveau. — **RÉTEINS**, nt, nts (ré-tin), v. réteindre, et p. Éteindre de nouveau.

RETEINDRE..., teint... (re-tin-dre...), v. et p. Teindre de nouveau. — **RÉTEINDRE**..., teint... (ré-tin-dre...), v. et p. Éteindre de nouveau.

RETINTE, s, nt (re-tĭn-te), v. retinter. Tinter de nouveau. — **RETINTES** (re-tĭn-te), v. retenir. Ravoir; réprimer. — **RETEINTE**, s (re-tin-te), p. f. du v. reteindre. Teinte de nouveau. — **RÉTEINTE**, s (ré-tin-te), p. f. du v. réteindre. Éteinte de nouveau.

RETIRASSE... (re-tĭ-ră-se) [rad. *tirasse*], v. retirasser. Tirasser de nouveau. — **RETIRASSE**... (re-tĭ-ră-se...), v. retirer, 2 fois : V. *retirer*. — **RÉTIRASSE**... (ré-tĭ-rā-se), v. rétirer. Étirer de nouveau.

RETIRER..., é... (re-tĭ-ré...) [rad. *re* duplic., et *tir?*] v. et p. Tirer de nouveau. — **RETIRER**... é... (id.) [lat. *retrò trahere?*], v. et p. Tirer à soi, ôter; percevoir. — **RÉTIRER**..., é... (ré-tĭ-ré...), v. et p. Étirer de nouveau.

RETON, s (re-ton), n. m. La raie lisse, poisson. — **RETOND**, s (id.), v. retondre. Tondre de nouveau.

RETORD, s (re-tŏr), v. retordre. Tordre de nouveau. — **RETORS** (id.), adj. Retordu; rusé, artificieux; n. m. Filets roulés les uns sur les autres.

RÉTORSION, s (ré-tŏr-sĭ-on), n. f. Réfutation par laquelle on retourne l'argument d'un adversaire contre lui-même. — **RÉTORSIONS** (re-tŏr-sion), v. retorser. Torser de nouveau.

RETRAIT, s (re-trè) [lat. *retrò trahere?*], n. m. Action par laquelle on retire un héritage aliéné; latrines. — **RETRAIS**, ait, aits, aie, aies, aient (re-trè, trèe), v. retraire, 2 fois : V. *retraire*.

RETRAIRE..., trait... (re-trè-re) [lat. *re* duplic., et *trahere?*], v. et p. Traire de nouveau. — **RETRAIRE**... trait... (id.) [lat. *retrò trahere?*], v. et p. Exercer un retrait.

RETRAITE, s (re-trè-te), p. f. de retraire, 2 fois : V. *retraire*. — **RE-**

TRAITE, s, nt (id.), v. retraiter, 2 fois : V. *retraiter*.

RETRAITER..., é... (re-trè-té...) [rad. *retraite*], v. et p. Mettre à la retraite. — **RETRAITER**..., é... (id.), [rad. *traiter?*], v. et p. Traiter de nouveau.

RETUE, s, nt (re-tūe), v. retuer. Continuer de tuer, de massacrer. — **RÉTUS** (ré-tu), adj. Se dit d'une feuille qui est terminée par un sinus peu profond.

RETRIER..., é..., iez (re-trĭ-é, ée, ié...), v. et p. Trier de nouveau. — **RÉTRILLER**..., é..., iez (ré-tri-llé, llée, llié, *ll* m.), v. et p. Étriller de nouveau.

RÊVANT (rê-van), v. rêver. Faire des rêves; méditer. — **REVEND**, s (re-van), v. revendre. Vendre ce qu'on a acheté.

REVENDICATION, s (re-van-dĭ-cā-sĭ-on), n. f. Action de revendiquer. — **REVENDIQUASSIONS** (re-van-dĭ-cā-sion), v. revendiquer. Réclamer une chose comme sienne.

RÊVANTE, s (rê-van-te), adj. f. de rêvant. Occupée à rêver. — **REVANTE**, s, nt (re-van-te), v. revanter. Vanter de nouveau. — **REVENTE**, s, nt (id.) [rad. *vent*], v. reventer. Venter de nouveau. V. *revanter*. — **REVENTE**, s (id.) [rad. *vendre*], n. f. Nouvelle vente.

REVANTER..., é... (re-van-té...), v. et p. Vanter de nouveau. — **REVENTER**..., é... (id.), v. et p. Faire porter dans une voile le vent qui frappe dessus. V. *vanter*.

REVANTIEZ (re-van-tié), v. revanter. — **REVENTIEZ** (id.), v. reventer. V. *revanter*. — **REVENTIER**, s (id.), n. m. Commis des salines qui revendait le sel par petites mesures.

REVANTONS (re-van-ton), v. revanter. — **REVENTONS** (id.), v. reventer. V. *revanter*. — **REVENTONS** (id.), n. m. pl. Droit dû par l'acheteur au seigneur censuel.

RÊVASSE... (rê-vă-se) [fréq. de *rêver*], v. rêvasser. Avoir diverses rêveries pendant un sommeil inquiet. — **RÉVASSE**... (rê-vā-se) [rad. *rêve*, du gr. ῥέμϐη], v. rêver. Faire des songes.

REVÊT, s (re-vè), et mieux *revêtis*, it (1), v. revêtir. Mettre, donner des habits. — **RÊVAIS**, ait, aient (rê-vè, vè), v. rêver. Faire des rêves.

---

(1) Voyez la note annexée au mot *vêt*.

RÉVEILLE, s, nt (ré-vè-lle, *ll* m.), v. réveiller. Tirer du sommeil. — RÉVEIL, s (ré-vèl, *l* m.), n. m. Cessation du sommeil. — RÉVEILLE, s, nt (re-vè-lle, *ll* m,), v. reveiller. Veiller de nouveau.

RÉVEILLER..., é... (ré-vè-llé..., *ll* m.), v. et p. Tirer du sommeil. — REVEILLER..., é (re-vè-llé..., *ll* m.), v. et p. Veiller de nouveau.

RÉVEILLON, s (ré-vè-llon, *ll* m.), n. m. Repas extraordinaire fait au milieu de la nuit de Noël. — RÉVEILLONS, llions (ré-vè-llon, llion, *ll* m.), v. réveiller. Tirer du sommeil. — REVEILLONS, llions (re-vè-llon, llion, *ll* m.), v. reveiller. Veiller de nouveau.

RÉVÈLE, s, nt (ré-vè-le), v. révéler. Découvrir, dévoiler des vérités. — REVEL (re-vèl), n. pr. Ch.-l. de canton de la Haute-Garonne ; ville de Russie.

RÉVÉRANT (ré-vé-ran), v. révérer. Respecter, honorer. — RÉVÉREND, s (id.), adj. Respectable : titre des religieux.

RÉVÈRE, s, nt (ré-vè-re), v. révérer. Respecter. — RÊVÈRENT (rê-vè-re), v. rêver. Faire un rêve. — REVERS (re-vèr), n. m. Côté opposé, sens inverse ; disgrâce.

RÉVÉRER, ez, é...; ai..., ais... (ré-vé-ré..., rée, rè...), v. et p. Respecter. — RÊVERAI..., ais... (rê-ve-ré..., rè...), v. rêver. Faire un songe. — REVERRAI,..., rais... (re-vè-ré..., rè...), v. revoir. Voir de nouveau.

REVERSE, s (re-vèr-se), ou REVERSÉ, s, e, es (re-vèr-sé, sée) [lat. *reversus*, de *reverto*], adj. Se dit des ailes d'un insecte, quand le bord externe de l'aile inférieure est un peu courbé et dépasse l'aile supérieure. — REVERSE, s, nt (re-vèr-se), ou REVERSER, ez, ai, é... (re-vèr-sé, sée) [lat. *versare*], v. et p. Verser de nouveau.

RÉVERSION, s (ré-vèr-sĭ-on), n. f. Réunion d'un bien à un autre. — REVERSIONS (re-vèr-sion), v. reverser. Verser de nouveau.

REVERSAUX (re-vèr-sō), n. m. pl. de reversal. Décret par lequel on déclarait que ce qui s'était fait dans un cas particulier, ne pourrait détruire les règles générales. — REVERSEAU, x (id.), n. m. Pièce saillante attachée au bas d'un châssis, d'une porte, pour empêcher l'eau d'entrer.

REVIS, it (re-vi) [lat. *reviviscere*, ou *vivere*], v. revivre. Ressusciter, se ranimer. — REVIS, it, ît (re-vĭ, vī) [lat. *videre*], v. revoir. Voir de nouveau.

REVIDER..., é... (re-vĭ-dé...), v. et p. Vider de nouveau. — RÉVIDER..., é... (ré-vĭ-dé...), v. et p. Évider de nouveau.

REVIENT (re-viin), n. m. Prix qu'un objet coûte au fabricant lui-même. — REVIENS, nt (id.), v. revenir. Venir de nouveau.

REVIN, s (re-vin) [rad. *vin*], n. m. Petit vin ou piquette. — REVINS, int, înt (re-vĭn, vīn) [lat. *revenire*], v. revenir. Venir de nouveau. — REVAINC, s (re-vin), v. revaincre. Vaincre de nouveau.

REVIRE, s, nt (re-vĭ-re) [lat. *gyrare*], v. revirer. Virer de nouveau, tourner d'un autre côté. — REVIRENT (re-vī-re) [lat. *videre*], v. revoir. Voir de nouveau.

REVISSE... (re-vĭ-se) [rad. *vis*, du lat. *gyrus*], v. revisser. Visser de nouveau. — REVISSE... (re-vĭ-se) [lat. *videre*], v. revoir. Voir de nouveau.

RÉVISER..., é... (ré-vi-zé...), v. et p. Examiner de nouveau. — REVISER..., é... (re-vi-zé...), v. et p. Viser de nouveau.

RÉVISION, s (ré-vi-zĭ-on), n. f. Action de réviser, nouvel examen. — RÉVISIONS (ré-vi-zion), v. réviser. Examiner de nouveau. — REVISIONS (re-vi-zion), v. reviser. Viser de nouveau.

RÉVOCATION, s (ré-vŏ-cā-sĭ-on), n. f. Action de révoquer, acte qui révoque. — RÉVOQUASSIONS (ré-vŏ-cā-sion), v. révoquer. Priver d'un emploi; annuler.

REVOILA, as, ât (re-voè-lă, lă), v. revoiler. Voiler de nouveau. — REVOILA (re-voè-lă), prép. Voilà de nouveau.

REVOLER..., é (re-vŏ-lé...), v. et p. Voler de nouveau avec des ailes. — REVOLER..., é... (id.), v. et p. Dérober de nouveau.

REVOLETER..., é (re-vŏ-le-té...), v. et p. Voleter de nouveau. — REVOLTER..., é (re-vŏl-té...), v. et p. Volter de nouveau. — RÉVOLTER..., é... (ré-vŏl-té...), v. et p. Soulever contre l'autorité; indigner. V. *volter*.

RÉVOLUTIONNÈRENT (ré-vŏ-lŭ-sĭ-ŏ-nè-re), v. révolutionner. Mettre en état de révolution. —RÉVOLUTIONNAIRE, s (id.), adj. Conforme aux principes de la révolution; n. Partisan de la révolution.

RÉSIDANT (ré-zi-dan), v. résider, au gérondif, invar. Demeurer. — **RÉSIDANT**, s (id.), adj. Qui demeure habituellement dans un lieu : Les membres *résidants* d'une société savante, par opposition à membres *correspondants*. — **RÉSIDENT**, s (id.), n. m. Personnage envoyé pour résider auprès d'un souverain étranger.

RÉSIDANTE, s (ré-zi-dan-te), adj. f. de résidant. — **RÉSIDENTE**, s (id.), n. f. de résident. Femme d'un résident. V. *résidant*.

RÉSINATE, s (ré-zĭ-nă-te), n. m. Combinaison de résine avec une base salifiable. — **RÉSINATES** (ré-zĭ-nă-te), v. résiner. Enduire de résine.

RÉSINER, ez, ai, é... (ré-zĭ-né, néc), v. et p. Enduire de résine. — **RAISINÉ**, s (rè-zĭ-né), n. m. Confiture de raisin et de poires. — **RAISINER...**, é (rè-zĭ-né...), v. et p., vieux. Boire du vin.

RÉSINIER, s (ré-zĭ-nié), n. m. Ouvrier qui extrait la résine; le gomart, plante térébinthacée d'Amérique. — **RAISINIER**, s (rè-zĭ-nié), n. m. Arbre d'Amérique. — **RAISINIEZ** (id.), v. raisiner, vieux. Boire du vin. — **RÉSINIEZ** (ré-zĭ-nié), v. résiner. Enduire de résine. — **RÉSIGNIEZ** (ré-zĭ-gnié), v. résigner. Se démettre d'un emploi; céder.

RÉSOLUSSIONS (ré-zŏ-lū-sion), v. résoudre. Déterminer à, réduire en. — **RÉSOLUTION**, s (ré-zŏ-lū-sĭ-on), n. f. Action de résoudre; ses effets.

RÉSONNER..., é (ré-zŏ-né...), v. et p. Retentir. — **RAISONNER...**, é... (rè-zŏ-né...), v. et p. Discourir, user de sa raison.

RÉSONNEMENT, s (ré-zŏ-ne-man), n. m. Retentissement. — **RAISONNEMENT**, s (rè-zŏ-ne-man), n. m. Faculté, action de discourir.

RÉSULTA, as, ât (ré-zŭl-tă, tă), v. résulter. S'ensuivre. — **RÉSULTAT**, s (ré-zŭl-tă), n. m. Ce qui résulte, conséquence, effet.

RH... V. par *r...*

RI, is, it, ît (rĭ, rī); **RIE**, s, nt (rĭe) [lat. *ridere*, de *rictus*], p. et v. rire. Éprouver dans les muscles du visage un mouvement involontaire qui annonce le plaisir. — **RIS** (rĭ) [lat. *risus*, de *ridere*], n. m. Action de rire. — **RIS** (rĭ) [rad. *ride*, du lat. *ruga*], n. m. Glandule placée sous la gorge du veau; la partie d'une voile qui est destinée à être repliée quand le vent est trop fort. — **RIZ** (rī), n. m. Sorte de blé des pays chauds.

RICOCHET, s (rĭ-cŏ-chè), n. m. Bond d'une pierre plate sur l'eau. — **RICOCHAIS**, ait, aient (rĭ-cŏ-chè, chè), v. ricocher. Faire des ricochets.

RIDER, ez, ai, é... (ri-dé, dée) [gr. ρυτιδό̄ς, de ρυω], v. et p. Faire des rides. — **RIDÉE**, s (ri-dée), n. f. Filet à prendre des alouettes; fumées des vieux cerfs.

RIEZ (rĭ-é); **RIIEZ** (rĭ-ié) [lat. *ridere*], v. rire. V. *ri*. — **RIEZ** (rié), n. m. Mauvais pâturage. — **RIEZ** (id.), n. pr. Ch.-l. de canton des Basses-Alpes.

RIMASSE... (rĭ-mă-se...), v. rimasser, vieux. Rimailler. — **RIMASSE...** (rĭ-mă-se...), v. rimer. Avoir ou donner la même terminaison.

RIME, s (rĭ-me), n. f. Conformité des sons à la fin de deux vers. — **RIME**, s, nt (id.), v. rimer. Avoir le même son final; faire des rimes. — **RIMES** (rī-me), v. rire. V. *ri*.

RIMEUSE, s (ri-meū-ze), adj. f. de rimeux. Crevassée, fendillée. — **RIMEUSE**, s (id.), n. f. de rimeur. Celle qui rime.

RIN (rin), n. pr. m. Grand marais salé de l'Indostan. — **RHIN** (id.), n. pr. m. Grand fleuve de l'Europe. — **REIN**, s (id.), n. m. Viscère qui sécrète l'urine. — **RAIN**, ou *raim*, s (id.), n. m., vieux. Lisière de bois ou de forêt.

RINCE, s, nt (rin-se), v. rincer. Laver à l'eau claire. — **REIMS**, autrefois **RHEIMS** (rins'), n. pr. Sous-préf. de la Marne.

RIONS (rĭ-on), **RIIONS** (rĭ-ion), v. rire. V. *ri*. — **RIOM** (rĭ-on), n. pr. Sous-préf. du Puy-de-Dôme.

RIOTER..., é (rĭ-ŏ-té...) [dimin. de *rire*], Rire à demi. — **RIOTER...**, é... (id.) [rad. *riote*, du bas lat. *riota*, ou de l'angl. *riot*], v. et p., vieux. Quereller, disputer.

RIOTEUSE, s (rĭ-ŏ-teū-ze) [rad. *rioter*, dimin. de *rire*], n. f. de rioteur. Celle qui ne fait que rioter. — **RIOTEUSE**, s (id.) [rad. *rioter*, quereller], v. et p., vieux. Querelleuse, disputeuse.

RIS... (riz..., s doux), V. par *riz...*

RITE, s (rĭ-te), ou **RIT**, s (rĭt'), n. m. Ordre prescrit des cérémonies religieuses. — **RITES** (rĭ-te), v. rire. V.

ri. — RITTE, s (rĭ-te), n. f. Lame formant la continuation du tranchant d'un soc de charrue. — **RITTE**, s, nt (id.), v. ritter. Labourer avec la ritte.

RITTON, s (rĭt-ton), n. m. Fer recourbé dont on arme la ritte. — **RITTONS** (id.), v. ritter. Labourer avec la ritte.

RIVE, s (ri-ve) [lat. *ripa*], n. f. Bord d'un cours d'eau. — **RIVE**, s, nt (id.) [all. *reiben*], v. river. Aplatir une pointe sur le trou. — **RIVE-DE-GIER** (id.), n. pr. Ch.-l. de canton de la Loire.

RIVET, s (ri-vè), n. m. Clou à deux têtes, ou dont la pointe est rivée. — **RIVAIS**, ait, aient (ri-vè, vè), v. river. Faire une rivure.

RISÉE, s (ri-zée) [rad. *ris*, du lat. *risus*], n. f. Rire moqueur ; coup de vent sur mer. — **RISER** ez, ai, é... (ri-zé, zée) [rad. *risée*], v. et p. Replier partiellement une voile pendant la risée.

RIZAIRE, s (ri-zè-re), adj. Fertile en riz. — **RISÈRENT** (id.), v. riser. V. *risée.*

RIZON, s (ri-zon), n. m. Espèce de riz. — **RISONS** (id.), v. riser. V. *risée.*

ROT, s (rŏ), n. m. Sortie bruyante de matières gazeuses par la bouche. — **ROT**, s (rŏ), n. m. Viande rôtie. — **RHO**, ou *rhau* (id.), n. m. 17e lettre de l'alphabet grec.

ROBE, s (rŏ-be) [bas lat. *raupa*, ou *rauba*, de l'all. *raub*], n. f. Vêtement long. — **ROBE**, s, nt (id.), v. rober, 2 fois : V. *rober*. — **ROB**, s (rŏb') [ar. *rob*], n. m. Extrait du suc des groseilles, du suc des baies de sureau, etc. — **ROB**, s (id.), et mieux *robre* [anglais *rubbers*], n. m. Au whist, réunion de trois parties.

ROBER..., é... (rŏ-bé...), v. et p. Enlever l'épiderme des racines de la garance ; enlever le poil d'un chapeau. — **ROBER**..., é... (id.), v. et p., vieux. Voler, dérober.

ROBÈRENT (rŏ-bè-re), v. rober, 2 fois : V. *rober*. — **ROBERT** (rŏ-bèr'), n. pr. d'homme.

ROBIN, s (rŏ-bin) [rad. *robe*], n. m. Homme de robe ou de lois. — **ROBIN**, s (id.) [corrupt. de *Robert*], n. m. Surnom familier du mouton.

ROCANTIN, s (rŏ-can-tin), n. m. Chanson composée de fragments de plusieurs autres. — **ROCANTIN**, s (id.) [it. *rocca*, citadelle], n. m. Soldat vétéran chargé de la défense d'une forteresse. — **ROQUENTIN** ou **ROCANTIN**, s (id.), n. m. Vieillard ridicule.

ROCHER, s (rŏ-ché), n. m. Roc, masse de pierre très dure. — **ROCHER**, ez, ai, é... (rŏ-ché, chée), v. et p. Environner de borax les parties qu'on veut souder. — **ROCHÉE**, s (rŏ-chée) [rad. *M. de la Roche*], n. f. Genre de plantes.

ROCHET, s (rŏ-chè), n. m. Sorte de surplis à manches étroites. — **ROCHAIS**, ait, aient (rŏ-chè, chè), v. rocher. V. *rocher.*

ROCHERAIE, s (rŏ-che-rêe), n. f. Nom vulgaire du pigeon biset. — **ROCHERAIS**, ait, aient (rŏ-che-rè, rè), v. rocher. V. *rocher.*

ROCHIER, s (rŏ-chié), n. m. Espèce de squale, poisson ; espèce de faucon qui, dit-on, fait son nid dans les rochers. — **ROCHIEZ** (id.), v. rocher. V. *rocher.*

RODATES (rŏ-dā-te), v. roder. — **RODATES** (rō-dā-te), v. rôder. V. *roder.* — **RHODATE**, s (rŏ-dā-te), n. m. Sel résultant de la combinaison de l'oxyde rhodique avec une base salifiable.

RODASSIONS (rŏ-dā-sion), v. roder. — **RODASSIONS** (rō-dā-sion), v. rôder. V. *roder*. — **RODATION**, s (ro-dā-si-on), n. f. Diminution de la longueur des poils : méd.

RODE, s, nt (rō-de), v. rôder. — **RODE**, s, nt (rō-de), v. roder. V. *roder*. — **RODE**, s (rŏ-de), n. f. Pièce d'un navire ; espèce de palet ; poisson ; autrefois, roue. — **RODÉ**, s (id.), n. m. Équipage de 15 à 18 chevaux de la camargue. — **RHODE**, mieux que *Rhodes* (id.), n. pr. Ile et ville de l'Archipel.

RODER..., é... (rŏ-dé...), v. et p. Frotter deux pièces de métal ou de cristal l'une sur l'autre pour qu'elles s'adaptent exactement. — **RODER**..., é (rō-dé...), v. et p. Errer çà et là aux alentours.

RODET, s (rŏ-dè), n. m. Sorte de roue hydraulique. — **RODAIS**, ait, aient (rŏ-dè, dè), v. roder. — **RODAIS**, ait, aient (rō-dè, dè), v. rôder. V. *roder.*

RODEUSE, s (rō-deū-ze), n. f. de rôdeur. Celle qui rôde. — **RHODEUSE**, s (rŏ-deū-ze), adj. f. de rhodeux. Qui appartient au rhodium.

ROGNE, s (rŏ-gne) [celt. *rong*], n. f. Gale invétérée. — **ROGNE**, s, nt (id.) [lat. *rodere*], v. rogner. Couper les extrémités.

ROGNEUSE, s (rŏ-gneū-ze) [rad.

rogne], adj. f. de rogneux. Qui a la rogne. — **ROGNEUSE**, s (id.) [rad. *rogner*], n. f. de rogneur. Celle qui rogne les pièces de monnaie.

ROGNON, s (rŏ-gnon) [bas lat. *renio*, de *renus*], n. m. Rein d'un animal. — **ROGNONS**, ions (rŏ-gnon, gnion) [lat. *rodere*], v. rogner. Couper les extrémités.

ROGUE, s (rŏ-ghe) [celt. *roc*], adj. Arrogant, fier, superbe. — **ROGUE**, s (id.), n. f. OEufs de poisson.

ROI, s (roè), n. m. Monarque souverain d'un royaume ; le premier dans son genre. — **ROIE**, s (roêe), n. f., vieux. Raie indiquant une partie gagnée ; sillon de charrue. — **ROIE**, ou *Roye* (id.), n. pr. Ch.-l. de canton de la Somme. — **ROUET, ROUAIS..., ROUA...** V. *rouet*.

ROLANT (rō-lan), v. rôler. Faire des rôles d'écriture. — **ROLAND** (rŏ-lan), n. pr. d'homme ; célèbre guerrier du temps de Charlemagne.

ROLE, s (rŏ-le), n. m. Liste ; feuillet ou deux pages d'écriture ; ce que doit réciter un acteur dans une pièce de théâtre ; personnage qu'on joue dans le monde. — **ROLE**, s, nt (id.), v. rôler. Faire des rôles d'écriture. — **ROLLE**, s (rŏ-le), n. m. Sorte de molleton ; oiseau du genre rollier.

ROLER, ez, ai ; é (rō-lé), v. et p. Faire des rôles. — **ROLLER**, s (rō-lé), n. m. Cylindre qui traite le fer quand il est devenu malléable par le recuit.

ROLET, s (rō-lè), n. m. Petit rôle. — **ROLAIS**, ait, aient (rō-lè, lê), v. rôler. Faire des rôles.

ROLIEZ (rō-lié), v. rôler. Faire des rôles. — **ROLLIER**, s (rō-lié), n. m. Genre de passereaux.

ROLONS (rō-lon), v. rôler. Faire des rôles. — **ROLLON** (rō-lon), n. pr. m. Chef norvégien qui devint le premier duc de Normandie.

ROMAN, s (rŏ-man), n. m. Récit fictif. — **ROMAN**, s (id.), adj. et n. m. Composé de celtique et de latin. — **ROMANS** (id.), n. pr. Ch.-l. de canton de la Drôme. — **ROMAND** (id.), n. pr. Pays de la Suisse.

ROMANCIER, s (rŏ-man-sié), n. m. Auteur de romans. — **ROMANCIER**, ez, ai, é...; iiez (rŏ-man-sĭ-é, ée ; ié), v. et p., vieux. Traduire en roman, en langue vulgaire.

ROME (rŏ-me), n. pr. f. Ville d'Italie, la plus célèbre du monde. — **ROME**, s (id.), n. c. f. Au jeu du romestecq, deux cartes de même valeur. — **ROM**, s (rom'), n. m. Nom vulgaire du carrelet, poisson. — **RHUM**, ou *rum*, s (id.), n. m. Eau-de-vie de sucre.

ROND, s (ron), adj. Circulaire, sphérique ; franc ; n. m. Circonférence, objet rond. — **ROMPS**, pt (id.), v. rompre. Briser ; arrêter.

ROMBE, s (ron-be), n. f. Coquillage. — **RHOMBE**, s (id.), n. m. Parallélogramme à quatre côtés égaux. — **RUMB**, s, mieux que *rhumb*, (roub'), n. m. Chaque division de la boussole.

RONDÈLE, s, nt (ron-dè-le), v. rondeler, vieux. Faire des rondeaux. — **RONDELLE**, s (id.), n. f. Petit bouclier rond ; plante ; poisson ; tonneau à bière ; objet rond.

RONDELET, s (ron-de-lè) [dim. de *rond*], adj. Un peu rond. — **RONDELET**, s (id.) [rad. *ronde*], n. m. Couplet qu'on chante dans les rondes et les danses. — **RONDELAIS**, ait, aient (ron-de-lè, lê), v. rondeler. Faire des rondeaux.

RONDO, s (ron-do), ou *rondeau*, n. m. Sorte de morceau de musique. — **RONDEAU**, x (ron-dō), n. m. Petite pièce de poésie.

RONE, s (rŏ-ne), n. m. Nom spécifique d'un labre, poisson. — **RHONE** (rŏ-ne), n. pr. m. Fleuve et départ. de France.

RONCERAIE, s (ron-se-rêe), n. f. Lieu rempli de ronces. — **RONCERAIS**, ait, aient (ron-se-rè, rè), v. roncer. Pousser une pièce de bois dans une direction perpendiculaire à sa longueur : t. de marine.

ROQUE, s, nt (rŏ-ke), v. roquer. Substituer le roi à la tour. — **ROKE**, s (id.), n. m. Écureuil de Ceylan. — **RAUQUE**, s (rŏ-ke), adj. Rude et comme enroué. — **ROC**, s (rŏk), n. m. Rocher, roche. — **ROC**, s (id.), ou *rouc*, n. m. Oiseau fabuleux, qu'on supposait être d'une force et d'une grandeur prodigieuses. — **ROCH** (id.), n. pr. d'homme.

ROQUET, s (ro-kè) [rad. *rauque*], n. m. Sorte de petit chien hargneux. — **ROQUET**, s (id.) [rad. *roc* ; it. *rocca*, du lat. *rupes*], n. m. Petite roche où se retirent plusieurs espèces de poissons. — **ROQUAIS**, ait, aient (rŏ-kè, kê), v. roquer. Substituer le roi à la tour.

ROS... (roz..., *s* doux). V. par *roz*...

ROSSIGNOLE, s, nt (rŏ-sĭ-gnŏ-le), v. rossignoler. Imiter le chant du rossignol. — ROSSIGNOL, s (rŏ-sĭ-gnŏl), n. m. Oiseau, le plus parfait des chanteurs.

ROSSIGNOLET, s (rŏ-sĭ-gnŏ-lè), n. m. Jeune rossignol. — ROSSIGNO-LAIS, ait, aient (rŏ-sĭ-gnŏ-lè, lè), v. rossignoler. Imiter le chant du rossignol.

ROSTRÉ, s, e, es (rŏs-tré, trée), adj. Allongé en forme de bec. — ROSTE-REZ, ai (rŏs-te-ré), v. roster. Garnir un bouton de points d'or ou d'argent.

ROTANT (rŏ-tan), v. roter. Faire un rot. — ROTANG, s (id.), n. m. Genre de plantes de la famille des palmiers.

ROTE, s (rŏ-te) [lat. *rota*, roue], n. f. Juridiction de la cour de Rome. — ROTE, s, nt (id.) [rad. *rot*], v. roter. Faire un rot.

ROTI, s (rŏ-tĭ), n. m. Viande rôtie; p. m. du v. rôtir. — ROTIE, s (rŏ-tīe), n. f. Tranche de pain grillée; p. f. du v. rôtir. — ROTI, ie, ies is, it, ît (rŏ-tĭ, tīe, tī), p. et v. rôtir. Faire cuire à la broche, sur le gril; dessécher. — ROTHIE, s (rŏ-tīe), n. f. Genre de plantes lactucées.

ROUE, s (roŭe), n. f. Machine ronde et plate tournant sur un essieu. — ROUE, s, nt (id.), v. rouer. Punir du supplice de la roue. — ROUX (roŭ), adj. De la couleur qui est entre le jaune et le rouge; n. m. Couleur rousse; sauce qui a cette couleur; nom de plusieurs agarics, plantes; le campagnol doré, mammifère.

ROUAN, s (roŭ-an), adj. m. Gris-blanc-bai : se dit du poil d'un cheval.— ROUANT (id.), v. rouer. Punir par la roue. — ROUEN (id.), n. pr. m. Préf. de la Seine-Inférieure. — ROHAN (rŏ-han, *h* asp.), n. pr. Ch.-l. de canton du Morbihan.

ROUANE, s (roŭ-ă-ne), adj. f. de rouan, peu us. : V. *rouan*. —ROUANNE, s (id.), n. f. Instrument pour marquer les tonneaux; longue tarière. — ROU-ANNE, s, nt (id.), v. rouanner. Marquer, percer avec la rouanne. — ROANNE (rŏ-ă-ne), n. pr. Sous-préf. de la Loire. — ROINE, s (roè-ne), n. f. Pièce de bois qui forme chacun des deux côtés dans les métiers de basse-lice; autref., reine.

ROUANNAIS, ait, aient (roŭ-ă-nè, nè), v. rouanner. Marquer ou percer avec une rouanne. — ROUENNAIS; aise, s (roŭ-an-nè; nè-ze) adj. et n. De Rouen. — ROANNAIS; aise, s (rŏ-ă-nè; nè-ze), adj. et n. De Roanne. — RO-HANAIS; aise, s (rŏ-hă-nè; nè-ze, *h* asp.), adj. et n. De Rohan.

ROUCOU, s (roŭ-coŭ), n. m. Matière colorante qui environne la graine du roucouïer. — ROUCOUE, s, nt (roŭ-coŭe), v. roucouer. Peindre en rouge avec du roucou.

ROUCOUIEZ (roŭ-coŭ-ĭé), v. roucouer. V. *roucou*. — ROUCOUIER, mieux que *roucouyer*, s (id.), n. m. Genre de plantes de la famille des tiliacées.

ROUET, s (roŭ-è), n. m. Machine à roue pour filer. — ROUAIS, ait, aient (roŭ-è, è), v. rouer. Punir du supplice de la roue. — ROUA, as, ât (roŭ-ă, ā), v. rouer. — ROI, ROIE : V. *roi*.

ROUI, ie, ies, is, it, ît (roŭ-ĭ, īe, ī), p. et v. rouir. Faire tremper dans l'eau le chanvre, le lin. — ROUIT, s (roŭ-ĭ), n. m., peu usité. Rouissage.

ROUIEZ (roŭ-ĭé), v. rouer. Punir par la roue. — ROUILLER, ez, ai, é...; iez (rou-llé, llée; llié, *ll* m.), v. et p. Couvrir de rouille. — ROUILLÉE, s (rou-llée, *ll* m.), n. f. Nom vulgaire de la phalène, insecte. V. *roulier*.

ROUJOT, s (roŭ-jŏ), n. m. Bel écureuil des Indes orientales. — ROU-GEOT, s (id.), n. m. Le canard millouin; maladie de la vigne. — ROU-GEAUD, s (roŭ-jŏ), adj. et n. m. Qui a naturellement le visage rouge.

ROULET, s (roŭ-lè), n. m. Fuseau de bois dont on se sert pour fouler les chapeaux. — ROULAIS, ait, aient (roŭ-lè, lè), v. rouler. V. *roulier*.

ROULIER, s (roŭ-lié), n. m. Charretier qui fait le roulage. — ROULIEZ (id.), v. rouler. Faire avancer une chose en même temps qu'elle tourne sur elle-même. — ROUILLIEZ, ROUILLER... V. *rouiez*.

ROULIÈRE, s (roŭ-liè-ré), n. f. Blouse de roulier; adj. f. de roulier. Qui appartient au roulage. — ROUIL-LÈRENT (rou-llè-re, *ll* m.), v. rouiller. Produire de la rouille.

ROUPIE, s (roŭ-pīe), n. f. Goutte qui pend au nez. — ROUPIE, s (id.), n. f. Monnaie des Indes orientales.

ROUPIEUSE, s (roŭ-pĭ-eŭ-ze), adj. f. de roupieux. Qui a souvent la roupie au nez. — ROUPILLEUSE, s (roŭ-pĭ-lleŭ-ze), n. f. de roupilleur. Celle qui roupille, qui sommeille à demi.

ROUSSI, s (rou-sĭ), n. m. Odeur d'une chose que le feu a roussie; p. m. du v. roussir; n. m. Cuir de Russie teint en rouge ou brun. — ROUSSI, ie, ies, is, it, ît (rou-sĭ, sĭe, sĭ), p. et v. roussir. Rendre ou devenir roux. — ROUSSIE, s (rou-sĭe), n. f. Réservoir où se rendent les eaux des fumiers.

ROUSSILLON (roŭ-sĭ-llon, *ll* m.) [rad. *Ruscino*, anc. ville romaine], n. pr. m. Ancienne province de France. — ROUSSILLONS, llions (roŭ-sĭ-llon, llion, *ll* m.) [rad. *roux, roussir*], v. roussiller. Roussir légèrement.

ROUTE, s (rou-te), n. f. Chemin. — ROUT, s (rout'), n. m. Assemblée nombreuse de la classe élevée, où l'on se réunit pour le plaisir.

ROUTINIER, s (roŭ-tĭ-nié), n. m. Qui agit par routine; adj. Qui appartient à la routine. — ROUTINIEZ (id.), v. routiner. Habituer à agir par routine.

ROUVRE, s (rou-vre) [lat. *robur*], n. m. Espèce de chêne. — ROUVRE, s, nt (id.) [rad. *ouvrir*, du lat. *aperire*], v. rouvrir. Ouvrir de nouveau.

ROSA, as, ât (rō-ză, ză), v. roser. Rendre rose, ou cramoisi. — ROSAT, s (rō-ză), adj. Où il entre des roses. — ROSA (id.), n. pr. m. Une des plus hautes cimes des Alpes.

ROSAGE, s (rō-ză-je) [rad. *rose*], n. m. Genre de plantes. — ROSAGE, s (id.) [rad. *roser*], n. m. Action de roser.

ROSASSE, s, nt (rō-ză-se), v. roser. Rendre rose. — ROSACE, s (rō-ză-se), n. f. Ornement d'architecture en forme de rose.

ROSATE, s (rō-ză-te), n. m. Sel de l'acide rosacique combiné avec une base. — ROSATES (rō-ză-te), v. roser. Rendre rose.

ROSÉ, s, e, es (rō-zé, zée) [rad. *rose*, du lat. *rosa*], adj. D'un rouge faible; p. du v. roser. — ROSER, ez, ai, é... (id.) [id.], v. et p. Rendre rose. — ROSÉE, s (rō-zée) [lat. *ros*, du gr. δροσος], n. f. Vapeur d'eau qui s'est condensée pendant la nuit et qui, le matin, se fixe en gouttelettes sur les plantes.

ROSÈRENT (rō-zè-re), v. roser. Rendre rose. — ROSAIRE, s (id.), n. m. Couronne de 15 dizaines.

ROSERAIE, s (rō-ze-rêe), n. f. Lieu planté de rosiers. — ROSERAIS, ait, aient (rō-ze-rè, rê), v. roser. Rendre rose.

ROSIER, s (rō-zié), n. m. Arbrisseau qui produit des roses. — ROSIEZ (id.), v. roser. Rendre rose.

RU, s (rŭ), n. m. Rigole. — RUE, s (rŭe) [lat. *ruga*, ou gr. ρυμη], n. f. Chemin bordé de maisons. — RUE, s (id.) [lat. *ruta*], n. f. Plante, type de la famille des rutacées. — RUE, s, nt (id.) [lat. *ruere*], v. ruer. Jeter avec impétuosité; faire une ruade. — RUE (id.), n. pr. Ch.-l. de canton de la Somme.

RUBICON (rŭ-bĭ-con), n. pr. m. Petite rivière d'Italie, qui se jette dans l'Adriatique. — RUBICOND, s (id.). Rouge, en parlant du visage.

RUBICONDE, s (rŭ-bĭ-con-de), adj. f. de rubicond. Rouge. — RUBICONDE, s, nt (id.), v. rubiconder. Rendre rubicond.

RUCHER, s (ru-ché), n. m. Endroit où sont les ruches. — RUCHER, ez, ai, é... (ru-ché, chée), v. et p. Garnir d'une ruche. — RUCHÉE, s (ru-chée), n. f. Produit d'une ruche; multitude.

RUCHÈRENT (ru-chè-re), v. rucher. Garnir d'une ruche. — RUCHAIRE, s (id.), adj. Qui construit des ruches.

RUÉE, s (rŭ-ée), n. f. Amas de chaume, etc., qu'on fait pourrir dans une basse-cour. — RUER, ez, ai, é... iez (rŭ-é, ée, ié), v. et p. V. *ru*.

RUINEUSE, s (rŭ-ĭ-neŭ-ze), adj. f. de ruineux. Qui menace ruine; qui cause des dépenses ou des dommages propres à ruiner. — RUINEUSE, s (id.), n. f. de ruineur. Celle qui ruine les autres.

RUISSÈLE, s, nt (ruĭ-sè-le), v. ruisseler. Couler comme un ruisseau. — RUISSEL, s (ruĭ-sèl), n. m. Ruisseau.

RUISSELET, s (ruĭ-se-lè), n. m. Petit ruisseau. — RUISSELAIS, ait, aient (ruĭ-se-lè, lè), v. ruisseler. Couler en manière de ruisseau.

S.

Articulation sifflante de l'S dur, de quelque manière qu'on l'écrive (s, c, ç, sc...).

SA (să), adj. poss., f. de son. — SAS (să), n. m. Tamis de crin; bassin fermé par une écluse. — ÇA (să), pron. dém. m. sing. Cela, cette chose. — ÇA (sa), adv. de lieu. Ici; interj. pour exciter (1). — C'A (să), contr. de *ce a*, dans *ç'a été*, c'est-à-dire, *ce a été*, ou *cela a été* (2).

SABA (să-bă), n. pr. Ancienne capitale de l'Arabie-Heureuse; port d'Éthiopie; contrée d'Afrique sur la mer Rouge; île des Antilles. — SABBAT, s (id.), n. m. Jour du repos des juifs; assemblée nocturne des sorciers; vacarme. — SABAS (să-bā, ou să-bās), n. pr. d'homme.

SABATIN, s; ine, s (să-bă-tin; ti-ne), adj. Se disait d'une tribu du peuple romain, ainsi nommée de la ville de Sabate. — SABBATIN, s; ine, s (săb-bă-tin; ti-ne), adj. Qui appartient au sabbat ou samedi.

SABLE, s (să-ble) [lat. *sabulum*], n. m. Gravier très fin. — SABLE, s, nt (id.) [id.], v. sabler. Couvrir de sable; boire tout d'un trait. — SABLE, s (sa-ble) [all. *sabel*], n. m. Couleur noire, en t. de blason; zibeline. — SABLES-D'OLONNE (să-ble), n. pr. Sous-préf. et port de la Vendée.

SABLEUSE, s (sa-bleŭ-ze), adj. f. de sableux. Mélangée de sable. — SABLEUSE, s (id.), n. f. de sableur. Celle qui fait les moules des objets en fonte; buveuse.

SABLIER, s (sa-blĭ-é), n. m. Sorte d'horloge de sablé; vase contenant le sable qu'on met sur l'écriture. — SABLIEZ (id.), v. sabler. Couvrir de sable.

SABLON, s (sa-blon), n. m. Sable très fin. — SABLONS (id.), v. sabler. Couvrir de sable; boire.

SABLONNIER, s (sa-blŏ-nié), n. m. Marchand de sablon. — SABLONNIEZ (id.), v. sablonner. Écurer avec du sablon.

SABOT, s (să-bŏ) [rad. *savoie*, du lat. *sapinus*], n. m. Chaussure de bois. — SABOT, s (id.) [lat. *sapus*, pour *sapinus*], n. m. Espèce de toupie qu'on fouette.

SABOTIER, s (să-bŏ-tié), n. m. Celui qui fait des sabots; celui qui en porte. — SABOTIEZ (id.), v. saboter. Jouer au sabot; faire du bruit avec les sabots.

SABRENAUDE, s (sa-bre-nō-de), n. f. de sabrenaud. Mauvaise ouvrière. — SABRENAUDE, s, nt (id.), v. sabrenauder. Faire mal, sabrer, fagoter une chose.

SABRENAUDIER, s (sa-bre-nō-dié), n. m. Ouvrier qui sabrenaude. — SABRENAUDIEZ (id.), v. sabrenauder. V. *sabrenaude*.

SACCAGE, s (să-că-je), n. m. Bouleversement; amas confus. — SACCAGE, s, nt (id.), v. saccager. Mettre au pillage; bouleverser. — SACQUAGE, s (săk-că-je), n. m. Droit qu'on levait sur les sacs de denrées exposés en vente.

SACHÉE, s (să-chée), n. f. Ce qu'un

---

(1) Dans ces locutions familières: *Comme ça ; Prenez-vous-y comme ça ; Je me porte comme ci, comme ça; Comment ça ?* et autres semblables, *ça* doit-il s'écrire avec ou sans accent grave?

La question est facile à résoudre. Dans ces cas, le mot *ça* est-il adverbe ou pronom? Indubitablement il est pronom, car on peut toujours le remplacer par le pronom *cela*. C'est ce que font les personnes qui emploient un style moins familier. Elles disent: *Comme cela; Prenez-vous-y comme cela;* etc. En effet, quand nous disons: *Comme ça*, nous voulons dire: *Comme cela, comme cette chose, comme ce que je dis.* — *Prenez-vous-y comme ça*, signifie: *Prenez-vous-y comme cela vous est montré* ou *expliqué, comme vous voyez cela, cette manière que je vous indique.* — *Je me porte comme ci, comme ça*, veut dire: *Je me porte comme ceci se porte, ou comme cela se porte, comme telle ou telle chose se porte.* — Dire à une personne qui vient de parler: *Comment ça ?* c'est lui adresser cette question: *Comment entendez-vous cela, cette chose ?* ou bien: *Comment cela a-t-il eu lieu? Comment cela est-il possible ?*

Donc, dans ces locutions, *ça* est pronom et doit s'écrire sans accent.

(2) Lorsque *ce* s'élide devant un *a* ou un *o* dans les temps composés de l'auxiliaire *être*, il doit prendre la cédille afin de conserver l'articulation douce. Car l'apostrophe est considérée comme nulle dans la lecture. *C, a*, se prononcent *ka*; personne ne peut le nier; et l'apostrophe n'empêchera jamais qu'il n'y ait *c, a*, dans *la même syllabe*.

Mais, direz-vous, on sait bien que c'est l'*e* de *ce* qui est élidé. Je réponds:

1° On l'ignore. Car si le style familier admet *ça* aux temps simples: *ça me plaît, ça serait beau*, il doit l'admettre également aux temps composés: *ça m'a plu, ça aurait été beau* (ou, avec élision, *ç'aurait été beau*). Donc, *ça* peut s'élider aussi bien que *ce*.

2° Quand même on le saurait, tant que l'œil verra *c, a*, ou *c, o* (sans cédille), on devra prononcer *ka, ko*; ou bien il faut traiter de chimère et de mensonge le principe qui dit que *c* est dur devant *a, o, u*.

Donc, il faut toujours employer la cédille dans *ç'a été, ç'ont été, ç'aurait été*, etc.

sac peut contenir. — SACHEZ (să-ché), v. savoir. Connaître.

SACRE, s (sa-cre) [lat. *sacer*], n. m. Action de sacrer. — SACRE, s, nt (id.) [lat. *sacrare*, de *sacer*], v. sacrer. Rendre sacré, conférer un caractère de sainteté. — SACRE, s (id.) [ar. *sakr*], n. m. Espèce de faucon; couleuvrine.

SACRET, s (sa-crè), n. m. Oiseau. — SACRAIS, ait, aient (sa-crè, crè), v. sacrer. V. *sacre*.

SACRÈRENT (sa-crè-re), v. sacrer. V. *sacre*. — SACRAIRE, s (id), ou *sacrarium*, n. m. Sorte de chapelle chez les anciens Romains.

SAFRANIER, s (să-fră-nié), n. m. Celui qui cultive le safran. — SAFRANIEZ (id.), v. safraner. Jaunir avec du safran.

SAIDE (sa-i-de), ou *Séid*, n. pr. Ville et port de Syrie. — SAID (sa-id'), n. pr. m. Contrée de l'Égypte. — SAID, s (id.), n. m. Ancien papier d'Égypte.

SAIETTE, s (să-iè-te), n. f. Étoffe de soie et laine. — SAIETTE, s, nt (id.) [rad. *saie*, du lat. *sagitta*],. v. saïetter. Brosser avec la saie.

SALE, s, nt (să-le) [lat. *sal*], v. saler. Assaisonner de sel. — SALE, s (sa-le) [teut. *sal*, ou lat. *squalus*, pour *squalidus*], adj. Malpropre; déshonnête. — SALES (id.), n. pr. Ancien château près de Genève. — SALLE, s (să-le), n. f. Grand appartement. — SAALE (să-ă-le, ou să-le), n. pr. de trois rivières de Bavière.

SALÉ, s (să-lé), n. m. Chair de porc salée; p. du v. saler. — SALER, ez, ai, é... (să-lé, lée), v. et p. Assaisonner de sel. — SALÉ (sa-lé), n. pr. Ville de la côte occidentale d'Afrique.

SALÈRENT (să-lè-re), v. saler. Assaisonner de sel. — SALAIRE, s (id.), n. m. Prix d'un service; récompense, châtiment. — SALERS (sa-lèr), n. pr. Ch.-lieu de canton du Cantal.

SALERON, s (să-le-ron), n. m. Partie creuse de la salière, où est le sel. — SALERONS, nt (id.), v. saler. Assaisonner de sel.

SALIEN, s; enne, s (să-lĭ-in; è-ne) [lat. *salire*, sauter], n. m. Prêtre de Mars; adj. Qui appartient aux Saliens. — SALIEN, s; enne, s (să-lĭ-in; è-ne) [rad. *Saale*, rivière], n. et adj. Tribu franque originairement établie sur les bords de la Saale.

SALIGOT, s (să-lĭ-gŏ), n. m. Nom vulgaire de la mâcre et de la tribule. — SALIGAUD, s (să-lĭ-gō), adj. et n. m. Qui se plaît dans la malpropreté.

SALISSON, s (să-lĭ-son), n. f. Petite fille malpropre. — SALISSONS (id.), v. salir. Rendre sale.

SALMI, s (săl-mĭ), n. m. Ragoût fait avec des oiseaux rôtis et dépecés; du vin, etc. — SALMIE, s (săl-mīe), n. f. Plante.

SALOP, s (să-lŏ), adj. et n. m. Sale, malpropre. — SALAUD, s, (să-lō), adj. et n. m. Sale, malpropre.

SALON, s (să-lon) [it. *salone*, augm. de *sala*], n. m. Salle de réception. — SALONS (sa-lon) [lat. *sal*], v. saler. Assaisonner de sel. — SALON (id.), n. pr. Ch.-lieu de canton des Bouches-du-Rhône.

SALUT, s (să-lŭ), n. m. Salutation; bonheur éternel. — SALUE, s, nt (să-lūe), v. saluer. Faire une salutation, donner extérieurement une marque de respect, de civilité.

SAN (san), mot espagnol qui signifie *saint*, et qui s'emploie dans plusieurs noms de lieu : *San-Salvador*, etc. — SANS (id.), prép. exclusive. Manquant de. — SANG, s (id), n. m. Liqueur qui coule dans les veines et dans les artères. — SENS, nt (id.), v. sentir. Recevoir une impression par les sens; répandre une odeur. — CENT, s (id.), adj. num. card., 99 et 1, ou 10 fois 10. — SENS, n. m. V. *sens*.

SANDALE, s (san-dă-le), n. f. Chaussure qui ne couvre qu'en partie le dessus du pied. — SANDAL (san-dăl), et mieux *santal*, n. m. Bois des Indes pour la teinture. — CENDAL (id.), n. m. Étoffe de soie.

CENDRIER, s (san-drĭ-é), n. m. Endroit où tombe la cendre d'un fourneau; vase dans lequel on met la cendre; marchand de cendre. — CENDRIEZ (id.), v. cendrer. Donner une couleur de cendre; mêler de cendre.

SANGLANT, s (san-glan) [rad. *sang*], adj. Taché de sang, ensanglanté. — SANGLANT (id.) [rad. *sangle*], v. sangler. Ceindre, lier avec des sangles.

SANGLIER, s (san-glĭ-é), n. m. Cochon sauvage; poisson de mer. — SANGLIEZ (id.), v. sangler. Mettre la sangle.

SANGLOT, s (san-glŏ) [lat. *singultus*], n. m. Soupir redoublé, poussé avec une voix entrecoupée. — SAN-GLOT, s (id.) [dim. de *sangle*], n. m. Petite courroie qui retient les sangles.

SANGLON, s (san-glon), n. m. Pièces de bois posées sur la quille d'un vaisseau. — SANGLONS (id.), v. sangler. Ceindre avec une sangle.

SENS (sans') [lat. *sensus*], n. m. Faculté de sentir. — SENS (id.) [lat. *Senones*], n. pr. Sous-préf. de l'Yonne. — CENSE, s (san-se), n. f. Métairie, ferme. — CENS (sans'), n. m. Redevance annuelle ; recensement.

SENSÉ, s, e, es (san-sé, sée), adj. Prudent ; conforme au bon sens. — CENSÉ, s, e, es (id.), adj. Présumé, réputé, regardé comme.

SENSORIAL, e, es (san-sŏ-rĭ-ăl, ă-le), adj. Qui appartient au sensorium ou partie du cerveau qu'on croit être le centre des sensations. — CENSORIAL, e, es (id.), adj. Qui est relatif à la censure ; qui appartient aux censeurs.

SENSUEL, s ; elle, s (san-sŭ-èl, è-le), adj. Qui appartient aux sens. — CENSUEL, s ; elle, s (id.), adj. Qui a rapport au cens. V. *sens*.

SENTE, s (san-te) [lat. *semita*, de *semi iter*], n. f. Sentier, petit chemin. — SENTE, s, nt (id.) [lat. *sentire*], v. sentir. V. *san*.

SANTÉ, s (san-té), n. f. État d'une personne qui se porte bien. — SENTEZ (id.), v. sentir. V. *san*.

SENTÈNE, s (san-tè-ne), n. f. Endroit par où l'on commence à dévider un écheveau. — CENTAINE, s (id.), n. f. Nombre de 100 unités. — CENTÈNE, s (id.), et mieux *centèle*, n. m. Le taurec ou teurec, espèce de hérisson.

SANTIER, s (san-tié), n. m., vieux. Valet de ville. — SENTIER, s (id.), n. m. Chemin étroit. — SENTIEZ (id.), v. sentir. V. *san*.

SENTIMES (san-tĭ-me), v. sentir. V. *san*. — CENTIME, s (san-tĭ-me), n. m. Pièce de monnaie, la 100e partie d'un franc.

SANTON, s (san-ton), n. m. Sorte de moine turc. — SENTONS (id.), v. sentir. V. *san*. — CENTON, s (id.), n. m. Vêtement fait de plusieurs morceaux de couleurs différentes ; ouvrage composé de fragments de divers auteurs.

CENTRIER, s (san-trĭ-é), n. m. Se dit des députés qui siègent au milieu de la chambre, dont ils forment le centre.

— CENTRIEZ (id.), v. centrer. Placer le centre de l'axe d'une lunette de manière que toutes les parties du champ soient semblables et semblablement situées par rapport à cet axe.

CENTUPLE, s (san-tu-ple), adj. et n. m. Qui vaut 100 fois autant. — CENTUPLE, s, nt (id.), v. centupler. Rendre 100 fois plus grand.

SAPA, s (să-pă) [lat. *sapa*], n. m. Moût réduit en sirop, raisiné. — SAPA, as, ât (să-pă, pâ) [rad. *sape*, lat. *sappa*, it. *zappa*], v. saper. Fouir sous les fondements d'un édifice.

SAPE, s (să-pe), n. f. Action de saper ; résultat de cette action. — SAPE, s, nt (id.), v. saper. Creuser sous un mur pour le faire crouler. — SAP, s (săp'), n. m. Se dit pour sapin, dans les chantiers.

SARDE, s (săr-de), n. m. Espèce d'orge ; sorte de poisson. — SARDE, s (id.), adj. et n. De la Sardaigne. — SARDES (id.), n. pr. Ancienne capitale de la Lydie.

SARRÈTE, s (săr-rè-te), n. f. Resserrement, spasme des mâchoires chez les enfants nouveau-nés. — SARRETTE, s (id.), n. f. Plante.

SASSA, s (săs-să), n. m. Espèce de mimosa, plante qui produit de la gomme. — SASSA, as, at (să-să, să), v. sasser. Passer au sas.

SASSET, s (să-sè), n. m. Petit sas. — SASSAIS, ait, aient (să-sè, sè), v. sasser. Passer au sas, tamiser.

SATIRE, s (să-tĭ-re), n. f. Critique mordante, écrite ou parlée. — SATYRE, s (id.), n. f. Chez les anciens Grecs, poème mordant ; n. m. Insecte lépidoptère. — SATYRE (id.), n. m. Demidieu qui présidait aux forêts.

SATIRIQUE, s (să-tĭ-rĭ-ke), adj. Qui appartient à la satire. — SATYRIQUE, s (id.), adj. Qui appartient aux satyres.

SAVERNE (să-vèr-ne), n. pr. f. Rivière d'Angleterre. — SAVERN (să-vèrn'), n. pr. Sous-préf. du Bas-Rhin.

SAVETIER, s (să-ve-tié), n. m. Raccommodeur de vieux souliers ; mauvais ouvrier. — SAVETIEZ (id.), v. saveter. Faire malproprement un ouvrage.

SAVON, s (să-von) [lat. *sapo*], n. m. Substance qui sert à nettoyer le linge, etc. — SAVONS (id.) [lat. *sapere*], v. savoir. Connaître ; pouvoir.

SAVONE (să-vŏ-ne), n. pr. f. Grande

ville des États sardes. — SAVONNE, s, nt (id.), v. savonner. Nettoyer avec du savon.

SAVONNEUSE, s (să-vŏ-neū-ze), adj. f. de savonneux. Qui a quelque propriété du savon. — SAVONNEUSE, s (id.), n. f. de savonneur. Celle qui savonne.

SAVONNIER, s (să-vŏ-nié), n. m. Fabricant de savon; genre de plantes. — SAVONNIEZ (id.), v. savonner. Frotter de savon.

SAVOURET, s (să-vou-rè), n. m. Os qu'on met dans la soupe pour lui donner de la saveur. — SAVOURAIS, ait, aient (să-vou-rè, rè), v. savourer. Goûter avec attention et plaisir.

SCABIEUSE, s (scă-bĭ-eū-ze), n. f. Plante dipsacée; sa fleur. — SCABIEUSE, s (id.) [lat. scabies], adj. f. de scabieux. Qui tient de la gale.

SCALPELLE, s (scăl-pè-le), n. f. Poisson mollusque. — SCALPEL, s (scăl-pèl), n. m. Sorte de couteau pour disséquer.

SCUTELLÈRE, s (scu-tèl-lè-re), n. f. Insecte. — SCUTELLAIRE, s (id.), n. f. Plante labiée, vulgairement nommée toque.

SE (sĕ), pron. pers., 3e pers. Soi, à soi. — CE (sĕ), adj. et pron. dém., m. sing. — CEUX (seū), pron. dém., m. pl. de celui.

SÉE (sée), n. pr. f. Petite rivière du départ. de la Manche. — SCÉE (id.), n. pr. Porte de la ville de Troie. — CÉE (id.), n. pr. f. Ile, auj. Zéa, l'une des Cyclades. — CÉE, s (id.), n. f. Insecte. — CÉ (sé), n. m. Nom français de la lettre C. — CET (sé, et non point sè), adj. dém. m. sing., remplace ce devant une voyelle. — SEEZ ou Sées (sée ou séz'), n. pr. Ch.-lieu de canton et évêché de l'Orne.

SES (sè), adj. posses., pl. de son et de sa. — CES (sè), adj. dém., pl. de ce, cet, cette. — SEPT (sè, s'il est inséparablement suivi d'un nom ou adj. commençant par une consonne : sept chevaux, sept bons chevaux ; et sèll' dans tous les autres cas : sept ouvriers, j'en laisse sept pour vous, un sept, l'an sept, le sept mars. Quelques personnes prononcent toujours et sans exception, sèll', même dans sept chevaux, sept fois sept, etc. V. dix), adj. num. card. 6 et 1 ; adj. num. ord. 7e ; n. m. Le chiffre 7 ; le nombre sept. —

SAI, s (sè) [ind. sai, onom.], n. m. Singe américain du genre sapajou. — SAIS, ait (sè), [lat. sapere], v. savoir. Connaître; pouvoir. — SAIE, s (sêe) [lat. sagum, du gr. σάγος], n. f. Ancien vêtement de guerre. — SAIE, s (sêe) [lat. sagitta], n. f. Brosse d'orfèvre. — CEP. V. sèpe.

SÉANT (sé-an), n. m. Posture d'une personne assise. — SÉANT, s (id.), adj. Convenable ; v. seoir (ou soir). V. soir. — CÉANS (id.), adv., vieux. Ici dedans.

SÈCHE, s (sè-che) [lat. siccus], adj. f. de sec. Sans humidité. — SÈCHE, s, nt (id.) [id.], v. sécher. Rendre sec, devenir sec. — SÈCHE ou seiche, s (id.) [lat. sepia], n. f. Poisson mollusque qui distille une liqueur puante.

SECOND... (se-gon...). V. par second...

SECOUE, s, nt (se-coūe), v. secouer. Remuer fortement, agiter, ébranler. — SECOUS (se-cou), adj., vieux. Agité, ébranlé.

SECOURE, s, nt (se-cou-re); SECOURS, rt (se-cour), v. secourir. Aider, assister dans le danger. — SECOURS (se-cour), n. m. Aide, assistance dans le danger ou dans l'embarras.

SECRÈTE, s (se-crè-te), adj. f. de secret. Cachée, connue de peu de personnes; n. f. Oraison qui précède la préface de la Messe. — SÉCRÈTE, s, nt (sé-crè-te), v. sécréter. Filtrer et séparer du sang certaines humeurs, telles que la bile, l'urine, la salive, les larmes.

SECRÉTÈRE, s (se-cré-tè-re), n. m. Lieu où s'assemblaient les juges ou les échevins d'une ville. — SECRÉTAIRE, s (id.), n. m. Celui qui écrit les lettres d'un autre; celui qui rédige les délibérations d'une assemblée; bureau où l'on écrit; espèce de vautour d'Afrique. — SÉCRÉTÈRENT (sé-cré-tè-re), v. sécréter. V. secrète.

SEXTILE (sèk-sti-le), n. m. Chez les Romains, nom primitif du mois d'août. — SEXTIL, s; ile, s (sèk-stïl, ti-le), adj. S'emploie pour marquer la distance de deux planètes éloignées l'une de l'autre de 60 degrés; se disait de notre année républicaine quand elle avait six jours complémentaires, et de ce sixième jour.

SÉDAN (sé-dan), n. pr. Sous-préfect. des Ardennes. — SÉDAN, s (id.), n. c. m. Drap fabriqué à Sédan. — CÉDANT (id.), **v.** céder. Abandonner; se sou-mettre.

SÉDON, s (sé-don), n. m. L'orpin, plante. — **CÉDONS** (id.), v. céder. Abandonner; se soumettre.

CÉDRAT, s (sé-dră), n. m. Espèce de citronnier; son fruit. — **CÈDERA,** s (sè-de-ră), v. céder. Abandonner; se sou-mettre.

CÉDRON (sé-dron), n. pr. Torrent près de Jérusalem. — **SÉDERON** (sé-de-ron), n. pr. Chef-lieu de canton de la Drôme. — **CÉDERONS,** nt (sè-de-ron), v. céder. Abandonner; se soumettre.

SAIGNANT et dérivés (sè-gnan...), v. saigner. Extraire des vaisseaux sanguins une certaine quantité de sang; perdre du sang. — **CEIGNANT** et dérivés (sè-gnan...), v. ceindre. Entourer, envi-ronner.

SAIGNÉE, s (sè-gnée), n. f. Action de saigner; rigole. — **SAIGNER,** ez, ai, é... iez (sè-gné, gnée, gnié), v. et p. V. saignant. — **CEIGNEZ,** gniez (sè-gné, gnié), v. ceindre. Entourer, envi-ronner.

SEIGNEUR, s (sè-gneŭr), n. c. m. Maître; titre d'honneur. — **SEIGNEUR** (id.), n. pr. m. Le Seigneur, Dieu; Notre-Seigneur, Jésus-Christ. — **SAI-GNEUR,** s (sè-gneŭr), n. m. Médecin qui aime à saigner. — **SÉNIEUR,** s (sé-nĭ-eŭr), n. m. Nom qu'on donnait dans plusieurs communautés au plus ancien, au doyen.

SAIGNEUSE, s (sè-gneŭ-ze), adj. f. de saigneux. Sanglante, tachée de sang. — **SAIGNEUSE,** s (id.), n. f. de sai-gneur. Femme qui pratique l'art de sai-gner, qui saigne souvent.

SECONDE, s (se-gon-de), adj. f. de second. Deuxième; n. f. 60ᵉ partie d'une minute; intervalle d'un ton; la classe qui précède la rhétorique. — **SECONDE,** s, nt (id.), v. seconder. Aider, favoriser, servir.

SECONDÈRENT (se-gon-dè-re), v. seconder. Aider. — **SECONDAIRE,** s (id.), adj. Accessoire; qui vient en se-cond.

SELLA, as, àt (sè-lă, lă), v. seller. Mettre la selle. — **SCELLA,** as, àt (id.), v. sceller. Mettre le sceau, cacheter. — **CELA,** as, àt (se-lă, lă) [lat. celare], v. celer. Cacher. — **CELA** (se-lă) [contract. de ce, là, ce qui est là, ou cet objet-là], pron. dém. m. s. Cette chose-là. —

CELA, s (id.), n. m. Le casoar, oiseau. — **CEUX-LA** (seŭ-lă), pron. dém., m. pl. de celui-là. Ces personnes-là, ces choses-là. — **CELLE-LA** (sèl-le-lă), pron. dém., f. de celui-là. Cette per-sonne-là, cette chose-là.

SELLANT (sè-lan), v. seller. Mettre la selle. — **SCELLANT** (id.), v. sceller. Mettre le sceau. — **CELANT** (se-lan), v. celer. Cacher. — **CELAN,** s (id.), n. m. Espèce de hareng. — **SCELLAN,** s (sèl-lan), n. m. Petit poisson dont on fait des appâts. — **SÉELAND** (sée-lan, ou sée-land'), n. pr. Ile du Danemark; terri-toire de Prusse. — **CEYLAN** (sè-lan, ou sèi-lan), n. pr. Ile de l'Asie.

SELLATES (sè-lă-te), v. seller. Mettre la selle. — **SCELLATES** (id.), v. sceller. Mettre le sceau. — **CELATES** (se-lă-te), v. celer. Cacher. — **CELATE,** s (se-lă-te), n. m. Devant d'un casque.

SELLE, s (sè-le) [lat. sella], n. f. Siège de cheval; évacuation. — **SELLE,** s, nt (id.) [id.], v. seller. Mettre la selle. — **SELLES** (id.), n. pr. Chef-lieu de canton du Loir-et-Cher. — **SCELLE,** s, nt (id.), v. sceller. Mettre le sceau. — **SCEL,** s (sèl), n. m. Sceau, empreinte d'un cachet. — **SEL,** s (id.), n. m. Acide combiné avec une base. — **CÈLE,** s (sè-le) [gr. κηλη], n. f. Tumeur, her-nie. — **CÈLE,** s, nt (id.) [lat. celare], v. celer. Cacher. — **CELLE,** s (id.) [contract. de cette, elle; ou lat. hœc illa], pron. dém., f. de celui. — **CELLE,** s (id.) [lat. cella], n. f. Lieu de retraite d'un ermite. — **CELLE** (id.), n. pr. Chef-lieu de canton des Deux-Sèvres.

SELLER..., é... (sè-lé...) v. et p. Mettre la selle sur un cheval. — **SCEL-LER...,** é... (id.), v. et p. Mettre le sceau, cacheter; fixer. — **CELER...,** é..., mieux que céler (se-lé...), v. et p. Cacher. — **SCELLÉ,** s (sè-lé), n. m. Sceau apposé par l'autorité judiciaire. — **CÉLÉE,** s (sé-lée), n. f. Genre d'oiseaux ayant pour type le pic flavescent.

SELLERA, s (sè-le-ră), v. seller. Mettre la selle. — **SCELLERA,** s (id.), v. sceller. Cacheter; fixer. — **CÈLERA,** s (id.), v. celer. Cacher. — **SCÉLÉRAT,** s (sé-lé-ră), adj. et n. m. Coupable ou capable de crimes.

SELLÈRENT (sè-lè-re), v. seller. Mettre la selle. — **SCELLÈRENT** (id.), v. sceller. Cacheter; fixer. — **CÉLÈRENT** (se-lè-re), v. celer. Cacher. — **CÉLÈRE,**

s (sé-lè-re), adj. Prompt, rapide. —
SELLAIRE, s (sèl-lè-re), adj. Qui a la
forme d'une selle. — CELLAIRE, s (id.),
n. f. Genre de polypiers.

SELLERIE, s (sè-le-rĭe), n. f. Lieu
où l'on garde les selles. — CÉLERI, s
(sé-le-rĭ), n. m. Plante potagère.

SELLERIEZ (sè-le-rié), v. seller.
Mettre la selle. — SCELLERIEZ (id.),
v. sceller. Cacheter ; fixer. — CÈLERIEZ
(id.), v. celer. Cacher. — CELLÉRIER,
s (sèl-lé-rié), n. m. Celui qui, dans un
couvent, a soin des provisions de bouche,
du temporel de la maison. — CÉLERIER,
s (sé-le-rié), n. m. Fermier du Dauphin
au-delà du Rhône.

SELLETTE, s (sè-lè-te), n. f. Petit
siège de bois sur lequel, avant 1789, on
fesait assoir un accusé pendant qu'il su-
bissait son dernier interrogatoire ; petite
selle. — CÉLÈTE, s (sé-lè-te), n. m.
Navire léger ; insecte.

CÉLICOLE, s (sé-lĭ-cŏ-le), n. m. Habitant du ciel. — CELLICOLE, s (sèl-lĭ-
cŏ-le), n. m. Qui habite dans les caves :
t. d'hist. nat.

SELLIER, s (sè-lié), n. m. Fabricant
de harnais. — CELLIER, s (id.), n. m.
Caveau pour le vin et autres provisions.
— SELLIEZ (id.), v. seller. Mettre la
selle. — SCELLIEZ (id.), v. seller. Cacheter ; fixer. — CELIEZ (se-lié), v.
celer. Cacher.

SÉLIN, s (sé-lin), n. m. Plante. —
CELIN, s (se-lin), n. m. Insecte.

SELON (se-lon), prép. Suivant, à proportion. — CELONS (id.), v. celer.
Cacher. — SELLONS (sè-lon), v. seller.
Mettre la selle. — SCELLONS (id.), v.
sceller. Cacheter ; fixer.

SELTZ (sèlts', ou sèls'), n. pr. Ville
d'Allemagne, célèbre par ses eaux miné-
rales. — CELSE (sèl-se), n. pr. m.
Écrivain latin.

SÈME, s, nt (sè-me), v. semer. Épandre
la graine. — SEIME, s (id.), n. f. Division de l'ongle du cheval. — SEM
(sèm'), n. pr. Fils aîné de Noé.

SEMI (se-mĭ), adj. invar. Demi ; s'emploie devant certains mots, auxquels il
est joint par un trait d'union. — SEMIS
(se-mī), n. m. Plant d'arbrisseaux, de
fleurs.

SEMITE, s (se-mĭ-te), n. f. Sorte de
toile de coton. — SÉMITE, s (sé-mĭ-te),
n. et adj. Descendant de Sem.

SÉNACLE, s (sé-na-cle), n. m. Lieu
où le sénat s'assemblait. — CÉNACLE,
s (id.), n. m. Salle à manger où le
Sauveur célébra la cène.

SÈNE, s (sè-ne), n. f. Druidesse. —
SENNE, ou seine, s (id.), n. f. Filet
qu'on traîne sur les grèves. — SENNE
(id.), n. pr. f. Petite rivière de Belgique.

SEINE (id.) [lat. Sequana], n. pr. f.
Fleuve et département de France. —
SCÈNE, s (id.), n. f. Lieu où jouent les
acteurs du théâtre ; portion d'un drame.
— CÈNE, s (id.), n. f. Souper de Jésus-
Christ avant sa passion. — SAINE, s
(sê-ne), adj. f. de sain. Salubre ; exempte
de maladie.

SÉNÉ, s (sé-né), n. m. Plante rosacée
médicinale. — SÉNÉ, s, e, es (sé-né,
née) [lat. senus, de sex], adj. Se dit des
feuilles qui sont disposées six par six
autour de la tige. — SÉNÉ, s, e, es
(id.), adj. Se dit d'une rime dans laquelle
tous les vers d'un même couplet, ou tous
les mots d'un vers, commencent par la
même lettre. — SENEZ (se-né), n. pr.
Chef-lieu de canton des Basses-Alpes.

SEP, s (sèp), n. m. Pièce horizontale
qui porte le soc de la charrue. — SEPS
(sèp' ou seps'), n. m. Reptile, lézard à
jambes courtes. — CÈPE, s (sè-pe),
mieux que sèpe, cep ou ceps, n. m.
Champignon mangeable. — CEP, s (sèp,
mieux que sé) [lat. caput], n. m. Pied
de vigne. — CEPS (id.) [lat. cippus],
n. m., vieux. Chaîne de prisonniers.

SÉPÉ, s (sé-pé), n. m. Morceau de
fer qui assujétit le canon d'un fusil dans
la coulisse. — CÉPÉE, s (sé-pée), n. f.
Touffe de plusieurs tiges de bois qui
sortent d'une même souche.

SEPTIQUE, s (sèp-tĭ-ke), adj. Qui
pourrit les chairs. — SCEPTIQUE, s
(id.), adj. Qui doute, pyrrhonien.

SERA, s (se-rä), v. être. Exister. —
SERRA, as, ât (sè-rä, rä), v. serrer.
Étreindre ; renfermer. — CÉRAT, s
(sé-rä), n. m. Onguent composé de cire
et d'huile. — SERRAT (sèr-rä), n. pr.
m. Montagne d'Espagne.

SERAN, s (se-ran), ou serançoir, n.
m. Peigne de fer pour la filasse. —
SERRAN, s (sèr-ran), n. m. Poisson de
mer. — SERRANT (sè-ran), v. serrer.
Étreindre ; renfermer. — CÉRAN (St-)
(sé-ran), n. pr. d'homme : Évêque de
Paris au VIIe siècle.

SERASSE, s (se-rä-se), n. f. Toile de
coton des Indes orientales. — SER-

RASSE, s, nt (sè-rā-se), v. serrer. Étreindre; renfermer.

SÈRE, s (sè-re), adj. et n. m. De la Sérique. — SERRE, s (id.), n. f. Pied des oiseaux de proie; bâtiment vitré où l'on abrite les plantes. — SERRE, s, nt (id.) [lat. serare, de sera], v. serrer. Étreindre; renfermer. — SERRES (id.), n. pr. Ch.-lieu de canton des Hautes-Alpes. — CERRE, s (id.), n. m. Espèce de chêne. — SERS, rt (sèr), v. servir. Remplir les fonctions de serviteur. — CERF, s (sèr ou sèrf'), n. m. Quadrupède très rapide à la course et portant sur la tête des cornes ramifiées. V. serf.

SEREZ, aï (se-ré), v. être. Exister. — SERRER, ez, ai, é... (sè-ré, rée), v. et p. Étreindre, presser; fixer. — SERRÉ (sè-ré), Très fortement, d'une manière serrée.

SÉRAI, s (sé-rè), n. m. Partie caséeuse qui est résultée de la fabrication des fromages façon de Gruyère. — SERAIS, ait, aient (se-rè, rè), v. être. Exister. — SERRAIS, ait, aient (sè-rè, rè), v. serrer. Étreindre; enfermer. — CÉRET (sé-rè), n. pr. Sous-préfect. des Pyrénées-Orientales.

SERÈNE, s (se-rè-ne), n. f. Grande baratte. — SEREINE, s (id.), adj. f. de serein. Claire, douce, calme. — SEREINE, s, nt (id.), v. sereiner. Rendre serein.

SÉREUX; euse, s (sé-reū, reū-ze), adj. Chargé de sérosité. — CÉREUX; euse, s (id.), adj. Qui a rapport au cérion.

SERF, s (sèrf'), n. et adj. Esclave. — CERF, s (sèr ou sèrf'), n. m. Quadrupède ruminant. V. cerf dans le dictionnaire des Homographes.

SÉRIE, s (sé-rīe), n. f. Suite, succession d'objets. — CÉRIE, s (id.), n. f. Genre d'insectes diptères.

SÉRIÉ, s, e, es (sé-rĭ-é, ée), adj. Disposé par séries. — SERRIEZ (sè-rié), v. serrer. Étreindre; enfermer. — SERIEZ (se-rié), v. être. Exister.

SÉRIEUSE, s (sé-rĭ-eū-ze), adj. f. de sérieux. Grave, qui n'est pas gaie; importante; sincère. — SÉRIEUSE, s, nt (id.), v. sérieuser. Rendre sérieux.

SERIN, s (sě-rin), n. m. Canarien ou canari, oiseau chanteur. — SEREIN, s (se-rin), adj. Pur, doux et calme; n. m. Rosée qui tombe au coucher du soleil.

SERINE, s (se-rĭ-ne), adj. et n. f. de serin. Femelle du serin. — SERINE, s,

nt (id.), v. seriner. Instruire un serin. — CÉRINE, s (sé-rĭ-ne), n. f. Substance qui tient de la cire.

SERINGAT, s (se-rin-gă), et mieux syringa, n. m. Arbrisseau. — SERINGUA, as, ât (se-rin-gă, gā), v. seringuer. Pousser un liquide avec une seringue.

SERIONS (se-rion), v. être. Exister. — SERRIONS (sè-rion), v. serrer. Étreindre, presser; fixer. — CÉRION, s (sé-rĭ-on), n. m. Caryopse, sorte de fruit; espèce de teigne; métal nouvellement découvert.

SÉRIQUE, s (sé-rĭ-ke), adj. Qui concerne la soie; n. m. Genre d'insectes coléoptères. — SÉRIQUE (id.), n. pr. f. Contrée de l'Inde ancienne, au-delà du Gange. — CÉRIQUE, s (id.), ou céreux, adj. Qui a rapport au cérion.

CERISAIE, s (se-ri-zèe), n. f. Lieu planté de cerisiers. — CERISAI, mieux que Cerisay (se-ri-zè), n. pr. Chef-lieu de canton des Deux-Sèvres.

SERMENT, s (sèr-man), n. m. Jurement; promesse solennelle. — SERREMENT, s (sè-re-man), n. m. Action de serrer; pression; saisissement. — SERRÉMENT (sè-ré-man), adv. D'une manière serrée.

SERMONNÈRENT (sèr-mŏ-nè-re), v. sermonner. Faire d'ennuyeuses remontrances. — SERMONNAIRE, s (id.), n. m. Recueil de sermons; qui convient aux sermons.

CERNAIS, ait, aient (sèr-nè, nè), v. cerner. Environner. — CERNAI, mieux que Cernay (sèr-nè), n. pr. Chef-lieu de canton du Haut-Rhin.

CERNIER, s (sèr-nié), n. m. Poisson. — CERNIEZ (id.), v. cerner. Entourer.

SERROT, s (sèr-rŏ), n. m. Bâton d'une machine à prendre les oiseaux. — SÉRAUT, s (sé-rŏ), n. m. Oiseau, le bruant commun. — CÉRO, s (sé-rŏ), n. m. Poisson très commun aux Antibes.

SERONS, nt (se-ron), v. être. Exister. — SERRON, s (sèr-ron ou sè-ron), n. m. Espèce d'ansérine, plante. — SERRONS (sè-ron), v. serrer. Étreindre, presser; renfermer.

SERPENTÈRENT (sèr-pan-tè-re), v. serpenter. Aller tortueusement comme un serpent qui se contourne. — SERPENTAIRE, s (id.), n. m. Constellation australe; oiseau; n. f. Espèce de plantes.

SERPEIE, s, nt (sèr-pèc), ou serpeye, s, nt (sèr-pèie), v. serpeyer. Conduire un cheval en serpentant : on dit plus souvent *serpenter*. — SERPAIS, ait, aient (sèr-pè, pêe), v. serper. Lever l'ancre d'une galère.

SERTE, s (sèr-te), n. f. Enchâssement de diamants ; n. m. Poisson, espèce de cyprin du genre des brèmes. — CERTES ou *certe* (id.), adv. Certainement.

SERRURE, s (sè-ru-re), n. f. Machine qui sert à ouvrir et à fermer à l'aide d'une clé. — CÉRURE, s (sé-ru-re), n. f. Genre de papillons nocturnes.

SERVAN, s (sèr-van), n. m. Espèce de raisin blanc. — SERVAN (St-) (id.), n. pr. Chef-lieu de canton d'Ille-et-Villaine. — SERVANT (id.), v. servir. Appartenir à un maître comme domestique. — SERVANT, s (id.), adj. Qui sert ; n. m. Celui qui sert ; nom vulgaire du bruant, oiseau.

SERVE, s (sèr-ve) [lat. *servus*], n. f. de serf. Esclave ; réservoir ; mare. — SERVE, s, nt (id.) [lat. *servire*], v. servir. Faire les fonctions d'un serviteur.

SERVAIS, ait, aient (sèr-vè, vê) [lat. *servire*], v. servir. Faire un service. — SERVAIS (sèr-vè) [lat. *Servasius*], n. pr. d'homme.

SERVI, ie, ies, is, it, ît (sèr-vĭ, vīe, vī) [lat. *servire*], v. servir. Être serviteur ou domestique. — SERVIS (sèr-vī), n. m. Rente seigneuriale. — SERVIE (sèr-vīe) [rad. *Serbe ?*] n. pr. f. Principauté de la Turquie d'Europe.

SERVIEZ (sèr-vié), v. servir. Être au service d'un maître. — CERVIER, s (id.), adj. Ne s'emploie que dans *loup cervier*. Quadrupède carnassier qui ressemble à un grand chat.

SERVION, s (sèr-vĭ-on), n. m. Outil du saunier pour retirer le sel. — SERVIONS (sèr-vion), v. servir. Être à un maître comme domestique.

SERVISSE, s, nt (sèr-vī-se), v. servir. Être domestique ; être utile. — SERVICE, s (sèr-vĭ-se), n. m. État, fonction d'un domestique ; usage, utilité, bon office.

SERVITE, s (sèr-vĭ-te), n. m. Ancien religieux d'Orient. — SERVITES (sèr-vĭ-te), v. servir. Travailler chez un maître en qualité de domestique.

CECI (sĕ-sĭ), pron. dém. m. sing. Cette chose-ci. — CEUX-CI (seŭ-sĭ), pron. dém., m. pl. de celui-ci. Marque des personnes ou des choses proches.

SESSION, s (sès'-sĭ-on), n. f. Durée des séances d'une assemblée. — CESSION, s (id.) [lat. *cessio*, de *cedere*], n. f. Action de céder, abandon. — CESSIONS (sè-sion) [lat. *cessare*], v. cesser. Discontinuer.

SÉTACÉ, s, e, es (sé-tă-sé, sée), adj. Qui ressemble à la soie de porc. — CÉTACÉ, s, e, es (id.), adj. Qui est du genre de la baleine.

CETTE (sè-te), pron. dém. f. s. de cet. — CETTE (id.), n. pr. Ville, port et chef-lieu de canton de l'Hérault. — SETH (sèt'), n. pr. m. 3e fils d'Abraham. — SEPT (sèt' quand il n'est pas immédiatement et *inséparablement* suivi du nom de l'objet compté ou de son adjectif, commençant par une consonne ; sè dans le cas contraire : V. *ses*), adj. num. card. 6 et 1 ; adj. num. ord. 7e ; n. m. Le chiffre 7 ; le nombre sept.

SEURRE (seu-re), n. pr. Chef-lieu de canton de la Côte-d'Or. — SOEUR, s (seŭr'), n. f. Fille née des mêmes parents, par rapport aux autres enfants.

CEUX. V. *se*.

SÉVÈRE, s (sé-vè-re), adj. Rigide, peu indulgent. — SÉVÈRE, s (id.), n. f. Espèce de vipère. — SÉVÈRE (id.), n. pr. Empereur romain. — SEVER (se-vèr'), n. pr. d'homme ; *St-Sever*, sous-préf. des Landes.

SÉVIRA, s (sé-vi-ră), v. sévir. Punir avec rigueur. — SÉVIRAT, s (id.), n. m. Dignité de sévir.

SÉVIRENT (sé-vī-re) ; SÉVIR (sé-vĭr) [lat. *sœvire*], v. sévir. Punir sévèrement. — SÉVIR, s (sé-vĭr) [lat. *sex, vir*], n. m. Titre de 6 officiers romains, chefs de 6 décuries de chevaliers.

SÉVISSE, s, nt (sé-vī-se), v. sévir. Punir sévèrement. — SÉVICE, s (sé-vĭ-se), n. m. Mauvais traitement.

SÈVRE, s, nt (sè-vre) [lat. *separare*], v. sevrer. Cesser d'allaiter. — SÈVRE, s (id.), n. pr. f. de deux rivières de France ; les *Deux-Sèvres*, département de France. — SÈVRES (id.), n. pr. Chef-lieu de canton de Seine-et-Oise. — SÈVRE, s, mieux que *Sèvres* (id.), n. c. m. Porcelaine faite à la fabrique de Sèvres.

SÉSIE, s (sé-zĭe), n. f. Insecte ; genre de champignons. — CÉSIE, s (id.), n. f. Genre de papillons ; genre de plantes. — SAISI, s (sè-zĭ), n. m. Débiteur dont on a saisi le bien. — SAISIE, s (sè-zĭe), n. f. Arrêt sur un bien par ordre de jus-

tice; débitrice dont on a saisi le bien. —
SAISI..., is, it ît (sè-zĭ, zīe, zī), v. saisir et p. Prendre vivement et avec effort.

SI (sĭ) [lat. *si*], conj. condit. En cas
que, pourvu que, à moins que; n. m. :
des si, des mais. — SI (si) [lat. *sic*, ou
it. *si*], adv. d'affirm., s'oppose à *non*.
Oui. — SI (si) [lat. *sic*, ou it. *cosi*],
adv. Tellement; aussi, autant. — Si (sī)
[syllabe inventée], n. m. 7e note de la
gamme. — SIS (sī), p. m. de soir (ou
seoir). Situé. — SCIE, s (sīe), n. f. Lame
ordinairement dentée, qui sert à couper
le bois, la pierre; peine, ennui; grand
poisson cartilagineux. — SCIE, s, nt
(id.), v. scier. Couper avec la scie ou la
faucille. — CI (si) [contr. de *ici*], adv.
Ici, en ce lieu-ci; il s'oppose à *là : par
ci, par là*. — CI (si) [contr. de *ceci*],
pron. dém. Ceci, cet objet-ci; il s'oppose
à *ça : comme ci, comme ça*. — SIX (si,
quand il est *inséparablement* suivi du
nom ou adj. de l'objet compté, commençant par une consonne : *six personnes,
six vaillants soldats*; siz', quand il est
inséparablement suivi d'un mot commençant par une voyelle : *six arbres,
six habiles peintres*; siss' dans tous les
autres cas : *j'en veux six; j'en aurai
six avant vous; j'en ai six depuis
longtemps; le six avril; le six décembre; l'an six; un six*. V. *dix*.),
adj. num. card. 5 et 1; adj. num. ord.
6e; n. m. Le chiffre 6, le nombre six.

SIAM (sĭ-ăm'), n. c. m. Sorte de jeu
de quilles; coquillage. — SIAM (id.),
n. pr. Royaume de l'Indo-Chine. —
SCIAMES (sĭ-ā-me), v. scier. Couper
avec une scie. — CILLAMES (si-llă-me,
ll m.), v. ciller. V. *siller*.

SCIASSE, s (sĭ-ă-se), n. f. Corde
munie d'œillets, à l'usage des cordiers.
— SCIASSE, s, nt (sĭ-ă-se), v. scier.
— CILLASSE, s, nt (sĭ-llă-se, *ll* m.),
v. ciller. V. *siller*.

SCIATES (sĭ-ă-te), v. scier. — CIL-
LATES (sĭ-llă-te, *ll* m.), v. ciller. V.
siller. — CYATHE, s (sĭ-ă-te), n. m.
Mesure des anciens; genre de fougères
arborescentes.

SICLE, s (si-cle), n. m. Monnaie d'argent des Hébreux. — CYCLE, s (id.),
n. m. Période astronomique, cercle. —
CICHLE, s (id.), n. m. Oiseau. —
CYCHLE, s (id.), n. m. Poisson.

SIDÉRAL, e, es (si-dé-răl, ră-le) [lat.
sideralis, de sidus], adj. Qui concerne
les astres. — SIDÉRAL, e, es (id.) [gr.
σιδηρος], adj. Qui appartient au fer.

SIED (sié), v. unipers. soir (ou seoir).
Être convenable. — SCIER, ez, ai, é...,
iez (sĭ-é, ée, ié), v. et p. Couper avec
une scie. V. *siller*.

SIÈGE, s (siè-je) [lat. *obsidio*], n.
m. Opération d'une armée autour d'une
place pour s'en emparer. — SIÈGE, s
(id.) [lat. *sedes*], n. m. Meuble pour
s'assoir. — SIÈGE, s, nt (id.) [id.], v.
siéger. Occuper un siège, tenir séance.

SIENNE, s (siè-ne) [lat. *suus*], pron.
poss. f. de *le sien*. Qui est à lui, à elle.
— SIENNE (sĭ-è-ne) [lat. *Sena*], n. pr.
f. Grande ville d'Italie. — SCIÈNE, s
(sĭ-è-ne), n. f. Poisson.

SIEUR, s (sieŭr'), n. m. Titre moins
honorable que monsieur. — SCIEUR, s
(sĭ-eŭr'), n. m. Ouvrier qui scie.

SIFFLET, s (sĭ-flè), n. m. Instrument
avec lequel on siffle; sifflement. —
SIFFLAIS, ait, aient (sĭ-flè, flè), v.
siffler. Former un bruit aigu.

SIPHON, s (sĭ-fon), n. m. Tuyau
dont les bouts sont recourbés et d'iné-
gales longueurs. — CYPHON, s (id.),
n. m. Insecte coléoptère.

SIGNALE, s, nt (sĭ-gnă-le), v. signaler. Donner le signalement de quelqu'un; faire remarquer. — SIGNAL (sĭ-
gnăl), n. m. Signe convenu pour avertir.

SIGNE, s, nt (sĭ-gne), v. signer.
Mettre son seing sur un acte. — SIGNE,
s (id.), n. m. Indice, marque; chacune
des 12 constellations du zodiaque. —
CIGNE, s, mieux que *cygne* (id.), n. m.
Oiseau aquatique blanc.

SIGNET, s (sĭ-gnè, et non pas sĭ-nè),
n. m. Petit signe; ruban qui marque la
page dans un livre; genre de plantes.
— SIGNAIS, ait, aient (sĭ-gnè, gnè), v.
signer. Mettre sa signature.

SYLLA (sĭl-lă), n. pr. m. Dictateur
romain, ami puis ennemi de Marius. —
SCYLLA (id.), n. pr. m. Écueil célèbre
près de la Calabre; n. pr. f. Nymphe de
la mythologie.

SYLLABÈRENT (sĭl-lă-bè-re), v. syl-
laber. Assembler les lettres par syllabes.
— SYLLABAIRE, s (id.), n. m. Livre
dans lequel on apprend à lire; adj. Syl-
labique, qui a rapport aux syllabes.

SILLE, s (si-le; ou si-lle, *ll* m.), n.
m. Poème mordant des anciens Grecs.
— SCILLE, s (id.), n. f. Plante liliacée.
— CYLLE, s (id.), n. m. Insecte. —

SIL, s (sil), n. m. Terre minérale, espèce d'ocre. V. *sille,* v.

SILÈNE (sĭ-lè-ne), n. pr. m. Demi-dieu, nourricier de Bacchus; n. c. m. Papillon. — CYLLÈNE (sĭl-lè-ne), n. pr. Montagne d'Arcadie; n. c. m. Insecte.

SILPHE, s (sĭl-fe), n. f. Genre d'insectes. — SYLPHE, s (id.), n. m., ou *sylphide,* n. f. Sorte de génie que la superstition du moyen-âge croyait être au service de l'homme.

SILLAGE, s (sĭ-llă-je, *ll* m.), n. m. Trace que laisse un vaisseau qui navigue. — SCIAGE, s (sĭ-ă-je), n. m. Ouvrage, travail du scieur.

SILLE, s (si-le, selon Bescherelle; si-lle, *ll* m., selon Soulice), n. m. Poème satirique chez les Grecs. — SILLE, s, nt (si-lle, *ll* m.), v. siller. — CILLE, s, nt (id.), v. ciller. V. *siller.* — CIL, s (sil, *l* m., selon l'Académie; sĭl, selon Bescherelle), n. m. Poil des paupières. — SCILLE, s (si-lle, *ll* m.), n. f. Plante.

SILLER..., é; iez (si-llé...; llié, *ll* m.), v. et p. Fendre les flots, en parlant d'un navire. — CILLER..., é..., iez (si-llé..., llié, *ll* m.), v. et p. Fermer et rouvrir les yeux au même instant; coudre les cils ou les paupières d'un oiseau de proie. — SCILLÉ, s, e, es (si-llé, llée, *ll* m.), adj. Qui ressemble à la scille.— SILLÉE, s (si-llée, *ll* m.), n. f. Sillage; fosse où l'on plante un cep de vigne.

SILLET, s (sĭ-llè, *ll* m.), n. m. Morceau d'ivoire placé au haut du manche d'un instrument à cordes, pour supporter les cordes. — SILLAIS, ait, aient (si-llè, llè, *ll* m.), v. siller. — CILLAIS, ait, aient (id.), v. ciller. V. *siller.*

SILLON, s (sĭ-llon, *ll* m.), n. m. Trace ou longue rigole que forme la charrue en labourant. — SILLONS, llions (sĭ-llon, llion, *ll* m.), v. siller. — CILLONS, llions (id.), v. ciller. V. *siller.* — V. *sion.*

CILIÉ, s, e, es (si-lĭ-é, ée), adj. Garni de cils; n. m. Ordre des poissons polypes qui ont des cils. — CILIER, s (si-lĭ-é, ou sĭ-lié), n. m. Poisson du genre holacanthe. — SILLIEZ (sĭ-llié, *ll* m.), v. siller. — CILLIEZ (id.), v. ciller. V. *siller.*

CILIAIRE, s (sĭ-lĭ-è-re), adj. Garni de cils; n. m. Poisson. — SILLÈRENT (sĭ-llè-re, *ll* m.), v. siller. — CILLÈRENT (id.), v. ciller. V. *siller.*

SILICE, s (sĭ-lĭ-se), n. f. Substance pierreuse composée d'oxygène et de silicium. — CILICE, s (id.), n. m. Chemise de crin.

CIMENTIER, s (sĭ-man-tié), n. m. Celui qui fait le ciment. — CIMENTIEZ (id.), v. cimenter. Lier avec du ciment.

CIME, s (si-me) [lat. *cima*], n. f. Sommet — CIME, ou *cyme,* s (id.) [gr. κυμα], n. f. Mode d'efflorescence en forme d'ombrelle, comme les fleurs de sureau.

SIN (sĭn), ou *Sina,* n. pr. Grand désert de l'Afrique où les Hébreux commencèrent à être nourris de la manne céleste. — SEIN, s (sĭn), n. m. Centre; entrailles; mamelle. — SEING, s (sin), n. m. Signature. — SAIN, s (sīn), adj. Salubre, exempt de maladie; n. m. Graisse animale. — SAINT, s (sin), adj. et n. m. Consacré à Dieu; pur; vertueux. — CEINS, nt, nts (sin), v. ceindre et p. Entourer, environner. — CINQ (sin quand il est *inséparablement* suivi soit du nom ou de l'adj. de la chose comptée, commençant par une consonne : *cinq francs, cinq gros volumes;* soit d'un autre adj. de nombre : *cinq cents, cinq mille;* sink' dans tous les autres cas. Quelques personnes prononcent toujours sink', sans aucune exception, même dans *cinq francs, cinq mille.* V. *sept* au mot *ses*), adj. num. card. **4** et **1**; adj. num. ord. 5e; n. m. Le chiffre **5**, le nombre cinq.

SINA, s (si-nă), n. c. f. Soie de la Chine. — SINA (sĭ-nă), ou *Sinaï* (sĭ-nă-ĭ), n. pr. m. Montagne du désert de Sin, où Dieu donna le décalogue à Moïse. — SINNA, s (sĭn'-nă), n. c. f. Plante graminée. — CINNA (id.), n. pr. m. Célèbre consul romain et favori d'Auguste.

CIMBALIER, s (sin-bă-lié), n. m. Joueur de cimbales. — CIMBALIEZ (id.), v. cimbaler. Faire un bruit de cimbales.

SYNDICAT, s (sin-dĭ-că), n. m. Fonction, charge de syndic. — SYNDIQUA, as, ât (sin-dĭ-că, că), v. syndiquer, vieux. Contrôler, critiquer.

SYNDIQUE, s (sin-dĭ-ke), n. m. Orateur athénien chargé de la défense d'une loi. — SYNDIQUE, s, nt (id.), v. syndiquer, vieux. Contrôler, critiquer, censurer. — SYNDIC, s (sin-dĭk'), n. m. Officier délégué pour prendre soin des nffaires d'une communauté ; représentant des créanciers dans une faillite.

SINGLER..., é... (sin-glé...), v. et p. Mesurer au cordeau des parties courbes d'une construction, qu'on ne peut mesurer avec un instrument inflexible. — **CINGLER...**, é... (id.), v. et p. Naviguer ; frapper avec quelque chose de léger et de pliant.

SCINQUE, s (sink'), n. m. Genre de réptiles sauriens. — **CINQ** (sink', et quelquefois sin), adj. num. et n. m. V. *sin.*

SAINTE, s (sin-te) [lat. *sanctus*], adj. et n. f. de saint. Consacrée à Dieu. — **SAINTES** (id.) [lat. *Santones*], n. pr. Sous-préf. de la Charente-Inférieure. — **CEINTE**, s (sin-te). p. f. du v. ceindre. Entourée. — **CINTE**, s (id.), n. m. Arbrisseau épineux. — **CYNTHE** (id.), n. pr. m. Montagne de l'île de Délos.

SAINTRE, s (sin-tre), n. m. Droit exclusif de pâture qu'avaient quelques seigneurs. — **CINTRE**, s (id.), n. m. Figure formée en arcade, en courbure. — **CINTRE**, s, nt (id.), v. cintrer. Faire un cintre. — **CEINTRE**, s (id.), n. m. Bourrelet de cordage mis en ceinture autour d'une embarcation, pour la préserver d'un frottement nuisible. — **CEINTRE**, s, nt (id.), v. ceintrer. Garnir d'un ceintre.

CINTRER..., é... (sin-tré...), v. et p. Faire un cintre. — **CEINTRER...**, é... (id.), v. et p. Garnir un navire d'un ceintre ou ceinture de cordages. V. *saintre.*

CEINTURIER, s (sin-tu-rié), n. m. Fabricant ou marchand de ceintures. — **CEINTURIEZ** (id.), v. ceinturer. Mettre une ceinture.

SION (si-on), n. pr. f. Citadelle de Jérusalem ; ville de Suisse. — **SCION**, s (id.), n. m. Rejeton tendre et flexible d'un arbre. — **SCIONS**, iions (si-on, ion), v. scier. Couper avec la scie. — **SILLON**, s (si-llon, *ll* m.), n. m. Trace laissée par le soc de la charrue. — **SILLONS**, ions (si-llon, llion, *ll* m.), v. siller. — **CILLONS**, ions (id.), v. ciller. V. *siller* et *sillon.*

SCIONNER..., é (si-ŏ-né...), v. et p. Pousser des scions. — **SILLONNER...**, é... (si-llŏ-né..., *ll* m.), v. et p. Faire des sillons.

CIPRE, s (si-pre), ou *chipre*, n. m. Espèce de pin d'encens qui croît dans le Canada. — **CYPRE**, s (id.), ou *chypre*, n. m. Espèce de sébestier, arbre. — **CYPRE**, s (id.), n. f. Insecte lépidoptère nocturne. — **CYPRE** (id.), ou *Chypre*, n. pr. f. Ile de la mer Méditerranée.

CIRCULÈRENT (sir-cŭ-lè-re), v. circuler. Se mouvoir circulairement, en rond. — **CIRCULAIRE**, s (id.), adj. Rond, qui a rapport au cercle ; n. f. Instruction en forme de lettre envoyée à plusieurs personnes.

SIRE, s (si-re), n. m. Titre donné au roi seul. — **SIR** (sir), n. m. Qualification usitée en Angleterre. — **SCIRES** (si-re), n. f. pl. Fêtes d'Athènes. — **CIRE**, s (si-re), n. f. Résidu du miel ; matière pour cacheter. — **CIRE**, s, nt (id.), v. cirer. Enduire ou frotter de cire ou de cirage. — **CIRRE**, s, mieux que *cirrhe* (id.), n. m. Vrille des plantes. — **CYR** (sir), n. pr. d'homme ; *St-Cyr*, village de Seine-et-Oise, célèbre par son école militaire.

SCIERAI..., crais... (si-ré..., rè...), v. scier. Couper avec une scie. — **CIRER**, ez, ai..., é..., ais... (si-ré..., rée, rè...) ; **CIRERAI...**, ais... (si-re-ré..., rè...), v. cirer. Enduire de cire ou de cirage. — **CIRRÉ**, s, e, es (sir-ré, rée), adj. Frangé, bouclé ; pourvu d'un cirre ou d'un appendice analogue. — **CIRRÉE**, s (sir-rée), n. f. Genre de plantes orchidacées.

SIRÈNE, s (si-rè-ne), n. f. Genre de reptiles batraciens. — **SIRÈNE**, s (id.), n. pr. f. Nom de trois chanteuses très habiles et très séduisantes de la mythologie ; n. c. f. Femme dont la voix touche, pénètre. — **CYRÈNE**, s (id.), n. c. f. Genre de coquilles qui vient dans les eaux douces des climats chauds. — **CYRÈNE** (id.), n. pr. f. Ville célèbre de l'Afrique ancienne.

CIREUSE, s (si-reŭ-ze), n. f. de cireur. Celle qui cire. — **CIRREUSE**, s (sir-reŭ-ze), adj. f. de cirreux. Munie de cirres ou vrilles.

SYRIE (si-rīe), n. pr. f. Contrée de l'Asie. — **CYRIE**, s (id.), n. f. Insecte. — **SCIERIE**, s (si-rīe), n. f. Usine où l'on scie le bois. — **SIRERIE**, s (si-re-rīe), n. f. Ancien titre de certaines terres.

SYRIAQUE, s (si-rī-ă-ke), adj. et n. f. Se dit de la langue des anciens Syriens. — **CYRIAQUE** (id.), n. pr. d'homme.

SCIERIEZ (si-rié), v. scier. Couper avec la scie. — **CIRIEZ** (si-rié), v. cirer. Enduire de cire ou de cirage. — CI-

RIER, s (id.), n. m. Celui qui travaille la cire; arbre d'Amérique.

SIROP, s (sĭ-rŏ), n. m. Liquide épaissi par le sucre et par la cuisson. — SIROT, s (id.), n. m. Nom vulgaire du guignard, oiseau.

SCIERONS, nt (sī-ron), v. scier. Couper avec une scie. — CIRONS (sĭ-ron) [rad. *cire*], v. cirer. Enduire de cire ou de cirage. — CIRON, s (id.) [gr. χειρω; ou it. *siro*, du gr. ἀχαρης], n. m. Très petit insecte de la tribu des acarides. — SCIRON, s (id.), n. m. Espèce de dais que portait, à Athène, la prêtresse de Minerve.

CIRCÉ (sĭr-sé), n. pr. f. Célèbre magicienne de la mythologie. — CIRCÉ, s (id.), n. m. La cythérée, coquille marine bivalve. — CIRCÉE, s (sĭr-sée), n. f. Genre de plantes.

SIRTE, ou *syrte*, (sĭr-te), n. f. Plage de sable mouvant. — SCIRTE, s (id.), n. m. Genre d'insectes coléoptères. — CYRTE, s (id.) [gr. χυρτη, nasse, panier], n. m. Arbrisseau de la Cochinchine. — CYRTE, s (id.) [gr. χυρτος, bossu], n. m. Genre d'insectes diptères.

SIS... ou CIS... (siz..., s doux). V. par *siz*...

CISTE, s (sĭs-te), n. f. Genre de plantes. — CYSTE, s (id.), n. m. Vessie ou poche où s'accumulent et s'élaborent diverses substances des animaux et des plantes. — CIST, s (sĭst'), n. m. Vase d'environ deux litres, où l'on mettait jadis du vin.

SITE, s (sĭ-te), n. m. Situation pittoresque. — CITE, s, nt (id.), v. citer. Appeler quelqu'un en justice; rapporter les paroles de quelqu'un. — SCYTHE, s (id.), adj. et n. m. De la Scythie.

SITTÉ, s, e, es (sĭt'-té, tée), adj. Qui ressemble à la sittelle, oiseau. — CITÉ, s (sĭ-té) [lat. *civitas*, ou it. *città*], n. f. Ville entourée de murailles. — CITER, ez, ai, é... (sĭ-té, tée) [lat. *citare*, fréq. de *ciere*], v. et p. Faire une citation; alléguer.

SITAIRE, s (sĭ-tè-re). n. f. Cantine portative. — CITÈRENT (id.), v. citer. Appeler en témoignage une personne ou les paroles d'un autre. — CYTHÈRE (id.), n. pr. f. Ile de la Méditerranée, aujourd'hui Cérigo. — CYTHÈRE, s (id.), n. c. f. Coquille.

SITOT (si-tŏ), adv. Aussi promptement; *sitôt que*, conj. Dès que. — SI

TOT (id.). S'écrit en deux mots quand il y a comparaison : *Il n'arrivera pas* si tôt *que vous;* tellement tôt : *Quoi! vous partez* si tôt ! — CITEAUX (sī-tŏ), n. pr. Ville de la Côte-d'Or.

CITRÉE, s (si-trée), n. f. Plante. — CITEREZ, ai (sĭ-te-ré), v. citer. Faire une citation. — CYTHÉRÉE (sĭ-té-réc), n. pr. f. Surnom de Vénus. — CYTHÉRÉE, s (id.), n. c. f. Genre de coquilles.

CITRON, s (sĭ-tron), n. m. Fruit du citronnier; couleur jaune-pâle de ce fruit. — CITERONS, nt (sĭ-te-ron), v. citer. Appeler devant le juge; alléguer, rapporter les paroles d'un autre. — CITHÉRON (sĭ-té-ron), n. pr. m. Montagne de Béotie.

CITRONNA, as, ât (sĭ-trŏ-nă, nā), v. citronner. Donner le goût de citron. — CITRONNAT, s (sĭ-trŏ-nă), n. m. Confiture d'écorces de citrons.

CITRONNIER, s (sĭ-trŏ-nié), n. m. Arbre toujours vert, qui produit des citrons. — CITRONNIEZ (id.), v. citronner. Assaisonner de citron.

SIZE, s (si-ze), n. f. Instrument destiné à peser les perles. — SISE, s (id.), p. f. du v. seoir (ou soir). Placée, située.

CISELET, s (si-ze-lè), n. m. Petit ciseau. — CISELAIS, ait, aient (si-ze-lè, lè), v. ciseler. Travailler avec le ciseau.

SIZAIN, s (si-zin), n. m. Nom vulgaire d'un chardonneret dont la queue n'a que six pennes. — SIXAIN, s (id.), n. m. Poésie de six vers; paquet de six jeux de cartes, de six objets ou collections d'objets.

SOT, s (sŏ), adj. et n. m. Dépourvu de jugement, d'esprit. — SAUT, s (sō), n. m. Action de sauter; chute, bond. — SEAU, x (sō), n. m. Vase propre à porter de l'eau. — SCEAU, x (sō), n. m. Grand cachet; son empreinte. — SCEAUX (sō), n. pr. Sous-préfect. de la Seine.

SOFI, ou *sophi*, s (sŏ-fĭ), n. m. Ancien nom du roi de Perse. — SOPHIE (sŏ-fīe), n. pr. de femme.

SOI (soè), pron. pers., 3ᵉ pers. — SOIE, s (soče), n. f. Fil du ver à soie; poil de cochon ou de sanglier. — SOIS, soit, soient (soè, soè), v. être. Exister. — SOIT (soè), conj. Ou bien. V. *souhaite*. — SOY, s (soè), et mieux SOÉ, (sŏ-é), n. m. Sorte de sauce. — SOU-

HAIT, s (soŭ-è), n. m. Désir, vœu.

SOYON, s (soè-ion) [rad. *soie*], n. m. Maladie du cochon. — SOYONS (id.), v. être. Exister.

SOIR, s (soèr') [lat. *serus*], n. m. La fin du jour. — SOIR, mieux que *seoir* (id.) [lat. *sedere*], v. Être convenable, décent.

SOLAGE, s (sŏ-lă-je) [lat. *solum*, sol], n. m., vieux. Sol, fonds de terre. — SOLAGE, s (id.), [lat. *sol*, soleil], n. m., vieux. Ardeur du soleil.

SOLARD, s (sŏ-lar), n. m. Bœuf qui a perdu son compagnon d'attelage. — SOLART, s (id.), n. m. Nom vulgaire de la bécasse. — SAULARD, s (sō-lar), n. m. Pie-grièche du Bengale.

SOLDA, as, ât (sŏl-dă, dā), v. solder. Payer, faire le solde. — SOLDAT, s (sŏl-dă), n. m. Militaire soudoyé.

SOLE, s (sŏ-le) [lat. *solea*], n. f. Dessous du pied du cheval. — SOLE, s (id.) [lat. *solum*, sol], n. f. Pièce de bois couchée pour soutenir un édifice. — SOLE, s (id.) [lat. *solum*, du gr. ὅλον], n. f. Succession des ensemencements, division dans la culture des terres. — SOLE, s (id.), n. f. Poisson plat de mer. — SOL, s (sŏl) [lat. *solum*], n. m. Terrain. — SOL (id.) [1re syll. du lat. *solve*], n. m. 5e note de la gamme. — SOL, s (id.), n. m., vieux. Sou, pièce de monnaie. — SAULE, s (sō-le), n. m. Arbre qui croît dans les lieux humides. — SAUL (sōl), n. pr. m. Nom que portait saint Paul avant sa conversion.

SOLIVER, ez, ai, é... (sŏ-lĭ-vé, vée), v. et p. Garnir de solives; cuber. — SOLIVÉE, s (sŏ-lĭ-vée), n. f. Genre de plantes.

SOMB... V. par *sonb*...

SOMME, s (sŏ-me) [lat. *sommus*], n. m. Sommeil, action de dormir. — SOMME, s (id.) [lat. *summa*], n. f. Charge, fardeau; quantité d'argent; abrégé; total. — SOMME, s, nt (id.) [lat. *summus*], v. sommer. Enjoindre, ordonner. — SOMMES (id.) [lat. *sumus*, du v. *esse*], v. être. Exister. — SOMME (id.) [lat. *Samara*], n. pr. f. Rivière et départ. de France.

SOMMER, ez, ai, é... (sŏ-mé, mée), v. et p. Enjoindre, — SAUMÉE, s (sō-mée), n. f. Mesure de terre d'environ un arpent.

SOMMET, s (som'-mè), n. m. Faîte, partie la plus élevée. — SOMMAIS, ait,

aient (sŏ-mè, mè), v. sommer. Enjoindre.

SOMMEILLE, s, nt (sŏ-mè-lle, *ll* m.), v. sommeiller. Dormir légèrement. — SOMMEIL, s (sŏ-mèl, *l* m.), n. m. Assoupissement des sens; dormition.

SOMMEILLER, ez, ai, é; lliez; llèrent (sŏ-mè-llé; llié; llè-re, *ll* m.), v. et p. S'assoupir. — SOMMELIER, s; lière, s (sŏ-me-lié; liè-re), n. Qui a soin du pain, du vin, de la vaisselle.

SOMMÈRENT (sŏ-mè-re), v. sommer. Enjoindre. — SOMMAIRE, s (sŏm'-mè-re), adj. et n. Bref, succinct, abrégé, résumé.

SOMMIEZ (sŏ-mié), v. sommer. Enjoindre. — SOMMIER, s (id.), n. m. Registre; poutre; matelas; cheval de somme. — SAUMIER, s (sō-mié), n. m. Harpon pour les saumons.

SOMMONS (sŏ-mon), v. sommer. Enjoindre. — SAUMON, s (sō-mon), n. m. Poisson de mer dont la chair est rouge et fort estimée.

SAUMURE, s (sō-mu-re), n. f. Liquide salé. — SAUMUR (sō-mŭr), n. pr. Sous-préfect. de Maine-et-Loire.

SON (son) [lat. *suus*], adj. poss. sing. — SON, s (id.) [lat. *sonus*], n. m. Bruit. — SON, s (id.) [lat. *summa*, sous-ent. *farina*], n. m. Enveloppe du blé moulu. — SONT (id.), v. être. Exister.

SONAT, s (sŏ-nă), n. m. Peau de mouton mégissée. — SONNA, as, ât (sŏ-nă, nā), v. sonner. — SAUNA, as, ât (sō-nă, nā), v. sauner. V. *sonner*.

SONATE, s (sŏ-nă-te), n. f. Pièce de musique composée de 3 ou 4 morceaux. — SONNATES (sŏ-nā-te), v. sonner. — SAUNATES (sō-nā-te), v. sauner. V. *sonner*.

SOMBRE, s (son-bre) [lat. *umbra*], adj. Obscur. — SOMBRE, s (id.), n. f. Jachère. — SOMBRE, s, nt (id.), v. sombrer, 2 fois: V. *sombrer*.

SOMBRER..., é... (son-bré...) [rad. *sombre*, du lat. *umbra*], v. et p. Couler bas. — SOMBRER..., é... (id.) [rad. *sombre*, jachère], v. et p. Cultiver.

SONDE, s (son-de), n. f. Instrument pour sonder. — SONDE, s, nt (id.), v. sonder. Reconnaître, au moyen de la sonde, la profondeur de la mer, l'état d'une plaie, etc. — SONDE (id.), n. pr. f. Détroit d'Amérique. — SUND (sond', et mieux sund'), n. pr. Détroit d'Europe, proche du Danemark.

SONNE, s, nt (sŏ-ne), v. sonner. —

SAUNE, s, nt (sō-ne), v. sauner. V. *sonner*. — SAONE (id.), n. pr. f. Rivière de France.

SONNER..., é... (sŏ-né...) [lat. *sonare*], v. et p. Rendre un son; faire produire un son. — SAUNER..., é (sŏ-né...), v. et p. Faire le sel. — SONNEZ (sŏ-né) [lat. *seni?*], n. m. Les deux 6, au trictrac.

SONNET, s (sŏ-nè), n. m. Sorte de petite pièce de poésie. — SONNAIS, ait, aient (sŏ-nè, né), v. sonner. — SAUNAIS, ait, aient (sŏ-nè, né), v. sauner. V. *sonner*.

SONNERAT, s (sŏ-ne-ră), n. m. Espèce d'holocentre, poisson. — SONNERA, s (id.), v. sonner. — SAUNERA, s (sŏ-ne-ră), v. sauner. V. *sonner*.

SONNERIE, s (sŏ-ne-rīe), n. f. Son de plusieurs cloches; ce qui fait sonner. — SAUNERIE, s (sŏ-ne-rīe), n. f. Bâtiments et instruments qui servent à faire le sel.

SONNIEZ (sŏ-nié), v. sonner. — SAUNIEZ (sŏ-nié), v. sauner. V. *sonner*. — SAUNIER, s (id.), n. m. Celui qui fait et vend le sel. — SAUNIER ou SAULNIER (Lons-le-) (id.), n. pr. Préfecture du Jura.

SOQUE, s, mieux que *socque* ou *socke* (sŏ-ke), n. m. Chaussure de bois ou de cuir, destinée à préserver de l'humidité; chez les anciens, chaussure des acteurs comiques. — SOC, s (sŏk'), n. m. Fer de charrue.

SORA, s (sŏ-ră), n. m. Bière fabriquée avec du maïs; espèce de hérisson. — SORA, ou *sorra*, ou *saura*, as, ât (sŏ-ră, ră) [celt. *saur*, couleur rousse], v. sorer. Faire sécher à la fumée. — SAURA, s (sŏ-ră) [lat. *sapere*], v. savoir. Connaître.

SORE, s (sŏ-re) [gr. σωρος], n. m. Paquet que forment les sporanges des fougères. — SOR, s, e, es, mieux que *saur*, s, e, es (sŏ-re) [celt. *saur*], adj. Salé et fumé. — SORE, mieux que *sorre*, ou *saure*, s, nt (id.) [id.], v. sorer. Faire sécher à la fumée. — SAURE, s (sŏ-re, ou sŏ-re) [id.], adj. Jaune-brun : ne se dit que des chevaux et des oiseaux de passage; n. m. Poisson du groupe des salmones. — SORT, s (sŏr) [lat. *sors*], n. m. Destin. — SORS, rt (id.) [lat. *foràs ire*; ou lat. *sortire*, de *sors*; ou it. *sorgere*, du lat. *surgere*], v. sortir. Aller dehors.

SORER..., é..., ais..., mieux que *sorrer* ou *saurer*, (sŏ-ré..., rè...) [celt. *saur*], v. et p. Faire sécher à la fumée des harengs ou des sardines. — SAURAI..., ais... (sŏ-ré..., rè...) [lat. *sapere*], v. savoir. Connaître.

SORET, s (sŏ-rè), n. m. Filet à mailles très étroites. — SORET, s, mieux que *sauret* (id.), n. m. Hareng salé et fumé. — SORAIS, mieux que *sorrais*, ou *saurais*, ait, aient (sŏ-rè, rè), v. sorer. — SAURAIS, ait, aient (sŏ-rè, rè), v. savoir. V. *sorer*.

SORON, s (sŏ-ron), n. m. Coquille. — SORONS, mieux que *sorrons*, ou *saurons* (id.) [celt. *saur*], v. sorer. — SAURONS, nt (sŏ-ron) [lat. *sapere*], v. savoir. V. *sorer*.

SORTANT et dérivés (sŏr-tan), v. sortir. Passer de dedans dehors. — SORETANT, mieux que *sorretant*, et dérivés (sŏ-re-tan), v. soreter. Sorer, faire sécher à la fumée.

SORTE, s (sŏr-te) [bas lat. *sorta*, de *sors*], n. f. Espèce, genre. — SORTE, s, nt (id.) [lat. *foràs ire*, ou *sortire*, ou *surgere*], v. sortir. Passer au-dehors.

SAUSSAIE, s (sŏ-sêe), n. f. Lieu planté de saules. — SAUÇAIS, ait, aient (sŏ-sè, sè), v. saucer. Tremper dans la sauce.

SAUCIEZ (sŏ-sié), v. saucer. Tremper dans la sauce. — SAUCIER, s (id.), n. m. Celui qui fait ou qui vend des sauces.

SOTTE, s (sŏ-te), adj. et n. f. de sot. Dépourvue de jugement, de bon sens. — SAUTE, s, nt (sŏ-te), v. sauter. S'élancer d'un lieu à un autre.

SOTER (sŏ-tèr'), n. pr. Sauveur : surnom de plusieurs princes. — SAUTÈRENT (sŏ-tè-re), v. sauter. Faire un saut, s'élancer.

SAUVE, s (sŏ-ve), adj. f. de sauf. Non endommagée, préservée du danger. — SAUVE, s, nt (id.), v. sauver. Rendre sauf, garantir, préserver.

SOU, s (soŭ) [lat. *solidus*, it. *soldo*], n. m. Pièce de monnaie. — SOUS (id.) [lat. *sub*], prép. qui exprime subordination. — SOUE, s (soŭe), n. f. Toit à porcs; graisse de porc. — SOUL, s (soŭ), adj. Rassasié; ivre.

SOUCHET, s (sou-chè) [lat. *juncetus*, dim. de *juncus*], n. m. Plante; oiseau. — SOUCHET, s (id.) [lat. *sublica*, ou all. *stock*], n. m. Mauvaise pierre tirée sous le dernier banc.

SOUDAN, s (sou-dan) [it. *soldanus*], n. m. Titre du sultan d'Égypte. — SOUDAN (id.) [ar. *soudàn*, noirs], n. pr. m. Nom moderne de la Nigritie. — SOUDANT (id.), v. souder. Joindre par une soudure.

SOUDE, s (sou-de) [lat. *soda*], n. f. Plante marine; sa cendre; oxyde de sodium. — SOUDE, s, nt (id.) [lat. *solidare*], v. souder. Coller avec du métal.

SOUHAITE, s, nt (soŭ-è-te; ou soŭ-hè-te, *h* asp.), v. souhaiter. Désirer, former des vœux pour. — SOIT (soè, ou soèt'), adv. ou interj. Ellipse de *qu'il en soit ainsi, que cela soit.*

SOUFFLET, s (soŭ-flè), n. m. Instrument pour souffler; gifle. — SOUFFLAIS, ait, aient (soŭ-flè, flè), v. souffler. Produire du vent.

SOUFRANT et dérivés (sou-fran...), v. soufrer. Enduire de soufre. — SOUFFRANT et dérivés (soŭ-fran...) v. souffrir. Endurer; permettre; éprouver de la douleur.

SOUFRE, s (sou-fre), n. m. Minéral jaune, odorant, inflammable. — SOUFRE, s, nt (id.), v. soufrer. — SOUFFRE, s, nt (soŭ-fre), v. souffrir. V. *soufrant.*

SOUFRER..., é... (sou-fré..), v. et p. — SOUFFREZ... (soŭ-fré...), v. souffrir. V. *soufrant.* — SOUFRÉE, s (soŭ-frée), n. f. Insecte, la phalène du sureau.

SOUILLON, s (sou-llon, *ll* m.), n. m. et f. Celui, celle qui tache ses habits. — SOUILLONS, ions (sou-llon, llion, *ll* m.), v. souiller. Salir.

SOULA, as, ât (soŭ-lă, lă), v. soûler. Rassasier; enivrer. — SOULAS (soŭ-lă), n. m., vieux. Consolation, soulagement.

SOULANT et dérivés (soŭ-lan...), v. soûler. Rassasier; enivrer. — SOULANT et dérivés (soŭ-lan...), v. souloir, vieux. Avoir coutume.

SOULE, s (soŭ-le), n. f. Massue; jeu de balle usité en Bretagne. — SOULE (id.), n. pr. Ancien pays de France, dont Mauléon était le chef-lieu. — SOULE, s (soŭ-le), adj. f. de soûl. Rassasiée; ivre. — SOULE, s (id.), v. soûler. Rassasier; enivrer.

SOULEUR, s (sou-leŭr), n. f. Frayeur subite, saisissement. — SOULEUR, s (soŭ-leŭr), n. m. Celui qui soûle.

SOULIER, s (soŭ-lié), n. m. Chaussure de cuir, etc. — SOULIEZ (soŭ-lié), v. soûler. Rassasier; enivrer. —

SOUILLER, ez, ai, é; iez (sou-llé, llée, llié, *ll* m.), v. et p. Salir, gâter.

SOULIGNEUSE, s (soŭ-lĭ-gueŭ-ze) [lat. *sub, lignum*], adj. f. de souligneux. Se dit des plantes qui sont moins dures que le bois. — SOULIGNEUSE, s (id.) [lat. *sub, linea*; ou fr. *sous, ligne*], n. f. de souligneur. Celle qui souligne; critique qui souligne certains passages sans en donner le motif.

SOUMETTE, s (sou-mè-te), n. f. Nom vulgaire du fruit du *rubus saxatilis*. — SOUMETTE, s, nt (id.) [lat. *sub, mittere*], v. soumettre. Mettre au-dessous, réduire sous la puissance d'un autre.

SOUMETTRE (soŭ-mè-tre), v. Mettre au-dessous, placer sous la dépendance. — SOUS-MAITRE, s (soŭ-mè-tre), n. m. Celui qui remplace le maître.

SOUMISSION, s (soŭ-mĭ-sĭ-on), n. f. Disposition à se soumettre, à obéir. — SOUMISSIONS (soŭ-mĭ-sion), v. soumettre. Mettre au-dessous, rendre dépendant.

SOUMISSIONNÈRENT (soŭ-mĭ-sĭ-ŏnè-re), v. soumissionner. Offrir de faire certains travaux. — SOUMISSIONNAIRE, s (id.), n. m. Celui qui offre de fournir..., celui qui soumissionne.

SOUPIEZ (soŭ-pié), v. souper. Prendre le repas du soir. — SOUPIER, s (id.), adj. et n. m. Grand amateur de soupe; n. m. Espèce de moellon, souchet. — SOUPIED, s, ou *sous-pied* (id.), n. m. Bande placée sous le pied pour retenir le pantalon ou la guêtre.

SOUPIRE, s, nt (soŭ-pî-re), v. soupirer. Pousser des soupirs. — SOUPIR, s (soŭ-pĭr), n. m. Respiration forte et prolongée, causée par quelque affection de l'âme.

SOUQUET, s (soŭ-kè), n. m. Fragment de la racine de l'olivier, séparé de la souche pour servir de bouture. — SOUQUAIS, ait, aient (soŭ-kè, kè), v. souquer. Raidir un amarrage pour lui donner le plus de force possible.

SOURD, s, e, es (sour, soŭr-de) [lat. *surdus*], adj. Privé de l'ouïe. — SOURD, s, e, es, ent (id.) [lat. *surgere*], v. sourdre. Sortir de terre, jaillir, en parlant des eaux.

SOURI, is, it, ît (soŭ-rĭ, rĭ) [lat. *sub, ridere*], p. et v. sourire. Rire doucement. — SOURIS (sou-ri) [lat. *subrisus*, de *subridere*], n. m. Action de sourire; rire doux et léger. — SOURIS (id.) [lat.

sorex], n. f. Petit quadrupède rongeur, espèce de rat.

SOURIRE, nt (sou-ri-re), v. Rire doucement. — SOURIRE, s (id.), n. m. Rire doux et léger.

SOURCILLE, s (soŭr-si-lle, *ll* m.), n. m. Nom vulgaire du roitelet huppé. — SOURCILLE, s, nt (id.), v. sourciller, 2 fois : V. *sourciller.*

SOURCILLER..., é...; iez (soŭr-si-llé..., llié, *ll* m.) [rad. *sourcil*], v. et p. Remuer le sourcil en signe de mécontentement. — SOURCILLER..., é; iez (id.) [rad. *source*], v. et p. Jaillir, sortir de terre en petites sources. — SOURCILIER, s (soŭr-sĭ-lié), adj. Qui a rapport aux sourcils; n. m. Poisson. — SOURCIER, s (soŭr-sié), n. m. Chercheur de sources.

SOURCILLÈRENT (soŭr-sĭ-llè-re, *ll* m.), v. sourciller, 2 fois : V. *sourciller.* — SOURCILIÈRE, s (soŭr-sĭ-lié-re), adj. f. de sourcilier. Qui appartient aux sourcils.

SOURCILLON, s (soŭr-sĭ-llon, *ll* m.) [dim. de *source*], n. m. Petite source. — SOURCILLONS, ions (soŭr-sĭ-llon, llion, *ll* m.), v. sourciller, 2 fois : V. *sourciller.*

SOUCI, s (soŭ-sĭ), n. m. Inquiétude; plante à fleurs jaunes; oiseau; papillon. — SOUCIE, s, nt (soŭ-sīe), v. se soucier. S'inquiéter.

SOUTENANT (sou-te-nan), v. soutenir. Supporter, appuyer ; protéger; prétendre. — SOUTENANT, s (id.), n. m. Celui qui soutient une thèse. — SOUS-TENANT, s (id.), n. m. Vassal dépendant d'un chef-seigneur par le moyen d'un autre seigneur; chevalier qui, dans un tournoi, remplaçait un combattant désarçonné.

SOUTIEN, s (sou-tiin), n. m. Appui, protection. — SOUTIENS, nt (id.), v. soutenir. Appuyer, protéger; affirmer.

SPARTE, s (spăr-te), mieux que *spart*, s (spărt'), n. m. Genre de plantes graminées. — SPARTE (spăr-te), n. pr. f. Lacédémone, ville fameuse du Péloponnèse, capitale de la Laconie.

SPATHE, s (spă-te), n. f. Enveloppe d'une fleur non encore épanouie. — SPATH, s (spăt'), n. m. Pierre feuilletée ou lamellaire.

SPÉCULÈRENT (spé-cŭ-lè-re), v. spéculer. Considérer les astres; faire des calculs, des projets. — SPÉCULAIRE, s (id.), adj. Qui offre des lames brillantes et réfléchissant la lumière; n. m. Devin qui montrait dans un miroir ce qu'on désirait voir; espèce de carpe.

STANCE, s (stan-se), n. f. Strophe ou couplet d'une pièce de poésie. — STANTZ (stants' ou stans'), n. pr. Ville de Suisse.

STATIONNÈRENT (stă-sĭ-ŏ-nè-re), v. stationner. Faire station, s'arrêter en un lieu. — STATIONNAIRE, s (id.), adj. Qui est à poste fixe, qui reste immobile.

STATUT, s (stă-tŭ) n. m. Règlement, décision. — STATUE, s (stă-tūe) [lat. *statua,* de *stare*], n. f. Figure sculptée ou coulée. — STATUE, s, nt (id.) [lat. *statuere,* de *status* ; ou rad. *statut*], v. statuer. Décider, ordonner, régler. — STATU (-quo) (sta-tu), mots latins. Même état, même situation qu'auparavant.

STATUÈRENT (stă-tŭ-è-re), v. statuer. Décider, ordonner. — STATUAIRE, s (id.), n. m. Celui qui fait des statues; n. f. Art de faire des statues.

STELLÈRE, s (stèl-lè-re), n. f. Genre de mammifères cétacés herbivores. — STELLAIRE, s (id.), adj. Qui a rapport aux étoiles; n. f. Genre de plantes dont la fleur ressemble à une étoile.

STYLE, s (stĭ-le), n. m. Poinçon pour écrire ; manière de s'énoncer. — STYLE, s, nt (id.), v. styler. Former, dresser à. — STIL (-de-grain) (stĭl'), n. m. Couleur jaune employée par les peintres.

STYLET, s (stĭ-lè), n. m. Petit poignard triangulaire très aigu. — STYLAIS, ait, aient (stĭ-lè, lè), v. styler. Former, dresser à.

STIPENDIÈRENT (stĭ-pan-dĭ-è-re), v. stipendier. Soudoyer, solder, payer. — STIPENDIAIRE, s (id.), adj. et n. Qui est à la solde d'un autre.

STIPULÈRENT (stĭ-pŭ-lè-re), v. stipuler. Convenir de quelque chose dans un contrat. — STIPULAIRE, s (id.), adj. Qui a rapport aux stipules ou petites feuilles supplémentaires; n. f. Genre de plantes dicotylédones.

STRASSE, s (stră-se), n. f. Bourre de soie. — STRAS (stră̆s'), n. m. Composition qui imite le diamant.

STUQUE, s, nt (stŭ-ke), v. stuquer. Revêtir de stuc. — STUC, s (stŭk), n. m. Sorte de mortier qui imite le marbre.

SU, ue, ues, us, ut, ût (sŭ, sūe, sū) [lat. *sapere*], p. et v. savoir. Connaître.

— SUE, s, nt (sūe) [lat. *sudare*], v. suer. Transpirer, rendre un liquide par les pores. — SUS (sus'). V. *susse*.

SUAGE, s (sŭ-ă-je) [rad. *suer*], n. m. Humidité qui sort du bois ; [rad. *suif?*]. Action d'enduire un vaisseau de graisse, de suif ; [lat. *sucre*, coudre?]. Outil de chaudronnier. — SUAGE, s, nt (id.) [rad. *suage*], v. suager. Enduire de suif ou de graisse ; joindre le bord d'un chaudron avec le cercle de fer qui le soutient.

SUBDÉLÉGATION, s (sŭb-dé-lé-gā-sĭ-on), n. f. Commission, pouvoirs d'un subdélégué. — SUBDÉLÉGUASSIONS (sŭb-dé-lé-gā-sion), v. subdéléguer. Donner pouvoir d'agir, de négocier.

SUBDIVISION, s (sŭb-dĭ-vĭ-zĭ-on), n. f. Division d'une partie d'un tout. — SUBDIVISIONS (sŭb-dĭ-vī-zion), v. subdiviser. Diviser une partie d'un tout déjà divisé.

SUBI, ie, ies, is, it, ît (su-bĭ, bīe, bī) [lat. *subire*, de *sub* et *ire*], p. et v. subir. Supporter malgré soi. — SUBIT, s (sŭ-bĭ) [lat. *subitus*], adj. Soudain, qui arrive tout-à-coup.

SUBITE, s (sŭ-bĭ-te), adj. f. de subit. — SUBITES (su-bī-te), v. subir. Supporter malgré soi.

SUBSIDIÈRENT (sŭb-sĭ-dĭ-è-re), v. subsidier. Fournir des subsides. — SUBSIDIAIRE, s (id.), adj. Qui sert à fortifier un moyen principal dans une affaire contentieuse.

SUBSTITUE, s, nt (sŭb-stĭ-tŭe), v. substituer. Mettre à la place de. — SUBSTITUT, s (sŭb-stĭ-tŭ), n. m. Suppléant d'un officier judiciaire.

SUCRIER, s (sŭ-crĭ-é), n. m. Vase où l'on met du sucre. — SUCRIEZ (id.), v. sucrer. Mettre du sucre dans quelque chose.

SUCCIN, s (sŭk'-sin), n. m. Résine fossile, vulgairement nommée ambre jaune. — SUCCINCT, s (sŭk'-sin, ou sŭk'-sinkt'), adj. Concis, court, bref.

SUÈRENT (sŭ-è-re), v. suer. Transpirer. — SUAIRE, s (id.), n. m. Linceul.

SUEUR, s (sŭ-eŭr) [lat. *sudor*], n. f. Humeur qui sort des pores par la transpiration. — SUEUR, s (id.) [rad. *suer*], n. m. Celui qui sue beaucoup.

SUFFOCANT, s (sŭf-fŏ-can), adj. Propre à suffoquer. — SUFFOQUANT (id.), v. suffoquer. Étouffer, faire perdre la respiration.

SUFFOCATION, s (sŭf-fŏ-cā-sĭ-on), n. f. Étouffement, grande difficulté ou perte de respiration. — SUFFOQUASSIONS (sŭf-fŏ-cā-sion), v. suffoquer. Étouffer.

SUIE, s (suīe), n. f. Dépôt de fumée. — SUIS (sui) [lat. *sum*, de *esse*], v. être. Exister. — SUIS, it (id.) [lat. *sequi*], v. suivre. Aller après.

SUIFE, s, nt (sui-fe), v. suifer. Enduire de suif. — SUIF, s (suïf'), n. m. Graisse de mouton, de bœuf, etc., dont on fait la chandelle.

SUIN, s (suin, ou sŭ-in), n. m. Scories qui se manifestent à la surface du verre fondu. — SUINT, s (sŭ-in), n. m. Humeur onctueuse qui sort du corps des animaux, et qui donne du moelleux à la laine des moutons.

SUIVANT et dérivés (sui-van...) [lat. *sequi*], v. suivre. Aller après. — SUIVANT et dérivés (id.) [rad. *suif*], v. suiver, et mieux suifer. Enduire de suif.

SUPÈRE, s (sŭ-pè-re), adj. Placé au-dessus. — SUPÈRENT (id.), v. super. Se boucher, en parlant d'une voie d'eau.

SURENT (sŭ-re), v. savoir. Connaître. — SUR, s, e, es (sŭr, sŭ-re), adj. et n. m. Certain. — SUR, s, e, es (sŭr, sŭ-re) [all. *sauer*], adj. D'un goût acide, aigret. — SUR (sŭr) [contr. du lat. *super*], prép. qui marque la position d'un objet au-dessus d'un autre. Au-dessus de ; vers ; dans.

SURET, s (sŭ-rè), adj. Un peu sur, un peu acide. — SUERAIS, ait, aient (sŭ-rè, rè), v. suer. Transpirer.

SURFASSE, s, nt (sŭr-fă-se), v. surfaire. Demander un trop grand prix. — SURFACE, s (id.), n. f. Superficie, face extérieure ou supérieure.

SURFASSIEZ (sŭr-fă-sié), v. surfaire. Demander un prix trop élevé. — SURFACIER, s (id.), adj. et n. m. Qui se borne à la surface des choses, superficiel.

SURFAIS, ait, aits (sŭr-fè), v. surfaire et p. Demander d'un objet plus qu'il ne vaut. — SURFAIX (sŭr-fè), n. m. Grosse et large sangle de cheval.

SURFAITE, s (sur-fè-te), p. f. du v. surfaire. Exagérée par son prix. — SURFAITES (id.), v. surfaire. Exagérer le prix d'une chose qui est à vendre.

SUROS (sŭ-rō), n. m. Tumeur os

seuse au pied d'un cheval. — SUREAU,
x (id.), n. m. Arbre dont la moelle est
très abondante. — SURAUX (id.), adj.
m. pl. de sural. Qui concerne le mollet.

SURTOUT (sŭr-toŭ), adv. Principalement. — SURTOUT, s, mieux que *surtout*, avec trait d'union (id.), n. m. Vêtement ample.

SURVENTE, s (sŭr-van-te) [rad.
vente], n. f. Vente à un prix excessif.
— SURVENTE, s (id.) [rad. *vent*], n.
f. Augmentation du vent. — SURVENTE,
s, nt (id.) [id.], v. surventer. Augmenter,
en parlant du vent.

SURVEILLE, s (sŭr-vè-lle, *ll* m.) [lat.
super, vigilia], n. f. Le jour qui précède
la veille, avant-veille. — SURVEILLE,
s, nt (id.) [lat. *super, vigilare*], v. sur-
veiller. Veiller sur quelqu'un ou quelque chose.

SUSSE, s, nt (sū-se), v. savoir. Connaître. — SUCE, s, nt (sŭ-se), v. sucer.
Aspirer une liqueur par la pression des
lèvres et de la langue. — SUSCE, s (suse), n. m. Espèce de taffetas du Bengale.
— SUS (sus'), adv. Dessus : *courir sus
à quelqu'un; le tiers en sus.* — SUS
(id.), interj. pour exciter. *Sus, partons;
or sus !*

SUSSEYE, s, nt (sŭs-sèie), v. susseyer.
Prononcer *j* comme *z*, et *ch* comme *s*
dur. — SUÇAIS, ait, aient (sŭ-sè, sè),
v. sucer. V. *susse*.

SUSSIEZ, ions (sū-sié, sion), v. savoir. — SUCIEZ, ions (sŭ-sié, sion), v.
sucer. V. *susse*.

SUÇON, s (sŭ-son), n. m. Marque
qu'on laisse sur la peau en suçant fortement. — SUÇONS (id.), v. sucer. V.
susse.

SUSPEND, s (sŭs-pan), v. suspendre.
Soutenir en l'air; retarder, différer. —
SUSPENS (id.), adj. Interdit dans l'exercice des fonctions sacerdotales; *en suspens*, dans l'incertitude, l'indécision.

SUSPECTE, s (sŭs-pèk-te), adj. f. de
suspect. Qui est soupçonnée ou mérite
de l'être. — SUSPECTE, s, nt (id.), v.
suspecter. Soupçonner.

SUZE (LA-) (sū-ze), n. pr. f. Ch.-l.
de canton de la Sarthe. — SUZE ou
Suse (id.), n. pr. f. Ville et pays d'Italie;
rivière et province du Maroc. — SUSE
(id.), n. pr. f. Ancienne et célèbre ville
de la Mésopotamie.

SY... V. par *si*...

T, TH.

TA (tă), adj. poss. f. de *ton*. — TAS
(tā), n. m. Amas, monceau.

TABLIER, s (tă-blï-é), n. m. Pièce
de tissu ou de cuir qu'on porte devant
soi sur les vêtements; espèce de table
ou surface plane formée par un pont, etc.
— TABLIEZ (id.), v. tabler. Tenir table.

TABOU, s (tă-boŭ), n. m. Interdiction
prononcée sur les personnes ou les choses
par les prêtres de la Polynésie. — TA-
BOUE, s, nt (tă-boŭe), v. tabouer. Déclarer tabou ou interdit.

TABOURET, s (tă-boŭ-rè), n. m.
Siège qui n'a ni bras ni dossier. — TA-
BOURAIS, ait, aient (tă-boŭ-rè, rê), v.
tabourer, vieux. Battre du tambour;
faire du tapage. — TABOUERAIS, ait,
aient (tă-boŭ-rè, rê), v. tabouer. V.
tabou.

TACHE, s (tă-che), n. f. Souillure. —
TACHE, s, nt (id.), v. tacher. Salir. —
TACHE, s (tă-che), n. f. Ouvrage fixé.
— TACHE, s, nt (id.), v. tâcher. S'ef-
forcer.

TACHER..., é... (tă-ché...), v. et p.
Salir, souiller. — TACHER..., é (tă-
ché...), v. et p. S'efforcer.

TACHERON, s (tă-che-ron), n. m.
Ouvrier qui entreprend une tâche. —
TACHERONS, nt (id.), v. tâcher. —
TACHERONS, nt (tă-che-ron), v. tacher.
V. *tacher*.

TACHÈTE, s, nt (tă-chè-te), v. tacheter. Marquer de diverses taches. —
TACHETTE, s (id.), n. f. Petite tache.

TACON, s (tă-con), n. m. Boule qu'on
pousse avec le mail; pièce de cuir qu'on
remet à un soulier. — TAQUON, ou
tacon, s (id.), n. m. Ou *hausse*, garniture qu'on met dans le tympan ou sous
les caractères trop bas, pour que toutes
les lettres impriment également bien. —
TAQUONS (id.), v. taquer. V. *taque*.

TACONÉ, s, e, es (tă-cŏ-né, née),
adj. Se dit du raisin dont la peau a été
altérée par le soleil. — TACONNER...
é (tă-cŏ-né...), v. et p., vieux. Raccommoder, surtout la chaussure. — TA-
QUONNER..., é... (id.), v. et p., peu
usité. Mettre des taquons dans le tympan
ou sous les caractères trop bas, pour que
l'impression vienne également bien.

TAI... (tè...). V. par *te*...

TAILLA, as, ât (ta-llă, llă, *ll* m.), v. tailler. Couper. — TAHIA, et mieux *taïa*, s (tă-iă), n. m. Espèce de sarcelle, oiseau.

TAILLE, s (ta-lle, *ll* m.), n. f. Manière de tailler, de couper; impôt; ténor. — TAILLE, s, nt (id.), v. tailler. Couper. — TAIL, s (tăl, *l* m.), n. m. S'est dit pour taille; monnaie de la Chine.

TAILLET, s (tă-llè, *ll* m.), n. m. Outil de forgeron. — TAILLAIS, ait, aient (ta-llè, llè, *ll* m.), v. tailler. Couper.

TAILLER, ez, ai, é..., iez (ta-llé, llée, llié, *ll* m.), v. et p. Couper. — TAILLIER, s (ta-llié, *ll* m.), n. m., vieux. Tranchant.

TAILLÈRENT (ta-llè-re, *ll* m.), v. tailler. Couper. — TAILLAIRE, s (id.), n. m., vieux. Receveur des tailles, percepteur des impôts.

TAILLON, s (ta-llon, *ll* m.), n. m. Impôt; sorte de taille. — TAILLONS, ions (ta-llon, llion, *ll* m.), v. tailler. Couper. — TAION, s (tă-ion) ou *taillon*, s (tă-llon, *ll* m.), n. m., vieux. Aïeul. — TALION, s. V. *talion*.

TALANT (tă-lan), v. taler. — TALLANT (id.), v. taller. V. *taller*. — TALENT, s (id.), n. m. Aptitude, capacité; certain poids d'or ou d'argent chez les anciens.

TALE, s, nt (tă-le), v. taler. — TALLE, s, nt (id.), v. taller. V. *taler*. — TALLE, s (id.), n. f. Branche qui pousse au pied d'un arbre. — THALLE, s (id.), n. m. Expansion foliacée qui constitue les lichens.

TALER..., é... (tă-lé...), v. et p. Fouler, meurtrir, froisser des fruits. — TALLER..., é (id.), v. et p. Pousser des talles. — TALÉE, s (tă-lée) [lat. *talea*], n. f. Pieux qui bordaient les retranchements des Romains.

TALÈRENT (tă-lè-re), v. taler. — TALLÈRENT (id.), v. taller. V. *taler*. — TALAIRE, s (id.), n. m., vieux. Soulier, chaussure. — TALER ou *thaler*, s (tă-lèr), n. m. Monnaie d'Allemagne.

TALION, s (tă-lĭ-on) [lat. *talio*, de *talis*], n. m. Punition semblable au crime. — TALIONS (tă-lion), v. taler. V. *taler*.

TALON, s (tă-lon) [lat. *talus*], n. m. Partie postérieure du pied; ce qui y ressemble. — TALONS (id.), v. taler. V. *taler*.

TALONNIER, s (tă-lŏ-nié), n. m. Ouvrier qui fait des talons. — TALONNIEZ (id.), v. talonner. Marcher sur les talons, poursuivre de près.

TAMISE, s, nt (tă-mĭ-ze) [rad. *tamis*], v. tamiser. Passer par le tamis. — TAMISE, s (id.), n. c. f. Étoffe de laine lustrée. — TAMISE (id.) [lat. *Tamesis*], n. pr. f. Fleuve d'Angleterre; ville de Belgique (Flandre-Orientale).

TAMISIER, s (tă-mi-zié), n. m. Ouvrier qui fait des tamis. — TAMISIEZ (id.), v. tamiser. Passer par le tamis.

TAM... (tan..., nasal) V. par *tan*...

TAN, s (tan), n. m. Écorce de chêne pilée. — TANT (id.), adv. de quant. Autant; tellement. — TEMPS (id.), n. m. Durée limitée; température. — TEND, s (id.), v. tendre. Raidir, dresser; aboutir vers.

TANNATE, s (tăn'-nă-te), n. m. Sel résultant de la combinaison du tannin avec une base salifiable. — TANNATES (tă-nă-te), v. tanner. V. *tanne*.

TENDON, s (tan-don), n. m. Extrémité blanchâtre d'un muscle. — TENDONS (id.), v. tendre. V. *tan*.

TENDRE, s (tan-dre) [lat. *tener*], adj. Mou, facile à couper; sensible, grâcieux; nouveau. — TENDRE (id.) [lat. *tendere*], v. Raidir; dresser; aboutir vers.

TENDRON, s (tan-dron) [rad. *tendre*, du lat. *tener*], n. m. Rejeton tendre d'un arbre; jeune enfant; cartilage. — TENDRONS, nt (id.) [lat. *tendere*], v. tendre. Raidir; aboutir vers.

TANNE, s, nt (tă-ne), v. tanner. Préparer le cuir avec du tan; molester. — TANNE, s (id.), n. f. Petite bulle noire qui se forme dans les pores de la peau; marque, piqûre qui reste sur une peau d'animal après qu'elle a été préparée. — THANN (tăn'), n. pr. Ch.-lieu de canton du Haut-Rhin.

TANGUE, s (tan-ghe), n. f. Sable marin qui sert à engraisser les terres. — TANGUE, s, nt (id.), v. tanguer. Balancer de l'avant à l'arrière et de l'arrière à l'avant, alternativement, en parlant d'un vaisseau. — TANG, s (tangh'), n. m. Espèce de mousseline des Indes; espèce de muge, poisson.

TAMPE, s (tan-pe), n. f. Pièce d'un métier à friser les étoffes. — TAMPE, s, nt (id.), v. tamper. Mettre des tampes à un métier. — TEMPE, s (id.), n. f. Partie de la tête, entre l'oreille et le front.

TAMPER, ez, ai, é... (tan-pé, pée), v. tamper. V. *tampe*. — **TEMPÉ** (tan-pé), n. pr. Célèbre vallée de la Thessalie. — **TEMPÉ**, s (id.), n. c. m. Vallée riante, pittoresque.

TAMPÈRENT (tan-pè-re), v. tamper. V. *tampe*. — **TEMPÈRE**, s, nt (id.), v. tempérer. Modérer.

TAMPON, s (tan-pon) [esp. *tapar*, boucher], n. m. Morceau de bois, de linge, etc., servant à boucher une ouverture. — **TAMPONS** (id.) [rad. *tampe*], v. tamper. V. *tampe*.

TANÇIONS (tan-sion), v. tancer. Réprimander. — **TENSION**, s (tan-sĭ-on), n. f. État de ce qui est tendu.

TANÇONS (tan-son) v. tancer. Réprimander. — **TENSON**, s, mieux que *tençon* (id.), n. f. Dispute, combat; pièce de poésie des anciens troubadours.

TANTE, s (tan-te), n. f. Sœur du père ou de la mère. — **TENTE**, s (id.) [lat. *tentorium*, de *tendere*], n. f. Pavillon. — **TENTE**, s, nt (id.) [lat. *tentare*], v. tenter. Essayer; solliciter au mal.

TANTET (tan-tè), n. m. Une petite quantité. — **TENTAIS**, ait, aient (tan-tè, tè), v. tenter. Essayer, éprouver; solliciter au mal.

TAPI, ie, ies, is, it, ît (tă-pĭ, pĭe, pĭ) [lat. *talpa*, ou gr. ταπεινος], p. et v. se tapir. V. *tapir*. — **TAPIS** (tă-pĭ) [lat. *tapes*], n. m. Étoffe pour couvrir, tapisserie.

TAPIER, s (tă-pié), n. m. Genre de plantes. — **TAPIEZ** (id.), v. taper. Donner une tape, frapper.

TAPIR, s (tă-pir'), n. m. Mammifère assez semblable au cochon. — **TAPIR**, ent (tă-pir', pĭ-re) [lat. *talpa*, ou gr. ταπεινος] v. se tapir. Se blotir, se cacher en se tenant dans une posture gênée.

TAPIRÉ, s, e, es (tă-pĭ-ré, rée), adj. Se dit des animaux dont la couleur habituelle se parsème accidentellement de teintes variées. — **TAPIREZ**, ai (tă-pĭ-ré), v. se tapir. Se blotir.

TAPISSANT et dérivés (tă-pĭ-san...) [rad. *tapis*, du lat. *tapes*], v. tapisser. Orner de tapisseries. — **TAPISSANT** et dérivés (id.) [lat. *talpa*, ou gr. ταπεινος], v. se tapir. Se blotir, se cacher en demeurant dans une position contraire.

TAPISSIER, s (tă-pĭ-sié), n. m. Ouvrier qui travaille en tapisserie. — **TAPISSIEZ** (id.), v. tapisser, et v. se tapir. V. *tapissant*.

TAPON, s (tă-pon), n. m. Se dit du linge, des étoffes que l'on bouchonne, que l'on met tout en un tas; morceau de toile qui sert à boucher un trou dans une voile. — **TAPONS** (id.), v. taper. Frapper avec la main.

TAQUE, s (tă-ke), n. f. Plaque de fer fondu. — **TAQUE**, s, mieux que *tacque* (id.), n. f. Ancienne queue de billard. — **TAQUE**, s, nt (id.) [rad. *tac*, onomat.], v. taquer. Frapper sur le taquoir pour niveler tous les caractères d'une page d'impression. — **TAC** (tăk), n. m. Maladie contagieuse; onomatopéé employée dans *tac-tac*, n. m., pour peindre un bruit réglé qui se renouvèle à temps égaux; et dans *tic-tac*, n. m., pour peindre le bruit d'un moulin, d'une horloge.

TAQUET, s (tă-kè), n. m. Crochet. — **TAQUAIS**, ait, aient (tă-kè, kè), v. taquer. V. *taque*.

TAQUERET, s (tă-ke-rè), n. m. Plaque de fonte dans un fourneau de forge. — **TAQUERAIS**, ait, aient (tă-ke-rè, rè), v. taquer. V. *taque*.

TAQUINE, s (tă-kĭ-ne), adj. f. de taquin. Querelleuse, contrariante, — **TAQUINE**, s, nt (id.), v. taquiner. Contrarier pour des riens.

TARARE (tă-ra-re), interj. qui exprime l'incrédulité, la moquerie. — **TARARE**, s (id.), n. m. Espèce de blutoir pour nettoyer complètement le grain qu'on veut moudre. — **TARARE** (id.), n. pr. Chef-lieu de canton du Rhône.

TARDON, s (tăr-don), n. m. Tardillon, agneau tardif. — **TARDONS** (id.), v. tarder. Différer, arriver tard.

TARE, s (ta-re), n. f. Diminution, déchet; défaut. — **TARE**, s, nt (id.), v. tarer. Causer du déchet, gâter; peser à part le vase, la caisse, le sac, etc., qui doit contenir une marchandise. — **TARD** (tar), adv. Au-delà du temps prescrit.

TARET, s (tă-rè), n. m. Genre de testacés, vers qui rongent le bois. — **TARAIS**, ait, aient (ta-rè, rè), v. tarer. V. *tare*.

TARGON, s (tăr-gon), ou *tarcon*, ou *tarchon*, n. m. Ancien nom de l'estragon. — **TARGON** (id.), n. pr. Chef-lieu de canton de la Gironde. — **TARGUONS** (id.), v. se targuer. Se prévaloir, tirer vanité de.

TARI, s (ta-rĭ), n. m. Liqueur qu'on tire des palmiers et des cocotiers —

TARI, ie, ies, is, it, ît (tă-rĭ, rīe, rī) [lat. *arere*, sécher], p. et v. tarir. Mettre à sec ; s'arrêter, cesser.

TARIER, s (tă-rié), n. m. Oiseau, le traquet. — TARIEZ (id.), v. tarer. V. *tare*.

TARIFE, s, nt (tă-rĭ-fe), v. tarifer. Appliquer un tarif. — TARIF, s (tă-rĭf'), n. m. Tableau qui marque le prix de certaines denrées, de certains droits.

TAROT, s (tă-rŏ), n. m. Ancien nom du basson ; sorte de jeu de dés. — TA-ROTS (id.), n. m. pl. Sorte de cartes à jouer marquées différemment des nôtres. — TARAUD, s (tă-rŏ), n. m. Outil d'acier pour faire des écrous ; tarière de charron.

TASSE, s (tă-se) [esp. *taza*, de l'ar. *thas*], n. f. Vase à boire. — TASSE, s, nt (tă-se) [rad. *tas*, du gr. τασσειν], v. tasser. Mettre en tas. — TASSE (Le) (tă-se) [it. *Tasso*], n. pr. m. Le plus célèbre des poètes italiens.

TASSÉE, s (tă-sée) [rad. *tasse*], n. f. Le contenu d'une tasse. — TASSER, ez, aî, é... (tă-sé, sée) [rad. *tas*], v. et p. Mettre en tas.

TATOU, s (tă-toŭ), n. m. Genre de mammifères. — TATOUE, s, nt (tă-toŭe), v. tatouer. Barioler le corps de diverses couleurs imprégnées dans des picûres.

TAU... (to...). V. par *to...*

TAVÈLE, s, nt (tă-vè-le), v. taveler. Tacheter, moucheter. — TAVELLE, s (id.), n. f. Passementerie très étroite ; tringle qui frappe la trame.

TÉ (té), n. m. Nom français de la lettre T ; équerre, fourneau, etc., ayant la forme d'un T. — THÉ, s (té), n. m. Arbrisseau ; ses feuilles.

TES (lè), adj. poss. pl. de *ton* et de *ta*. — TÊT, s, mieux que *test* (tè) [lat. *treta*], n. m. Coquille des mollusques. — TÊT, s, mieux que *test* (tè) [lat. *testa*], n. m., vieux. Crâne. — TÊT, s (tè), et mieux *tesson*, n. m. Débris d'un vase cassé. — TAIE, s (tèe), n. f. Linge qui enveloppe un oreiller ; pellicule blanche sur l'œil. — TAIS, ait (tè), v. taire. Ne pas dire.

TEIGNE, s (tè-gne) [lat. *tinea*], n. f. Dartre sur la tête ; insecte qui ronge les étoffes. — TEIGNE, s, nt (id.) [lat. *tingere*], v. teindre. Colorer en trempant dans un liquide.

TEIN... (tin..., nasal). V. par *tin...*

TEL, s (tèl) ; TELLE, s (tè-le), adj. Pareil ; de telle qualité ; n. Certaine personne indéterminée, quelqu'un. — TELL (tèl) (Guillaume), n. pr. m. Célèbre chef de la révolution suisse.

TENAILLON, s (te-na-llon, *ll* m.), n. m. Ouvrage de fortification. — TE-NAILLONS, ions (te-na-llon, llion, *ll* m.), v. tenailler. Tourmenter un criminel avec des tenailles ardentes.

TENEUR, s (te-neŭr) [rad. *tenir*], n. m. Commis qui fait les écritures sur les livres de commerce. — TENEUR, s (id.) [rad. *tenir*], n. f. Ce qui est contenu mot à mot dans un acte, dans un arrêt ; partie de la psalmodie qui en est comme la dominante.

TENON, s (te-non), n. m. Le bout qui entre dans une mortaise. — TENONS (id.), v. tenir. Avoir dans la main ; posséder ; occuper. — THENON (id.), n. pr. Chef-lieu de canton de la Dordogne.

TÉNU, s, e, es (té-nŭ, nŭe), adj. Très délié. — TENU, s, e, es (te-nŭ, nŭe), p. du v. tenir. V. *tenon*. — TENUE, s (te-nŭe), n. f. Durée d'une assemblée ; maintien ; toilette.

TÈQUE, s (tè-ke), n. m. ; *teck* ou *tek*, s (tèk'), n. m. Grand arbre des Indes ; son bois, qui est recherché pour la construction des navires. — THÈQUE, s (tè-ke), n. f. Urne des mousses.

TERA, s (te-ră), ou *terrain*, n. m. Auget contenant l'eau dont le potier se mouille les mains. — TERRAS (tè-rā), n. m. Résine mélangée de terre. — TERRA, as, ât (tè-ră, rā), v. terrer. — TAIRA, s (tè-ra), v. taire. V. *terrer*.

TERRAILLE, s (tè-rā-lle, *ll* m.), n. f. Sorte de poterie fine ; s'est dit pour terreau, fumier. — TERRAILLE, s, nt (id.), v. terrailler. Répandre de la terre sur les prés. — TERRAIL, s (tè-răl, *l* m.), n. m., vieux. Élévation de terre, rempart, chaussée.

TERRAILLON, s (tè-ra-llon, *ll* m.), n. m. Ouvrier qui travaille aux terrails, aux remparts. — TERRAILLONS, ions (tè-ra-llon, llion, *ll* m.), v. terrailler. V. *terraille*.

TERRASSE, s (tè-ră-se), n. f. Levée de terre en forme de balcon, de plate-forme. — TERRASSE... (id.), v. terrasser. Amasser des terres derrière une muraille pour la fortifier ; jeter par terre en luttant. — TERRASSE... (tè-ră-se), v. terrer. Mettre de la terre au pied d'une plante, sur un pré, etc. ; se loger sous terre.

TERRASSIER, s (tè-ră-sié), n. m. Ouvrier employé aux terrassements. — TERRASSIEZ (tè-ră-sié), v. terrer. V. *terrasse*.

TERRASSON, s (tè-ră-son), n. m. Nom vulgaire du motteux, oiseau. — TERRASSONS (id.), v. terrasser. V. *terrasse*. — TERRASSON (id.), n. pr. Chef-lieu de canton de la Dordogne.

TERRE, s (tè-re), n. f. Le globe terrestre ; sol. — TERRE, s, nt (id.), v. terrer. V. *terrer*. — TAIRE (id.), v. Ne pas dire. — TER (tèr'), adv. latin. Trois fois.

TERRER..., é..., ai..., ais... (tè-ré..., rè...), v. et p. Mettre de la terre au pied d'une plante, sur un pré, sur un champ ; se loger, s'abriter sous terre. — TAIRAI..., ais... (tè-ré..., rè...), v. taire. Passer sous silence.

TERRIER, s (tè-rié), n. m. Trou où se retirent certains animaux ; registre ou carte des terres d'une seigneurie ; adj. Qui concerne des terres. — TERRIEZ (id.), v. terrer. — TAIRIEZ (id.), v. taire. V. *terrer*.

TÉRIN, s (té-rin), n. m. Nom vulgaire du tarin, oiseau. — TERRAIN, ou *terrein*, s (tè-rin), n. m. Espace de terre ; terre ; champ.

TERME, s (tèr-me), n. c. m. Borne, limite ; mot. — TERME (id.), n. pr. Divinité qui présidait aux limites ; statue. — THERME, s (id.), n. m. Bain public des anciens.

TERMINAL, ale, ales, aux (tèr-mĭ-năl, nă-le, nō) [rad. *terminer*], adj. Qui termine, qui occupe l'extrémité. — TERMINAL, ale, ales (id.) [lat. *termimalis*, de *terminus*], adj. Qui concerne les termes ou limites : *loi terminale*.

TERNE, s (tèr-ne) [lat. *terrenire*, de *terra*], adj. Sans éclat. — TERNE, s (id.) [lat. *terni*, de *ter* ou *tres*], n. m. Trois numéros à la loterie ; les deux 3 au trictrac. — THERNES (les) (id.), n. pr. Village de la banlieue de Paris.

TERSER..., é... (tèr-sé...), v. et p., vieux. Absterger, essuyer, frotter, nettoyer. — TERCER, ou *terser*..., é (id.), v. et p. Labourer pour la 3e fois.

TERSET, s (tèr-sè), n. m. Houe à large fer et à manche court. — TERCET, s (id.), n. m. Espèce de couplet de trois vers. — TERSAIS, ait, aient (tèr-sè, sè), v. terser. — TERÇAIS, ait, aient (tèr-sè, sè), v. tercer. V. *terser*.

TESSON, s (tè-son), ou *têt*, n. m. Débris de vases cassés. — TAISSON, s (id.), n. m. Le blaireau.

TESTON, s (tès-ton) [rad. *teste* pour *tête*], n. m. Monnaie qui portait la tête du roi. — TESTONS (id.) [lat. *testari*, de *testis*], v. tester. Faire son testament.

TÈTE, s, nt (tè-te), v. téter. Sucer le lait de la mamelle. — TÈTE, mieux que *tette*, s (id.), n. f. Bout de la mamelle des animaux. — TÊTE, s (tê-te), n. f. La principale partie du corps ; ce qui y ressemble. — THÈTE, s (tè-te), n. m. Chez les Grecs anciens, enfant adoptif ; citoyen de la dernière classe à Athènes.

TÉTERON, s (té-te-ron), n. m. Nom vulgaire d'un agaric dont le stipe a la forme d'un bout de mamelle. — TÈTERONS, nt (tè-te-ron), v. téter. V. *tète*.

TÉTIEZ (té-tié), v. téter. V. *tète*. — TÊTIER, s (tê-tié), n. m. Ouvrier qui fait les têtes d'épingles.

TÉTRAS (té-trā), n. m. Oiseau, genre de gallinacés. — TÈTERA, s (tè-te-ra), v. téter. V. *tète*.

THÈZE (tè-ze), n. pr. Chef-lieu de canton des Basses-Pyrénées. — THÈSE, s (id.), n. f. Proposition à discuter. — TAISE, s, nt (id.), v. taire. Garder le silence.

THÉSÉE, s (té-zée), n. c. m. Papillon de Sumatra. — THÉZÉE (id.), n. pr. m. Héros athénien. — TAISEZ (tê-zé), v. taire. Ne pas dire.

THÉSION, s (té-zĭ-on), n. m. Genre de plantes. — TAISIONS (tê-zion), v. taire. Ne pas dire.

TH... V. par *t* simple.

TIENNE, s (tiè-ne) [lat. *tuus*], adj. et pron. poss., f. de tien. — TIENNE, s, nt (id.) [lat. *tenere*], v. tenir. Avoir en main.

THIERS (tièr'), adj. 3e ; n. m. 3e personne ; 3e partie d'un tout. — THIERS (id.), n. pr. Sous-préfecture du Puy-de-Dôme.

TIERCE, et mieux *tierse*, s (tièr-se), adj. f. de tiers. 3e ; n. f. Intervalle de 2 tons ; 60e partie d'une seconde ; au piquet, suite de 3 cartes ; botte qu'on porte le poignet en dedans, en terme d'escrime. — TIERCE, et mieux *tierse*, s, nt (id.), v. tiercer. Hausser d'un tiers le prix d'une chose.

TIERÇON, et mieux *tierson*, s (tièrson), n. m. Mesure de liquides, qui contenait le tiers d'une mesure entière.—TIER-ÇONS, et mieux *tiersons* (id.), v. tiercer, ou *tierser*. Élever le prix d'un tiers.

TIEN, s (tiin) [lat. *tuus*], adj. et pron. poss. m. — TIENS (id.) [lat. *tenere*], v. tenir. V. *tienne*.

TILLE, s (ti-lle, *ll* m.), n. f. Écorce de tilleul, de chanvre; outil qui sert de hache et de marteau. — TILLE, s (id.), n. m. Insecte coléoptère. — TILLE, s, nt (id.), v. tiller. V. *tiller*.

TILLER, ez, ai, é..., iez (ti-llé, llée, llié, *ll* m.), v. et p. Ou teiller, détacher avec la main le filament du chanvre. — TILLÉE, s (ti-llée, *ll* m.), n. f. Genre de plantes.

THYMALE, s (ti-mă-le), n. m. Genre d'insectes coléoptères. — THYMALLE, s (id.), n. m. Espèce de saumon.

TIM... (tin..., nasal). V. par *tin*...

TIN, s (tĭn), n. m. Pièce de bois qui soutient les tonneaux dans une cave, ou un vaisseau sur le chantier; s'est dit pour tempe. — TINS, int, înt (tĭn, tīn) [lat. *tenere*], v. tenir. Avoir dans la main; occuper. — TEINS, nt, nts (tin), v. teindre et p. Colorer en trempant dans un liquide. — TEINT, s (id.), n. m. Coloris du visage; manière de teindre. — THYM, s (id.), n. m. Plante aromatique. — TAIN, s (id.) [lat. *stannum*], n. m. Feuille d'étain très mince appliquée derrière une glace. — TAIN ou *Thin* (id.), n. pr. Ch.-lieu de cant. de la Drôme. TAINT, s (id.), adj., vieux. Pâle, défait.

TIMBRE, s (tin-bre), n. m. Empreinte; cloche; son. — TIMBRE, s, nt (id.), v. timbrer. Marquer un timbre sur le papier. — THYMBRE, s (id.), n. f. Genre de plantes labiées.

TIMBRÉ, s, e, es (tin-bré, brée), adj. Marqué d'un timbre; un peu fou. — TIMBRER, ez, ai, é... (id.), v. et p. Marquer un timbre. — THYMBRÉE, s (tin-brée), n. f. Plante odoriférante assez semblable au thym. — THYMBRÉE (id.) [lat. *Thymbrium*], n. pr. f. Ville de Lydie; ville de Troade.

TINTE, s, nt (tĭn-te), v. tinter. — TEINTE, s, nt (id.) [rad. *teinte*, n. f.], v. teinter. V. *tinter*. — TEINTE, s (id.) [lat. *tinctus*, de *tingere*], p. f. du v. teindre; n. f. Nuance qui résulte du mélange des couleurs; degré de force des couleurs. — TINTES (tĭn-te), v. tenir. Avoir dans la main; occuper.

TINTER..., é... (tin-té...), v. et p. Sonner lentement en ne frappant qu'un côté de la cloche. — TEINTER..., é... (id.), v. et p. Colorier d'une manière plate.

TIQUE, s (tĭ-ke), n. f. Insecte qui vit sur les animaux. — TIQUE, s, nt (id.) [rad. *tic*], v. tiquer. Avoir un tic. — TIC, s (tĭk'), n. m. Habitude vicieuse des chevaux, des bêtes à cornes, et même des personnes; mouvement convulsif. — TIC (id.) [onomat.], n. m. Mot qui peint un bruit; il s'emploie dans *tic-tac*.

TIQUET, s (tĭ-kè), n. m. L'altise, insecte. — TIQUAIS, ait, aient (tĭ-kè, kè), v. tiquer. Avoir un tic.

TIRANT (tĭ-ran), v. tirer. Amener vers soi; ôter; lancer avec une arme; tracer. — TIRANT, s (id.), n. m. Cordon de bourse, etc.; nerfs jaunâtres qu'on trouve dans la viande de boucherie. — TYRAN, s (id.), n. m. Despote, monarque absolu, égoïste et injuste.

TIRASSE, s (tĭ-ră-se) [rad. *tirer*], n. f. Filet pour prendre des cailles, etc. — TIRASSE, s, nt (id.) [rad. *tirasse*], v. tirasser, 2 fois : V. *tirasser*. — TIRASSE, s, nt (tĭ-rā-se) [lat. *trahere*], v. tirer. V. *tirant*.

TIRASSER..., é... (tĭ-ră-sé...) [rad. *tirasse*], v. et p. Chasser avec une tirasse. — TIRASSER..., é... (id.) [fréq. de *tirer*], v. et p., vieux. Tirailler.

TIRASSIER, s (tĭ-ră-sié), n. m. Chasseur à la tirasse. — TIRASSIEZ (id.), v. tirasser, 2 fois : V. *tirasser*. — TIRASSIEZ (tĭ-ră-sié) [lat. *trahere*], v. tirer. V. *tirant*.

TIRE, s, nt (ti-re), v. tirer. V. *tirant*. — TIRE, s (id.), n. f. Trait, quantité dont on tire; il s'emploie dans à *tire d'aile, tout d'une tire*, etc. — TIR, s (tĭr), n. m. Action de tirer une arme à feu; jeu. — TYR (id.), n. pr. Ancienne capitale de la Phénicie.

TIRET, s (tĭ-rè), n. m. Petite ligne. — TIRAIS, ait, aient (tĭ-rè, rè), v. tirer. V. *tirant*.

TIRELIRE, s (tĭ-re-lĭ-re) [rad. *tirer*, *liard*; ou it. *tirare, lira*], n. f. Pot où l'on met ses épargnes et dont on ne peut plus les ôter sans briser le vase. — TIRELIRE, s (id.) [onomat.], n. f. Cri de l'alouette. — TIRELIRE, s, nt (id.) [id.], v. tirelirer. Chanter comme l'alouette.

TIROLE, s (tĭ-rŏ-le), ou *tréaule*, n. f. Filet à très petites mailles. — TIROL, ou *Tyrol* (ti-rŏl), n. pr. m. Province de l'Autriche.

TIRON, s (ti-ron) [lat. *tiro*], n. m. Romain qui prenait la robe virile; apprenti. — TIRONS (id.) [lat. *trahere*], v. tirer. V. *tirant*.

TITRIER, s (ti-tri-é), n. m. Religieux chargé de conserver les titres du monastère. — TITRIEZ (id.), v. titrer. Donner un titre d'honneur à une personne, à une terre.

TISON, s (ti-zon), n. m. Bûche en partie brûlée. — TISONS (id.), v. tiser. Entretenir le feu dans un four de fusion.

TISONNIER, s (ti-zŏ-nié), n. m. Verge de fer pour attiser le feu. — TISONNIEZ (id.), v. tisonner. Remuer les tisons.

TOT (tō), adv. Vite, incontinent. — TAUX (id.), n. m. Taxe, prix établi. — TAU (id.), n. m. 19e lettre de l'alphabet grec; insecte sur le dos duquel est figurée la lettre T. — THAU (id.), n. pr. m. Grand étang de l'Hérault, voisin de Cette.

TOCAN, s (tŏ-can), n. m. Saumon qui a moins d'un an. — TOQUANT (id.), v. toquer. Frapper.

TOCCATE, s (tŏk-că-te), n. f. Morceau de musique pour piano ou orgue. — TOQUATES (tŏ-că-te), v. toquer. Toucher.

TODDI, s (tŏd-dï), n. m. Liqueur qu'on tire d'une espèce de palmier. — TODDY (id.), n. m. Espèce de boisson en usage parmi les Anglais. — TAUDIS (tō-dï), n. m. Logement en mauvais état.

TOI (toè), pron. pers., 2e pers. sing. — TOIT, s (toè), n. m. Couverture d'un bâtiment.

TOISON, s (toè-zon) [lat. *tonsio*, de *tondere*], n. f. Laine tondue. — TOISONS (id.) [rad. *toise*, du bas lat. *tesa*, de *tensūs*], v. toiser. Mesurer à la toise.

TOLE, s (tō-le), n. f. Fer en feuilles. — TAULE (id.), n. pr. Chef-lieu de canton du Finistère. — TOL ou *toll* (tŏl), n. m. Droit de navigation en Hollande.

TOMA, as, ât (tŏ-mă, mă), v. tomer. Diviser par tomes. — THOMAS (tŏ-mă), n. pr. d'homme.

TOMATE, s (tŏ-mă-te), n. f. Ou pomme d'amour, espèce de morelle; adj. : sauce tomate. — TOMATES (tŏ-mă-te), v. tomer. Diviser par tomes.

TOME, s (tŏ-me), n. m. Volume d'un ouvrage qui en contient plusieurs. —

TOME, s, nt (id.), v. tomer. Diviser un ouvrage par tomes. — TOMME, s (id.), n. f. Masse de caillé fermenté. — TOM, s (tŏm'), n. m. Insecte parasite d'Amérique. — THAUME, s (tŏ-me), n. f. Espèce de faux courte et à long manche.

TOM... (ton..., nasal). V. par *ton*...

TON (ton) [lat. *tuus*], adj. poss. sing. — TON, s (id.) [lat. *tonus*], n. m. Degré du son. — THON, s (id.), n. m. Gros poisson de mer. — TAON, s (id.), n. m. Grosse mouche. — TOND, s (id.), v. tondre. Couper la laine ou le poil sur les bêtes, sur les étoffes; couper les cheveux de près.

TOMBE, s (ton-be) [gr. τυμϐος], n. f. Pierre sépulcrale; tombeau. — TOMBE, s, nt (id.) [lat. *tumulus*, du gr. τυμϐος], v. tomber. Être emporté de haut en bas par son propre poids.

TOMBEAU, x (ton-bō), n. m. Sépulcre. — TOMBAUX (id.), adj. m. pl. de tombal. Sépulcral.

TONNE, s (tŏ-ne) [all. *tonne*], n. f. Futaille. — TONNE, s, nt (id.) [lat. *tonare*, du gr. τονος], v. tonner. Faire un bruit de tonnerre.

TONNER, ez, ai, é (tŏ-né) [lat. *tonare*], v. et p. Faire un bruit de tonnerre. — TONNÉ, s, e, es (tŏ-né, née), adj. Se dit d'une peau piquée par les insectes.

TONNÈLE, s, nt (tŏ-nè-le), v. tonneler. Prendre à la tonnelle. — TONNELLE, s (id.), n. f. Berceau de treillage recouvert de verdure; filet à prendre des perdrix.

TONNELET, s (tŏ-ne-lè), n. m. Baril, petit tonneau. — TONNELAIS, ait, aient (tŏ-ne-lè, lè), v. tonneler. Chasser à la tonnelle.

TONNELIER, s (tŏ-ne-lié), n. m. Artisan qui fait des tonneaux. — TONNELIEZ (id.), v. tonneler. Prendre à la tonnelle.

TONNELONS (tŏ-ne-lon), v. tonneler. V. *tonnèle*. — TONNELLON, s (tŏ-nèl-lon), n. m. Pont à bascule dont les anciens se servaient pour aller à l'assaut.

TONNÈRENT (tŏ-nè-re), v. tonner. Faire un bruit de tonnerre; parler avec force et éloquence. — TONNERRE, s (tŏ-nê-rre), n. m. Bruit de la foudre. — TONNERRE (id.), n. pr. Sous-préfect. de l'Yonne. — THONAIRE, s (tŏ-nè-re), n. m. Filet pour prendre des thons.

TONON, s (tŏ-non), n. m. Lézard

gris d'Amérique. — TONNONS (id.),
v. tonner. V. *tonnèrent*.

TOPE, s, nt (tŏ-pe), v. toper. Consentir. — TOPE (id.), interj. Abréviation de *je tope* : je consens. — TAUPE,
s (tō-pe), n. f. Petit quadrupède qui vit
sous terre.

TOPIEZ (tŏ-pié), v. toper. Consentir.
— TAUPIER, s (tŏ-pié), n. m. Preneur
de taupes.

TOQUE, s (tŏ-ke) [bas bret. *tocq*, chapeau ; ou esp. *toca*, coiffure], n. f. Sorte
de coiffure ; genre de plantes labiées ;
espèce de singe. — TOQUE, s, nt (id.)
[onomat., ou it. *toccare*, toucher], v.
toquer. Toucher, frapper. — TOC (tŏk),
interj. Onomatopée d'un choc sourd. —
TOC, s (id.), n. m. Sonnerie sourde
d'une montre à répétition sans timbre ;
sorte de trictrac. — TOCK, s (id.), n.
m. Oiseau du genre calao.

TOQUET, s (tŏ-kè), n. m. Sorte de
coiffure, de toque. — TOCQUET, s
(tŏk-kè), ou *toc-kaie*, s (tŏk-kéïe), n. m.
Espèce de lézard de Siam. — TOQUAIS,
ait, aient (tŏ-kè, kè), v. toquer. Toucher, frapper. — TOKAI (tŏ-kè), n. pr.
Bourg de Hongrie, célèbre par ses vins.
— TOKAI, s (id.), n. c. m. Vin de
Tokai, que l'on place au premier rang
de tous les vins connus.

TORCHÈRE, s (tŏr-chè-re), n. f.
Lampe grossière qui sert à éclairer les
places, les cours, etc. — TORCHÈRENT
(id.), v. torcher. Essuyer, nettoyer pour
ôter l'ordure.

TORCHON, s (tŏr-chon), n. m. Linge
grossier qui sert à essuyer la vaisselle,
les meubles, etc. — TORCHONS (id.),
v. torcher. Essuyer, nettoyer l'ordure.

TORDE, s (tŏr-de), n. f. Anneau de
corde, au bout des grandes vergues. —
TORDE, s, nt (id.), v. tordre. Tourner
de biais en serrant.

TORDION, s (tŏr-dï-on), n. m. Ancienne danse. — TORDIONS (tŏr-dion),
v. tordre. V. *torde*.

TORE, s (tŏ-re), n. m. Moulure ronde
autour d'une colonne. — TORD, s (tŏr),
v. tordre. Tourner de biais en serrant.
— TORS (id.), adj. Tordu ; n. m. Action de tordre des fils. — TORT, s (id.),
n. m. Dommage ; ce qui est contraire à
la raison. — TAURE, s (tŏ-re), n. f.
Génisse. — TAURE, s (id.), adj. et n.
Ancien peuple de la Tauride, auj. Cri-
mée. — THORE, s (tŏ-re), n. f. Nom

vulgaire d'un aconit et d'une renoncu-
lacée, plantes.

TORO, s (tŏ-rŏ), n. m. Charbon des
bêtes à laine ; mets des Illinois. — TO-
RAUX (tŏ-rō), n. m. pl. de toral. Élévation de terre destinée à séparer deux
héritages. — TAUREAU, x (tŏ-rō), n.
m. Mâle de la vache ; un des douze signes du zodiaque.

TORQUET, s (tŏr-kè), n. m. Piège,
tromperie. — TORQUAIS, ait, aient
(tŏr-kè, kè), v. torquer. Mettre le tabac
en rouleaux.

TORSE, s (tŏr-se) [it. *torso*, tronqué],
n. m. Statue tronquée. — TORSE, s
(id.) [rad. *torser ?*], n. m. Outil pour
torser. — TORSE, s (id.) [rad. *torser ?*],
n. f. Morceau de bois qui va en serpentant. — TORSE, s (id.) [lat. *torsus*, de
torquere], adj. f. de tors. Tordue, con-
tournée en spirale. — TORSE, s, nt
(id.) [rad. *tors*, du lat. *torsus* p. de
torquere], v. torser. Contourner en spirale.

TORSION, s (tŏr-sĭ-on), n. f. Effet
qu'on produit en tordant. — TORSIONS
(tŏr-sion), v. torser. Contourner en spirale.

TORTIONNÈRENT (tŏr-sĭ-ŏ-nè-re),
v. tortionner. Tordre un texte, un passage d'un auteur. — TORTIONNAIRE,
s (id.), adj. Inique et violent ; qui sert à
torturer.

TORTILE, s (tŏr-tĭ-le), adj. Qui peut
se contourner en spirale. — TORTIL, s
(tŏr-tĭl), n. m. Lambrequin ou ruban qui
s'enlace autour d'une couronne : blas.

TORTILLÈRE, s (tŏr-tĭ-llè-re, *ll* m.),
ou *tortille*, n. f. Allée tortueuse, étroite
et sombre d'un jardin, d'un taillis. —
TORTILLÈRENT (id.), v. tortiller. Tordre à plusieurs tours plus ou moins serrés.

TORTILLON, s (tŏr-tĭ-llon, *ll* m.),
n. m. Ancienne coiffure ; torchon ou
autre objet tortillé ; outil pour friser les
cheveux. — TORTILLONS, ions (tŏr-
tĭ-llon, llion, *ll* m.), v. tortiller. Tordre
à plusieurs tours.

TORTU, s, e, es (tŏr-tŭ, tŭe) [p. du
vieux v. *tortre*], adj. Qui n'est pas droit,
tortueux ; n. m. Serpent du genre boa.
— TORTUE, s (tŏr-tŭe) [lat. *tortus*,
tordu ; ou lat. *testudo ?*], n. f. Reptile ;
abri que les soldats romains formaient
avec leurs boucliers. — TORTUE, s, nt
(id.) [rad. *tortu*], v. tortuer. Rendre
tortu.

TORUS (tŏ-rŭs'), n. m. Sorte de lit ou réceptacle propre des fleurs. — TAURUS (tŏ-rŭs'), n. pr. m. Chaîne de montagnes de la Turquie d'Asie.

TOSTE, s (tŏs-te), n. f. Banc où s'assoient les rameurs dans une chaloupe. — TOSTE, s, et non pas *tost*, ni *toast* (id.) [angl. *toast*], n. m. Santé que l'on porte en buvant. — TOSTE, s, nt (id.) [id.], v. toster. Porter un toste, une santé, en buvant.

TOSTION, s (tŏs-tĭ-on), n. f. S'est dit pour torréfaction. — TOSTIONS (tŏs-tion), v. toster. Porter un tost, une santé, en buvant.

TOUE, s (toŭe), n. f. Bateau qui sert de bac. — TOUE, s, nt (id.), v. touer. Faire avancer un navire à l'aide d'un câble. — TOUX (toŭ), n. f. Mouvement convulsif de la poitrine. — TOUT, pl. *tous* (toŭ. *Tous* se prononce toŭ quand il est adj. : TOUS *les hommes;* et toŭss' quand il est pron. : *je les aime* TOUS, *car* TOUS *sont mes frères.* V. *tousse*.), adj. et pron. indéf. Chaque, chacun. — TOUT (toŭ), adv. Entièrement; bien que. — TOUT, pl. *touts* (toŭ), n. m. Chose entière : *plusieurs* TOUTS *distincts les uns des autres; les mots sont des* TOUTS *syllabiques.*

TOUPILLON, s (toŭ-pĭ-llon, *ll* m.) [rad. *toupe*, ou *toupet*], n. m. Petit toupet. — TOUPILLONS, llions (toŭ-pĭ-llon, llion, *ll* m.) [rad. *toupie*], v. toupiller. Tournoyer comme une toupie.

TOURA, as, ât (toŭ-ră, ra), v. tourer. — TOUERA, s (toŭ-ra), v. touer. V. *tourer.* — TOURAT, s (toŭ-ră), n. m. La draine, oiseau.

TOURBE, s (toŭr-be) [lat. *turba*], n. f. Multitude confuse. — TOURBE, s (id.) [all. *torb*], n. f. Combustible fossile. — TOURBE, s, nt (id.) [id.], v. tourber. Extraire la tourbe.

TOURBIER, s (toŭr-bié) [lat. *turba*], n. m. Témoin appelé à déposer dans une *enquête par tourbe.* — TOURBIER, s (id.) [all. *torb*], n. m. Ouvrier, propriétaire d'une tourbière; adj. Se dit d'un terrain qui renferme de la tourbe.

TOURBILLONNÈRENT (toŭr-bĭ-llŏ-nè-re), v. tourbillonner. Aller en tournoyant. — TOURBILLONNAIRE, s (id), adj. Qui appartient à un tourbillon.

TOURE, s, nt (toŭ-re), v. tourer. V. *tourer.* — TOUR, s (toŭr) [lat. *tornus*], n. m. Circuit; ruse; machine de tour-neur; alternative; *tour-à-tour,* adv. L'un après l'autre. — TOUR, s (id.) [lat. *turris*], n. f. Bâtiment élevé et ordinairement fortifié. — TOURS (id.) [lat. *Turones*], n. pr. Préfect. d'Indre-et-Loire. — TOURD, s (id.), n. m. Poisson de mer.

TOURER, ez, é..., ai..., ais... (toŭ-ré..., rè...), v. et p. Plier et replier plusieurs fois la pâte. — TOUERAI..., ais... (toŭ-ré..., rè...), v. touer. Faire avancer un navire à l'aide d'un câble.

TOURET, s (toŭ-rè), n. m. Petite roue qui reçoit son mouvement d'une plus grande. — TOURAIS, ait, aient (toŭ-rè, rê), v. tourer. — TOUERAIS, ait, aient (toŭ-rè, rê), v. touer. V. *tourer.*

TOURIER, s (toŭ-rié), n. m. Portier d'un couvent. — TOURIEZ (id.), v. tourer. — TOUERIEZ (toŭ-rié), v. touer. V. *tourer.*

TOURNASSE... (toŭr-nă-se) [rad. *tour*, ou it. *tornare*], v. tourner. Mouvoir en rond. — TOURNASSE... (toŭr-nă-se) [fréq. de *tourner*], v. tournasser. Façonner sur le tour une pièce de poterie.

TOURNAIS, ait, aient (toŭr-nè, nê), v. tourner. Mouvoir circulairement. — TOURNAI, mieux que *Tournay* (toŭr-nè), n. pr. Ville de Belgique (Hainaut).

TOURNIQUET, s (toŭr-nĭ-kè), n. m. Croix qui tourne horizontalement sur un pivot pour ne laisser passer que les piétons; dévidoir; outil qui tourne; insecte qui tournoie sur l'eau. — TOURNIQUAIS, ait, aient (toŭr-nĭ-kè, kè), v. tourniquer. Tourner beaucoup et souvent; faire le tourniquet.

TOURNOI, s (toŭr-noè) [rad. *tourner*], n. m. Ancienne fête publique et militaire. — TOURNOIS (id.) [rad. *Tours*, du lat. *Turones*], adj. De Tours. — TOURNOIE, s, nt (toŭr-noêc), v. tournoyer. Tourner en fesant plusieurs tours.

TOURNOIRE, s (toŭr-noè-re), n. f. Bâton qui meut le tour du potier d'étain. — TOURNOIR, s (toŭr-noèr), n. m. Moulin à carton.

TOURNON (toŭr-non), n. pr. Sous-préfecture de l'Ardèche; chefs-lieux de canton du Lot-et-Garonne et de l'Isère. — TOURNONS (id.) [rad. *tour*], v. tourner. Mouvoir en rond.

TOUSSE, s (tou-se), n. f. Le têtard, on saule étété. — TOUSSE, s, nt (id.)

[rad. *toux*], v. tousser. Faire l'effort et le bruit que cause la toux. — TOUS (toŭss', mais seulement quand il est pron.; et toŭ, dans les autres cas. V. *toue*), pron. ind. m. pl. de *tout*. L'objet entier dont il est question. — TOUSS (touss'), ou *touz* (toŭz'), n. m. Poil qu'on prend sur la poitrine des chèvres du Tibet et dont on fait, dit-on, les plus beaux cachemires. — TOUS (toŭss', ou toŭ), n. m. Dénomination vulgaire de la tique des chiens.

TOUSSEUSE, s (tou-seŭ-ze), n. f. de tousseur. Celle qui tousse souvent. — TOUSSEUSE, s (id.), adj. f. de tousseux, vieux. Sujette à la toux.

TRACAS (tra-câ), n. m. Mouvement accompagné d'embarras. — TRAQUA, as, ât (tra-câ, câ), v. traquer. V. *tracasse*.

TRACASSE... (tră-câ-se...), v. tracasser. Tourmenter, inquiéter. — TRAQUASSE... (tră-câ-se...), v. traquer. Entourer et poursuivre en se rapprochant du centre, de manière à ne laisser rien échapper.

TRACASSIER, s (tră-câ-sié), adj. et n. m. Qui fait des tracasseries, de mauvaises difficultés, des chicanes. — TRACASSIEZ (id.), v. tracasser. — TRAQUASSIEZ (tră-câ-sié), v. traquer. V. *tracasse*.

TRAFICANT, s (tră fi-can), n. m. Marchand, négociant. — TRAFIQUANT (id.), v. trafiquer. Commercer.

TRAFIQUE, s, nt (tră-fi-ke), v. trafiquer. Commercer, faire trafic. — TRAFIC, s (tră-fik), n. m. (autref. *traficque*, n. f.). Négoce, commerce.

TREMBLE, s (tran-ble) [lat. *tremula*], n. m. Espèce de peuplier; nom vulgaire de la torpille, poisson. — TREMBLE, s, nt (id.) [lat. *tremere*], v. trembler. Être agité par de fréquentes secousses; craindre.

TREMBLAIE, s (tran-blèe), n. f. Lieu planté de trembles. — TREMBLAIS, ait, aient (tran-blè, blè), v. trembler. V. *tremble*.

TRANCHET, s (tran-chè), n. m. Outil de cordonnier. — TRANCHAIS, ait, aient (tran-chè, chè), v. trancher. Séparer en coupant.

TRANCHEFILE, s (tran-che-fi-le), n. f. Petit bourrelet qu'on attache aux deux extrémités du dos d'un livre relié. — TRANCHEFILE, s, nt (id.), v. tranche-filer. Faire la tranchefile. — TRANCHEFIL, s (tran-che-fil), n. m. Petite chaîne qui est autour du mors; outil pour velouter les tapis.

TRANSE, s (tran-se), n. f. Grande appréhension. — TRANCE, s (id.), n. m. Le trèfle des prés.

TRANSFÈRE, s, nt (trans'-fè-re), v. transférer. Transporter. — TRANSFERT, s (trans'-fèr), n. m. Transport.

TRANSFILE, s, nt (trans'-fi-le), v. transfiler. Passer une ligne dans les œils-de-pie de deux morceaux de toile, pour les lier ensemble ou pour les tendre : mar. — TRANSFIL, s (trans'-fil), n. m. Gros fil de laiton placé au bord de la forme du papetier.

TRANSFUSION, s (trans'-fu-zĭ-on), n. f. Action de transfuser, de transvaser. — TRANSFUSIONS (trans'-fu-zion), v. transfuser. Faire passer un liquide d'un récipient dans un autre.

TRANSGRESSION, s (trans'-grè-ssĭ-on), n. f. Action de transgresser. — TRANSGRESSIONS (trans'-grè-ssion), v. transgresser. — Désobéir à une loi, violer un ordre reçu.

TRANSMISSION, s (trans'-mĭ-sĭ-on), n. f. Action de transmettre. — TRANSMISSIONS (trans'-mĭ-sion), v. transmettre. Céder à un autre ce qu'on possède; faire parvenir à.

TRANSVASION, s (trans'-vă-zĭ-on), n. f. Action de transvaser. — TRANSVASIONS (trans'-vă-zion), v. transvaser. Verser une liqueur d'un vase dans un autre.

TRENTE (tran-te) [lat. *triginta*], adj. num. card. 29 et 1 ; adj. num. ord. 30e. — TRENTE (id.) [lat. *Tridentum*], n. pr. Ville du Tirol.

TRENTIN, ou *trentain*, s (tran-tin) [rad. *trente*, de *triginta*], n. m. Service funéraire célébré le 30e jour après le décès. — TRENTIN, s (id.) [rad. *Trente*, du lat. *Tridentum*], n. m. Évêché de Trente; adj. De Trente, ou Tridentin. — TRENTAIN, s (id.), n. m. Se disait des draps dont la chaîne était composée de 30 centaines de fils; nombre de 30 messes qu'on fait dire pour un défunt; mot qui, au jeu de paume, signifie 30 à 30.

TRANSITE, s, nt (tran-zĭ-te), v. transiter. Passer en transit, sans payer les droits. — TRANSIT, s (tran-zit', ou tran-zi), n. m. Faculté de passer des marchandises à travers un pays sans payer les droits.

TRANSITÈRENT (tran-zĭ-tè-re), v. transiter. V. *transite*. — TRANSITAIRE, s (id.), adj. Qui a rapport au transit; n. m. Commerçant qui fait le transit.

TRAPAN, s (trä-pan), n. m. Le haut d'un escalier où finit la rampe. — TRAPANT (id.), v. traper. Grossir : se dit des melons.

TRAPE, s, nt (trä-pe), v. traper. Se dit des melons qui grossissent. — TRAPPE, s (id.), n. f. Porte horizontale; piège. — TRAPPE (id.), n. pr. f. Célèbre abbaye de Bernardins. — TRAPP, s (träp'), n. m. Roche qui se brise en forme d'escalier.

TRAQUE, s (trä-ke), n. f. Action de traquer. — TRAQUE, s, nt (id.), v. traquer. V. *tracasse*. — TRAQUE, ou *tracque*, s (id.), n. f. Autrefois, paquet de dix cuirs à poil. — TRAC, s (träk), n. m. Onomat. qui peint le bruit d'un objet qui remue avec violence; allure du cheval; piste des bêtes.

TRAQUET, s (trä-kè) (rad. *traquer?*], n. m. Piège qu'on tend aux bêtes puantes. — TRAQUET, s (id.) [rad. *trac*, onomatopée?], n. m. Claquet qui fait tomber le blé de la trémie; genre d'oiseaux; la raie ronce, poisson. — TRAQUAIS, ait, aient (trä-kè, kè), v. traquer. V. *tracasse*.

TRASS (trass'), n. m. Sorte de tuf dont on fait le ciment hydraulique. — TRACE, s (trä-se), n. f. Vestige, marque. — TRACE, s, nt (id.), v. tracer. Faire des traces, des lignes. — THRACE (id.), n. pr. f. Ancien pays de la Grèce; adj. et n. m. De la Thrace, habitant de la Thrace.

TRACERET, s (trä-se-rè), ou *tracelet*, ou *traçoir*, n. m. Pointe de fer pour tracer des lignes, des dessins. — TRACERAIS, ait, aient (trä-se-rè, rè), v. tracer. Marquer, faire des lignes.

TRAVAILLE, s, nt (trä-va-lle, *ll* m.), v. travailler. Faire un ouvrage. — TRAVAIL, s (tra-väl, *l* m.), n. m. Labeur, fatigue, peine qu'on prend pour faire une chose, ouvrage fait; machine pour contenir les chevaux pendant qu'on les ferre ou qu'on les panse.

TRAVERSIER, s (trä-vèr-sié), adj. et n. m. Qui traverse. — TRAVERSIEZ (id.), v. traverser. Passer à travers.

TRÈS (trè), adv. Beaucoup, fort, fortement. — TRAIT, s (trè) [lat. *tractus*, p. de *trahere*], n. m. Linéament; trace; flèche. — TRAIS, ait, aits (trè); TRAIE, ou *traye*, s, nt (trèe) [lat. *trahere*], v. traire, et p. Tirer le lait des vaches, chèvres, etc. — TRAYE, s (trèe), n. f. Nom vulgaire de la draine, oiseau. — TRETS (trè), n. pr. Chef-lieu de canton des Bouches-du-Rhône.

TRÉBUCHET, s (tré-bŭ-chè), n. m. Petit piège pour les oiseaux. — TRÉBUCHAIS, ait, aient (tré-bŭ-chè, chè), v. trébucher. Faire un faux pas.

TRÉFILIEZ (tré-fĭ-lié), v. tréfiler. Passer du fer ou du laiton par la filière. — TRÉFILIER, s, mieux que *treffilier* (id.), n. m. Fabricant d'armures de mailles.

TRÉFLIER, s (tré-flĭ-é), n. m. Le chardonneret; ancien nom des chaînetiers; champ de trèfle. — TRÉFLIEZ (id.), v. tréfler. Mal rengrener, de façon que l'effigie paraisse double.

TRÉFOND, s (tré-fon) [lat. *trans*, *fundere*], v. tréfondre. Se dit quand une soudure prend aussi bien dedans que dehors. — TRÉFONDS (id.) [lat. *terra*, *fundus*], n. m. Fonds qui est sous le sol. — TRÉFOND, s, et mieux *tréfonds* (id.) [id.?], n. m. Propriété : s'employait par opposition à viager ou à usufruit.

TREUILLE, s (treu-lle, *ll* m.), n. m. Petit truble pour pêcher des chevrettes. — TREUILLES (id.), n. f. pl. Entrailles du hareng. — TREUIL, s (treŭl, *l* m.), n. m. Machine pour lever des fardeaux.

TRAYON, s (trè-ion), n. m. Bout du pis d'une vache, d'une chèvre. — TRAYONS, ions (trè-ion, iion), v. traire. Tirer le lait des vaches, etc.

TRAINASSE, s (trè-nä-se) [rad. *trainer*], n. f. Nom de certaines plantes ou racines trainantes; long filet d'oiseleur, qu'on traine. — TRAINASSE... (trè-nä-se...) [fréq. de *trainer*], v. trainasser. Trainer en longueur. — TRAINASSE... (trè-nä-se...) [lat. *trahere*], v. trainer. Tirer après soi.

TREPA, as, ât (tre-pä, pä), v. treper. Fouler, trépigner la terre : t. d'agric. — TRÉPAS (tré-pä), n. m. Décès, mort. — TRÉPAN, s (tré-pan), n. m. Vilbrequin avec lequel on perce les os, spécialement ceux du crâne. — TRÉPANT (tre-pan), v. treper. V. *trepa*. — TRÉPASSE... (tré-pä-se), v. trépasser. Mourir. — TRÉPASSE... (tre-pā-se), v. treper. V. *trepa*.

TRÉPIED, s (tré-pié), n. m. Ustensile à 3 pieds. — TRÉPIEZ (tre-pié), v. treper. V. *trepa*.

TRESSION, s (trè-sĭ-on), n. f., ou *tressoir*, n. m. Son complètement dépourvu de farine. — TRESSIONS (trè-sion) [rad. *tresse*], v. tresser. Mettre en tresse.

TRESSON, s (trè-son), n. m. Ornement de tête des femmes; ruban qui retenait les tresses des cheveux; filet à petites mailles. — TRESSONS (id.), v. tresser. Faire des tresses.

TRAITE, s (trè-te) [lat. *trahere*], p. f. du v. traire. Tirer le lait des vaches, etc. — TRAITE, s (id.) [lat. *tractus*], n. f. Chemin parcouru sans halte. — TRAITE, s, nt (id.) [lat. *tractare*], v. traiter. Discuter sur; négocier. — TRAITE, s (id.) [lat. *tractare*, ou *trahere*], n. f. Obligation de payer.

TRÉSEAU, x (tré-zō), n. m. Tas de trois gerbes; nombre de trois batteurs réunis dans une aire. — TREIZEAU, x (trè-zō), et non *tréseau* ou *trézeau*, n. m. Amas de treize gerbes; ancien poids valant 5ᵉ,82.

TRIAND, s (trĭ-an), n. m. Ou triandin, bêche à trois dents. — TRIANT (id.), v. trier. Choisir.

TRIBU, s (trĭ-bŭ), n. f. Peuplade; division d'un peuple. — TRIBUT (id.), n. m. Impôt.

TRICOT, s (trĭ-cō) [all. *strick*], n. m. Sorte de tissu composé de mailles. — TRICOT, s (id.) [rad. *trique*], n. m. Bâton dont on se sert pour frapper quelqu'un. — TRICAUD, s (tri-cō), n. m. Poisson.

TRICOLORE, s (trĭ-cŏ-lŏ-re), adj. des 2 genres; et mieux : *tricolor*, s, e, es (trĭ-cŏ-lŏr, lŏ-re. V. *omnicolore*.), adj. De trois couleurs. — TRICOLOR, s (trĭ-cŏ-lŏr), n. m. Plante; oiseau.

TRICOTETS (trĭ-cŏ-tè), n. m. pl. Ancienne danse qu'on exécutait en remuant beaucoup les pieds. — TRICOTAIS, ait, aient (tri-cŏ-tè, tè), v. tricoter. Faire des mailles avec un fil et des aiguilles émoussées.

TRIER..., é... (trĭ-é...), v. et p. Choisir et mettre à part ce qui est meilleur. — TRILLER..., é... (tri-llé..., *ll* m.), v. et p. Orner de trilles, cadencer le chant par des battements de gosier.

TRIGAUDE, s (trĭ-gō-de), adj. et n. f. de trigaud. Sournoise, qui manque de franchise. — TRIGAUDE, s, nt (id.), v. trigauder. Se servir de mauvais détours, de mauvaises finesses.

TRILLION, s (tri-lĭ-on), n. m. Mille billions. — TRILLONS, llions (trĭ-llon, llion, *ll* m.), v. triller. V. *trier*.

TRIMÈRE, s (tri-mè-re), n. m. Insecte coléoptère. — TRIMÈRENT (id.), v. trimer. Marcher vite et avec fatigue.

TRIN, s (trin), adj., t. d'astrol. Se dit en parlant de deux planètes éloignées l'une de l'autre du tiers du zodiaque. — TRAIN, s (id.), n. m. Allure; attirail de matériel, de machines.

TRINQUET, s (trin-kè), n. m. Sur la Méditerranée, second arbre enté sur le maître mât d'une galère. — TRINQUAIS, ait, aient (trin-kè, kè), v. trinquer. Choquer les verres avant de boire.

TRIPLÈRENT (tri-plè-re), v. tripler. Rendre triple. — TRIPLAIRE, s (id.), n. f. Genre de plantes.

TRIPOT, s (trĭ-pŏ), n. m. Maison de jeu. — TRIPAUT, s (trĭ-pŏ), n. m. Homme qui a beaucoup d'embonpoint.

TRIPOLI (trĭ-pŏ-lĭ), n. pr. Royaume d'Afrique; capitale du royaume de Tripoli; ville de Syrie. — TRIPOLI, s (id.), n. c. m. Argile ferrugineuse qui sert à polir les métaux. — TRIPOLI, ie, ies, is, it, ît (trĭ-pŏ-lĭ, lĭe, lĭ), p. et v. tripolir. Nettoyer avec du tripoli.

TRIPOTIER, s (trĭ-pŏ-tié), n. m. Celui qui fait des tripotages, de petites et basses intrigues; chef d'un tripot. — TRIPOTIEZ (id.), v. tripoter. Faire du tripotage, mêler, brouiller, intriguer.

TRIQUET, s (trĭ-kè), n. m. Battoir pour jouer à la paume. — TRIQUAIS, ait, aient (trĭ-kè, kè), v. triquer. Trier le bois; battre à coups de trique, de bâton.

TRIQUETRAC, s (trĭ-ke-träk), n. m. Onomatopée qui peint un bruit confus. — TRICTRAC, s (trĭk-träk), n. m. Sorte de jeu; table sur laquelle on le joue.

TRITON, s (tri-ton) [gr. τρεις, τονος], n. c. m. Intervalle dissonnant composé de trois tons entiers. — TRITON, s (id.), n. c. m. Coquille; reptile; machine à plonger. — TRITON, s (id.), n. pr. m. Demi-dieu marin.

TRO, s (trò), n. m. Espèce de violon des Siamois. — TROT, s (id.), n. m. Allure entre le pas et le galop. — TROP (id.), adv. de quant. Plus qu'il ne faut.

TROIS (troè), adj. num. card. 2 et 1 ; adj. num. ord. 3e; n. m. Le chiffre 3, le nombre 3. — TROIE, s (troêe), n. c. f. Machine de guerre du moyen-âge. — TROIE (id.) [lat. *Troja*], n. pr. f. Célèbre ville de l'Asie-Mineure, capitale de la Troade. — TROYES (id.), n. pr. Préfecture de l'Aube. — TROUA, as, àt (troŭ-ă, ā); TROUAIS, ait, aient (troŭ-è, ê), v. trouer. Faire un trou, percer.

TROLE, s, nt (trō-le), v. trôler. — TROLLE, s, nt (trŏ-le), v. troller. V. *trôler*. — TROLLE, s (id.), n. f. Action de découpler les chiens pour les lancer à la quête du gibier ; plante ; palissade.

TROLER..., é... (trō-lé...), v. et p. Promener une personne de tous côtés, indiscrètement et hors de propos ; se promener soi-même de cette manière. — TROLLER..., é... (trŏ-lé...), v. et p. Faire une trolle pour en construire une étable; quêter au hasard le gibier.

TROMPE, s (tron-pe) [onomat.], n. f. Trompette; museau d'éléphant; langue d'insecte ; coquille en forme de spirale. — TROMPE, s, nt (id.), v. tromper. Induire en erreur.

TROMPÈTE, s, nt (tron-pè-te), v. trompeter. Publier à son de trompe. — TROMPETTE, s (id.), n. f. Instrument de musique ; n. m. Celui qui en joue.

TROQUE, s (trŏ-ke) [lat. *trochus*, toupie], n. m. Genre de coquilles univalves. — TROQUE, s (id.) [anglo-sax. *to truck*], n. f. Commerce par échange de marchandises. — TROQUE, s, nt (id.) [id.], v. troquer. Échanger. — TROC, s (trŏk), n. m. Échange.

TROQUET, s (trŏ-kè), n. m. Chevalet du comble d'un toit. — TROQUAIS, ait, aient (trŏ-kè, kè), v. troquer. Échanger.

TROTIER, mieux que TROTTIER, s (trŏ-tié), adj. Qui aime la promenade ; qui aime le changement; n. m. Messager, cheval qui va le trot. — TROTIEZ, mieux que TROTTIEZ (id.), v. troter, mieux que trotter. Marcher au trot.

TROU, s (troŭ), n. m. Ouverture. — TROUE, s, nt (troŭe), v. trouer. Faire un trou.

TROUVÈRE, s (trou-vè-re), n. m. Ancien poète français des provinces du nord. — TROUVÈRENT (id.), v. trouver. Rencontrer; découvrir.

TRUAND, s (trŭ-an) [vieux fr. *tru*, pour *tribut*, impôt], n. m. Vaurien, vagabond. — TRUAND, s (id.), n. m. Marchepied du métier de tisserand.

TRUFE, s, nt, mieux que *truffe*, s, nt (trŭ-fe) [gr. τροφη, tour de finesse], v. trufer. Tromper. — TRUFFE, s, nt (id.) [rad. *truffe*, de l'all. *truffel*], v. truffer. Garnir de truffes. V. *trufer*. — TRUFFE, s (id.) [all. *truffel*], n. f. Espèce de champignon ou de pomme de terre, d'un goût exquis.

TRUFER..., é..., mieux que *truffer*..., é... (trŭ-fé...) [gr. τροφη, tour de finesse], v. et p. Tromper. — TRUFFER..., é... (id.) [rad. *truffe*, de l'all. *truffel*], v. et p. Garnir de truffes.

TRUFONS, mieux que *truffons* (trŭ-fon) [gr. τροφη, tour de finesse], v. trufer, mieux que truffer. Tromper. — TRUFFONS (id.) [rad. *truffe*, de l'all. *truffel*], v. truffer. Garnir de truffes. V. *trufer*. — TRUFFON, s (id.) [rad. *truffe*], n. m. Champignon analogue à la truffe.

TRUCK, s (trŭk'), n. m. Vagon pour le transport des marchandises. — TRUC, s (id.), n. m. Espèce de billard; secret, adresse.

TU (tŭ) [lat. *tu*], pron. pers., 2e pers. sing. — TU, ue, ues, us, ut, ût (tu, tŭe, tŭ) [lat. *tacere*], p. et v. taire. Ne pas dire. — TUE, s, nt (tŭe) [bas lat. *tutare*, du gr. θυειν], v. tuer. Faire mourir violemment.

TUFE, s (tŭ-fe), n. f. Panache de crin, de plumes. — TUFFE, s (id.), n. m. Nom de certains brigands qui ravagèrent la France au moyen-âge. — TUF, s (tŭf'), n. m. Pierre blanchâtre.

TULLE, s (tŭ-le), n. c. m. Espèce de dentelle. — TULLE (id.), n. pr. Préfecture de la Corrèze.

TURBO, s (tŭr-bŏ), n. m. Genre de poissons mollusques gastéropodes. — TURBOT, s (id.), n. m. Poisson de mer dont la chair est très estimée.

TURRÉE, s (tŭr-rée), n. f. Genre de plantes méliacées. — TUEREZ, ai (tŭ-ré), v. tuer. Faire mourir.

TURIE, s (tŭ-rîe), n. f. Genre de plantes cucurbitacées d'Arabie. — TUERIE, s (tŭ-rîe), n. f. Massacre, carnage.

TURION, s (tŭ-rĭ-on), n. m. Bourgeon qui, au printemps, s'élève d'une racine vivace, tel que la partie qu'on mange dans une asperge. — TUERIONS (tŭ-rion), v. tuer. Ôter violemment la vie.

TUERONS, nt (tŭ-ron), v. tuer. Arracher la vie. — THURON, s (tŭ-ron), n. m. Espèce de taureau sauvage.

TURQUE, s (tŭr-ke), n. f. Brebis âgée de moins d'un an. — TURC, s (tŭrk'), adj. m.; TURQUE, s (tŭr-ke), adj. f. De la Turquie. — TURK, s (tŭrk'), adj. m.; TURKE, s (tŭr-ke), adj. f. Forme orthographique préférée à *turc*, *turque*, par plusieurs historiens et géographes.

TY... V. par *ti*...

U.

Son U, *et son* UN (*nasal*), *de quelque manière qu'on les écrive* (u, hu, eu; — un, hun...).

U (u), n. m. Nom et son français de la lettre U. — EU, eue, eues, eus, eut, eût (ŭ, ūe, ū), p. et v. avoir. Posséder. — HU (hū, *h* asp.), ou HUE (hūe, *h* asp.) [mot inventé], interj. pour faire avancer les chevaux ou les faire tourner à droite. — HUE, s, nt (hūe, *h* asp.) [onomat.], v. huer. Crier comme le hibou; faire des huées, des cris de dérision.

HUCHE, s, nt (hŭ-che, *h* asp.) [lat. barb. *bucciare*], v. hucher. Appeler à haute voix ou en sifflant. — HUCHE, s (id.), n. f. Coffre de bois pour pétrir et serrer le pain.

HUCHER, s (hŭ-ché), n. m., vieux. Fabricant de huches. — HUCHER, ez, ai, é... (hŭ-ché, chée, *h* asp.), v. et p. Appeler à haute voix ou en sifflant.

HUCHET, s (hŭ-chè, *h* asp.), n. m. Cor ou cornet pour appeler, pour chasser le lièvre. — HUCHAIS, ait, aient (hŭ-chè, chè, *h* asp.), v. hucher. Appeler.

HUGUE, s (hu-ghe, *h* asp.), n. f. Ancienne coiffure en forme de capuchon. — HUGUES, et mieux *Hugue* (id.), n. pr. d'homme.

HUI (uï) [lat. *hodiè*], adv. de temps, vieux. Ex.: *ce jour d'hui, d'hui en un an, aujourd'hui.* — HUI, s (huï, *h* asp.; ou uï), n. m. Pièce de bois qui soutient une voile. — HUI, is, it, ît (hŭ-ï, ï) [onomat.], p. et v. huir. Crier comme le milan. — HUIS (uï) [lat. *ostium*], n. m.. vieux. Porte: *à huis clos.* — HUY

(hŭ-ï, *h* asp., ou uï), n. pr. Ville de Belgique. — HUIT (huï, *h* asp., mais seulement quand il est *inséparablement* suivi du nom ou adj. de la chose comptée, commençant par une consonne: *huit chevaux, huit bons chevaux,* ou d'un autre adj. de nombre: *huit cents, huit mille;* et huit' dans tous les autres cas: *huit artistes, huit habiles artistes, j'en ai huit, j'en donne huit à ma sœur, j'en prends huit pour moi; le huit septembre, le huit octobre; un huit.* V. *dix, sept, cinq*) [lat. *octo*], adj. num. card. 7 et 1; adj. num. ord. 8e; n. m. Le chiffre 8, le nombre 8. — HUIT, s (huï ou hŭ-ï, *h* asp.) [onomatopée?] n. m. Nom vulgaire du pinson.

HUILIER, s (uï-lié), n. m. Sorte de vase portant les burettes qui contiennent l'huile et le vinaigre; fabricant d'huile. — HUILIEZ (id.), v. huiler. Frotter ou imbiber d'huile.

HUITES (hŭ-ï-te), v. huir. Crier comme le milan. — HUIT (huït' quand il n'est pas *inséparablement* suivi d'un mot commençant par une consonne, et huï dans les autres cas. V. *hui*), adj. num. card. 7 et 1; adj. num. ord. 8e; n. m. Le chiffre 8, le nombre 8.

HUMATE, s (ŭ-mă-te), n. m. Sel produit par la combinaison de l'acide humique avec une base salifiable; n. f. Genre de fougères. — HUMATES (hŭ-mā-te, *h* asp.), v. humer. Avaler, aspirer.

EUMES (ū-me), v. avoir. Posséder. — HUME, s, nt (hŭ-me, *h* asp.), v. humer. Avaler, aspirer.

HUMÉE, s (hŭ-mée, *h* asp., ou ŭ-mée), n. f. Genre de plantes synanthérées. — HUMER, ez, ai, é... (hŭ-mé, mée, *h* asp.) [lat. *sumere*], v. et p. Avaler en aspirant.

UN (un), adj. num. card. Le premier de tous les nombres; adj. num. ord. 1er; n. m. Le chiffre 1; le nombre 1. — UN, s (id.), pron. indéf. S'emploie dans *l'un, les uns.* — UN, s (id.), adj. qualif. Seul, qui exclut la pluralité. *Dieu est un, la religion est une, tous les actes d'une société sont uns.* — HUN, s (hun, *h* asp.), adj. et n. m. Peuple originaire de la Sarmatie asiatique, qui ravagea l'Europe au Ve siècle.

UNE, s (u-ne), adj. et pron. f. de *un.* V. *un.* — HUNE, s (hu-ne, *h* asp.), n. f. Petit plancher autour d'un mât.

UNISSON, s (ŭ-nï-son) [lat. *unus*

sonus], n. f. Accord de plusieurs voix ou instruments qui ne font entendre qu'un même ton. — UNISSONS (id.) [lat. *unire*, de *unus*], v. unir. Joindre ; aplanir.

HUAU, x (hŭ-ō, *h* asp.), n. m. Ailes de buse ou de milan armées de grelots pour servir d'épouvantail. — HUHAU (hŭ-hō, *h* asp.), interj. pour faire aller les chevaux en avant ou à droite.

HUON, s (hŭ-on) [onomat.?], n. m. Nom vulgaire du chat-huant. — HUONS, ions (hŭ-on, ion, *h* asp.) [onomat.], v. huer. V. *u*.

URA, s (ŭ-ră), n. m. Espèce d'écrevisse des mers du Brésil. — HURA, s (hŭ-ră, *h* asp.), n. m. Très bel arbrisseau des Indes occidentales. — HUERA, s (hū-ra), v. huer. V. *u*.

URARI, s (ŭ-ră-rĭ), n. m. Poison dont les sauvages d'Amérique imprègnent leurs flèches. — URARIE, s (ŭ-ră-rīe), n. f. Plante, espèce de sainfoin.

URBIN (ŭr-bin), n. pr. m. Ville et délégation des États-Romains. — URBAIN (id.), n. pr. d'homme ; nom de huit papes. — URBAIN, s (id.), adj. De la ville ; n. c. m. Habitant d'une ville, citadin.

URE, s (ŭ-re), n. m. L'auroche, espèce de taureau sauvage. — EURENT (ū-re), v. avoir. Posséder. — UR (ŭr), n. pr. Ville de Caldée, patrie d'Abraham. — HURE, s (hŭ-re, *h* asp.), n. f. Tête de sanglier, etc.

URÉE, s (ŭ-réc), n. f. Substance qui colore l'urine ; genre de serpents. — HUEREZ, ai (hū-ré, *h* asp.), v. huer. V. *u*.

URIE, s (ŭ-rīe), n. f. Genre d'oiseaux. — URIE (id.), n. pr. m. Mari de Bethsabée, dont David causa la mort. — HURI, (hŭ-rĭ, *h* asp.), n. m. La porcelaine tigre, coquille. — HUERIE, s (hŭ-rīe, *h* asp.), n. f. Action de huer.

URINÈRENT (ŭ-rĭ-nè-re), v. uriner. Évacuer l'urine. — URINAIRE, s (id.), adj. Qui a rapport à l'urine ; n. f. Plante.

URINEUSE, s (ŭ-rĭ-neŭ-ze), adj. f. de urineux. De la nature de l'urine, qui en a l'odeur. — URINEUSE, s (id.), n. f. de urineur. Se dit de certains oiseaux aquatiques qui urinent souvent.

HURON, s (hŭ-ron, *h* asp.), n. m. Factieux de la jacquerie ; autrefois, soldat du corps des mineurs dans l'armée française. — HURON (id.), n. pr. Grand lac de l'Amérique septentrionale. — HURON, s (id.), adj. et n. Nation établie à l'Est du lac Huron ; dur, sauvage, grossier. — HUERONS, nt (hū-ron), v. huer. V. *u*.

URTICANT, s (ŭr-tĭ-can), adj. Qui pique comme une ortie. — URTIQUANT (id.), v. urtiquer. Flageller avec des orties.

URTIQUÈRENT (ŭr-tĭ-kè-re), v. urtiquer. Battre avec des orties. — URTICAIRE, s (id.), n. f. Éruption cutanée semblable à celle que produirait l'application de feuilles d'ortie sur la peau.

US (ŭs'), n. m. pl. Usages, ne s'emploie guère que dans cette expression : *les us et coutumes*. — EUSSE, s, nt (ū-se), v. avoir. Posséder. — HUSS (Jean) (hŭss', *h* asp.), n. pr. Hérésiarque de la Bohème.

UT (ŭt'), n. m. Ou *do*, première et dernière note de la gamme. — EUTES (ū-te), v. avoir. Posséder. — HUTTE, s (hŭ-te, *h* asp.), n. f. Petite cabane. — HUTTE, s, nt (id.), v. se hutter. Se loger dans une hutte.

HUTIN, s (hŭ-tin, *h* asp.), adj. et n. m. Vif, emporté, querelleur. — HUTTIN, s (hŭt'-tin, *h* asp.), n. m. Guirlande de vigne.

HUTINET, s (hŭ-tĭ-nè, *h* asp.), n. m. Petit maillet de tonnelier. — HUTINAIS, ait, aient (hŭ-tĭ-nè, nè, *h* asp.), v. hutiner, vieux. Quereller, disputer.

V.

VA, s (va) [lat. *vadere*], v. aller. Marcher. — VA, s (vă) [rad. *vade*, du lat. *vadere*], n. m., t. de jeu. Somme en sus de la vade ou de la somme dont un joueur ouvre le jeu. — VAAST (vā), n. pr. d'homme.

VACANT, s (vă-can), adj. Non occupé. — VAQUANT (id.), v. vaquer, 2 fois : V. *vaquer*.

VACATION, s (vă-cā-sĭ-on), n. f. Temps employé à une affaire ; vacances. — VAQUASSIONS (vă-cā-sion), v. vaquer, 2 fois : V. *vaquer*.

VAGABONDE, s (vă-gă-bon-de), adj. et n. f. de vagabond. Qui erre çà et là ; insecte. — VAGABONDE, s, nt (id.),

v. vagabonder. Être vagabond, faire le vagabond.

VAGANT, s (vă-gan), adj. Qui erre çà et là. — VAGUANT (id.), v. vaguer, 2 fois : V. *vaguer*.

VAGUE, s (vă-ghe) [lat. *vagus*], adj. Indéterminé, sans bornes fixes. — VAGUE (id.) [id.], n. m. Espace vide, le milieu de l'air ; ce qui est vague, indéfini. — VAGUE, s (id.) [id.], n. f. Lame d'eau soulevée par le vent ; sorte de râteau pour remuer la bière dans les cuves. — VAGUE, s, nt (id.), v. vaguer, 2 fois : V. *vaguer*.

VAGUER..., é (vă-ghé...) [lat. *vagari*], v. et p. Errer çà et là à l'aventure. — VAGUER..., é... (id.) [rad. *vague*, outil de brasseur], v. et p. Brasser, remuer la bière avec une vague.

VAI... (vè...). V. par *ve*...

VAIN... (vin..., nasal). V. par *vin*...

VALANCE, s (vă-lan-se), n. f. Genre de plantes rubiacées. — VALENCE (id.), n. pr. f. Préfecture de la Drôme ; ville du Tarn-et-Garonne ; ville et province d'Espagne.

VALENCIENNE, s (vă-lăn-sĭ-è-ne) [rad. *Valence*], adj. et n. f. de valencien. De Valence. — VALENCIENNE, s (id.) [rad. *Valenciennes*], n. c. f. Dentelle fabriquée à Valenciennes. — VALENCIENNES, s (id.), n. pr. f. Sous-préfecture du Nord.

VALENT (vă-le), v. valoir. Être d'une certaine valeur, d'un certain prix. — VAL (văl), ou *vau*, n. m. Vallée — VALLE (vă-le), adj. Ne s'emploie que dans *faim-valle*, faim excessive.

VALEZ (vă-lé), v. valoir. Être d'une certaine valeur. — VALLÉE, s (vă-lée) [lat. *vallis*], n. f. Espace renfoncé entre deux montagnes ou entre deux collines. — VALLÉE, s (id., ou văl-lée), n. f. Genre de plantes dicotylédones.

VALET, s (vă-lè), n. m. Domestique. — VALLET, s (id.), n. pr. Ville de la Loire-Inférieure. — VALAIS, ait, aient (vă-lè, lè) [lat. *valere*], v. valoir. Être d'un certain prix, d'un certain mérite. — VALAIS (vă-lè) [lat. *vallis*], n. pr. m. Grande vallée et canton de la Suisse.

VALÈRE (vă-lè-re) [lat. *Valerius*], n. pr. d'homme. — VALÈRE (id.) [lat. *Valeria*], n. pr. de femme. — VALLAIRE, s (văl-lè-re), adj. Qui a rapport aux retranchements militaires.

VALÉRIE (vă-lé-rĭe), n. pr. de femme ;

province des États-Romains. — VALÉRY (vă-lé-ri), ou VALERY (vă-le-ri), n. pr. d'homme ; *Saint-Valery*, chefs-lieux de canton de la Somme et de la Seine-Inférieure.

VALÈTE, s, nt (vă-lè-te), v. valeter. Avoir une assiduité servile auprès de quelqu'un. — VALETTE (la) (id.) n. pr. Chef-lieu de canton de la Charente ; ville et port de l'île de Malte.

VALETON, s (vă-le-ton), n. m., vieux. Petit valet. — VALETONS (id.), v. valeter. V. *valète*.

VALONS (vă-lon), v. valoir. Être d'une certaine valeur. — VALLON, s (id.) [lat. *vallecula*, dim. de *vallis*], n. m. Petite vallée. — VALLON, s (id.), ou *wallon* (ouä-lon) [corrupt. de *Gaule*, *Gaulois*], adj. et n. Français du midi de la Belgique.

VALSA, s (văl-să), n. m. Genre de lichens agarics. — VALSA, as, ât (văl-să, să) [rad. *valse*], v. valser. Danser la valse.

VAN, s (van), n. m. Instrument pour vanner. — VENT, s (id.), n. m. Agitation de l'air. — VEND, s (id.), v. vendre. Céder pour un certain prix.

VANDÉE, s (van-dée), n. f. Tribu de plantes orchidées. — VENDÉE (id.), n. pr. f. Rivière et département de France. — VENDEZ (van-dé), v. vendre. Céder pour un prix convenu.

VENDISSIONS (van-dĭ-sion), v. vendre. V. *vendre*. — VENDITION (van-dĭ-sĭ-on), n. f. Vente ; action de vendre.

VENDRE (van-dre) [lat. *vendere*], v. Céder pour un prix convenu. — VENDRE, ou *Vendres* (Port-) (id.) [lat. *Portus-Veneris*], n. pr. Ville et port des Pyrénées-Orientales.

VANES ou *Vannes* (vă-ne) [lat. *Veneti*], n. pr. Préfecture du Morbihan. — VANNE, s (id.) [lat. *vannus*, de *vanus*], n. f. Porte d'écluse. — VANNES (id.) [rad. *van*, *vanner*], n. f. pl. Ou *vanneaux*. Les plus grandes plumes des ailes d'un oiseau de proie. — VANNE, s, nt (id.) [rad. *van*, du lat. *vannus*, ou *ventus*], v. vanner. Nettoyer le grain avec un van.

VANNET, s (vă-nè), n. m., t. de blas. Coquille dessinée de manière qu'on en voie le fond ; filet. — VANNAIS, ait, aient (vă-nè, nè), v. vanner. Purger le grain à l'aide d'un van.

VANNETTE, s (vă-nè-te) [dim. de

van], n. f. Grand panier rond, plat et à petit bord, qui sert à vanner l'avoine ; coquille en forme de van, dont on voit le fond. — VANNETTE, s (id.) [dim. de *vanne*], n. f. Petite vanne.

VANNIER, s (vă-nié), n. m. Fabricant, marchand de vans et autres objets en osier. — VANNIEZ (id.), v. vanner. Nettoyer avec un van.

VANGERON, s (van-je-ron), n. m. Poisson, espèce de cyprin du lac de Neufchâtel. — VENGERONS, nt (id.), v. venger. Tirer satisfaction d'une injure.

VANGEUR, s (van-jeŭr), n. m. Ouvrier qui pétrit la terre dans une briqueterie. Ce mot est probablement la corruption de *fangeur*. — VENGEUR, s (id.), adj. et n. m. Qui tire vengeance.

VANTAIL, aux (van-tăl, *l* m., tō), n. m. Battant d'une porte qui s'ouvre des deux côtés. — VENTAIL, aux (id.), n. m. Ouverture inférieure d'un casque.

VANTE, s, nt (van-te), v. vanter. — VENTE, s, nt (id.) [rad. *vent*], v. venter. V. *vanter*. — VENTE, s (id.) [rad. *vendre*], n. f. Action de vendre. — VENTE, s (id.), n. f. Réunion secrète.

VANTER..., é... (van-té...), v. et p. Louer beaucoup. — VENTER..., é (id.), v. venter. Faire du vent.

VENTELET, s (van-te-lè), n. m., peu usité. Petit vent. — VENTELAIS, mieux que *vantelais*, ait, aient (van-te-lè, lè), v. venteler. Voltiger, aller au vent.

VANTEUSE, s (van-teŭ-ze), n. f. de vanteur. Celle qui se vante, vantarde. — VENTEUSE, s (id.), adj. f. de venteux. Exposée au vent ; qui produit des vents dans le corps.

VANTIEZ (van-tié), v. vanter. — VENTIEZ (id.), v. venter. V. *vanter*. — VENTIER, s (id.), n. m. Celui qui exploite une vente, une coupe de bois.

VANTAUX (van-tō), n. m. pl. de vantail. — VENTAUX (id.), n. m. pl. de ventail. V. *vantail*. — VENTEAU, x (id.), n. m. Charpente pour fermer une écluse.

VAQUE, s, nt (vă-ke), v. vaquer, 2 fois : V. *vaquer*. — VAQUE, s (id.) [lat. *vaga*, vide], n. f. Se dit, aux environs de Lyon, d'une chèvre stérile. — VAQUE, s (id.) [lat. *vacuus*, vide], n. m. Dans quelques localités, terrain vague, lande communale. — VACQUE, s (id.) [id.], adj., vieux. Vide, vacant. — VACQUE, s (id.) [lat. *vacca*], n. f., vieux. Vache. — VAKE, s (id.), n. f. Sorte de roche terreuse, fragile.

VAQUER..., é (vă-ké...) [lat. *vacuare*, de *vacuus*], v. et p. Être vacant, inoccupé, disponible ; être en vacances, en parlant des tribunaux. — VAQUER..., é (id.) [lat. *vacare*], v. et p. S'occuper à.

VARE, s (va-re), n. f. Mesure espagnole valant environ 1m50. — VARRE, s (vă-re), n. f. Harpon pour pêcher les tortues de mer. — VARRE, s, nt (id.), v. varrer. Pêcher à la varre. — VAR (var), n. pr. m. Rivière et département de France.

VARI, s (va-rĭ), n. m. Mammifère quadrumane du genre maki. — VARIE, s, nt (vă-rĭe), v. varier. Changer.

VARIER..., é..., ai..., ais... (vă-rĭ-é..., ée, è...) ; VARIIEZ, iions (vă-rĭ-ié, ion), v. et p. Changer. — VARRIEZ, ons (vă-rié, rion), v. varrer. Pêcher avec une varre.

VASE, s (vă-ze) [lat. *vas*, de *vesci*], n. m. Vaisseau, ustensile destiné à contenir quelque chose. — VASE, s (id.) [lat. *vas*, limon], n. f. Bourbe du fond de l'eau.

VAU... (vō...). V. par *vo*...

VÊT, s (vè), et mieux *vêtit* (1), v. vêtir. Habiller, couvrir d'un vêtement. — VAIS (vè), v. aller. Marcher.

VEILLE, s (vè-lle, *ll* m.), n. f. Privation de sommeil pendant la nuit ; le jour précédent. — VEILLE, s, nt (id.), v. veiller. Ne pas dormir. — VEIES (vèïe, ou vé-ïe), n. pr. Ancienne ville d'Étrurie, et puissante ennemie de Rome.

VEI... (vè...). V. par *ve*...

VÊLER, ez, é (vê-lé), v. et p. Se dit

<hr>

(1) Plusieurs écrivains de grande autorité, tels que Voltaire, Buffon, Delille, Lamartine, conjuguent régulièrement *vêtir* et ses composés ; ils disent : *vêtissant, je vêtis..., je vêtissais..., que je vêtisse...* Ces formes ont sur les autres deux avantages très considérables, qui leur méritent la préférence et qui les feront prévaloir tôt ou tard : 1° elles sont régulières ; 2° elles sont plus harmonieuses. — Ne disons donc plus : *vêtant, je vêts, je vêtais, que je vête* (ce qui est bien un peu baroque) ; mais : *vêtissant, je vêtis, je vêtissais*, etc. Ne craignons pas de parler comme Voltaire, Buffon, Delille, Lamartine, etc. ; et déplorons la témérité des critiqueurs maladroits qui se sont permis de condamner ces immortels écrivains. Chercher la régularité et l'harmonie ! *quel crime abominable !*....... (LA FONT.)

« *Avant donc que d'écrire, apprenez à penser*. » (BOIL.)

d'une vache qui met bas. — VELLÉ, s, e, es (vèl-lé, lée), adj. Qui ressemble à une velle, plante. — VELLÉES (vèl-lée), n. f. pl. Famille de plantes du genre velle.

VELET, s (ve-lè), n. m. Partie du voile de certaines religieuses. — VELAI, mieux que *Velay* (id.), n. pr. m. Ancienne province de France, qui avait pour chef-lieu Le Puy. — VÉLAIS, ait, aient (vê-lè, lè), v. vêler. V. *vêler*.

VEN... (van..., nasal). V. par *van*...

VÈNE, s, nt (vè-ne), v. vener. — VEINE, s, nt (id.), v. veiner. V. *vener*. — VEINE, s (id.), n. f. Vaisseau sanguin. — VAINE, s (vê-ne), adj. f. de vain. Frivole, inutile ; n. f. pl. Fumées légères du gibier.

VENER..., é..., ant... (ve-né...) [lat. *venari*], v. et p. Chasser. — VENEZ, ant... (id.) [lat. *venire*], v. venir. Marcher en se rapprochant ; arriver. — VEINER..., é..., ant... (vè-né...), v. et p. Imiter les veines du marbre, les racines du bois.

VENETS (ve-nè), n. m. pl., t. de pêch. Espèce de bas parc formé de demi-filets circulaires. — VENAIS, ait, aient (ve-nè, nè), v. venir et v. vener. — VEINAIS, ait, aient (vè-nè, nè), v. veiner. V. *vener*.

VENÈRENT, (ve-nè-re), v. vener. Chasser. — VÉNÈRE, s, nt (vé-nè-re), v. vénérer. Respecter. — VEINÈRENT (vè-nè-re), v. veiner. Imiter les veines. — VENER (ve-nèr'), n. pr. m. Lac de Suède.

VÉNÉRER..., é..., ai..., ais... (vé-né-ré...), v. et p. Respecter. — VÈNERAI..., ais... (vè-ne-ré..., rè...), v. vener. — VEINERAI..., ais..., (id.), v. veiner. V. *vener*.

VENEUR, s (ve-neŭr), n. m. Chasseur. — VEINEUR, s (vè-neŭr), n. m. Celui qui veine, qui imite les veines du bois.

VERRA, s (vê-ra), v. voir. Recevoir l'image d'un objet par l'organe de la vue. — VERRAT, s (vè-rǎ), n. m. Pourceau mâle.

VERRE, s (vè-re), n. m. Corps transparent ; tout objet en verre. — VER, s (vèr, e moyen) [lat. *vermis*], n. m. Reptile. — VER, s (id.) [lat. *ver*], n. m., vieux. Printemps. — VERS (vèr, e ouvert) [lat. *versus*, p. de *vertere*], n. m. Mots mesurés, formant une ligne d'une

pièce de poésie. — VERS (id.) [lat. *versùs*, prép.], prép. qui marque tendance, voisinage. — VERT, s (id.), adj. De la couleur de l'herbe ; n. m. La couleur verte ; herbe pour le bétail. — VERD, s (id.), adj. Ancienne orthographe de *vert*. — VAIR, s, e, es (vèr, vè-re), adj., t. de blas. Varié ; n. m. Émaux d'argent et d'azur.

VERRÉE, s (vè-rrée), n. f. Plein un verre, — VERREZ (vè-rré), v. voir. V. *verra*. — VAIRÉ, s, e, es (vè-ré, rée) [lat. *varius*], adj. Semé de points de vair. — VAIRÉ, s (vè-ré), n. m. Herbe qui croît sur les rochers où s'attachent les huîtres.

VERRIER, s (vè-rrié), n. m. Fabricant ou marchand de verre. — VERRIEZ (id.), v. voir. V. *verra*. — VÉRIÉ, s, e, es (vé-rĭ-é, ée), adj., vieux. Émaillé, diapré.

VERGÉ, s, e, es (vèr-jé, jée), adj. Se dit d'une étoffe ou d'un papier qui laisse paraître des raies ou verges. — VERGÉE, s (vèr-jée), n. f. Ancienne mesure agraire d'une verge carrée. — VERGER, ez, eai, é... (vèr-jé, jée) [rad. *verge*, du lat. *virga*], v. et p. Mesurer avec la verge. — VERGER, s (vèr-jé) [lat. *viridarium*; it. *verziere*; esp. *vergel*], n. m. Lieu clos planté d'arbres fruitiers.

VERGÈTE, s, nt (vèr-jè-te), v. vergeter. Nettoyer avec des verges. — VERGETTE, s (id.), n. f. Brosse ; petite verge.

VERGETIER, s (vèr-je-tié), n. m. Celui qui fait, qui vend des vergettes et toutes sortes de brosses. — VERGETIEZ (id.), v. vergeter. Nettoyer avec une vergette.

VERJURE, s (vèr-ju-re), n. f. Inégalité dans les fils d'une étoffe. V. *vergé*. — VERGEURE, s (id.), n. Fils de laiton attachés en long sur la forme du fabricant de papier ; raie que font ces fils sur le papier.

VÉRINE, s (vé-rĭ-ne), n. f. La meilleure espèce de tabac que l'on cultive en Amérique ; lampe de verre pour éclairer le timonier d'un navire. — VERRINE, s (vèr-rĭ-ne) [rad. *verre*, du lat. *vitrum*], n. f. Verrière ; tube barométrique. — VERRINE, s (id.) [rad. *Verrès*], n. f. Discours ou plaidoyer de Cicéron contre Verrès.

VERMICULÈRENT (vèr-mĭ-cŭ-lè-re),

v. vermiculer. Représenter des traces de vers dans une sculpture. — **VERMICULAIRE**, s (id.), adj. Qui a rapport ou qui ressemble aux vers; n. f. Genre de plantes.

VERMILLONNER..., é... (vèr-mï-llŏ-né..., *ll* m.) [rad. *vermillon*, du lat. *vermiculus*], v. et p. Peindre de vermillon. — **VERMILLONNER**..., é (id.) [rad. *ver*, du lat. *vernis*], v. et p. Chercher des vers : se dit du blaireau.

VERNE, s (vèr-ne) [lat. *verna*, de *ver*], ou *vergne*, n. m. Aune hâtif, printanier. — **VERNE**, s (id.), adj., vieux. Orné, paré, poli. — **VERNE**, s (id.), n. f. Partie d'une bascule, dans les ardoisières.

VERNI, ie, ies, is, it, ît (vèr-nĭ, nïe, nï), p. et v. vernir. V. *vernissant*. — **VERNIS** (vèr-nĭ), n. m. Enduit liquide et brillant dont on couvre la surface des corps.

VERNIER, s (vèr-nié) [rad. *verne*, du lat. *verna*, de *ver*], n. m. Lieu planté de vernes ou aunes printaniers. — **VERNIER**, s (id.) [rad. *Vernier*, l'inventeur], n. m. Instrument de réduction.

VERNISSAGE, s (vèr-nĭ-să-je) [rad. *vernir*], n. m. Action de vernir. — **VERNISSAGE**, s (id.) [rad. *vernisser*], n. m. Action de vernisser. V. *vernissant*.

VERNISSANT et dérivés (vèr-nĭ-san...), v. vernir. Enduire de vernis tout objet quelconque, sauf la poterie; donner une apparence brillante, favorable. — **VERNISSANT** et dérivés (id.), v. vernisser. Vernir de la poterie.

VERNISSER, ez, ai, é..., ais... (vèr-nĭ-sé, séc, sè...), v. et p. — **VERNISSEZ**..., ais... (vèr-nĭ-sé..., sè...), v. vernir. V. *vernissant*.

VERNISSEUR, s (vèr-nĭ-seŭr) [rad. *vernis*], n. m. Fabricant de vernis. — **VERNISSEUR**, s (id.) [rad. *vernir*], n. m. Artisan qui vernit. — **VERNISSEUR**, s (id.) [rad. *vernisser*], n. m. Artisan qui vernisse. V. *vernissant*.

VÉRON, s (vè-ron), ou *vairon*, s (vè-ron), n. m. Petit poisson d'eau douce. — **VERRONS**, nt (vè-rron), v. voir. Percevoir l'image d'un objet par l'organe de la vue.

VERSE, s (vèr-se) [lat. *versus*, p. de *vertere*], adj. Tourné : *sinus verse*, t. de géom. — **VERSE**, s, nt (id.) [lat. *versare*, fréq. de *vertere*], v. verser. Répandre, épancher. — **VERSE** (id.) [rad. *verser*]. Ne s'emploie que dans à *verse*, abondamment. — **VERSE**, s (id.), n. f. Ancienne pièce d'artillerie. — **VERSE**, s (id.), n. f. Mesure géodésique en Égypte.

VERSET, s (vèr-sè), n. m. Phrase de l'Écriture-Sainte. — **VERSAIS**, ait, aient (vèr-sè, sè), v. verser. Épancher, répandre.

VERSICOLORE, s (vèr-sĭ-cŏ-lŏ-re), adj. des 2 genres; et mieux *versicolor*, s (vèr-sĭ-cŏ-lŏr), pour le masc., et *versicolore*, s (vèr-sĭ-cŏ-lŏ-re), pour le fém. V. *omnicolore*. Qui change de couleur. — **VERSICOLOR**, s (vèr-sī-cŏ-lŏr), n. m. Sorte de pie dont le plumage offre des reflets bleus et rouges.

VERSION, s (vèr-sĭ-on) [lat. *versio*, de *vertere*], n. f. Traduction en langue maternelle. — **VERSIONS** (vèr-sïon), [lat. *versare*], v. verser. Épancher.

VERSO, s (vèr-sŏ), n. m. Revers ou 2e page d'un feuillet, par opposition à *recto*. — **VERSEAU**, x (vèr-sŏ), n. m. le 11e signe du zodiaque.

VERTE, s (vèr-te) [lat. *viridis*], adj. f. de vert. De la couleur de l'herbe. — **VERTE**, s, nt (id.) [lat. *vertere*], v. verter, vieux. Tourner, changer.

VERVEUX (vèr-veŭ) [lat. *verriculum*], n. m. Filet en forme d'entonnoir, pour pêcher. — **VERVEUX** (id.) [rad. *verve*], adj. Plein de verve.

VESSE, s (vè-se), n. f. Vent qui sort sans bruit du derrière. — **VESSÉ**, s, nt (id.), v. vesser. Faire une vesse. — **VESCE**, s (id.), n. f. Plante légumineuse, sa graine.

VESSERONS, nt (vè-se-ron), v. vesser. Faire une vesse. — **VESCERON**, s, et non *vesseron* (id.), n. m. Vesce sauvage, sorte de gesse.

VÉTANT et dérivés (vé-tan...), v. véter, vieux. Défendre. — **VÉTANT** et dérivés (vè-tan...), et mieux *vétissant*, v. vêtir. V. *vêt*.

VÊTE, s, nt (vè-te), et mieux *vétisse*..., v. vêtir. V. *vêt*. — **VÈTE**, s, nt (vè-te), v. véter. vieux. Défendre. — **VETTE**, s (id.), n. f. Partie d'un marais salant qui entoure les aires.

VÉTER..., é..., ais... (vé-té..., tè...), v. et p., vieux. Défendre. — **VÊTEZ**..., ais... (vè-té..., tè...), et mieux *vétissez*..., ais..., v. vêtir. V. *vêt*.

VÉTILLEUSE, s (vé-tĭ-lleŭ-ze), adj. f. de vétilleux. Se dit des choses qui de-

mandent beaucoup de soin et d'attention.
— VÉTILLEUSE, s (id.), n. f. de vé-
tilleur. Celle qui vétille, qui s'arrête à
de misérables chicanes.

VEUX, eut (veū), v. vouloir. Avoir
l'intention, la volonté de. — VOEU, x
(id.), n. m. Promesse faite à Dieu;
souhait.

VEULE, s (veū-le), adj. Mou, léger,
faible. — VEULENT (id.), v. vouloir.
Avoir la volonté de.

VIE, s (vīe), n. f. Existence des êtres
organisés. — VIS, it (vĭ) [lat. *vivere*],
v. vivre. Être en vie. — VIS, it, ît (vĭ,
vī), [lat. *videre*], v. voir. Percevoir
l'image d'un objet par l'organe de la vue.
— VIS (vĭ) [abrév. de *visage*, du lat.
visus]. Ne s'emploie que dans *vis-à-vis*:
en face.

VIELLE, s (vĭ-è-le) [esp. *vihuela*],
n. f. Instrument de musique à cordes et
à touches, en forme de violon. —
VIELLE, s, nt (id.) [id], v. vieller. Jouer
de la vielle. — VIELLE (id.), n. pr. f.
Ch.-lieu de canton des Hautes-Pyrénées.
— VIEILLE, s (viè-lle, *ll* m.), adj. f.
de vieux ou vieil. Fort âgée; n. f. Vieille
femme.

VIENNE, s, nt (viè-ne) [lat. *venire*],
v. venir. Marcher en se rapprochant;
arriver. — VIENNE (id., ou plutôt vĭ-
è-ne) [lat. *Vienna*], n. pr. f. Ville capitale de l'Autriche; sous-préf. de l'Isère.
— VIENNE (viè-ne, ou plutôt vĭ-è-ne)
[lat. *Vigenna*], n. pr. f. Rivière et département de France.

VILE, s (vi-le), adj. f.; VIL, s (vĭl),
adj. m. Méprisable, abject. — VILLE,
s (vĭ-le), n. f. Cité.

VILAINE, s (vĭ-lè-ne) [lat. *vilis*], adj.
et n. f. de vilain. — VILAINE, s (id.)
[id.], et mieux *villaine*, s (vĭl-lè-ne)
[lat. *villa*], adj, et n. f. de vilain ou
villain. V. *vilain*. — VILAINE (vĭ-lè-ne)
[lat. *Vicenonia*], n. pr. f. Rivière et
département de France.

VILAIN, s, e, es (vi-lin, lè-ne) [lat.
vilis], adj. Vil, désagréable; sale. —
VILAIN, s, e, es (id.) [id.], et mieux
villain, s, e, es (vĭl-lin, lè-ne) [lat.
villanus, de *villa*], adj. Paysan, ro-
turier; avare.

VIN, s (vĭn) [lat. *vinum*], n. m. Jus
du raisin. — VINS, int, înt (vĭn, vīn)
[lat. *venire*], v. venir. Se rapprocher.
— VAIN, s (vĭn) [lat. *vanus*], adj. Frivole, inutile. — VAIN, s (id.), n. m.,

vieux. Automne; au pl., les fruits de la
terre. — VAINC, s (id.), v. vaincre.
Surmonter, dompter, remporter la victoire. — VINGT, s (vĭn, 1° quand il est
inséparablement suivi du nom ou de
l'adj. de la chose comptée, commençant
par une consonne : vingt fenêtres, vingt
grandes fenêtres; 2° dans *quatre-vingt*,
quatre-vingt un, etc., jusqu'à *quatre-
vingt dix-neuf*. Vint', 1° quand il fait
liaison : *vingt ouvrières; vingt habiles
musiciens;* 2° dans *vingt-un, vingt-deux*,
etc., jusqu'à *vingt-neuf*. Dans tous les
autres cas, vĭn selon les uns, vint' selon
les autres. V. *dix, sept, six, cinq*.),
adj. num. card. 19 et 1 ; adj. num. ord.
20ᵉ; n. m. Le nombre 20.

VINAIGRIER, s (vĭ-nè-grĭ-é), n. m.
Fabricant, marchand de vinaigre; vase
où l'on met du vinaigre. — VINAIGRIEZ
(id.), v. vinaigrer. Assaisonner de vinaigre.

VINTES (vĭn-te), v. venir. Marcher
en se rapprochant. — VINGT (vint',
dans quelques cas; vin dans d'autres cas;
vin ou vint', à volonté, dans les autres
cas. V. *vin*), adj. num. 19 et 1 ; adj.
num. ord. 20ᵉ; n. m. Le nombre 20.

VIOLA, as, ât (vĭ-ŏ-lă, lā), v. violer,
2 fois : V. *violer*. — VIOLAT, s (vĭ-ŏ-
lă), adj. m. De violettes, où il entre de
la violette.

VIOLANT (vĭ-ŏ-lan), v. violer, 2 fois:
V. *violer*. — VIOLENT, s (id.), adj.
Impétueux.

VIOLENTE, s (vĭ-ŏ-lan-te), adj. f. de
violent. Impétueuse. — VIOLENTE, s,
nt (id.), v. violenter. Forcer, faire violence.

VIOLASSE... (vĭ-ŏ-lă-se), v. violer,
2 fois : V. *violer*. — VIOLACE... (vĭ-
ŏ-lă-se), v. violacer. Tirer sur le violet.

VIOLASSIONS (vĭ-ŏ-lă-sion), v. violer, 2 fois : V. *violer*. — VIOLACIONS
(vĭ-ŏ-lă-sion), v. violacer. Tirer sur le
violet. — VIOLATION, s (vĭ-ŏ-lā-sĭ-on),
n. f. Action de violer, de profaner.

VIOLE, s (vĭ-ŏ-le) [it. *viola*], n. f.
Gros violon à sept cordes. — VIOLE,
s, nt (id.), v. violer, 2 fois : V. *violer*.
— VIOL, s (vĭ-ŏl), n. m. Violence,
action de violer.

VIOLER..., é... (vĭ-ŏ-lé...) [rad. *viol*;
lat. *violare*, de *vis*], v. et p. Faire violence; enfreindre. — VIOLER..., é (id.)
[rad. *viole*, de l'it. *viola*], v. et p.,
vieux. Jouer du violon ou de la viole. V.
violer, dans le dict. des homographes.

VIOLET, s (vĭ-ŏ-lè), adj. Qui est de la couleur des violettes; n. m. Cette couleur elle-même. — VIOLAIS, ait, aient (vĭ-ŏ-lè, lé), v. violer, 2 fois : V. *violer*.

VIOLEMENT, s (vĭ-ŏ-le-man), n. m. Infraction, transgression, action de violer. — VIOLEMMENT (vĭ-ŏ-lă-man, et mieux (1) vĭ-ŏ-lan-man), adv. Avec violence.

VIOLÈRENT (vĭ-ŏ-lè-re), v. violer, 2 fois : V. *violer*. — VIOLAIRE, s (id.), ou *violarié*, ou *violacé*, adj. Qui ressemble à la violette.

VIOLETTE, s (vĭ-ŏ-lè-te) [lat. *viola*, *violette*], adj. f. de violet. De la couleur des violettes; n. f. Petite fleur printanière. — VIOLETTE, s (id.) [dimin. de *viole*], n. f. Petite viole.

VIOLON, s (vĭ-ŏ-lon) [it. *violone*], n. m. Instrument de musique, à quatre cordes. — VIOLONS (id.), v. violer, 2 fois : V. *violer*.

VIRE, s, nt (vi-re) [lat. *gyrare*], v. virer. Tourner. — VIRENT (vī-re) [lat. *videre*], v. voir. Percevoir l'image d'un objet par l'organe de la vue. — VIRE (vi-re) [lat. *Viria*], n. pr. f. Sous-préf. du Calvados; rivière qui arrose Vire et Saint-Lô. — VIRES (vi-re) [lat. *viriæ*], n. c. f. pl., t. de blas. Plusieurs anneaux concentriques, ordinairement au nombre de trois.

VIRÉ, s (vi-ré), n. m., ou VIRÉE, s (vi-rée), n. f. Étoffe, espèce d'étamine; genre de plantes. — VIRER, ez, ai, é

(id.) [lat. *gyrare*], v. et p. Aller en tournant.

VIS... (viz..., *s* doux). V. par *viz*...

VISSE, s, nt... (vĭ-se) [rad. *vis*; lat. *gyrare*], v. visser. Enfoncer une vis. — VISSE, s, nt... (vĭ-se) [lat. *videre*], v. voir. V. *vire*. — VIS (vĭs'), n. f. Pièce cannelée en spirale. — VICE, s (vĭ-se), [lat. *vitium*], n. m. Habitude mauvaise; défaut. — VICE (id.) [lat. *vice*, ablat. de *vicis*], mot invariable. Il signifie *à la place de*. Il précède toujours un nom, auquel il se lie par un trait d'union : *vice-roi*, *vice-royauté*.

VICE-GÉRANT, s (vĭ-se-jé-ran), n. m. Celui qui supplée le gérant en son absence, ou qui le seconde lorsqu'il est présent. — VICE-GÉRENT, s (id.), n. m. Celui qui remplace l'official absent (2).

VISSÈRENT (vĭ-sè-re), v. visser. Attacher avec des vis. — VISCÈRE, s (vĭs-sè-re), n. m. Organe destiné à quelque fonction animale.

VISSIEZ ions (vī-sié, sion), v. voir. V. *vire*. — VICIER, ez, ai, é..., ons; iez, ions (vĭ-sĭ-é, ée; on; ié, ion), v. et p. Gâter, corrompre, affecter d'un vice.

VITE, s, et non pas *vîte* (vĭ-te), adj. Agile, léger, prompt; adv. Avec célérité, vitement. — VITES (vī-te), v. voir. V. *vire*.

VITRÉ, s (vĭ-tré), n. c. m. Toile fabriquée à Vitré. — VITRÉ (id.), n. pr. m. Sous-préfect. d'Ille-et-Vilaine. — VITRER, ez, ai, é... (vi-tré, trée), v. et p. Garnir de vitres.

---

(1) Dans les adverbes en ...*emment*, dérivés d'adjectifs en ...*ent*, gardez-vous bien de prononcer ...*ă-man*. Ce serait une exagération déplacée autant que ridicule, et, ce qui est bien plus déplorable, une défiguration plus complète des mots.

Si vous n'osez lutter contre un usage malheureusement trop répandu, parcequ'il est patroné par certains auteurs peu réfléchis, je vous dirai : Glissez très légèrement, le plus légèrement possible, sur le son *a*, et prononcez ...*a-man*, très bref.

Mais si vous avez le courage de braver les abus, si vous aimez la saine critique, les grands principes et la raison, je vous dirai : Conservez à ces adverbes la nasalité qui existe dans les adjectifs dont ils dérivent, et prononcez *an-man*. Cette prononciation est la meilleure, parcequ'elle est la plus rationnelle.

1° Elle conserve à l'adverbe sa physionomie originelle. En effet, *violemment*, que je donne pour exemple, étant une contraction de *violentement* (forme qui subsiste encore dans plusieurs adv., tels que *lentement*, *présentement*), il est tout naturel que *violent* (nasal) se retrouve (encore nasal), dans *violemment*.

2° Elle est plus conforme à l'orthographe. En français, l'*e* ne se prononce jamais *a*, si ce n'est avec la nasalité. On conçoit très bien que *em* se prononce *an*; mais qu'il se prononce *a*, c'est une monstruosité.

Donc, les adverbes en ...*emment* devraient se prononcer ...*an-man*, avec nasalité aux deux dernières syllabes.

(2) « Pourquoi l'Académie établit-elle une différence orthographique entre *vice-gérant*, remplaçant du fonctionnaire titulaire, et *vice-gérent*, remplaçant d'un official ecclésiastique? L'étymologie n'est-elle pas la même dans les deux cas? » *(Dictionnaire national, au mot vice-gérent.)*

VITRIER, s (vi-trĭ-é), n. m. Artisan qui travaille en vitres, qui met des vitres aux fenêtres. — **VITRIEZ** (id.), v. vitrer. Mettre des vitres.

VIVE, s (vi-ve), adj. f. de vif. Vivante; active; brillante; n. f. Petit poisson de mer. — **VIVE**, s, nt (id,), v. vivre. Être en vie; interj. C'est le subj. du v. vivre, et une acclamation par laquelle on souhaite longue vie et prospérité à quelqu'un : *Vive le roi! vivent les honnêtes gens!*

VIVIER, s (vi-vié) [lat. *vivarium*, de *vivus*], n. m. Pièce d'eau où l'on conserve du poisson. — **VIVIERS** (id.) [lat. *Vivarium*, ou *Helviorum Alba*], n. pr. Chef-lieu de canton de l'Ardèche. — **VIVIEZ** (id.), v. vivre. Être vivant.

VIVRE (vi-vre) [lat. *vivere*], v. Être en vie. — **VIVRE**, s (id.) [id.], n. m. Nourriture. —'**VIVRE**, s (id.) [lat. *vipera*], n. f., vieux. Vipère; en t. de blas., serpent tortueux.

VIVRÉ, s, e, es (vi-vré, vrée), adj., t. de blas. Qui imite la vipère. — **VIVREZ**, ai (vi-vré), v. vivre. Être en vie.

VIVRIER, s (vi-vrĭ-é), adj. Qui produit des vivres, des céréales nécessaires à la subsistance; n. m. Employé dans les vivres; fournisseur. — **VIVRIEZ** (id.), v. vivre. Être en vie.

VISA, s (vi-ză) [lat. *visus*, p. de *videre*], n. m. Formule pour viser et authentiquer un acte. — **VISA**, as, ât (vi-ză, ză), v. viser, 2 fois : V. *viser*.

VISER..., é... (vi-zé...) [rad. *visa*, du lat. *visus*, p. de *videre*], v. et p. Voir, examiner et authentiquer un acte. — **VISER**..., é... (id.) [lat. *visere*], v. et p. Mirer, ajuster.

VISION, s (vi-zĭ-on) [lat. *visio*], n. f. Action de voir; idée extravagante. — **VISIONS** (vi-zion), v. viser, 2 fois : V. *viser*.

VISON, s (vi-zon), n. m. Espèce de marte de l'Amérique méridionale. — **VISONS** (id.), v. viser, 2 fois : V. *viser*.

VOS (vō), adj. poss. pl. de *votre*. — **VAU**, x (vō) [lat. *vallis*], ou *val*, n. m., vieux. Vallon, vallée. — **VAUX** (id.) [id.], n. m. pl. de val. Vallon, vallée. — **VAUX**, aut (id.) [lat. *valere*], v. valoir. Être d'une certaine valeur. — **VAUX** (id.) [lat. *vallis?*], n. pr. m. Collines de la Suisse; n. c. m. Vin de Vaux. — **VAUD** (id.), n. pr. m. Canton suisse. — **VEAU**, x (id.), n. m. Petit d'une vache; chair, cuir de veau.

VOI (voè), interj. qui marque l'étonnement. — **VOIE** (voêe) [lat. *via*, de *vehere*], n. f. Chemin; trou, etc.; ancienne mesure de volume. — **VOIS**, oit (voè), v. voir. V. *voyant*. — **VOIE**, s, nt (voèc), v. voir, et v. voyer. V. *voyant*. — **VOIX** (voè), n. f. Son oral; vote, suffrage. — **VOID** (voè), n. pr. m. Ch.-lieu de canton de la Meuse, renommé pour ses fromages. — **VOUAIS**, ait, aient (voŭ-è, é); **VOUA**, as, ât (voŭ-ă, ă), v. vouer. Consacrer, promettre.

VOYANT et dérivés (voè-ian...) [lat. *videre*], v. voir. Percevoir l'image d'un objet par l'organe de la vue. — **VOYANT**, s (id.) [id.], adj. Apparent, éclatant, qu'on voit; n. m. Celui qui voit; prophète. — **VOYANT** et dérivés (id.) [rad. *voie*, du lat. *via?*], v. voyer. Faire écouler : *voyer la lessive*.

VOYER, s (voè-ié) [rad. *voie*, du lat. *via*], n. m. Officier préposé à la police des chemins. — **VOYER**, ez, ai, é..., ons (voè-ié, iée, ion); **VOYIEZ**, ions (voè, iié, iion) [id.?], v. et p. — **VOYEZ**, ons (voè-ié, ion); **VOYIEZ**, ions (voè-iié, iion) [lat. *videre*], v. voir. V. *voyant*.

VOILA (voè-lă), prép. qui désigne un objet éloigné ou déjà énoncé, par opposition à *voici*. — **VOILA**, as, ât (voè-lă, lă), v. voiler. Couvrir d'un voile.

VOILE, s (voè-le), n. m. Tissu léger qui couvre la tête, etc.; prétexte. — **VOILE**, s (id.), n. f. Toile tendue sur un mât pour recevoir le souffle du vent qui pousse un navire sur l'eau. — **VOILE**, s, nt (id.), v. voiler, 2 fois : V. *voiler*.

VOILER..., é... (voè-lé...) [rad. *voile*, n. m.], v. et p. Couvrir d'un voile, cacher. — **VOILER**..., é... (id.) [rad. *voile*, n. f.], v. et p. Garnir de voiles un vaisseau, une chaloupe.

VOILETTE, s (voè-lè-te) [dim. de *voile*, n. m.], n. f. Petit voile que les femmes portent sur leur chapeau. — **VOILETTE**, s (id.) [dim. de *voile*, n. f.]. n. f. Petite voile latine.

VOILIER, s (voè-lié), n. m. Ouvrier qui confectionne les voiles des vaisseaux; vaisseau qui marche bien ou mal à l'aide de ses voiles; poisson mollusque; oiseau. — **VOILIEZ** (id.), v. voiler, 2 fois : V. *voiler*.

VOIRE (voè-re), adv. Vraiment, même, certes. — **VOIR** (voèr), v. Recevoir par les yeux les images des objets. —

VOUÈRENT (voŭ-è-re), v. vouer. Consacrer, promettre.

VOICI (voè-sĭ), prép. qui désigne un objet rapproché ou dont on va parler, par opposition à *voilà*. — VOITIE, s (voè-sīe), n. f. Sorte de mousse, plante.

VOITURIER, s (voè-tŭ-rié), n. m. Celui dont le métier est de voiturer des marchandises ; adj. Qui est fait par les voitures. — VOITURIEZ (id.), v. voiturer. Transporter par voiture.

VOISINE, s (voè-zĭ-ne), adj. et n. f. de voisin. Qui est proche, qui demeure auprès. — VOISINE, s, nt (id.), v. voisiner. Visiter familièrement ses voisins.

VOLATILE, s (vŏ-lă-tĭ-le), adj. des 2 genres. Qui vole, pourvu d'ailes ; n. m. Animal qui vole. — VOLATIL, s, e, es (vŏ-lă-tĭl, tĭ-le), adj. Qui se résout en vapeur ou en gaz, qui s'évapore aisément. — VOLATILLE, s (vŏ-lă-tĭ-lle, *ll* m.), n. f. Petites espèces d'oiseaux bons à manger.

VOLE, s (vŏ-le), et non *volte*, n. f. Toutes les levées, au jeu de cartes. — VOLE, s, nt (id.), v. voler, 2 fois : V. voler. — VOL, s (vŏl) [lat. *volatus*], n. m. Action de se mouvoir avec des ailes. — VOL, s (id.) [id. ?], n. m. Action de dérober. V. voler.

VOLER..., é (vŏ-lé...) [lat. *volare*, de *vola*], v. et p. Se mouvoir avec les ailes. — VOLER..., é... (id.) [rad. *vol*, larcin], v. et p. Dérober furtivement.

VOLET, s (vŏ-lè), [lat. *volare*], n. m. Colombier ; ais à l'entrée de la volière. — VOLET, s (id.) [lat. *volvere*], n. m. Petite porte qui cache une fenêtre. — VOLAIS, ait, aient (vŏ-lè, lè), v. voler, 2 fois : V. voler.

VOLÈRENT (vŏ-lè-re), v. voler, 2 fois : V. voler. — VOLAIRE, s (id.), n. f. Espèce de serpe.

VOLÈTE, s, nt (vŏ-lè-te), v. voleter. V. volter (1). — VOLETTE, s (id.) [rad. *volet*], n. f. Claie sur laquelle on épluche la laine. — VOLETTE, s (id.) [rad. *voler*, ou *voleter*], n. f. Cordes qui pendent à un réseau de cheval pour chasser les mouches.

VOLEUR, s ; euse, s (vŏ-leŭr, leŭ-ze) [rad. *voler*, dérober], n. et adj. Celui, celle qui dérobe. — VOLEUR, s ; euse, s (id.) [rad. *voler*, se mouvoir avec des ailes], n. et adj. Celui, celle qui se meut avec des ailes.

VOLNEY (vŏl-nè), n. pr. Voyageur et écrivain français. — VOLNAI, mieux que *Volnay* (id.), n. pr. m. Village de la Côte-d'Or, renommé pour ses vins. — VOLNAI, s (id.), n. c. m. Vin de Volnai.

VOLTA, as, ât (vŏl-tă, tā), [lat. *volutus*, de *volvere*], v. volter. Tourner pour esquiver. — VOLTA (vŏl-tä) [it. *volta*, fois, de *volvere*], n. f. Mot ita-

---

(1) Dans le cours de cet ouvrage, je n'ai pas doublé l'*l* ou le *t* des verbes en *eler*, *eter*, lorsque la terminaison commence par un *e* muet. En adoptant cette orthographe, je n'ai point agi à la légère : ce choix est le résultat d'une conviction profonde et inébranlable.

Un grammairien plus ou moins accrédité, mais, à coup sûr, très imprudent et très téméraire, s'avisa un beau matin de dire, en dépit de l'académie, en dépit de l'usage, en dépit des principes, en dépit de la raison, qu'il faut doubler l'*l* ou le *t* de tous les verbes en *eler*, *eter*, quand cet *l* ou ce *t* est suivi d'un *e* muet.

> *Camarade épongier prit exemple sur lui,*
> *Comme un mouton qui va dessus la foi d'autrui.* (LA FONTAINE.)

Enchantés de la trouvaille du devancier, d'autres grammairiens, ne voulant ou ne pouvant l'apprécier (pour la juger, il falait être consciencieux et laborieux), tombèrent avidement dessus, et crurent bien mériter de la patrie en servant à la population studieuse ce mets empoisonné par l'erreur.

Moi qui écris ces lignes, j'ai, sur les auteurs auxquels je fais allusion, l'avantage d'avoir, beaucoup mieux que ces Messieurs, approfondi la question. J'ai donc, autant qu'eux et plus qu'eux, le droit et même le devoir de formuler ma conviction.

Eh bien ! mon droit et mon devoir sont de dire que MM. Chapsal, Bonneau et Lucan, etc., se sont trompés eux-mêmes et ont trompé la France, lorsqu'ils ont fait leur belle règle du *doublement universel*. Si, comme moi, ils avaient bien étudié la matière, comme moi ils auraient dit : *Ne doublez jamais l'*L *ou le* T *dans les verbes en* ELER, ETER.

Lorsqu'un grammairien se permet de braver l'usage et de créer des lois, il doit être certain d'avoir pour lui la raison et les principes ; et lorsque, surtout, une Grammaire *selon l'Académie* parle *contre l'Académie*, elle doit bien savoir ce que dit l'Académie, bien examiner si, en quoi et pourquoi l'Académie a tort.

Vous trouverez peut-être, lecteur, que je parle avec assurance. Par le temps et les peines que m'a coûtés ma *Dissertation sur les verbes en* ELER, ETER, je crois avoir acheté assez cher le droit de dire là-dessus mon mot tout comme un autre. Lisez cette Dissertation, et jugez-nous.

lien, t. de mus. Fois : 1ª, 2ª *volta*, 1ʳᵉ, 2ᵉ fois. — VOLTA (id) [it. *Volta*], n. pr. m. Célèbre physicien italien, inventeur de la *pile de Volta*. — VOLTA (id.), n. pr. m. Fleuve de la Guinée septentrionale. — VOLETA, as, àt (vŏ-le-tä, tä), v. voleter. V. *volter*.

VOLTE, s (vŏl-te), n. f. Mouvement circulaire. — VOLTE, s, nt (id.), v. volter. V. *volter*. — VOLT, s (vŏlt'), n. m. Figure superstitieuse de cire.

VOLTER..., é (vŏl-té...), v. et p., t. d'escrime. Changer de place pour éviter les coups de l'adversaire. — VOLETER..., é (vŏ-le-té...), v. et p. Voler à plusieurs reprises.

VOLTÈRENT (vŏl-tè-re), v. volter. — VOLETÈRENT (vŏ-le-tè-re), v. voleter. V. *volter*. — VOLTAIRE (vŏl-tè-re), n. pr. Célèbre philosophe et écrivain français. — VOLTERRE (id.), ou *Volterra*, n. pr. f. Ville de Toscane, en Italie.

VOLUTIER, s (vŏ-lü-tié), n. m. Poisson mollusque qui habite les coquilles appelées volutes. — VOLUTIEZ (id.), v. voluter. Dévider le fil des fusées; faire des volutes.

VAURIENNE, s (vŏ-riè-ne), n. f. de vaurien. Fainéante, malicieuse. — VAURIENNE, s, nt (id.), v. vaurienner. Faire le vaurien.

VOCIFÈRE, s (vŏ-si-fè-re), [lat. *vox, ferre*], adj. Qui a une voix très forte, très criarde. — VOCIFÈRE, s, nt (id.) [lat. *vociferare*], v. vociférer. Parler avec l'accent de la colère, pousser des clameurs.

VOTRE (vŏ-tre), adj. poss. sing. Il précède toujours le nom de l'objet possédé : *votre père, votre chère patrie.* — VOTRE, s (vŏ-tre), pron. poss. Il est toujours précédé de l'art. *le, la, les : ma maison et la vôtre.* Quelquefois il s'emploie comme adj. qual., et alors l'art. se retranche : *ces propriétés ne sont pas vôtres; cet objet est vôtre.* — VAUTRE, s (vŏ-tre) [it. *veltro*], n. m. Chien pour la chasse de l'ours et du sanglier. — VAUTRE, s, nt (id.) [lat. *volutare*, fréq. de *volvere*], v. se vautrer. Se rouler dans la fange.

VAUTRER..., é..., ai..., ais... (vŏ-tré..., trée, trè...), v. et p. Se rouler dans la fange. — VOTERAI..., ais... (vŏ-te-ré..., rè...), v. voter. Donner son vote, son suffrage dans une élection.

VAUTRAIT, s (vŏ-trè) [rad. *vautre*, de l'it. *veltro*], n. m. Équipage pour la chasse au sanglier. — VAUTRAIS, ait, aient (vŏ-trè, trè) [lat. *volutare*], v. se vautrer. — VOTERAIS, ait, aient (vŏ-te-rè, rè), v. voter. V. *vautrer*.

VAUTRIER..., é, ons; iez, ions (vŏ-trĭ-é, on; ié, ion) [rad. *vautre*], v. et p., vieux. Chasser au sanglier. — VAUTRIEZ, ons (vŏ-trĭ-é, on) [lat. *volutare*], v. se vautrer. V. *vautrer*.

VOUS (voŭ), pron. pers. 2ᵉ pers., pl. de *tu, te, toi*. — VOUE, s, nt (voŭe), v. vouer. Consacrer, promettre.

VOY... V. par *voii*, entre *voi* et *voilà*.

VRILLÉ, s, e, es (vrĭ-llé, llée, *ll* m.), adj., t. de bot. Muni de vrilles; p. du v. vriller. — VRILLÉE, s (vrĭ-llée, *ll* m.), n. f. Nom vulgaire du liseron. — VRILLER, ez, ai, é...; iez (vrĭ-llé, llée, llié, *ll* m.), v. et p. Imiter la vrille; pirouetter en montant; percer avec une vrille. — VRILLIER, s (vrĭ-llié, *ll* m.), n. m. Fabricant de vrilles.

VRILLON, s (vrĭ-llon, *ll* m.), n. m. Sorte de petite tarière en vrille. — VRILLONS, ions (vrĭ-llon, llion, *ll* m.), v. vriller. V. *vrillé*.

X.

Aucun homonyme ne commence par X.

Y.

Cherchez à la lettre I *les homonymes qui commencent par* Y.

Z.

ZÈLE, s (zè-le), n. m. Affection vive. — ZÈLE, s (id.), ou *zélus*, n. m. Genre d'insectes hémiptères. — ZÈLE (id.), n. pr. Bourg de Belgique, dans la Flandre-Orientale. — ZELL (zèl), n. pr. Ville de Hanovre, où fut conclu un traité en 1679.

ZÉPHIRE, s (zé-fi-re), n. m. Sorte de pas de danse. — ZÉPHIRE, s (id.), n. c. m. Nom que les anciens donnaient au vent d'occident. — ZÉPHIRE, ou *Zéphyre* (id.), n. pr. m. Dieu du vent d'occident, le chef des zéphyrs, le zéphyr personnifié. — ZÉPHYR, s (zé-fir), n. c. m. Tout vent doux, léger, agréable. — ZÉPHYRS (id.), n. pr. m. pl. Les fils de Zéphyre (1).

ZESTE, s (zès-te), n. m. Pellicule supérieure d'une orange, d'un citron, etc.; cloison qui divise en quatre l'intérieur d'une noix. — ZESTE, s, nt (id.), v. zester. Couper le zeste d'un citron, d'une orange. — ZEST, s (zèst'), n. m. Soufflet qui servait à poudrer les cheveux. — ZEST (id), n. m. Ne s'emploie que dans *entre le zist et le zest* : tant bien que mal, dans l'indécision. — ZEST (zèst'), ou *zeste* (zès-te), interj. qui marque refus, mépris, promptitude.

ZIGZAGUE, s, nt (zĭgh'-ză-ghe), v. zigzaguer. Faire des zigzags. — ZIGZAG, s (zĭgh'-zăgh'), n. m. Suite de lignes formant entre elles des angles alternativement saillants et rentrants.

ZINQUE, s, nt (zin-ke), v. zinquer. Recouvrir, garnir de zinc. — ZINC, s (zinck', mieux que zin), n. m. Métal blanc-bleuâtre.

ZIZI, s (zĭ-zĭ), n. m. Bruant de haie, oiseau. — ZIZIE, s (zĭ-zīe), n. f. Genre de plantes.

ZONATE, s (zŏ-nă-te), n. m. Genre de plantes. — ZOONATE, s (zŏ-ŏ-nà-te), n. m. Sel formé par la combinaison de l'acide zoonique avec une base.

---

(1) Ainsi, voilà *zéphire* n. c., et *Zéphire* n. pr.; ensuite, *zéphyr* n. c., et *Zéphyr* n. pr.; enfin, *Zéphyre*, n. pr. — Comprenne qui pourra la cause d'un tel embrouillamini.

« Le *zéphyr* est un vent doux et léger; le *Zéphyre* est le *zéphyr* personnifié. Les poètes » personnifient aussi quelquefois le *zéphyr*, et surtout les *zéphyrs*. Mais *Zéphyre* est le dieu, » il est chef des *Zéphyrs* ou le *zéphyr* par excellence.» (*Dictionn. national*, au mot *zéphyr*.)

Ce commentaire sent encore le galimatias. C'est l'abîme où vont se perdre les amants de la subtilité. Tant pis pour eux!

Selon l'Académie, et l'usage le plus général, *Zéphire* est le nom *propre* : c'est un dieu de la fable, un personnage, le maître du vent ou ce vent personnifié; — *zéphyr* est le nom *commun* : il désigne tout vent doux et léger, de quelque point de l'horizon que souffle ce vent.

Ainsi, ce mot n'a que deux orthographes : *Zéphire* quand il est nom *propre*, et *zéphyr* quand il est nom *commun*. Voilà qui est clair, intelligible et praticable.

Cependant il serait plus simple et plus conforme à l'analogie, de n'admettre pour ce mot qu'une seule orthographe. La meilleure serait *Zéphir*, n. pr., et *zéphir* n. c., sans *e* muet et sans *y* dans tous les cas.

LES HOMOGRAPHES

DE LA LANGUE FRANÇAISE,

OU

TRAITÉ ET DICTIONNAIRE COMPLETS

DES MOTS QUI ONT LA MÊME ORTHOGRAPHE

AVEC DIFFÉRENTES PRONONCIATIONS.

LIVRE SECOND.

DES HOMOGRAPHES.

1. — Ce livre se divise, comme le précédent, en deux parties : la première comprend le *Traité,* et la deuxième, le *Dictionnaire* des Homographes.

PREMIÈRE PARTIE.

TRAITÉ DES HOMOGRAPHES.

2. — Le présent traité se compose de quatre chapitres. Dans le 1er sera la *Définition,* dans le 2e la *Division,* dans le 3e le *Nombre,* et dans le 4e l'*Appréciation* des Homographes.

CHAPITRE PREMIER.

Définition des Homographes.

3. — Les *Homographes* (du grec ὁμος semblable, γραφειν écrire) sont des mots qui s'écrivent exactement de la même manière, mais qui se prononcent différemment. *Inventions,* 1re pers. plur. du verbe inventer, et *inventions,* nom fém., plur. de invention, ont absolument la même orthographe ; mais le premier se prononce *in-van-tion,* et le deuxième, *in-van-si-on* : ces deux mots sont homographes l'un de l'autre.

4. — Ne confondez pas l'homographie avec l'homonymie :

1° L'*Orthographe* est ordinairement différente entre les homonymes, et toujours semblable entre les homographes ;

2° La *Prononciation,* au contraire, est ordinairement la même entre les homonymes, et toujours différente entre les homographes.

5. — Identité parfaite d'orthographe, différence notable de prononciation, tel est le double caractère de l'homographie, et ce qui la distingue de l'homonymie.

6. — L'une est donc diamétralement opposée à l'autre. Ainsi, *content,* adj. masc. sing., et *contant,* gérondif du verbe conter, sont deux homonymes, parcequ'ils ont la même prononciation : *con-tan.* — Mais *content,* adj. masc. sing., et *content,* 3e pers. plur. du verbe conter, sont deux homographes, parceque, identiquement écrits, ils se prononcent différemment : *con-tan* et *con-te.*

7. — Au reste, cette différence de prononciation entre deux homographes est plus ou moins sensible. Quelquefois elle est assez faible pour ne pas exclure l'homonymie. Alors il y a réellement confusion, ou plutôt alliance, entre l'homonymie et l'homographie, mais seulement (pour préciser davantage) entre l'homonymie *parfaite* et l'homographie *mixte*. Exemple : *versions*, nom fém. plur., a trois syllabes : *ver-si-on* ; et *versions*, 1re pers. plur. du verbe verser, n'en a que deux : *ver-sion*. Ces deux mots sont homonymes parcequ'ils ont presque la même prononciation ; en même temps ils sont homographes, parcequ'ils n'ont pas une prononciation identique, malgré l'identité d'orthographe.

8. — Telle est la base de la distinction qui sera établie dans le chapitre suivant.

CHAPITRE II.

Division des Homographes.

9. — Selon que les prononciations de deux mots semblablement écrits sont plus ou moins dissemblables, l'homographie est *pure* ou *mixte*.

ARTICLE 1er. HOMOGRAPHIE PURE.

10. — Les homographes *purs* sont ceux qui n'ont rien de commun avec l'homonymie, c'est-à-dire, ceux entre lesquels la différence de prononciation est tellement grande, qu'il est impossible de les considérer comme homonymes.

11. — Ils peuvent se réduire à deux catégories.

12. — La 1re comprend les homographes qui ont des lettres *muettes* dans un cas et *articulées* dans un autre. Exemples :

pressent : (prè-se) v. presser ; — (prè-san) v. pressentir.
convient : (con-vie) v. convier ; —(con-viin) v. convenir.
vis : (vi) v. vivre et v. voir ; — (viss') n. f. Clou en spirale.
est : (è) v. être ; — (èst') n. m. L'orient.

13. — La 2e catégorie comprend les homographes dans lesquels les mêmes lettres ont *différentes prononciations*. Exemples :

portions : (por-tion) v. porter ; — (por-si-on) n. f. pl. Partie, part.
billions : (bi-llion, *ll* m.) v. biller ; — (bi-li-on) n. m. pl. Mille millions.
donna : (do-na) v. donner ; — (don'-na) n. f. s. Cantatrice.
arguer : (ar-ghé) v. Tirer à l'argue ; — (ar-gu-é) v. Prouver, conclure.
tournai : (tour-né) v. tourner ; — (tour-nè) n. pr. Ville de Belgique.

ARTICLE 2e. HOMOGRAPHIE MIXTE.

14. — Les homographes mixtes sont ceux qui admettent, en quelque sorte, un mélange d'homonymie, c'est-à-dire, ceux dont les prononciations diffèrent peu l'une de l'autre. Il en résulte que ces mots sont en même temps homonymes parfaits et homographes mixtes.

15. — Comme ces légères différences de prononciation ne peuvent consister qu'en deux points, je divise également les homographes mixtes en deux classes.

16. — A la 1re classe appartiennent ceux qui se différencient par le *nombre des syllabes*. Exemples :

pressions : (prè-sion) v. presser ; — (prè-si-on) n. f. pl. Action de presser.
pariez : (pa-rié) v. parer ; — (pa-ri-é) v. parier.

17. — Dans la 2e classe sont rangés ceux qui diffèrent par la *quantité prosodique,* c'est-à-dire, ceux qui ont une syllabe longue dans un cas et brève dans l'autre. Exemples :

rêvasse : (rê-vā-se) v. rêver ; — (rê-vă-se) v. rêvasser.
visse : (vī-se) v. voir ; — (vĭ-se) v. visser.

18. — 1re REMARQUE. — Les nuances de prononciation qui tiennent au nombre des syllabes sont plus frappantes en poésie qu'en prose ; et celles que produit la quantité prosodique le sont plus dans la musique que dans le langage parlé. Est-ce à dire que les personnes qui ne s'expriment ni en vers ni en musique aient la faculté de négliger ces petites différences? Non, certes ; bien loin de là. Si c'est une nécessité au versificateur de compter les syllabes, et au musicien de varier avec discernement les notes longues et les notes brèves, c'est une nécessité également impérieuse pour celui qui parle en prose, de conserver à chaque mot tous les caractères particuliers qui le distinguent des autres mots. Ne nous-laissons pas aller sur cette matière à une déplorable et désastreuse insouciance. Au contraire : plus deux mots, différents de sens et d'origine, ont de ressemblance matérielle, plus nous devons mettre nos soins à les prononcer correctement, afin de maintenir les différences légères, malheureusement trop légères, que l'usage leur a laissées. C'est le moyen de conserver à notre langage la variété et la clarté, qui sont les plus grands charmes de la parole.

19. — 2e REMARQUE. — *Convient* et *convient, portions* et *portions, billions* et *billions, arguer* et *arguer,* que j'ai tout-à-l'heure cités pour exemples, et les autres mots semblables, diffèrent l'un de l'autre non-seulement par l'un des caractères qui constituent l'homographie pure, mais aussi et simultanément, par l'un de ceux qui appartiennent à l'homographie mixte. Toutefois ils sont rangés dans la première, parceque *le plus doit toujours l'emporter sur le moins :* c'est un axiôme de philosophie. — Tous homographes dont la différence de prononciation n'est pas basée exclusivement sur le nombre des syllabes ou sur la quantité prosodique, sont *purs.* Cette ligne de démarcation est nette : elle exclut toute difficulté.

27

ARTICLE 3ᵉ. CONSIDÉRATIONS SUPPLÉMENTAIRES.

HOMOGRAPHES IMPROPREMENT DITS.

20. — Dans les deux articles précédents, j'ai parlé des homographes proprement dits, c'est-à-dire, des mots qui, outre la ressemblance d'orthographe et la différence de prononciation, se font encore remarquer par la diversité de leur origine et de leur signification. Enfin, j'ai toujours supposé *deux* ou *trois* mots qui sont bien distincts l'un de l'autre et ne sont pas du tout *le même* mot.

21. — Il n'est pas hors de propos de jeter aussi un rapide coup d'œil sur certains mots qui, comparés avec eux-mêmes, présentent le caractère de l'homographie. La diversité de prononciation à laquelle ils sont soumis, est ou indépendante de la liaison, ou produite par la liaison.

§ I. De l'homographie improprement dite, hors le cas de liaison.

22. — Un mot unique, ayant une étymologie unique, un sens unique, une orthographe unique, admet deux prononciations différentes. Tels sont : *cinq, six, sept, huit, neuf, dix, vingt; bœuf, cerf, chef, échec, gentil, lis, œuf, plus, sens, tous,* et quelques autres.

23. — La consonne finale de ces mots est *muette* ou *articulée,* selon tel ou tel cas. Avant de se décider sur le choix entre l'une et l'autre prononciation, on doit examiner quel est le sens précis de ce mot, s'il admet le moindre repos après lui, s'il est singulier ou pluriel, etc., etc.

Quand je dis : *Ces fabricants occupent tous leurs ouvriers,* si je prononce *touss',* ce mot est pronom et se rapporte à *fabricants :* je désigne tous ces fabricants sans exception ; mais si je prononce *tou,* ce mot est adjectif et se rapporte à *ouvriers :* je veux dire que tous les ouvriers de ces fabricants sont occupés.

24. — A quoi devons-nous attribuer toutes ces distinctions ? Tantôt aux exigences de l'harmonie ou de la clarté, qui en a fait une nécessité ; tantôt au caprice des grammairiens ou des lexicographes, qui en ont introduit ou conservé l'abus. Pour plusieurs de ces mots, l'abus a cessé ; pour d'autres, il est mal établi ou fort contestable. Mais ce n'est pas la faute des auteurs auxquels je fais allusion.

25. — Je n'entreprendrai pas de donner ici l'exposé critique des cas où a lieu cet usage, tantôt bon, tantôt mauvais, de prononcer diversement le même mot. Je l'ai fait dans le dictionnaire des homographes, où chacun des mots dont je parle est inséré à son ordre alphabétique.

26. — En principe, la multiplicité des prononciations attribuées à un seul et même mot malgré l'identité d'orthographe, est une chose fort regrettable. Qu'elle soit nécessaire dans certains cas, je l'admets ; mais cela ne l'empêche point d'être une exception, par conséquent une irrégularité, une difficulté.

27. — Nous ne devons admettre que les irrégularités dont la nécessité est bien reconnue. Quant aux autres, repoussons-les : luttons courageusement contre la manie de ces grammairiens inconsidérés qui semblent mettre leur plaisir et leur gloire à enregistrer, à créer, à entasser les exceptions... J'avoue que c'est un excellent moyen, pour ceux qui écrivent, d'enfanter de gros livres, et, pour ceux qui enseignent, de rendre les études plus longues et plus pénibles. Qui en a le profit? Ce ne sont ni les enfants, ni les parents, ni la langue française, ni l'honneur national.

§ II. De l'homographie improprement dite, dans le cas de liaison.

28. — La liaison produit à son tour une sorte d'homographie improprement dite, c'est-à-dire, tombant sur un seul et même mot. En effet, tout mot qui fait liaison est censé articuler sa consonne finale (ou une autre consonne de même ordre), laquelle consonne est muette quand la liaison n'a pas lieu. Il en résulte pour ce mot deux prononciations bien différentes. Exemples. *Parlez* se prononce *par-lé* dans *parlez de vos affaires*, et *par-léz'* dans *parlez avec douceur ; grand* se prononce *gran* dans *un grand héros*, et *grant'* dans *un grand homme.*

29. — Un mot qui fait liaison se prononçant tout autrement que dans le cas contraire, est donc homographe avec lui-même.

30. — Au reste, cette sorte d'homographie n'est qu'apparente. Car, en réalité, le mot qui se lie à la voyelle suivante ne change pas pour cela de prononciation. *Parlez* se prononce toujours *par-lé*, et *grand*, toujours *gran.*

31. — Le principe que j'ai tout-à-l'heure supposé à la liaison, quoique admis par plusieurs personnes (sans doute à cause de sa brièveté), n'est applicable qu'aux seuls cas où la consonne finale peut elle-même produire l'articulation que l'oreille et l'usage demandent. Mais, comme très souvent la liaison altère la valeur de cette consonne finale, il faut l'établir sur un fondement plus large, plus rationnel, qui soit à l'abri de toute exception et qui permette de tout expliquer. Voici ce principe : « La liaison se fait au moyen « d'une consonne *intercalaire*, qui est tantôt la *répétition* de la « consonne finale du mot précédent, tantôt la *substitution* d'une « autre consonne de même ordre. » Exemples : *Parlez-Z-avec douceur ; un grand-T-homme.*

CHAPITRE III.

Nombre des Homographes.

32. — Les Homographes sont incomparablement moins nombreux que les Homonymes. Le dictionnaire qui suit le présent traité en donne la liste complète. Cette nomenclature est relativement très courte : elle contient environ cinq cents mots.

33. — C'est environ cinq cents fois trop. Je vais m'expliquer dans le chapitre suivant.

CHAPITRE IV.

Appréciation des Homographes.

34. — Pour procéder avec méthode, examinons successivement l'*Utilité*, les *Inconvénients,* et les *Remèdes* des homographes.

ARTICLE 1ᵉʳ. UTILITÉ DES HOMOGRAPHES.

35. — Ne demandez pas à l'homographie un sujet d'honnête récréation pour dédommager les personnes auxquelles la pluie ou les frimas interdisent les délassements d'une promenade champêtre.

36. — Ne lui demandez pas un quiproquo pour divertir celui-ci aux dépens de celui-là.

37. — Ne lui demandez pas non plus un misérable calembour pour donner au sot qui l'a trouvé la conviction qu'il a de l'esprit, et à l'homme d'esprit qui l'a entendu l'occasion de penser : Ah! que c'est mauvais !

38. — Ne lui demandez pas même les éléments d'un rébus pour amuser les enfants et occuper les oisifs.

39. — L'homographie ne se prête pas à ces sortes de jeux de mots plus ou moins puérils et méprisables, parceque la diversité de prononciation détruit pour l'oreille la confusion que produisait pour les yeux la parfaite conformité d'orthographe.

40. — Donc, utilité nulle, complètement nulle.

ARTICLE 2ᵉ. INCONVÉNIENTS DES HOMOGRAPHES.

41. — I. L'enfant et l'étranger qui apprennent à lire le français ont besoin d'une grande patience, car cette étude est longue, et d'un grand courage, car elle est difficile.

42. — Mais, direz-vous, apprendre à lire et à distinguer les uns des autres 500 homographes, est un travail qui n'est ni bien long, ni bien pénible.

43. — Pour quelqu'un déjà instruit, je l'avoue ; pour les commençants, c'est autre chose.

44. — D'ailleurs l'homographie, telle que je l'ai expliquée jusqu'ici, n'atteint que 500 mots pris dans leur intégralité parfaite, depuis la première lettre jusqu'à la dernière. C'est ce qu'on pourrait appeler l'*homographie des mots*. Est-ce tout? Malheureusement non.

45. — Nous avons encore l'*homographie des syllabes et des lettres,* dont le domaine est immense.

46. — Parcourez un abécédaire ou un traité de prononciation. Vous trouverez que la plupart des lettres de notre alphabet ont 2, 3, 4 valeurs différentes. Ainsi *t* vaut tantôt *t*, tantôt *s*, tantôt rien; exemples : *porte, portion, port.* — *Ent* final vaut *an* s'il termine un adjectif ou un nom ou un adverbe, *e* s'il termine une 3e pers. plur., *in* ou *an* s'il termine une 3e pers. sing. Exemples : *négligent, ils aiment, il devient, il consent.* Voyez, *Traité des homonymes,* n°s 101 et suivants.

47. — Comptez combien de valeurs différentes sont attribuées à chacune de nos lettres ou combinaisons de lettres ; calculez ensuite à combien de mots s'applique chacune de ces différentes prononciations. Vous serez effrayé du grand rôle que joue dans notre langue l'homographie des lettres et des syllabes ; vous comprendrez en même temps pourquoi il faut un an pour apprendre à lire le français, tandis qu'un jour suffirait si l'homographie n'existait pas. Qui pourrait ne pas déplorer une si fâcheuse et si rebutante imperfection de notre système orthographique?

48. — II. L'homme instruit lui-même n'est pas tout-à-fait à l'abri des mauvais tours de l'homographie. Lorsque, ouvrant un livre au hasard, il se trouve pris au dépourvu par la rencontre d'un homographe, comment se tire-t-il d'affaire? N'allons pas si loin. Vous-même, lecteur bénévole, qui m'avez fait l'honneur de lire les chapitres précédents, comment lisiez-vous, avant d'arriver à la parenthèse qui renferme la prononciation, les mots que je cite pour exemples aux n°s 3, 7, 12, 13, 16, 17? Au n° 19, n'avez-vous pas eu quelque embarras pour prononcer les mots qui commencent la 2e *Remarque?* Lorsque vous parcourrez mon dictionnaire des homographes, vous plaindrez-vous d'y trouver la manière de les prononcer?

ARTICLE 3e. REMÈDES AUX HOMOGRAPHES.

49. — Je n'en connais qu'un seul, c'est l'analyse.

50. — Pour préférer une prononciation à l'autre, il faut connaitre la classe, l'espèce, le genre, le nombre, etc., du mot qu'il s'agit de prononcer. Quelquefois même on doit en connaitre la signification précise.

51. — C'est comme si je disais : *Pour bien lire le français, il faut d'abord savoir bien lire le français,* puisque l'analyse suppose au préalable la connaissance quelque peu approfondie de la langue. Voilà qui est bien consolant !

52. — Cela me conduit à une grave question : la réforme de l'orthographe française. Ce n'est pas ici le lieu d'entreprendre là-dessus un long discours ; je le ferai dans un ouvrage qui paraîtra ultérieurement.

53. — Mais je puis dire aujourd'hui que le premier et le meilleur remède aux homographes est la réforme orthographique. Cette réforme, devant rester circonscrite dans les bornes tracées par la raison, n'anéantirait pas complètement l'homographie ; mais elle lui porterait de rudes et salutaires atteintes.

54. — C'est le bon effet qu'a déjà produit la substitution de *ai* à *oi* dans les terminaisons des verbes et dans quelques autres mots. Cette seule réforme a détruit une cinquantaine d'homographes. Par exemple, lorsque, autrefois, on avait à lire : *je perçois*, comment prononçait-on ? Il falait savoir si *je perçois* était une forme du verbe *percevoir*, et alors on devait dire : *je pèr-soè ;* ou bien une forme du verbe *percer*, et alors on devait dire : *je pèr-sè.* Cela signifie qu'il falait comprendre la phrase avant de la lire : que c'était réjouissant !

55. — A la fin de mon dictionnaire des homographes, je donne la liste des mots dans lesquels *oi* et *ai* sont mis en opposition, et se bataillent, pour ainsi dire, dans notre ancienne orthographe. La réforme a tari cette source de quiproquos, et elle a bien fait.

56. — Elle fera bien aussi, et même beaucoup plus et beaucoup mieux, le jour où elle anéantira le *t* doux et le remplacera par un *c :* car elle détruira par là environ quatre-vingts homographes, tels que *acceptions, contentions, désertions, portions,* etc., etc. Et je ne parle ici que de l'homographie proprement dite, telle que je l'ai définie ci-dessus au n° 20. Cette réforme devant tomber en même temps sur l'homographie *des syllabes et des lettres* (voyez n°s 44 à 48), produirait dans notre prononciation des effets bien plus étendus, et introduirait dans notre orthographe une simplicité, une clarté dont tout le monde ressentirait et apprécierait le bienfait.

57. — Par exemple, pourquoi le *t* français se prononce-t-il quelquefois comme *s* dur ou *c* doux ? Ce *t* adouci, me répondra-t-on, est demandé par l'étymologie. Esclaves de l'étymologie, pourquoi donc, en dépit de l'étymologie, écrivons-nous :

préCieux,	dérivé de	*preTiosus,*
sentenCieux,	—	— *sentenTiosus,*
Trône,	—	— *THronus,*
évangéliSer,	—	— *evangeliZare,*
caroTTe,	—	— *caroTa,*
cisTe,	—	— *κισθος,*
pouPe,	—	— *puPPis,*
rEmpaRT,	—	— *rAmpaRO,*

soleNNel,	dérivé de	*soleMNalis,*
ratioNNel,	—	— *ratioNalis,*
cOUroNNe,	—	— *cOroNa,*
coloNel,	—	— *coluMNalis* ou de *coloNNe,*
zéphIre,	—	— *ζεφΥρος,*
Or,	—	— *AUrum,*
sorCier,	—	— *sorT,*
chaSSer,	—	— *caCCiare,*
Genièvre,	—	— *Juniperus,*
SCie,	—	— *Secare,*
vAIncre,	—	— *vIncere,*
pEIndre,	—	— *pIngere,*
sEIng,	—	— *sIgnum,*
sEIn,	—	— *sInus,*
crIstal,	—	— *κρΥσταλλος,*
couRir,	—	— *cuRRere,*
aLorS,	—	— *aLLorA,*
griPPer,	—	— *γριΠιζειν,*
griFFer,	—	— *γραΦω.*

Etc., etc., etc., etc.

Et mille fois *et cœtera.* Car je n'en finirais pas si j'entreprenais, je ne dis pas de compléter, mais seulement d'approfondir la liste des inconséquences ou plutôt des absurdités dont l'orthographe française fourmille en matière d'étymologie et de dérivation..... Je ne puis développer ici longuement ma pensée ; mais, quand je traiterai spécialement de la réforme de notre orthographe, j'édifierai, je pense, les outrés partisans de *l'orthographe étymologique.* J'appèle d'avance leur attention sur les pages que je consacrerai aux *inconséquences* d'étymologie et de dérivation. Je leur promets des détails et des citations passablement scandaleux ; et j'espère réussir à les convaincre qu'une réforme sage et prudente, basée sur des principes élevés, vastes et solides, élaborée par des hommes *compétents,* consacrée par une autorité reconnue et respectée, serait un immense bienfait pour notre langue, pour notre nation, et pour les étrangers qui étudient le français.

58. — Pourquoi l'orthographe française n'est-elle pas française, comme l'orthographe italienne est italienne, comme l'orthographe espagnole est espagnole, comme l'orthographe portugaise est portugaise, etc., etc.?

59. — Sur trente-six millions de Français, il y en a trente-cinq millions qui ne savent guère et qui n'ont aucun besoin de savoir que *vocation* (par exemple) s'écrit en latin *vocatio* par un *t;* mais qui éprouvent le regret, le chagrin et la honte de ne pas savoir l'orthographe, le désespoir de jamais la connaitre, et la nécessité d'écrire selon le génie de l'alphabet français.

Je défie qui que ce soit d'affirmer qu'il possède parfaitement l'orthographe française. Le savant qui a étudié pendant quarante ans, le lexicographe lui-même qui a fait un dictionnaire français, consulte souvent, quand il écrit, son *dictionnaire français,* pour

apprendre l'orthographe d'un *mot français*. C'est humiliant.......
Huit jours suffisent à un français pour orthographier parfaitement
une langue étrangère (l'italien par exemple), quatre-vingts ans ne
lui suffisent pas pour orthographier la sienne. Je le répète, c'est
humiliant pour nous......

60. — L'italien écrit *vocaZione* parcequ'il prononce *vocaZione* ;
l'espagnol écrit *vocaCion* parcequ'il prononce *vocaCion* ; le portugais écrit *vocaÇao* parcequ'il prononce *vocaÇao*. De même le
français devrait écrire *vocaCion* parcequ'il prononce *vocaCion* ; et
non pas *vocaTion*, puisqu'il ne prononce pas *vocaTion*. Les lettrés
italiens, espagnols ou portugais, savent que *vocaZione*, *vocaCion*
ou *vocaÇao*, vient du latin *vocaTio*, tout aussi bien que le lettré
français sait que *vocaTion* vient de *vocaTio*, *préCieux* de *pre-
Tiosus*, *cOUroNNe* de *cOroNa*, etc.

61. — Conclusion. Puisque nous avons bravé l'étymologie dans
mille et mille cas, souvent sans besoin, quelquefois même à contre
bon sens, ne craignons pas de la braver encore, quand il s'agit de
produire un bien immense, inappréciable.

62. — Mais, hélas ! l'usage est là qui se dresse dans toute la
hauteur et la majesté de sa tyrannie.... enfantine et aveugle. Eh
bien ! à cet usage qui n'a souvent, trop souvent, ni raison ni raisonnement, il faut donner une tutrice savante, douée d'un caractère
sagement hardi et philosophique, une tutrice semblable à l'Académie de *La Crusca* ou à l'Académie de Madrid.

63. — Quiconque a enseigné la lecture ou l'orthographe françaises, a senti comme moi le besoin d'une *réforme sage et prudente*
dans notre système orthographique : il me comprend mieux que
je ne pourrais m'expliquer. Quant aux personnes qui ne me com-
prennent pas, je les prie de parcourir avec attention le Dictionnaire des Homographes français, qui suit ce traité.

64. — Mon travail sur les *homographes* prouve jusqu'à l'évidence qu'une réforme est *nécessaire* dans l'orthographe française ;
mon travail sur les *homonymes* prouve que cette réforme doit
être *sage* et *modérée*. — L'ensemble de ce double travail montre
que *l'orthographe d'une langue doit être, avant tout*, NATIONALE ET
DÉRIVATIVE. *Ensuite, autant que cela lui sera encore possible, elle
sera* ÉTYMOLOGIQUE.

FIN DU TRAITÉ DES HOMOGRAPHES.

DEUXIÈME PARTIE

DICTIONNAIRE COMPLET

DES

HOMOGRAPHES FRANÇAIS.

A.

Abstergent (ăbs-tèr-jan), adj. m. s. Se dit des remèdes extérieurs qui servent à nettoyer les plaies; n. m. s. Le remède même qui sert à nettoyer les plaies. — (ăbs-tèr-je), v. absterger, indic. et subj. prés., 3ᵉ pers. pl. Nettoyer des plaies et des ulcères.

Acceptions (ăk-sèp-tion), v. accepter, indic. imp. et subj. prés., 1ʳᵉ pers. pl. Agréer ce qui est offert. — (ăk-sèp-sĭ-on), n. f. pl. de acception. Sorte de préférence; sens dans lequel un mot se prend.

Achète (a-chè-te), v. acheter, indic., impér. et subj. prés., 1ʳᵉ et 2ᵉ pers. sing. Acquérir moyennant paiement. — (a-kè-te), n. m. s. et pl. Insecte stridulant, tel que la cigale, la sauterelle.

Actions (ăk-tion), v. acter, indic. imp. et subj. prés., 1ʳᵉ pers. pl., t. de prat. Faire des actes. — (ăk-sĭ-on), n. f. pl. de action. Opération, mouvement physique; mise de fonds dans une entreprise.

Admissions (ăd-mĭ-ssĭ-on), n. f. pl. de admission. Action d'admettre ou d'être admis. — (ăd-mĭ-sion), v. admettre, subj. imp., 1ʳᵒ pers. pl. Recevoir, accepter.

Adoptions (ă-dŏp-tion), v. adopter, indic. imp. et subj. prés., 1ʳᵉ pers. pl. Prendre pour fils ou pour fille, regarder comme sien; préférer. — (ă-dŏp-sĭ-on), n. f. pl. de adoptiou. Action d'adopter.

Affections (ăf-fèk-tion), v. affecter, indic. imp. et subj. prés., 1ʳᵉ pers. pl. Faire avec ostentation; feindre; appliquer à un usage. — (ăf-fèk-sĭ-on), n. f. pl. de affection. Amitié, attachement, tendresse.

Affilions, liez (ăf-fĭ-lion, lié), v. affiler (3 fois : V. *affiler*, dans le dictionnaire des homon.), ind. imp. et subj. prés., 1ʳᵉ et 2ᵉ pers. pl. 1° Aiguiser; 2° Rendre fin comme un fil; 3° Aligner, mettre à la file. — (ăf-fĭ-lĭ-on, lĭ-é), v. affilier, indic. et impér. pr., 1ʳᵉ et 2ᵉ pers. pl. Associer.

Affluent (ăf-flŭ-an), n. m. s. Rivière qui se jète dans une autre, qui coule vers... — (ăf-flūe), v. affluer, indic. et subj. prés., 3ᵉ pers. pl. Couler vers...

Affusions (ăf-fū-zĭ-on), n. f. pl. de affusion. Action de verser un liquide sur un corps quelconque. — (ăf-fū-zion), v. affuser, indic. imp. et subj. prés., 1ʳᵉ pers. pl. Verser un liquide sur un objet quelconque; spécialement, répandre de l'eau sur le corps d'un malade.

Aix (èks', et non èss') (1), n. pr. Sous-préf. et archevêché des Bouches-

(1) Les personnes qui prononcent *èss'* au lieu de *èks'*, ont les organes de la parole régulièrement constitués, oui ou non. Si c'est oui, elles pourraient s'accuser de transformer ces organes en *enfants-gâtés*, tant elles ont soin de leur épargner la besogne; si c'est non, elles sont à plaindre. Dans tous les cas, il ne faut pas les imiter.

du-Rhône ; ville de la Savoie ; chef-lieu de canton de l'Aube, etc. — (èks' et non ê) (1), n. pr. Ile de la Charente-Inférieure, voisine de Rochefort.

Allions, liez (ăl-lĭ-on, lĭ-é), v. allier, indic. et impér. prés., 1re et 2e pers. pl. Joindre, associer, mêler. — (ă-lion, lié), v. aller, ind. imp. et subj. prés., 1re et 2e pers. pl. Marcher, se diriger vers un point.

Annexions (ăn'-nèk'-sĭ-on), n. f. pl. de annexion. Action d'annexer, adjonction. — (ăn'-nèk'-sion), v. annexer, ind. imp. et subj. prés., 1re pers. pl. Adjoindre.

Apis (ă-pĭ), n. c. m. pl. de api. Variété de pommier ; la pomme même que produit cet arbre. — (ă-pis'), n. pr. m. Bœuf qu'adoraient les Egyptiens ; roi d'Argos ; roi de Sicyone ; petite constellation de l'hémisphère méridional, aussi nommée Abeille.

Arguer..., é... (ăr-ghé...), v. et p. Tirer l'argent à l'argue, sorte de filière. — (ăr-gŭ-é...), v. et p. Prouver, conclure. Dans ce sens, *arguer* doit s'écrire argüer, avec un tréma sur l'*u*.

As (a), v. avoir, indic. prés., 2e pers. sing. Posséder. — (ās'), n. m. s. et pl. Carte ou dé marqué d'un point unique ; ancienne monnaie romaine.

Attentions (ăt-tan-tion), v. attenter, indic. imp. et subj. prés., 1re pers. pl. Commettre un attentat, une entreprise criminelle contre quelqu'un ou quelque chose. — (ăt-tan-sĭ-on), n. f. pl. de attention. Application d'esprit ; soins, égards.

Aurai (ō-rè), n. c. m. s. Pieu pour amarrer ; n. pr. Chef-lieu de canton du Morbihan. — (ō-ré), v. avoir, indic. fut., 1re pers. sing. Posséder.

Avalasse, s (ă-vă-lă-se), n. f. s. et pl. Torrent causé par un orage ; amas de pierres roulées par les eaux ; brise qui vient d'aval et dure plusieurs jours. — (ă-vă-lă-se), v. avaler (2 fois : V. *avaler* dans le dict. des homonymes), subj. imp., 1re et 2e pers. sing. 1° Faire descendre par le gosier dans l'estomac ; faire aller en aval, suivre le cours de l'eau. 2° Cautionner un billet par la formule *aval*.

B.

Bastions (băs-tĭ-on), n. m. pl. de bastion. Fortification pentagonale avancée en dehors. — (băs-tion), v. baster, ind. imp. et subj. prés., 1re pers. pl. Badiner, niaiser ; suffire.

Bat, s (bă). v. battre, indic. et impér. prés., 1re, 2e et 3e pers. sing. Frapper. — (băt'), n. m. s. et pl. Bout de bordage ; queue de poisson ; monnaie suisse.

Bavai (ba-vè), n. c. m. s. Pierre calcaire noirâtre ; — (id.), n. pr. m. Chef-lieu de canton du Nord. — (ba-vé), v. baver, indic. parf., 1re pers. sing. Jeter de la bave.

Bavasse, es, ent, ions, iez (ba-vă-se, sion, sié), v. bavasser, indic. et subj. prés., et indic. imp. Babiller. — (ba-vă-se), v. baver, subj. imp. Jeter de la bave.

Bénéficier (bé-né-fī-sĭ-é), v. à l'infinitif prés. Faire un bénéfice, un profit. — (bé-né-fī-sié), n. m. s. Possesseur d'un bénéfice.

Bernai (bèr-nè), n. pr. m. Sous-préfect. de l'Eure. — (bèr-né), v. berner, indic. parf., 1re pers. sing. Faire sauter sur une couverture ; railler.

Billions (bĭ-lĭ-on), n. m. pl. de billion. Mille millions. — (bĭ-llion, *ll* m.), v. biller, indic. imp. et subj. prés., 1re pers. pl. Serrer un ballot.

Bis (bĭ), adj. m. s. et pl. Brun, noirâtre. — (bĭss'), adv. lat. Deux fois.

Bombai (bon-bè), n. pr. m. Ville de l'Indoustan. — (bon-bé), v. bomber, indic. parf., 1re pers. sing. Renfler, rendre convexe.

Bougions, giez (boŭ-jĭ-on, jĭ-é), v. bougier, indic. et impér. prés., 1re et 2e pers. pl. Passer le bord d'une étoffe sur la cire fondue pour l'empêcher de s'effiler. — (boŭ-jion, jié), v. bouger, ind. imp. et subj. prés., 1re et 2e pers. pl. Se mouvoir, remuer.

Bœuf, s (beu), n. m. s. et pl. Quand il est lié avec trait d'union à un mot sui-

---

vant : *le bœuf-gras, les bœufs-gras.* — (beŭf'), n. m. s. et pl. Dans tous les autres cas, même au plur. : *un bœuf gras, des bœufs gras* (1).

Brouillasse (broŭ-llă-se, *ll* m.), v. brouillasser, unipers., ind. et subj. prés., 3e pers. sing. Faire du brouillard qui tombe en pluie très fine. — (broŭ-llă-se, *ll* m.), v. brouiller, subj. imp., 1re et 2e pers. sing. Mettre les choses en désordre ou les personnes en discorde.

Bruit (bruĭ), n. m. s. Son confus; querelle. — (brŭ-ĭ), v. bruire, indic. prés., 3e pers. sing. Rendre un son continu et confus; — (id.), v. bruir, indic. prés. et parf., 3e pers. sing. Assouplir des étoffes en les pénétrant de vapeur d'eau chaude.

But (bŭ), v. boire, indic. parf., 3e pers. sing. Avaler un liquide. — (bŭt' selon les uns, bŭ selon les autres), n. m. s. Point où l'on vise.

C.

Cambrai (can-brè), n. pr. m. s. Sous-préfect. et archevêché du Nord. — (can-bré), v. cambrer, indic. parf., 1re pers. sing. Courber.

Campos (can-pŏ), n. m. pl. de campo. Sorte de laine d'Espagne. — (can-pòs' selon les uns, can-pŏ selon les autres), n. m. s. et pl. Congé des écoliers; moment de relâche pendant un travail quelconque.

Cerf, s (sèr), n. m. s. et pl. Quand il est lié avec trait d'union à un mot suivant : *un cerf-volant, des cerfs-volants.* — (serf' selon quelques-uns, sèr selon les autres), n. m. s. et pl. Dans les autres cas (2).

Cernai (sèr-nè), n. pr. m. s. Chef-lieu de canton du Haut-Rhin. — (sèr-né), v. cerner, indic. parf., 1re pers. sing. Entourer, former un cercle autour de.

Cessions (sès-si-on), n. f. pl. de cession. Action de céder, abandon. — (sè-sion), v. cesser, indic. imp. et subj. prés., 1re pers. pl. Discontinuer.

Chef, s (ché), n. m. s. et pl. Quand il est lié par un trait d'union au mot suivant : *un chef-d'œuvre, des chefs-d'œuvre.* — (chèf'), n. m. s. et pl. Dans tous les autres cas : *un chef d'atelier, des chefs d'ateliers.*

Chut (chŭt'), interj. pour imposer silence. — (chŭ), v. choir, indic. parf., 3e pers. sing. Tomber (3).

Cinq (sin, quand il est *inséparablement* suivi d'une consonne : *cinq francs, cinq gros volumes, cinq cents, cinq mille*) adj. num. card. 4 et 1. — (sink' dans les autres cas. Quelques personnes prononcent toujours sink', sans aucune exception), adj. num. card. 4 et 1; adj. num. ord. 5e; n. m. Le chiffre 5, le nombre 5.

Cognasse, s (cŏ-gnă-se), n. f. s. et pl. Coin sauvage, fruit. — (cŏ-gnă-se), v. cogner, subj. imp., 1re et 2e pers. sing. Heurter.

Coïncident (cŏ-in-si-dan), adj. m. s. Qui coïncide. — (cŏ-in-si-de), v. coïn-

(1) Quelques personnes ont pris, je ne sais à quelle époque, l'habitude de prononcer *beuf* au sing., et *beu* au plur. Bien vite, les grammairiens, les lexicographes, les instituteurs de la jeunesse, de dire et de répéter : *Prononcez un* BEUF, *des* BEU. Mais personne, que je sache, n'a examiné si cette diversité dans la prononciation d'un même mot, est bonne ou mauvaise.

C'est ainsi qu'une partie de la nation trompe les maîtres, et qu'à leur tour les maîtres trompent la nation. Quand sortirons-nous de ce cercle vicieux? Lorsque l'amour des principes et de la régularité sera plus général; lorsqu'une critique sage et éclairée luttera contre les abus de la routine; lorsqu'une autorité respectable et respectée, forte du droit d'initiative qui lui appartient, osera blâmer ce qui est mauvais, conseiller et sanctionner ce qui est bon.

Voyez plus loin, à propos du mot *œuf*, une excellente note de M. Bescherelle : tout ce qui y est dit s'applique parfaitement au mot *bœuf*.

(2) Il y a très peu de personnes qui articulent l'*f* de ce mot. L'orthographe demande qu'on prononce *serf*; mais la clarté veut qu'on dise *sèr*, afin de ne pas confondre *cerf* avec *serf*. La clarté, voilà un motif noble, puissant, digne de l'homme qui parle pour être compris. Prononcez donc *sèr*, j'y consens.

(3) Ce temps est à peu près inusité. — « Il nous semble que c'est à tort qu'on abandonne la » conjugaison de ce verbe. *Je chois, choyons, chu, choirai,* n'ont rien qui pèche contre l'eu-» phonie. Ce verbe a son substantif *chute,* et *tomber* n'a pas cet avantage. D'ailleurs, il y a » d'heureux emplois de la synonymie, comme dans ce vers:
» Tout va *choir* en ma main, ou *tomber* dans la vôtre. (CORN.) »
(Dictionn. national, au mot *choir.)*

cider, indic. et subj. prés., 3e pers. sing.
S'ajuster.

Colorions, riez (cŏ-lŏ-rĭ-on, rĭ-é), v. colorier, ind. et impér. prés., 1re et 2e pers. pl. Mettre des couleurs à une gravure. — (cŏ-lŏ-rion, rié), v. colorer, indic. imp. et subj. prés., 1re et 2e pers. pl. Donner de la couleur.

Comment (cŏ-man), adv. De quelle manière ; pourquoi ; n. m. s. La manière dont une chose s'est faite : *Savoir le pourquoi et le comment*. — (cŏ-man, ou cŏm'-man), n. m. s., vieux. Petit commentaire. — (cŏ-me), v. commer, vieux, indic. et subj. prés., 3e pers. pl. Faire des comparaisons.

Commissions (cŏ-mĭ-sĭ-on), n. f. pl. de commission. Charge ; message. — (cŏ-mĭ-sion), v. commettre, subj. imp., 1re pers. pl. Faire (une faute) ; charger quelqu'un d'une affaire ; compromettre.

Compassions (con-pā-sĭ-on), n. f. pl. de compassion. Commisération, pitié. — (con-pa-sion), v. compasser, indic. imp. et subj. prés., 1re pers. pl. Mesurer au compas.

Confessions (con-fè-sĭ-on), n. f. pl. de confession. Déclaration, profession de foi ; aveu des péchés. — (con-fè-sion), v. confesser, ind. imp. et subj. prés., 1re pers. pl. Avouer ; entendre une confession.

Content (con-tan), adj. m. s. Satisfait. — (con-te), v. conter, ind. et subj. prés., 3e pers. pl. Faire un récit, narrer.

Contentions (con-tan-tion), v. contenter, indic. imp. et subj. prés., 1re pers. pl. Rendre content, satisfaire. — (con-tan-sĭ-on), n. f. pl. de contention. Débat, dispute ; application d'esprit.

Contractions (con-trăk'-tion), v. contracter, indic. imp. et subj. prés., 1re pers. pl. Faire un contrat, une convention ; raccourcir. — (con-trăk'-sĭ-on), n. f. pl. de contraction. Mouvement des nerfs qui se raccourcissent ; réduction de deux syllabes en une.

Convergent (con-vèr-jan), adj. m. s. Qui converge. — (con-vèr-je), v. converger, indic. et subj. prés., 3e pers. pl. Se diriger vers un point commun.

Conversions (con-vèr-sĭ-on), n. f. pl. de conversion. Changement. — (con-vèr-sion), v. converser, indic. imp. et subj. prés., 1re pers. pl. Causer, s'entretenir familièrement.

Convient (con-viin), v. convenir, indic. prés., 3e pers. sing. Être conforme ; consentir ; plaire. — (con-vīe), v. convier, indic. et subj. prés., 3e pers. pl. Inviter.

Couvent (coŭ-van), n. m. s. Maison religieuse. — (cou-ve), v. coüver, indic. et subj. prés., 3e pers. pl. Demeurer accroupi sur des œufs.

Crevasse, s, nt, ions, iez (cre-vă-se, sion, sié), v. crever, subj. imp. Percer. — (cre-vă-se, sion, sié), v. crevasser, indic., impér. et subj. prés., et indic. imp. Fendre. — (cre-vă-se), n. f. s. et pl. Fissure, fente.

Cric, s (cri), n. m. s. et pl. Machine pour soulever de lourds fardeaux. — (crĭk'), interj. et n. m. Bruit d'une chose qu'on déchire. — (id., ou cri : l'Académie préfère *crid* à *cric*), n. m. s. et pl. Poignard des Javanais.

Culasse, s, nt, ions, iez (cŭ-lă-se, sion, sié), v. culer, subj. imp. Reculer. — (cŭ-lă-se, sion, sié), v. culasser, ind., impér. et subj. prés., et ind. imp. Mettre la culasse. — (cŭ-lă-se), n. f. s. et pl. Le fond d'une arme à feu.

Curions (cu-rĭ-on), n. m. pl. de curion. Chef d'une curie. — (cu-rion), v. curer, indic. imp. et subj. prés., 1re pers. pl. Nettoyer.

D.

Damas (dă-mās'), n. pr. m. Ville de la Syrie ; n. pr. d'homme. — (dă-mā), n. m. Étoffe, lame, etc., damassée, ou originaire de Damas. — (dă-ma), v. damer, indic. parf., 2e pers. sing. Faire dame au jeu de dames ; battre la terre à coups de dame.

Damasse, s, nt ; sions, siez (dă-mă-se, sion, sié), v. damasser, ind., impér. et subj. prés., et indic. imp. Fabriquer du linge à fleurs et à personnages, à la façon du damas. — (dă-mă-se, sion, sié), v. damer, subj. imp. Faire dame ; battre à coups de dame.

Damnas (dăm'-nā, ou dăm'-nās'), n. m. s. et pl. Héritier qui, chez les Romains, était chargé de payer un legs. — (dă-na ou dān-na), v. damner, ind. parf., 2e pers. sing. Punir de l'enfer.

Débarrasse, s, nt, ions, iez (dé-bā-ră-se, sion, sié), v. débarrer, subj. imp.

Oter la barre. — (dé-ba-ră-se, sié), v. débarrasser, indic., impér. et subj. prés., et indic. imp. Tirer d'embarras.

Déceptions (dé-sèp-tion), v. décepter, vieux, indic. imp. et subj. prés., 1ro pers. pl. Tromper, décevoir. — (dé-sèp-sĭ-on), n. f. pl. de déception. Tromperie ; erreur.

Démissions (dé-mĭ-sĭ-on), n. f. pl. de démission. Action de se démettre d'une charge. — (dé-mī-sion), v. démettre, subj. imp., 1re pers .pl. Disloquer, ôter.

Déparions, riez (dé-pă-rĭ-on, rĭ-é), v. déparier (2 fois : V. *déparier* dans le dict. des Homonymes), indic. et impér. prés., 1re et 2e pers. pl. 1° Oter l'une des deux choses qui font la paire ; 2° Défaire un pari, une gageüre. — (dé-pă-rion, rié), v. déparer, indic. imp. et subj. prés., 1re et 2e pers. pl. Oter ce qui pare, ce qui orne.

Dépressions (dé-prè-sĭ-on), n. f. pl. de dépression. Abaissement d'un corps par la pression. — (dé-prè-sion), v. dépresser, indic. imp. et subj. prés., 1re pers. pl. Oter de la presse.

Désertions (dé-zèr-tion), v. déserter, indic. imp. et subj. prés., 1re pers. pl. Abandonner un lieu. — (dé-zèr-sĭ-on), n. f. pl. de désertion. Action de déserter.

Désinfections (dé-zin-fèk-tion), v. désinfecter, indic. imp. et subj. prés., 1re pers. pl. Oter l'infection, les miasmes putrides. — (dé-zin-fèk-sĭ-on), n. f. pl. de désinfection. Action de désinfecter.

Détractions (dé-trăk-tion), v. détracter, ind. imp. et subj. prés., 1re pers. pl. Médire outrageusement de quelqu'un. — (dé-trăk-sĭ-on), n. f. pl. de détraction. Action de prélever, de retrancher une portion d'une chose ; médisance.

Détritions (dé-tri-tion), v. détriter, ind. imp. et subj. prés., 1re pers. pl. Broyer, écraser des graines. — (dé-tri-sĭ-on), n. f. pl. de détrition. Usure par frottement.

Dictions (dĭk-tion), v. dicter, ind. imp. et subj. prés., 1re pers. pl. Donner à écrire ce qu'on prononce de vive voix ; suggérer, inspirer. — (dĭk-sĭ-on), n. f. pl. de diction. Choix et arrangement des mots.

Dispersions (dĭs-pèr-sĭ-on), n. f. pl. de dispersion. Action de disperser,

effets de cette action. — (dĭs-pèr-sion), v. disperser, ind. imp. et subj. prés., 1re pers. pl. Disséminer.

Divergent (di-vèr-jan), adj. m. s. Qui diverge. — (di-vèr-je), v. diverger. ind. et subj. prés., 3e pers. pl. S'écarter, s'éloigner d'un centre commun.

Divisions (di-vi-zĭ-on), n. f. pl. de division. Partage. — (di-vi-zion), v. diviser, ind. imp. et subj. prés., 1re pers. pl. Partager, désunir.

Dix (dĭ quand il est *inséparablement* suivi d'une consonne : *dix maisons, dix grandes maisons, dix mille hommes*). — (dĭz' quand il fait liaison : *dix arbres, dix honnêtes ouvriers.*) — (dĭss' dans tous les autres cas, notamment toutes les fois qu'il est mis pour dixième : *j'en garde dix pour moi, j'en donne dix aux pauvres ; le dix juin, le dix octobre, Léon dix*), adj. num. card. 9 et 1 ; adj. num. ord. 10e ; n. m. Le nombre 10.

Dolent (dŏ-lan), adj. m. s. Plaintif. — (dŏ-le), v. doler, ind. et subj. prés., 3e pers. pl. Aplanir avec la doloire.

Donna, s (dŏn'-nă), n. f. s. et pl. Cantatrice. — (dŏ-na), v. donner, ind. parf., 2e et 3e pers. sing. Faire don de, accorder.

Douai (doŭ-è), n. pr. m. Sous-préfecture du Nord. — (doŭ-é), v. douer, ind. parf., 1re pers. sing. Donner un douaire ; favoriser, pourvoir.

Durions (du-rĭ-on), n. m. pl. de durion. Arbre de l'Inde. — (du-rion), v. durer, indic. imparf. et subj. prés., 1re pers. pl. Continuer d'être.

E.

Echec, s (é-chèk'), n. m. s. et pl. Terme qui s'emploie au jeu d'échecs, lorsqu'on force le roi de se retirer ou de se couvrir ; perte éprouvée par une armée. — (é-chè, selon quelques-uns ; et mieux é-chèk' selon les autres), n. m. pl. de échec. Jeu qui se joue à deux sur un damier de 64 cases ; l'ensemble des pièces qui servent à ce jeu (1).

Éclosions (é-clō-zĭ-on), n. f. pl. de

---

(1) Pourquoi le plur. *échecs*, jeu ou pièces de jeu, ne se prononcerait-il pas comme le plur. *échecs*, terme de jeu ou dommage ? Voilà qu'on devra prononcer, par exemple : *En jouant hier*

éclosion. Action d'éclore. — (é-clō-zion), v. éclore, ind. imp. et subj. prés., 1re pers. pl. Naître d'un œuf; être produit, se manifester.

Éditions (é-dĭ-tion), v. éditer, ind. imp. et subj. prés., 1re pers. pl. Publier une œuvre littéraire. — (é-dĭ-sĭ-on), n. f. pl. de édition. Publication d'un livre; impression.

Élis (é-li), v. élire, indic. prés. et parf. et impér. prés., 1re et 2e pers. sing. Choisir. — (é-liss'), n. pr. f. Capitale de l'Élide.

Élisions (é-li-zĭ-on), n. f. pl. de élision. Suppression d'une lettre; action d'élider. — (é-li-zion), v. élire, indic. imp. et subj. prés., 1re pers. pl. Choisir.

Embarrasse, s, nt, ions, iez (an-bā-rā-se, sion, sié), v. embarrer, subj. imp. Enfermer avec des barres. — (an-ba-ră-se, sion, sié), v. embarrasser, ind., impér. et subj. prés., et indic. imp. Causer de l'embarras.

Émergent (é-mèr-jan), adj. m. s. Qui sort d'un milieu après l'avoir traversé. — (é-mèr-je), v. émerger, indic. et subj. prés., 3e pers. pl. Sortir en montant.

Émissions (é-mĭ-sĭ-on), n. f. pl. de émission. Action d'émettre. — (é-mĭ-sion), v. émettre, subj. imp., 1re pers. pl. Produire au-dehors.

Encrasse, s, nt, ions, iez (an-crā-se, sion, sié), v. encrer, subj. imparf. Couvrir d'encre. — (an-crā-se, sion, sié), v. encrasser, ind., impér. et subj. prés., et ind. imp. Couvrir de crasse.

Équipollent (é-kĭ-pŏl-lan), adj. m. s. Égal en valeur; n. m. s. Ce qui vaut autant. — (é-kĭ-pŏ-le), v. équipoller, ind. et subj. prés., 3e pers. pl. Valoir autant que, compenser.

Équivalent (é-kĭ-vă-lan), adj. m. s. Qui équivaut, qui est de même valeur; n. m. s. Chose ou quantité de même valeur qu'une autre. — (é-kĭ-vă-le), v. équivaloir, ind. prés., 3e pers. pl. Être de même valeur.

Est (èst')¦ n. m. s. Orient ou levant.

— (è), v. être, indic. prés., 3e pers. sing. Exister.

Et (é), conj. qui unit, qui ajoute. — (èt), conj. latine, ne s'emploie que dans et cætera.

Évasions (é-vă-zĭ-on), n. f. pl. de évasion. Fuite secrète. — (é-vă-zion), v. évaser, ind. imp. et subj. prés., 1re pers. pl. Élargir une ouverture.

Évident (é-vĭ-dan), adj. m. s. Manifeste, clair. — (é-vĭ-de), v. évider, ind. et subj. prés., 3e pers. pl. Faire une cannelure, un vide; échancrer, creuser.

Excellent (èk-sè-lan), adj. m. s. D'une bonté, d'une perfection supérieure. — (èk-sè-le), v. exceller, ind. et subj. prés., 3e pers. pl. Surpasser; avoir un degré éminent de perfection.

Exceptions (èk-sèp-tion), v. excepter, ind. imp. et subj. prés., 1re pers. pl. Ne pas comprendre dans un nombre. — (èk-sèp-sĭ-on), n. f. pl. de exception. Action d'excepter; ce qui est excepté.

Excrétions (èks-cré-tion), v. excréter, indic. imp. et subj. prés., 1re pers. pl. Rejeter, pousser au dehors les humeurs. — (èks-cré-sĭ-on), n. f. pl. de excrétion. Sortie des humeurs; matières évacuées.

Exécutions (èg-zé-cu-tion), v. exécuter, ind. imp. et subj. prés., 1re pers. pl. Effectuer, accomplir; mettre à mort. — (èg-zé-cu-sĭ-on), n. f. pl. de exécution. Action, manière d'exécuter; peine de mort.

Exemptions (èg-zan-tion), v. exempter, ind. imp. et subj. prés., 1re pers. pl. Rendre exempt, dispenser. — (èg-zan-sĭ-on; ou, selon quelques-uns, mais moins bien, èg-zanp'-sĭ-on), n. f. pl. de exemption. Dispense, grâce.

Expédient (èk-spé-dĭ-an), n. m. s. Moyen de réussir. — (èk-spé-dīe), v. expédier, ind. et subj. prés., 3e pers. pl. Hâter, dépêcher; envoyer.

Expulsions (èks-pŭl-sĭ-on), n. f. pl. de expulsion. Action d'expulser. —

---

aux ÉCHÈ, *j'ai eu quatre* ÉCHÈK *dans la première partie*. Peut-on imaginer une distinction plus subtile, plus frivole et plus absurde que celle-là? Qu'un enfant manifeste un pareil caprice, on le tancera, on le gifflera. Dira-t-on servilement *amen*, quand un livre prétendra que *échecs*, ce seul et unique mot qui n'a qu'une seule et unique étymologie, une seule et unique signification originelle, soit prononcé tantôt *échèk* et tantôt *eché*?

J'ai dit *un livre*, et non pas *l'usage*. Car l'usage que je connais est de prononcer *échèk* dans tous les cas, sans exception. Que certains habitants de Brive-la-Gaillarde, ou de Vire, ou de Paris, ou d'ailleurs, disent *une partie d'*ÉCHÈ, que nous importe? Nous, disons *une partie* d'ÉCHÈK.

(èks-pŭl-sion), v. expulser, ind. imp. et subj. prés., 1re pers. pl. Chasser avec violence ; déposséder.

F.

Ferment (fèr-man), n. m. s. Levain.
— (fèr-me), v. fermer, ind. et subj. prés., 3e pers. pl. Clore.

Fier (fièr), adj. m. s. Hautain ; noble.
— (fĭ-é), v. à l'infin. prés. Confier.

Filasse, s (fĭ-lă-se), v. filer (2 fois : V. *filer* dans le dictionn. des homon.), subj. imp., 1re et 2e pers. sing. 1° Faire du fil. 2° Aller à la file, l'un après l'autre.
— (fĭ-lă-se), n. f. s. et pl. Filaments du lin, du chanvre, etc., destinés à être filés.

Fils (fil'), n. m. pl. de fil. Brin long et menu. — (fĭ ; ou, fiss', moins bien), n. m. s. et pl. Enfant mâle.

Fions (fĭ-on), v. fier, ind. et impér. prés., 1re pers. pl. Confier. — (fion ou fĭ-on), n. m. pl. de fion. Tournure, bonne façon.

Forez (fŏ-ré), v. forer, ind. et impér. prés., 2e pers. pl. Percer. — (fŏ-rêz'), n. pr. m. s. Ancienne province de France.

Forte (fŏr-te), adj. f. s. de fort. Robuste, violent. — (fŏr-té), adv., mot ital. Fortement ; n. m. Passage marqué du signe *forte* ; ce signe lui-même (1).

G.

Gabarier (gă-bă-rĭ-é), v. gabarier, à l'infin. prés. Travailler d'après un modèle nommé gabari. — (gă-bă-rié), n. m. s. Patron qui commande une gabare.

Gabarions, riez (gă-bă-rĭ-on, rĭ-é), v. gabarier, ind. et impér. prés., 1re et 2e pers. pl. Travailler d'après un modèle nommé gabari. — (gă-bă-rion, rié), v. gabarer, ind. imp. et subj. prés., 1re et 2e pers. pl. Mouvoir un canot avec un seul aviron sur la poupe.

Galions (gă-lĭ-on), n. m. pl. de galion. Ancien navire ; traverse d'écoutille. — (gă-lion), v. se galer, ind. imp. et subj. prés., 1re pers. pl. Se gratter.

Gentil, s (jan-ti ; quand le sing. fait liaison, il se prononce jan-til, *l* m. : *Un gentil enfant, un gentilhomme*), adj. m. s. et pl. Beau, sage, gracieux, poli. Le fém. est *gentille*. — (jan-til'), n. et adj. m. s. et pl. Païen, infidèle. Le fém. est *gentile*.

Gourmas (goŭr-ma), v. gourmer (2 fois : V. Dict. des Homon., *gourmer*), ind. parf., 2e pers. sing. 1° Mettre la gourmette ; battre à coups de poing ; 2° Goûter le vin, etc. — (goŭr-mas'), n. m. s. et pl. Tuyau par lequel le jus d'un marais salant communique avec les aires.

Guise, s (ghi-ze), n. c. f. s. et pl. Manière, mode, fantaisie, façon d'agir. — (id.), v. guiser, ind., impér. et subj. prés., 1re, 2e et 3e pers. sing. Gazouiller comme le chardonneret. — (ghi-ze, et non guï-ze), n. pr. m. s. Chef-lieu de canton de l'Aisne ; n. pr. m. s. et pl. Nom de plusieurs membres d'une très célèbre famille ducale de Lorraine (2).

H.

Hélas (hé-la, *h* asp.), v. héler, ind. parf., 2e pers. sing. Appeler avec un porte-voix. — (é-lass'. Le *h* peut s'as-

---

(1) Toute personne étrangère qui vient s'établir en France, est tenue d'observer les lois françaises. De même, tout mot étranger qui vient prendre place parmi les mots de notre langue, est obligé de se conformer à la prononciation et à l'orthographe de notre langue. Autrement, le français ne serait bientôt plus qu'un ramassis de toutes les langues du monde, dépourvu d'unité et de caractère national. Or, *forte*, *andante*, etc., étant d'un fréquent usage parmi nous, doivent être considérés comme mots français, et, en cette qualité, soumis aux lois de notre langue. Donc, puisque nous prononçons *forté*, *andanté*, écrivons *forté*, *andanté*.

(2) Tous les mots de ce groupe, ayant exactement la même prononciation, ne sont pas homographes (si ce n'est pour les quelques personnes qui prononcent encore *guï-ze* le nom propre *Guise*). Néanmoins, je les fais figurer ici, afin de dissiper le doute qu'on pourrait avoir au sujet de ce nom impérissable qui, depuis le XVIe siècle, se répète si fréquemment dans notre histoire.

pirer en poésie) (1), interj. de tristesse, de douleur morale.

Hier (ĭ-èr. Nos premiers poètes le fesaient le plus souvent d'une seule syllabe ; Delille et Fabre d'Églantine l'ont fait aussi d'une seule syllabe. C'est une licence qu'on peut laisser à la poésie), adv. de temps. La veille d'aujourd'hui.— (ièr, dans *avant-hier*). —(hĭ-é, *h* asp.), v. à l'infin. prés. Enfoncer avec la hie.

Hui (uĭ), adv. de temps, qui sert à marquer le jour où l'on est. Ne s'emploie guère que dans *aujourd'hui, cejour-d'hui*. — (uĭ ; ou huĭ, *h* asp.), n. m. s. Pièce de bois qui soutient une voile. — (hŭ-ĭ, *h* asp.), p. m. s. du v. huir. Crier comme le milan.

Huis (ui), n. m. s. et pl., vieux. Porte. — (uĭ ; ou huĭ, *h* asp.), n. m. pl. de hui. Pièce de bois qui soutient une voile. — (hŭ-i, *h* asp.), v. huir, ind. prés. et parf. et impér. prés., 1ʳᵉ et 2ᵉ pers. sing. Crier comme le milan.

Huit (huĭ, *h* asp., quand il est *inséparablement* suivi d'un mot commençant par une consonne : *huit chevaux, huit bons chevaux, huit cents, huit millions*; huit', *h* asp., dans tous les autres cas : *huit artistes, huit habiles artistes; j'en ai huit, j'en donne huit à ma sœur, j'en prends huit pour moi ; le huit septembre, le huit octobre; Charle huit, un huit*), adj. num. card. 7 et 1 ; adj. num. ord. 8ᵉ ; n. m. s. Le chiffre 8 ; le nombre 8. — (hŭ-ĭ, *h* asp.), v. huir, ind. prés. et parf., 3ᵉ pers. sing. Crier comme le milan.

I.

In (in, nasal, devant une consonne : *in-quarto, in-huit, in-douze*; inn' devant une voyelle : *in-octavo*, et aussi dans *in-plano*), prép. latine qui signifie *dans*.

Incisions (in-si-zĭ-on), n. f. pl. de incision. Coupure, fente. — (in-si-zion), v. inciser, ind. imp. et subj. prés., 1ʳᵉ pers. pl. Couper en long.

Indus (in-du), adj. m. pl. de indû. Contraire à la règle, à l'usage. — (in. dŭs'), n. pr. m. s. Grand fleuve de l'Asie.

Infections (in-fèk-tion), v. infecter, ind. imp. et subj. prés., 1ʳᵉ pers. pl. Exhaler une mauvaise odeur ; corrompre. — (in-fèk-sĭ-on), n. f. pl. de infection. Puanteur contagieuse ; corruption.

Influent (in-flŭ-an), adj. m. s. Qui a de l'influence. — (in-flûe), v. influer, ind. et subj. prés., 3ᵉ pers. pl. Agir, faire impression, exercer un pouvoir caché sur...

Infusions (in-fū-zĭ-on), n. f. pl. de infusion. Action d'infuser; chose infusée. — (in-fū-zion), v. infuser, ind. imp. et subj. prés., 1ʳᵉ pers. pl. Détremper dans un liquide.

Injections (in-jèk-tion), v. injecter, ind. imp. et subj. prés., 1ʳᵉ pers. pl. Jeter, introduire un liquide dans. — (in-jèk-sĭ-on), n. f. pl. de injection. Action d'injecter ; résultat de cette action ; liquide injecté.

Insolent (in-sŏ-lan), adj. m. s. Effronté, irrespectueux. — (in-sŏ-le), v. insoler, ind. et subj. prés., 3ᵉ pers. pl. Exposer à l'action du soleil.

Inspections (ins-pèk-tion), v. inspecter, ind. imp. et subj. prés., 1ʳᵉ pers. pl. Examiner. — (ins-pèk-sĭ-on), n. f. pl. de inspection. Examen ; fonction d'inspecteur.

Insurgent (in-sŭr-jan), n. m. s., vieux. Insurgé, révolté. — (in-sŭr-je), v. s'insurger, ind. et subj. prés., 3ᵉ pers. pl. Se soulever contre un gouvernement.

Intentions (in-tan-tion), v. intenter, ind. imp. et subj. prés., 1ʳᵉ pers. pl. Commencer un procès. — (in-tan-sĭ-on), n. f. pl. de intention. Projet, idée, volonté ; motif.

---

(1) Selon M. Bescherelle, en poésie le *h* s'aspire après une voyelle, à moins que ce ne soit un *e* muet.

> *Je dis la vérité* : HÉLAS ! *à quoi sert-elle ?* (MOLLEV.).
> *Mon cher Eumée,* HÉLAS ! *j'avais honte d'aimer.* (GENEST).
>   (*Dictionn. national*, au mot *hélas*).

On pourrait demander sur quoi cette distinction est fondée. Il est, je crois, plus sage de laisser au poète la faculté d'aspirer ou de ne pas aspirer ce mot, selon le besoin, quelle que soit la voyelle qui précède. Pourquoi lui imposer une exception arbitraire et gênante ?

Interceptions (in-tèr-sèp-tion), v. intercepter, ind. imp. et subj. prés., 1re pers. pl. Arrêter, interrompre le cours direct d'une chose. — (in-tèr-sèp-sĭ-on), n. f. pl. de interception. Interruption du cours direct d'une chose.

Inventions (in-van-tion), v. inventer, ind. imp. et subj. prés., 1re pers. pl. Trouver, imaginer quelque chose de nouveau. — (in-van-sĭ-on), n. f. pl. de invention. Action d'inventer, chose inventée; faculté de l'esprit.

L.

La (lă), art. f. s.; pron. pers. 3e pers. f. s. — (lā), n. m. s. et pl. 6e note de la gamme.

Lacs (lăk), n. m. pl. de lac. Grande étendue d'eau entourée de terre. — (lā), n. m. s. et pl. Cordon, nœud coulant; piège, filet.

Lampions (lan-pĭ-on), n. m. pl. de lampion. Petite lampe. — (lan-pion), v. lamper, indic. imp. et subj. prés., 1re pers. pl. Boire avidement.

Las (lā, et non lāss'), adj. m. s. et pl. Fatigué. — (lāss'), interj., abréviat. de *hélas*.

Lavasse, s (lă-vă-se), n. f. s. et pl. Grande pluie subite; breuvage où l'on a mis trop d'eau. — (lă-vā-se), v. laver, subj. imp., 1re et 2e pers. sing. Nettoyer dans un liquide.

Législations (lé-jĭs-lă-tion), v. législater, ind. imp. et subj. prés., 1re pers. pl. Faire le législateur. — (lé-gĭs-lă-sĭ-on), n. f. pl. de législation. Droit de faire des lois; le corps même des lois.

Lésions (lé-zĭ-on), n. f. pl. de lésion. Action de léser; dommage. — (lé-zion), v. léser, ind. imp. et subj. prés., 1re pers. pl. Blesser, offenser, nuire.

Lias (lĭ-a), v. lier, indic. parf., 2e pers. sing. Attacher, serrer avec un lien; unir. — (lĭ-ass'), n. m. Système de roches calcaires.

Liasse, s (lĭ-ă-se), n. f. s. et pl. Amas de papiers liés ensemble. — (lĭ-ă-se), v. lier, subj. imp., 1re et 2e pers. sing. Attacher, unir avec un lien.

Limasse, s (lĭ-mă-se), n. f. s. et pl. Maladie du pied des vaches. — (lĭ-mă-se), v. limer, subj. imp., 1re et 2e pers. sing. Polir avec une lime.

Liquations (lĭ-koua-tion), v. liquater, indic. imp. et subj. prés., 1re pers. pl. Soumettre un métal à la liquation. — (lĭ-kouā-sĭ-on), n. f. pl. de liquation. Ou *ressuage*, opération qui consiste à séparer, par une chaleur douce, un métal moins fusible d'un autre qui l'est davantage et avec lequel il était allié.

Liris (li-ri), n. m. pl. de liri. Poisson mollusque, espèce de patelle à coquille cartilagineuse. — (li-riss'), n. m. s. et pl. Genre d'insectes hyménoptères.

Lis (li), v. lire, ind. et impér. prés., 1re et 2e pers. sing. Parcourir des yeux, avec la connaissance des lettres, des mots écrits ou imprimés. — (li dans *fleur de lis*, terme de blason; liss' dans les autres cas (1); et mieux, *liss'* dans tous les cas, sans exception), n. m. s. et pl. Genre de plantes; fleur du lis blanc; blancheur.

Lot (lŏ), n. c. m. s. Portion. — (lŏt'), n. pr. m. s. Rivière et département de France.

Lotos (lŏ-tŏ), n. m. pl. de loto. Sorte de jeu de loterie; pièces qui servent à ce jeu. — (lŏ-tŏss), et mieux *lotus*, n. m. s. et pl. Sorte de plante.

Lut (lŭ), v. lire, ind. parf., 3e pers. sing. Faire une lecture. — (lŭt'), ou *lute*, n. m. s. Boue; mastic.

M.

Marc (mar), n. c. m. s. Ancien poids qui valait 8 onces; résidu. — (mărk'), n. pr. d'homme.

Marrons (mā-ron), n. m. pl. de marron. Fruit du marronnier; couleur

---

(1) Voilà encore une étrange bisarrerie. D'après cette opinion, il faudrait prononcer ainsi la phrase suivante : *La fleur-de-li représente trois fleurs de liss'.* Pourquoi cette nouvelle distinction? Pourquoi tous ces monceaux d'exceptionnettes qui entravent la marche des études? Pourquoi les docteurs de la langue n'ont-ils pas un mot de critique et de regret à exprimer sur toutes ces difficultés vétilleuses et inutiles, mais fort rebutantes, que le caprice a semées sous les pas de l'étranger, de l'enfant, de l'ignorant, du savant lui-même?

de ce fruit ; adj. Qui est de la couleur des marrons. — (id., ou măr'-ron), n. m. pl. de marron. Cochon sauvage ; esclave fugitif. — (mar'-ron), v. marrer, ind. et impér. prés., 1re pers. pl. Labourer avec la marre.

Mat, s (mă, et non mătt'), adj. m. s. et pl. Autrefois, triste, abattu ; aujourd'hui, terne, non poli, grisaillé. — (mătt), adj. et n. m. s. et pl. Se dit aux échecs du dernier coup qui fait gagner la partie.

Matasse, s (mă-tă-se), n. f. s. et pl. Soie qui n'a pas encore été filée. — (mă-tā-se), v. mater (2 fois : V. maté, Dict. des homon.), subj. imp., 1re et 2e pers. sing. 1° Faire mat aux échecs ; 2° Dompter, affaiblir ; matir ou rendre mat, grisailler.

Mentions (man-tion), v. mentir, ind. imp. et subj. prés., 1re pers. pl. Faire un mensonge. — (man-sĭ-on), n. f. pl. de mention. Commémoration, souvenir.

Mil (mil'), adj. num. ord. Millième. *Mil* ne s'emploie que dans les dates, et devrait s'écrire *mille*. — (mil, *l* m.), n. m. s. Millet, petite graine.

Missions (mĭ-sĭ-on), n. f. pl. de mission. Envoi ; prédication de l'Évangile. — (mĭ-sion), v. mettre, subj. imp., 1re pers. pl. Placer.

N.

Négligent (né-glĭ-jan), adj. m. s. Insouciant, nonchalant. — (né-glĭ-je), v. négliger, ind. et subj. prés., 3e pers. pl. Manquer du soin nécessaire.

Nerf, s (nèr, 1° quand il est lié par un trait d'union au mot suivant : *Un* *nerf-de-bœuf* ; 2° selon quelques-uns, quand il est pluriel). — (nèrf' quand il est sing. Au plur. on devrait encore prononcer nèrf') (1), n. m. s. et pl. Tendon des muscles ; cordon blanchâtre, organe des sensations.

Neuf (neŭf'), adj. qual. m. s. Nouveau. — (1° neŭ quand il est *inséparablement* suivi d'une consonne : *neuf soldats, neuf vaillants soldats* ; *l'an neuf cent huit ; neuf millions.* 2° neŭv' quand il est *inséparablement* suivi d'une voyelle : *neuf hommes, neuf excellents fruits.* 5° neuf' dans les autres cas : *j'en laisse neuf aux autres et j'en garde neuf, il en reste neuf pour vous ; Louis neuf, un neuf, trois fois neuf*), adj. num. card. 8 et 1 ; adj. num. ord. 9e ; n. m. Le chiffre 9 ; le nombre 9.

Notions (nŏ-tion), v. noter, indic. imp. et subj. prés., 1re pers. pl. Marquer ; prendre note ; mettre en notes de musique. — (no-sĭ-on), n. f. pl. de notion. Connaissance, idée d'une chose.

O.

Objections (ŏb-jèk-tion), v. objecter, ind. imp. et subj. prés., 1re pers. pl. Opposer ; faire une objection. — (ŏb-jèk-sĭ-on), n. f. pl. de objection. Difficulté qu'on oppose à une proposition.

Œuf, s (autrefois, *euf* au sing., *eu* au plur. Aujourd'hui, *euf* dans tous les cas, même au plur., même dans les expressions œuf frais, œuf dur, œuf rouge, œuf brouillé, tant au sing. qu'au plur. En un mot, euf' partout et toujours.) (2), n. m. s. et pl. Corps organique que

---

(1) Voyez les notes annexées aux mots *bœuf* et *œuf*.

(2) « Au singulier *œuf, un œuf, un gros œuf*, se prononcent *euff, un euff, un gros euff*. » Quant au pluriel *œufs, des œufs, de gros œufs*, beaucoup de personnes continuent a prononcer » *eû, des eû, de gros eû* ; mais cette prononciation, autorisée par les anciens grammairiens, se » perd de jour en jour. En effet, dit un critique, une oreille délicate croit découvrir dans le mot » *œufs* prononcé *eû*, une sorte de trivialité qui convient plutôt au langage du peuple ; il n'y a » d'ailleurs aucun motif raisonnable pour que le pluriel soit différent du singulier. Ce n'est qu'un » pur caprice de grammairien, auquel l'usage s'est constamment opposé ; ajoutez que la lettre *f* » est une de celles qui se suppriment le plus rarement. Aujourd'hui il est non seulement permis, » selon nous, mais indispensable de faire sentir le *f* du mot *œuf*, au pluriel comme au singulier, » en donnant toutefois à la voyelle *œu* toute la douceur qui lui convient. »

(Dictionn. national, au mot *œuf.)*

Ces raisonnements sont sans réplique. Prononcez donc *toujours* EUF et *jamais* EU. — Relisez ces mêmes raisonnements en substituant *bœuf* à *œuf*, et vous arriverez à la même conclusion, savoir : à part les mots composés, prononcez *toujours* BŒUF, et *jamais* BEU.

pondent les oiseaux, les poissons, les insectes.

Officier (ŏ-fi-sĭ-é), v. à l'infin. prés. Faire l'office divin à l'église. — (ŏ-fi-sié), n. m. s. Celui qui a un office à exercer, une charge à remplir.

Omissions (ŏ-mĭ-sĭ-on), n. f. pl. de omission. Manquement, oubli. — (ŏ-mī-sion), v. omettre, subj. imp., 1re pers. pl. Manquer à faire une chose.

Opinions (ŏ-pĭ-nĭ-on), n. f. pl. de opinion. Avis, sentiment. — (ŏ-pĭ-nion), v. opiner, ind. imp. et subj. prés., 1re pers. pl. Dire son avis, son opinion.

Oppressions (ŏ-prè-sĭ-on), n. f. pl. de oppression. Action d'opprimer ou d'oppresser; état ou effet qui résulte de cette action; étouffement. — (ŏ-prè-sion), v. oppresser, ind. imp. et subj. prés., 1re pers. pl. Presser fortement, étouffer.

Options (ŏp-tion), v. opter, indic. imp. et subj. prés., 1re pers. pl. Choisir. — (ŏp-sĭ-on), n. f. pl. de option. Faculté, action d'opter.

P.

Paillasse, s (pă-llă-se, _ll_ m.), n. f. s. et pl. Sac rempli de paille pour garnir un lit; n. m. s. et pl. Bateleur, histrion. — (pă-llă-se, _ll_ m.), v. pailler, subj. imp., 1re et 2e pers. sing. Répandre de la paille sur un champ.

Papas (pă-pă), n. m. pl. de papa, mot enfantin. Père. — (pa-pass'), n. m. s. et pl. Prêtre séculier grec; autre nom du topinambour.

Parent (pă-ran), adj. et n. m. s. Allié par le sang. — (pă-re), v. parer, ind. et subj. prés., 3e pers. pl. Orner, embellir.

Parions, riez (pă-rĭ-on, rĭ-é), v. parier, indic. et impér. prés., 1re et 2e pers. pl. Faire un pari, une gageüre. — (pă-rion, rié), v. parer, indic. imp. et subj. prés., 1re et 2e pers. pl. Orner, embellir.

Part (par), 1° n. f. s. Partie, portion; 2° v. partir, ind. prés., 3e pers. sing. Se mettre en chemin; s'éloigner. — (părt'), n. m. s., t. de jurispr. Enfant.

Passions (pă-sĭ-on), n. f. pl. de passion. Affection violente; mouvement impétueux de l'âme; souffrances et mort de Jésus-Christ; partie de l'Évangile où elles sont racontées; sermon sur ce sujet. — (pā-sion), v. passer, ind. imp. et subj. prés., 1re pers. pl. Porter ou aller d'un lieu dans un autre; traverser; omettre.

Pattai (păt-tè, ou pă-tè), n. m. s. Espèce d'acacia des Indes. — (pă-té), v. patter, ind. parf., 1re pers. sing. Régler du papier avec une patte.

Pensions (pan-sĭ-on), n. f. pl. de pension. Maison où l'on est logé et nourri pour un certain prix; ce prix même; revenu annuel qu'on paie ou qu'on reçoit. — (pan-sion), v. penser, ind. imp. et subj. prés., 3e pers. pl. Réfléchir.

Permissions (pèr-mĭ-sĭ-on), n. f. pl. de permission. Autorisation, liberté de faire ou de dire une chose. — (pèr-mĭ-sion), v. permettre, subj. imp., 1re pers. pl. Autoriser; ne pas empêcher.

Persécutions (pèr-sé-cŭ-tion), v. persécuter, ind. imp. et subj. prés., 1re pers. pl. Inquiéter, tourmenter. — (pèr-sé-cu-sĭ-on), n. f. pl. de persécution. Action de persécuter, vexation.

Piété, s (pĭ-é-té), n. f. s. et pl. Affection et respect pour les choses de la religion; sentiment religieux envers les personnes. — (pié-té), p. m. s. et pl. du v. piéter. A certains jeux, tenir le pied à l'endroit qui a été marqué pour cela; disposer quelqu'un à la résistance; donner une teinte de bleu aux étoffes qu'on veut teindre en noir.

Pieux (pĭ-eū), adj. m. s. et pl. Qui a de la piété. — (pieū), n. m. pl. de pieu. Pièce de bois aiguisée.

Pipions, piez (pĭ-pĭ-on, pĭ-é), v. pipier, ind. et impér. prés., 1re et 2e pers. pl. Ou _pépier_, crier comme le moineau ou les petits oiseaux. — (pĭ-pion, pié), v. piper, ind. imp. et subj. prés., 1re et 2e pers. pl. Contrefaire le cri de la chouette; tromper.

Plus (plu), v. plaire, ind. parf., 1re et 2e pers. sing. Être agréable. — (1° plŭss, quand il indique une addition : 3 _plus 4_; une énumération, un inventaire : _plus la somme de 20,000 francs, plus un lit en acajou._ 2° plŭ, dans tous les autres cas.), adv. Davantage; en outre; n. m. Opposé de moins.

Porter (pŏr-té), v. à l'infin. prés. Soutenir un fardeau; souffrir, subir;

inscrire. — (pŏr-tèr), n. m. Espèce de bière forte d'Angleterre.

Portions (pŏr-tion), v. porter, ind. imp. et subj. prés., 1re pers. pl. V. *porter.* — (pŏr-sĭ-on], n. f. pl. de portion. Partie d'un tout; lot, part.

Précisions (pré-si-zĭ-on), n. f. pl. de précision. Exactitude, clarté, justesse. — (pré-si-zion). v. préciser, ind. imp. et subj. prés., 1re pers. pl. Présenter d'une manière précise, avec clarté et justesse; fixer.

Président (pré-zĭ-dan), n. m. s. Celui qui préside. — (pré-zĭ-de), v. présider, ind. et subj. prés., 3e pers. pl. Occuper la première place dans une assemblée.

Pressent (prè-san), v. pressentir, ind. prés., 3e pers. sing. Avoir un pressentiment, une idée confuse de ce qui doit arriver; sonder les dispositions de quelqu'un. —(prè-se), v. presser, ind. et subj. prés., 3e pers. pl. Serrer, comprimer; poursuivre; ne pas souffrir de délai.

Pressions (prè-sĭ-on), n. f. pl. de pression. Action de presser; ses effets. — (prè-sion), v. presser, ind. imp. et subj. prés., 1re pers. pl. Serrer, comprimer; poursuivre.

Privas (prĭ-va), v. priver, ind. parf., 2e pers. sing. Oter à quelqu'un ce qu'il possède ou doit posséder.—(prĭ-vā, et non prĭ-vāss'), n. pr. Préfecture de l'Ardèche.

Professions (prŏ-fè-sĭ-on), n. f. pl. de profession. Déclaration; état de vie; acte par lequel on fait des vœux de religion. — (prŏ-fè-sion), v. professer, ind. imp. et subj. prés., 1re pers. pl. Avouer publiquement; exercer; enseigner.

Progressions (prŏ-grè-sĭ-on), n. f. pl. de progression. Mouvement en avant; en arithmétique, suite de rapports égaux. — (prŏ-grè-sion), v. progresser, indic. imp. et subj. prés. Faire des progrès.

Promissions (prŏ-mĭ-sĭ-on), n. f. pl. de promission. Promesse. Il n'est guère usité que dans: *La terre de promission.* — (prŏ-mĭ-sion), v. promettre, subj. imp., 1re pers. pl. Faire une promesse, s'engager à faire une chose.

Q.

Quillai (kĭl'-lè), n. m. s. Arbre du Chili. — (kĭ-llé, *ll* m.), v. quiller, ind. parf., 1re pers. sing. Jeter une quille près de la boule pour savoir qui jouera le premier.

Quillais (kĭl'-lè), n. m. pl. de quillai. — (kĭ-llè, *ll* m.), v. quiller, ind. imp., 1re et 2e pers. sing. V. *quillai.*

R.

Rallions, liez (ră-llĭ-on, llĭ-é), v. rallier, ind. et impér. prés., 1re et 2e pers. pl. Rassembler, réunir. — (ră-lion, lié), v. raller, ind. imp. et subj. prés., 1re et 2e pers. pl. Aller de nouveau.

Ramasse, s (ră-mă-se), n. f. s. et pl. Traîneau de branchages pour descendre les montagnes. — (id.), v. ramasser, ind., impér. et subj. prés. Traîner dans une ramasse. — (ră-mă-se), v. ramasser, indic., impér. et subj. prés. Faire un assemblage, une collection de; réunir; relever. — (id.), v. ramer (2 fois: V. *ramer* dans le dictionnaire des homon.), subj. imp. 1° Planter des branches pour soutenir des plantes; 2° Faire manœuvrer l'aviron.

Ramasser..., é.,. (ră-mă-sé...), v. et p. Traîner dans une ramasse. — (ră-mă-sé...), v. et p. Rassembler; relever. V. *ramasse.*

Rations (ră-tion), v. rater, indic. imp. et subj. prés., 1re pers. pl. Manquer son coup, ne pas faire feu. — (ra-sĭ-on), n. f. pl. de ration. Portion de vivres qu'on distribue aux soldats.

Rebellions (re-bè-lĭ-on), n. f. pl. de rebellion. Ou *rébellion*, révolte contre l'autorité légitime. — (re-bè-lion), v. se rebeller, ind. imp. et subj. prés., 1re pers. pl. Se révolter.

Recensions (re-san-sĭ-on), n. f. pl. de recension. Produit d'un recensement; comparaison d'une édition avec le manuscrit. — (re-san-sion), v. recenser, ind. imp. et subj. prés., 1re pers. pl. Faire un recensement; vérifier, examiner; poinçonner de nouveau l'orfèvrerie.

Réfractions (ré-frăk-tion), v. réfracter, ind. imp. et subj. prés., 1re pers. pl. Produire la réfraction. — (ré-frăk-sĭ-on), n. f. pl. de réfraction. Brisement ou changement de direction qu'éprouve un rayon lumineux quand il traverse un milieu plus ou moins dense.

Relations (re-lă-tion), v. relater, ind. imp. et subj. prés., 1re pers. pl. Raconter, mentionner. — (re-lă-sĭ-on), n. f. pl. de relation. Rapport d'une chose à une autre ; liaison, correspondance ; récit, narration.

Remisse, s (re-mĭ-se), adj. des 2 genres, s. et pl. Se dit des sons peu intenses et fort graves, qui ne peuvent être rendus que par des cordes extrêmement lâches. — (re-mĭ-se), v. remettre, subj. imp., 1re et 2e pers. sing. Mettre de nouveau ; pardonner.

Résident (ré-zĭ-dan), n. m. s. Celui qui réside auprès d'une cour étrangère. — (ré-zĭ-de), v. résider, indic. et subj. prés., 3e pers. pl. Avoir sa demeure, son domicile.

Retirasse, s, nt ; ions, iez (re-tĭ-ră-se, sion, sié), v. retirer, subj. imp. Tirer de nouveau ; tirer à soi. — (re-tĭ-ră-se, sion, sié), v. retirasser, indic., impér. et subj. prés., et indic. imparf. Tirasser de nouveau.

Rêvasse, s, nt ; ions, iez (rè-vă-se, sion, sié), v. rêvasser, ind., impér. et subj. prés., et ind. imp. Rêver souvent. — (rê-vă-se, sion, sié), v. rêver, subj. imp. Faire un songe.

Revirent (re-vĭ-re), v. revirer, ind. et subj. prés., 3e pers. pl. Tourner d'un autre côté. — (re-vĭ-re), v. revoir, ind. parf., 3e pers. pl. Voir de nouveau.

Revisse, s, nt ; ions, iez (re-vĭ-se, sion, sié), v. revisser, ind., impér. et subj. prés., et ind. imp. Visser de nouveau. — (re-vĭ-se, sion, sié), v. revoir, subj. imp. Voir de nouveau.

Rimasse, s, nt ; ions, iez (rĭ-mă-se, sion, sié), v. rimer, subj. imp. Avoir le même son final ; faire des rimes. — (rĭ-mă-se, sion, sié), v. rimasser, vieux, ind., impér. et subj. prés., et ind. imp. Rimailler, faire de mauvais vers.

Rit (rĭ), v. rire, ind. prés. et parf., 3e pers. sing. Éprouver dans les muscles du visage un mouvement qui exprime la satisfaction. — (rĭt'), n. m. s. (et mieux *rite*). Ordre prescrit des cérémonies religieuses.

Rodez (rŏ-dé), v. roder, ind. et impér. prés., 2e pers. pl. User deux plaques en les frottant l'une sur l'autre, pour qu'elles s'adaptent exactement. — (rŏ-dèz'), n. pr. m. s. (mieux que *Rhodez*). Préfecture de l'Aveyron.

Romancier (rŏ-man-sié), n. m. s. Auteur de romans ; adj. Roman ou romance : se dit du français primitif. — (rŏ-man-sĭ-é), v. à l'infin. prés., vieux. Traduire en roman, en langue vulgaire.

S.

Salien, s : enne, s (să-lĭ-ĭn, è-ne) [lat. *salire*, sauter], n. m. Prêtre de Mars ; adj. Qui appartient aux Saliens. — (să-lĭ-ĭn, è-ne) [rad. *Saale*, rivière], n. et adj. Tribu franque établie sur les bords de la Saale.

Sciasse, s (sĭ-ă-se), n. f. s. et pl. Corde munie d'œillets, à l'usage des cordiers. — (sĭ-ă-se), v. scier, subj. imp., 1re et 2e pers. sing. Couper avec une scie.

Sécrétions (sé-cré-tion), v. sécréter, ind. imp. et subj. prés., 1re pers. pl. Opérer la sécrétion. — (sé-cré-sĭ-on), n. f. pl. de sécrétion. Filtration et séparation des humeurs.

Sens (san), v. sentir, ind. et impér. prés., 1re et 2e pers. sing. Recevoir une impression par les sens ; percevoir ou exhaler une odeur ; éprouver, connaître, — (sans'), n. pr. Sous-préfecture et archevêché de l'Yonne. — (sans', excepté dans *sens-commun*), n. m. s. et pl. Faculté par laquelle l'homme et les animaux communiquent avec le monde extérieur ; intelligence ; signification d'un mot ; opinion.

Sept (sè quand il est *inséparablement* suivi d'une consonne : *sept francs, sept petits enfants, sept cents, sept millions ;* sèt' dans tous les autres cas : *sept enfants, sept habiles médecins ; vous en avez sept, laissez-en sept pour les pauvres ; le sept décembre ; Charle sept.* — Quelques personnes prononcent *sèt'* dans tous les cas, sans aucune exception), adj. num. card. 6 et 1 ; adj. num. ord. 7e ; n. m. Le chiffre 7 , le nombre 7.

Serpent (sèr-pan), n. m. s. Reptile, animal rampant ; instrument de musique ; celui qui en joue, ou serpentiste. — (sèr-pe), v. serper, ind. et subj. prés., 3e pers. pl. Lever l'ancre d'une galère ou d'un bâtiment de bas-bord.

Serrons (sè-ron ou sèr-ron), n. m. pl. de serron. Espèce d'ansérine, plante.

— (sè-rron), v. serrer, indic. et impér. prés., 1re pers. pl. Étreindre, presser; renfermer.

Servions (sèr-vĭ-on), n. m. pl. de servion. Outil du saunier pour retirer le sel. — (sèr-vion), v. servir, ind. imp. et subj. prés., 1re pers. pl. Remplir les fonctions de domestique ; mettre des mets sur la table ; rendre des services, être utile ; rendre à Dieu le culte qu'on lui doit.

Sienne (siè-ne), pron. poss. f. s. de *sien*. Qui est à lui, à elle. — ((sĭ-è-ne), n. pr. f. Grande ville d'Italie.

Sille, s (si-le, selon les uns ; si-lle, *ll* m., selon les autres), n. f. s. et pl. Poème mordant des anciens Grecs. — (si-lle, *ll* m.), v. siller, ind., impér. et subj. prés., 1re et 2e pers. sing. Fendre les flots, en parlant d'un vaisseau.

Six (sĭ quand il est *inséparablement* suivi d'une consonne : *six personnes, six bons soldats*; sĭz' quand il fait liaison, c'est-à-dire, quand il est *inséparablement* suivi d'une voyelle : *six enfants, six aimables personnes*; siss' dans tous les autres cas : *Il y avait six à huit personnes ; le six avril, le six novembre ; six et trois font neuf ; soixante-six s'écrit par deux six*), adj. num. card. 5 et 1 ; adj. num. ord. 6e; n. m. Le chiffre 6, le nombre 6.

Soumissions (soŭ-mĭ-sĭ-on), n. f. pl. de soumission. Disposition à se soumettre, à obéir. — (soŭ-mĭ-sion), v. soumettre, subj. imp., 1re pers. plur. Mettre au-dessous, rendre dépendant.

Sous-divisions (sou-dĭ-vi-zĭ-on), n. f. pl. de sous-division. Subdivision. — (sou-dĭ-vi-zion), v. sous-diviser, indic. imp. et subj. prés., 1re pers. pl. Subdiviser. V. *subdivisions*.

Stage, s (stă-je), n. m. s. et pl. Temps d'épreuve pour les jeunes avocats. — (stè-je, mieux que siè-dje) (1), n. m. s. et pl. Mot anglais qui signifie diligence, et que l'on emploie quelquefois en français pour désigner un fourgon; désigne principalement les fourgons destinés au service de la Cour.

Subdivisions (sŭb-dĭ-vi-zĭ-on), n. f. pl. de subdivision. Division d'une partie d'un tout. — (sŭb-dĭ-vi-zion), v. subdiviser, ind. imp. et subj. prés., 1re pers. pl. Diviser une partie d'un tout déjà divisé.

Suez (sŭ-é), v. suer, ind. et impér. prés., 2e pers. pl. Transpirer. — (sŭ-èz'), n. pr. Ville d'Égypte et isthme entre la mer Rouge et la Méditerranée.

Sus (su), v. savoir, ind. parf., 1re et 2e pers. sing. Connaître. — (sŭs'), interjection pour exciter :) *sus, mes amis, partons ; or sus*. — (id.), adv. Dessus : *courir sus à quelqu'un ; le tiers en sus*.

T.

Talent (tă-lan), n. m. s. Aptitude, capacité; certain poids d'or ou d'argent chez les anciens. — (tă-le), v. taler, ind. et subj. prés., 3e pers. pl. Fouler, meurtrir, froisser des fruits.

Taler (tă-lé), v. à l'infinitif prés. Froisser des fruits. — (ta-lèr), n. m. s. Ou *thaler*, Monnaie d'Allemagne.

Talions (tă-lĭ-on), n. m. pl. de talion. Punition semblable au crime. — (tă-lion), v. taler, indic. imp. et subj. prés., 1re pers. pl. Meurtrir des fruits.

(1) *Stage*, cet étranger d'Outre-Manche, est ou inutile, ou utile dans notre langue.
S'il est inutile, bannissons-le, et qu'il n'en soit plus question.
S'il est utile, c'est-à-dire, s'il nomme un objet encore innommé, admettons-le, mais aussi francisons-le. Écrivons et prononçons, non pas *stage*, parcequ'il se confondrait avec *stage*, temps d'épreuve ; ni *stèdge*, parceque ce serait dans notre langue un barbarisme; mais *stège*.
Ne donnons pas dans le travers où ne peuvent tomber que les petits esprits qui ont de grandes prétentions. Parcequ'on a attrapé au vol je ne sais quel mot anglais, russe ou chinois, bien vite on en farcit son langage : on croit par là se donner du relief. Beau relief! C'est un relief d'ignorance, de petitesse et de fatuité. C'est un attentat à la nationalité de la langue maternelle.
De grâce, quand vous parlez *français*, parlez donc *français*.
Quand une langue a besoin d'un mot, qu'elle le tire de son propre fonds. Si cela est impossible, qu'elle aille le mendier aux langues étrangères. Mais alors elle doit donner à ce mot une orthographe et une prononciation conformes à son génie, à son caractère particulier. Sinon, elle perd son unité, sa physionomie ; elle se dénature et se détruit elle-même.
Prenons-y-garde. La langue française doit être française et rester française, oui; mais à condition de tout franciser.

Tasse, s (tă-se), n. f. s. et pl. Vase à boire. — (id.), n. pr. m. s. Le plus célèbre poète italien. — (tā-se), v. tasser, ind., impér. et subj. prés., 1re, 2e et 3e pers. sing. Mettre en tas.

Tassée, s (tă-sée), n. f. s. et pl. Le contenu d'une tasse. — (tă-sée), p. f. s. et pl. du v. tasser. Mettre en tas.

Terrasse, s, nt, ions, iez (tè-rā-se, sion, sié), v. terrer, subj. imp. Mettre de la terre au pied d'une plante, sur un pré, un champ; se loger sous terre. — (tè-rā-se, sion, sié), v. terrasser, ind., impér. et subj. prés., et indic. imparf. Amasser des terres derrière une muraille pour la fortifier; jeter par terre en luttant. — (tè-rā-se), n. f. s. et pl. Levée de terre en forme de balcon, de plate-forme.

Tirasse, s, nt; ions, iez (tĭ-rā-se, sion, sié), v. tirer, subj. imp. Amener vers soi; ôter; lancer avec une arme; tracer. — (tĭ-rā-se, sion, sié), v. tirasser (2 fois : V. *tirasser*, dans le dictionn. des homon.), ind., impér. et subj. prés., et ind. imp. 1o Chasser avec une tirasse; 2o(vieux), Tirer souvent, tirailler.

Tordions (tŏr-dĭ-on), n. m. pl. de tordion. Ancienne danse. — (tŏr-dion), v. tordre, ind. imp. et subj. prés., 1re pers. pl. Tourner de biais en serrant.

Torsions (tŏr-sĭ-on), n. f. pl. de torsion. Effet qu'on produit en tordant. — (tŏr-sion), v. torser, indic. imp. et subj. prés., 1re pers. pl. Contourner en spirale.

Tostions (tŏs-tion), v. toster, indic. imp. et subj. prés., 1re pers. pl. Porter un toste, une santé en buvant. — (tŏs-tĭ-on), n. f. pl. de tostion, vieux. Torréfaction.

Tournai (toŭr-nè), n. pr. m. s. Ville du Hainaut, en Belgique (1). — (toŭr-né), v. tourner, ind. parf., 1re pers. sing. Mouvoir circulairement.

Tournasse, s, nt; ions, iez (toŭr-nā-se, sion, sié), v. tourner, subj. imp. Mouvoir en rond. — (toŭr-nā-se, sion, sié), v. tournasser, ind., impér. et subj. prés., et ind. imp. Façonner sur le tour une pièce de poterie.

Tous (toŭ quand il est adj., toŭss' quand il est pron.), adj. et pron. indéf. m. pl. de *tout*. Les divers objets dont il est question. — (touss', ou tou), n. m. s. et pl. Dénomination vulgaire de la tique des chiens.

Traînasse, s, nt, ; ions, iez (trê-nā-se, sion, sié), v. traîner, subj. imp. Tirer après soi. — (trê-nā-se, sion, sié), v. traînasser, ind., impér. et subj. prés., et ind. imp. Traîner en longueur. — (trê-nā-se), n. f. s. et pl. Nom de certaines plantes ou racines traînantes.

Transfusions (trans'-fū-zĭ-on), n. f. pl. de transfusion. Action de transfuser, de transvaser. — (trans'-fū-zion), v. transfuser, ind. imp. et subj. prés., 1re pers. pl. Faire passer un liquide d'un récipient dans un autre.

Transgressions (trans'-grè-sĭ-on), n. f. pl. de transgression. Action de transgresser. — (trans'-grè-sion), v. transgresser, ind. imp. et subj. prés., 1re pers. pl. Désobéir à une loi, violer un ordre reçu.

Transit (tran-sĭ), v. transir, indic. prés. et parf., 3e pers. sing. Engourdir de froid; saisir de peur. — (tran-zĭt', ou tran-zĭ), n. m. s. Faculté de passer des marchandises à travers un pays sans payer les droits.

Transitions (tran-zĭ-tion), v. transiter, ind. imp. et subj. prés., 1re pers. pl. Passer en transit, sans payer les droits. — (tran-zĭ-sĭ-on), n. f. pl. de transition. Manière de passer d'un raisonnement à un autre.

Translations (trans'-lă-tion), v. translater, ind. imp. et subj. prés., 1re pers. pl. Traduire d'une langue dans une autre. — (trans'-lă-sĭ-on), n. f. pl. de translation. Transport, action de transférer.

Transmissions (trans'-mĭ-sĭ-on), n. f. pl. de transmission. Action de transmettre. — (trans'-mĭ-sion), v. transmettre, subj. imp., 1re pers. pl. Céder à un autre ce qu'on possède; faire parvenir à.

Transvasions (trans'-vā-zĭ-on), n. f. pl. de transvasion. Action de transvaser. — (trans'-vā-zion), v. transvaser, ind. imp. et subj. prés., 1re pers. pl. Verser un liquide d'un vase dans un autre.

---

(1) Les noms propres (au moins ceux qui appartiennent à la géographie), qu'on terminait autrefois par *ay*, s'écrivent maintenant par *ai* : *Tournai, Douai, Épernai, Cambrai*, etc. C'est une excellente réforme.

Tressions (trè-sĭ-on), n. f. pl. de tression. Ou *tressiot*, Son complètement dépourvu de farine. — (trè-sion), v. tresser, indic. imp. et subj. prés., 1re pers. plur. Mettre en tresses.

Trillions (tri-llion, *ll* m.) v. triller, ind. imp. et subj. prés., 1re pers. pl. Orner de trilles, cadencer le chant par des battements de gosier. — (trĭ-lĭ-on), n. m. pl. de trillion. Mille billions.

Tu (tŭ, très bref), pron. pers., 2e pers. sing. Désigne la personne à qui on parle. — (tū, un peu long), p. m. s. du v. taire. Ne pas dire.

V.

Vade (va-de), n. f. Somme dont un joueur ouvre le jeu. — (va-dé), mot latin, s'emploie dans *vade-mecum, vade-in-pace.*

Vener (ve-né), v. à l'infin. prés. Chasser. — (ve-nèr'), n. pr. m. s. Lac de Suède.

Vers (vèr, *e* bien ouvert), 1° n. m. s. et pl. Mots mesurés formant une ligne d'une pièce de poésie ; 2° prép. qui marque tendance, voisinage. — (vèr, *e* moins ouvert, c'est-à-dire moyen, se rapprochant de l'*e* fermé), n. m. pl. de ver. Reptile, insecte ; printemps (vieux en ce sens).

Versions (vèr-sĭ-on), n. f. pl. de version. Traduction en langue maternelle. — (vèr-sion), v. verser, ind. imp. et subj. prés., 1re pers. pl. Épancher.

Vienne (viè-ne), v. venir, subj. prés., 1re et 3e pers. sing. Marcher en se rapprochant ; arriver. — (vĭ-è-ne), n. pr. f. s. Ville capitale de l'Autriche ; sous-préfecture de l'Isère. — (viè-ne ou vĭ-è-ne), n. pr. f. s. Rivière et département de France.

Vingt (vĭn 1° quand il est *inséparablement* suivi d'une consonne : *vingt fenêtres, vingt grandes fenêtres* ; 2° dans *quatre-vingt un, quatre-vingt deux*, etc., jusqu'à *quatre-vingt dix-neuf.* — vĭnt' 1° quand il fait liaison ; 2° dans *vingt-un, vingt-deux*, etc., jusqu'à *vingt-neuf.* — Dans tous les autres cas, vĭn. Quelques personnes prononcent toujours vĭnt', sans exception.), adj. num. card. 19 et 1 ; adj. num. ord., 20e ; n. m. Le nombre 20. V. *dix, huit, sept*, etc.

Violent (vĭ-ŏ-lan), adj. m. s. Impétueux. — (vĭ-ŏ-le), v. violer (2 fois : V. *violer* dans le dict. des homon.), ind. et subj. prés., 3e pers. pl. 1° Faire violence ; enfreindre. 2° Jouer du violon ou de la viole. V. *violer*, ci-après.

Violer..., é (vĭ-ŏ-lé..., toujours 3 syllabes bien distinctes, même en prose), v. et p. Faire violence, enfreindre. — (vĭ-ŏ-lé..., en poésie ; vĭŏ-lé..., en prose), v. et p. Jouer de la viole ou du violon. — La même nuance de prononciation s'applique 1° à *viole*, n. f. et v. 2 fois ; 2° à *violons*, n. m. pl. et v. 2 fois.

Virent (vĭ-re) [lat. *gyrare*], v. virer, indic. et subj. prés., 3e pers. pl. Tourner. — (vĭ-re) [lat. *videre*], v. voir, ind. parf., 3e pers. pl. Percevoir l'image d'un objet par l'organe de la vue.

Vis (vi), v. vivre, ind. et impér. prés., 1re et 2e pers. sing. Être en vie. — (vi), v. voir, ind. parf., 1re et 2e pers. sing. Percevoir l'image d'un objet par l'organe de la vue. — (vĭss'), n. f. s. et pl. Pièce cannelée en spirale.

Visions (vi-zĭ-on), n. f. pl. de vision. Action de voir ; idée extravagante. — (vi-zion), v. viser (2 fois : V. *viser* dans le dict. des homon.), ind. imp. et subj. prés, 1re pers. pl. 1° Examiner et authentiquer un acte ; 2° Mirer, ajuster.

Visse, s, nt ; ions, iez (vĭ-se, sion, sié), v. visser, indic., impér. et subj. prés., et ind. imp. Attacher avec des vis. — (vĭ-se, sion, sié), v. voir, subj. imp. Percevoir l'image des objets par l'organe de la vue.

APPENDICE AU DICTIONNAIRE DES HOMOGRAPHES.

———

Comme je l'ai annoncé au numéro 55 du précédent traité, je vais donner les homographes qui appartiennent à l'ancienne orthographe dite des *oi* :

Anglois (an-gloè), n. m. s. et pl. Sorte de tourte aux prunes. — (an-glè), 1° n. et adj. m. s. et pl. De l'Angleterre ; 2° v. angler, ind. imp., 1re et 2e pers. sing. Donner la forme d'un angle.

Bavois (ba-voè), n. m. Feuille de compte où l'on marquait les droits de seigneuriage, etc., selon le prix que le prince avait assigné à la monnaie courante. — (ba-vè), v. baver, ind. imp., 1re et 2e pers. sing. Jeter de la bave.

Bernois (bèr-noè), adj. et n. m. s. et pl. De Berne. — (bèr-nè), v. berner, ind. imp., 1re et 2e pers. sing. Faire sauter sur une couverture ; railler.

Boulois (bou-loè), n. m. s. et pl. Morceau d'amadou avec lequel on met le feu au saucisson d'une mine. — (bou-lè), v. bouler, ind. imp., 1re et 2e pers. sing. Enfler ; lancer une boule, au jeu.

Chinois (chi-noè), adj. et n. m. s. et pl. De la Chine. — (chi-nè), v. chiner, ind. imp., 1re et 2e pers. sing. Varier les couleurs des fils de la chaîne d'un tissu.

Courtois (coŭr-toè), adj. m. s. et pl. Civil, grâcieux dans ses discours et dans ses manières. — (coŭr-tè), v. courter, ind. imp., 1re et 2e pers. sing. Faire le courtage.

François (fran-soè), n. pr. d'homme. — (fran-sè), adj. et n. m. s. et pl. De la France.

Gantois (gan-toè), adj. et n. m. s. et pl. De Gand. — (gan-tè), v. ganter, ind. imp., 1re et 2e pers. sing. Mettre des gants.

Gaulois (gō-loè), adj. et n. m. s. et pl. De la Gaule. — (gō-lè), v. gauler, ind. imp., 1re et 2e pers. sing. Battre avec une gaule pour faire tomber les fruits.

Gravois (gra-voè), n. m. s. et pl. Ou *gravat*, sable grossier ; menues démolitions. — (gra-vè), v. graver, ind. imp., 1re et 2e pers. sing. Tracer sur un corps dur en creusant.

Liégeois (lié-joè), adj. et n. m. s. et pl. De Liège. — (lié-jè), v. liéger, ind. imp., 1re et 2e pers. sing. Garnir de liège.

Matois (mă-toè), adj. et n. m. s. et pl. Rusé, fin. — (mă-tè), v. mater (2 fois : V. *maté* dans le dictionnaire des homonymes), ind. imp., 1re et 2e pers. sing. 1° Faire mat aux échecs ; 2° Dompter, affaiblir ; matir, rendre mat ou sans éclat.

Minois (mĭ-noè), n. m. s. et pl. Mine, visage d'une personne plus jolie que belle. — (mĭ-nè), v. miner, ind. imp., 1re et 2e pers. sing. Creuser une mine.

Montois (mon-toè), adj. et n. m. s. et pl. De Mons. — (mon-tè), v. monter, ind. imp , 1re et 2e pers. sing. S'élever.

Mottois (mŏ-toè), n. m. s. et pl. Race de bœufs nés sur les montagnes du Cantal. — (mŏ-tè), v. motter, ind. imp., 1re et 2e pers. sing. Jeter des mottes avec la houlette.

30

Pantois (pan-toè), 1° n. m. s. et pl. Maladie qui survient à la gorge des oiseaux de proie ; 2° adj. m. s. et pl. Haletant, essoufflé ; stupéfait, interdit. — (pan-tè), v. panter, ind. imp., 1re et 2e pers. sing. Arrêter les peaux des cardes dans le panteur.

Parois (pă-roè), n. f. pl. de paroi. Cloison ; surface d'un vase. — (pă-rè), v. paraître, ind. prés., 1re et 2e pers. sing. Se faire voir ; sembler.

Paroisse, s (pă-roè-se), n. f. s. et pl. Étendue de la juridiction d'un curé. — (pă-rè-se), v. paraître, subj. près., 1re, 2e et 3e pers. sing. Se faire voir ; sembler.

Pavois (pă-voè), n. m. s. et pl. Sorte de grand bouclier ancien. — (pă-vè), v. paver, ind. imp., 1re et 2e pers. sing. Couvrir de pavés.

Perçois, t (pèr-soè), v. percevoir, ind. prés., 1re, 2e et 3e pers. sing. Recevoir, recueillir. — (pèr-sè), v. percer, ind. imp., 1re, 2e et 3e pers. sing. Faire une ouverture à travers.

Tentois (tan-toè), n. m. pl. de tentoi. Barre qui, dans les métiers de haute lisse, sert à tourner les rouleaux pour tendre la chaîne de l'ouvrage. — (tan-tè), v. tenter, ind. imp., 1re et 2e pers. sing. Essayer, éprouver ; solliciter au mal.

Tournois (toŭr-noè), 1° n. m. pl. de tournoi. Ancienne fête publique et militaire ; 2° adj. m. s. et pl. De Tours. — (toŭr-nè), v. tourner, ind. imp., 1re et 2e pers. sing. Mouvoir circulairement.

Tramois (tră-moè), n. m. s. et pl. Mélange de seigle, de froment, d'avoine et de pois, qu'on sème pour fourrage. — (tră-mè), v. tramer, ind. imp., 1re et 2e pers. pl. Passer la trame entre les fils de la chaîne.

Valois (vă-loè), 1° n. pr. m. s. Ancien petit pays de l'Ile-de-France, dont Crespy était la capitale ; nom d'une dynastie des rois de France ; 2° n. c. m. s. et pl. Ancien instrument de pêche. — (vă-lè), v. valoir, ind. imp., 1re et 2e pers. sing. Être d'une certaine valeur, d'un certain prix, d'un certain mérite.

Virois (vĭ-roè), adj. et n. m. s. et pl. De Vire. — (vi-rè), v. virer, ind. imp., 1re et 2e pers. sing. Tourner.

TABLE ANALYTIQUE DES MATIÈRES.

HOMONYMES.

HOMOGRAPHES.

FIN DE LA TABLE DES MATIÈRES.

AUTRES OUVRAGES DE F. DÉGARDIN.

●

I. Langue Française.

1º Simples éléments de Grammaire Française, calqués sur le développement progressif de l'intelligence des enfants, et résumés en une suite de tableaux d'ensemble, dont la plupart sont aussi nouveaux que précieux ; par exemple :

Tableau-modèle des Conjugaisons ; Orthographe finale des Verbes ; Méthode synoptique d'Analyse grammaticale raisonnée ; Méthode synoptique d'Analyse logique, etc., etc.

2º Cours de Prononciation et de Prosodie Françaises.

3º Diverses dissertations, savoir : sur les verbes en *eler*, *eter* ; sur les verbes en *yer* et leurs analogues ; sur le Participe ; sur la liaison des voyelles nasales, etc.

4º Froid examen d'une chaude question : la réforme de l'Orthographe Française.

5º Histoire de la Langue Française, depuis les temps les plus reculés.

II. Langue Latine.

1º La Grammaire Latine (de Lhomond) synoptisée ; ou suite de tableaux résumant en quelques pages tout l'enseignement de ce grammairien, et comblant même plusieurs lacunes importantes, entre autres, celle qui concerne l'*emploi des cas*.

2º Les Homonymes latins.

III. Langue Grecque.

1º Divers tableaux de Lexicologie et de Syntaxe, comparés avec le Latin.

2º Les principaux Homonymes grecs.

IV. Langue Italienne.

1º Simples éléments de Grammaire Italienne, rédigés sur un plan et résumés en des tableaux conformes à ceux de la Grammaire Française.

2º Les Homonymes italiens.

V. Langue Espagnole.

Simples éléments de Grammaire Espagnole, conformes à ceux de Grammaire Française.

VI. Langue Anglaise.

Simples éléments de Grammaire Anglaise, d'après la méthode suivie par l'auteur dans ses autres Grammaires.

VII. Arithmétique.

Petit cours d'Arithmétique, exclusivement composé des définitions les plus claires, des principes les plus utiles, des procédés de calcul les plus simples et les plus expéditifs.

VIII. Géographie.

Petite Géographie Ancienne, dans laquelle chaque terme, distribué synoptiquement, est accompagné des faits historiques qui l'ont rendu célèbre.

IX. Histoire naturelle.

Résumés synoptiques d'anatomie, de botanique, etc., d'après MM. Milne Edwards et Achille Comte.